KB140627

이콘과 도끼

해석 위주의 러시아 문화사

2

▲ 삼위일체

안드레이 루블료프가 1420년대에 성 세르기 대수도원을 위해 그림.
(모스크바, 트레티야코프 국립미술관)

▲ 삼위일체
시몬 우샤코프가 1670년에 그림.
(모스크바, 트레티야코프 국립미술관)

▲ 프로코피 데미도프의 초상화
드미트리 레비츠키(Дмитрий Левицкий)가 1773년에 완성.
(모스크바, 트레티야코프 국립미술관)

▲ 무소륵스키의 초상

일리야 레핀, 1881년.
(모스크바, 트레티야코프 국립미술관)

▲ 이반 뇌제와 그의 아들 이반

일리야 레핀, 1895년. (모스크바, 트레티야코프 국립미술관)

▲ 볼가 강의 배끌이꾼들
일리야 레핀, 1870~1873년. (성 페테르부르그, 러시아 국립박술관)

볼가 강의 배끌이꾼들 ▶
일부분.

서양편 · 749

이콘과 도끼

해석 위주의 러시아 문화사

2

제임스 빌링턴(James Billington) 지음

류한수 옮김

한국문화사

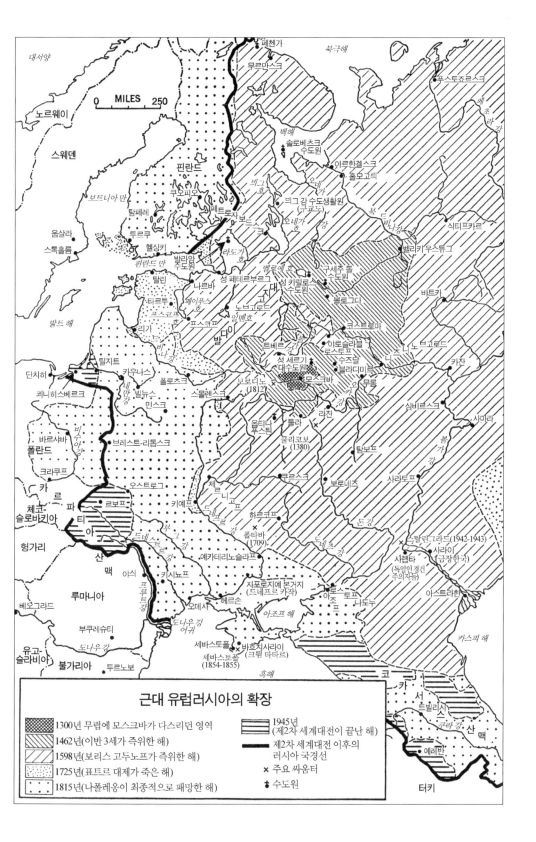

근대 유럽러시아의 확장

대서양 · 노르웨이 · 스웨덴 · 옵살라 · 스톡홀름 · 보트니아만 · 탐페레 · 투르쿠 · 헬싱키 · 핀란드 만 · 발트 해 · 틸지트 · 쾨니히스베르크 · 단치히 · 바르샤바 · 폴란드 · 크라쿠프 · 카르파티아산맥 · 체코슬로바키아 · 헝가리 · 베오그라드 · 유고슬라비아 · 불가리아 · 루마니아 · 부쿠레슈티 · 투르노보

핀란드 · 쿠오피오 · 페트로자보드스크 · 비그 호 · 오네가 호 · 무르만스크 · 페첸가 · 북극해 · 백해 · 솔로베츠크 수도원 · 아르한겔스크 · 홀모고리 · 비그 강 수도생활원(구교도) · 북 드비나 강 · 식티프카르 · 벨리키우스튜그 · 바트카 · 구세두 돌 수도원 · 벨로제 호 · 볼로그다 · 코스트로마 · 니즈니 노브고로드 · 카잔 · 심비르스크 · 사마라 · 볼가 강

라도가 호 · 성 페테르부르크 · 대 수도원 · 성 키릴로프 대 수도원 · 나르바 · 페이푸스 호 · 타르투 · 프스코프 · 프스코프 호 · 리가 · 드비나 강 · 발다이 · 노브고로드 · 일멘 호 · 트베르 강 · 성 세르기 대수도원 · 야로슬라블 · 로스토프 · 수즈달 · 블라디미르 · 모스크바 · 무롬 · 보로디노(1812) · 툴라 · 라잔 · 옵티나 푸스티 · 쿨리코보(1380) · 탐보프 · 사라토프 · 돈 강

카우나스 · 네만 강 · 빌뉴스 · 민스크 · 폴로츠크 · 스몰렌스크 · 브레스트-리톱스크 · 비수아 강 · 오스트로그 · 드네스트르 강 · 르보프 · 키예프 · 체르니고프 · 데스나 강 · 폴타바(1709) · 쿠르스크 · 보로네즈 · 하르코프 · 드네프르 강 · 돈 강

예카테리노슬라프 · 부그 강 · 키시뇨프 · 프루트 강 · 아씌 · 오데사 · 헤르손 · 자포로지에 본거지(드네프르 카작) · 아조프 · 타간로그 · 로스토프 · 아조프 해 · 스탈린그라드(1942-1943) · 사라이(금장한국) · 사렙타(독일인 경건주의자들) · 아스트라한 · 카스피 해

도나우 강 어귀 · 세바스토폴 · 세바스토폴(1854-1855) · 바흐치사라이(크뤼 타타르) · 흑해 · 코카서스 산맥 · 트빌리시 · 쿠라 강 · 예레반 · 터키

범례

- 1300년 무렵에 모스크바가 다스리던 영역
- 1462년(이반 3세가 즉위한 해)
- 1598년(보리스 고두노프가 즉위한 해)
- 1725년(표트르 대제가 죽은 해)
- 1815년(나폴레옹이 최종적으로 패망한 해)
- 1945년(제2차 세계대전이 끝난 해)
- 제2차 세계대전 이후의 러시아 국경선
- × 주요 싸움터
- ♯ 수도원

· 일러두기 · ─────────────────────

1. 외국어 고유명사는 발음을 우리말로 적은 다음 로마자 표기나 키릴 문자 표기를 괄호
   안에 넣었다. 영어본에서 로마 알파벳으로 음역되어 있는 러시아어를 키릴 문자로 표
   기했다.
2. 러시아어 낱말을 한글로 표기할 때에 연음부호(ь)의 음가를 무시했고 구개음화나 강세
   의 유무에 따른 자음과 모음의 음가 변화도 무시했다. 국립국어원의 러시아어 표기법
   에 대체로 따랐지만, 몇몇 경우에는 따르지 않았다.
3. 지금은 독립국이 된 백러시아, 우크라이나, 발트 해 연안 국가들의 고유명사는 그 나라
   언어의 발음이 아닌 러시아어 발음으로 표기했다. 예를 들어, 우크라이나의 수도는
   우크라이나어로는 '키우'라고 소리 나지만 러시아어 발음인 '키예프'로 표기되었다.
4. 본문과 후주의 내용을 이해하는 데 필요할 경우에는 독자의 이해를 돕고자 각주로
   설명을 달았다.
5. 영어 원문에서 지은이의 착오로 말미암은 오류가 발견되었을 경우에는 짧은 역자주를
   달아 잘못을 바로잡았으며, 본문의 고유명사 표기나 연도, 또는 후주의 서지사항에서
   눈에 띈 지은이의 자잘한 실수는 역자주를 달지 않고 바로 고쳐놓았다.
6. 영어 원서에는 없지만, 본문과 후주에 나오는 인물의 약력을 정리해 부록으로 달았다.
7. 러시아어 텍스트를 영어로 옮긴 부분을 다시 우리말로 옮기면 중역(重譯)이 된다.
   이런 상황에서 비롯될지 모를 의도하지 않은 오역을 피하고자, 지은이가 러시아어로
   된 사료나 자료를 인용한 부분은 영어판이 아니라 러시아어판을 기본으로 삼아 우리
   말로 번역했다.
8. "세속적(世俗的)"이라는 표현은 "저속한"이나 "속물적"이라는 뜻이 아니라 "그리스
   도교 교회와 관련이 없는", "교회와 별개의"라는 뜻이다.

이 책은 근대 러시아의 사상과 문화에 관한 해석 위주의 역사서이다. 이 책은 한 사람의 연구와 숙고와 특수한 관심의 산물이다. 러시아의 유산의 백과사전식 목록을, 또는 그 유산을 이해하는 어떤 간단한 비결을 내놓겠다는 망상은 없다. 그러겠다고 주장하고 싶은 마음도 없다. 이 책은 이미 이루어져 있는 합의를 잘 정리하기보다는 새로운 정보와 해석을 내놓고자 하는, 즉 이 엄청난 주제를 "망라"하기보다는 터놓고 이야기해 보려는 선별적 서술이다.

고찰 대상이 되는 시대는 러시아가 강력하고 독특하고 창조적인 문명으로 떠올랐던 시기인 최근 600년이다. 러시아 문화의 위업과 더불어 고뇌와 포부가, 과두 지배체제와 더불어 현실에 안주하지 않는 반대파가, 시인과 정치가와 더불어 사제와 예언자가 이야기될 것이다. 개개의 문화 매체나 유명 인물의 모습을 완전하게 그려내려는, 또는 한 특정 주제에 바쳐진 일정 분량의 낱말을 고유한 문화 특성의 필수 색인으로 만들려는 시도는 하지 않을 것이다. 이 저작은 각각의 러시아 문화발전기의 독특한 핵심적 관심사를 가장 잘 예증한다고 보이는 자료를 활용할 것이다.

러시아인에게 영속적 의미를 지니는 ― 이콘(икона)과 도끼라는 ― 두 물품을 제목으로 골랐다. 이 두 물건은 숲이 많은 러시아 북부에서 전통적으로 농가 오두막의 벽에 함께 걸려 있었다. 이콘과 도끼가 러시아 문화에 지니는 의미는 이 책의 첫 부분에서 설명될 텐데, 이 두 물건은 러시아 문화의 이상적 측면과 현세적 측면 양자를 시사하는 구실을 한다. 그러나 모든 인류 문화에 나타나는 신성과 마성 사이의 영원한 분열은 러시아의 경우에는 거룩한 그림과 거룩하지 못한 무기 사이의 그 어떤 단순한 대비로도 제공되지 않는다. 협잡꾼과 선동정치가가 이콘을, 성자와 예술가가 도끼를 사용했기 때문이다. 따라서 처음에 이 두 시원적인 물품에 맞춰지는 초점에는 우리가 러시아 문화의 고찰을 끝마칠 때 가지게 될 아이러니한 전망을 일러주는 실마리가 들어있다. 이 책의 제목은 이 책이 주로 서방의 사상과 제도와 예술양식의 관점에서 러시아의 현실을 살펴보기보다는 러시아의 상상력에 독특한 역할을 했던 상징물을 찾아내어 그 기원을 더듬어 찾아가는 시도를 할 저작임을 시사하는 구실도 한다.

이 저작에서는 러시아인이 두호브나야 쿨투라(духовная культура)라고 일컫는 관념과 이상의 세계가 강조된다. 이 세계는 파악하기 어려우며, 두호브나야 쿨투라는 영어의 등가어인 "영적 문화"(spiritual culture)보다 종교를 머릿속에 떠오르게 만드는 힘이 훨씬 더 약한 용어이다. 이 저작의 취지는 이념을 경제적인 힘과 사회적인 힘에 체계적으로 연계하거나 역사에서 물질적인 힘과 이념적인 힘이 지니는 상대적 중요성이라는 더 심오한 문제를 예단하는 것이 아니다. 이 저작은 소비에트 사회주의 공화국 연방(CCCP)[1]의 마르크스주의적 유물론자들까지도 자기 나라의 발

전에서 매우 중요했다고 인정하는 정신적인 힘과 이념적인 힘의 역사적 정체를 더 충실하게 알아내고자 할 따름이다.

이 저작은 사람들이 자주 찾아가지만 지도에는 잘 나오지 않는 사상과 문화의 지형을 위한 개설적 역사 안내서를 제공함으로써 번번이 정치사와 경제사에 집중되는 현상을 얼마간 상쇄하려고 시도한다. 여기서 "문화"라는 용어는 "독특한 성취물과 신앙과 전통의 복합체"[1]라는 넓은 의미로 쓰이지, "문화"가 더 높은 문명 단계 앞에 있는 사회 발달의 초기 단계로, 또는 박물관에서 함양되는 고상한 취미라는 소양으로, 또는 구체적 맥락에서 완전히 따로 떼어놓을 수 있는 독특한 형태의 성취[2]로 가끔 이해되는 더 특화된 의미 그 어떤 것으로도 쓰이지 않는다. "민족이나 국가의 활동에서 사회적·지성적·예술적인 측면이나 힘에 집중하"는 문화사[3]라는 일반 범주 안에서 이 저작은 — 사회사는 부수적으로만 다루고 사회학적 분석은 전혀 다루지 않으면서 — 지성적이고 예술적인 측면이나 힘을 강조한다.

이 연구의 기본 얼개는 경제사나 정치사에서만큼이나 문화사에서도 중요한 연대순 배열이다. 잠깐 뒤로 가서 앞 시대를 되돌아보기도 하고 앞으로 가서 뒷시대를 미리 들여다보기도 할 것이다. 배경이 될 제1장에서는 특히 그렇다. 그러나 주요 관심사는 그다음 장들에서 연속적인 러시아 문화발전기의 연대기적 서술을 내놓는 것이다.

제2장은 16세기와 17세기 초엽의 시원적인 모스크바국(Москва國, Московское Государство)[2]과 서방의 초기 대립을 묘사한다. 그다음에 한 세기씩

의 국가. 대개 15개 사회주의 공화국의 연방이라는 형태를 유지했으며, 줄여서 소비에트 연방, 또는 소련(蘇聯)이라고도 불렸다.

2 17세기까지의 러시아 단일 국가를 일컫던 용어. 16~17세기에 주로 외국인이 쓴 표현이었지만, 19세기부터는 역사학계에서도 쓰이기 시작했다.

담당하는 두 개의 긴 장이 나온다. 제3장은 급성장하던 17세기와 18세기 초엽의 러시아 제국에서 새로운 문화 형식이 오랫동안 추구되는 양상을 다루고, 제4장은 18세기 중엽부터 19세기 중엽까지 꽃을 피운 거북할지언정 화려한 귀족 문화를 다룬다. 제5장과 제6장은 산업화와 근대화라는 문제가 러시아 문화 발전의 더 앞선 유형과 문제 위에 얹혀진 마지막 100년에 할애된다. 제5장은 알렉산드르 2세(Александр II)의 개혁기 동안 시작된 매우 창의적이고 실험적인 시기를 다룬다. 마지막 장은 20세기 러시아 문화를 과거의 러시아 문화에 연계해서 살펴본다.

대다수 러시아 문화에는 일치하는 구석이 있었다. 그것은 개개 러시아인과 각각의 예술양식이 어느 모로는 공동의 창조적 추구나 철학 논쟁이나 사회 갈등의 부차적 참여자라는 느낌이었다. 물론 드미트리 멘델레예프(Дмитрий Менделеев)의 화학, 니콜라이 로바쳅스키(Николай Лобачевский)의 수학, 알렉산드르 푸시킨(Александр Пушкин)의 시, 레프 톨스토이(Лев Толстой)의 소설, 바실리 칸딘스키(Василий Кандинский)의 회화, 이고르 스트라빈스키(Игорь Стравинский)의 음악은 모두 다 그들의 러시아적 배경에, 또는 특정한 과학 체나 예술 매체의 기준 이외의 다른 기준에 비교적 적게 대조하고서도 감상할 수 있다. 그러나 대부분의 러시아 문화는 — 사실은 참으로 유럽적인 이 인물들이 만들어낸 대다수 문화는 — 러시아의 맥락에 놓일 때 부가된 의미를 획득한다. 러시아의 경우에는 다른 많은 민족 문화의 경우보다 각각의 창조적 활동의 민족적 맥락의 일정한 이해가 더 필수적이다.

함께 연루되어 있고 서로 의존하고 있다는 이런 느낌의 결과로, 서방에서는 흔히 개인들 **사이에서** 이루어지는 유의 논쟁이 러시아에서는 자주 개인 **안에서** 훨씬 더 격렬하게 벌어졌다. 많은 러시아인에게 "생각하기와 느끼기, 이해하기와 괴로워하기는 같은 것"[4]이며, 그들의 창조성은 "원초성이 대단히 강하고 형식이 상대적으로 약하다는 것"[5]을 자주 입증해준다. 성 바실리 대성당(Собор Василия Блаженного)[3]의 색다른 외형, 모데스트 무소릅스키(Модест Мусоргский)의 오페라 한 곡의 파격적 화음, 표도르 도스토옙스키(Федор Достоевский)의 소설 한 편의 진한 구어체는 고전주의 정신에 거슬렸다. 그러나 그것들은 대다수 사람에게 크나큰 감동을 주며, 그럼으로써 형식의 결핍이라고 하는 것이 한 문화를 분석하기 위해 쓰이는 전통적 범주에 들어맞지 않는 데 지나지 않을지 모른다는 점을 우리 머릿속에 떠올려준다.

러시아 문화의 역사를 바라볼 때, 문화 이면의 형식보다는 힘들을 생각하는 것이 유익할지 모른다. 특히 — 자연환경, 그리스도교의 유산, 러시아와 서방의 접촉이라는 — 세 힘은 이후 이 책의 지면에 당당하게 부단히 나타난다. 이 세 힘에게는 인간의 노력을 재료 삼아 위기와 창조성이라는 그 나름의 이상한 거미줄을 짜는 능력이 있는 듯하다. 비록 그 세 힘이 — 『의사 지바고』(Доктор Живаго)에서 나타났다 금세 사라지는 몇몇 순간에서처럼 — 가끔 모두 다 조화를 이루고 있다고 보일지는 몰라도, 대개 그 힘들은 어긋나서 따로따로 작용하고 있다.

첫째 힘은 자연 그 자체의 힘이다. 러시아의 사상가는 정식 철학자가 아니라 시인이라는 말이 있었다. "시"와 "자연 원소"를 가리키는 두 러시아어 낱말(스티히стихи, 스티히야стихия)이 겉보기에는 우연히도 비슷하다는 것 뒤에는 러시아 문화와 자연계 사이의 긴밀한 여러 연계가 있다. 어떤 이들은 러시아 땅에서 스키탈레츠(скиталец), 즉 "떠돌이"가 되고 싶은 어수선한 충동이 땅과의 "대지적"(大地的) 일체감과 번갈아 나타난다

---

[3] 이반 4세가 카잔한국을 무찌른 뒤 이를 기념하고자 1555년부터 모스크바의 붉은 광장에 짓기 시작해서 1561년에 완성한 성당. 바보성자인 바실리 복자의 이름을 따 붙인 성 바실리 대성당의 정식 명칭은 Собор Покрова пресвятой Богородицы, что на Рву이며, 줄여서 포크롭스키 대성당이라고도 한다.

고 이야기한다.[6] 다른 이들은 "나는 여기가 따듯하다"는 이유로 낳지 말아 달라고 부탁하는 태아가 나오는 시에 있는 러시아 특유의 혜안을 이야기한다.[7] 신화에 나오는 "촉촉한 어머니 대지"의 땅 밑 세상은 키예프의 동굴에 있는 최초의 수도원[4]에서 시작해서 방부처리된 블라디미르 일리치 레닌(Владимир Ильич Ленин)을 모셔놓은 오늘날의 성소(聖所)[5]와 겹치레한 카타콤(catacomb)인 모스크바(Москва) 지하철에 이르는 많은 형태로 사람들을 꾀어왔다. 땅뿐만 아니라 — 중세 우주론의 다른 "자연 원소"인 — 불과 물과 하늘[6]도 러시아의 상상력을 위한 중요한 상징이었다. 심지어는 오늘날에도 러시아어에는 유럽의 더 세련된 언어에서는 걸러져 사라진 토속적 함의가 많이 남아있다.

근대 러시아 문화의 배후에 있는 초인격적인 둘째 힘은 동방 그리스도교라는 힘이다. 토착종교의 잔존 요소가 아무리 매력적이어도, 상고시대 스키타이인[7]의 예술이 아무리 대단해도, 최초의 러시아 고유문화를 만들어내고 예술 표현의 기본 형식과 신앙 구조를 근대 러시아에 제공한 것은 정교(Православие)였다. 또한, 정교회는 특별한 존엄성과 운명이 한 정교 사회에 있으며 그 정교 사회 안에서 일어나는 논쟁에는 정답이 딱 하나 있다는 기본적으로 비잔티움(Byzantium)적인 사고에 러시아를 물들이는 데 핵심 역할을 했다. 따라서 이 이야기에서 종교는 — 문화의 격리된 한 양상이 아니라 문화 안에서 모든 것에 스며들어 가는 하나의 힘으로서 — 중심

---

[4]   키예보-페체르스카야 라브라.
[5]   모스크바의 붉은 광장에 있는 레닌 능묘(Мавзолей Ленина).
[6]   또는 공기.
[7]   유라시아 내륙 스텝 지대에 살았던 고대의 인도-유럽어계 기마 유목민. 스키타이
      는 고대 그리스인이 흑해 북쪽 기슭 일대에 사는 여러 유목부족 전체에 붙인 이름
      이다.

역할을 할 것이다.

자연과 신앙과 나란히 셋째 힘인 서방의 충격이 있다. 이 연대기의 전체 기간에 서유럽과의 상호작용은 러시아 역사에서 한 주요 요인이었다. 러시아인은 이 관계를 정의하려는 시도를 거듭하면서 공식 하나를 늘 찾았다. 그 공식으로 러시아인은 서방에서 문물을 빌릴 수 있으면서 서방과 구별되는 상태에 남을 수 있게 되었다. 1840년대에 친슬라브주의자(Славянофил)와 "서구주의자"(Западник) 사이에 벌어진 유명한 논쟁은 기나긴 싸움의 한 일화일 뿐이다. 다른 경우와 마찬가지로 이 경우에도 19세기의 자의식적이고 지성화된 그 논쟁은 러시아 문화의 방향을 결정하려고 시도했던 다른 서방화 세력, 즉 이탈리아에서 온 라틴화론자, 독일에서 온 경건주의자[8], 프랑스에서 온 "볼테르주의자", 영국에서 온 철도 건설자를 고려함으로써 역사적 전망 속에 놓일 것이다. 서방이라는 효모를 러시아 안에 집어넣었던 러시아의 중심지에 각별한 주의를 기울일 것이다. 그 중심지란 실제의, 그리고 기억 속의 노브고로드(Новгород)와 당당한 메트로폴리스 성 페테르부르그-레닌그라드(Санкт Петербург-Ленинград)[9]이다.

이 저작에서 특별히 강조되는 역점 가운데에는 소련 이념가들의 공식 해석이나 서방의 지적인 역사가 대다수의 비공식적 합의에 현재 반영된 일반적 이미지와 맞지 않는 것이 많다. 내 해석에는 일반적이지 않아서

---

[8] 17세기 후반에 루터교도 사이에서 일어난 신앙 개혁 운동가들. 이성에 치우치고 형식화한 신앙에 반발해서 회개를 통한 거듭남을 중시하고 종교적 주관주의를 강조했다.

[9] 성 페테르부르그의 이름은 여러 차례 바뀌었다. 러시아 제국 북쪽 수도였던 성 페테르부르그는 1914년에 제1차 세계대전이 일어난 뒤 독일어처럼 들린다는 이유로 페트로그라드로 개칭되었다. 1924년에는 죽은 레닌을 기려 레닌그라드로 바뀌었다가 소련이 해체된 1991년에 원래 이름으로 되돌아갔다.

논란이 일 수 있는 특이한 사항이 들어있다는 점을 전문가는 알아차릴 (그리고 그런 점이 비전문가에게는 경고되어야 할) 것이다. 그런 사항으로는 "모든 시대는 영원으로부터 등거리에 있다"[10]는, 그리고 때로는 직전의 상황보다 형성기의 영향력이 그 뒤의 사태전개에 관해 더 많은 것을 우리에게 말해준다는 믿음에서 (비록 상고시대는 아닐지라도) 고대를 전반적으로 강조한다는 점, 알렉세이 미하일로비치(Алексей Михайлович) 통치기 교회분열의, 그리고 알렉산드르 1세(Александр I) 통치기의 반(反)계몽의 시작처럼 결정적인데 자주 무시된 몇몇 전환점을 세세하게 파고든다는 점, 종교적인 사상과 시류와 더불어 세속적인 사상과 시류에도 끊임없이 관심을 보인다는 점, 더 낮익은 1825년 이후 시대의 안에서 상대적 역점을 러시아 발전의 더 확연하게 서방적인 양상, 즉 "근대화" 양상보다는 러시아 특유의 양상에 둔다는 점 등이 있다. 이 주제들에 관해 쓰인 더 오래된 자료의 부피와 소비에트 연방의 안과 밖에서 러시아 문화에 깊이 빠져든 많은 이 사이에서 지속되는 그 주제들에 관한 관심의 깊이에 힘을 얻어 나는 이 연구의 특별한 강조점에는 러시아에 관한 객관적 사실이 어느 정도 반영되어 있으며 단지 역사가 한 개인의 주관적 호기심만 반영되어 있지는 않다고 믿게 되었다.

본문은 대체로 1차 사료와 상세한 러시아어 연구단행본을 — 특히 볼셰비키 혁명이 일어나기 전에 인문학이 활짝 꽃을 피운 마지막 기간 간행된 자료를 — 새롭게 읽기에 바탕을 두고 있다. 서방과 최근 소련의 학술서도 꽤 많이 이용되었다. 그러나 다른 역사 개설서들은 비교적 별로 이용되지 않았고, 분량은 상당하지만 중언부언하고 전거가 의심스러운 일단의 대중적인 러시

---

[10] 독일의 역사학자 레오폴트 폰 랑케(Leopold von Ranke)가 어떤 시대도 다른 시대보다 특별히 탁월하거나 우월하지 않다는 뜻으로 한 말.

아 관련 서방 문헌은 거의 전혀 이용되지 않았다.

본문은 폭넓은 일반 독자를 대상으로 쓰였으며, 바람이기는 하지만 러시아사 사전지식이 없는 이들에게도 아주 쉽게 이해될 것이다. 이 책 끝에 있는 후주의 용도는 중요한 인용의 원어 원전과 주요 유럽어로 된 입수 가능한 — 특히 논쟁거리가 되거나 낯설거나 다른 데에서 제대로 다루어지지 않은 주제에 관한 — 자료의 간략한 서적해제 안내를 더 전문적인 연구자에게 제공하는 것이다. 나의 해석과 강조점이 완벽하다는 착각을 불러일으키거나 권위의 아우라를 부여하려는 의도로 기다란 자료 목록을 붙여놓지는 않았다. 이용되거나 언급되지 않은 훌륭한 저작이 많으며, 논의되지 않은 중요한 주제가 많다.

나는 이 저작을 체계적 분석이나 철저한 규명으로서가 아니라 안정적이지 않지만 창의적인 한 민족을 내적으로 이해하려는 끊임없는 공동 탐구에서 일어난 일화로서 학자와 일반 독자에게 내놓고자 한다. 목적은 임상시험처럼 들리는 "감정이입"이라기보다는 독일인이 아인퓔룽(Einfühlung)이라고 부르는 것, 즉 "안에서 느끼기", 그리고 러시아인 스스로는 잉크가 빨종이에, 또는 열이 쇠에 스며든다는 의미로 — 침투나 침윤을 뜻하는 — 프로니크노베니예(проникновение)라고 부르는 것이다. 연루되어 있다는 이런 감정만이 외부의 관찰자가 일관성 없는 인상을 넘어서서 불가피한 일반화에서 헤어나 업신여기기와 치켜세우기, 공포와 이상화, 칭기즈 한과 프레스터 요한(Prester John)[11] 사이를 이리저리 어지럽게 왔다 갔다 하지 않도록 막아줄 수 있다.

---

[11] 이슬람교도가 지배하는 곳 너머의 동쪽 어딘가에 있는 거대한 나라를 다스리는 전설상의 그리스도교인 군주. 중세 유럽인은 이 군주와 동맹을 맺어 이슬람 세력을 물리치겠다는 희망을 품었다.

이런 더 깊은 이해의 추구는 내면을 성찰하는 러시아인 스스로의 논의를 오랫동안 불러일으켜 왔다. 아마도 20세기 러시아의 가장 위대한 시인일 알렉산드르 블록(Александр Влок)은 러시아를 스핑크스(sphinx)에 비긴 적이 있다. 그리고 소비에트 러시아의 경험은 러시아 역사의 더 앞 시기의 미해결 논쟁에 새로운 논란을 보탰다. 이런 이해의 추구는 바깥 세계에서도 이루어진다. 바깥 세계는 근대 러시아 문화의 두 주요 사건으로 영향을 크게 받았는데, 그 두 사건이란 19세기에 일어난 문학의 폭발과 20세기에 일어난 정치 격변이다. 역사가는 과거를 연구하면 어떻게든 사람들이 현재를 깊이 이해할지 — 심지어 어쩌면 미래의 가능태에 관한 단서의 파편이라도 얻을지 — 모른다고 믿고 싶어 한다. 그러나 러시아 문화의 역사는 그 자체를 위해 말할 가치가 있는 이야기이다. 더 앞 시대의 이 문화가 오늘날 도시화된 공산주의 제국과 연관성이 별로 없다고 느끼는 이들마저도 여전히 러시아 문화에 도스토옙스키가 자기가 느끼기에 죽은 문화인 서방 문화에 다가선 다음과 같은 방식으로 다가설지 모른다.

나는 내가 가는 곳이 그저 묘지라는 걸 알아, 하지만 가장, 가장 소중한 묘지야! …… 거기에는 소중한 망자들이 누워 있으며, 그들 위에 놓인 비석 하나하나가 다 내가 …… 땅에 엎어져 이 비석에 입을 맞추고 그 위에서 울어버릴 만큼 지난 치열한 삶을, 그리고 그 삶의 위업, 그 삶의 진실, 그 삶의 투쟁, 그 삶의 지식에 관한 열렬한 믿음을 알려주고 있지.[12]

---

12 Ф. Достоевский, *ПСС* т. 14 (Л.: 1976), C. 210.

▎감사의 말 ▎

내게 연구할 수 있는 특권을 베푼 다음과 같은 도서관에 큰 신세를 졌다. 프린스턴(Princeton) 대학의 (슈마토프(Shoumatoff) 기증 자료실을 포함해서) 파이어스톤(Firsestone) 도서관, 하버드(Havard) 대학 와이드너·휴튼(Widener and Houghton) 도서관, 스톡홀름(Stockholm)과 빈(Wien)과 마르부르크(Marburg)의 국립 도서관, 라이덴(Leiden) 대학 도서관, 빈의 동유럽사 연구소(Institut für osteuropäische Geschichte) 도서관, 뉴욕 공립도서관(New York Public Library), 미국의회도서관(Library of Congress), 살틔코프-쉐드린(Салтыков-Щедрин) 도서관[1], 러시아문학 연구소(푸시킨스키 돔(Пушкинский Дом)), 레닌그라드의 러시아 박물관(Русский музей), 레닌 도서관[2], 트레티야코프 미술관(Третьяковская Галерея), 모스크바의 고문서 보존소(Архив древних актов)[3]. 헬싱키의 훌륭한 국립도서관에 소장된 풍부한 러시아 자료를 읽으며 귀중한 한 해를 보내게 해준 발렌코스키(Valenkoski) 박사와 할트소넨(Haltsonen)

---

[1] 정식 명칭은 살틔코프-쉐드린 기념 러시아 국립도서관(Российская национальная библиотека имени Салтыкова-Щедрина).

[2] 현재의 명칭은 러시아 국립도서관(Российская государственная библиотека).

[3] 현재의 정식 명칭은 러시아 국립고문서보존소(Российский государственный архив древних актов).

박사, 그리고 그 국립도서관에 특히 고마움을 느낀다. 이 저작을 후원해 준 존 사이먼 구겐하임 추모재단(John Simon Guggenheim Memorial Foundation), 핀란드의 풀브라이트 프로그램(Fulbright Program), 프린스턴 대학 인문학・대학연구기금위원회(Counil of the Humanities and University Research Funds)에 고마움을 깊이 느낀다. 이 기획에 직접 관련은 없지만, 실질적으로는 득이 된 지원을 해준 프린스턴 대학 국제학 연구소(Center of International Studies), 하버드 대학 러시아연구소(Russian Research Center), 연구여행보조금 대학간 위원회(Inter-University Committtee on Travel Grants)도 고마울 따름이다. 찾아보기를 준비해준 그레고리 구로프(Gregory Guroff)와 이 원고의 가장 어려운 부분을 타자기로 쳐준 캐서린 구로프(Katharine Guroff)에게 감사한다.

나는 게오르기 플로롭스키(Georges Florovsky) 교수와 옥스퍼드 대학의 아이자이어 벌린(Isaiah Berlin) 교수에게 특별한 빚을 지고 있다. 두 분은 내가 옥스퍼드 대학과 하버드 대학에서 지내는 여러 해 동안, 그리고 그 뒤에도 착상과 비평과 의견을 아낌없이 내주셔서 내게 활력을 주셨으니, 여러모로 이 책의 영적인 아버지인 셈이다. 또한, 나는 1961년 3월에 교환교수로 레닌그라드 대학을, 그리고 다시 1965년 1월에 모스크바 대학을 방문한 기간에 마브로딘(Мавродин) 교수와 뱔릐이(Бялый) 교수, 그리고 말리셰프(Малышев) 씨, 골드베르그(Гольдберг) 씨, 볼크(Волк) 씨와 토론을 하는 수혜자가 되었다. 1965년 1월의 경우에는 그 두 대학교에서 이 책의 내용을 주제로 강의하는 특혜를 얻었다. 모스크바에서는 클리바노프(Клибанов) 교수와 노비츠키(Новицкий) 교수, 그리고 사하로프(А. Сахаров) 씨와 토론을 하는 혜택을 누렸다. 소련에서 이분들과 다른 분들이 보여준 친절과 더불어 격려에 고마움을 느끼며, 이 영역에서 자주 달랐던 견해의 교환이 지속되고 심화되기를 바랄 따름이다. 포포바(Попова) 부인과 레베데프(Лебедев) 관장에게도 감사한다. 이 두 분 덕분에 각각 파벨 코린(Павел Д. Корин)과 트레티야코프 미술관의 귀중한 소장품을 세세하게 연구(하고 복제물을 취득)할 수 있었다. 프린스턴 대학 역사학과의 내 동료들인 조지프 스트레이어(Joseph Strayer)와 시릴 블랙(Cyril Black)과 제롬 블룸(Jerome Blum)에게 큰 빚을 지고 있다. 이들은 로버트 터커(Robert Tucker), 리처드 버기(Richard Burgi), 구스타브 알레프(Gustave Alef), 니나 베르베로바(Nina Berberova), 벌린 교수, 플로롭스키 교수와 더불어 책의 여러 절을 읽고 평을 해줄 만큼 친절했다. 읽고 평을 해준 찰스 모저(Charles Moser)에게 특히 빚을 지고 있다. 이분들 가운데 이 저작의 결점은 말할 나위도 없고 강조와 접근법과 관련해서 잘못을 저지른 이는 단 한 사람도 없다.

내가 제대로 고마움을 표해야 할 많은 이 가운데에서 하버드 대학과 프린스턴 대학에서 내가 가르쳤던 쾌활한 — 나로서는 인텔리겐트늬이(интелл-игентный)[4]하다고까지 말해도 좋을 — 학생들, 그리고 내게 크나큰 영향을 주시고 고인이 되셨으며 지인들이 잊지 못할 큰 스승 세 분, 알버트 프렌드(Albert M. Friend)와 월터 홀(Walter P. Hall)과 해리스 하비슨(E. Harris Harbison)만은 언급하고자 한다. 마지막으로, 사랑하는 아내이자 벗인 마조리(Marjorie)에게 고마움을 표해야 한다. 감사와 애정을 담아 이 책을 마조리에게 바친다.

---

[4] '지적인', '지성적인', '교양 있는'이라는 뜻의 러시아어 낱말.

‖ 차례 ‖

1권 차례

3권 차례

III 분열의 세기

17세기 중엽부터 18세기 중엽까지

17세기와 18세기 초엽에 외국인의 기술과 재간(хитрость)을 습득할 실질적 필요와 옛 모스크바국의 종교 전통에 대한 열렬한 애착(благочестие)을 지속하려는 정서적 필요 사이에 빚어진 깊은 갈등.

대동란 시대의 정치적 굴욕과 계속되는 경제와 군사의 서방 종속으로 말미암은 민족 부흥에서 종교가 발휘한 지도력. 불어나는 수도원의 위세와 재산, 그리고 그 결과로 차르 알렉세이 미하일로비치 치세(1645~1676년)에 교회 내부의 두 개혁 당파 사이에서 일어난 교회분열(раскол). 1589년에 처음 만들어진 직위이며 차르 미하일 로마노프의 아버지인 필라레트의 총대주교 재직기(1619~1633년)에 특별한 권위를 얻고 니콘의 총대주교 재직기(1652~1658년, 공식적으로는 1667년에 면직)에 신정(神政)을 펼칠 권리를 주장할 만큼 지위가 높아진 모스크바 총대주교의 권세 확장을 통해 러시아 문화에서 종교가 차지하는 중심 역할을 유지하려는 "수도수사", 즉 결혼하지 않는 수사 성직자의 노력. 이와 동시에 나타났으며 대중을 상대로 한 복음 전도, 청빈 계율, 기존 예배형태의 근본주의적 고수를 통해 전통 종교의 중심적 역할을 유지하려는 "재속수사", 즉 결혼하는 교구 성직자의 운동. 니콘이 이끄는 신정주의자와 아바쿰 수석사제(1621~1682년)가 이끄는 근본주의자의 상호 파괴. 두 사람에 대한 1667년 교회공의회의 규탄. 서방의 가톨릭 신앙과 프로테스탄트 신앙 사이에 더 먼저 벌어지고 두 종교적 접근법의 탈진과 새로운 세속 국가의 승리를 불러일으키기도 한 갈등과의 유사점.

알렉세이 미하일로비치 치세 말기에 도래한 서방식 연극, 회화, 음악, 철학. 특히 소피야의 섭정기(1682~1689년)에 서방에게서 종교적 해답을 찾으려는 노력. 채찍고행을 하는 분리파 전통의 시작. 표트르 대제 치세(1682~1725년)에, 특히 그가 1697~1698년에 서유럽을 처음으로 방문한 뒤에 이루어진 서방화된 세속 국가의 공고화. 1703년에 이루어진 페테르부르그의 창건. 기하학적 균일성, 서쪽을 바라보는 전망, 로마노프 황조 통치의 밑바탕을 이루는 잔학성과 인위성의 지속적 상징이 된 발트 해의 네덜란드식 해군기지. 1726년의 학술원 창립, 그리고 초상화와 발레(ballet)에서 이루어진 인간 신체의 발견. 중앙집권화하고 세속화한 귀족 지배로 기우는 전반적 추세 속에서 옛 모스크바국의 질서를 지켜내고 다시 내세우려는 18세기의 다양한 시도. 구교도의 공동체성, 주기적으로 일어나는 카작 주도의 농민 반란, 18세기 말엽에 "장로"들이 이룬 수도원 부흥.

유럽에 관여하면서 러시아는 거의 끊임없이 벌어지는 싸움에 참여하게 되는 대가를 치렀다. 그 싸움의 와중에 17세기 말엽과 18세기 초엽의 새로운 절대군주제가 등장했다. 러시아의 관여는 동유럽과 서유럽 사이에서 발전하고 있었던 더 깊은 상호관계의 일부였다. 스웨덴을 유럽 대다수 나라의 모범으로 만든 구스타부스 아돌푸스는 1620년대 말엽의 그 상호관계를 알아채고는 "유럽의 모든 전쟁은 서로 뒤꼬여 매듭 하나가 되어가고 있으며 하나의 보편전쟁이 되고 있다"고 — 심지어는 러시아와 동맹을 맺기도 전에 — 설명했다.[1]

사실상, 보편전쟁은 지고한 이상에서 비루한 행위로 빠르게 옮아간, 그리고 그 나름의 특정한 리듬과 논리를 가지고 대륙 곳곳을 누비듯 휩쓴 한 전투를 가리키는 괜찮은 지칭어로 보인다. 17세기 초에 스웨덴인과 폴란드인 사이에 벌어진 가톨릭-프로테스탄트 전쟁은 그 충돌이 1618년에 제국령 보헤미아를 거쳐 서방으로 번지자 비로소 잠잠해졌다. 그러다 1648년에, 즉 그 복잡하고도 야만적인 30년전쟁이 서유럽에서 종식된 바로 그 해에 동쪽에서 다시 싸움이 터져 나왔고 히틀러(Hitler) 이전에는 단일 사건으로는 가장 컸던 유대인 학살이 일어났다.[2] 그다음 75년 거의 내내 동유럽은 싸움터였다. 30년전쟁과 영국 내전에서 싸웠던 군인들이 가장 비싼 값을 부르는 사람에게 용병으로 고용되어, 돌림병과 질병과 총검, 그리고 "인간의 상태는 전쟁 상태(status belli)에 지나지 않는다"는 체념 어린 믿음을 가져왔다.[3] 러시아는 예전에 이슬람교도와 그리스도교도 사이에 벌어지는 변경 전쟁에서나 거두던 총체적 승리를 거두겠다는 열정으로 (그리고 일시적 휴전밖에는 하지 않겠다는 고집으로) 동력을 얻어 치러지는 싸움에서 비록 결정적으로는 아닐지라도 점진적으로 승자로 떠올랐다.[4] 종교에 따른 구분선이 1650년대와 1660년대의 싸움에서 완전히 무너졌다. 러시아인이 러시아인과 싸웠고 가톨릭 왕당파 소속 스코틀랜드인을 써서 가톨릭을 믿는 폴란드 왕에게 창피를 주었다. 같은 시기에 가톨릭 프랑스가 가톨릭 에스파냐와, 루터파 덴마크가 루터파 스웨덴과, 프로테스탄트 네덜란드가 프로테스탄트 잉글랜드와 싸웠다. 상황이 피폐해지고 싸움이 뉴욕(New York)과 브라질(Brazil)과 인도네시아(Indonesia)처럼 먼 곳까지 번지자, 안정화의 힘이 대륙 유럽에 질서를 도로 가져오기 시작했다. 1713년에 에스파냐 왕위계승 전쟁이, 그리고 1721년에 대북방전쟁이 끝날 즈음에 유럽은 비교적 안전했다. 튀르크는 봉쇄되었고, 한결같이 나라 안에서는 권력 독점을, 나라 밖에서는 세력 균형을 유지하는 데 전념하는 군주 아래서 평화가 이루어졌다.

마지막 아이러니는 처음에는 러시아를 부추겨 "보편전쟁"에 발을 들여놓게 한 스웨덴이 1709년에 폴타바(Полтава)에서 벌어진 전쟁의 마지막 대전투에서 바로 그 러시아에게 졌다는 점이다. 머나먼 우크라이나에서 훨씬 더 우세한 러시아군을 이기려는, 그리고 훨씬 더 먼 곳에 있는 카작과 튀르크와 손을 잡으려는 카를 12세의 이런 노력은 그 시대의 영웅적 비현실성과 희한하게 어울려 보인다. 동유럽에서 "보편전쟁"을 벌인다는 전략적 전망은 힘을 되찾은 가톨릭교가 러시아를 거쳐 인도로 가고 예수회가 지배하는 중국과 연합한다는 포세비노의 구상부터 튀르크를 칠 십자군을 위해 페르시아(Persia)와 제휴하고 그다음에는, 아마도, 로마를 물리치기 위해 유럽의 프로테스탄트 국가와 제휴할 모스크바-아비시니아(Abyssinia)[1] 간 동맹을 결성한다는 같은 세기 말엽의 몽상적 러시아-작센 기획에 이르기까지 일종의 바로크식 장엄과 무한성을 바라는 갈망으로 내내 활력을 얻었다.[5]

그 전망은 바로크 예술에서만큼이나 환상에, 즉 있을 수 없는 것을 보려는 초조한 욕망에 바탕을 두고 있었다. 동유럽에서 벌어진 보편전쟁의 실상은 영국에서 벌어진 내전이나 독일에서 벌어진 30년전쟁의 실상보다 오히려 훨씬 더 가혹하고 끔찍했다. 이 동쪽 지역의 역사가들은 그 지역의 여러 민족에게 잇달아 찾아온 유별난 공포와 참화의 시대를 중립적으로 서술하는 표현법을 결코 정할 수 없었다. 러시아인은 아직도 혼란에 빠져 고통스러워하며 "대동란 시대"를, 폴란드인과 우크라이나인은 "대홍수"(Potop)를, 동유럽 유대인은 "절망의 구렁텅이"(Yeven Metzulah)를, 스웨덴인과 핀란드인은 "크나큰 증오"를 이야기한다.[6]

---

[1] 에티오피아의 옛 이름.

외부에서 군사적 타격이 가해지면 차르가 중앙집권화된 관료제의 힘을 자기 영토 곳곳에 확장하고 농민에게 혹독한 부담을 지웠으므로 내부에서는 정치와 경제가 위축되었다. 동유럽의 느슨한 대의제 회의체(러시아의 젬스키 소보르, 스웨덴의 릭스다크(riksdag), 폴란드의 세임(sejm), 유대인의 네 나라 회의(Совет четырех земель)², 프로이센의 슈텐데(Stände))는 권위의 정점에 오른 듯 보인 뒤 17세기 말엽에 모두 다 갑자기 해체되거나 실질적인 힘을 잃었다. "경제의 이원성"이 근대 초의 유럽을 기업성과 역동성이 점점 더 커지는 서방과 정체하고 농민이 예속되는 동방으로 갈라놓으면서, 준군사적 형태의 새로운 규율이 동유럽의 농업 사회에 부과되었다.[7]

17세기 러시아보다 그 격통이 더 혹심한 곳은 없었다. 인구의 대량 이주와 사회 구성의 변화가 당혹스러운 속도로 일어났다.[8] 수많은 외국인이 러시아로 밀려 들어왔고, 러시아인 스스로는 태평양 쪽으로 몰려 갔고, 도시가 느닷없이 반란을 일으켰고, 농민이 격분해서 난폭해졌고, 카작과 용병이 전투는 하지 않고 제멋대로 습격과 학살을 일삼았다. 17세기에 두 차례 — 각각 대동란 시대의 초기와 제1차 북방전쟁 초기에 — 대러시아의 인구 3분의 1이 상호연관된 전쟁과 돌림병과 기근의 피해로 죽었다고 추산해도 지나친 일은 아닌 듯하다.[9] 1660년대쯤에 차르의 궁전에서 지내던 한 영국인 의사가 모스크바 주위 지대에서는 여성과 남성의 비율이 10 대 1이라고 썼으며, 러시아 사료에는 전선에서 식인 행위가 일어나고 후방에서 늑대들이 — 그 가운데 4,000마리가 1660년의 모진 겨울에 스몰렌스크에 들이

---

² 폴란드 중서부, 폴란드 남부, 우크라이나 북서부, 루테니아의 유대인 공동체 대표들이 모여 세금 등 주요 문제를 논의한 유대인 자치기구. 1580년부터 1764년까지 루블린에 있었다.

닥쳤다는 말이 있을 만큼 — 설쳤다고 언급되어 있다.[10]

자기 주위에서 일어나고 있는 변화에 대처하기는 고사하고 그 변화를 이해할 수도 없었던 러시아인은 폭력에 기대고 이미 의미를 잃어버린 형식과 구별에 필사적으로 매달렸다. 러시아에서는 최초로 인쇄된 법전인『1649년 법전』은 위계를 세세하고 엄격하게 설정했으며 농노 신분에서 벗어날 길을 농민에게 일절 터주지 않고 갖가지 경범죄에 신체형을 — 심지어는 사형까지도 — 규정함으로써 폭력을 법으로 승인해 주었다. 채찍형만 해도 141차례나 언급되어 있다.[11] 17세기는 옛 해답은 무력하지만 새 해답은 아직 제 자리를 잡지 못했음이 드러난 시대였다. 옛 모스크바국의 피할 길 없는 쇠락은 요한 하위징아(Johan Huizinga)의 고전『중세의 가을』(Herfsttij der Middeleeuwen)의 첫 세 장(章)의 제목, 즉 "폭력적 인생행로", "비관론과 숭고한 삶의 이상", "위계적 사회 개념"으로 잘 서술될 수 있었다.

모스크바에 있는 서방인 군인, 의사, 기술자의 수가 — 그리고 외국에 있는 러시아 사절의 수가 — 늘어나는데도 서방은 제대로 이해되지 않았다. 외국에 있는 러시아 사절은 차르의 기나긴 칭호를 빠진 데나 틀린 데 없이 외기를 거듭 요구함으로써 모든 이의 기분을 건드렸고, 한편으로 어디에서나 눈에 띄고 냄새를 풍기는 경호원들은 신발을 만들려고 왕궁의 의자에서 가죽을 잘라내고 벽과 바닥에 배설물을 남겼다. 서방인 방문객들은 러시아의 불결함과 비굴함과 무질서를 서로 앞다투어 이야기했다. 그리고 서방인 관찰자들 사이에는 러시아에 대한 분석적 접근이기보다는 재담식의 접근을 지극히 신성시하는 참으로 우스꽝스러운 광경이 있었다. 피리와 해골을 몸에 지니고 모스크바로 간 네덜란드인 의사 한 사람은 죽은 이의 혼을 불러내려고 시도한다고 해서 지나가던 군중에게 린치(lynch)를 당할 뻔했다.[12] 제1차 북방전쟁 동안 영국인 의사 한 사람은 식사 시간에 주석영(酒石英, 크림 오브 타타Cream of Tartar)[3]을 달라고 요청한 것이 크림 타타르인에게 동조한다는 표시로 생각되어 처형당했다.[13] 대다수 서방 작가는 17세기 내내 계속해서 러시아인을 다른 슬라브인보다는 타타르인과 동일시했다. 슬라브 권에 속하는 프라하(Praha)에서조차 1622년에 간행된 한 서적은 유난히 이상야릇하고 색다른 문명의 목록에서 러시아를 페루(Peru)와 아라비아(Arabia)와 한데 묶었다.[14] 그리고 그전 해에는 비교적 가깝고 정보가 많은 웁살라(Uppsala)[4]에서 "러시아인은 그리스도교도인가?"라는 주제에 관한 학위논문이 심사를 받았다.[15]

물론, 아이러니는 17세기의 러시아가 점점 세속화하는 서방의 대부분 지역보다 훨씬 더 열렬하게 그리스도교적이었다는 점이다. 실제로, 이 험난한 세기에 모스크바국을 덮친 위기의 궁극적 원인이야 무엇이든, 그 위기의 외부 형태는 종교적이었다. 차르 알렉세이 미하일로비치 치세에 러시아 정교를 치명적으로 갈라놓고 약화시킨 라스콜(раскол), 즉 교회분열은 이 유기적 종교 문명의 모든 영역에 반향을 남겼다. 알렉세이 미하일로비치의 아들인 표트르 대제가 행정을 강화하고 서방식 수도를 새로 세운 것은 그 교회분열이 러시아에서 열어젖힌 이념의 균열을 메우지 못하고 다만 그 균열을 더 깊고 더 복잡하게 만들었다. 종교 분쟁은 근대 러시아를 계속 따라다니며 괴롭혔다.

---

[3] 주석산칼륨. 신맛이 나는 흰 결정체이며, 물감이나 약으로 쓴다.
[4] 스웨덴 중동부에 있는 웁살라 주의 도시. 스톡홀름 북쪽 64킬로미터 지점에 있다.

01 내부의 분열

17세기의 결정적 순간은 — 즉, 러시아인이 페렐롬(перелом, 층계의 계단참, 열병의 고비)이라고 부르는 것은 — 1667년에 교회가 그 분열을 정식으로 선언한 때였다. 그것은 종교적인 모스크바국에서는 세속화된 성 페테르부르그에서 정확히 250년 뒤에 일어난 볼셰비키의 쿠데타(coup d'état)만큼 지대한 의의를 지닌 일종의 쿠데글리즈(coup d'église)[1]였다. 1667년 모스크바 교회공의회의 결정은, 1917년 성 페테르부르그 소비에트[2]의 결정처럼, 러시아 역사에서 돌이킬 수 없는 결정적 전환점이었다. 1667년의 의의는 당시에는 다양한 구질서 옹호자에게서 1917년보다 훨씬 더 제대로 평가받지 못하고 상이한 여러 방면에서 도전을 받았다. 그러나 권력의 중심에서 변화는 일어나버린 상태였고, 분열된 반대파는 새 시대와 새 사상의 도래를 막을 수 없었다.

(러시아 혁명처럼) 라스콜은 정치와 미학과 더불어 개인의 형이상학적 신념까지 연루된 거의 한 세기의 치열한 이념 논쟁의 정점이자 절정으로 찾아왔다. 17세기의 모스크바국은 여러모로 "중세와 근대", "모스

---

[1] 교회 후려치기. 여기서는 국가를 후려치는 정변(政變)이라는 뜻의 쿠데타와 대구를 이룬다.

[2] 성 페테르부르그가 1914년에 페트로그라드로 바뀌었으므로, 페트로그라드 소비에트라고 해야 옳다.

크바국과 서방” 세력의 끊임없는 1 대 1 투쟁으로 갈가리 찢겼다. 그러나 그런 용어들은 18세기와 19세기의 자의식적이고 지성화된 갈등에 더 잘 들어맞는다. 17세기 러시아의 쟁점은 당시의 연대기와 논쟁문에 자주 나타나는 대립하는 두 용어, 즉 히트로스트(хитрость)와 블라고체스티예(благочестие)로 더 잘 설명될지 모른다.

이 두 용어는 — 그것들이 사용된 논쟁과 마찬가지로 — 서방의 언어로 옮기기 어렵다. 히트로스트는 솜씨와 재간을 뜻하는 슬라브어 낱말이다. 그 낱말은 비록 그리스어의 테크니코스(technikos)에서 유래하기는 했어도 모스크바국에서는 영리함, 그리고 심지어는 영악함이라는 뉘앙스를 얻었다. 대체로 이 용어는 종교의례와 관련 없는 행위의 숙련을 묘사하는 데 쓰였다. “자모르스카야 히트로스트”(заморская хитрость, 바다 너머에서 온 잔재주)라는 말은 외국인이 16세기와 17세기에 가져온 많은 낯선 새 기술과 기법에 적용되었다.[1] 보리스 고두노프는 1598년에 러시아 최초로 선출된 차르가 되었을 때 자기가 “어떤 술수도 없이(безо всякие хитрости) 참되고 진실되게” 선택되었다는 공개 선언을 함으로써 절차에 관한 대중의 의심을 누그러뜨려야 했다.[2] 구교도의 반란은 러시아의 교회가 서방의 교회처럼 이제는 오로지 “외부의 술수”(внешнею хитростию)를 통해서만 하느님을 알려고 애쓰고 있다는 믿음에 입각해 있었다.[3] 뒤이은 러시아의 농민 반란과 인민주의 개혁의 전통에는 돈을 쓰고 주고받는 것조차도 “영악한 메카니즘”(хитрая механика)이라는 원초적이고 아나키즘적인 믿음이 깊이 배어 있었다.[4] 스탈린 이후 세대의 저항 작가도 관료 체제의 검열관과 “가필자”의 “영악한(хитрый) 가위질”에 맞서 목청 높여 항의하게 된다.[5]

고골은 자기의 그 유명한 삼두마차 일화에서 러시아가 “영악하지 않”(не хитрый)지만 “재빠른 야로슬라블 촌사람” 같다고 주장한다. 바로 그런 유형의 사람들이 1612년에 야로슬라블에서 "전국회의"(земский собор)를 조직했고, 이 회의가 모스크바에서 폴란드인을 최종적으로 내쫓고자 러시아의 역량을 동원했고 1613년에 미하일 로마노프를 차르로 옹립한 협의체의 본보기 구실을 했다. 볼가 강의 도시들에서 모스크바에 들이닥쳤던 투박한 변경 부대는 모든 "바다 너머에서 온 잔재주"에 대한 깊은 불신을 가져왔다. 우악스러운 솔직함이 모스크바를 해방했으며 어린 차르를 위해 일종의 집단 섭정 노릇을 하는 협의체를 위해 눌러앉은 그 전사들의 특성이었다. "쇠나사를 조여 고정하"지 않고 "도끼와 끌로 서둘러" 일하는 고골의 "재빠른 야로슬라블 촌사람"처럼 무지막지스러운 촌놈들은 사로잡은 폴란드인의 목을 붉은 광장에서 큰 낫으로 베었고 의심쩍은 반역자들의 갈비뼈를 달군 인두로 뽑아냈다. 곰 한 마리가 도끼 한 자루를 들고 있는 야로슬라블의 문장(紋章)이 한동안 새로운 체제의 상징이 된 듯했다.

이 촌놈들은 폭력과 함께 모스크바국을 위대한 근대국가로 바꾼 다듬어지지 않은 힘을 가져왔다. 그들은 자기들의 혹독한 환경으로부터 새로운 종교적 열성과 블라고체스티예(благочестие)로 알려진 성정에 대한 특별한 경외심도 가져왔다. 흔히 "신앙심"으로 옮겨지는 이 용어는 "열렬한 충성"으로 옮겨질 때 오늘날 사람의 귀에 더 완전하게, 따라서 더 정확하게 쏙 들어온다. 블라고(благо)는 "선"(善)을 뜻하는 교회 슬라브어 낱말이었는데, 그것과 함께 "축복"과 "행복"이라는 두 가지 뜻을 지녔다. 체스티예(честие)는 "명예", "존경", "정직", "존중"을 뜻하는 낱말이었다. 색조가 다양한 이 모든 뜻이 평범한 모스크바국 백성의 열렬한 신앙 안으로 섞여 들어갔다. 블라고체스티예는 신앙과 충실, 두 가지를 뜻했으며, 그 형용사 형태는 모스크바국에서 "차르"라는 낱말에 착 달라붙었다.[3] 이반 뇌제가 탓하는 쿠릅스키의 주된 허물은 쿠릅스키가 "이기심 탓에 덧없는 영광"을 위해 "블라고체스티예를 짓밟아 뭉개버렸"고 "자기의 영혼에서 블라고체스티예를 내팽개쳤다"는 것이었다.[6] 연대기 작가들은 17세기의 고난에서 자기 백성에게 회개하라고 명하시는 하느님의 원한 서린 손을 보았다. 구약성경의 예언자처럼, 모스크바국의 열성 신도는 단지 교리를 믿으라거나 교회에 나가라고 요구하는 데 그치지 않고 새로이 헌신하며 살라고 거듭 요구했다. 이것은 타산(打算)보다는 관습이 지배하는 사회였다. 사회와 경제가 변해서 삶이 더 복잡해지자, 모스크바국 백성은 예전에 있었던 것에 헌신하라는 단순한 요구에서 점점 더 도피처를 찾았다. 만약 어떤 사람이 옛 형식을 고수하지 않는다면, 그 사람은 외국 방식을 비판하지 않고 그대로 흉내 내는 자가 되기 쉬웠다. 히트로스트의 타산적 세속성과 블라고체스티예의 철저한 전통주의 사이에 실질적인 중간 지대란 없었다.

히트로스트는 확실히 미래의 물결이었으며, 그것의 발전은 군사사가와 정치사가가 마땅히 파고들어야 할 주제였다. 동슬라브인의 흐리멍덩한 부정확성 위에 서방식 측정이 천천히 얹혔다. "구세주 탑문"(Спасские ворота)[4] 위에 영국인이 만든 초대형 시계[5]가 놓였다. 그 뒤 얼마 안 되어 모스크바국 교회들의 십자가 꼭대기에 풍향계가 나타나기 시작했다. 1632~1634년에 폴란드와 벌인 전쟁에 대비하는 과정에서 꽤 정확한 군

---

[3] 명사 благочестие의 형용사 형태 благочестивый와 이 형용사의 최상급 благоче-стивейший는 차르를 존대하는 표현으로 쓰였다.

[4] 모스크바 붉은 광장에 면한 크레믈 동벽의 탑문. 1491년에 세워졌으며, 이름은 이 탑문에 붙은 구세주 이콘에서 유래했다. 구세주 문루(Спасская башня)나 프롤로프 문루(Фроловская башня)라고도 한다.

[5] 모스크바의 구세주 탑문에 달린 크레믈 괘종시계(Кремлевские куранты, Кремл-евские часы). 1625년에 낡은 시계 대신에 스코틀랜드 출신의 기술자 크리스토퍼 갤러웨이(Christopher Galloway)의 감독 아래 즈단(Ждан) 일가가 새로 만든 대형 괘종시계가 달렸다.

사용 지도와 도해가 모스크바국에서는 처음으로 작성되었다. 최초의 대규모 병기 국내 생산이 크레믈의 개축된 조병창과 네덜란드인이 툴라에 지은 새 주물공장 안에서 거의 동시에 시작되었다.[7] 확실히, 러시아의 국위는 — 1647년에 나온 러시아 최초의 군사교범의 제목을 인용하면 — "보병 부대의 교련과 숙련"(Учение и хитрость ратного строения пехотных людей)에 좌우될 터였다. 표트르 대제의 통치는 러시아가 북유럽의 과학기술을 통해 규율 잡힌 세속 국가로 천천히 탈바꿈하는 변혁의 정점이다.

그러나 문화사가에게 17세기의 진정한 드라마는 — 그 시대의 모든 변화와 도전을 거치면서도 — 블라고체스티브예(благочестивые)한, 즉 거룩한 지난날에 열렬하게 충실한 상태로 남겠다는 많은 러시아 사람의 결의에서 비롯된다. 영웅적 행위와 그들의 맹렬한 노력으로 말미암아 분열이 러시아 사회 깊숙이 들어가 박혔고 러시아는 근대화에 원활하게 적응하지 못하게 되었다. 서유럽이라는 복잡미묘한 성인(成人)의 세계를 평화로이 그냥 받아들이기에는 유년기의 러시아 문화는 너무나 완고했고 서방과의 첫 접촉은 너무나 당혹스러웠다.

17세기의 러시아에게 대동란 시대의 굴욕은 러시아의 체제가 뒤떨어졌다가 아니라 러시아인이 믿는 하느님이 진노하셨다는 것을 예증했다. 보리스 고두노프와 드미트리가 공공연하게 대대적으로 실행한 서방화는 폐기되었고 하느님이 러시아를 각별히 보살핀다는 믿음이 강해졌다. 서방의 기술이 17세기 내내 러시아로 계속 쏟아져 들어오는 동안, 서방의 사상과 신앙은 거센 저항을 받았다. 평범한 러시아인은 모스크바국을 고난을 겪는 하느님의 종으로 보았고 남은 의인을 찾으러 수도원을 쳐다보았다.

17세기 초엽의 역사 저술에는 내성적 비탄과 광신적 훈계가 가득 차 있었고, 이런 탓에 진지한 사회분석으로 나아가지 못한 채 연대기 서술

전통의 품격을 망가뜨렸다. 성 세르기 대수도원의 아브라아미 팔리칀 (Авраамий Палицын)은 러시아의 굴욕에 직면해서 "온 세상이 어리석게도 입을 다물었다"[8]고 한탄했다. 그리고 노브고로드의 이반 티모페예프 (Иван Тимофеев)는 "어떤 이는 동쪽을 바라보고 다른 어떤 이는 서쪽을 바라보면서 …… 서로를 향한 사랑의 유대를 깨뜨리"는 경향[9]을 비난했다. 반쯤은 관리인 로마노프 황가 "새 연대기작가"는 러시아의 재난이 보리스 고두노프가 저질렀다는 말이 있는 어린 드미트리 살해를 신이 앙갚음하는 것이라는 도덕주의적 견해를 푸시킨과 무소륵스키에게 물려주었다.[10]

러시아가 외세에게서 구원받은 것은 한결같이 하느님의 일하심으로 여겨졌다. 그 뒤에 러시아의 부가 불어나자 러시아 사람이 하느님에게 졌다고 느끼는 빚을 갚을 새 재화가 생겨났지만, 한편으로는 그 재화를 철저히 외면하려는 새로운 유혹도 생겨났다. 두 차르를 섬긴 신하인 이반 흐보로스티닌(Иван Хворостинин)은 소치누스주의(Socinianism)[6]로 전향해서 더는 금식일을 지키거나 이콘을 숭상하지 않았고 모스크바국의 다른 누구보다도 훨씬 더 앞서서 우아한 음절시[7]를 썼다. 수도원의 연대기 작가 아브라아미 팔리칀의 사촌이자 새로 개척된 시베리아 지역의 지방군정관인 안드레이 팔리칀(Андрей Палицын)은 담배 피우는 습관을 들여오고 마술을 공부했으며 자기 관할영역 안에서는 성직자가 필요 없다고 주장했다.[11] 그러나 훨씬 더 흔한 현상은 17세기 초엽에 우세했고 훗날 러시

아의 시인과 역사가의 상상력을 사로잡는 전통 신앙의 광범위한 재대두
였다. 흐보로스티닌에게서 "문화의 봄을 알리는 첫 제비"를 본 러시아
혁명 이전의 관대한 역사가마저도 서방을 쳐다보려는 충동에는 대개
"원칙적이거나 이념적인(идейный) 것이 전혀 없다"는 말을 덧붙여야 한
다고 느꼈다.[12] 옛 신앙의 수호자들은 참으로 "원칙적이고 이념적"이었
으며, "참된 차르"와 "옛 전례"에 이치에는 맞지 않지만 심리상으로는
품을 수밖에 없는 충성심을 지녔다. 아무리 역설로 보일지라도, "원칙적
이고 이념적"인 태도를 보이겠다는 훗날 급진 지식인의 결의는 지식인
에 반감을 가진 보수주의자가 사뭇 다른 원칙에 바치는 이런 초기의 헌
신에서 비롯되었을지 모른다.

17세기의 가장 극적인 사건은 — 비록 각기 두드러진 사례가 있기는 했을지라도
— 동방과 서방의 그 어떤 정면 대결도 아니었고 차르나 개혁가나 작가
의 그 어떤 행위도 결코 아니었다. 오히려 핵심 사건은 볼가 강 상류
지대 출신의 두 "우직한 촌놈", 즉 니콘 총대주교와 아바쿰(Аввакум) 수석
사제의 극적인 대결이었다. 이 두 투박한 성직자는 러시아 교회 안에서
일어난 분열에서 핵심적 맞수였다. 그 두 사람은 저마다 자기가 히트로
스트에, 즉 모든 형태의 타락과 술수와 낯선 혁신에 철석같이 반대한다
고 보았다. 그 두 사람은 각자 "하느님을 사랑하는 사람들"(Боголюбцы)[8]과
"열성신자회(ревнители древного благочестия)"[9]라고 알려진 집단의 일원이

---

[8] 대동란 시대를 겪으며 해체되어 대립하는 러시아 문화를 정교의 틀 안에서 통일
한다는 목표 아래 보니파티예프, 네로노프, 아바쿰, 니콘 등이 주도한 17세기 중
엽 신앙 운동의 구성원.
[9] 경건성을 바탕으로 삼아 교회 규정을 엄수해서 성속 생활을 바로 잡고 이단과
싸운다는 목표 아래 보니파티예프를 중심으로 차르의 지원을 받아 르티쉐프, 네
로노프, 니콘, 아바쿰 등 러시아의 성속 고위인사들이 1640년에 만든 모임. 1652
년에 니콘이 총대주교가 되면서 해체되었다.

되면서 이름을 드날리기 시작했다. 1667년에 그 두 사람은 같은 시기에 위신을 잃고 수인이 되어 자기들의 출신지인 얼어붙은 북쪽 땅으로 돌아갔다. 그 두 사람의 퇴장은 옛 모스크바국의 쇠퇴에서 결정적 순간이었고 제정 러시아라는 새로운 문명에서 "옛 신앙"과 "하느님 사랑"이 느릿느릿 차츰차츰 사라지기 시작하는 기점이었다.

이 두 막강한 인물의 흥망성쇠를 이해하려면, 우선 17세기 초엽의 러시아에서 종교의 중요성이 전면적으로 되살아났음을 고려해야 한다. 새 황조의 정치적 성공과 "전국 시장의 형성"과 함께 나란히 이루어진 것이 바로 종교 부흥의 통합력이었다. 그 중심에는 수도원 공동체가 서 있었다. 대동란 시대 동안 수도원 공동체는 — 상인과 보야린, 그리고 심지어 차르와 달리 — 사실상 권위를 얻었다. 성 세르기 대수도원은 모스크바 부근의 주요 요새 가운데 거의 유일하게 외국인의 손에 들어가지 않았다. 더욱이 외국인 침략자에 맞서 봉기하라는 결연한 호소가 그 수도원의 벽 뒤에서 나왔다. 수도원 공동체는 한결같이 폴란드의 부아디수아프(Władysław)와 스웨덴의 카를 필립(Karl Filip)이 러시아의 제위에 오를 권리가 자기에게 있다는 주장을 유지하는 데 필요했을 축성의 아우라를 그 두 사람에게 제공하지 않았다. 죽지 않고 살아남은 러시아의 모든 권력자 후보는 공위기간 말기에 수도원으로 도피했고, 점점 수가 늘어나는 탈주병과 빈민이 이 위대한 민족 성소의 주위에서 구호금과 임시 거처를 구하며 이들에게 합세했다.[13] 초보적이고 도덕주의적인 17세기 문학에 나타날 가장 뛰어나고 가장 이름난 두 단편소설(『사바 그루드친 이야기』(Повесть о Савве Грудцыне)와 『슬픔과 불행 이야기』(Повесть о горе-злочастии))은 주인공이 영혼을 정화하고 수도원으로 들어가면서 끝이 난다.[14] 그 시대의 한 민속 목판화는 당시의 갖가지 악을 대표하는 인물들이 수사 옷을 입은 한 수도승을 십자가에 못 박고 있는 모습을 보여준다.[15]

수도원 증여와 수도원 순례가 꾸준히 늘었으며, 새 수도원과 수도암(修道庵)과 교회가 많이 지어졌다. 고난의 시대에 회개한다는 표시의 봉납물로서 처녀림의 나무로 지은 "하루에 지은 교회"(обыденная церковь)[10]가 특히 두드러졌다. 볼로그다 지방의 한 연대기는 1654년에 사람들이 돌림병에 어떻게 반응했는지에 관한 전형적인 이야기를 말해준다. 그들은 신에게 욕을 하며 화를 내지도 않고 위생에 아랑곳하지 않고 오히려 해질녘에 다 함께 모여 "다윗 왕이 명한 대로 우리 하느님께 신전 하나를" 지어 바쳤다. 그들은 여자들이 이콘을 들고 성모에게 바치는 찬가를 부르는 동안 촛불을 켜고 밤새 일을 해서 교회를 제때 다 짓고 이튿날 해가 지기 전에 그 안에서 성체성사를 했다. 그들은 "주님의 정당한 진노를 거두시고 목숨을 앗아가는 돌림병에게서 주님의 백성을 벗어나게 해달라"고 기도하고 "마음이 선하시고 고난을 겪을 만큼 겪으신 주님"을 저주하지 않을 힘을 달라고 간구했다.[16]

그러나 종교 기관의 급속한 성장에는 참되지 못하고 건전하지 못한 측면이 있었다. 수도원은 — 원래의 "소유파"가 자기들 주장의 밑바탕으로 삼았던 엄한 규율을 익히지 못한 채 — 수도원 재산을 놓고 논쟁이 벌어지던 시기보다 훨씬 더 많은 재산을 걸머졌다. 수도원은 농노제가 가장 억압적으로 변하고 있던 바로 그때에 봉건 지주의 역할에 빠져 들어가고 있었다. 더욱이 증여는 "저당" 제도(закладничество)로 말미암아 점점 더 타락했다. 그 저당 제도는 재산이 수도원에 명목상으로는 기부되지만, 예전의 주인이 명목상의 수수료를 내는 답례로 계속 그 재산을 이용하고 그 재산에서 이윤을 얻는 세금 회피의 한 형태였다.

교회 안과 주위에서 워낙 활력이 넘쳤으므로 종교적 열정이 전례 없

---

[10] 이런 교회는 마을 사람이 모두 동원되어 나무를 베어 하루 만에 지어졌다.

이 만개했다는 인상을 받을지 모른다. 그러나 그것은 사실상 싱그러운 봄보다는 지나치게 무르익은 늦가을에 더 가까웠다. 야로슬라블에서 두 해마다 한 채가 넘는 꼴로 쑥쑥 생겨난 네덜란드풍과 페르시아풍의 화려한 벽돌 교회[17]는 오늘날에는 비잔티움 양식과 바로크 양식 사이에 존재하는 일종의 실속 없는 막간극으로, 즉 땅과 이어주는 줄기는 시들어버렸고 생명을 앗아가는 서리가 바야흐로 내릴 참임을 모른 채 10월의 나른한 온기 속에서 말라가는 묵직한 열매로 보인다. 지역의 예언자와 성자를 그린 셀 수 없이 많은 이콘이 마치 너무 익어 문드러져 수확되기를 빌고 있는 포도처럼 이코노스타시스 밑층 열에 다닥다닥 붙어 있었으며, 동시에 빠르게 읊조리는 유료 위령제 기도(이 의례 가운데 남아 있는 가장 잘 알려진 유풍이 소로코우스트(сорокоуст), 즉 죽은 이를 위한 40일 연속 예배이다)는 죽음을 바로 앞둔 가을 파리가 어수선하게 왱왱거리는 소리와 닮았다.

모스크바국 말기의 벽돌 교회와 나무 교회를 짓고 그 안에서 예배를 보는 군중은 영성과 외국혐오증의 묘한 혼합으로 활력을 얻었다. 거룩한 루스(Святая Русь)는 단지 고난을 겪는 순결함이 아니라 "승냥이 같은 폴란드놈", 그리고 이들과 한패인 "이교도 리투아니아놈"과 "더러운 유대놈"에게 겁탈을 당한 희생자로 여겨졌다. 이렇듯, 러시아의 정치적 부활과 물리적 확장은 단지 공동의 신앙을 가져서가 아니라 공동의 적에게 혐오감을 품었기에 가능해졌다. 수위가 오르는 폭력과 억눌린 자기혐오는 계시록 신앙으로 쏠리는 전통적인 비잔티움식 충동을 북돋았다. 볼가 강 너머에 있는 새 나무 교회 가운데 일부는 그 교회 신도 전체의 화장용 장작더미가 되었다. 그 신도는 자기들의 부모가 이 교회를 지으며 불렀던 것과 똑같은 찬송가 여러 곡을 부르며 최후의 심판에 타오를 정죄의 불길을 맞이하고자 했다. 러시아에서 일어난 "종교성의 두 번째 물결"의 비극적 종말과 그것이 서방의 종교 논쟁과 지니는 미묘한 연계, 이 둘을 이해하려면 러시아의 종교 부흥 내의 양대 분파, 즉 신정주의 분파와 근본주의 분파에게 눈길을 돌려야 한다. 그 두 분파는 저마다 공동의 중심 문제를 다른 방식으로 풀었다. 그 문제는 이러했다. 뿌리째 바뀌는 17세기의 상황에서 어떻게 하면 종교가 러시아의 삶의 중심에 머물 수 있을까?

신정주의적 해답

신정주의적 해법은 러시아 교회의 고위 성직자를 배출하는 "수도수사", 즉 결혼하지 않는 수사 성직자 가운데 많은 이가 선호했다. 이 입장에 선 파당은 교회의 위계제를 강화하고 러시아 수도원에 대한 중앙의 통제력을 키우고 교리문답과 예배에 관한 체계적 교범을 엮어 펴내 성직자의 기강을 세우고 교육 수준을 높이려고 애썼다. 그들은 모스크바 총대주교의 힘을 크게 키워서 비록 이론상으로는 아닐지라도 실제로는 성직 신분을 세속 신분 위에 두고자 했다. 그들은 교회 영역과 세속 영역 사이에 "힘의 조화"가 있다는 비잔티움식 어투로 계속 말을 했지만, 성직자의 힘은 커지고 새 황조는 계속 허약했으므로 성직자의 실질적 통치를 확립하고 싶은 유혹이 일었다.

비록 모스크바 수좌대주교가 1589년에야 총대주교라는 칭호로 승격했을지라도, 그 직위는 성직상의 의의뿐만 아니라 정치상의 의의를 거의 곧바로 띠었다. 그 직위는 차르의 권위가 약한 시기 동안 만들어졌고, 실제로 초대 총대주교는 보리스 고두노프를 제위로 밀어 올리는 데 큰 몫을 했다. 다사다난한 공위기간에 총대주교의 권위가 극적으로 높아졌다. 게르모겐(Гермоген) 총대주교가 외국인 파당과 거래하기를 거부하고 폴란드인이 차지한 크레믈 안에서 순교자의 죽음을 받아들였기 때문이다. 1619년에 차르의 아버지이자 전임 로스토프 수좌대주교인 필라레트 니키티치가 마침내 폴란드에서 풀려나 돌아와서 신임 총대주교가 되었을 때, 고위 성직자의 힘이 매우 커질 무대가 마련되었다. 그는 1633년에 죽을 때까지 차르 미하일 로마노프와 더불어 공동 통치자로서, "온 러시아의 군주"(Великий Государь)라는 칭호를 써가며 차르보다 더 중요한 국정 운영자로 활동했다. 한편으로 그는 동쪽에 주교구를 여럿 신설하고 시성과 교회 기강에 대한 중앙의 통제권을 키우고 최초의 인쇄본으로 간행되는 몇몇 교회예배서가 가져야 할 형식을 정했다.[18]

필라레트가 막강한 총대주교직과 기강 선 교회 위계조직의 선례를 만들었다면, 정교 성직자의 신학적 무장은 주로 표트르 모길라(Петр Могила)의 작품이었다. 모길라는 필라레트가 죽는 1633년과 자기가 죽는 1647년의 사이 기간에 정교 슬라브 세계에서 가장 유력한 교회 고위지도자였다. 모길라의 경력은 모스크바국 백성이 아닌 사람들이 러시아 교회의 발전을 감독하기 시작하는 방식을 예증해준다. 그는 교육을 잘 받은 몰도바 귀족 가문의 자손이었으며 전설로 남은 1620년의 호틴(Хотин) 전투[11]에서 폴란드와 함께 튀르크와 싸웠다. 모길라는 키예프의 동굴 수도원을 다섯 차례 순례하다 감동을 받고서 폴란드가 지배하는 그 도시에 정착했다. 그는 수사가 되었고 그다음에는 동굴 수도원의 원장, 키예프 수좌대주교가 되었으며, "자유로운 학문을 그리스어와 슬라브어와 라틴

---

[11] 1621년 9월 2일부터 10월 9일까지 폴란드-리투아니아 연방과 튀르크 제국 사이에 벌어진 전투. 폴란드에서는 초킴(Chocim) 전투, 터키에서는 호틴(Hotin) 전투라고 부른다. 본문에 전투 일자가 1620년으로 되어있는 것은 지은이의 착오로 빚어진 오류이다.

어로 가르치고자" 키예프 학술원을 창립했다.[19]

정교 형제단이 가톨릭 우니아트 교도와 벌이는 신학 투쟁은 모길라의 지도 아래서 새로운 세련성과 조직 수완을 얻었다. 모길라는 정교도를 위해 간결한 『교훈복음서』(Евангелие Учительное)와 『신앙고백』(Артикулы веры)과 『교리문답』(Катехизис)을 썼다. 이 책들은 그가 1640년에 키예프에서, 그리고 1642년에 야싀(Яссы)[12]에서 조직한 정교회 종무원의 승인을 받은 뒤에 재간행되었다. 훨씬 더 중요한 것이 키릴로스 로우카리스 콘스탄티노플 총대주교의 원조를 받아 프로테스탄티즘과 신학상의 친선을 회복하는 쪽으로 쏠리는 경향을 저지하는 일에서 모길라가 발휘한 지도력이었다. 그는 1630년대에 우크라이나에서 칼뱅주의 이념을 퍼뜨리려는 칼뱅주의자의 시도를 막았다. 그의 『신앙고백』은 믿음으로 의롭다고 인정받는다는 프로테스탄티즘의 입장을 곧바로 반박하면서 시작한다. 비록 그는 로마의 권위를 거부하는 입장을 굳게 지켰을지라도, 그의 저술은 예수회 신학의 영향을 워낙 많이 받은지라 (원래는 라틴어로 쓴) 그의 『교리문답』은 한 그리스인 고위 성직자가 대폭 수정한 다음에야 야싀의 종무원에서 승인되었다.[20] 또한 모길라는 미신적 군더더기와 비합리주의를 경멸하는 서방적 요소를 동슬라브인의 정교 안에 들여왔다. 그는 특히 러시아 교회가 귀신들린 이를 너그러이 대하는 — 심지어는 봐주는 — 태도에 이의를 제기해서, 순전히 서방식인 퇴마(驅魔) 의식 지침서를 작성하고 신도를 올바른 가르침에 대비하도록 만들었다.[21]

모길라는 비록 폴란드의 정치권력과 콘스탄티노플의 교회권력 아래에서 평생을 보낸 몰도바 사람이었을지라도 당연히 러시아 역사에 속한

---

[12] 루마니아와 몰도바의 접경 지역에 있는 루마니아의 도시. 루마니아어로는 이아시(Iaşi)라고 한다.

다. 그가 죽은 직후에 모스크바국이 폴란드와 벌이기 시작한 싸움에서 이기자 그의 제자 대다수는 모스크바로 이주하거나 모스크바의 권위를 받아들였다. 그는 서방 사람과 벌이는 신학 토론에서 자기 입장을 지켜 낼 능력을 갖춘 성직자를 러시아 교회에 제공했으며, 자기가 질서와 합리성에 품은 열정의 일부를 러시아 고위 성직자에게 불어넣었다. 일찍이 1640년 4월에 모길라는 차르 미하일 로마노프에게 편지를 써서 자기 제자들이 모스크바국의 귀족에게 정교 신학과 고전어를 가르칠 수 있는 특별 학교를 모스크바의 한 수도원 안에 세워달라고 촉구했다. 비록 그런 시설은 1689년에 슬라브·그리스·라틴 학술원(Славяно-греко-латинская академия)[13]이 창립될 때까지 공식적으로는 만들어지지 않았을지라도, 1640년대에 모스크바에서 모길라의 제자들이 비공식 수업을 꽤 많이 했다.

1642년에 정력이 넘치는 볼로츠크의 요시프가 총대주교의 직위에 오르면서 (그리고 1645년에 믿음이 깊은 알렉세이 미하일로비치가 제위에 오르면서), 대규모 종교 교육 프로그램이 개시되었다. 이 운동의 주무기는 — 모스크바에 딱 한 대밖에 없는 — 총대주교 관할 인쇄기였다. 이 인쇄기는 알렉세이 미하일로비치의 통치기 처음 일곱 해 동안 (요시프의 총대주교 재직기 마지막 일곱 해 동안) 3판까지 간행된 알파벳 기본입문서를 10,000부 가까이 찍어내고 일독 기도서는 8쇄, 예배용 시편서는 9쇄를 펴냈다.[22]

이 인쇄 프로그램의 핵심 인물은 교육을 잘 받고 두루 여행을 다닌

---

[13] 1680년대 말에 시메온 폴로츠키와 실베스트르 메드베데프가 주도해서 모스크바의 자이코노스파스키 수도원 구내에 세워진 모스크바국 최초의 고등교육 기구. 슬라브어, 그리스어, 신학, 7자유교과를 가르쳤으며, 1701년에 국가 관할 기구가 되었다.

성직자인 이반 나세드카(Иван Наседка)였다. 그가 1644년에 쓴 『루터교회 해설』(Изложение на лютеры)은 차르 미하일 로마노프의 딸과 덴마크 왕태자의 결혼 계획을 막아내는 위력을 발휘했다.[23] 1621년에 비공식 덴마크 사절로 처음 여행을 했을 때부터 러시아에서 프로테스탄티즘의 영향력이 커지는 것을 걱정했던 나세드카는 정교 세계의 다른 지역이 프로테스탄티즘으로 쏠리는 경향과 싸우는 일을 주도했던 모길라의 제자들에게서 자기의 신학적 입장에 대한 기꺼운 지지를 얻었다.

이렇듯, 1640년대 중엽에 우크라이나 성직자가 모스크바에 점점 더 많이 꾸준히 유입되기 시작했다. 이 성직자들은 가톨릭 신앙에 대한 정서적 반감과 프로테스탄트 신앙에 대한 교리적 반감을 가지고 들어왔다. 모길라가 양성한 우크라이나인 성직자들은 1652년에 요시프의 총대주교직이 끝나기 전에 모스크바에 번역과 신학 교육을 하는 중심지 두 곳을 마련했다. 그 두 곳은 안드레옙스키(Андреевский) 수도원[14]에 있는 표도르 르티쉐프(Федор Ртищев)의 학교와 기적 수도원에 있는 예피파니 슬라비네츠키(Епифаний Славинецкий)의 학교였다.[24]

그러나 시대가 차분한 지식 활동을 하기에 유리하지 않았다. 1648년에 동쪽에서 전쟁과 혁명이 전례 없이 맹렬하게 터졌다. 우크라이나와 백러시아에서 폴란드인과 유대인을 상대로 폭력 사태가 터진 데 이어서 모스크바 자체에서도 봉기[15]가 일어났다. 외국인 거주지가 약탈당했고 정부의 주요 관리들이 말 그대로 갈가리 찢겼다. 1653~1654년에 두 번째로 일어난 유혈 사태에 따른 돌림병처럼 도시 폭동이 이 도시에서 저

---

[14] 모스크바의 참새 언덕 기슭에 있는 정교회 수도원. 1648년에 르티쉐프가 세웠다.
[15] 정부의 지나친 조세 정책, 특히 소금 전매에 격분한 모스크바 서민이 1648년에 일으킨 소금 폭동(Соляной бунт).

도시로 전염되듯 번져나갔다. 고분고분하지 않은 상업 중심지인 노브고로드와 프스코프는 1650년에 마지막 봉기의 물결이 밀려오는 가운데 예상대로 그 총체적 폭력의 방향을 중앙의 통제에서 벗어날 자유를 더 많이 달라는 특정한 요구로 돌리려고 애썼다. 그러나 기본적으로 그것은 일련의 형체 없는 반란이었다. 어리둥절한 서방인 관찰자들은 외국인 혐오와 정교회 공경과 맞물려 피를 보고 싶어 날뛰는 폭도의 행위만 기록해 놓았다. 쿠르스크(Курск)에서 폭도에게 붙잡힌 사람이 자기를 괴롭히는 자들에게 합세한 두건 쓴 성직자 한 사람에게 "네 두건을 벗어라!"라고 외치며 그를 꾸짖자, 폭도는 한층 더 화를 내며 "네 머리를 베어주마!"라고 되받아 소리쳤다.[25]

새로운 "대동란 시대"의 공포가 젊은 차르 앞에 어른거렸다. 그의 어린 아들이 막 숨을 거두었다. 그는 타타르인의 새로운 침공을 두려워했으며, 분명히 "폴란드를 휩쓸고 있는 불길에서 이미 불꽃이 튀고 있는 자기 나라로 카작과 러시아 농민의 반란이 번져오지는 않을까"[26] 겁이 나서 처음에는 반란을 일으킨 카작을 지원하기를 망설였다. 기회를 엿보고 있는 참칭자마저 있었다. 도둑이자 방화범이자 변태성욕자인 티모페이 안쿠디노프(Тимофей Анкудинов)라는 자였는데, 그는 자기가 슈이스키의 아들이자 러시아 제위에 오를 진짜 계승자라고 주장해서 폴란드와 로마 양쪽에서 얼마간 관심을 끌었다.[27]

이 붕괴의 위협에 맞부딪치자 알렉세이 미하일로비치는 나라 전체에 적용되는 일률적인 법전을 만들고 승인하고 펴내고자 1648~1649년에 젬스키 소보르를, 그리고 반란을 일으킨 노브고로드와 프스코프를 확실하게 평정해서 재흡수하고자 1650년에 젬스키 소보르를 또 한 차례 소집해서 지지 세력을 모았다. 『1649년 법전』은 위계와 전통을 존중하기는 했어도 러시아 문화의 합리주의화와 세속화의 중요한 한 단계를 상징했다. 대관식에서 기름을 바른 주권자의 권한이 그가 임명한 관료에게 완전히 부여되어 "모스크바국"의 "주권자"에게 도전하는 자들을 거의 모두 다 "가차 없이" 처벌했다. 수도원은 경제적으로는 부와 재산의 저당에 대한 새로운 세금 면제가 법으로 일절 금지되면서, 그리고 정치적으로는 수도원 관련 업무를 관장하는 정부 관청이 설치되면서 곤란해졌다.

교회 슬라브어가 모스크바국 문화의 문자언어로서 지니는 독점적 지위도 그 시대의 일상어에 가까운 언어로 된 법전이 대량으로 재인쇄되어 유포되면서 깨졌다. 이『1649년 법전』은 1833년까지 나라의 기본법으로 남았으며, 근대 독일어 형성에서 루터의 성경이 한 것과 비교되는 역할을 근대 러시아어 발전에서 수행했다. 실제로『1649년 법전』의 언어는 여러모로 "카람진(Карамзин)이나 푸시킨의 언어보다는 현대 러시아의 문어와 구어에 더 가까웠다."[28]

그러나 알렉세이 미하일로비치는 전제 권력이 아닌 법률에 따르는 통치 체제를 만들거나 연대기가 아닌 관청의 언어로 말할 준비가 되어있지 않았다. 반란을 일으킨 도시 주민에게 마지못해 법전을 하사하면서 그는 외국혐오증을 부추겨 관심을 딴 데로 돌리는 술수에 기댔다. 외국 상인을 차별했으며, 폴란드를 상대로 동원한 다음 우크라이나에 대한 섭정을 인준하도록 1651년과 1653년에 젬스키 소보르를 소집했다. 전쟁을 피할 수 없게 만드는 행위였다. 한편, 알렉세이 미하일로비치는 니콘이라는 이름을 가진 수사에게서 행정 보좌와 영적 지도를 절박하게 구했다. 니콘은 러시아의 혼돈을 신정주의로 해결하려는 입장의 최후이자 최대의 옹호자였다.

니콘은 정신이 굳세고 체구가 당당해서 당대인의 경외감을 산 볼가 강 너머 지역 출신 고행승이었다. 키가 2미터인 이 수사는 노보스파스키(Новоспасский) 수도원[16] 원장으로 모스크바에 도착한 뒤 곧바로 젊은 차르 알렉세이 미하일로비치를 홀리듯 완전히 사로잡았고, 알렉세이는 금요일마다 그를 정기적으로 만나기 시작했다. 니콘의 경력에서 결정적이었던 사건은 1649년 1월에 예루살렘 교회의 파이시오스(Paissius) 주교가 모스크바에 왔던 것인 듯하다. 파이시오스는 니콘에게서 깊은 인상을 받고 그가 러시아 교회의 위계에서 두 번째 최고위직인 노브고로드 수좌 대주교에 반드시 임명되도록 도왔다. 니콘은 니콘대로 파이시오스를 따라온 성직자와 학자들에게 탄복한 듯하다. 그들은 성지 예루살렘에 관한, 그리고 그리스 교회의 지난 영광에 관한 이야기를 해주었다.

파이시오스는 자기가 발칸 반도와 우크라이나에서 보았던 참사를 이야기하면서 "믿음이 깊은 정교 그리스도교도를 더러운 손에게서, 야수에게서 해방할", 그리고 "뭇 별 가운데 해처럼 빛날" "새로운 모세"를 간구했다.[29] 이런 구원 요청의 대상은 차르였지만, 차르는 — 선대의 자기 아버지처럼 — 사회 소요와 음모가 판을 치는 가운데 총대주교에게 기대야 한다고 느꼈다. 따라서 1651년 11월에 차르는 공식 칙서에 자기 이름을 요시프 총대주교의 이름과 나란히 쓰기 시작하는 한편, 지난 총대주교들의 유해를 모스크바 크레믈로 옮겨 이장하는 연극적인 행사를 개시했다. 게르모겐 총대주교의 유해를 파내 예의를 갖춰 이장했다. 그리고 알렉세이 미하일로비치는 이반 뇌제에게 죽임을 당해서 고위 성직자들에게 성스러운 순교의 아우라를 주었던 필립 수좌대주교의 유해를 성모승천 대성당으로 도로 가져가도록 니콘을 솔로베츠크로 보냈다. 떠난 니콘이 아직 돌아오지 않아 없는 동안 요시프 총대주교가 죽었다. 두어 주 안에 알렉세이 미하일로비치는 "지상의 차르"에게서 "위대한 태양"에게 전하는 반쯤은 고해성사인 비탄 어린 기다란 편지를 니콘에게 썼다.[30] 명

---

16 1490년에 모스크바 남동부에 세워진 요새화된 수도원.

백히 니콘은 모종의 더 높은 천상의 차르였으며, 그가 7월에 요시프의 후임으로 총대주교에 임명된 것은 놀라운 일이 아니다. 여섯 해 동안 니콘은 러시아의 실질적 통치자가 되었고, 자기가 노브고로드에서 펼쳤던 교회 기강 프로그램을 교회 조직과 인쇄기를 활용해 확대했다.

드넓은 노브고로드 주교구에서 니콘은 항거하는 서방 지향의 한 도시뿐만 아니라 무질서한 원시적인 북부 지대도 다루었다. 그 북부 지대는 자기가 예전에 수도원 운영자로 근무했던 곳이었다. 그곳에서 니콘은 그 일대의 삭막한 환경과 자기 개인생활의 금욕성에 대한 일종의 보상으로 교회의 영광과 위엄에 애착심을 품게 되었다. 노브고로드 수좌대주교로서 그는 수도원을 규제하려고 『1649년 법전』으로 창설되는 새 정부 부서에 일절 종속되지 않는다는 보장을 차르에게서 받아내어 북쪽에 있는 수도원들에 대한 중앙의 통제를 확대하고 심지어 강화까지 할 수 있었다.

총대주교로서 니콘은 필라레트가 그랬던 대로 "온 러시아의 군주" 칭호를 차르와 함께 썼을 뿐만 아니라 실제로도 차르가 폴란드에 맞서 전투를 지휘하려고 떠나고 없을 때 주권을 단독으로 행사했다. 자기 직위를 이용해서 니콘은 방문 중인 그리스인 고위 성직자들과 이주해온 우크라이나인 및 백러시아인 고위 성직자들의 지원을 얻어 모스크바에 사실상의 신정 체제를 세웠다. 총대주교뿐만 아니라 주교 전원이 위엄에 찬 새로운 아우라를 얻었다. 연극과도 같은 전례가 도입되었고, 더 공들여 만든 예복과 주교관(主敎冠)이 요구되었으며, 외국의 정교 고위 성직자가 참석하는 가운데 공들여 준비한 교회공의회가 열렸다. 예수의 예루살렘 입성을 흉내 내 차르가 나귀를 탄 총대주교를 이끌고 붉은 광장을 지나가는 전통적인 종려주간[17] 행렬 행사가 지방에서도 시행되었는데, 이런 식으로 지방의 지역 민간 당국도 그 지역의 수좌대주교와 주교 앞에서

자신을 낮추도록 권장되었다.[31]

　가장 중요한 것은 일련의 새로운 인쇄 예배서를 통해 러시아의 예배에 질서와 통일성을 부여하려는 니콘의 노력이었다. 요시프의 총대주교 재직기 말의 인쇄 프로그램은 이미 니콘이 러시아 교회에 관해 느낀 특별한 존엄과 운명의 인식을 키우는 데 이바지했다. 1648년에『하나뿐인 참 정교 신앙에 관한 책』(Книга о вере единой истинной православной)이, 1649년에 모길라의『교리문답』의 편집판이, 1650년에『교회법령집』(Кормчая книга)이 간행되면서 모스크바국은 각각 주로 우니아트 교도와 유대인을 겨눈 논쟁자료 백과사전, 러시아 "최초의 대중 종교교육용 교범",[32] 러시아 최초의 체계적인 교회법령 전집을 얻었다.『믿음에 관한 책』과『교리문답』은 (그리고 1640년대 말엽의 모스크바에서 새로 인기를 누리고 있던 계시록적인『키릴의 책』도) 키예프에서,『교회법령집』은 세르비아에서 모스크바로 온 책이다. 빠르게 모스크바는 정교를 믿는 동방의 모든 희망의 초점이 되고 있었다. 모스크바국이 니콘의 총대주교 재직기 초에 폴란드 공격을 개시해서 성공하자, 거룩한 사명과 특별한 소명에 관한 모스크바국의 의식이 빠르게 자라났다. 심지어 몰도바와 그루지야(Грузия) 같은 비(非)슬라브계 정교 공국까지도 보그단 흐멜니츠키(Богдан Хмельницкий)의 카작이 1653년에 받아들인 것과 비슷하게 모스크바 밑에서 보호를 받는 보호령이 될 가능성을 모색하기 시작했다. 한편, 정교 세계의 나머지 지역에서 서적과 정보를 모으는 두 차례 장기 여행의 첫 번째 여행에서 파이시오스를 모시고 예루살렘으로 되돌아간 아르세니 수하노프(Арсений Суханов)는 정교가 지중해 지역에서 라틴식 오류를

17　예수가 수난을 앞두고 예루살렘으로 들어간 날을 기리는 부활절 직전 일요일. 정식 명칭은 예수 수난성지주일.

저질러 타락해 버렸다고 보고했다. 그리스어를 하는 그는 모스크바가 제3의 마지막 로마라는, 오랫동안 거론되지 않았던 주제를 되살려내고는 "그리스도교 세계 전체"가 콘스탄티노플이 러시아의 힘으로 해방되기를 기다린다고 덧붙였다.[33] 알렉세이 미하일로비치가 러시아군을 이끌고 밖에서 신앙의 외적들과 싸우는 동안 니콘은 휘하의 다양한 편집자들을 이끌고 안에서 이른바 타락과 싸웠다.

니콘은 자기가 새 예배용 시편집에서 일부를 삭제하는 1652년 10월과 새로운 예배서가 나오는 1655~1656년 사이에 광범위하면서도 세세한 일련의 개혁을 후원했다.[34] 그는 유서 깊은 예배 형식을 바꿔서, 성호를 두 손가락 대신 세 손가락으로 긋고 알릴루이야(Аллилуйя)[18]를 두 번 대신 세 번 외고 봉헌할 때 성병(聖餠)을 일곱 개 대신 다섯 개 쓰고 성찬대 위에 성병 여러 개가 아니라 한 개를 놓고 행렬이 해가 가는 쪽이 아니라 그 반대쪽으로 나아가게 했다. 니콘은 (대재 기간에 시리아인 에프라임의 기도문을 외면서 열두 번 부복하기와 신현 축일 전날에 물을 축복하기 등의) 몇 가지 행사를 완전히 없앴고 삼위일체의 세 위격 모두에 영향을 주는 성경 구절의 변화를 도입했다. 그는 주기도문에서 하느님의 호칭을, 사도신경에서는 성령의 표현을, 모든 성경 문헌에서 (이수스(Исус)에서 이이수스(Иисус)로) 예수의 이름을 적는 철자를 바꿨다.

한편 니콘은 더 엄격한 새 예술양식을 강요하려고 시도하면서, 러시아 건축에서 (원뿔꼴 지붕, 양파꼴 돔, 첨단부가 7~8개인 십자가 등) 북쪽에서 비롯된 화려한 기조를 없애라고 지시했다. 대신에 그는 구형 돔, 고전적 외형, 첨단부가 4개인 단순한 그리스식 십자가에 역점을 두는 신비잔티움 양식을 도입했다. 머릿속에 그리던 그리스 동방의 장관을

---

[18] 할렐루야(Hallelujah)에 해당하는 러시아어 낱말.

러시아에 옮겨놓으려는 이 노력은 그가 총대주교 재직 초기에 세운 두 건물, 즉 모스크바 크레믈 안에 있는 총대주교의 12사도 대성당과 발다이 섬[19]에 있는 새 이베르스키(Иверский) 수도원[20]의 조화로운 건물군으로 개시되었다.

이 모든 것에 총대주교의 사적 권위와 교회 조직의 권위를 드높이려는 결연한 노력이 따랐다. 니콘은 총대주교직을 받아들이기에 앞서 차르에게서 "교리와 관구(管區)와 관습에 관해 제가 가르칠 모든 것에서 당신의 첫째 목자이자 아버지로서" 자기에게 순종하겠다는 전례 없는 서약을 기어코 받아냈다.[35] 이 서약은 분리되어 있지만 똑같이 절대적인 성(聖)과 속(俗)의 권력에 대한 9세기 비잔티움의 변호론에서 따온 것이었다. 그 두 영역은 그리스도교 국가 안에서 질료와 형상, 육신과 영혼처럼 조화를 이루며 공존해야 한다고 여겨졌다. 총대주교의 권위에 대한 이토록 강한 주장은 모스크바국에서는 전혀 전례 없는 것이었다. 그것은 차르에 도전하는 것일 뿐만 아니라 수도원을 (따라서 교회 조직을) 세속 권력의 관할 아래 둔 새 법전에도 도전한다고 보았다. 니콘의 프로그램은 비잔티움의 전통에 아주 굳건히 입각해 있지는 않았다. 개혁책은 몰래 빨리 마련되었고, 제대로 준비를 하지 못한 조사단이 선별적으로 활용하는 서방측의 비잔티움 문헌 편찬물을 바탕으로 삼았다.[36]

세속 신분의 힘에 대항하려고 니콘은 1653년에 『교회법령집』 수정판을 펴냈고, 이듬해에는 현지의 지방군정관들에게 형사 문제에서 교회법을 더 널리 활용하라는 지시를 내리도록 차르를 설득했다.[37] 니콘은 자기의 개혁과 외국의 유물과 이콘을 승인하고 (그가 일찍이 1648년에 아

---

19 더 정확하게는 발다이 호수(Валдайское озеро)의 셀비츠키(Сельвицкий) 섬.
20 1653년에 니콘 총대주교가 노브고로드 주의 발다이 호수에 세운 정교회 수도원.

토스 산으로부터 입수했던「이베론의 미리 축성된 성모 이콘」(Иверская икона Пресвятой Богородицы)[21]을 필두로) 그것들을 축성할 외국인 총대주교들을 줄줄이 꾸준히 모셔왔다. 그는 자이코노스파스키(Заиконоспасский) 수도원[22]에 학술원을 세워서 그리스어와 라틴어로 되어있는 문헌을 번역하고 사제들에게 신학뿐만 아니라 유용한 세속 지식도 가르쳤다. 예를 들면, 그가 데려온 키예프의 번역관 가운데 가장 뛰어난 예피파니 슬라비네츠키가 1653~1654년에 돌림병이 나도는 동안 원래 계획된 성경 번역 작업에서 잠시 빠져나와 인체 해부에 관한 안드레아스 베살리우스(Andreas Vesalius)의 저작을 번역하는 일에 투입되었으며, 동방의 그리스어권 지역에서 서적을 구입하는 니콘의 대행자는 자기 시간 대부분을 보충 의학지식을 제공해줄 학자와 사본을 찾으면서 보냈다.[38]

매우 불운하게도 니콘은 돌림병과 전쟁으로 심하게 고통을 겪는 시대에 자기의 프로그램을 러시아에 도입했다. 곧 그는 희생양을 찾으려고 안달하고 그가 차르와 친해서 시샘하는 이들에게 분노의 초점이 되었다. (자주 동일인물인) 유력한 귀족, 관료, 수도원 지도자의 반대를 받아서, 그리고 니콘 자신이 정치적 고려사항과 종교적 고려사항을 뒤섞어서 그의 처지가 위태로워졌다. 예를 들면, 니콘은 이콘 그리기에 나타난 새로운 유행을 금하는 운동을 벌이면서 스트렐츼에게 명령을 내려 이콘을 강제로 압수해서 그려진 인물상의 두 눈을 도려내서는 — 앞으로 유사한 이콘을 그리는 자는 누구든지 같은 꼴이 되리라는 경고로 — 그 이콘을 들고 모스크바

---

21 원래는 아토스 산 이비론 수도원에 있었고 기적을 많이 일으켰다는 전설을 지닌「이비론의 성모」이콘은 1648년에 니콘의 요청으로 복제본으로 러시아에 들어와서 이베르스카야 성당에 안치되었다. 이 복제본이「이베론의 미리 축성된 성모 이콘」이다.
22 1600년에 보리스 고두노프가 모스크바의 키타이고로드에 세운 수도원.

거리를 행진하게 했다. 니콘은 훼손된 그 그림을 사람들이 있는 자리에서 하나하나 손수 부숴버렸고, 그림을 하나하나 "매장"하기 바로 앞서 그 그림을 소장하고 있었던 정부 고관의 이름을 불렀다. 이 행위에 관료들은 몸서리쳤고 미신을 믿는 모스크바 군중은 어이없어하며 니콘이 돌림병을 나돌게 한 철저한 이콘 파괴론자라는 결론을 내렸다. 새로운 전례가 받아들여지도록 만드는 운동을 벌이면서 니콘은 정규 교회예배에서 협조하지 않는 귀족을 나무라고 사제를 파문했다. 그는 술 마시는 버릇같이 아주 민감한 기강 문제까지도 총대주교의 통제 아래 두려고 시도함으로써 자존심이 세고 보수적인 솔로베츠크 수사들 사이에서 자기의 프로그램에 대한 반발을 불러일으켰다. 그는 북쪽 지역에 솔로베츠크 수도원의 맞수가 될 수도원을 세우려고 시도하고 그 수도원에 (스타브로스(Ставрос)[23], "십자가"라는) 그리스식 이름을 붙임으로써 솔로베츠크 수사들을 지지하는 북쪽 지역 주민의 감정을 단단히 굳혔다.

따라서 솔로베츠크는 용기를 얻어, 니콘을 상대로 조직화한 저항을 개시해서 1657년에 니콘의 새 예배서를 받아들이기를 거부했다. 몇 달 뒤에는 지방의 신설 주교구에 임명된 대주교 세 사람이 모스크바의 편안한 직위를 버리고 니콘이 자기들에게 맡긴 머나먼 직위로 떠나기를 거부했다. 이듬해 여름에는 정교 신자인 그루지야 왕태자[24]를 맞이해서 경의를 표하는 만찬의 종교행사 식순을 공식적으로 짜던 니콘의 공식 수석보좌관[25]을 차르의 궁내관(宮內官)[26]이 때렸다. 차르가 자기 부하인 그 궁내관을 나무라지 않고 차르 자신이 그 뒤로 예배에 몇 차례 나오지 않자,

---

[23] 그리스어로는 Σταύρος.
[24] 테이무라즈 1세(Теймураз I, 1589~1663년).
[25] 드미트리 메쉐르스키(Дмитрий Мещерский) 공.
[26] 보그단 히트로보.

니콘은 전형적 의미의 연극식 행위로 반발했다.

성모승천 대성당에서 특별 성찬예배를 집전한 뒤에 니콘은 차르가 자기와 자기의 프로그램을 신임한다고 다시 확언할 때까지 모스크바 밖에 자기가 새로 지은 새 예루살렘(Ново-Иерусалим) 수도원[27]에 물러나 있겠다고 선언했다. 그러나 니콘은 여덟 해 동안 차르의 부름을 받지 못했다. 그런 다음에 그는 교회공의회 앞으로 불려 나와 총대주교에서 정식으로 면직되고 머나먼 북쪽의 한 수도원[28]으로 가서 평생토록 귀양살이하라는 선고를 받는다. 그가 고친 교회 예배의식 대부분은 이 1667년 교회공의회에서 정식으로 인정을 받았지만, 그가 추진한 프로그램의 핵심은 — 즉, 기강이 선 강력한 교회 조직이 지배하는 신정 국가를 세우려는 시도는 — 분명하게 거부되었다. 새로운 세속국가의 기밀업무청(Приказ тайных дел)[29]과 여타 관리들이 니콘을 정식으로 면직하는 데 거의 10년이 걸렸다는 것은 그가 지닌 힘과 매력을 보여주는 좋은 증거이다.[39] 그러나 교회 조직은 이에 비길 만한 정치권력을 러시아에서 다시는 행사하지 못하거나 심지어 요구조차 못 한다. 몇 십 년이 지난 뒤 표트르 대제 치세에 총대주교직이 폐지되고 교회가 국가에 철저하게 종속된다.

근본주의적 해답

니콘이 귀양길에 올라 잊혀지고 있던 바로 그때, 다른 교계 인사 한

---

[27] 보스크레센스키(Воскресенский) 수도원이라고도 불린다.
[28] 페라폰토프(Ферапонтов) 수도원.
[29] 차르 알렉세이 미하일로비치가 1650년대에 설치한 기관. Тайный приказ라고도 했다. 차르가 직접 관장하고 싶은 국정 업무를 처리하고 귀족과 고관을 감시했다. 알렉세이가 죽은 뒤 해체되었다.

사람이 남모르게 북쪽으로 훨씬 더 멀리 끌려가 훨씬 더 무시무시한 운명에 놓였다. 얼핏 보면 아바쿰 수석사제는 니콘과 아주 비슷했다. 그는 서방의 영향에 열렬히 반대하고 러시아의 삶을 좌우하는 힘으로서 정교의 신앙과 전례를 지키려는 마음이 굳은 성실한 러시아 북동부 출신 사제였다. 실제로 아바쿰은 니콘과 더불어 "열성신자회" 회원이던 1640년대 말엽 동안 모스크바에서 그와 벗으로 지냈다. 그들은 러시아 교회가 서방의 타락과 세속화에서 벗어나 있어야 한다는 데 동의했다. 두 사람 모두 교회 안에서 "마흔 사람의 입으로" 다른 성무일과를 동시에 낭독하는 행사를 없애는 1650년대의 첫 주요 교회개혁을 지지했다.[40]

그러나 그 뒤로 아바쿰은 개혁의 필요성을 전혀 다른 관점에서 보게 되고 사실상 니콘을 자기의 가장 큰 적으로 여기게 되었다. 아바쿰은 근본주의적 입장을 위한 대변자와 순교자로 변신했다. 니콘의 신정주의적 견해와 마찬가지로 아바쿰의 근본주의는 한 세기 넘게 발전해온 태도들을 요약하고 간명화했다.

근본주의적 입장은 "수도수사", 즉 지방의 교구 사제가 주로 제시했고 동부 변경의 보수주의와 미신과 활력의 충실한 반영이었다. 그것은 명확하게 또박또박 개진된 입장이기보다는 그냥 말썽을 혁신과, 혁신을 외국인과, 외국인을 마귀와 같다고 보는 입장이었다. 근본주의자가 유지하려고 애쓰는 과거는 "바다 너머에서 간교한 잔재주"가 오기 전에 러시아에 널리 존재했던 유기적 종교 문명이었다. 과거를 유지하려고 그들은 홉("마법에 걸린 리투아니아 포도 덩굴")과 담배("마법에 걸린 풀", "마귀의 훈향") 같은 서방의 신문물을 금하는 엄한 청교도적 법령을 만들라고 재촉하기 시작했다. 악기와 구상미술은 특히 수상쩍었다. 1649년에 모스크바에서 여섯 수레 분량의 악기를 불태운 것은 알렉세이 미하일로비치 치세 초기에 외국에 반대하는 청교도적 행위가 일어났음을 생생하게 보

여주는 한 사례였다.[41]

근본주의자가 특히 미워한 것은 17세기 초엽의 네덜란드 구상미술을 흉내 내어 러시아 교회 안에 들어왔던 "프랑크족의 이콘"이었다. 아바쿰은 "그것은 우리 구세주를 얼굴은 부어올라 있고 입술은 빨갛고 머리카락은 곱슬거리고 손과 힘살은 통통하고 손가락은 부풀어 있는 데다가 다리와 허벅지는 통통하니 양동이처럼 그려놓는다 …… 모두 다 음탕한 의도로 그려져 있다"고 외쳤다.[42] 니콘은 비록 이콘에 관해 공식적으로는 근본주의자와 같은 견해를 지녔어도[43] 크레믈 근처의 교회들이 독일 것을 본뜬 프레스코화로 장식되도록 허용했으며, 곧이어 한 네덜란드 화가가 초상화를 그리도록 자세를 취해주는 전례 없는 행보를 보인다.[44]

극단적 청빈의 거죽 바로 밑에 자주 병적인 과도성과 피학 성향과 이단적 이원론이 있었다. 카피톤(Капитон)이라고만 알려진 이상한 인물이 1630년대에 야로슬라블 북쪽에 공동체를 많이 세웠는데, 비록 여전히 불명료하기는 해도 이 공동체들은 교회 조직의 권위와 더불어 그리스도교 교리를 내버렸다고 보인다. 그 지도자는 큼직한 저울추 두 개가 매달려 축 처진 무거운 쇠사슬을 두르고 다녔고, 할례를 하고 돼지고기를 먹지 않는 유대인의 몇몇 전례와 함께 극단적인 금식과 육신의 고행을 실행했다. 그는 신봉자를 워낙 많이 거느려서 현지 관리가 그에게 감금형을 내려도 거듭해서 모면할 수 있었다.[45]

기존 교회 안에서 예언이 되살아나면서 외국인을 미워하는 청교도적 불만에 구심점이 생겼다. 지도자들은 수도생활을 하지 않는 성직자에게 개방된 가장 높은 직위인 "수석사제"(протопоп)의 칭호를 지닌 기혼 재속 수사로 이루어진 한 집단에서 주로 나왔다. 그 수석사제 가운데 첫 번째인 요안 네로노프(Иоанн Неронов)는 신앙과 청빈과 예언이라는 옛 볼가 강 너머 지역 전통의 부활을 옹호했다. 볼가 강 상류 지역에 있는 니즈니 노브고로드의 젊은 설교가로서 그는 "제2의 요한네스 크리소스토무스"로 알려졌다. 그는 1632년에 폴란드와 전쟁에 벌이는 데 반대해서, 그리고 모스크바에서 자기가 맡은 새 성당[30] 곁에 가난한 사람에게 먹을 것과 지낼 곳을 주는 특별 건물을 증축해서 주목을 받았다. 네로노프는 세속 권력에 불손하다고 니콘이 해임해버린 다른 수석사제 한 사람을 변호하는 말을 함으로써 1653년 초에 니콘의 개혁에 대한 교구사제 집단의 밑으로부터의 저항을 개시했다. 비록 네로노프도 대들었다는 이유로 벌을 받기는 했어도 급속하게 가장 맹렬한 니콘 비판자가 된 아바쿰을 비롯한 다른 여러 수석사제가 힘을 모아 그를 옹호했다. 아바쿰이 시베리아의 머나먼 토볼스크로 추방되면서 저항하는 수석사제들의 이산이 9월에 시작되었고, 이듬해에도 교회공의회가 네로노프를 파문하고 귀양 보내면서 그 이산은 계속되었다. 네로노프는 (자기가 예수를 재판했던 유대 법정에 비긴) 교회공의회의 권위나 ("지방군정관의 못된 버릇"을 지녔고 "하급자를 달래기"는커녕 함부로 대하기 때문에 그 직위에 걸맞지 않은) 니콘의 권위를 거부함으로써 미래의 구교도에게 본보기가 되었다.[46]

니콘의 권위주의에 대한 수석사제들의 반대와 얽혀있는 것이 익숙한 숭배 형식의 변화 일체에 대한 그들의 거센 반발이었다. (러시아의 이콘에서, 그리고 러시아 농민의 모든 경배 행위에서 사용된 형식인) 두 손가락으로 성호 긋기와 알릴루이야 두 번 외기를 바꾼다는 것은 그들에게 그리스도의 신인(神人)적 본성의 상징을 깬다는 뜻이었다. (옛 모스크바 국에서 모든 이가 읽을 수 있는 몇 개 안 되는 낱말 가운데 하나였던) 예수의 철자를 바꾸는 것은 신 자체에 변화가 일어난다는 것을 함축했

30 카잔 대성당(Казанский собор). 네로노프는 이 성당의 주임 사제였다.

다. 주기도문에서 호칭 형식을 "우리 아버지"에서 "우리 하느님"으로 바꾸는 것은 가부장 사회에서 가장 쉽게 이해되는 친밀한 관계에서 하느님을 빼버린다고 보았다.

　그 변경 사항 가운데 많은 것이 청교도적인 수석사제들이 느끼기에 요구를 더 적게 하기보다 더 많이 해야 하는 시기에 예배 의식을 단축하고 단순화한다고 보았다. 사도신경에 변화가 생기면 하느님이 인간의 역사에 몸소 관여하는 특성이 약해진다고 보았다. 니콘은 사도신경에서 그리스도의 나라에는 "끝이 없도다"로 읽는 러시아의 전통을 "끝이 없으리다"로 바꾸었다. 새 사도신경은 그리스도가 하느님의 오른편에 "앉아 계시며"라는 표현을 "올라앉아 계시며"로 읽었다. 그리고 새 사도신경은 "생명을 주시는 참된 성령"을 믿는다는 확언을 "생명을 주시는 성령을 믿나니"로 대체했다. 비록 이 변경의 의도가 다만 정통이 아닌데 덧붙여진 군더더기를 러시아 교회에서 떼어내는 것이었을지라도, 근본주의자에게 주는 효과는 그리스도가 이제는 (어느 17세기 군주처럼) 제위에 어느 때에는 앉아있다 어느 때에는 그렇지 않다는, 그리고 성령이 (세상 지식을 연구하는 이처럼) 그저 진리에 관여할 따름이라고 시사하는 것이었다.

　근본주의의 가장 열렬하고도 비합리적인 옹호자들은 여자였다. 실제로, 유력한 귀족 여인들이 초기에 지지하지 않았더라면 그 종교 위기에서 응집력 있는 분리 운동은 십중팔구 나타나지 않았을 것이다. 옛 방식에 대한 여성의 애착은 남성의 애착보다 더 심하고 더 순전히 영적이었다. 모스크바국이 내놓을 수 있는 현세의 보상과 영광 가운데 여성에게 주어지는 것은 없었기 때문이다. 저택 위층(테렘(терем))에 홀로 남겨져 모스크바국의 모든 삶의 양상에서 열등한 위치로 떨어진 여성 다수는 그래도 자기 세계에 의미와 신성을 부여해주는 종교의례에 열렬한 애착심을 키웠다. 모든 구교도 문헌 가운데 가장 다정하고 믿음이 깊은 구절은 부유한 모로조프(Морозов) 가문의 일원으로 남편을 잃고 홀로 남은 귀족 부인 페오도시야 모로조바(Феодосия Морозова)처럼 아바쿰을 지지하는 모스크바 여인들의 편지에서 발견된다. 아바쿰은 자기 어머니 덕분에 종교적 분위기에서 자랄 수 있었으며, 그가 쓴 자전 『일대기』(Житие)에서 가장 감동을 주는 인물은, 여러모로, 그의 고된 모든 전도 사업에 따라다니며 고생을 참고 견뎌낸 그의 아내였다. 구교도라는 주제를 되돌아보는 가장 위대한 예술상의 고찰은 자기를 순교 장소로 싣고 가는 짐 썰매 위에서 팔을 위로 뻗어 대들 듯 두 손가락으로 성호를 긋는 모로조바의 검은색 인물상이 담겨 있는 바실리 수리코프(Василий Суриков)의 커다란 화폭31이다.[47]

여자가 그저 옛 방식에 매달렸다면, 현실이 마뜩잖은 남자에게는 모종의 설명이나 저항 프로그램이 필요했다. 수석사제들은 개혁을 철회하도록 만들 수 없다는 절망이 커지자 러시아가 세상 역사의 마지막 단계에 들어서고 있다는 믿음에 기대기 시작했다.

비잔티움의 근본주의와 종말론 사이의 자연스러운 연계는 러시아의 분리파 전통의 형성을 이해하는 열쇠를 제공한다. 신앙을 형식과 동일시하는 근본주의자들의 행태가 아무리 정령신앙적일지라도, 그리고 그들의 전통 이해가 아무리 혼란스러웠더라도, 물려받은 교회 전통이 그리스도에게서 시작되었고 초창기의 교회공의회에서 성령의 축성을 받았으며 예수가 재림하실 때까지 절대로 고치지 말고 그대로 보전되어야 한다고 고집할 때 그들은 단단한 비잔티움적 기반 위에 서 있었다. 예수가 사도들에게 "내가 세상 끝날까지 너희와 늘 함께 있으리라"32고 한

---

31 수리코프가 1887에 완성한 그림 「귀족부인 모로조바」(Боярыня Морозова).

확언이 하느님의 거룩한 교회의 이상과 형식에 적용되었다. 만약 이것들이 인간의 법령으로 크게 바뀐다면, 그것은 "시대의 종말"이 다가왔다는 뜻임이 틀림없었다.

이 러시아 정교 근본주의자들은 프로테스탄트 근본주의자들과 달리 하느님을 성경의 말씀이 아니라 예배의 형식과 동일시했다. 사실, 그들이 아는 성경의 일부라고는 시편의 성가, 그리고 정규 예배 행사에서 입으로 낭독되는 예언서와 신약성경의 구절뿐이었다. 러시아의 근본주의자 가운데 몇몇 극단적인 자는 성경에 세속적인, 심지어는 도색적이기까지 한 이야기가 많이 들어있고 성경은 타락한 서슬라브인의 "영악한" 인쇄기를 이용해서 러시아에 맨 처음 왔으므로 성경 자체가 세속적인 책이라는 태도를 보이기까지 했다.[48]

아바쿰이 "우리 그리스도를 우리에게 돌려달라!"고 외쳤을 때, 그는 비유를 써서 말하고 있지 않았고, 예수의 이름 철자를 바꿔버린 자들에게 수사법을 써서 말을 걸고 있지도 않았다. 그는 자기가 여태껏 알고 있던 하나뿐인 그리스도, 즉 러시아 변경지대의 그리스도를 하느님에게 직접 간청하고 있었다. 이 그리스도는 이교도인 그리스 철학자 같은 스승도 아니고 타타르인이 섬기는 무함마드 같은 성경의 담지자도 아니며 고난을 겪는 원조 영웅, 즉 포드비즈닉[33]이었다. 모스크바국 백성은 그의 이름과 이미지를 내걸고 문명의 싹을 저 멀리 춥고 험한 황야로 가지고 갔다. 성령이 사도신경에서 "생명을 주시는 참된"이라고 더는 표현되지 않는다면, 거룩하게 해주는 그 성령의 존재는 틀림없이 교회와 단

---

[32] 신약성경 「마태복음」 28장 20절.
[33] 이 낱말에는 지고한 목적을 이루고자 자기를 희생하면서 힘든 일을 해낼 능력을 갖춘 사람이라는 뜻이 있다.

절될 것이었다. 그러나 성령이 오순절에 사도들에게 처음 올 때 띤 형상인 불의 혀는 사람의 손으로 꺼질 수 없다. 그러기는커녕 그 불의 혀는 사람을 하느님의 마지막 심판에 대비하게 하는 정화하는 불로 다시 올 것이다.

이렇듯 교회 예배에서 일어난 변화는 곧바로 17세기 중엽의 "종말론적 정신이상"으로 이어졌다. 이 정신이상이 생긴 직접적 이유는 모스크바국 이념에서 구체적이고 역사적인 것이 강조된 데에 있었다. 금욕 수사와 바보성자의 고양된 영성은 하느님과 무아경의 개인적 합일을 이루기보다는 하느님이 목소리와 환영을 통해 자기의 선민에게 끊임없이 주고 있다고 믿어지는 구체적인 지시와 확약을 받는 쪽으로 흘러갔다. 제1차 북방전쟁으로 혼란과 격변이 일어나는 와중에 하느님이 침묵한다고 보이자 사람이 넘쳐나는 수도원 영지가 "환각적인 사고방식과 세계관"에 빠졌다.[49] 1649년 말엽에 벨로예 호수에서 성 키릴의 유해를 파내어 시성하자 썩지 않은 성자의 주검에서 성유물을 얻으려는 아귀다툼이 벌어졌다. 알렉세이 미하일로비치 치세 초기에 금욕과 고행이 관(官)의 후원을 받자 물적 궁핍에 대한 영적 보상을 찾으려는 심리적 압박이 거세졌다. 한편, 역사적 기억, 즉 모스크바국에서 권위와 지혜의 최고 원천인 파먀트는 감각이 각인되고 소망이 투영되는, 그리고 점점 헷갈리는 "흥분의 저수지"[50]가 되어가고 있었다. 17세기 중엽의 유럽에서 모스크바국은 빠르게 바뀌는 도시에서 고집 세지만 힘센 괴짜가 사는 집과 닮게 되었다. 방에는 엄밀히 말해서 고전적이지도 현대적이지도 않은, 그리고 분류되지도 않은 기념품이 엄청나게 많이 어질러져 있었다. 변화와 합리주의화의 사도가 와서 문을 더 끈질기게 두드릴수록, 매무새가 흐트러진 거주자는 뒷걸음쳐서 더더욱 광신적으로 자기의 아늑한 환상 세계로 빠져들어갔다.

끝에 가서는, 물론, 쥐가 설치거나 불이 나기에 알맞은 난장판밖에 없다. 사람이 꽉 들어찬 돌림병이 나도는 모스크바국에서는 쥐가 모든 이의 눈에 띄었고, 나무로 만들어진 도시에서 불은 계속해서 위험한 골칫거리였다. 그 도시가 실존하는 하느님이 거룩한 사람들의 격한 목소리와 환영으로 더는 나타나지 않는다는 결론에 천천히 이르자, 그 도시의 근본주의자 가운데 가장 광신적인 자들은 — 아무리 현대의 합리주의에게는 충격적일지라도 — 구체적이고 역사적인 그리스도교에 둔 강조점과 전적으로 일치되는 결론을 서둘러 내렸다. 수도원의 연대기뿐만 아니라 대중의 상상 속에서도 모든 역사에는 하느님의 존재가 스며들어 있었다. 그러므로 하느님이 침묵하고 현재의 역사에서 물러나 있다는 것은 역사가 종말에 다다랐거나 가까이 있다는 것만을 뜻할 수 있었다. 이 전례 없는 상황 속에서 하느님의 의지를 실행할 최종적이고 구체적인 어떤 방도를 필사적으로 구하는 자들은 할 일로 남은 행위를 딱 하나 찾을 수 있었다. 그 행위란 전통에 따르면 최후의 심판에 앞서 틀림없이 일어날 정화의 불길에 뛰어드는 것이었다.

그러나 자신을 제물로 바치는 이 절망적인 최후 수단에 기대기에 앞서 근본주의자들은 참된 그리스도가 재림해서 지상에서 마지막 1,000년을 다스리기에 앞서 역경이 닥쳐와 적그리스도의 통치를 예고해준다는 오랜 관념에서 설명을 찾았다. 이미 알렉세이 미하일로비치의 대관식이 거행될 때 수즈달의 한 외톨이 은수자가 새 차르는 "적그리스도의 뿔"[34]이라고 주장했다.[51] 러시아의 예언자들은 그다음 10년 동안의 개혁과 돌림병과 전쟁에서 역사의 이 무시무시한 마지막 단계가 바야흐로 시작될 참이라는 조짐을 더욱더 많이 찾아냈다. 우크라이나인과 백러시아인

---

[34] 구약성경 「다니엘」 7~8장 참조.

은 자기들이 살던 지역에서 정교가 가톨릭과 오랫동안 싸우는 과정에서 발전해온 예언 사상을 가지고 들어왔다. 모스크바 크레믈 안에 있는 성모희보 대성당(Благовещенский собор)의 학식 높은 표도르 보제(補祭)는 "보이지 않는 검은 이교도의 신"이 "리투아니아를 사로잡고 나서" 이제는 러시아로 와서 "교회 안에 있는 죄 많은 자를 잡아먹었다"고 썼다.[52] 백러시아의 독창적인 반(反)우니아트 교회 논설문 『키릴의 책』의 모스크바판 6,000부가 다가오는 적그리스도의 통치에 관한 긴 머리말이 달려 간행되었다. 이 책보다 더 늦게 나온 키예프의 반(反)우니아트 교회 자료집 『하나뿐인 참 정교 신앙에 관한 책』도 대형판으로 간행되었다. 이 책은 로마가톨릭교회가 정교를 공격할 뿐만 아니라 서방에서 "머리가 여럿 달린 간악한(злохитрый) 이단"의 망령을 풀어놓는다고 나무랐다.[53]

근본주의자의 반지성주의를 밀어주는 원군이 훨씬 더 멀리서, 즉 스콜라철학에 반대하는 아토스 산의 헤시키아주의자에게서 왔다. 일찍이 1621년에 우크라이나인 스타레츠인 이반 비셴스키(Иван Вишенский)가 로마와 통합하는 데 반대하는 싸움을 이끌러 돌아와서는 "러시아인과 리투아니아인과 폴란드인"에게 "다른 신앙과 종파"를 버리고 부흥한 정교로 가라고 촉구했다. 이 "우크라이나 르네상스의 사보나롤라"는 자기의 『경건 교시』(Наставление в благочестии)에서 계시록적 어조로 로마의 "이세벨[35]의 교회"를 이상화된 정교와 이렇게 대조했다.

나는 당신 다리로 거닐고 있는 땅이 창조주께 그 옛날 소돔에서 그러셨듯이 죽음의 낫을 내려보내 달라고 간청하면서, 그리고 하느님을

---

[35] 기원전 9세기 이스라엘 왕 아합의 왕비. 바알을 섬겨 야훼 숭배를 막고 엘리야 같은 예언자들을 탄압했다.

믿지 않고 사는 사람이 넘쳐나는 것보다는 차라리 깨끗하게 텅 빈 것이 더 낫다고 빌면서 하느님 앞에서 흐느끼고 엉엉 울고 있다고 선언합니다. 지금 폴란드 땅 그 어디에 믿음이 있습니까?[54]

그의 세계에는 대립하는 두 세력, 즉 "헛된 부귀와 영광과 사치와 재산 일체"를 주는 악마와 "아내, 집 한 채, 덧없는 땅뙈기"가 주는 유혹을 떨쳐버리는 "가난한 순례자"가 있었다.[55] 예수회의 라틴 학술원은, 심지어는 모길라의 라틴 학술원도 참된 동방 교회를 무너뜨려서 사람들을 초기의 교부와 은수자의 세계에서 떼어놓으려고 악마가 벌이는 획책의 일부였다. "그대, 소박하고 무지하고 겸허한 러시아여, 헛된 미사여구만 늘어놓는 아리스토텔레스"와 "알아듣기 힘든 이교도 학문"보다는 "영원한 생명이 깃든 평이하고 순박한 복음에 충실할지어다!" 그는 "뭘 하려고 라틴 학교와 폴란드 학교를 세우느냐?"고 물었다. "그것들은 여태껏 우리에게 없었고 그렇다고 해서 우리가 구원을 받지 못하지도 않았느니라."[56] 하느님의 신비에 관한 논의에 아리스토텔레스의 개념을 끌어들이는 짓은 "우리 주 예수 그리스도의 대문 앞에서 가면무도회"를 벌이는 꼴이었다. 비센스키의 생각을 좇아 (그리고 동일한 교부의 전거를 많이 인용하면서) 아바쿰도 "나는 변증법도 수사학도 철학도 배우지 않았지만, 그리스도의 마음이 안에서 나를 인도하신다"는 말로 "현학자"와 "문집 수집가"(альманашник)를 꾸짖었다.[57]

모스크바국 출신의 서적 교정자 가운데 한 사람인 이반 나세드카는 그리스 교회의 라틴 철학화가 적그리스도의 임박을 가리켜준다고 주장했다. 그는 1644년에 덴마크 왕태자와 함께 모스크바에 온 학식 있는 루터교회 신학자들에게 이렇게 선언했다. "지금 우리에게는 여러분의 철학에 귀를 기울일 시간이 없습니다. 세상의 종말이 다가오고 있고 하느님의 심판이 머지않았음을 모르십니까?"[58] 이런 생각을 밀어주는 원군이 시리아인 에프라임의 예언적 설교에서도 발견되었다. 그는 자기가 쓴『그리스도의 재림에 관한 일곱 말씀』에서 임박한 파멸이 그리스도의 단순함에서 벗어나 멀어진 자를 기다린다고 시리아 교회에 경고하면서 4세기에 비잔티움 교회가 이교도 철학에 흠뻑 물드는 것과 싸웠다. 예전에는 어떤 슬라브어로도 간행된 적이 없는 에프라임의 설교문이 갑자기 모스크바에서 1647년과 1652년 사이에 서로 다른 네 가지 판본으로 나타났다. 그가 근본주의자에게 준 충격의 일부는 그의 저작이 러시아의 이콘과 프레스코화에서 생생하게 그림으로 이루어진 최후의 심판 표현의 교부적 기본 원천이었다는 사실에서 비롯되었다. 따라서 갑자기 발견된 그의 글은 학식이 낮은 러시아 사제들에게 심판이 임박했다는 자기들의 전통적 이미지를 "확증"해준다고 보였고, 그래서 그들은 그 시간 자체가 다가오고 있을지 모른다고 믿게 되었다. 니콘이 대재 기간에 하는 에프라임의 그 유명한 겸허의 기도에 전통적으로 따르던 부복을 없애버려서 이 초기의 고행자를 "모욕했다"고 믿어졌다는 사실 때문에 그의 예언이 다시금 존중을 받기도 했다.[59]

또한, 근본주의자는 아르세니의 글을 읽고 흥분했다. 다른 정교회의 예배의식을 살펴보고 그 교회의 저술을 입수하라는 3대에 걸친 세 총대주교의 지시를 받고 파견되었던 아르세니가 돌아와서 타락하고 로마가톨릭교회의 권위와 튀르크의 권세 앞에 비겁하게 굴복한 모습을 무시무시하게 묘사했다. 그는 동방 전체에서 희망의 근원을 딱 두 군데 찾아낸 듯했다. 그 두 군데란 유일하게 "이단이 없"는 제3의 마지막 로마인 모스크바국[60]과 진리의 원천인 예루살렘이었다. 파이시오스 주교와 맺은 우정의 영향을 받고 부활절 전날에 성묘(聖墓) 교회36에서 "하늘나라의 불"로 초를 켜는 행사 같은 전례에 깊은 인상을 받은 아르세니는 자기의 저작에서 모스크바국을 그리스화 이전의 교회와 연계하려고 시도했다. 그리스도가 살다 죽고 사도 교회가 자라난 곳은 예루살렘 주위였다. 최초의 복음서는 그리스인을 위해 쓰이지 않았다. 비잔티움이 아니라 안드레아 사도가 러시아를 그리스도교로 개종시켰다. 어쨌든 "율법은 시온에서 나왔고 주님의 말씀은 예루살렘에서 나왔다." 그 "주님의 말씀"이 제7차 세계 교회공의회 이후로 비잔티움에서 들리지 않았다. 콘스탄티누스 대제가 실베스테르 교황에게 주었다는 흰 수사 두건[37]이 이제는 모스크바에 있다는 것이나 처음에는 티흐빈의 성모 이콘이, 그다음에는 「이비론의 성모」 이콘[38]이 기적이 일어나 아토스 산에서 모스크바로 옮겨진 것은 우연이 아니었다.[61]

예루살렘은 모스크바국의 흥분한 상상력에 — 축자적으로나 은유적으로나 — 콘스탄티노플과 성 아토스 산의 일종의 대안이 되었다. 맨 처음에 아르세니를 성지(聖地)로 보냈던 니콘은 성묘가 안에 있는 부활교회[39]를 본뜨려고 그를 도로 예루살렘으로 보냈으며, 모스크바를 찾아온 세르비아인 수좌대주교 한 사람을 예루살렘으로 보내 그 교회의 전례와 예배에 관한 세부사항을 추가로 얻어냈다. 모스크바국의 새로운 신정(神政)은 새 예루살렘이나 다름없을 터였다. 이 고결한 이상을 마음에 두고서 니콘은 모스크바 바깥의 이스트라(Истра) 천[40] 옆의 아주 경치 좋은 곳에 자기의

---

36 예수의 주검이 묻혔다는 성묘(Sanctum Sepulchrum) 위에 세워진 교회. 부활교회라고도 한다.

37 영어 원문에는 지은이의 착오로 '실베스테르 교황이 콘스탄티누스 황제에게 주었다는 흰 수사 두건'이라고 되어있다.

38 아토스 산 이비론 수도원의 대문에 걸려 있어서 "대문지기"(Panagia Portaitissa)라고도 불렸다.

39 성묘 교회.

40 모스크바 바로 서쪽에서 모스크바 강으로 흘러들어가는 모스크바 강의 한 지류.

"거룩한 나라"인 새 예루살렘 수도원을 짓기 시작했다. 거대한 종과 금을 입힌 정문과 성묘교회를 본뜬 중앙 성당, 이 모든 것이 하늘나라를 모스크바국 땅에 가져다 놓으려고 니콘이 세운 계획의 일부였다.[62]

그러나 청교도적 근본주의자에게 이 새 예루살렘은 예루살렘에 자기의 세상 권세를 세울 적그리스도의 나라를 생각나게 했다. 니콘의 번역관과 편집자는 정체를 숨긴 무슬림, 가톨릭 신자, 유대인이라는 소문이 퍼졌다. 망명객이 많이 채용되었고 동방에서 종교 구분선이 유동적이었다는 점을 고려하면, 이 혐의에 얼마간 신빙성을 부여하기에 충분한 의심쩍은 인물과 최근에 개종한 자들이 있었다. 한편, 좋은 교육을 받은 포툠킨 형제가 동슬라브인을 가톨릭 신앙으로 끌어들이려고 애쓰는 우니아트 교회의 전진 기지인 스몰렌스크에서 모스크바국으로 와서는, 그리스 교회의 라틴화가 적그리스도의 출현이 머지않았음을 가리켜준다고 경고했다. 스피리돈 포툠킨(Спиридон Потемкин)은 종말이 머지않다는 논설문 열 편을 써서 근본주의자들에게서 벗이자 예언자로 환호를 받았으며, 1664년에 그가 죽었을 때 그의 죽음은 역사 자체가 종말에 다가서고 있다는 조짐으로 보였다. 그의 형제인 예프렘 포툠킨(Ефрем Потемкин)은 금식하고 기도하고 교부의 글을 읽으면서 그 종말을 기다리려고 곧바로 코스트로마 북쪽의 숲으로 떠났다. 종말을 예언한 시리아 사람[41]의 이름을 따서 수사 이름을 정한 이 예프렘은 못지않게 비관적이었고 종말을 굳게 믿었다. 그는 볼가 강 북부지대에서 — 부분적으로는 주요 교역 도시의 이름난 여름 정기시(定期市)에서 세상 종말을 설교해서 — 따르는 사람을 꽤 많이 모았다.

예프렘은 니콘 총대주교가 적그리스도라고, 예수 그리스도가 곧 재림

---

41 시리아인 에프라임.

한다고, 「다니엘」에서 예언된 빵 없는 일곱 해가 이미 시작되었으니 비상식량을 모아두어야 한다고 가르쳤다.[63] 1666년 초엽에 정부는 볼가 강 너머 지역으로 특별 원정대를 보내서 예프렘을 따르는 사람들의 스키트를 불태웠고 그 사람들을 대부분 옥에 가두었으며 예프렘을 모스크바로 압송했다. 그는 강압에 못 이겨 자기 신조를 철회하고 자기가 새 의례를 받아들였음을 사람들에게 보여주는 굴욕적인 여행에 나서야 했다. 그러나 예프렘의 신조 철회, 그리고 같은 시기에 이루어진 아바쿰 파문은 다만 근본주의자의 계시록적 절망을 키웠을 따름이며 예상되는 세상 종말을 더 정확하게 알려주는 지침을 찾아 나서도록 그들을 내몰았다.

다시 한 번 그들은 우니아트 교회에 반대하는 예언적 저술에 주목했다. 일찍이 1620년에 키예프의 한 수사가 가톨릭이 퍼지면 1666년에 적그리스도가 오리라고 예언했던 적이 있다.[64] 스피리돈 포툠킨은 로마가 정교와 갈라서는 데 그리스도가 태어난 뒤 1,000년이 걸렸고 백러시아와 소러시아의 교회는 600년이 더 걸렸고 대러시아인은 그 뒤로 60년이 걸렸고 세상 종말은 그 뒤로 6년이 더 걸린다고 셈을 해서 그 생각을 발전시켰다.[65]

1666년에는 — 계시록에 나오는 짐승의 정체를 알아낼 열쇠를 쥔 — 666이라는 숫자가 들어있었으므로 그 연대가 대중의 상상 속에 자리를 잡게 되었다. 「요한계시록」은 이렇게 단언했다.

> …… 영리한 사람은 그 짐승을 가리키는 숫자를 풀이해 보십시오. 그 수는 사람의 이름을 표시하는 것으로서 그 수는 666입니다.[66]

17세기 러시아에서는 숫자를 여전히 알파벳 문자로 적었으므로 러시아인은 사람의 이름에 있는 문자들의 숫자 값을 다 더해서 그 사람의 "숫자"를 알아내는 고대의 관행인 게마트리아(Gematria)[42]를 적용하기가 쉽다는 것을 알아냈다. 초기의 그리스도 신자들은 히브리 문자로 쓴 네로(Nero)의 그리스식 이름[43]의 합이 666이 된다는 것을 알아냈다. 그리고 우니아트 교회가 1596년에 만들어질 때 지자니는 666이라는 숫자가 정교 공동체가 겪는 고난에 지닐 법한 의미를 추측해 보도록 그들을 부추겼다. 1660년대의 신학적 위기 동안 러시아인은 차르(알렉세이＝104)와 총대주교(니콘＝198)와 니콘 밑에 있는 수상쩍은 외국인 편집자 가운데 한 사람(아르세니 그렉(Арсений Грек)＝364)의 숫자를 다 더하면 이 마법의 수가 될 수 있음을 알아챘다. 더 나중에 나온 계산은 "자유사상가"라는 낱말(вольнодум)의 문자들을 더해도 666이 된다는 것을 보여주었다.[67]

적그리스도가 온다는 조짐을 페옥티스트(Феоктист)가 자연계에서 찾아냈다. 즐라토우스토프(Златоустов) 수도원[44] 원장을 지냈던 그는 머나먼 솔로베츠크로 유배되었고 자기의 학식과 감옥에서 네로노프와 맺은 친분을 활용해서 솔로베츠크 수도원이 새 예배형식을 상대로 벌이는 저항을 이념면에서 뒷받침했다. 페옥티스트는 자기가 쓴 『적그리스도와 그의 은밀한 지배에 관하여』(Об Антихристе и его тайном царстве)에서 적그리스도의 지배가 벌써 시작되었다고 주장하면서 눈여겨보아야 할 조짐의 목록을 부록으로 달아놓았는데, 그 목록은 마지막 날에 대비하는 일종의 일정표였다.[68] 정체가 불분명한 인물 또 한 사람, 즉 아바쿰의 "영적인 아들"이자 투옥 기간 말기에 늘 함께 지낸 동반자인 아브라아미(Авраамий)는 적그리스도의 조짐을 "새 예루살렘"이라는 이름에서뿐만 아니라 니

콘이 이스트라 천을 "요단" 강[45], 부근의 산 하나를 "골고다"[46], 젊은 수사를 자기의 "세라핌"이라고 부른다는 사실에서도 찾아냈다. 니콘이 물의 요정(루살카(русалка))[47]의 자식이라거나 이교도인 모르드바(Мордва) 부족[48]이나 체레미스(Черемис) 부족[49]의 아이라는 갖가지 말이 돌면서 변경지대의 미신이 모르는 사이에 세상 종말의 상징과 뒤섞였다.[69] 불길한 사건이 1666~1667년에 새로 터지리라는 기대로 분위기가 고조되었다. 예상되는 적그리스도의 지배 첫해인 1667년이 여러모로 러시아에서 새로운 질서의 시작이었으니, 그 기대에는 옳은 구석이 있었다.

대변동

17세기 러시아의 종교 위기에서 결정적 전환점은 근본주의자들을 한꺼번에 파문한 1667년 교회공의회였다. 그 공의회는 교회 조직의 중앙 권위를 떠받치고 주기도문에서 호칭을 "우리 하느님"으로 바꾸고 신현축일에 물을 두 번 축복하기[50]를 없애는 것을 빼고는 니콘의 개혁을 모두 다 지지했으므로, 겉으로는, 니콘의 승리였다. 더욱이, 이미 있는 14개 교구에 새로 20개 교구가 보태지고 교회 조직에 수좌대주교 4명, 대

---

[45] 팔레스타인 동쪽 가장자리를 따라 남쪽으로 흐르는 강. 이 강에서 예수가 세례를 받았다고 전해진다.
[46] 예루살렘에 있는 해골 모양의 언덕. 예수가 십자가에 못 박혀 죽은 곳이다.
[47] 슬라브 신화에 나오는 물의 요정. 슬라브인은 세례를 받지 못하고 죽은 아이나 물에 빠져 죽은 처녀의 넋이 루살카가 되어 호수를 떠돈다고 믿었다.
[48] 볼가 강 유역에 사는 소수민족.
[49] 볼가 강 중류 지대에 사는 소수민족. 스스로는 마리(Марий)인이라고 부른다.
[50] 사제들이 신현 축일 전날에 한 번, 신현 축일 아침에 또 한 번 물을 축복한다.

주교 5명, 주교 9명이 추가되면서 교회 행정기구가 크게 확대되었다.[70]

그러나 근본주의자의 패배가 신정주의자의 승리를 뜻하지는 않았다. 그렇기는커녕, 1667년 교회공의회는 주로 니콘을 최종적으로 면직하고 귀양살이 보내는 데 주의를 기울였다. 그 공의회의 주요 결과는 국가가 사실상 임명한 새 사제들로 교회 관료기구를 가득 채워서 교회를 뚜렷이 국가 밑에 두기로 정하는 것이었다. 신임 우크라이나인 수좌대주교 한 사람은 아바쿰에게 형을 선고하면서 놀라울 만큼 툭 터놓고 이렇게 인정했다. "우리는 차르께서 옳으시다고 해야 합니다. 그러므로 우리는 차르를 기쁘게 해드리고자 혁신을 지지합니다."[71] 신임 총대주교 요아힘 (Иоаким)은 차르에게 거리끼지 않고 이렇게 말했다 "폐하, 소인은 옛 신앙도 새 신앙도 모르옵니다만, 폐하께서 명하시는 것은 무엇이든 해내고 따를 준비가 되어 있사옵니다."[72]

모스크바국이 우크라이나와 서부 러시아의 핵심 지역을 폴란드에게서 빼앗아오면서 다민족 제국으로 빠르게 탈바꿈하고 있었던 것과 똑같이, 주로 그 지역의 세계주의적인 교회 고위 지도자들이 더 오래된 대러시아 교회 행정조직을 대체하고 있었다. 구조가 근본주의적이든 신정주의적이든 유기적 종교 문명이라는 이상은 총대주교 지배의 모호한 경제·행정 절차만큼이나 시대착오가 되고 있었다.

유기적이고 종교적인 문명이라는 모스크바국의 이상을 옹호하는 이들은 자기 나라에서 서유럽의 세속 주권국가와 비슷한 세속 주권국가와 맞부닥뜨리고 있었다. 이 추세는 1667년이라는 해에 긴 세월 동안 폴란드의 지배를 받았던 키예프가 정식으로 모스크바국의 지배 아래로 들어가고 모든 대외 무역을 국가의 관장 아래 두는 새 법령이 공포되면서 가속되었다.[73] 도시 반란을 진압하고 젬스키 소보르를 폐지함으로써 지역 기구나 자문 기구의 모든 실질적 구속으로부터 전제 권력을 해방하는 과정이 알렉세이 미하일로비치 치세 초기에 이미 이루어져 있었다.

예전에는 무명이었던 전쟁 영웅이자 제 이름 안에 "영악한"(хитрый)이라는 꼬리표를 붙인 궁정 음모가였던 차르의 새 궁내관 보그단 히트로보(Богдан Хитрово)가 여러 민족으로 이루어진 새로운 차르 관리 카스트를 만들어내고 있었다. 1667년에 중요한 자리에 새로 임명된 두 사람은 군주보다 더 한 군주주의자인 국가 봉직계급의 성장을 생생하게 보여준다. 크레믈의 아르한겔 대성당에 있는 차르 묘의 관리인이었던 세르비아인 망명객 페도시(Федосий) 수좌대주교가 니콘의 총대주교 영지의 관리인으로 지명되었다. 프스코프 출신의 서방화된 직업 외교관 아파나시 오르딘-나쇼킨(Афанасий Ордин-Нащокин)은 마침내 완전한 외무부의 지위를 차지하는 사절청의 우두머리가 되었다.[74]

새 정교회 지도부의 비굴성은 1666~1667년 공의회의 의제를 작성한 두 인물, 즉 파이시오스와 시메온 폴로츠키(Симеон Полоцкий)가 생생하게 잘 보여준다. 가톨릭 교육을 받은 그리스인 사제인 파이시오스는 여러 해 동안 로마 교황청 포교부와 편지를 몰래 주고받았으며 무의미한 가자(Gaza) 정교회 주교구의 구설 많은 수좌대주교로서 러시아에 왔다. 파이시오스의 뒤엉킨 인생사는 기만과 음모로 가득 차 있는지라 그에게서는 기회주의적 동기를 빼고는 그 어떤 것도 찾아내기 힘들다. 그는 야쉬에 그리스어 학교를 세우고 루마니아어판 비잔티움 교회법 요약집을 펴내는 작업을 도우러 1640년대에 건너간 루마니아에서 그리스식 예배의식을 열성을 다해 옹호했다. 그러나 이제 그는 그리스지향론자[51]인 니콘을

---

51 근대 초 러시아에서 비잔티움 제국의 종교 문화를 지향하는 성향을 지닌 이들을 일컫는 표현. 1620년대에 나타나서 17세기 후반기에 국가 권력과 긴밀한 관계를 맺고 러시아 정교 개혁에 나섰으며, 라틴화론자나 구교도와 대립했다.

맹렬하게 공격하는 사람으로 나타났으며, 그 교회공의회가 끝난 뒤로는 알렉세이 미하일로비치에게 비어있는 폴란드의 제위에 오를 권리가 있다는 주장을 제시하는 데 주로 전념했다.[75]

폴로츠키는 더 진지한 인물이다. 자기 생각을 표현할 줄 아는 백러시아인 사제인 그는 1667년 교회공의회의 정식 승인을 받은 엄격한 교회 기강 지침인 『지도자의 홀(笏)』(Жезл правления)을 썼다. 그 뒤 같은 해에 그는 황궁에서 설교하고 차르의 자녀를 가르치게 되었다. 폴로츠키는 세속적인 1667년 설 행사를 위해 『러시아 독수리』(Орел Российский)를 펴냈다. 자기를 후원하는 차르에게 공들여 지어 바친 세속 찬양문인 이 책에는 바로크풍 장식, 차르 이름 철자 바꾸기 놀이, 헤라클레스와 알렉산드로스 대왕과 티투스(Titus)가 받은 찬사를 넘어서는 찬사가 가득 차 있었다. 이 모든 아부는 예전에 그가 지은 시를 그대로 되풀이한 데 지나지 않는다. 그 시는 알렉세이 미하일로비치를 해, 그의 아내를 달이라고 부르고는 이렇게 끝을 맺었다.

> 온 누리의 승리자가 되소서
> 그리고 세상은 그대로 말미암아 믿음을 이루소서.[76]

폴로츠키는 고전 시대의 정치 철학을 알았으므로 차르의 절대 지배에 대한 정교한 세속적 옹호론을 펼칠 수 있었다. 그가 키예프에서 교육을 받으면서 습득한 스콜라철학 방식은 요안니키 골랴톱스키(Иоанникий Гол-ятовский) 키예프 학술원 원장의 『이해의 열쇠』(Ключ разумения)와 "러시아의 아리스토텔레스"인 이노켄티 기젤(Иннокентий Гизель) 키예프 동굴 수도원 원장의 『하느님과의 평화를 사람에게』(Мир с Богом человеку) 같은 1660년대 말엽의 저작 덕분에 급속히 모스크바의 새 교회 고위지도자들의 유행 사조가 되었다.

기젤이 관(官)의 의뢰를 받아 써서 17세기 말까지 5판이 간행된 러시아 역사서 『개설』(Синопсис)[52]은 거리낌 없이 모스크바국이 폴란드에 거둔 승리를 하느님이 주권이 분리된 공화정보다 절대군주정을 더 좋아한 덕분으로 돌렸다. "헤트만"(hetman)[53]과 "의회의원"들이 폴란드를 "차르가 다스리는 나라에서 공후가 다스리는 나라로, 공후가 다스리는 나라에서 지방군정관이 다스리는 나라로" 바꿨다. 그러나 이때 모스크바국의 차르는 가톨릭을 믿는 폴란드의 멍에에서 "러시아 도시들의 어머니"를 구해냈으며, "군주들 가운데 최강의 군주"로 떠올랐다. 이렇게 비잔티움이 망한 뒤로는 처음으로 참된 그리스도교 제국이 "독수리가 젊음을 되찾은 양" 동방에 되돌아왔다.[77]

또한 폴로츠키는 제국의 운명에 관한 이 새 인식과 키예프 학술원이 들여온 새 스콜라철학 논쟁 어법을 모스크바에 널리 퍼뜨렸다. 더욱이 그는 새로운, 즉 서방 예술 양식의 적극적 대변자였다. 그의 화려한 음절 시와 장식용 삽화는 그를 바로크의 대가로 곧추세웠다. 1667년에 폴로츠키는 차르에게 각서를 써 보내 더 관대한 새 이콘 도상규범 이론을 제시했고, 다음 두 해 동안 그 이론은 모스크바를 방문 중인 총대주교들에게서, 새로운 기법으로 그림을 그리는 선도적 화가인 시몬 우샤코프(Симон Ушаков)에게서, 그리고 차르에게서 일련의 지지 선언을 받아냈다.[78] 폴로츠키는 그리스도교의 권위뿐만 아니라 고전의 권위를 인용해서 창작 재능은 하느님의 선물이며 창의적으로 쓰여야 한다고, 그리고 이콘은

---

52 1674년에 나온 루스의 역사서 『개설, 즉 러시아인의 기원에 관한 약술』(Синопсис, или Краткое описание о начале русского народа)의 약칭. 『키예프 개설』(Киевский синопсис)이라고도 한다.
53 16~18세기에 폴란드 군사령관을 일컫던 칭호.

일정한 한 주제의 물리적 본질과 내면적 감정을 그것의 양식화된 전통적 외양과 함께 전달할 수 있다고 주장했다. 같은 해인 1667년에 알렉세이 미하일로비치는 훨씬 더 나아가서 예전에 니콘의 초상을 그렸던 화가를 황실의 공식 화가로 고용했다. 두어 달 안에 독일의 피스카토르(Piscator) 성경[54]에 나오는 삽화가 알렉세이 미하일로비치의 아들 알렉세이[55]가 지내는 거처의 벽을 장식하고 있었으며, 삽화가 들어간 새 원고에는 오랫동안 금지 대상이었던 성부의 형상이 — 소파에 누워있는 살찌고 부터 나는 인물로 — 그려지기까지 했다.[79]

또한 바로크식 다성음악이 몰려 들어와서 더 오래된 러시아식 찬가에 도전했으며, 초창기 세속 연극이 처음으로 만들어졌다. 모스크바에 있는 여러 독일 교회 가운데 한 교회의 목사인 요한 그레고리(Johann Gregory)가 1672년 가을에 그 세속 연극의 제1호 작품과 제2호 작품을 잇달아 쓰고 상연했다. 그 뒤를 이어 다른 연극 네 편과 발레 두 편이 나왔고, 그레고리가 모스크바 근교의 외국인 마을에서 뽑은 쉰 명으로 이루어졌던 원래 출연진의 규모가 발트 해 연안 지역 출신의 신입단원이 들어오면서 금세 불어났다. 공연은 크레믈과 사택에서 목조 전용극장에 이르는 다양한 장소의 무대에서 독일어와 러시아어로 이루어졌다. 또한 우크라이나인과 백러시아인이 라틴화한 우크라이나와 백러시아에서 인기를 끌었던 "학교극"(школьная драма)[56]을 여러 편 쓰고 무대에 올렸다. 이 공연에는

---

54 독일의 신학자이자 번역가인 요한네스 피스카토르(1546~1625년)가 1605년부터 1619년까지 작업을 한 끝에 내놓은 독일어 성경.
55 차르 알렉세이 미하일로비치와 마리야 미로슬랍스카야 사이에서 1654년에 태어나 1670년에 죽은 아들.
56 폴란드 연극의 영향을 받아 17세기에 백러시아와 우크라이나에서 유행한 연극. 특히 키예프의 신학생들로 이루어진 극단이 민간 축일이나 학교 축제에서 공연했다.

대부분 음악 반주가 있었고, 그래서 러시아는 "세속의 노래와 세속의 악기를 삶 속이 아니라 구경거리 속에서 맨 처음 알게 되었다."[80]

알렉세이 미하일로비치의 영국인 의사는 그의 궁정에서 겹쳐서 나는 옛 소리와 새 소리를 "올빼미 떼, 갈까마귀 떼, 굶주린 이리 떼, 바람 부는 날의 수퇘지 일곱 마리, 그리고 고양이 일곱 마리 ……"에 비기었다.[81] 그 불협화음이 크레믈에서 열린 알렉세이 미하일로비치의 재혼 피로연보다 더 심하게 난 곳은 어디에도 없었다. 거의 밤새도록 계속된 그 행사는 음악이 허용되지 않았던 1645년의 알렉세이 미하일로비치의 청교도적인 초혼식과 대비되었다. 이 알렉세이 미하일로비치 치세 말기의 모스크바 곳곳에는 일종의 영국 왕정복고 분위기[57]가 있었다. 알렉세이 미하일로비치는 왕정복고가 이루어진 영국으로 가는 초대 대사에게 1660년에 내린 훈령에서 "희극 상연 예술의 대가들"을 데리고 러시아로 돌아오라고 명했다.[82] 왕정복고기 영국의 초대 대사는 네 해 뒤에 모스크바에 도착하자 음악 반주가 있는 "멋진 산문 희극"을 상연했다.[83] 그레고리의 연극은 그 "영국 희극"[58]의 변형이었고, (첫 아내[59]가 죽고 나서 두 해 뒤인 1671년 초엽에 결혼한) 알렉세이 미하일로비치의 두 번째 아내[60]는 영국의 청교도 호국경[61]을 피해 도주했던 스코틀랜드인 왕당파를 포함하는 외국인들과 가까운 나릐시킨(Нарышкин) 가문 출신이었다.

여러모로 1672년은 "러시아가 세속 세계에서 고립되어 있는 상황이

---

[57] 영국 내전 시기에 찰스 1세를 처형하고 권력을 잡은 의회파 지도자 크롬웰은 청도교 정신에 입각해서 오락과 유흥을 억눌렀다. 영국인은 1660년에 왕정이 부활해서 찰스 2세가 국왕이 된 뒤에야 마음껏 오락과 유흥을 즐길 수 있게 되었다.

[58] 도덕적 교훈보다 노래, 춤, 음악에 치중하고 장식적인 화려함을 추구하는 연극.

[59] 마리야 밀로슬랍스카야(Мария Милославская, 1625~1669년).

[60] 나탈리야 나릐시키나(Наталья Нарышкина, 1651~1694년).

[61] 올리버 크롬웰(Oliver Cromwell, 1599~1658년).

끝나"는 해였다.[84] 차르의 새 아내가 장차 표트르 대제가 될 아들을 낳았고, 알렉세이 미하일로비치는 아주 기뻐하면서 "대규모 사절단"을 유럽의 모든 주요 국가에 보냈다.[85] 그 사절단은 표트르의 탄생을 알리기도 했고 또 17세기 말에 표트르 대제 스스로가 하게 될 서방 유람의 전조가 되기도 했다. 러시아가 유럽 국가체제의 정식 구성원인 시대가 왔음을 보여주는 1672년의 또 다른 낌새는 러시아의 통치자와 더불어 외국의 통치자를 화려한 색채로 그린 초상화 65점이 들어 있는 『대군주 일람표』(Титулярник великих государей)[62]가 관(官)의 지원을 받아 간행된 것이었다. 비교적 실물을 닮은 이 유럽 정치가들의 그림은 예전에 러시아 회화를 지배했던 순전히 정교식인 성자들의 누가 누군지 알 수 없는 이상화된 이미지와 또렷한 대비를 이루며 개개 미술가의 작품으로 취급되었다.[86]

반(半)신성화된 칭호인 차르가 이미 알렉세이 미하일로비치 치세에 서방식 칭호인 황제(Император)에 밀려나고 있었다. 황제 칭호는 표트르 대제 때까지 정식으로 채택되지 않았는데도, 1660년대에 폴란드인이 도안하고 페르시아인이 제작한 알렉세이 미하일로비치의 새 황제관에 Potentissimo et Invictissimo Moscovitarium Imperatori Alexio[63]라는 라틴어 글귀가 새겨져 있었다.[87] 눈에 띄지 않게, 오직 국가 통치자만이 무제한의 주권을 보유한다는 근대 특유의 사고가 이식되고 있었다. 1655년 6월에 콘스탄티노플에서 도착한 그 "위대한 황제관"에는 하느님의 더 높은 주권의 상징이 있던 자리에 차르 부부의 그림이 들어 있었다. 그리

---

[62] 『제왕 일람표』(Царский титулярник)나 『대군주 가문』(Корень великих государей)이라고도 한다.
[63] 가장 강력하고 절대로 지지 않는 모스크바의 알렉세이 황제.

고 쌍두 독수리 문장에서 성 게오르기(Святой Георгий)의 그림이 있던 자리에 알렉세이 미하일로비치의 그림이 들어서기 시작했다.[88] 모스크바국에 있는 외국인 신민의 대집단에게 알렉세이 미하일로비치는 더는 독특한 한 종교 문명의 지도자가 아니라 모범적인 유럽식 군주였다. 그레고리 목사는 1667년에 지은 한 시에서 이렇게 썼다.

> …… 러시아인 백성보다 저희 독일인 백성을 더 사랑하시어
> 그들에게 교회와 지위, 녹봉, 명예와 재물을 주시는
> 비길 데 없는 차르를, 러시아인의 대공을
> 제가 어찌 제대로 찬양하겠나이까?
> 오, 최고의 상찬을 받으실 차르시여, 하느님의 보답을 받으소서,
> 과연 그 누가 이 나라에서 살지 않으려 하겠나이까?[89]

세속적 호기심이 사방팔방으로 뻗치고 있었다. 러시아는 서방과 최초의 정기 우편 연락을 취했으며,[90] 1667년에는 천문학 계산을 처음으로 항해에 활용했고[91] 중국 황제와 협상할 권한을 부여받은 최초의 무역 대상(隊商)을 베이징(北京)으로 보냈다. 그 사절단의 단장[64]은 유교 전통이 낳은 교양과 문민 정신에 관한 호의적 보고서를 가지고 돌아오게 된다.[92] 러시아 자체 안에서는 알렉세이 미하일로비치가 예술 인재를 종교 활동에서 세속 활동으로 이전했다. 크레믈 안에서 이루어지는 이콘 제작이 황실조병창(Оружейная палата)[65]의 소관이 되었으며, 알렉세이 미하일로비치의 치세 말년에 크레믈 내부의 가장 중요한 새 건축은 교회가

---

[64] 니콜라이 스파파리(Николай Спафарий, 1636~1708년).

[65] 1508년에 모스크바 크레믈 안에 무기제작소 겸 창고로 세워져서 18세기까지 황실의 병기창 겸 공방으로 쓰인 곳. 1806년에 박물관으로 개조되었다.

아니라 외교사절청을 위해 이루어졌다. 외교사절청장은 자기 주위에 이콘이 아니라 시계와 달력을 빙 둘러놓았다.[93]

모스크바국이 러시아를 다음 생에서 최종적으로 수확하려고 하느님이 가꾸는 "러시아 포도원"(Виноград российский)으로 여겼다면, 알렉세이 미하일로비치는 이제 러시아를 사람이 자기의 "백화만발한 과수원"(Вертоград многоцветный)을 만들 수 있는 곳으로 여기는 듯했다. 이것들은 각각 개혁에 저항하는 가장 유명한 구교도 문집과 새 궁정시인 시메온 폴로츠키의 가장 유명한 시집의 제목이다. 폴로츠키가 지은 운문의 "과수원"에 "시민권"과 "철학"처럼 모스크바국에는 어울리지 않는 주제에 바치는 찬사가 가득 차 있는 것과 똑같이,[94] 모스크바 밖에 있는 알렉세이 미하일로비치의 새 이즈마일로보 정원(Измайловские сады)에는 서방의 신기한 물품이 가득 차 있었다. 그 바로크풍 정문 뒤에는 풍차, 약초밭과 꽃밭, 관개 수로, 우리에 갇힌 동물, 천막 아래서 쉬면서 기분 전환을 하는 작은 정자가 있었다.[95]

우아한 세속적 취향의 훨씬 더 커다란 상징물이 하나 있었으니, 그것은 알렉세이 미하일로비치가 1666년과 1668년 사이에 모스크바 바깥의 콜로멘스코예(Коломенское)에 지은 궁전이었다.[96] 하기는 기본적으로 나무로 지어진 그 건축물에서 양파꼴 돔과 원뿔꼴 지붕이 도드라지기는 했으니까 알렉세이 미하일로비치의 치세답게 겉으로는 전통을 지킨 측면이 있기는 했다. 그러나, 예전의 모스크바국 건물에서는 그랬던 적이 없는데, 돌비늘 창문 3,000개를 통해 빛이 비쳐 들어와서 태양을 중심에 두고 우주를 묘사하는 큼직한 프레스코화 한 점과 거울, 호화 가구, 외국에서 수입한 기계장치로 이루어진 못지않게 낯선 세계 하나를 드러냈다. 이콘이 붙어 있었을지도 모르는 벽에 걸린 율리우스 카이사르, 알렉산드로스 대왕, 다레이오스의 그림이 내려다보고 있었으며, 알렉세이 미하일로비치는 미리 정해놓은 신호를 주면 눈을 부라리고 아가리를 벌려 울부짖는 거대한 기계 사자 두 마리를 옆에 놓은 옥좌에 앉아서 찾아온 이들을 맞이했다. 폴로츠키는 콜로멘스코예를 세계의 여덟 번째 불가사의로 여겼다. 콜로멘스코예는 서방의 과학기술이 새 제국의 기념비적 건조물을 지배하기 시작한 한 신세계의 첫 번째 불가사의라고 해야 아마도 더 맞는 말일 것이다. 알렉세이 미하일로비치는 토착 전통의 요란하고 야한 특징을 간직하면서 로마노프 황조의 러시아를 상징하게 되는 으리으리한 환락용 궁전들 가운데 첫 궁전을 지었다. 그는 니콘의 허세 어린 건축 프로그램과 외국 것을 배척하는 아바쿰의 도도함은 이어받았지만 그 두 사람의 종교적 신념은 내팽개쳤다. 17세기의 콜로멘스코예와 이즈마일로보에서 20세기의 문화·휴식 공원[66]으로 가는 길은 힘들고도 험할 터였다. 그러나 여러모로 그 길은 피해갈 수 없는 직행로이기도 했다.

알렉세이 미하일로비치 말년의 서방화 변혁은 혁명이라는 낱말의 현대적 의미로 매우 혁명적이었다. 그러나 — 회전해서 원래 위치로 되돌아가는 천체의 이미지에 바탕을 둔, 흐트러진 자연 질서의 회복이라는 — 17세기식 의미의 혁명에서는 패배한 종교 혁신가들이 참된 혁명가들이었다.[97] 신정주의자도 근본주의자도 다 같이 러시아가 본연에 어긋나게 외국의 방식에 투항한 뒤에 러시아를 그에 합당한 그리스도교의 원래 소명으로 되돌려 보내려고 애쓰고 있었다. 그들은 저마다 차르가 러시아 그리스도교를 이끌고 예전의 순수성으로 되돌아가리라는 믿음을 품었지만, 자기의 대의에 가

---

[66] 더 정확하게는 문화·휴식 중앙공원(Центральный парк культуры и отдыха, ЦПКиО). 자연 속에서 쉬고 문화를 즐기려는 도시민의 욕구를 채워주고자 소련 대도시에 만들어진 시설. 지금은 문화공원(Парк культуры)으로 이름이 바뀐 모스크바의 고르키 기념 문화·휴식 중앙공원이 대표 사례이다.

망이 없음을 직감으로 알아챘다. 그들은 알렉세이 미하일로비치가 신앙을 몰래 내버렸던 또 하나의 배교자 율리아누스(Iulianus Apostata)라는, 또는 모스크바가 예전에는 절대 그럴 리 없다고 생각했던 "제4의 로마"가 되어버렸다는 슬픈 결론을 내렸다.[98]

세속화된 새 궁정문화 곳곳에서 종교 혁신자들은 적그리스도의 지배가 시작되었다는 조짐을 찾아냈다. 짐승의 숫자가 들어있는 해에 교회공의회가 소집되었을 뿐만 아니라 바로 그 해에 기젤이 차르에게 바친 새 교리서 『하느님과의 평화를 사람에게』의 쪽수가 666이기도 했다.[99] 같은 해에 키예프에서 나온 또 다른 저작의 맨 앞에 있는 그림은 다윗 왕과 성 바울이 칼끝으로 구(球) 하나를 가리키고 러시아의 차르가 그 구의 맨 위에 올라타고 출전하는 모습을 — 그 시대에 가장 빈번하게 인용되던 성경서 가운데 하나인 —「요한계시록」에서 따온 인용구 하나를 곁들여 보여주었다.[100] 차르가 새로 채용한 네덜란드인 궁정화가가 차르를 위해 제작한 (그리고 1667년 설날에 차르에게 바친) 첫 번째 그림에 예루살렘의 멸망이 묘사되어서 불길한 예감이 한결 더 거세졌다.[101]

분리파의 종말론적 성향은 그들이 예언적인 모스크바국 이념에 보인 극단적 충실성의 논리적 소산이었다. 그러나 교회분열을 어떻게든 제대로 이해하려면 러시아의 전망뿐만 아니라 비잔티움과 서방의 전망도 요구된다. 실제로, 겉으로는 특이하고 러시아 특유의 것으로 보이는 이 교회분열은 여러모로 "형식에서는 비잔티움적이고 내용에서는 서방적"이라고 서술될 수 있다.

형식이 비잔티움적이었다는 데에는 의문의 여지가 있을 수 없다. 의례와 절차의 세세한 사항에 신경을 쓰고 복잡한 궁정 음모에 황제와 총대주교가 모두 연루되고 그 두 사람이 끊임없이 그리스인 교부에게 호소하고 종말과 예언에 관한 성경 구절을 근거로 삼아 논쟁을 벌이는 이 모든 것이 그 그리스도교 동방 제국에서 더 먼저 일어났던 종교 논쟁을 생각나게 한다. 러시아인 성직자와 함께 외국인 총대주교가 포함되어 있는 교회공의회는 처음에는 1654년에 니콘의 개혁을 승인했다가 1667년에는 근본주의자들을 규탄하고 니콘을 면직하는 등의 결단이 내려지는 격전장이었다. 모스크바국에 끊임없이 위난이 일어난 한 세기 동안 지적으로 세련된 총대주교 당파와 예언적인 구교도 사이에 벌어진 파괴적 동족 상잔은 어떤 면으로는 고난에 처한 비잔티움 제국 말기에 친스콜라철학 당파와 헤시키아주의 당파 사이에 명운을 걸고 벌어진 싸움을 생각나게 한다.

그렇지만 교회 성직자들이 벌이는 논쟁의 상세한 논거를 읽으면 그 논란의 본질은 어느 한 당파가 말로 하는 합리화보다 더 깊은 데 있다는 느낌이 든다. 아바쿰은 니콘이 비잔티움의 선례에 기댄 것과 같은 이유에서, 즉 이미 취했던 입장을 정당화하고 옹호하는 수단으로서 교부의 원전에 기댔다. 실제로는, 두 사람 다 자기가 옹호하고 있다고 주장하는 정교회의 기본 전통을 어겼다. 아바쿰의 이원론은 그가 감옥에서 삼위일체의 그리스도가 역사상의 예수와 완전히 같지는 않다는 이단적 입장을 옹호하도록 만들었다. 니콘의 포부는 그가 콘스탄티노플에서 총대주교가 가져보려고 시도했던 것보다 ─ 이론으로는 아닐지라도 실제로는 ─ 더 큰 총대주교 권력을 요구하도록 만들었다.

아바쿰이나 니콘은 자기들의 입장이 서방의 것과 닮았다고 넌지시 말하기만 해도 더없이 소스라치게 놀랄 것이다. 두 사람 가운데 누구도 서방에 관한 상당한 식견을 가지고 있지 않았으며, 강박에 사로잡힌 반(反)서방주의는 여러모로 두 사람을 밀어붙이는 추동력이었다. 그러나 이런 과민반응이야말로 더 깊은 어떤 연계가 있었음을 알려준다. 알렉세이 미하일로비치 시대의 러시아는 꽉 닫혀 틀어막힌 문화가 더는 아니었기

때문이다. 비록 반쯤 모르는 상태에서 그랬을지라도 불가피하게 러시아
는 — 경제나 군사만이 아니라 이념에서도 — 유럽의 더 큰 흐름에 휘말려 들어
가고 있었다. 사실상 러시아 교회의 분열은 어느 모로는 유럽 종교개혁
의 변경 농경지대에서 나온 마지막 소출이라고 말할 수 있다. 즉, 한 세
기 전에 서방에서 처음 붙었던 불이 유럽의 변두리에서 타올랐다.

넓은 견지에서 보자면, 러시아 교회의 분열은 — 서방에서 일어난 교회분열
과 마찬가지로 — 근대 초기에 경제와 정치가 어지러이 바뀌는 와중에 종교
가 활력과 의의를 잃지는 않을까 하는 걱정이 새로 일면서 생겨났다.
이 "재판(再版) 종교성"[67]은 서방보다 러시아에서 더 늦게 일어났는데,
경제 변화와 세속적 사고가 더 늦게 일어난 것이 주원인이었다. 그 "재판
종교성"은 서방의 여러 지역에서보다 러시아에서 더 극단적이었는데,
주원인은 16세기 말엽과 17세기 초엽의 대규모 전쟁 이전이 아니라 이
후에 일어난 것이었다. 러시아의 종교적 관심의 부흥은 앞선 서방의 유
형과 엇비슷한 과정을 따랐다. 교회 안에서 서로 다투는 세력들이 거센
갈등에 휘말려 들게 되었고, 그 갈등은 곧 물리적 폭력과 교리의 경직으
로 이어졌다. 양대 주요 분쟁당사자는 힘이 다 떨어질 때까지 서로 싸웠
고, 그러면서 새로운 근대 세속문화로 가는 길을 열어젖혔다.

엄정한 비유를 의도하지 않거나 직접적 차용을 함축하지 않는다는 점
을 명심한다면, 러시아 정교 안에서 근본주의자는 프로테스탄트와 같은
당파이고, 신정주의자는 가톨릭과 같은 당파라고 말할 수도 있다.

네로노프가 폴란드와 벌이는 전쟁에 반대하고 소박한 우화를 좋아하

---

[67]　농노제가 중세 말에 쇠퇴하다가 근대 초에 다시 강화되는 현상을 일컫는 "재판
농노제"라는 역사학 용어에 빗대어 쇠퇴하던 종교성이 다시 강화되는 현상을 일
컫는 표현.

고 볼가 강에서 짐배를 끌거나 시베리아에서 소금을 캐는 잊혀지고 쫓겨난 사람들에게 설교하고 싶어한 것, 이 모든 것이 급진적인 프로테스탄트 복음주의를 생각나게 했다. 더욱이 근본주의자는 독신 사제 주교단의 권세에 대한 대처(帶妻) 교구사제의 반대를 대표했다. 프로테스탄트와 마찬가지로 근본주의자는 기존의 교회 위계제에서 떨어져 나온 뒤 잘게 부서져 더 쪼개졌다. 그러나 프로테스탄티즘처럼 주요 분파는 두 개였다. 사제가 있는 분파인 "사제파"(포폽츠(поповцы))와 사제가 없는 분파인 "무사제파"(베스포폽츠(беспоповцы))가 그 두 분파[68]였다. 대충 사제파는 로마의 권위를 거부하면서도 옛 주교단 체제와 예배 형식을 계속 유지한 서방 프로테스탄트 분파(루터교도와 영국국교도)에, "무사제파"는 옛 교회 위계와 성사 체제까지도 거부한 서방 프로테스탄트 분파(칼뱅교도와 재세례파[69])에 해당한다.

프로테스탄티즘이 초기의 구교도 일부에게 영향을 미쳤을 가능성을 배제할 수 없다. 비록 직접적 증거가 없고 근본주의자가 의례와 이콘 숭상에 보이는 광신적 몰입과 프로테스탄티즘의 견해 사이에 뚜렷한 신학적 간극이 있기는 해도 말이다. 그렇지만 이미 지적한 대로 17세기에 프로테스탄트 상인과 군인이 모스크바에 흠뻑 스며든 것이 비록 근본주의자의 실제 신앙에는 아닐지라도 사고와 행동에 영향을 미쳤을지 모른다. 17세기 중엽에 폴란드인의 탄압에 밀려 수가 격감한 백러시아인 프로테스탄트교도의 일부가 틀림없이 러시아에 삶의 터전을 새로 마련했

---

[68] 국가의 공식 교회가 임명한 사제를 대하는 입장을 놓고 구교도는 공식 교회가 임명한 사제라도 옛 예배방식을 존중하면 인정하자는 "사제파"와 니콘의 개혁 이후에 임명된 사제의 권능을 인정하지 않는 "무사제파"로 갈라졌다.

[69] 아기가 받은 세례의 효용을 부정하고 어른이 되어 다시 세례를 받아야 한다고 주장한 유럽 종교개혁기의 종파. 기존 사회 질서에 맞서 가장 급진적인 태도를 보여 극심한 탄압을 받았다.

을 것이고 공식적으로는 정교를 받아들이면서도 예전 신앙의 요소를 간직했을 법도 하다. 17세기 내내 스웨덴은 나중에 구교도 식민화의 중심지가 되는 발트 해 연안 지역과 카렐리아 지역에서 적극적인 루터교회 복음 전도 프로그램을 추구했다. 개종한 러시아인 사제 한 사람은 1650년대 말엽이나 1660년대 초엽에 루터교가 정교의 타락한 관행을 억제할 방법임을 러시아인이 이해하도록 만들려고 시도하는 러시아어 소책자를 썼다.[102] 프로테스탄트 전도에 대한 비난이 한때는 호감을 샀던 프로테스탄트 교도를 1640년대 말엽에 모스크바에서 내쫓은 행위를 얼마간 정당화했다. 알렉세이 미하일로비치 치세 말년에 러시아에 거주하는 프로테스탄트 교도는 아직도 18,000명쯤 되었고 모스크바 지역에는 프로테스탄트 교회가 다섯 개 있었다.[103] 그리고 구교도가 뿌리를 내린 지방은 프로테스탄트 교도의 존재감이 가장 컸던 바로 그 지역, 즉 발트 해 연안 지역, 백러시아, 볼가 강 교역로 지대였다.

루터 주위의 첫 프로테스탄트 집단과 마찬가지로 원조 구교도는 주로 황량하지만 믿음이 깊은 북유럽 지역 출신이었다. 초기의 구교도에게는 반(反)지성주의가 있기는 했어도 그들 가운데 (표도르 보제와 솔로베츠크의 수사들 같은) 여러 사람은 — 루터처럼 — 학식이 있는 성경 연구자였다. 그들은 이상화된 초창기 그리스도교를 최근에 만들어진 교회 위계와 대비하고 머나먼 지중해 문명의 퇴폐와 오만을 꾸짖고 나날의 삶에 수도생활의 경건성을 불어넣으려고 애썼다. 네로노프는 루터와 마찬가지로 성 바울의 서한집에 특히 정통했고, 당대인은 그를 바울과 자주 비교했다.[104]

독일 제후의 후원이 루터에게 그랬던 것만큼 지역 정치 지도자의 후원은 네로노프와 아바쿰의 신학 문제를 사회 운동으로 바꾸는 데 없어서는 안 되었다. 실제로, 새로 확장되어 구조가 부실한 로마노프 가문의 제국은 한 세기 앞선 카를 5세(Karl V)의 제국 못지않게 분열을 일으키는 힘이 주는 압박에 취약했다. 루터교파가 네로노프 운동(Нероновианство)보다 더 크게 성공했다면, 그것은 오로지 세속국가라는 제도를 더 주저 없이 받아들였기 때문이었다. 그러나 이 구분은 러시아의 분리파 전통을 "권위를 부정하는" 급진 개혁, 즉 어쨌든 중유럽과 동유럽에서 세력이 가장 컸던 제세례파와 후터(Hutter)파[70] 등의 전통과 더 동일시하는 데 이바지할 뿐이다.[105] 러시아의 분리파는 전쟁과 국가이성에 가차 없이 반대하고 신성화된 교회보다는 "예배당"(молитвенный храм)을 이야기하는 경향이 있다는 점에서 퀘이커교도(Quakers)[71]나 다른 프로테스탄트 급진 종파들과 닮았다.[106] 세상 종말을 예기하고 공동체를 지향하는 전통을 지녔다는 점에서 머나먼 그리스도교 세계 동쪽 변경에 정착한 구교도는 기풍에서 저 멀리 그리스도교 세계 서쪽 변경에 있는 식민지 아메리카를 개척하는 일부 종파에 가까웠다.

팽창하는 러시아 제국의 다른 소수파 종교들이 분리파 전통 안으로 녹아 들어갔을지 모른다. 그 새로운 세속국가에는 박해받는 반대자 사이에서 일체감을 만들어내는 경향이 있었기 때문이다. 시베리아에서 가장 먼저 구교 신앙을 옹호한 가장 유력한 사람 가운데 한 사람은 정교로 개종한 아르메니아(Армения) 사람이었는데, 그는 예전에 네스토리우스(Nestorius) 교파[72]였기에 성호를 손가락 세 개가 아니라 두 개로 그었

---

[70] 재세례파 지도자 야콥 후터(Jakob Hutter)가 이단으로 몰려 1536년에 화형을 당한 뒤 박해를 피해 근거지를 티롤과 모라비아로 옮긴 후터의 추종 세력. 초기 그리스도교 교회를 본떠 재산을 공유했다.

[71] 영국의 조지 폭스(George Fox, 1624~1691년)가 1647년에 세운 종교친우회(Religious Society of Friends)의 신도를 일컫는 명칭. 프로테스탄트 일파이며, 내면의 각성을 강조하며 교회의 위계 조직과 성경의 권위를 중시하지 않고 일체의 폭력과 전쟁에 반대했다.

다.[107] 유대인 공동체와 어떤 상호작용을 했을 가능성을 배제할 수 없다. 근본주의자가 적그리스도가 오는 해라고 예상한 1666년은 사바타이 체비가 오랫동안 고대해온 유대인의 메시아가 되었다고 주장한 바로 그 해였다. 구교도와 똑같은 예언 구절과 숫자 계산을 많이 이용하면서, 그리고 아마도 흐멜니츠키 학살에서 살아남은 우크라이나인 아내에게서 영향을 받아서 사바타이 체비는 자기 주장을 따르는 신봉자를 예수 이후로 그 어떤 유대인보다도 더 많이 얻었다. 엄청난 인명 피해를 입은 폴란드와 러시아의 유대인 공동체 안에서 특히 그랬다. 새로운 러시아 교회에서 우세를 차지하고 있었던 우크라이나인 고위성직자들은 구교도와 더불어 나란히 유대인을 비난했다. 한 우크라이나인 사제는 사바타이 체비의 주장을 논박하는 그리스도교 측의 첫 주요 문건인『참 메시아』(Истинный Мессия)를 사바타이 체비의 사상이 정교 공동체 안에서 일정한 반응을 얻고 있음을 시사하는 논조로 썼다.[108] 사바타이 체비 스스로가 이슬람으로 변절하고 그 운동 전체가 정교도 유대인들에게서 결연한 힐난을 받은 뒤로는 다른 신앙으로 흡수되는 것은 예외라기보다는 다반사였다. 사바타이의 사상은 폴란드의 사고에 영향을 주었고, 틀림없이 17세기 중엽의 혼란과 대량 이주의 와중에 정체를 숨기고 지낼 곳을 모스크바국에서 찾은 상당수 유대인에게 퍼져나갔을 것이다.[109] 하다못해 세상 종말을 기대하고 은비학적인 숫자 계산에 매료되고 무아경에 이른 선민의식을 지니고 반쯤 피학적으로 고난을 받아들인다는 면에서 사바타이 신봉자들과 구교도 사이에는 두드러진 유사성이 있다.

---

[72] 5세기 콘스탄티노플 총대주교 네스토리우스의 교설을 신봉하는 그리스도교의 한 종파. 예수의 인성과 신성에 관한 교리에서 이단으로 몰려 추방되었으나, 유라시아 곳곳으로 퍼져나갔다.

구교도가 급진 프로테스탄티즘이나 사바타이 유대교와 일정한 친연성을 보인다면, 신정주의 당파는 대항종교개혁[73]의 가톨릭과 묘한 유사성을 띤다. 필라레트 총대주교는 비록 가톨릭 국가인 폴란드의 포로였고 그다음에는 외교에서 폴란드의 적수였으면서도 — 훗날 표트르 대제가 자기의 적인 스웨덴에게서 문물을 많이 빌리게 되는 것과 똑같이 — 가톨릭의 사고를 많이 채택했다. 교회 간행물과 성자 시성에 대한 중앙의 통제를 확립하고 교회 조직의 관료 기구와 사법권과 토지보유권을 확대하면서 필라레트는 러시아의 선례보다는 가톨릭의 선례를 따르고 있었다. 모길라도 마찬가지인 경우가 많았다. 그는 순전히 외면적이고 정치적인 차원에서 가톨릭에 반대했지만, 프로테스탄티즘과는 무척이나 이념적인 차원에서 충돌했다.

1650년대 초엽에 모스크바에 있던 한 스웨덴 사람은 차르의 고해사제이면서 후임 총대주교로 확실시되던 인물인 스테판 보니파티예프(Стефан Вонифатьев)를 "이름만 추기경이 아닌 추기경"이라고 불렀고,[110] 한 오스트리아 사람은 보니파티예프 대신에 총대주교로 선택된 니콘을 교황에 비기었다.[111] 용어 문제에서 엄격한 교리적 정의를 내리려는 니콘의 시도는 일곱 차례의 세계 공의회보다는 트리엔트(Trient) 공의회[74]를 더 생각나게 한다. 그가 본보기로 이용한 그리스 문헌 가운데에는 베네치아나 파리에서 온 것이 많았는데, 그 문헌에는 가톨릭 측이 덧붙인 것들이 들어 있었다. 궁정과 교회 행사에서 연극과도 같은 행위를 하는 그의 감각, 그가 계산해서 실행한 이장(移葬)과 시성, 교회 서적과 더불어 세속

---

[73] 16~17세기에 프로테스탄트 종교개혁에 대항해서 가톨릭교회가 추진한 자체 개혁 운동.
[74] 가톨릭교회의 제19차 세계공의회. 1545년부터 1563년까지 세 차례 소집되었다.

의 고전 서적을 그리스에서 가지고 돌아오라는 그의 명령, 교회의 으뜸 가는 어른의 권위에 도전하는 모든 공의회에 대한 그의 반대, 이 모든 것은 비잔티움의 순수성으로 돌아간다는 품보다는 르네상스기 교황의 품이 더 난다. 명승지에 새 수도원들을 지어 아름답게 꾸미는 그의 프로그램은 새 예루살렘 수도원 창건에서 정점에 이르렀는데, 이 프로그램은 기묘하게도 서방 그리스도교 세계에서 대분열이 일어나기 바로 전에 율리우스 2세(Julius II)가 성 베드로 대성당(San Pietro Basilica)[75]을 지은 것을 생각나게 하는 듯하다.

니콘은 교회의 영역을 정치권력에게서 지키는 일에서 전통적인 비잔티움 문서를 이용했다. 그러나 그가 총대주교로서 펼친 실제 정책은 기존의 정교 관행을 넘어섰다. 1654~1655년에 안티옥(Antioch) 총대주교를 모시고 러시아를 찾아온 한 정교 신자는 사실상 "니콘이 모든 사제단, 심지어는 권력자와 정부 공직자 …… 위에 군림하는 대폭군"이 되어 있었다고 투덜댔다.[112] 그는 니콘이 러시아의 주요 수도원 원장을 임명하는 차르의 전통적 권리를 침탈했으며 총대주교 직할 농노 수를 2.5배 늘렸다고 투덜댔다. 니콘은 비록 총대주교가 차르보다 더 위에 있다고 주장하지 않으려고 조심하기는 했어도 성(聖)의 권력이 속(俗)의 권력보다 더 높다는 주장을 이따금 했다. 그는 자기가 1653년에 펴낸 교회법 신판에서 「콘스탄티누스 기증장」을 인용한다. 이 문건은 중세 말엽에 극단적인 교황권을 지탱하는 데 이용되었던 위조문서였다. 니콘은 비록 러시아의 교황 제도를 만들자고 제안했던 적은 결코 없었어도 모스크바국 총대주교직의 권위는 그것이 신앙을 내버린 로마 교황청을 대체한 데에서 비롯된다고 주장해서 총대주교직으로 이전되었다고 시사하는

---

[75] 교황의 교회로 쓰이는 로마의 대성당. 1506년에 착공되어 1615년에 완공되었다.

듯하다.[113] 니콘의 준(準)교황적 이상은 자기가 보았다고 주장하는 모스크바국 교회 조직의 창설자 표트르 수좌대주교의 환영에서 드러나는데, 그 환영에서 표트르 수좌대주교가 제위에 앉아 거룩한 복음서에 한 손을 얹고 제관을 쓰고서 니콘에게 나타났다.[114] 니콘은 1560년대 초엽 내내 자기 입장을 오랫동안 단호하게 변호하면서 총대주교는 일종의 교황무오류성(敎皇無誤謬性)[76]을 소유한다고 주장했다. "교회의 최고 어른은 그리스도의 모습을, 수좌대주교와 대주교는 제자와 사도의 모습을 띤다. '그리고 머슴에게는 감히 주님의 자리에 오를 자격이 없다.'"[115]

니콘에게 가톨릭화 경향이 있음을 가리켜주는 마지막 증거는 외교정책 영역에 있다. 근본주의자가 로마와 폴란드를 특히 미워한 반면에 니콘은 프로테스탄티즘과 스웨덴을 더 두려워한 듯하다. 니콘은 1653년에 폴란드와 벌이는 전쟁과 가톨릭 신자의 재세례에 반대했다. 책을 바로잡는 일에서 그를 돕는 보좌관 가운데에는 백러시아와 우크라이나 출신의 우니아트 교회 신자였던 이도 몇 사람 있었으며, 가톨릭 신자를 다시 세례해야 한다는 1620년의 요건을 폐지하자는 니콘의 제안을 승인한다는 1667년의 공의회 결정은 대러시아인이 아닌 이 성직자들에게 베푼 여러 특혜 가운데 하나였다. 니콘은 "우리(성직자)가 속인마냥 다투는 시절을 맞이했다"고 한탄하면서, "라틴 이단"이 서방에서 빚어낸 상황에 러시아의 상황을 비기었다.[116] 그는 『1649년 법전』의 주저자이자 교회가 국가에 종속되어야 한다고 주장하는 주요 인물인 니키타 오도옙스키(Никита Одоевский)를 "새 루터"라고 불렀다.[117]

종파가 뒤죽박죽된 것과 더불어 시대가 몇 곱절 얄궂었다는 것은 니

---

[76] 교황은 가장 높은 교사로서 신앙이나 윤리의 문제를 가르칠 때 오류를 저지르지 않는다는 교리.

콘의 단죄에서 이 "새 루터"의 주요 협력자가 바티칸의 앞잡이였다가 이제는 정교회 수좌대주교 예복을 걸치고 있는 리가리드[77]였다는 사실로 예증된다. 저 멀리 가자에서 온 이 왕년의 그리스지향론자가 끝에 가서는 니콘이 추진한 그리스 전례의 부활을 망치고 모스크바국 전통의 수호자인 체했다는 것은 타당해 보인다. 리가리드는 러시아 특유의 상징인 이코노스타시스를 질서정연한 위계 사회의 본보기로 불러내서 성속의 권위 사이에서 힘이 조화를 이룬다는 니콘의 개념에 이의를 제기했다. 리가리드는 총대주교를 어떻게든 차르와 동등한 존재로 인정하는 것은 전통적으로 오로지 "옥좌에 앉으신 그리스도"만 있는 친(чин)의 한 가운데에 이콘을 두 개 놓는 격이라고 경고했다. 사람은 "두 이콘에 기도할 수 없듯 …… 두 주인을 섬길 수 없다"는 것이었다.[118]

리가리드와는 대조적으로 니콘과 아바쿰 두 사람은 자기 삶의 대부분을 그 같은 기도에 바쳤고 충성이 변함없었다. 그 두 사람은 기질과 교육면에서 참으로 모스크바국 백성다워서, "언변에 능하지 않지만, 지력은 그렇지 않았다. 토론술과 수사법과 철학은 배우지 못했지만, 우리에게는 그리스도 정신이 스승이었다."[119] 따라서, 서방과 비교될 수 있다는 점만 지적하고서 두 사람 사이의 초기 분열에 관한 고찰을 끝내면 오해를 일으키게 될 것이다. 니콘과 아바쿰 사이의 갈등은 신학 논쟁이 아니라 진리가 하나인 세계에서 두 변경 출신 거물 사이에 벌어진 사투였다. 그 두 사람이 서로를 망가뜨린 다음에야 비로소 러시아는 리가리드의 국가봉사 교리와 이리저리 바뀌는 많은 진리가 자리잡기에 무난한 곳이 되었다.

어떤 논쟁에서도 진리는 딱 하나만 있다는 생각은 비잔티움적이었다.

---

[77] 파이시오스의 속명이자 러시아 이름.

그리고 니콘과 아바쿰은 둘 다 자기가 나라 밖의 퇴폐나 나라 안의 타락에서 비잔티움의 사도 유산을 지키고 있다고 생각했다. 두 사람은 저마다 자기가 소유한 예언적 개성의 힘으로 그 진리가 러시아 사회에 통하게 하려고 애썼다. 두 사람은 저마다 혹독한 육체적 고통을 겪었고 모스크바국에서 떨어져 홀로 고립된 채로 말년을 보냈다. 두 사람은 저마다 고행 생활을 하며 청결과 중용이라는 부르주아적 미덕에 무관심했다. 두 사람 가운데 누구도 러시아 밖으로 한 번도 나가지 않았다.

이 두 모스크바국의 예언자의 본질적 유사성은 그들이 고생하고 귀양살이를 하는 시기에 특히 두드러지게 된다. 두 사람은 저마다 스스로를 고난을 겪는 하느님의 종으로 보았다. 두 사람의 신념은 제각각 환영으로 굳세졌다. 두 사람은 저마다 새 교회 조직과 논쟁을 벌이기보다는 차르나 다른 권력에 참된 교회를 다시 세워달라고 간청하면서, 정당성의 근거를 계속 역사에서 찾았다. 두 사람은 저마다 자기의 대의가 옳고 거룩하다는 것을 말보다는 행동으로 입증하려고 애썼다. 두 사람은 거물급 인사로 이루어진 공의회에 들어갈 권리를 얻지 못하자 멀리 떨어져 있는 자기의 은둔처로 오는 미천한 신자들에게 기적을 행해 병을 고쳐서 자기의 능력을 드러내 보여주려고 애썼다.

두 사람 가운데 아바쿰이 귀양살이 초기에 탁월한 자서전을 쓴 까닭에 후세에 더 잘 알려지게 되었다. 그 자서전 안에서, 낡은 성자전 문체는 담화체로 완전히 탈바꿈하고 예언적인 모스크바국 이념은 무척이나 개인적인 신앙고백으로 바뀐다. 이름의 뜻이 "힘센 투사"인 구약성경의 예언자 하박국을 따서 이름을 지은 아바쿰[78]은 사람의 자비보다는 하느님의 도움을 간청하면서 박해에 참된 예언자처럼 대응한다. 심지어는

---

[78] 하박국을 러시아어로는 아바쿰이라고 한다.

시베리아에서 한 지방군정관에게 채찍으로 얻어맞는 동안에도

> 나는 이렇게 말한다. "하느님의 아들 주 예수 그리스도시여, 저를
> 도와주소서!" 이렇게 나는 끊임없이 말한다. 내가 "용서해 주세요!"
> 라고 말하지 않으니 그자의 마음이 쓰릴 것이다.[120]

"진리를 등지고 새것만 좋아하는 자들"을 끊임없이 꾸짖으면서 아바쿰
은 진리에 관해 이야기하기보다는 진리를 적극적으로 증언하기를 요구
한다.

> 나는 내가 사람들에게 말하는 것을 행하리라. …… 심판의 날에는
> 좋은 것이든 나쁜 것이든 내가 한 일을 모든 이가 깨달으리라.[121]

여러모로 아바쿰은 모스크바국 이념의 절정의 표현, 즉 자기 삶을 "신
앙의 위업"(подвиги благочестия)으로 채우려고 애쓰는 열정에 찬 예언자이
다. 그는 자신 속에서 초기 러시아 영성의 두 특성, 즉 케노시스(kenosis)[79]
적 특성과 광신적 특성을 합친다. 그의 논쟁 문체는 이반 4세의 문체만
큼 신랄하고 논쟁적이지만 그의 메시지는 보수적이고 그의 권고에는 동
정이 어려있다. 그는 사람들에게 그저 옛 신앙을 간직하라고, 그리고
"타타르인의 신 무함마드"의 추종자처럼 칼을 들고 항거하거나 신앙이
없는 새로운 국가처럼 "불로 태우고 교수대에 목을 매달면서" 항거하기

---

[79] '비움'을 뜻하는 그리스어 낱말(κένωσις). 그리스도는 "하느님과 본체셨으나 하느
님과 동등함을 기득권으로 여기지 않으시고 오히려 자신을 비워 종의 형체를 가
져 사람의 모양이 되셨다. 그리고 그분은 자신을 낮춰 죽기까지 순종하셨"다(「빌
립보서」 2장 6~8절)는 겸비(謙卑)를 나타내는 개념이다.

보다는 그리스도를 본받아 고난을 기쁘게 받아들이라고 권한다.[122] 아바쿰이 순교하자 그의 저술은 특별한 영광의 권위를 얻었고, 이 권위 때문에 아바쿰의 반마니교(半Mani敎)적 세계관이 러시아의 종교적 반대자 사이에서 사라지지 않는 경향이 있었다. 아바쿰은 스스로를 구교도가 아니라 "참된 교도"라고 일컬으면서, (니콘이 사도신경을 바꾸는 것에 반대해서) 이렇게 주장했다.

> 사도신경에서 "참된"이라는 말을 떼느니 주님이라는, 즉 잘못된 이름을 말하지 않는 것이 더 나을 것이다. 그 이름 안에 하느님의 본질이 들어있기에.[123]

아바쿰은 빛을 하느님의 "본질적인 이름들" 가운데 첫째로 여기고 그리스도교를 이제는 서방의 이단 탓에 어두워진 "진리의 첫째 빛"으로 본다. 스스로 불타 죽기를 옹호하면서 그는 육체와 영혼의 이원론적 분리를 드러낸다. 그는 한 순교자에게 보내는 편지에서 "당신의 육신을 불태워 영혼을 하느님께 맡기시오"라고 썼다.[124] 말뚝에 묶여 불에 타 죽기 직전에 그의 태도는 거의 피학적으로 되어서 그는 이렇게 말했다. "풀무질한 다음에 불길로 뛰어들어라! 옛다, 악마야, 내 육신을 가져가라, 내 영혼은 네게 주지 않으리!"[125] 아바쿰은 학식이 더 높은 동료 수감자인 표도르 보제에게서 이단적 견해를 가지고 있다는 꾸중을 들었지만,[126] 아바쿰 수석사제의 광신성과 이원론은 러시아 고유의 종교적 반대자 전통에 큰 영향력을 행사하게 된다.

니콘도 17세기의 한 추종자가 성자전 양식으로 쓴 찬양 조의 일대기를 남겼다.[127] 그도 퍽이나 모스크바국 백성다운 인물로 등장한다. 1664년에 니콘의 새 예루살렘 수도원을 찾아간 한 네덜란드 사람은 그의 개인 서재에서 교회 슬라브어와 러시아어로 된 책밖에는 찾아내지 못했다.[128] 니콘은 가는 곳마다 묵상과 기도를 하려고 세상에서 떨어진 특별한 은둔처들을 가지고 있었다. 아바쿰과 마찬가지로 그는 격한 육체노동으로 스스로를 단련했다. 마지막 수도원 귀양살이를 하는 동안 그는 큼직한 돌덩이들을 옮겨 물속에 빠뜨려서 실제로 인공 섬 하나를 만들어 호수에 작은 섬 은둔처 한 채를 지었다. 그는 종에 매료되어서 신비한 글귀가 새겨진 거푸집을 새 예루살렘 수도원에 많이 가지고 있었다. 그가 자기를 찾아온 네덜란드 사람에게 바깥 세계에 관해 던진 거의 유일한 질문은 암스테르담에 있는 종의 크기와 종류에 관련된 것이었다.[129] 니콘은 새로운 이콘에 아바쿰만큼이나 반대했으며, 그리스도가 이콘에 있는 모습 그대로 자기에게 나타나는 환영을 보았다. 니콘은 생애 말년에 기적을 행해서 아픈 이들을 아바쿰보다 훨씬 더 많이, 즉 딱 세 해 동안 132명이나 고쳤다고 한다.[130]

물론, 새 교회는 아바쿰보다 니콘을 덜 단호하게 거부했다. 권좌에서 쫓겨난 그 총대주교는, 화형을 당해서 순교한 그 수석사제와는 달리, 황실의 부분 사면을 받고 1681년에 모스크바로 되돌아오던 길에 평온하게 죽었다. 그런데도 니콘은 정교회 공의회 결의문의 주저자를 "적그리스도의 전조"라고 비난하면서 아바쿰과 비슷한 예언의 어법을 사용했다. 그는 러시아 교회가 국가 권력에 종속된 새로운 "바빌론 유수"[80]에서 몽골의 멍에[81]보다 더 나쁜 예속을 보았다.[131] 1664년에 그를 지지하는

---

[80] 유대를 정복한 바빌로니아가 기원전 6세기 초에 유대인을 바빌로니아로 끌고 간 사건. 바빌로니아를 정복한 페르시아의 키루스 대왕이 기원전 538년에 유대인의 귀향을 허용하면서 끝이 났다.
[81] 13~15세기에 몽골인이 러시아를 지배한 상황을 가리키는 표현. 타타르의 멍에라고도 한다.

한 소책자는 세상을 "거룩하신 그 총대주교를 찬양하는" 노래를 부르는 사람과 적그리스도의 군대에 들어가 있는 사람으로 나누었다.[132]

새로운 세속 국가에 맞선 반도는 니콘을 아바쿰 못지않은 잠재적 구원자, 즉 더 오래되고 더 좋은 생활방식의 수호자로 여겼다. 반란을 일으키는 스트렐츠가 버림받은 구교도를 찬미하게 되는 것과 똑같이, 1667~1671년 스텐카 라진 봉기[82]의 카작 지도자들은 버림받은 그 총대주교를 "지방군정관의 지배"에게서 백성을 구해줄 법한 사람으로 찬미했다.[133]

이 두 인물 사이의 유사점은 그리스도교의 러시아에서 일어난 근본적 분열이 니콘의 개혁을 받아들이는 자와 받아들이지 않는 자 사이의 공식적 분열이 아니었다는 점을 생각나게 해주는 구실을 한다. 진짜 분열은 그보다는 아바쿰과 니콘 두 사람이 다 공유하는 유기적 종교 문명이라는 모스크바국의 이상과 교회가 세속화된 한 국가의 하위 기구라는 — 그 두 사람 모두에게 똑같이 언짢은 — 1667년 이후의 현실 사이의 근본적 균열이었다.[134]

이 모든 종교 갈등이 러시아에서 일어나는 와중에 진짜 패자는 — 서방에서 그랬듯 — 존속해 있던 그리스도교적 충실성이 지닌 활력이었다. 교회 내부의 양대 주요 세력은 자기들의 밑동을 뒤흔드는 세속 세력이 아니라 서로 싸우고 서로를 헐뜯는 데 시간과 힘을 허비했다. 1667년 이후의 러시아 교회는 그 두 옛 입장에서 영적 이상보다는 세속적 사고를 빌리는 경향을 보였다. 공식 교회는 근본주의자가 바랐던 바와 달리 예언적인 공동체가 되지도 않았고 신정주의자가 바랐던 바와 달리 성사를 행하는 자율 기구가 되지도 않았다. 근대 러시아가 근본주의자에게서 물려받은 것은 열렬한 신앙이기보다는 외국 것을 싫어하는 광신성이었

---

[82] 17세기에 스텐카 라진의 주도 아래 러시아 남부에서 일어난 카작과 농민의 대봉기.

고, 신정주의자에게서 물려받은 것은 그리스도교의 지배이기보다는 위계 규율이었다.

근대화에 반대하는 이 이념적 저항은 외국 혐오라는 해로운 유산을 남겼다. 폭력이 널리 퍼진 뒤에 일어난 내적 분열은 모스크바국 이념 안에 숨어있던 반(反)유대적 태도를 대중의 사고에 깊이 아로새겨 넣었다. 구교도는 유대인이 성경을 번역하도록 허용한다며 니콘을 비난했으며, 니콘 추종자는 유대인이 성찬예배를 집전하도록 내버려둔다며 구교도를 비난했다. 두 당파는 모두 다 1666~1667년의 공의회를 "유대놈들의 모임"으로 여겼으며, 그 공의회의 한 공식 간행물은 "유대인의 거짓말"에 속아넘어간다며 공의회 반대파를 나무랐다. 국가 권력이 "빌어먹을 유대인 위정자놈들"에게 넘어가버렸고 차르는 유대인 의사의 최음제에 넘어가 퇴폐적인 서방식 결혼을 올렸다는 소문이 사회에 쫙 퍼졌다.[135] 가톨릭에 반대하는 성향도 비록 대동란 시대 때보다 더 심하지는 않을지라도 더 널리 퍼졌다. 한 정교도 역사가는 "1660년대까지 보통 사람은 그 명칭을 빼고는 우니아트 교회와 정교회를 전혀 구분할 줄 몰랐다"고 지적했다.[136] 로마 교황과 "라틴인"에게 막연하게 향하던 막연한 반감이 1660년대 이후로는 "예전 폴란드 공화정의 술수 정치"를 위한 도구로서의 우니아트 교회에 곧바로 퍼부어지기도 했다.[137]

누구 탓에 동방 그리스도 교회에서 분열이 일어났는지를 말하기란 그 그리스도 교회를 세운 사람이 누구 탓에 십자가에 못 박혔는지를 정하기보다 더 쉽지 않을 것이다. 그 두 사례에서 가까운 장래의 역사적 주활동무대는 국가 위정자, 즉 표트르와 예카테리나(Екатерина)라는 "대제"와 카이사르라는 "존엄자"의 차지였다. 그러나 "제3의 로마"는 거의 첫 번째 로마가 초기 그리스도교도에게 시달렸던 것만큼 분리파에게 시달렸다.

종교 논쟁이 공식적으로 종식된 1667년에 새로운 질서에 대항하는 강력한 두 사회 저항운동이 시작되었다. 북쪽에서 솔로베츠크의 수사와 상인이 차르의 군대에 적극적으로 저항하기 시작했고, 이 저항은 러시아의 변경지대를 따라 곧 형성되는 구교도 공동체들을 들뜨게 한다. 한편 (솔로베츠크를 두 차례 순례했던) 스텐카 라진이 카작이 이끄는 농민 반란을 개시했고, 이 농민 반란은 아나키즘적 농촌 봉기라는 새 전통의 선례가 되었다. 그 뒤의 러시아 역사는, 여러모로, 두 러시아의 역사가 된다. 한 러시아는 대부분이 발트 해 연안 독일계로 이루어진 귀족과 대부분이 백러시아인과 소러시아인으로 이루어진 성직자의 러시아였고, 이들이 로마노프 제국을 운영했다. 다른 한 러시아는 평범한 농민과 상인과 예언자의 러시아였고, 러시아의 힘은 이들에게서 비롯되었다.

원래의 근본주의자와 신정주의자는 17세기 말엽에 강한 인상을 남기며 역사의 무대에서 마지막으로 퇴장했다. 심지어는 그 두 입장이 거부되고 아바쿰과 니콘이 죽은 뒤에도 각 진영은 오랜 제 이상을 마지막으로 한 차례 증언할 수 있었다. 그것은 새 질서에 대한 또랑또랑한 마지막 불신임투표였다.

근본주의자의 저항은 공동체를 이루어 세상에서 물러나는 저항이었다. 1667년에 교회공의회가 끝난 뒤인 바로 그 해에 니즈니 노브고로드의 농민들이 종말이 다가왔다고 예견하고는 밭을 내버려두고 흰옷을 입고 밤샘 기도를 하기 시작했다. 볼가 강을 따라 더 북쪽으로 올라간 곳에서는 머리털을 다듬지 않는 바실리 볼로사틔이(Василий Волосатый, "머리칼이 텁수룩한 이")가 책을 모조리 다 없애고 죽을 때까지 하는 회개 금식을 개시하는 프로그램으로 관심을 끌고 있었다. 다른 이들은 적그리스도의 지배가 1666년에 시작되었다고, 아니면 세상 종말이 (그리스도가 지옥으로 들어간[83] 뒤 1666년이라고 생각되는) 1674년이나 1691년에 일어나리라고 가르쳤다. 1676년에 솔로베츠크에 있는 근본주의자들의 요새가 마지막으로 함락된 지 딱 며칠 뒤에 일어난 차르 알렉세이 미하일로비치의 죽음은 하느님이 그를 내버렸다는 표시이며 옛 신앙의 옹호자들이 결백함을 곧 입증하겠다는 하느님의 뜻을 보여주는 보증으로 여겨졌다.

어떤 이는 자신을 불에 태워 최후의 심판에서 타오를 정화의 불길을 앞당기려고 애썼고, 다른 이는 세상에서 물러나 처녀림에 청교도적인 새 공동체를 만들었다. 이 공동체들이 만들어졌기에 근본주의 전통이 사라지지 않고 현대까지 남을 수 있었지만, 그 공동체의 창조적 활동은 17세기보다는 18세기에 더 많이 이루어졌다. 17세기 말기에는 새 질서에 맞선 더 부정 일변도의 항의가 우세해서, "아니오"라는 낱말을 되뇌는 것을 빼고는 세속의 말을 일절 하지 않는 운동에서 절정에 이르렀다. 이 운동이 바로 코스마 안드레예프(Косьма Андреев)라는 이름을 가진 한 야로슬라블 출신 농민의 그 유명한 네톱쉬나(нетовщина)[84]였다.[138]

코스마 안드레예프가 근대 세계에 거부권을 행사하려고 시도하고 있던 지점에서 겨우 몇 마일 떨어진 곳에서, 같은 시기에 근본주의자의 경쟁자인 신정주의자가 세속주의에 맞서 벌이는 항거에 바치는 마지막 기념비적 대건축물, 즉 대(大)로스토프(Ростов Великий)[85]의 새 크레믈이 솟아올랐다. 요나 싀소예비치(Иона Сысоевич) 수좌대주교가 자기 친구인 니콘의 대의를 영속화하려는 의도적 노력의 일환으로 1670년대와 1680년

---

[83] 라틴어 사도신경 제9행에 그리스도가 "지옥으로 내려가시고"라는 구절이 있다. 일부 그리스도교 초기 경전에는 예수가 십자가에 못 박혀 죽은 뒤 저승 세계에 내려가 복음을 전한 다음에 부활했다는 이야기가 들어있다.

[84] 무사제파에서 갈라져 나온 지파로, 볼가 강 유역 지대에서 발생했으며 세례식과 성찬식을 비롯한 교회의 전례를 철저히 거부했다.

[85] 돈 강의 로스토프(Ростов-на-Дону)와 혼동하지 않도록 로스토프를 달리 일컫는 표현.

대 동안에 세운 로스토프의 크레믈은 러시아 전체에서 가장 웅장한 건축물 가운데 하나이다. 그 대칭의 위엄과 벽돌과 돌멩이로 이루어진 건축의 상대적 단순성은 건축에서 니콘 양식을 영속화하려는 직접적 노력을 대표하며, 새 국가 건축물의 이국적 허세에 소리 없이 퍼붓는 심한 꾸중이었다. 육중하지만 근엄한 이 하얀 교회건물이 차르 알렉세이 미하일로비치가 같은 시기에 나무로 지은 새 건축물, 즉 콜로멘스코예에 있는 궁전과 모스크바 크레믈 안에 있는 외교사절청 청사의 요란한 빛깔과 혼란스러운 외관과 이루는 대조보다 더 두드러진 대조는 있을 수 없었다.

그러나 더 중요한 점은 대로스토프의 교회 건축물이 성직자 신분이 위엄 있고 비성직자 신분보다 더 우월하다는 것을 극적으로 나타냄으로써 니콘의 신정주의 사상의 정당성을 입증하려는 노력을 대표했다는 점이다. 싀소예비치는 니콘이 자기 나름의 건축 계획에서 사용했던 착상과 기술자들을 많이 빌렸다. 니콘의 새 수도원처럼 로스토프의 교회 건물은 호수 옆에 있는 명승지에 지어졌고 기부금을 많이 받았다. 싀소예비치는 니콘의 수도원에서처럼 로스토프라는 소도시에 일종의 신정주의 통치를 확립했다. 로스토프의 크레믈은 그 소도시에 오늘날까지도 우뚝 솟아 있다.[139] 니콘처럼 싀소예비치는 노브고로드의 교회 조직에서 근무하는 동안 규율과 질서의 필요성에 골몰하게 되었다. 더 나아가 그는 한 번은 공개석상에서 "유대인이 예수를 반란죄로 십자가형에 처한 것은 옳은 처사였다"고 선언하기까지 했다. 비록 이 선언 때문에 싀소예비치가 중벌을 받았을지라도, 구교도는 그 선언을 새 교회의 두드러진 신성모독 행위의 하나로 여기게 되었다.[140]

로스토프에 있는 싀소예비치의 크레믈은 그 세기에 가장 풍족했던 교회들이 지어진 볼가 강 상류 지대의 부유하고 막강한 야로슬라블-코스트로마 지역을 관할하는 수좌대주교의 본부였다. 이 교구에 있는 새 교회의 모든 구석과 회랑에 들어차 있는 1670년대와 1680년대의 고급 프레스코화들은 그림문자로 된 신앙 만물백과사전을 내놓으려는 모스크바국의 마지막 노력을 대표했다. 그러나 이 거대한 새 그림들의 영적 고결성은 — 추수하는 장면, 거울을 보는 여인, 악마의 유혹을 받고 있는 벌거벗은 사람 등 — 세속적 소재가 끼어들어가는 바람에 깨졌다.[141] 17세기 말엽 러시아의 다른 곳처럼 야로슬라블과 로스토프에서도 서방에서 빌려온 그리스도의 수난과 십자가형 장면이 동방에서 전통적으로 구세주 이콘 도상 규범을 지배해온 변용과 부활이라는 더 의기양양한 이미지를 밀어내기 시작했다. 야로슬라블의 여러 대성당의 새 이코노스타시스 한복판의 제위에서 그리스도는 더는 전혀 편안해 보이지 않았다.[142] 어떤 성소도 더는 없었으며, 볼가 강을 따라난 숲 부근에 생겨나고 있던 구교도 교회의 이코노스타시스 뒤에는 하느님이 지상에서 계시는 곳이 없었다. 그러나 로스토프에 있는 수좌대주교의 거대한 크레믈 안에서는 하느님의 현존이 지속할지 모른다는 희망이 아직 존재했다. 그리고 죽더라도 "우선 대로스토프를 보고 나서 죽어야 한다"는 전설이 시작되었다.

로스토프에 있는 교회들 가운데에는 크레믈 성벽 위로 똑바로 당당하게 솟아오른 교회가 여럿 있었다. 그 교회 안에는 임금문으로 다가서는 통로에 늘어선 고전풍 기둥과 제단 뒤에 있는 제위 하나가 어울리는 니콘식 권좌를 그 총대주교에게 제공했다. 크레믈 현관 구세주 교회(Церковь Спаса на Сенях)[86]의 본당은 음향 효과가 견줄 데 없이 뛰어나고 성가대 자리가 거의 신도석만큼 큰 점을 보면 멋들어지게 노래하는 무대였음이 틀림없다. 그 교회의 종은 심지어는 오늘날에도 러시아에서 소리가 가장

---

[86] 싀소예비치 총대주교가 1675년에 로스토프 수좌대주교 관저 안에 세운 개인용 교회. 내부에 화려한 프레스코화가 많기로 이름나 있다.

낭랑한 축에 든다. 최후의 만찬 장면이 그려져 있는 그 구세주 교회 서쪽 벽은 웅장한 통짜 돌인데, 여기에는 옛 모스크바국이 외국인에게 드러내 보인 미움과 그림의 아름다움에 쏟은 사랑, 이 두 가지에 충실하게도 벌 받은 자의 대열 사이에 외국인이 세 줄로 늘어선 전례 없는 모습이 묘사되어 있다.[143]

그러나 역사는 그 프레스코화에 있는 외국인이 아니라 모스크바국의 이 굉장한 대건축물을 처치하려던 참이었다. 요나 싀소예비치 총대주교 가 죽은 해인 1691년[87]에 젊은 차르 표트르 대제는 로스토프가 가진 그 많은 은을 여러 차례 앗아간 강제 공출 가운데 첫 번째 공출을 시행해서 로스토프에 굴욕을 안겨주기 시작했다. 그는 총대주교직을 폐지하고 교 회를 운영하는 기구로서 국가의 통제를 받는 종무원을 설치해서 교회의 종속화 과정을 곧 마무리하게 된다. 필라레트와 니콘 같은 성직자 출신 의 "온 러시아의 군주"는 더는 없을 터였고, 표트르 대제와 예카테리나 대제(Екатерина Великая)의 — 그리고 러시아 대혁명의 — 세계에서 대로스토프 같은 유의 도시는 더 없을 터였다.

---

[87] 저자의 오류. 싀소예비치는 1690년 12월 20/30일에 숨졌다.

02 서쪽으로 돌아서기

근본주의자와 신정주의자가 둘 다 거부되었다는 것은 서방 문명과 전혀 다른 문명을 유지하려는 그 어떠한 진지한 노력도 끝났다는 뜻이었다. 모스크바국의 종교 이념은 근대국가에는 들어맞지 않는다며 거부되었으며, 서방의 영향력을 막으려고 니콘과 아바쿰 두 사람이 세워놓으려고 애썼던 굳건한 장벽이 1667년 뒤로는 대체로 치워졌다.

볼품없는 그 새 제국에서 어떤 종류의 서방 영향력이 얼마나 우세해질지는 아직 분명하지 않았다. 러시아는 나머지 유럽 지역의 문화 및 체계와 조화를 이루는 창조적 문화와 행정 체계를 단지 점진적이고 단속적으로만 형성할 수 있었다. 표트르 대제의 유명한 개혁은 미래로 가는 길을 가리켰다. 그러나 이 개혁에 앞서 이루어진 새로운 종교적 모색과 이에 대한 반작용으로 일어난 색다른 저항 운동은 세속적 근대화의 승리가 절대 완전하지 않았음을 가르쳐준다.

새로운 종교적 해답

17세기의 마지막 사반세기는 ─ 즉, 알렉세이 미하일로비치가 죽었을 때부터 표트르 대제가 실권을 잡을 때까지는 — 일종의 공위기간이었다. 서방 방식을 향한 끊임없는 전진을 극적으로 보여주는 사건은 알렉세이 미하일로비치의 딸이며 러시아를 다스리는 최초의 여성이 된 섭정 소피야(Софья)의 치세에 여자들이 테렘(예전에 그들이 주로 갇혀 지냈던 위층의 특별 규방)에서 풀려난 것이다. 소피야의 주요 대신인 바실리 골리친(Василий В. Голицын)이 알렉세이 미하일로비치의 서방화 작업과 표트르 대제의 서방화 작업을 잇는 중요한 고리가 되었다. 골리친은 군제를 개편하고 시대에 뒤떨어진 사회서열(местничество) 체계를 없애고 더 잔혹한 법적 수사 및 형벌의 형태를 크게 바꾸는 일을 거들었다.

그러나 골리친은 옛 방식을 바꾸는 일에서 성공했지, 옛 방식을 다른 무엇인가로 대체하는 일에서는 그만큼 성공하지 못했다. 그는 결국에 가서는 — 그 시대의 다른 혁신가 대다수가 그랬듯 — 버림받고 유배되었다. 러시아는 새로운 행동 방식을 아직은 기꺼이 받아들이려고 하지 않았다. 끊임없이 새 해답 찾기는 웃자란 목조 거대도시인 모스크바에서 주로 이루어졌다. 모스크바에서는 외국 것을 싫어하는 스트렐치 마을의 근본주의에서 교외의 외국인 거류지의 이식된 게르만식 효율성에 이르는 모든 색조의 견해가 표현되었다. 젊은 표트르 대제는 주로 모스크바의 이 서방 특구(特區)에서 속 편하게 보낸 소년 시절에서 새로운 사고와 취향을 많이 얻었다. 그러나 신경이 곤두선 통치 엘리트는 종교색을 띠고 혁신에 반대하는 — 스텐카 라진과 솔로베츠크와 스트렐치의 — 반란과 싸우는 데 골몰하다 보니 자연스레 나름의 종교적 해답을, 즉 옛 모스크바국의 종교에 대한 실제 대안을 찾게 되었다. 따라서 통치 엘리트는 1667년 이후로는 서방을 빼고는 가르침을 얻을 곳이 그 어디에도 없는데도 여전히 종교적 해답을 구했다. 슬기가 솟구치는 새로운 샘에서 낡은 종류의 해법을 찾는 격이었다.

17세기 말기에 네 가지 종교적 해답이 모스크바에서는 고려되었다. 모두 다 밖에서 가져온 것이었다. 러시아는 안고 있는 문제를 해결해줄 종교적 해답을 찾으려는 이 마지막 노력을 거부한 뒤에야 비로소 서방으로 눈길을 돌려 표트르 대제의 세속적이고 정치적인 해법을 구했다.

모스크바에서 제시된 네 가지 해답은 제각기 교회분열이라는 현실과 러시아의 삶에 일어난 돌이킬 수 없는 변화에 맞서 대처하려는 노력을 대표했다. 이 해답들 가운데 니콘과 아바쿰처럼 모스크바국 이념에 푹 빠져있는 대러시아인이 내놓은 해답은 단 하나도 없었다. 그 해답들 가운데 두 개는 — 즉, 라틴화론자의 해법과 그리스지향론자의 해법은 — 러시아 정교회에 굳건한 새 기반을 마련해주고 싶어 하는 러시아 정교회 안의 새로운 세력이 뒤를 받쳐주는 집단 운동이었다. 더 급진적인 — 즉, 로마가톨릭 신앙과 프로테스탄트 종파로 곧장 개종하자는 — 다른 두 제안은 서방에서 모스크바로 오는 외톨이 예언자들이 정교회 밖에서 내놓은 것이었다. 이렇게 상충하는 해법이 여럿 나타났다는 것은 교회분열 탓에 러시아 그리스도교가 빠진 불확실한 혼란 상태를 입증해준다.

라틴화 해법과 그리스지향 해법은 체계적 교육 체제를 개발할 필요성이 러시아 교회 안에서 뒤늦게 받아들여졌기 때문에 나타났다. 모스크바국 이념의 예언적 당파는 그런 필요성을 절실하게 느끼지 않았다. 비록 니콘과 아바쿰은 자기들이 인정한 성경 문헌에 대해 꼼꼼한 연구를 주창하기는 했을지라도, 두 사람 가운데 누구도 체계적인 성직자 교육을 중시하지 않았다. 1667년 이후의 교회에서 두 당파를 가른 문제는 여러 민족으로 이루어진 새 교회 고위지도부의 종교 교육이 라틴어와 라틴 문화 위주여야 하는지, 아니면 그리스어와 그리스 문화 위주여야 하는지일 따름이었다.

우크라이나인 사제와 백러시아인 사제가 계속 유입되고 그리스지향론자인 니콘이 사라지자 처음에는 라틴화 당파가 매우 유리해졌다. 1660년대에 폴로츠키가 라틴 문화를 국가 공복(公僕)들에게 가르치는 비공식 학교를 세웠으며, 폴로츠키의 첫 학생들 가운데 한 사람인 실베스트르 메드베데프(Сильвестр Медведев)가 1670년대에 라틴화 당파의 투사가 되었다. 메드베데프는 여러 곳을 두루 돌아다닌 외교관이었으며, 1667년에 폴란드와 조약을 맺는 교섭 업무를 거들었고 1674년에야 비로소 수사 서원을 했다. 그는 1677년에 모스크바에서 국립인쇄소 수석 교정자와 자이코노스파스키 수도원 원장으로 새 중책을 맡았다. 이 수도원은 수도에서 팽창하는 라틴 교육의 중심지가 되었다. 그는 1685년에 (역시 폴로츠키 밑에서 공부를 했던) 섭정 소피야에게 자기 학교를 반(半)공식 학술원으로 바꾸는 것을 허가해 달라고 탄원했다.

메드베데프는 이미 막강했던 자기 권력을 더 키우려고 애쓰는 바람에 격변과 의심이 판을 치는 이 시기 모스크바의 특징인 무지막지한 음모에 취약해졌다. 메드베데프는 니콘이 맞부딪쳤던 것과 엇비슷한 저항에 마주쳤지만, 그에게는 개혁을 실행할 강한 개성과 총대주교의 권력과 비잔티움의 선례라는 권위가 없었다. 곧 그는 경쟁 관계에 있는 모스크바 국립인쇄소 부속 그리스어 학교와 요아힘 총대주교가 뒤를 받쳐주는 경쟁 파당의 공격을 받았다.

그리스지향론자 파당은 학식이 높고 여러 곳을 두루 돌아다닌 리후드(Лихуд) 형제[1]가 1685년에 콘스탄티노플에서 도착하면서 새 힘을 얻었다. 그 두 사람은 교리 공격으로 메드베데프의 입지를 뒤흔들었고 원래는

---

[1] 리후드(Лихуд) 형제. 형은 요아니코스 리후드(1633~1717년), 아우는 소프로니오스 리후드(1652~1730년). 러시아어로는 형은 요안니키 리후드(Иоанникий Лихуд), 아우는 소프로니 리후드(Софроний Лихуд)라고 한다. 그리스의 정교 수사였고 1685년부터 모스크바에서 강의했다.

메드베데프의 라틴 학술원으로 쓰려고 지은 석조 건물을 자기들의 그리스어 학교로 쓰려고 빼앗았다. 메드베데프는 여러 직위를 급속히 잃어버리고는 반역을 했다 하여 곧 체포되었고, 두 해 동안 고문과 학대를 받은 뒤 1691년에 이단 죄로 화형을 당했다. 그러나 니콘-아바쿰 논쟁처럼 메드베데프-리후드 형제 사건도 어느 한쪽의 깨끗한 승리보다는 서로의 패배로 끝이 났다. 리후드 형제 스스로 곧 외국인 음모가로 의심을 사게 되었고, 그들의 영향력은 1690년대 초엽에 급전직하했다.[1]

그 논쟁의 추잡한 세부사항의 거죽 바로 아래에는 러시아 문화에 장기적 함의를 지니는 두 가지 주요 쟁점이 놓여 있었다. 두 쪽 다 저마다 한 쟁점에서는 옳았다. 신학교육과 강론의 기본 언어와 양식이라는 쟁점에서는 라틴화론자가 옳았고, 근본 교리 문제에서는 그리스지향론자가 옳았다.

신학 교육이 라틴 위주로 치우치는 성향은 새 성직자들이 모스크바국의 전통적 그리스 편향 수도원 체제에 거둔 최종 승리를 대표했다. 그 뒤로, — 18세기 러시아에서는 거의 유일한 교육 형태인 — 러시아의 신학 교육은 내용 면에서 예전보다 훨씬 더 서방식이었다. 라틴어가 철학과 과학을 논하는 주언어로서 그리스어를 영구히 대체했으며, 교회 학교를 통해 러시아는 교부에 기대는 성향이 더 강한 그리스지향론자들이 용인하려고 한 바보다 세속 학문과 스콜라 신학에 호의를 더 많이 보이는 자세를 취했다. 17세기 말엽과 18세기 초엽에 서방 신학자가 러시아 교회에 관해 쓴 학술 논문이 봇물처럼 쏟아져 나왔다는 것, 그리고 이 시기 러시아 교회의 중요한 신학 저술과 신학 학설의 대다수가 라틴어를 쓰는 서유럽 신학원에서 처음부터 훈련을 받은 러시아인 사제들의 작품이었다는 것은 우연이 아니다.[2]

교리 문제에서 그리스인이 차지한 우세는 의례 문제에서 라틴인이 거둔 승리보다 여러모로 더 놀라웠다. 로마가톨릭의 스콜라 신학은 합리적인 질서와 종합을 찾는 사람을 늘 끌어당겼다. 더욱이, 정교에게는, 교리상으로 프로테스탄티즘보다는 가톨릭이 훨씬 더 가까웠다. 가톨릭의 여러 입장이 대개는 1672년의 베들레헴 교회회의[2]에서 정교회의 승인을 받았으며,[3] 1667년 이후의 러시아 교회는 어떤 모순감이나 배신감 없이 가톨릭의 다른 입장들도 소리 없이 받아들였다. 성모 마리아의 무염시태(無染始胎)[3]에 관한 가톨릭의 정의가 널리 받아들여졌다. 새로운 교회의 지도자들은 오랫동안 금지되었던 성령의 발현에 관한 가톨릭 측 표현을 러시아의 사도신경에 다시 집어넣어야 하며 러시아 교회가 교황을 한 사람 임명하고 수좌대주교 네 사람을 총대주교 급으로 올려야 한다는 제안까지 했다.[4] 그러나 라틴화론자가 실패를 맛본 결정적인 교리 쟁점은 영성체, 즉 성체성사의 본성이었다.

이 성사, 즉 최후의 만찬을 기리는 재현을 둘러싼 겉보기에 꼬장꼬장한 논쟁으로 보이는 것 뒤에는 변하는 세상에서 사람이 하느님과 맺는 관계에 관한 더 깊은 의문이 놓여 있었다. 하느님이 빵과 포도주에 있다는 것의 본성이 서방의 종교개혁가를 심하게 괴롭혀왔다. 그 종교개혁가 대다수는 이 전례의 형식을 바꾸고 본성을 재정의하면서도 그 전례를 유지해왔다. 후스파는 성찬을 모든 이가 쉽사리 구할 수 있게끔 해서 "공동 예배"("전례"의 말 그대로의 의미)를 진정으로 공동의 것으로 만들려고 애썼다. 루터는 그리스도가 실제로 있다는, 그리고 빵과 포도주가 본질

---

2 예루살렘 총대주교가 칼뱅 교리를 받아들이는 세력을 배격하려고 소집한 동방정교회 모임. 예정설과 의인설을 비판하고 화체설과 연옥설을 재확인했다. 예루살렘 교회회의라고 해야 맞지만, 베들레헴 교회회의라고도 불린다.
3 하느님의 은혜로 마리아는 예수를 잉태한 순간부터 아담이 지은 원죄의 영향을 받지 않았다는 가톨릭 교리.

적으로는 변하지 않는다는 동시 사실을 양립 가능하도록 하려는 노력의 하나로 화체설보다는 공체설(公體設)[4]을 이야기했다. 로마가톨릭의 성체성사 교리는 종교개혁가의 다양한 도전에 대처해야 했을 때에만 체계적으로 다듬어졌다. 그 교리의 주장은 이랬다. (1) 그리스도는 성사에서 그저 상징적으로만 계시지 않고 실제로 계신다. (2) 그리스도가 처음에 성찬식을 만들면서 "이것은 내 몸이니라 …… 이것은 내 피이니라"라고 했던 말씀을 사제가 되풀이할 때 빵과 포도주의 실체에서 완전한 변화가 한 차례 일어난다. (3) 빵과 포도주의 순전히 "우연적인" 모양만 변하지 않은 채로 남는다.[5]

17세기에 정교회도 종교개혁가의 도전을 감지하고는 "프로테스탄트 이단을 부정하는 동시에 정교 신앙을 확인할 수 있는 유일한 낱말"로 "화체설"이라는 가톨릭 용어를 채택했다.[6] 분열을 일으키는 이단을 특히 두려워한 러시아 교회 고위성직자들은 교리상의 입장을 전반적으로 단련하고 교리서에서 변증 방식과 스콜라철학의 결의론(決疑論)[5]을 점점 더 많이 사용하는 데에서 주도적 역할을 했다. 가톨릭 신학의, 더 특정하게는 예수회 신학의 기법과 용어가 성찬예배자에게 체계적 교리문답서를 내놓으려는 동슬라브 정교회의 두 가지 작은 노력, 즉 1640년에 나온 모길라의 교리문답서와 1670년에 나온 시메온 폴로츠키의 교리문답서 『가톨릭(보편) 신앙의 제관』(Венец веры кафолической)[6]에 나타나 있다. 따라

---

4   성찬식을 할 때 그리스도의 살과 피가 축성된 빵과 포도주에 실제로 공재(共在)한다는 교리.

5   도덕 문제를 율법이나 관습에 비추어 해결하려는 중세 서양의 윤리학 이론.

6   가톨릭(Catholic)은 흔히 가톨릭 신앙을 가리키지만, 동서교회 분열 이전의 보편 교회도 뜻한다. 러시아어에는 가톨릭을 가리키는 형용사로 католический, 보편교회를 가리키는 형용사로 вселенский와 뜻이 같은 кафолический가 있다. 폴로츠키는 저서 제목에서 일부러 католический 대신 кафолический란 낱말을 썼다.

서 메드베데프는 자기가 쓴 장문의 교리 대담『생명의 빵』(Хлеб Жизни)에서, 그리고 더 논쟁적인 두 번째 저작『생명의 빵 만나』(Манна Хлеба Жизни)에서 화체설을 이야기하고 성체성사에 관한 로마가톨릭의 가르침이 지닌 다른 측면을 그대로 반복하면서 자기 스승 폴로츠키가 시작한 전통을 이어가고 있었을 따름이다.

가톨릭의 입장에 관한 메드베데프의 해설은 두 가지 중요한 방식으로 러시아 정교의 예민한 부분을 건드렸다. 첫째로, 우연과 본질의 구분은 정교가 거룩한 신비(문자 그대로는 "비밀"(таинство)[7]로 여기는 그 무엇 안으로 일종의 용어 용법 꼬치꼬치 따지기를 들여왔다. 그 신비는 정교 미사의 가장 신성한 세 번째 부분인 리투르기야 베르늬흐(литургия верных), 즉 신도의 성찬예배 의식이 거행되는 동안 지성소의 닫힌 문 뒤에서 기려졌다. 둘째, 그 구분은 변형된 빵과 포도주를 통해 신이 사람에게로 내려오는 정확한 시간을 명시했다.

이 둘째 사항에서 메드베데프는 의심을 샀고 결국은 파문을 당했다. 그것은 교회 사이에 맨 처음 일어난 분열의 핵심에 있었던 한 쟁점과 관련이 있었기 때문이다. 그 쟁점이란 성령이 성부와 성자에게서 좇아나신다고 말하는 서방판 니케아 신경을 받아들이기를 동방 교회가 거부한 것이었다. 동방에서는 삼위일체가 일치하는 가운데에서도 어떤 신비롭지만 무시무시한 최고 지위가 성부의 것으로 남겨져 있었는데, 이 최고 지위가 메드베데프의 견해로 한 차례 더 위태로워진다고 보았다. 메드베데프를 비판하는 이들은 하느님이 빵과 포도주에 있게 되는 정확한 순간을 정할 수 있는 한 그 순간은 그리스도가 성찬식을 만들면서 한 말이

---

[7] 러시아어 낱말 '타인스트보'(таинство)는 비밀이란 뜻과 세례식과 성찬식을 일컫는 성례(聖禮)라는 뜻을 함께 지닌다.

되풀이된 다음 사제가 성령을 내려보내달라고 청한 뒤에 온다고 주장했다. 달리 말해서, 하느님이 성사에 있는 기적은 사제 한 사람이 행하는 그리스도 희생의 재현이 아니라 성령을 내려보내달라고 하느님에게 간청하는 "신도의 공동 작업"으로 확실하게 일어났다.[7]

메드베데프를 결국은 파멸로 몰고 간 간교한 모든 음모의 배후에는 로마가톨릭의 언어와 교육방식에서 아무리 많이 빌릴지라도 상세히 정식화된 종교개혁 이후 로마가톨릭 교리를 빠짐없이 다 받아들이기를 망설이는 러시아 교회의 태도가 있었다. 러시아 교회는 국가로부터의 독립성을 잃어가고 원래의 그리스 문화 지향성을 내버리고 있을 때조차도 자기들의 교리상 입장이 탁월하다는 주장을 다시 내세우겠다는 완고한 결의를 내보였다.

딱 한 가지 사항에서는, 즉 서방 교회에 반대한다는 점에서는 라틴화론자와 그리스지향론자가 일치했다. 메드베데프는 자기가 모스크바의 외국서 교정자들 사이에서 찾아낸 이단 사상을 맹비난했고, 리후드 형제는 가톨릭 신도와 루터교도와 칼뱅주의자에 반대하는 일련의 소책자를 썼다.[8]

이렇듯 그들 덕에 거세진 러시아 교회의 외국인 혐오증은 17세기가 저무는 시기에 외국인 두 사람을 제물로 요구하게 된다. 그 두 사람이란 크비리누스 쿨만(Quirinus Kuhlmann)과 유라이 크리자니치(Juraj Križanić)였다. 둘은 저마다 러시아가 유럽의 종교적 재생에서 역할을 할 수 있다는 부푼 기대를 품고서 유럽 슬라브권의 서쪽 변경지대에서 모스크바로 왔다. 순전히 서방의 관점에서 보면 두 사람은 각각 멀리서 울리는 종교개혁과 대항종교개혁의 기묘한 메아리일 따름이다. 그러나 러시아에서 두 사람은 중요하고도 새로운 사상과 발전의 선구자였다. 그들은 저마다 "러시아 특유의" 운동과 사상이 얼마만큼이나 서방의 기원으로, 또는 적어도 러시아 것이 아닌 기원으로 거슬러 올라갈 수 있는지를 증명해준다.

크로아티아인 가톨릭 사제 유라이 크리자니치는 1647년에 폴란드 외교사절단과 함께 러시아에 맨 처음 왔고 1659년에 우크라이나인 전쟁난민으로 변장하고 되돌아온 사람이었다.[9] 두 번째로 러시아를 찾아와서 스무 해 동안 장기 체류하는 동안 내내 크리자니치는 오래된 구상 하나와 새로운 구상 하나를 제시하려고 시도했다. 오래된 구상이란 러시아가 가톨릭으로 개종한다는 것이었고, 새로운 구상이란 러시아가 통합된 새 슬라브 세계의 중심으로 발전해야 한다는 것이었다. 크리자니치가 보기에는 그런 통합만이 한편으로는 힘이 커지는 프로테스탄트 독일을, 그리고 다른 한편으로는 그리스도교를 믿지 않는 튀르크를 물리칠 수 있었다. 폴란드보다는 러시아가 동유럽에서 가톨릭이 품는 희망의 구심점 구실을 해야 한다는 이상은 이반 3세와 이반 4세의 치세에 모스크바국의 힘이 과시되는 시기 동안 바티칸의 실권 집단 안에서 선호되었던 적이 있다. 그 구상은 바티칸이 후원하는 일리리아(Illyria) 운동[8]에 참여했으며 슬라브인의 통합이라는 생각에 사로잡힌 전략적 상상력을 품었던 특정한 크로아티아인 가톨릭 신자들에게 유난히 인기를 끌었다.[10] 그 생각은 1601년에 이탈리아인 사제 마우로 오르비니(Mauro Orbini)가 여태껏 슬라브인에 관해 쓰인 것 가운데 가장 포괄적인 최초의 역사서인 자기의 저서 『오늘날 슬로베니아인으로 잘못 불리고 있는 슬라브인의 나라』(Il regno degli Slavi, hoggi corrottamente detti Schiavoni)[11]에서 이미 제시한 적이 있다. 신성로마제국이 1654년에 로마노프 황조를 공식 인정하자 러시아와 긴

---

[8] 16세기 말엽에 대항종교개혁의 맥락 속에서 오스만 제국에 반대해서 그리스도교를 통해 발칸 지역, 특히 크로아티아의 민족 정체성을 세우려고 했던 정치・문화 운동.

밀한 연계를 다시 맺고 가톨릭 성직자가 정식으로 포함된 외교사절단을 보낼 길이 트였다.

주로 동방의 그리스도교도와 연락선을 열고자 1622년에 세워진 로마 교황청 포교부도 러시아에 특별한 관심을 보였다. 포교부는 예수회와는 달리 폴란드의 팽창과 동일시되지 않았으므로 가톨릭이 러시아 안에서 활동하는 데 유용한 도구였다. 그러나 포교부는 예수회의 반(半)군대식 구조로 되어 있지 않았고 포교부의 이름을 내걸고 러시아에 간 사람들에게 구속력 있는 권위를 행사할 수 없기도 했다. 이를테면, 리가리드는 교황청 포교부의 교육을 받았고 느슨하게 포교부 소속이었지만, 정교 세계에서 혼자 힘으로 경력을 쌓아올리기 시작하자 곧 충성심을 내버렸다.[12] 그러나 크리자니치는 리가리드보다 훨씬 더 오래 러시아에 머무는 내내 가톨릭 열성 신자로 남은 듯하다. 사라지지 않고 남은 기록이 불완전하므로 그가 러시아에서 벌인 개종 활동이 어느 정도였는지를 단정할 수는 없다. 그러나 그가 러시아에 두 번째로 도착한 뒤 곧바로 크레믈 안에 있는 도서관에서 사서 겸 도서목록 작성자가 되었고 새로운 국가 교회를 만들어내는 데 협력하기를 거부했다는 점은 틀림없다. 십중팔구는 이런 까닭에 그는 1661년 초엽에 머나먼 시베리아의 토볼스크로 보내졌고, 알렉세이 미하일로비치가 죽은 뒤에도 그곳에 머물렀다. 크리자니치는 이 귀양살이 동안 표트르 대제 이전의 러시아에서 가장 통찰력 있고 깊이 있는 논설문 가운데 몇 편을 썼고, 새 차르의 후원을 받고자 1677년에야 비로소 모스크바로 되돌아갔으나 허사였다.

그가 다른 주제에 관해 — 모두 다 크로아티아어와 라틴어와 러시아어를 묘하게 뒤섞어 — 쓴 여러 저작 가운데 단연코 가장 흥미로운 글은 주로 고전 시대와 르네상스기의 권위자를 근거로 삼아 절대군주제에 찬성하는 논증서 『정치, 또는 통치에 관한 대담』(Политика, или Разговоры о владетельстве)

이다.[13] 비록 크리자니치가 러시아에서 마키아벨리의 글을 폭넓게 인용한 첫 저술가일지라도 그의 주장은 본질적으로 도덕주의적이다. 군주는 자기의 권위를 온 세상을 위한 객관적 자연법을 선포한 하느님에게서 받는다. 아직도 미신을 믿고 중용이 모자란 러시아인에게는 강한 군주가 특히나 필요하다. 동유럽 전체는 동유럽대로 러시아의 주도권에 종속되어 있다. 우크라이나는 정치 음모를 그만두고 러시아에 복속해야 한다. 러시아의 군주는 폴란드 형 귀족 의회나 "대지의 열매를 모조리 먹어치우는 못된 메뚜기 떼"처럼 땅을 뒤덮는 독일 상인이 자기의 권위를 좀먹도록 내버려두어서는 안 된다.[14] 궁정 음모의 두 고전적 원천(여인과 전통 귀족) 가운데 어느 것도 모스크바국에서는 실질적 중요성을 띠고 있지 않으므로 러시아에게는 절대적 통치를 제대로 하기에 유리한 독특한 이점이 있다.

그러나 러시아는 자기의 운명을 실현하려면 자기의 수많은 신화를 없애버리고 신학에서는 그리스인에게, 그리고 실용 업무에서는 독일인에게 굽실대는 태도를 없애버려야 했다. 크리자니치는 토박이 러시아인 역사가들이 러시아 초기 역사에서 노르만인이 두드러진 역할을 했다는 데 의문을 제기하기 시작하기 한 세기 이전에 키예프 러시아가 정치 질서를 위해 바랴그(варяг)[9] 공후에게 의존했다는 생각을 거부했다. 크리자니치는 러시아 차르의 권위가 프루수스에게서 비롯되었다는 신화와 반(反)가톨릭적인 제3의 로마 사상도 거부했다. 크리자니치의 정치적 권고는 러시아의 언어, 역사, 경제, 지리에 관한 상세한 주석으로 장식되었다.

---

[9] 9~10세기에 스칸디나비아에서 러시아로 이주해서 러시아와 우크라이나에 정착한 바이킹의 일파. 비잔티움 제국까지 진출해서 용병과 궁정 친위대로도 활약했다. 바랑기아라고도 한다.

그가 많이 써내는 글의 누적 효과는 러시아라는 나라 앞에 위대한 운명이 놓여있다고 시사하는 것이었다. 그러나 그 운명을 실현하려면 러시아는 억압받는 슬라브 민족들을 통합하고 로마가톨릭 신앙을 받아들이고 그 신앙을 동쪽과 남쪽의 이교도 땅으로 전해야 할 것이었다.

크리자니치는 근대 러시아 사상의 여러 다른 운동을 미리 보여주었다. 그는 맨 처음으로 도덕적 근거를 들어 동유럽을 문명화하는 최선의 수단으로서 계몽 전제정에 호소한 사람들 가운데 한 명이었다. 사실, 가톨릭 사제가 러시아에서 지닌 위상과 지적 영향력이 개혁 전제군주인 표트르 1세, 예카테리나 2세, 알렉산드르 1세가 제위에 있는 바로 그 시기 동안 최고조에 이르렀다는 점에 주목하면 흥미롭다. 심지어 크리자니치는 귀양살이를 하는데도 알렉세이 미하일로비치 치세에 다른 대다수 종교적 반대자들만큼 심한 대접을 받지 않은 편이었다. 엄밀히 따지면, 그는 공식적으로는 "국무수행"차 파견되었으니, 강압 아래 놓여있지도 않았다. 그는 연금을 받았고 글을 쓸 자유를 누렸으며, 중앙 정부가 그에게 맡겼다고 생각할 수도 있는 과업, 즉 시베리아 관한 역사학 자료와 지리학 자료를 수집하고 분리파를 반박하는 일에 자기 시간을 대부분 바쳤다.

그러나 크리자니치는 퍽 대비되는 두 사조(思潮)의 선구자로서 가장 중요하다. 훨씬 더 큰 힘을 지니고 19세기 러시아에 다시 나타나게 될 그 두 사조는 가톨릭 개종 운동과 전투적인 범(汎)슬라브주의[10]였다. 크리자니치가 애처로이 마지막으로 러시아를 떠난 뒤로 그가 결국 맞이한 운명은 두 운동에게서 숭상을 받을 만한 — 그리고 19세기의 낭만적 기질에 어울

---

[10] 슬라브 민족의 연대와 통합을 목표로 삼은 정치·사회 운동. 오스트리아 제국과 튀르크 제국의 지배를 받는 슬라브 민족을 해방해서 연방제로 통합하려는 유럽의 범슬라브주의와 러시아 제국을 중심으로 슬라브 민족을 통합하려는 러시아의 범슬라브주의로 크게 나뉜다.

릴 영웅적인 — 운명이었다. 크리자니치는 슬라브 세계의 동부에 머무르다
가 폴란드로 가서 이리저리 떠돌고 수사 서원을 했으며, 결국은 1683년
에 얀 소비에스키(Jan Sobieski)의 군대가 유럽 그리스도교 세계에 가해진
튀르크의 마지막 대공격을 물리칠 때 그 군대와 함께 있다가 빈(Wien)
밖에서 죽었다.

17세기 말엽의 러시아에서 대항종교개혁의 공상가들이 거부될 터라
면, 종교개혁의 극단적 예언자들도 더 나은 상황에 있지는 않을 터였다.
러시아가 유럽을 위해 가톨릭 신앙의 부흥이라는 전략적 희망에 다시
활력을 불어넣도록 만들려고 크리자니치가 애쓴 것과 똑같이, 크비리누
스 쿨만은 급진적 종교개혁의 사그라드는 메시아적 기대를 "알려지지
않은 북방인들"을 통해 실현하려고 애썼다.

쿨만은 슬라브 세계와 게르만 세계 사이의 불분명한 경계에 놓여 있
는 유럽 신비주의의 중심지인 슐레지엔(Schlesien)에서 태어났다. 그의 어
머니는 폴란드인이고 아버지는 독일인이었다. 그가 자란 도시는 브로추
아프(Wrocław)와 브레슬라우(Breslau)[11]라는 두 이름을 가지고 있으며, 그의
색다른 삶은 동방과 서방 사이에서 균등하게 양분되었다.

그는 브레슬라우와 예나(Jena)에서 정규 교육을 받는 데보다는 종교를
혼자 이해해 보려고 애쓰는 데 관심을 더 많이 기울였다. 그는 독일 바로
크의 크나큰 특징인 최면을 불러일으키는 반복에 바탕을 둔 "말의 연금
술"로 자기 생각을 신비주의 시에서 밝혔다. 유럽에서 30년전쟁으로 유
난히 심하게 폐허가 된 지방 출신인 그는 열정 "식히기"를 촉진하려고

---

[11] 독일어로는 브레슬라우, 폴란드어로는 브로추아프인 이 도시는 자치시였다가
1526년에 합스부르크 가문 소유령이 되었다. 1741년에 프로이센 영토가 되었고,
1945년에 독일이 패망한 뒤 폴란드 영토가 되었다.

애쓰면서, 자기 이름을 이 페어퀼룽(Verkühlung)[12]을 위해 신의 선택을 받았다는 증표로 여겼다. 그는 "서늘해지는 시가집"(Kühlpsalter) 한 권을 썼고 "열매 맺기 모임"(Fruchtbringende Gesellschaft)[13]이라는 애국적 문예 형제단에 잠시 가입했다. 이 단체에서 각 회원은 식물계에서 딴 새 이름을 지었고 독일 토착 문화의 수려한 특성을 지켜내기로 맹세했다.[15]

쿨만은 곧 이리저리 떠돌다가 암스테르담에 이르렀고, 그곳에서 더 앞 시기의 슐레지엔 출신 신비주의자 야콥 뵈메의 신지학(神智學) 논설문에 매료되었다. 종교개혁의 끄트머리에 선 뵈메는 우주의 심오한 내적 비밀은 더 오래된 프로테스탄티즘을 위한 계시의 전통적 원천인 성경 속에서, 그리고 성경 너머에서 발견될 수 있다는 고대의 영지주의 신념을 되살려냈다. 뵈메의 영지주의는 그 시대의 종교적 관심사, 그리고 전통적 권위에서 해방된 지적 사색에 대한 새 취향, 이 둘을 공유하는 사람의 마음을 유난스레 사로잡았다. 결국, — 뵈메가 자기의 진리 체계를 서술하려고 사용한 신지학(Theosophie)이라는 낱말의 문자 그대로의 뜻인 — "신의 지혜"를 빼고 정신이 열망하는 더 높은 목적은 존재하지 않았다.

뵈메의 추종자들은 그의 사색을 새 질서가 오리라는 선지자적 예언의 밑바탕으로 이용했다. 17세기 중엽의 여러 예언적인 프로테스탄트 신자가 말한 바로는, 타락하기 전에 아담이 잃어버렸던 완전성을 사람이 되찾게 되는 것과 똑같이 온 세상이 새 천년왕국의 전야에 있었다. 뛰어난 교육자이자 고난을 많이 겪은 체코 프로테스탄티즘 지도자인 얀 코멘스

---

[12] Kuhlmann이라는 성은 '서늘한'이라는 뜻의 형용사 kühl과 사람이라는 뜻의 명사 Mann이 결합한 형태이다. 이 kühl에서 '서늘하게 만들다'라는 뜻의 동사 verkühlen이 비롯되었고, 이 verkühlen의 명사형이 Verkühlung이다.

[13] 독일의 학자와 귀족들이 독일어를 표준화하고 그 위상을 높일 목적으로 1617년에 바이마르(Weimar)에서 결성해서 열매가 맺힌 야자나무를 상징으로 삼고 활동한 단체.

키는 1670년에 암스테르담에서 숨을 거두면서 그 천년왕국이 1672년에 오리라고 예언했다. 코멘스키는 자기의 마지막 대작 『빛과 어둠』(Lux e Tenebris)에서 최근에 순교한 여러 동유럽 프로테스탄트 신자의 저작을 한데 모으고는 빛과 어둠의 투쟁이 임박했다고 마니교식으로 말했다. 쿨만은 암스테르담에서 출간되어 널리 논란의 대상이 된 이 저작의 (그리고 어쩌면 암스테르담을 자기들의 여러 중심지 가운데 하나라고 주장하는 유대인 사바타이 운동의) 영향을 많이 받았다. 「되살아난 뵈메」(Neubegeisterten Böhme)라는 1674년의 논설문에서 쿨만은 정의의 천 년 지배가 지상에서 바야흐로 시작될 참이라는 자기의 기대를 이렇게 선언한다.

> 왕 중 왕이신 예수 그리스도께서 아담의 잊힌 지상낙원의 삶을 되돌려 주시러 백합과 장미를 들고 오시리라.[16]

쿨만은 남은 의인의 지도자, 즉 새 예루살렘의 도구로서 유럽의 여러 통치자를 불러모으려고 애썼다. 설교하다 보니 그는 조금씩 동쪽으로, 즉 1670년대 중엽에는 발트 해 연안 지대의 뤼벡과 로스톡(Rostock)으로, 1670년대 말엽에는 콘스탄티노플과 술탄의 궁정으로 옮아가게 되었다. 1680년대에 그는 정치적 극단주의자가 되어서, 유럽의 통치자들에게 다가오는 "예수의 아들들"의 나라에 대비해서 권력을 내버리라고 촉구했고, 때로는 영감을 얻은 예언자인 자기에게 그동안 권력을 넘겨서 맡겨 두어야 한다고 시사했다. 쿨만은 자기 자신의 신앙 문학인 신비주의적인 노래와 찬가를 내놓았다. 그가 쓴 『서늘해지는 시가집』에는 "승리"라는 낱말이 수백 차례 나온다. 그의 저작은 뵈메의 저작과 더불어 발트 해 연안 지대 전역에 유포되었고 아르한겔스크와 모스크바만큼 멀리 떨어져 있는 곳의 독일인 상인 사이에 알려지게 되었다. 모스크바의 외국인 거류지에 있는 동조자들이 쿨만에게 모스크바로 와서 이 새로운 땅의 영적 잠재력을 몸소 찾아내라고 다그쳤으며, 쿨만이 1689년 4월에 리가와 프스코프를 거쳐 모스크바에 도착했을 때에는 이미 그의 설교에 곧바로 응할 동조자들의 핵이 이미 존재했다.

쿨만의 방문 목적은 러시아로 하여금 계시록에 나오는 제5왕국,[14] 즉 그리스도가 재림해서 선택된 성자들과 함께 지상에서 천 년의 지배를 개시할 곳으로 바뀔 것에 대비하도록 하기 위함이었다. 영국을 떠나 모스크바로 가기에 앞서 쿨만은 젊은 표트르 대제와 그의 불운한 공동 통치자 이반 5세를 공동 증정 대상으로 삼아 썼던 한 저술집에서 그 같은 프로그램을 제시했다. 그가 프랑스와 스웨덴과 브란덴부르크-프로이센 (Brandenburg-Preußen)[15]의 통치자들에게 했으나 소용이 없었던 호소와 비슷했던 그 프로그램에는 영국혁명에서 따돌림을 받은 "제5왕국파"(Fifth Monarchy Men)[16]라는 또 다른 예언적 집단에게서 그가 얻었던 사상을 유럽 대륙에 전파하려는 시도가 반영되었다.

쿨만은 모스크바의 독일인 거류지 안에서 추종자들을 빠르게 얻었다. 또한 그는 황궁에서도 후원자들을 얻고 자기를 따르는 러시아 사람들을 위해 각서를 쓴 듯하다.[17] 그는 예수회가 세상을 넘겨받았다고, 그리고 뵈메의 가르침과 코멘스키가 찬양했던 박해받은 동유럽 프로테스탄트

---

[14] 그리스도교의 일파는 구약성경 「다니엘」 2장 44절(하느님이 한 나라를 세우실 터인데, 그 나라는 영원히 망하지 않을 것이며 …… 모든 나라를 쳐서 멸하고 영원히 서리라)에 나오는 "한 나라"가 아시리아, 페르시아, 그리스, 로마 다음의 제5왕국이며 재림할 예수가 천 년을 다스릴 나라로 보았다.

[15] 17세기에 호엔촐레른(Hohenzollern) 가문이 다스리던 독일 동부 지역.

[16] 제5왕국이 곧 나타난다고 믿은 영국혁명기의 그리스도교 급진 종파. 올리버 크롬웰을 지지했지만, 크롬웰이 호국경 체제를 수립하자 1650년대 후반에 봉기를 일으켰다. 그 뒤 탄압을 받고 사라졌다.

교도의 증언으로 제시된 참된 종교개혁을 루터교회가 배반했다고 가르쳤다. 그러한 견해에 독일인 공동체 유지인 루터교회 목사가 깜짝 놀라서 말썽을 일으키는 이 예언자의 입을 틀어막으려고 차르에게 도움을 청했다. 러시아 외교사절청의 번역관들은 그의 가르침이 사실은 "분리파의 가르침과 비슷"하다고 알려주었다.[18] 소피야는 독일인 거류지를 단골로 드나들고 쉽사리 혹하는 젊은 차르 표트르에게 쿨만이 영향력을 가질까 두려워해서 쿨만과 그의 추종자들을 "분열과 이단과 거짓 예언"을 일삼는 자들이라고 불렀다. 쿨만은 모스크바에 도착한 지 딱 여섯 달 뒤인 1689년 10월에 붉은 광장에 특별히 지어진 띳집에서 그의 저작과 주요 현지 협력자와 함께 화형을 당했다. 차르를 섬기던 영국인 용병 대령은 가족이 쿨만의 모스크바행을 후원한 탓에 감옥에 갇혔고, 그곳에서 스스로 목숨을 끊었다. 쿨만의 사상이 퍼지지 않도록 막고 그의 저작을 없애라는 명령이 지방군정관들에게 내려졌다.[19]

이 외로운 프로테스탄트 예언자는 가톨릭 신자인 크리자니치와 마찬가지로 러시아에 직접적 충격을 그리 주지 못했다. 17세기 말엽의 러시아는 자기 문제에 대한 순전히 종교적인 해답을 모조리 거부하는 과정에 있었다.[20] 러시아가 해답을 구하러 문의하는 상대였던 서방은 한 종교에서 다른 종교로 움직이고 있었던 것이 아니라 모든 종교에서 종교 없는 상태로 움직이고 있었다. 이 시기는 신앙이 갑자기 허울에 지나지 않게 되고 회의주의가 유행하는 "유럽 의식의 위기"의 시대였다.[21] 러시아가 크게 영향을 받아서, 정교회 내부의 그리스지향론자와 라틴화론자가 더 앞서 신정주의자와 근본주의자가 그랬던 것만큼 단호하게 거부되었다. 그리고 러시아는 자기 문제에 대한 순전히 가톨릭적인 해법도, 과격한 프로테스탄티즘적인 해법도 받아들이기를 거부했다. 따라서 한 관점에서 보면, 크리자니치와 쿨만은 러시아에게 종교적 해법을 내놓으려는, 실패가 예정된 마지막 두 노력을 대표한다. 그러나 다른 관점에서 보면, 그들은 장차 나타날 중요한 하나의 현상을 앞서 보여주는 사례이다. 그 현상이란 서방에서는 사람들이 제대로 귀를 기울여주지 않는 사상을 실현하고자 러시아를 기웃거리는 서방의 예언자이다. 비록 17세기 말엽에는 그 같은 예언자들을 잘 받아들이지 않았을지라도 러시아의 통치자들은 서방에서 들려오는 예언자의 목소리에 공감하며 점점 더 귀를 기울일 터였다. 표트르 대제가 고트프리트 라이프니츠(Gottfried Leibniz)에게, 예카테리나 대제가 드니 디드로(Denis Diderot)에게, 알렉산드르 1세가 조셉 드 메스트르(Joseph de Maistre)에게 그렇게 한다. 그러나 이들은 새로운 유형의 예언자였으며, 자기 메시지를 볼가 강 상류 지대에 있는 한 도시의 혼란스러운 열성적 신앙이 아니라 발트 해에 있는 기하학적이고 세속적인 새 수도로 가져갔다. 서방의 새 예언자들이 자기 사상을 가지고 갈 곳은 모스크바가 아니라 성 페테르부르그였다.

분파교 전통

러시아에서 벌어질 일을 더 앞서 보여준 선구자는 크리자니치보다는 — 또는 17세기 러시아의 다른 어떤 외국 종교인의 목소리보다는 — 쿨만이었다. 거부당한 중유럽의 급진 프로테스탄티즘이 18세기 러시아에 뿌리를 내리고 이 뿌리가 중요성 면에서 아메리카에 내린 뿌리에 버금가기 때문이다.

물론, 쿨만은 러시아의 활기찬 분파교 전통의 발생을 도운 여러 예언적 유력자들 가운데 한 사람이었을 따름이다. 쿨만의 가르침이 때로 그가 창시했다는 말이 있는 두 종파 가운데 어느 하나에게, 즉 흘릐스티(хлысты)라는 "채찍고행자"(17세기 말엽에 처음 나타난 종파)나 두호보르치(Духоборцы) (연혁이 18세기부터 시작되는 "영혼의 씨름꾼")에게 초창기 교리를 제공했다는 주장을 미는 확실한 증거는 없다. 그러나 러시아의 이 두 종파와 기타 종파의 가르침은 자주 이 종파들과 막연하게 동일시되는 러시아의 분리파의 가르침보다는 뵈메와 쿨만, 그리고 다른 프로테스탄트 극단주의 종파의 가르침과 더 큰 전반적 유사성을 띤다.[22]

물론, 사실상, 분파교 신자(сектанты)와 분리파 신자(раскольники)는 똑같이 박해를 받았고 똑같이 다루기 까다로운 형태의 이견 종파였다. 자주 그들은 (때로 유대교 전통과 심지어는 오리엔트의 종교 전통과도 그랬듯이) 서로 합쳐지거나 서로 교류했다. 더욱이 러시아의 분파교 신자는 대개 역사에서 섭리에 따른 변화가 바야흐로 일어날 참이라는 전반적 기대와 더불어 관료와 "예수회"에 대한 혐오를 분리파 신자와 공유했다. 그렇더라도 그 두 전통은 바탕부터 달랐다. 분파교 신자는 더 오래된 정교 해석을 지켜내려는 노력보다는 완전히 새로운 종교 분파를 대표하기 때문이다. 이 구분은 중요한 두 가지 방식으로 쿨만의 계승자를 아바쿰의 계승자와 갈라놓았다. 첫째, 분파교 신자는 교회 조직 밖에서 자아를 완성하고 내면을 계발하는 유연체조 위주의 신앙생활을 영위했다. 러시아의 분파교도는 — 옛것이든 새것이든 — 교회 의식을 경시하고 어떤 형태이든 성사의 집전에 — 또는 심지어 교회를 세우는 데에도 — 관심을 그다지 기울이지 않았다.

분리파 신자와 분파교 신자의 두 번째 차이는 그들이 품은 역사적 기대가 지닌 대조적 본성에 있었다. 비록 그 두 전통 모두 다 예언적이었을지라도, 기본적으로 분리파 신자는 비관론자였고 분파교 신자는 낙관론자였다. 아바쿰을 따르는 이들은 적그리스도의 지배가 임박했고 심판에 대비해야 한다고 역설했다. 그들은 세상이 너무나도 썩어서 역사에게서 기대할 수 있는 것이라고는 하느님의 분노에 찬 마지막 심판밖에 없다고 믿었다. 한편, 쿨만을 따르는 이들은 대개 정의가 지배한다고 약속된 천년이 지상에서 바야흐로 시작될 참이라고 믿었다. 이 천년왕국의 성격과 위치에 관해 분파교도의 견해가 달랐다고 하더라도, "하느님의 사람들"이라고 자칭하는 이 사람들은 대체로 자기들이 그 천년왕국을 세우는 일을 거들 수 있다고 믿었다.

> 구교도는 손을 뻗어도 닿지 않는 곳으로 하늘나라가 돌이킬 길 없이 가버렸다고 믿었다. 하느님의 사람들은 그렇기는커녕 사람이 손을 뻗으면 닿을 수 있는 거리 안으로 하늘나라를 도로 가져올 힘이 자기들에게 있다고 믿었다.[23]

여러모로 분파교 신자는 본질적으로 사람은 험난한 우주에서 하느님에게서 떨어져 있는 고립된 존재라고 가정하고 시작하는 근대적 종교사상가였다. 목표는 자기를 거룩한 지혜와 결합해서 잃어버린 하느님과의 연계를 되찾는 것이었다. 중유럽 신비주의의 범신론적 경향을 따라 분파교 신자는 모든 창조를 거룩한 지혜의 표현으로 보았다. 뵈메는 그 거룩한 지혜를 가리키는 데 성스러운 그리스어 낱말 "소피아"(Σοφία)를 썼고, 러시아의 신비주의적 분파교 사상을 위해서는 그 낱말이 동방 정교에서 전통적으로 지녔던 것과는 다른 뜻을 그 낱말에 부여했다. "소피아"는 그저 지성적인 형태의 "거룩한 지혜"로서뿐만 아니라 육체적인 — 때로는 성적이기조차 한 — 힘으로 이해되었다. 일단의 분파교 저술가들이 구원으로 가는 새로운 길을 제시했는데, 그들 가운데 어떤 이는 하느님에게 가는 육체적인 무아경의 길을, 어떤 이는 합리주의적이고 도덕주의적인 길을 강조했다. 종교를 대중화하는 일련의 사람이 은비학 소책자와 카발라(kabbala)¹⁷ 소책자를 번역하고 개정하고 표절했다. 창조의 "위대한 신비"를 풀어냈고 신의 "사물의 서명"(Signatura Rerum)을 판독했다는 뵈메의 주장은 — 쿨만이 그랬던 것처럼 — 다른 예언자들에게 제 나름의 "새로운 계시"나 "우주를 여는 열쇠"를 만들어내도록 영감을 주었다.[24]

각 종파는 그 종파의 특정한 예언자의 가르침을 하느님의 계시된 말씀으로 여기는 경향을 보였고, 그 말씀은 이전의 모든 전통과 성경 문구를 대체하지는 않더라도 보완해야 했다. 전례를 단순화하고 새 신조를 도입하는 것을 강조했으므로 분파교는 신흥 귀족의 대두하는 세속 문화와 닿는 접점을 많이 얻었다. 대조적으로, 분리파 신도는 서방화된 이 새로운 세속인들을 여전히 의심하고 그들과 거리를 두었다. 분리파 신도는 귀족의 러시아 문화 지배가 19세기 중엽에 끝났을 때에야 비로소 러시아 문화의 주류에서 중요한 힘이 되었다.

러시아 분파교 전통의 기원은 쿨만의 예언으로뿐만 아니라 백러시아인 프로테스탄트 이주민으로도 거슬러 올라갈 수 있다. 17세기 중엽에 모스크바국으로 스며들어온 그들은 핍박을 받고 살아남은 이들이었으며 한때 풍성했던 폴란드 프로테스탄트 전통의 보유자였다. 이들의 전형은 메드베데프가 쓴 교리 논설문의 비판 대상이었던 재능이 뛰어난 얀 벨로보드스키(Ян Белободский)였다. 벨로보드스키는 필시 모스크바의 외교관 겸 번역관이 될 자격을 얻고자 공식적으로는 정교로 개종했다. 그러나 그의 주된 관심은 모스크바의 새 학술원을 근대 세계의 "펠라기우스파"(Pelagius派)[18]인 예수회와 싸워서 잃어버린 세력을 만회하기 위한 일종의 신학 요새로 바꾸는 데 있었다.[25] 예수회는 사람이 자기의 노력으로 이룰 수 있는 것을, 그리고 성사가 지니는 구원의 힘을 너무나 많이

---

[17] 12세기에 나타나 여러 세기 동안 성행한 유대교의 은비학적 신비주의. 유대교의 기본 교리는 율법 준수였지만, 카발라는 야훼에게 직접 다가가는 방법을 가르쳤다.

[18] 사람의 본성은 선하다며 자유의지를 강조한 펠라기우스를 따른 5세기의 그리스도교 이단 종파.

강조하고 하느님이 너무나 멀리 떨어져 있는 분이라는 점을 너무 조금 강조함으로써 벨로보드스키의 칼뱅주의와 틀어졌다. 비록 벨로보드스키가 곧이어 이단 판정을 받았을지도, 그의 반(反) 전통적 접근법은 표트르 대제의 러시아에서 유행하게 되었다. 표트르 대제의 러시아에서는 토박이 러시아인까지도 붉은 구석에 있는 전통 이콘을 십계명 1조와 2조를 적은 종잇장으로 바꿔놓는 모습이 나타났다.[26]

표트르 대제 통치기에 러시아의 새 종파 하나가 맨 처음으로 언급된다. 자신을 "하느님의 사람들"(божие люди)이라고 부르는 묘한 집단이었다. "채찍고행자"(хлысты)라는 더 낯익은 그들의 이름은 무아경을 추구하는 동방의 성향이 러시아 분파교 안으로 흡수되었다는 점을 알려준다.[27]

이 종파는 1716년에, 즉 창시자인 이반 수슬로프(Иван Суслов)가 죽었을 때 처음으로 문서에 언급되었지만, 다닐로 필리포프(Данило Филиппов)라는 탈주병이 1645년에 뱌즈마(Вязьма) 부근의 한 언덕에서 했던 기이한 선언에서 비롯되었다는 말이 있다. 다닐로는 자기가 원래는 시나이 산에서 받은 십계명 대신 12계명을 사람들에게 주러 온 만군(萬軍)의 하느님(Бог Сабаоф)[19]이라고 주장했다. 그는 예언자처럼 러시아 사람들에게 "하느님의 사람들"로 살기 위해 기존 교회를 떠나라고 타이르고 세속 학문의 책을 모조리 볼가 강에 내던지고 알코올과 꿀과 성교를 삼가면서 다사다난했던 알렉세이 미하일로비치 치세 초기를 보냈다. 1649년에 다닐로는 (서방화되고 표트르 대제를 배출한 나리시킨 가문의 농노였던) 수슬로프가 자기 아들이며 따라서 하느님의 아들이라고 선언한 듯하다.

---

[19] 그리스도교 신약성경 「로마서」 9장 29절에 나오는 "만군의 주님"처럼 하느님을 일컫는 표현. 만군은 많은 무리나 군대를 일컫는 히브리어 낱말 체바오트(אָבָצ)의 번역어이다.

수슬로프를 따르는 이들은 예수를 "옛 그리스도", 수슬로프를 새 그리스도라고 불렀다. 그가 니즈니 노브고로드에서 모스크바로 가고 모스크바에서 (틀림없이 1658년에) 감옥에 갇히자, 그의 명성에 기상천외한 사이비 그리스도교 전설이 붙었다. 그를 따르는 사람들이 만나는 모스크바의 건물이 "하느님의 집"이나 "새 예루살렘"이라는 말이 돌았다. 사람들은 수슬로프가 임신할 수 없는 백 살 먹은 여자에게서 태어났고, 크레믈에서 (니콘 총대주교를 가야파[20]로, 『1649년 법전』의 저자를 본디오 빌라도(Pontius Pilate)[21]로 해서) 십자가에 못 박혔다가 흰옷을 입은 독실한 동정녀 무리가 지켜보는 가운데 무덤에서 되살아났다는 말이 돌았다.

실제로는 수슬로프는 거의 백 살이 되어 죽을 때까지 모스크바에서 살아 있었던 듯하며, 수슬로프 전설은 그의 후계자가 된 새 "그리스도들"이 꾸며낸 이야기일 법하다.[28] 이 새 그리스도들 가운데 첫 새 그리스도는 전직이 스트렐치 부대장이었는데, 18세기 초엽에 수도원에 들어갔고 성난 수사들을 체계적으로 모집해서 종파를 만들기 시작했다.[29] 그의 아내도 수녀원에 들어가서 여성 추종자를 끌어모으기 시작했다. 종파의 힘이 세지자 1733년에 78명의 이단 재판이 한 차례 있었고, 1739년에는 "그리스도" 두 사람의 무덤이 파헤쳐져서 유해가 모조리 철저하게 파괴되었으며, "하느님의 사람들" 416명이 연루된 재판이 한 차례 더 벌어져 1745년부터 1752년까지 지속했다. 그러나 그 종파는 더 널리 알려지고 순교가 늘어나는 상황에서 번성했다. 새 "그리스도들"이 러시아 곳곳에서 나타나기 시작했다. 그들은 열두 사도를, 그리고 "성모"로

---

[20] 예수를 죄인으로 몰아붙여 로마 총독 빌라도에게 보내 십자가형을 받게 한 유대의 대제사장.

[21] 로마의 티베리우스 황제가 26년에 유대 총독으로 임명한 로마인 행정관. 예수를 재판하고 십자가형을 내렸다.

알려진 여성 예언자 한 사람을 우두머리로 둔 여인 "천사"들을 자주 데리고 다녔다.

자기를 학대하라는 요구와 자기들이 비밀의 선민이라는 주장과 더불어 "하느님의 사람들"은 행하는 예배 형식 탓에 그리스도교의 고전적인 이원론적 이단과 결부되었다. "하느님의 사람들"은 교회에 모이지 않고 흔히 "예루살렘"이나 "시온 산"으로 알려진 비밀 회합 장소에 모였다. 그들은 예배 의식이 아니라 "즐기는 의식"(радение)이나 "영혼의 미역"을 했다. 그들은 회중이 아니라 "배"(корабль) 한 척을 이루었고, 육계(肉界)에서 영계(靈界)로 — 사람이 실제로 신이 될 수 있는 제7의 천국으로 — 가는 항해를 위해 성직자가 아니라 "키잡이"(кормщик)의 인도를 받았다. 그곳으로 오르는 방법은 부분적으로 — 영가를 부르고 반쯤 최면 상태에서 "오, 영이시여! 오, 신이시여! 차르 신이시여! 차르 영이시여!"같이 되풀이되는 주문을 외는 — "말의 연금술"에 있었다. 그러나 곧 율동에 맞춘 신체 운동이 시작되었다. 영적 무아경, 즉 육계에서 벗어나는 해방감을 가장 확실하게 불러일으키는 신체 운동은 "회전 의식"(круговое радение)이었다. 빙글빙글 도는 이 러시아 그리스도교의 데르비시[22]는 회전 동작 속도가 올라가면 율동에 맞춰 "나는 채찍질을 합니다, 채찍질합니다, 예수를 찾습니다"(хлысчу, хлысчу, христа ищу)라고 되뇌면서 채찍으로 서로를, 그리고 자기를 때리는 과정을 시작했다.[30]

채찍고행자들이 러시아 분파교의 격정적 양상을 대표한다면, 버금가게 중요한 종파인 "영혼의 씨름꾼들"은 더 도덕주의적인 서방적 요소를 예증한다. 이 종파는 완전히 별개의 운동보다는 "하느님의 사람들" 사이

---

[22] 신을 찬양하며 빙글빙글 도는 춤을 추는 수련을 통해 무아경에 빠지는 의식을 하는 수피(이슬람의 신비주의 종파)의 결사집단 소속 수사.

에서 일어난 개혁 운동으로 등장했다. 이 분파교 신도는 그 특성상 분리파 신도처럼 여러 소집단으로 쪼개졌지만, 분리파 신도 모두가 자기들의 주요 특징을 원래의 근본주의 순교자들에게서 물려받은 것과 똑같이 그 분파교 신도 모두 다 첫 종파에서 유래하는 핵심 특징을 공유했다.

영혼의 씨름꾼들은 1730년대나 1740년대에 탐보프(Тамбов) 지방에서 맨 처음 나타났다. 그들은 속세의 것들과 싸우면서 영혼의 세계를 추구해야 한다는 채찍고행자의 생각을 받아들였고, 그들의 선배가 그랬던 것만큼이나 지도자 노릇을 할 "그리스도들"을 많이 배출했다. 그러나 이 새 종파를 세운 사람들은 대개 차르의 병역에서 벗어날 도피처를 찾는 병사들이었던 듯하다. 그들의 주요 관심은 어색한 정교회 신앙보다 더 단순한 신앙을 찾는 데, 그리고 국가가 통제하는 교회 조직의 권위에서 비교적 자유로워지는 데 있었다. 그들은 자기들의 공동체 안에서 도덕 문제에 점점 더 관심을 두게 되었고, 자기들의 "계시"서 『생명의 책』 (Животная книга)에 나오는 글을 느긋하게 읽으려고 예언적 신앙부흥 운동을 최소화하는 지극히 청교도적인 공동체 생활을 했다.[31]

"영혼의 씨름꾼들"보다 조금 더 뒤에 "젖 먹는 사람들"(молокане[23])이라는 비슷한 종파가 탐보프 지방에서 나타났다. 영혼의 씨름꾼들은 이들이 성령과 싸우고 있다고 암시하려는 속셈을 지녔던 한 교회 지도자에게서 이름을 얻었는데, 그 이름을 영혼으로 물질과 싸운다는 자기들의 의도를 보여주는 것으로 받아들였다. 젖 먹는 사람들은 대재 기간에 계속 젖을 마시는 관행을 가진 탓에 그런 이름을 얻었지만, 그들도 그 이름이 자기들이 이미 천국의 젖을 먹고 있다는 것이나 젖을 탄 물을 먹고 살고 있다는 것을 뜻한다고 주장하며 그 이름을 받아들였다.[24] 그들은 다른

---

[23] 단수 형태는 молоканин.

어떤 종파보다도 재산의 평등을 더 고집했고, 단순해진 혼성 종교를 만들어내려고 애쓰다 보니 본질적으로 그리스도교적인 자기들의 예배 형식에 일정한 유대교 관행을 들여와 섞어놓게 되었다. 이 분파교 운동 안에서 발전한 여러 종파 가운데 가장 흥미로운 것 하나가 "토요파"와 "일요파" 사이에 일어난 분화이다.[32] 그 종파들의 활동에 유대인이 참여했다는 바로 그 사실이 그 분파교 공동체들이 구성 면에서 세계주의적인 경향을 띠었다는 사실을 증명해준다. 그 분파교는 참된 영적 삶을 이루려는 공동 노력의 하나로, 대러시아인 분리파와는 달리, 오는 사람을 모두 다 "형제"(구성원을 가리키는 보통 용어)로 기꺼이 맞아들이는 경향을 보였다. 외국인 정착자의 — 특히, 메노(Menno)파[25]와 제세례파의 이력을 지녔고 1762년에 러시아 남부가 외국인의 식민 활동에 개방된 뒤 그곳으로 유입되기 시작한 독일인과 중유럽인의 — 수가 점점 불어나면서 엄격한 평등주의로 쏠리는 경향이 더 강해졌다. 그러나 이것은 임박한 천년왕국에서는 "차르도 제왕도 공후도 고관대작도 없고 모두가 평등하고 모든 것이 공동 소유이며 그 누구도 무엇을 자기 것이라고 부르지 않으리라"는 쿨만의 가르침[33]에서 이미 시사되었다.

평등주의적 공동체 생활으로 쏠리는 이런 성향 외에도 러시아의 분파교도는 사람에게는 모든 기존 교회 밖에서 하느님과의 (실질적 일치는 아닐지라도) 직접적 연계를 얻을 능력이 있다는 공동의 믿음을 공유했다. 모든 종파의 이면에는 쿨만이 (뵈메를 좇아) 자기가 새로 펴낸 시가

---

[24] 젖 먹는 사람들은 신약성경 「베드로 전서」 2장 2절, "갓난아기와 같이 순수하고 신령한 젖을 그리워하십시오. 여러분이 그것을 먹고 자라서 구원에 이르게 하려는 것입니다"에서 자기들 생활방식의 근거를 찾았다.
[25] 종교개혁기에 급진 변혁을 추구하던 재세례파에서 갈라져 나온 프로테스탄트 종파. 명칭은 지도자인 네덜란드인 사제 메노 시몬스(Menno Simons, 1496~1561년)의 이름을 따서 지어졌다.

집의 표지 그림으로 사용했던 상징이 있다. 그 상징은 정교한 격자무늬 안에 새겨진 십자가 하나가 사람들을 상징적인 백합과 장미를 통해 새 하늘과 새 땅으로 이끌고 올라가는 모습이다.

각각의 새로운 종파에게 더 높은 진리를 향한 상승은 밖의 육계에서 벗어나 안의 영계로 가는 데 있었다. 분파교도는 낡은 성찬식과 전례 대신에 풍성하고 다양한 형태의 대중적 운문이 되는 "영가"로 예배를 했다. 각각의 초기 종파의 명칭이나 신조에 "영혼"(душа)이라는 말 자체가 나타나게 된다. 채찍고행자들은 자기들의 새 계명들 가운데 가장 중요한 계명이 "나는 성령을 믿습니다"라고 여겼고, "차르 영혼"에게 기도를 올리고 주문을 외웠다. 영혼의 씨름꾼들은 육계에 대한 이원론적 부정을 채찍고행자들보다 훨씬 더 멀리까지 밀고 나아가, 모든 세상 역사를 육체에 얽매인 카인의 자손과 아벨의 후예인 "영혼을 위한 투사" 사이의 싸움으로 보았다. 젖 먹는 사람들이 자신에게 붙인 이름은 "영혼의 그리스도교도"(духовные кристиане)였다.

다른 이원론자에게도 그렇지만, 분파교도에게는 일종의 전체주의적 광신성이 있었다. 분파교도는 영적인 그리스도교의 "자유"를 위해 기존 교회의 "폭정"을 거부하면서 훨씬 더 혹독한 그들 나름의 폭정을 세우는 경향을 보였다. 분파교도는 현세의 완벽이 자기들의 공동체 안에서 이루어질 수 있다고 주장하다 보니 그런 완벽은 오직 자기들의 공동체 안에서만 이룰 수 있다고 가정하게 되었다. 새 형식의 "더 고상한" 세례와 절대로 틀릴 수 없는 진리의 새로운 전거가 도입되었고, 완벽의 추구는 그들을 자학행위로 자주 내몰았다. 18세기의 모든 주요 종파에 붙은 대중적인 명칭이 육계에서 영계로 도약하는 것이라고 생각되는 어떤 행위, 즉 채찍질과 씨름과 마시기, 그리고 — 그 18세기의 모든 종파 가운데 가장 마지막이고 가장 으스스한 — 스스로 거세하기를 가리킨다는 점은 그런 특징을 잘 드러내 준다.

시간이 흘러 러시아의 분파교가 서방에서 온 경건주의 종파의 영향을 받게 되면서 그 전통의 피학성과 이원성의 우세가 줄어드는 경향을 보였다. 그러나 분파교는 공식 교회에 대한 유토피아적이고 공동체적인 대안을 내놓겠다는 주장을 거두지 않았고, 러시아 남부와 서부의 낙후된 농경지대에서 점점 더 중요한 역할을 했다. 분파교는 지식인 사회에도 상당한 영향력을 행사했다. 분파교가 이후에 기층민중 차원에서 가장 크게 성장하는 시기는 지식인 차원에서 정치가 더욱더 들썩거리고 이념이 서방화되는 시기, 즉 예카테리나 대제와 알렉산드르 1세의 치세, 1860년대와 1890년대와 — 그리고 어쩌면 심지어 1950년대와 1960년대와도 — 일치했다.

이렇듯, 서방과 접촉하면서 프로테스탄트 종파의 사상이 세속적 합리주의와 나란히 러시아 안으로 들어왔다. 이 이상한 분파교 전통의 중심은 러시아의 비교적 새로운 서방식 도시들, 즉 성 페테르부르그, 그리고 타타르인과 오토만 제국이 물러나는 시기 동안 러시아의 남쪽 평원에 들어선 보로네즈(Воронеж), 하르코프(Харьков)[26], 예카테리노슬라프(Екатеринослав)[27], 탐보프 같은 도시였다. 탐보프는 예언적인 분파교도를 배출해 내는 데에서 워낙 비상한 역할을 한지라 속칭으로 자주 탐보그(Тамбог, "저기 하느님이 계신다")로 불렸다.[34] 탐보프가 러시아 내전[28] 기간에 유토피아적 아나키즘의 중심지, 볼셰비키의 지배에 맨 마지막으로 투항한 도

---

[26] 오늘날에는 독립국가가 된 우크라이나에 속하는 도시이며, 우크라이나어로는 하르키우(Харків)이다.

[27] 1926년 이후로는 이름이 드네프로페트롭스크로 바뀌었고, 오늘날에는 우크라이나의 영토로서 드니프로페트롭스크(Дніпропетровськ)로 불린다.

[28] 1918년 중엽부터 1921년 초엽까지 볼셰비키 혁명 정부와 반(反)혁명 세력 사이에 벌어진 내전.

시[29], 1950년대 말엽에 근심에 찬 소련 학술원 회원들이 무신론이 마흔 해를 지배한 뒤에도 왜 종파 정서가 지속되었는지를 밝혀내려고 모여든 도시였던 것은 으스스하게도 그럴 만해 보인다.[35] 또한 스탈린주의 이후 시대 러시아에서 이념적 열정이 잦아드는 가운데 금욕주의적이고도 유토피아적인 공산주의 교리 독해의 주요 수호자가 이견 종파 가정에서 키워지고 러시아 분파교 운동의 창시자[30]의 이름을 가진 미하일 수슬로프(Михаил Суслов)였다는 것도 어쩌면 그럴 만도 하다.

성 페테르부르그라는 새로운 세상

모스크바는 18세기를 한 주 내내 이어지는 행렬과 축제와 화톳불로 맞이했다. 이 행위들은 18세기 공식 문화의 거의 모든 다른 것과 마찬가지로 국가이성을 위해 위에서 내린 명령에 따라 이루어졌다. 그 포고령의 — 그리고 설날을 9월에서 1월로 옮긴 변경안의 — 입안자는, 물론, 표트르 대제였다. 역사가들의 눈에 그는 2미터에 이르는 키가 당대 사람들에게 비친 것만큼 우뚝 솟은 거인으로 남아있었다. 서유럽 순방을 마치고서 툭하면 대들던 스트렐치를 다 없애버린 표트르 대제는 그 새로운 세기의 첫 사반세기에 러시아의 위상을 논란의 여지 없이 유럽에 속하는 대열강으로 굳힐 행정 개혁과 군사 원정에 나서게 된다. 그는 1700년에 결정적인 첫걸음을 내디뎠다. "정부의 영광과 아름다움을 위해" 앞으로는 턱수염

---

[29] 탐보프는 1920~1921년에 볼셰비키 정부에 맞선 농민 봉기의 중심지였다. 이 봉기는 반혁명군이 패퇴한 뒤에도 지속되다가 1922년에야 진압되었다.
[30] 이반 수슬로프.

을 깎고 짧은 독일식 외투를 입어야 한다는 포고령을 내렸다.[36]

그러나 그 같은 개혁이 갑작스레 무자비하게 시행되는 바람에 반발이 거세게 일었다. 사람들이 옛 방식의 더 큰 "영광과 아름다움"을 지키고자 여러 방면에서 들고 일어났다. 같은 해인 1700년에 학식이 있는 모스크바국 백성 한 사람이 표트르 대제가 사실은 적그리스도라고 공개 선언을 했고, 볼가 강 하류 지역에서 격렬한 카작 봉기[31]가 일어나서 사상자가 많이 나온 오랜 전투 끝에 진압되어야 했다.[37] 이 같은 저항 운동은 "새" 러시아를 따라다니며 끊임없이 괴롭혔고 문화 발전에도 영향을 계속 미쳤다. 따라서 그런 문화의 역사에는 표트르 대제의 근대화 개혁이라는 비교적 낯익은 이야기뿐만 아니라 옛 모스크바국이 개시한 반격도 반드시 들어가야 한다.

스트렐츠가 완전히 해체된 뒤에 새 질서의 군인들, 즉 표트르 대제의 찬연한 새 근위연대에 저항하는 세력이라고는 모스크바국에 충성을 바치는 자들로 이루어진 비조직적인 게릴라 부대뿐이었다. 근위연대에게는 자기들이 관장하는 중앙집권화된 근대 국가의 온갖 무기가 있었지만, 게릴라 전사들에게는 드넓은 지형과 이념적 열정과 기층 민중의 지원이라는 이점이 있었다. 비록 새 질서의 궁극적 승리가 어쩌면 필연이었을지라도, 옛 질서의 수호자들은 근대화에 반대하는 싸움을 대다수 다른 유럽 국가에서보다 더 오래 벌이면서 손해를 더 많이 끼칠 수 있었다. 표트르 대제의 해법에 반대하는 자들의 형태 없는 부대 안에는 러시아 문화의 앞으로 발전에 특별히 중요한 세 집단이 있었다. 그 세 집단이란

---

[31] 1707년에 도주 농노를 좇아 러시아 제국 정부가 보낸 원정대 사령관이 돈 카작에게 살해되는 사건이 일어났다. 볼가 강 유역까지 뻗치는 공권력에 불만을 품은 콘드라티 불라빈이 이 사건을 계기로 정부에 맞서 카작을 이끌고 봉기해서 기세를 올렸지만, 이듬해에 불라빈이 죽고 봉기는 실패했다.

구교도 상인과 봉기 농민과 고행 수사였다. 졌을지라도 옛 모스크바국이 이런 목소리를 낸 탓에 새 국가는 권위를 확대 강화하려고 애쓰면서 그들의 생각을 많이 채택하지 않으면 안 되었다.

그러나 모스크바의 반격을 살펴보기에 앞서 표트르 대제가 창출한 신진 세력과 그 세력의 새 문화적 보루인 성 페테르부르그를 고찰해야 한다. 이 도시는 그의 다사다난한 통치의 가장 인상적인 창조물, 즉 러시아의 유서 깊은 위대한 도시들 가운데 세 번째이자 마지막 도시였으며 서방화된 새 러시아 문화의 영속적 상징물이었다.

표트르 대제는 1703년에 이 새 도시를 네바(Нева) 강이 늪과 섬을 거쳐 라도가 호수의 진흙탕 물을 발트 해 동부로 토해내는 지점에 세우기 시작했다. 이 지역에서 러시아가 활동할 길은 네바 강의 다른 쪽 끝에 있는 뇌테보리(Nöteborg)라는 스웨덴의 요새 도시를 1702년에 점령함으로써 틔었다. 이로써 유럽 북동부에서 군사적 명운의 추이가 맨 처음으로 스웨덴에서 러시아 쪽으로 바뀌었다. 정복된 그 도시는 슐리셀부르그(Шлиссельбург), 즉 "열쇠 도시"라는 어울리는 새 이름을 얻었다.[32] 이 열쇠로 한 이탈리아인 방문자가 곧 러시아의 "유럽을 향한 창문"[38]이라고 부른 것이 열릴 수 있게 되었다. 외국인 건축가들의 기다란 대열에 맨 처음 들어선 사람이 1704년 2월에 도착해서 그 새 부지에 들어설 모든 건축을 감독했고, 이래서 그 "창문"은 마주하는 방향만 유럽 쪽이 아니라 양식도 유럽식이 될 수밖에 없었다. 10년 안에 성 페테르부르그는 거의 35,000채에 이르는 건물이 들어선 도시이자 온 러시아의 수도가 되었다. 비록

---

[32] 열쇠를 뜻하는 슐뤼셀(Schlüssel)과 성채나 요새를 뜻하는 부르크(Burg)라는 독일어 낱말을 붙여 만들어진 이 고유명사는 표트르 대제가 이 요새 도시를 발트 해 동부 연안 지대로 들어가는 요충지로 여겼음을 알려준다.

안나(Анна) 여제가 1732년에 모스크바에서 성 페테르부르그로 거처를 영구히 옮기고 다섯 해 뒤에 모스크바가 화재로 잿더미가 될 때까지는 수도로 완전히 인정되지 않았을지라도 말이다.

훗날의 우아한 성 페테르부르그와 닮은 구석이 별로 없는 삭막한 외관을 가진 초창기 페테르부르그 시에 있던 건물들 가운데 남아있는 것은 거의 없다. 초기 페테르부르그의 실용적 구조에는 그 도시의 창건자가 지닌 취향과 몰입해 있는 일이 반영되어 있다. 원래는 성 피터르 부르흐(Sankt Piter Bourkh, 약칭인 피테르(Питер)는 이 도시를 가리키는 친숙한 표현으로 남아있다.)[33]라는 네덜란드 이름으로 알려진 성 페테르부르그는 일종의 네덜란드식 해군기지 및 교역 중심지로 구상되었다. 이 새 도시는 암스테르담을 일부 흉내 내어 운하와 섬을 끼고 배치되도록 체계적으로 설계되었다. 구성 형태는 기하학적이었고 건설 속도는 빨랐다. 매우 습기 차고 추운 기후에서 건설이 이루어지면서 일어난 인명 손실은 유럽의 다른 어떤 주요 도시를 세우면서 일어난 인명 손실보다 십중팔구는 더 컸을 것이다. 표트르 대제의 정신이 온통 군사 업무에 팔려있었음을 훨씬 더 생생하게 보여주는 것이 그의 이름을 따서 1703년에 세워진 페트로자보드스크(Петрозаводск), 즉 "표트르의 공장"이라는 두 번째 도시였다. 북쪽의 금속 자원에 가까이 있는 병기 제조 중심지를 제공하려고 오네가 호수에 세워진 이 먼 도시는 페테르부르그보다 훨씬 더 춥고 사람 살 곳이 못 되는 위치로 밀치고 들어가는 공격이었다.

군사적 방편과 국가이성은 표트르 대제의 머리에서 떠나지 않는 고려 사항이었다. 조선술에 능하고 심성이 실용적인 프로테스탄트 북방국가

---

[33] 성 베드로의 도시라는 뜻이며, 표트르 대제의 자기의 수호성자인 베드로를 기려 지은 이름이다.

들은 그의 혁신적인 구상과 기술 대다수가 솟아난 원천이었다. 스웨덴이 (그리고 스웨덴보다는 조금 덜 하기는 해도 프로이센이) 그에게 준(準)군대식 행정 개념을 제공했다. 체계적으로 국가 봉사를 요구하는 실용적 "관등표"(Табель о рангах)[34]와 국가 통제를 받는 새로운 종무원 유형의 교회 행정이 그것이었다. 네덜란드는 그에게 러시아의 신생 해군의 본보기를 (그리고 항해 관련 전문용어 대다수를) 제공했다. 그가 세운 군사학교의 교사들의, 그리고 그가 죽고 나서 곧바로 세워진 새 학술원에서 일하는 교직원의 대다수가 작센과 발트 해 연안의 독일인 거주지역에서 왔다.[39] 러시아의 학문을 진흥하려는 그의 노력은 거의 전부 다 군사나 외교 면에서 직접적 가치를 지닌 과학, 기술, 또는 언어의 문제에 집중되었다. "표트르 대제의 생각에서는 '교육'과 '직업 훈련'이 동의어 개념이었던 듯하다."[40]

이렇게 실용과 과학기술에 둔 강조는 — 성 페테르부르그가 세워진 해인 1703년에 나온 — 러시아 역사상 최초의 정기간행물과 세속 서적에서 증명된다. 인쇄되어 간행되는 저널 『통보』(Ведомости)는 기술 정보와 전투서열[35] 정보를 주로 알렸다. 그 세속 서적, 즉 레온티 마그니츠키(Леонтий Магницкий)의 『산수』(Арифметика)는 체계적인 산수책이라기보다는 유용한 지식의 개설 편람이었다.[41] 비록 러시아사 최초의 과학 관련 간행물이라는 꼬리표가 자주 달릴지라도, 그 책의 부제[36]에서 사용된 "과학"(наука)이라는 용어는 17세기 러시아에서는 이론 지식이라는 더 개론적인

---

[34] 러시아의 관리와 군인을 14개 등급으로 분류한 표. 승급은 출신 가문이 아니라 개인의 능력에 따라 이루어지도록 했다. 1722년 초에 공표되어 1917년까지 유지되었다.

[35] 군부대의 명칭, 병력 규모, 인원, 장비, 연혁, 지휘 기구 등에 관한 자료.

[36] "즉, 수의 과학 등등"(сиречь наука числительная и т. д.).

유럽식 의미보다는 "숙련 기술"이라는 확정된 의미를 지닌다.[42] 표트르 대제의 "과학"보다 그가 폴란드인들에게서 넘겨받은 정치·철학 용어가 훨씬 더 개론적이고 추상적이었다. 이런 차용 과정은 새 용어가 실제로 필요할 때마다 그 용어를 하나씩 받아들여 쓰는 17세기 러시아의 경향을 연장하기도 했다.[43]

이렇듯, 비록 표트르 대제가 파리에 있는 동안에는 소르본(Sorbonne) 대학의 박사들을 만나고 그들과 편지를 주고받고 네덜란드에 있는 동안에는 나중에 엄청난 분량에 이를 렘브란트(Rembrandt) 황실 소장물의 첫 구매를 했을지라도,[44] 그의 통치는 철학의 통치나 예술문화의 통치는 아니었다. 이 관점에서 보면, 사실상 표트르 대제의 통치는 여러모로 알렉세이 미하일로비치의 통치로부터, 또는 심지어 소피야의 통치로부터도 뒷걸음친 것이었다. 우샤코프의 그림에 맞먹는 그림도, 폴로츠키의 시에 맞먹는 시도, 기젤의 역사서에 맞먹는 역사서도 없었다. 표트르 대제 치세의 연극이 보여준 무성의한 노력은 미학 면에서 알렉세이 미하일로비치 치세 연극의 노력에서 쇠퇴한 것이었다. 스테판 야보르스키(Стефан Яворский)와 페오판 프로코포비치(Феофан Прокопович) 사이에 벌어진 신학 논쟁조차도 니콘과 메드베데프와 쿨만을 둘러싸고 격렬한 논란이 솟구친 뒤 일어난 용두사미 격의 사건이었다.

또한 표트르 대제가 국가 운영에서 이룬 그 유명한 신기축은 그의 선임 차르들이 설정해 놓은 노선에 따라 움직였다. 발트 해 진출에 앞서 이반 3세가 이반고로드를 세우고 이반 4세가 리보니아를 점령하려고 시도하고 알렉세이 미하일로비치가 리가를 점령하고 발트 해 함대를 만들려고 시도했다. 표트르 대제가 북유럽의 착상과 기술자와 용병에 의존하면서 이반 4세가 시작하고 미하일 로마노프가 확대한 경향이 지속되었다. 그가 교회와 봉건 세력의 전통적 이해관계에 대한 국가 통제를 가차 없이 확대한 것은 이반 4세와 알렉세이 미하일로비치가 했던 식으로, 그리고 그의 기무처(Тайная канцелярия)[37]는 이반 4세의 오프리치니나와 알렉세이 미하일로비치의 기밀업무청이 했던 식으로 한 일이었다. 그의 근대화와 개혁의 프로그램은 거의 모든 주요 측면에서 보리스 고두노프와 가짜 드미트리에서 시작해서 오르딘-나쇼킨과 골리친에 이르는 17세기의 기다란 일련의 서방화 계획안으로 예견되었다.

그러나 표트르 대제의 통치가 비록 장기간 작동하던 과정의 절정일지라도 그 기풍은 새로웠고 그 결과는 원대했다. 표트르 대제가 추구한 것은 서방의 인력과 지력을 이용하는 것이 아니라 그것들에 따라 개조되는 것이었기 때문이다. 표트르 대제가 스웨덴에 중요한 승리를 거두기 한 세기 앞서 스코핀-슈이스키가 서방의 경쟁국을 이기려고 서방의 군사 기술을 채택하는 과정을 개시했다. 알렉세이 미하일로비치가 폴란드에 결정적 승리를 거두면서 러시아의 동유럽 지배에서 스웨덴보다 훨씬 더 큰 잠재적 위협이 사라졌다. 그러나 이 모든 예전의 승리는 종교 문명의 이름으로 거둔 것이었고, 표트르 대제의 승리는 세속 주권국가의 이름으로 거둔 것이었다. 표트르 대제는 외국에 나간, 그리고 외국인에게서 배우려고 애쓰는 견습생으로서 외국인을 만난 첫 러시아 군주였다. 그는 자기의 공식 칭호를 "차르"가 아닌 "황제"(Император)로 정했다. 그는 자기의 무자비한 편의주의적 국가통치를 이념상으로 정당화해주는 한에서 "보편적 국가봉사"나 "공정성의 보루"나 "공공선"을 말했다. 그는 "국가의 이익"을 "군주의 실리"와 거의 동의어로 사용했다.[45] 표트르 대제의 통치를 위한 어용 공식 옹호서인 『군주 의지의 정의』(Правда воли

---

[37] 18세기 러시아 제국에서 정치 영역의 수사와 재판을 담당한 국가 기관. 1726년에 없어졌다가 1731년에 되살아났지만, 다시 1762년에 철폐되었다.

монаршей)는 타락한 인류에게 절대군주정이 현실적으로 필요하다는 토머스 홉스(Thomas Hobbes)의 비관적이면서 세속적인 주장을 되뇌었다. 그 책의 저자인 페오판 프로코포비치는 "그리스도교를 도구로 사용하는 국가 권력의 이데올로그" 노릇을 기꺼이 하는 러시아 성직자의 기다란 대열에 맨 먼저 들어선 사람이었다.[46]

희곡과 설교에서 프로코포비치는 자기가 새로운 용어인 로시야닌(Poc-сиянин)으로, 즉 "러시아 제국 백성"으로 일컬은 민족의 영광을 찬미했다. 프로코포비치가 "힘세고 무섭고 멋지고 …… 게르만계 민족들 가운데에서 가장 억센 전사이며 지금까지 다른 모든 민족이 무서워한 숙적"[47]이라고 부른 스웨덴을 표트르 대제가 이기면서 러시아는 자신만만해졌다. 그러나 그 새로운 세속적 민족주의는 모스크바국 시대의 종교적 민족주의보다 더 한정된 포부를 지녔다. 표트르 대제는 18세기 초엽의 다른 유럽 군주들 못지않게 "균점"을, 그리고 "유럽에서 균형을 유지"할 필요성을 이야기했다.[48]

그의 조신은 폴란드 귀족의 예의범절과 어법만이 아니라 문화가 앞선 "유럽인"이라는 자긍심도 받아들였다. 궁정 시인들은 서유럽인이 표트르 대제 이전의 러시아에 관해 쓰는 방식과 거의 같은 방식으로 다른 "비문명" 민족을 어린애 취급하며 어른처럼 이야기하기 시작했다.

> 아메리카는 제멋대로 노략질을 일삼고,
> 사람들은 풍습 면에서, 통치 면에서 야만스러워 ……
> 하느님을 모르고 마음보는 사납고,
> 우매와 추악과 죄악이 판을 치는 곳에서는
> 아무도 성공하지 못한다.[49]

본질적으로 유기적인 용어인 페렐롬(перелом, "고비")을 써서 알렉세이 미하일로비치 통치기의 변화를 서술한다면, 더 기계적인 용어인 페레보로트(переворот, "방향 전환")를 써서 표트르 대제 통치기의 변화를 서술할 수도 있다.[50] 인정(人情)을 배제한 타산에 바탕을 둔 정치상의 편의주의가 이상적인 목표와 인정이 무엇보다도 더 중요했던 하나의 세상을 대체했다. 알렉세이 미하일로비치 치세의 전통적 사회서열은 표트르 대제가 새로 만든 위계적 관등표보다 구속력과 엄격성은 훨씬 덜 했지만, 근대 국가의 특수한 새 권위를 가지고 있지 않았다. 알렉세이 미하일로비치 치세의 모스크바는 18세기 전반기의 성 페테르부르그보다 더 많은, 그리고 더 교양 있는 서방인 거주민을 환영했지만, 그 자체가 서방의 질서와 과학기술의 살아있는 금자탑은 아니었다. 이 새로운 도시는, 옛 러시아의 회화적 상상력에게, 새로운 세상의 이콘이었다. 그 새로운 세상에서는, 표트르 대제 통치 초기의 서적 교정자가 表現한 대로,

> 기하학이 등장하고,
> 토지측량술이 모든 것을 포괄한다.
> 땅에서 측정되지 않는 것이란 없다.[51]

"영혼"을 가리키는 말로 자주 쓰이던 낱말(душа)이 이제는 정기적으로 불려와 새로운 부역 국가가 시행하는 징세와 징병의 기본 단위로서 기능하는 사람 한 명을 지칭하는 말로 정식으로 쓰이는, 그리고 전통적 형태의 친숙한 호칭(틔(ты))이 더 격식을 차린 말이고 관(官)이 공인한 븨(вы)로 빠르게 대체되고 있던 세상의 곳곳에 일종의 꺼림칙한 비인격성이 있었다.

표트르 대제가 국가 문제에 전념했고 저변에 세속주의가 깔려 있었음을 그의 복잡한 종교 정책보다 더 잘 드러내 주는 것은 없다. 그는 (드디

어 가톨릭교회 한 채를 러시아 안에 짓도록 허용하는) 전례를 찾아보기 힘들만큼의 관용을 가톨릭에 확대했지만, 한편으로는 갈릴레오 갈릴레이(Galileo Galilei)가 가톨릭교회 지도부에 맞서 취한 입장에 찬동한다는 의사를 밝히고 러시아 교회를 주로 프로테스탄트 노선에 따라 개편했다. 표트르 대제는 옛 예배 형식을 고수하려고 애쓰는 광신적 구교도뿐만 아니라 더 과감하고 관대한 교회 조직 개혁을 추구하는 철저한 자유사상가도 박해했다. 표트르 대제는 나라 안에서는 기존 정교회를 제한하고 들볶았지만, 동시에 폴란드에서는 정치적으로 도움이 되는 정교회의 활동을 지원했다.[52] 그는 모든 교회가 독일의 프로테스탄트와 프랑스의 가톨릭과 통합할 것을 막연하게 검토했다.[53] 그러나 그가 만들어낸 교회는 예전 그 어느 때보다도 더한 특정 국가의 보조 기구였다. 그는 수도원을 감독하는 국가 부처를 다시 설치하고 "빈둥거리는" 수사 신분의 권위를 크게 제한하고 수도원의 종을 녹여 대포를 만들고 독립적이던 총대주교직을 국가 통제 아래 놓인 종무원으로 대체했다.

그러나 표트르 대제는 러시아의 4대 수도원 가운데 마지막 수도원을 세우기도 했다. 그것은 성 페테르부르그에 있는 알렉산드르 넵스키 대수도원(Александро-Невская лавра)³⁸이었다. 그의 새 수도가 — 키예프와 모스크바처럼 — 큰 수도원과 연계되는 것은 실질적으로 필요한 일이었다. 확실한 교회를 하나 가지고 있는 것이 안정에 꼭 필요했기 때문이다. 따라서 표트르 대제는 자기의 수도원을 짓고는 성 페테르부르그와 네바 강 유역 전체의 수호성자인 알렉산드르 넵스키를 기리는 이름을 붙였다. 때맞춰

---

38 성 페테르부르그의 수호성자 알렉산드르 넵스키를 기리고 그의 유해를 보관하고자 표트르 대제가 1710년에 성 페테르부르그의 넵스키 대로 동쪽 끝에 세운 수도원. 키예프 동굴 수도원과 성 세르기 대수도원에 이어 1797년에 러시아에서는 세 번째 대수도원으로 승격했다.

그 수호성자의 유해를 블라디미르에서 옮겨와 모스크바가 아닌 노브고로드에서 뭇사람에게 보여준 다음 배에 실어 강과 호수를 타고 내려가 마지막에는 서방으로 가는 새 관문인 성 페테르부르그에 묻었다. 차르는 앞으로는 그 성자의 초상이 수사가 아니라 무사로 그려져야 하며 성자 축일은 표트르 대제가 스웨덴과 조약을 맺은 날인 7월 30일에 거행되어야 한다는 포고령을 공표했다.[54] 그 수도원의 건축 양식과 나중에 그 수도원의 신학교에서 가르치는 신학은 여러모로 러시아적이기보다는 서방식일 터였다.

합리주의적인 세속적 사고의 시초를 표트르 대제 시대의 러시아 토박이 세 사람의 작품에서 볼 수 있다. 그 세 사람 모두 저마다 표트르 대제가 격려한 유형의 실용적 행동이라는 현세적 배경에서 지식 문제에 접근했다.

약제사 드미트리 트베리티노프(Дмитрий Тверитинов)는 러시아 최초의 병원이 1709년에 세워지기 전에 모스크바로 불려온 많은 의학지식 보유자 가운데 한 사람이었다. 트베르 부근 출신의 러시아 토박이인지라 그는 외국인 의사들보다 신임을 더 많이 얻었고 곧 궁정에서 유력한 친구를 많이 사귀었다. 기적과 성자의 유물을 회의적으로 대하는 그의 합리주의적 태도는 그가 과학 훈련을 받았고 프로테스탄티즘에 동조한다는 사실의 자연스러운 소산이었던 듯하다. 교회 지도자들은 그가 모스크바의 슬라브·그리스·라틴 학술원 안에서 "새로운 철학자들"(новые философы)로 알려진 생각이 같은 이들의 무리와 연계될까 두려워했고, 그는 1717년에 투옥되어 자기 신념을 철회하라는 강요를 받았다.[55]

제조업자 이반 포소시코프(Иван Посошков)는 변변치 않은 집안 출신에서 표트르 대제 통치기 동안 자수성가해서 유력인사의 지위에 오른 많은 이 가운데 한 사람이었다. 그는 토지를 축적하고 (보드카 증류 공장을 비롯한) 국가의 지원을 받는 기업체를 키워서 막대한 재산을 얻고 교역과 상업에서 경험을 꽤 많이 쌓았다. 표트르 대제 시대의 전반적인 개혁 분위기 속에서 그는 용기를 얻어 1720년대 초엽에 『빈부론』(О скудности и богатстве)을 썼다. 이 책은 러시아 사람이 쓴 최초의 독창적인 경제학 이론서였다. 그는 군주가 특정 시점에 소유한 현물 재산이 아니라 경제 번영이 국가 복리의 비결이라고 주장했다. 교역과 상업을 농업보다 훨씬 더 많이 장려해야 한다. 경제가 성장하려면 합리화된 법치와 교육 프로그램의 확대가 반드시 필요하며, 구교도의 미신과 서방의 사치 애호를 둘 다 피해야 한다. 포소시코프가 이 소책자를 쓴 분명한 목적은 경제 부문에 나타난 표트르 대제 정치개혁의 논리적 확장으로서 표트르 대제의 눈에 드는 것이었다. 트베리티노프가 가진 사상의 목적이 철학 부문에 나타난 표트르 대제 정치개혁의 논리적 확장인 것과 똑같았다. 그러나 트베리티노프와 마찬가지로 포소시코프는 자기 생각에 대한 차르의 총애를 얻지 못했다. 그는 자기 책을 1724년에야 마무리했고, 이듬해에 표트르 대제가 죽은 뒤 곧바로 감옥에 갇혔다가 1726년에 죽었다.[56]

표트르 대제 시대에 세속적 사고방식을 선도한 이들 가운데 세 번째 사람인 바실리 타티쉐프(Василий Татищев)는 가장 오래 살았고 표트르 대제가 죽은 뒤에 가장 큰 영향력을 얻었다. 그는 프로코포비치와 박식한 시인이자 외교관인 안티오흐 칸테미르(Антиох Кантемир)와 함께 "학자 종사단"(Ученая дружина)[39]으로 알려진 집단을 만들었다. 여러모로 이 집단은 자의식을 지니고 세속 지식의 확산에 헌신한 지식인 동아리의 기다란 대열의 맨 앞에 서 있었다. 타티쉐프의 이력은 표트르 대제가 전쟁과

---

[39] 표트르 대제의 개혁을 옹호하고 지원한 궁정 지식인들의 모임을 일컫는 비공식 명칭.

과학기술에 품은 관심이 어떻게 러시아의 사고를 반(半)무의식적으로 더 넓은 문화적 전망으로 이끌었는지를 특히 생생하게 잘 보여준다.

타티쉐프는 그 무엇보다도 — 표트르 대제의 새 공병·포병 양성학교에서 훈련을 받고 북방전쟁의 마지막 열다섯 해 동안 거의 끊임없이 전투를 치르면서 검증을 받은 — 군 장교였다. 그는 전쟁이 벌어지지 않은 표트르 대제 치세 말기를 우랄 지방에 새로 설립된 야금 산업체에서 (나중에 자기의 주업이 될) 관리 업무를 수행하면서, 그리고 스웨덴을 돌아다니며 더 높은 수준의 공병 훈련을 계속 받으면서 보냈다. 동방에서 한 지리 조사와 서방에서 한 문헌 조사의 결합은 이 공병 장교를 역사 연구 쪽으로 돌아서게 했다. 1739년에 그는 파노라마 같은 장문의 『러시아사』(История российская)라는 첫 열매를 학술원에 내놓았다. 이 저작은 토박이 러시아인이 쓴 비판적인 과학적 역사의 첫 사례였다.

타티쉐프의 역사서는 쓰고 나서 서른 해가 지나서야, 그리고 그가 죽고 나서 스무 해가 지나서야 간행되었다. 심지어 그러고서도 이 책은 여전히 시대를 몇 십 년은 앞서 있었으므로 대단한 효과를 불러일으켰다. 18세기 초엽 내내 여전히 러시아사 기본서였던 기젤의 『개설』과 달리 타티쉐프의 『러시아사』는 지리 문제와 군사 문제에 관한 그의 지식과 수고 원자료의 비판적 검토를 결합하려고 시도하는 과학적 저작이었다. 더욱이 그 책의 목적은 전쟁과 국가 통치에 관여하는 사람들에게 유용한 기초 도서를 제공한다는 공공연히 세속적인 목적이었다. 책의 구성은 성스러운 역사와 계보에 치중하는 전통에서 벗어났을 뿐만 아니라 초점이 협소하게 러시아에만 맞춰져 있지 않기까지 해서 제국의 여러 비(非)러시아계 민족의 역사를 일부로서 끼워넣으려고 시도했다. 그 책은 일목요연한 시대구분 시안을 제시하고, 러시아처럼 크고 복잡한 나라에 알맞은 유일한 통치 형태로 무제한의 전제정을 옹호하고, 그 뒤에 나오

는 많은 종합적 러시아 역사서의 본보기 노릇을 주로 했다.[57]

표트르 대제의 통치와 표트르 대제 후임 황제들 가운데 가장 중요한 안나 여제의 통치 사이에는 일종의 연속성이 있다. 발트 해 연안 출신 독일인들의 영향력은 안나의 1730년대 10년에 걸친 치세 동안 계속 우세했다. 표트르 대제가 러시아로 데려온 주물공 겸 조각가의 아들인 바르톨로메오 라스트렐리(Bartolomeo Rastrelli)는 — 새 수도에서는 최초의 항구적 황실 거처인 — 겨울궁전(Зимний дворец)[40]을 새로 지었지만, 그가 자기의 재능을 더 많이 쏟은 건축물은 안나의 총신 에른스트 비론(Эрнст Бирон)을 위해 쿠를란트(Kurland)[41]의 미타우(Mitau, 옐가바(Jelgava))[42]에서 서쪽으로 몇 킬로미터 떨어진 곳에 지은 새 대저택이었다. 성 페테르부르그는 용병 장교들에게 여전히 일종의 오지 근무처로 여겨졌다. 새 수도의 궁정 생활에서 두드러지는 것은 가시지 않는 조잡함과 천박함이었다. 표트르 대제처럼 안나는 난쟁이와 불구자에게 기대어 흥을 돋웠으며 전통 행사와 궁정 유력인사를 즐겨 놀렸다. 안나의 통치기 동안 가장 두드러진 새 건물은 십중팔구는 안나가 1739~1740년의 혹독한 겨울 동안 네바 강에 지은 커다란 얼음 궁전이었을 것이다. 길이 24미터에 높이 10미터인 그 궁전에는 — 전부 다 얼음으로 빚어 만든 — 가구와 시계가, 심지어 샹들리에까지 갖춰져 있었다. 그 얼음 궁전은 충직하지 못한 한 조신을 조롱하는 표시로 지어졌다. 그 조신은 강제로 늙고 못생긴 칼믹(Калмык)인[43] 여자

---

[40] 현재는 성 페테르부르그의 국립 에르미타즈 박물관.

[41] 오늘날의 라트비아 서부에 해당하는 지역. 1561년에 쿠를란트 공국이 성립했으며, 1918년에 독립한 라트비아의 일부가 되었다.

[42] 라트비아 한가운데 있는 도시. 쿠를란트 공국의 수도였다. 미타우는 독일어 명칭이며, 옐가바는 라트비아어 명칭이다.

[43] 카스피 해 북서쪽 해안에 사는 오이라트(서몽골)인을 일컫는 러시아어 명칭.

와 결혼을 하고는 그 궁전의 얼음 "침실"에서 있음 직한 온기의 원천이라고는 그 "신부"뿐인 상태에서 벌거벗은 채로 신혼 첫날밤을 보내야 했다.[58]

표트르 대제와 마찬가지로 안나는 실용 가치가 없고 마음속으로 차르의 권위에 의문을 품게 만들지 모를 지성 활동을 의심했다. 안나는 당대의 가장 교양 있는 러시아인이면서 서방화된 골리췬 가문의 새 후손인 드미트리 골리췬(Дмитрий М. Голицын)을 상대로 사적 복수를 했다. 드미트리 골리췬은 표트르 대제에게 유배형을 받았던 6촌형 바실리보다 훨씬 더 다방면에 걸친 문화적 관심사를 가진 사람이었다. 1707년부터 1718년까지 콘스탄티노플 주재 대사와 키예프 지방군정관을 지낸 그는 6,000권에 이르는 장서를 모았으며 후고 그로티우스(Hugo Grotius)와 자무엘 푸펜도르프(Samuel Pufendorf)와 존 로크(John Locke) 같은 서방 정치이론가의 저작을 번역하는 방대한 개인 기획에 착수했다. 그들의 영향을 받아 골리췬은 사실상 러시아 최초의 세속적 정치이론가가 되었다. 그는 러시아 토박이로서는 맨 처음으로 친숙한 서방의 객관적 자연법 사상을 대중화했다.[59] 한편, 골리췬은 전제군주의 권력을 상급귀족 회의로 제한하려는 노력의 하나로 1730년 입헌기획안을 작성해서 새로운 봉직 귀족의 대변자가 되었다. 이 기획은 전통주의적 항의 운동이기보다는 참된 혁신이었다. 그 본보기는 스웨덴이었고 목표는 표트르 대제의 개혁을 확장해서 원래의 개혁이 지향한 방향과 같은 서쪽으로 한층 더 확장하는 것이었다.[60] 표트르 대제가 1711년에 창설했던 원로원(Сенат)은 기본적으로 입법 기구가 아니었고 심지어는 자문 기구도 아니었으며 황제의 명령을 지방에, 그리고 1717년에 원로원의 하위 기구로 창설된 행정참사회(административная коллегия)에 전달하는 황제의 집행 기관이었다. 표트르 대제와 마찬가지로 안나 여제는 자기의 권력에 가해지는 어떤 제한도 달가워하지 않았고, 골리췬은 몇십 년 전에 트베리티노프와 포소시코프에게 찾아온 것보다 훨씬 더 가혹한 비운을 겪었다. 그는 장서를 빼앗기고 슐리셀부르그 요새에 갇혔다. 1737년에 그는 그 요새의 벽에 갇혀 죽은 개혁가들의 기다란 대열의 맨 앞에 선 사람이 되었다.

그렇지만 안나는 봉직귀족에게 몇몇 새 특권을 주지 않으면 안 되었다. 귀족단 학교[44]가 1731년에 세워져서 표트르 대제가 자기의 투박한 새 지배계급에게 서방식 예의범절의 외피를 덧입히기 시작한 추세에 속도가 붙었다. 그 귀족단의 명칭인 슐랴헷스키 코르푸스(шляхетский корпус)는 귀족을 가리키는 폴란드어 낱말 슐라흐타(szlachta)에서 유래했으며, 지배 계급을 교화하려는 이 노력의 영감이 비롯된 원천을 드러내 준다. 그러나 교사와 교습 언어는 — 학술원에서처럼 — 주로 독일인과 독일어였다. 이 학교는, 귀족 자제를 위해 1759년에 설립된 학교[45]와 마찬가지로, 귀족 교양학교의 비전문적 교과과정을 제공했다.[61] 이 학교들의 (그리고 조금 더 엄격한 학술원 산하 고등학교의) 졸업생들은 서방식 교육을 받은 소수집단의 핵심이 되었다. 러시아 땅에서 첫 교향악단이 결성되고 첫 오페라가 상연되면서 새로운 세속 문화가 안나 치세에 서서히 등장하기 시작했다. 이 새로운 문화의 몇몇 역점은 안나의 치세가 끝날 무렵에 이미 또렷했다.

이 새로운 세계는 그 무엇보다도 인체의 발견에 즐거워했다. 남자가 이콘의 이상화된 초상과 느끼는 동질감이 수염을 깎으면서 깨졌다. 세속적인 초상화의, 영웅 조각상의, 그리고 새롭고 더 선정적인 의복 양식의

---

[44] 황립 귀족 육군사관학교(Императорский сухопутный шляхетский кадетский корпус). 1800년부터는 제1 성 페테르부르그 사관학교(Первый Санкт-Петербургский кадетский корпус)로 불렸다.

[45] 육군 유년학교(Пажеский корпус).

도입, 이 모든 것이 사람의 외관을 발견하는 데 도움이 되었다. 안나의 치세에 궁정 발레가, 그리고 양식화된 황실 무도회가 시작되면서 모스크바국에서는 나타났던 적이 없는 체형과 동작의 우아함이 장려되었다.

차츰차츰 개인이 개성과 사적 이해관계와 책임을 지닌 현세의 존재로서 발견되고 있었다. 사람이 이콘의 영적이고 거룩한 방식보다는 있는 그대로의 인간적 상태로 그려지는 새로운 인물상을 가리키는 페르소나(персона)라는 낱말이 쓰였다. 이 낱말이 17세기 말엽이 되면 중요하거나 강한 개인이라는 더 일반적인 뜻을 띠기 시작했다. 지역이나 가구보다는 개인에게서 직접 세금과 부역을 거두기 시작한 막강한 국가는 자기 실력으로 페르소나가 될 만큼 그리 중요하지 않은 사람조차 이제 개별 "인간"(душа)으로 간주했다.

프로코포비치는 18세기 초엽에 현대적 의미의 "개인적"(페르소날늬이(персональный))이라는 낱말을 들여왔으며, "사적인"과 "특수한"을 지칭하는 최초의 엄밀한 용어[46]도 이때 러시아어에 들어왔다. 지금 "법률"과 "범죄"를 가리키는 데 쓰이는 두 낱말[47]은 슬라브어에 오랫동안 있었지만, "18세기에야 현대적 의미를 띠고 러시아의 법 언어 안으로 침투했다."[62]

장식 효과에 대한, 그리고 장식 자체를 위한 장식에 대해 새로운 애호도 있었다. 유럽 바로크의 엄청난 장식과 환각법[48]이 새 수도를 빠르게 뒤덮었다. 라스트렐리의 과감한 손길에 이끌려 러시아의 세속 건축을 위한 최초의 독창적 양식이 안나를 계승한 군주의 치세에 모습을 드러냈

---

[46] частный와 особый.

[47] закон과 преступление.

[48] 그림이 실제처럼 보이고 설치물이 더 커 보이게 착각을 유도하는 예술 기법.

다. 이른바 옐리자베타(Елизавета) 로코코였다. 페테르고프(Петергоф)[49]에서, 그리고 차르스코예 셀로(Царское село)[50]와 겨울궁전의 개축에서 이 양식은 모스크바국 교회 건축물에서 끌어낸 장식 효과를 유럽 바로크풍의 거대한 건물 정면, 과장된 실내 장식, 웅장한 계단에 덧붙였다. 비슷한 장식성이 가구와 머리 모양과 도자기에서 곧 뚜렷해졌다.

마지막으로, 고전고대 숭배가 러시아 땅에 나타나기 시작했다. 고전 양식의 예술과 삶이 그리스도교 양식의 (대안은 아닐지라도) 보완물 구실을 할지 모른다는 생각이 처음에는 폴란드에서, 그다음에는 이탈리아인 방문객과 프랑스인 방문객에게서 전수되었다. 고전고대가 — 그리스도교 계시의 도움을 받지 않고서 — 삶의 화급한 여러 문제에 해답을 줄 수 있다는 믿음이 어렴풋이 자라났다. 18세기에 러시아어로 번역된 첫 고전고대 작품은 이솝 우화였다. 성 페테르부르그에서 전시될 조각이라는 새로운 기법의 첫 작품군은 이 우화의 교훈을 생생하게 보여주는 아버지 라스트렐리[51]의 조각상 시리즈였다. 옐리자베타 여제 통치기인 1740년대에 등장한 새로운 시인과 작가는 모두 다 17세기 말엽의 음절시보다는 송시[52], 비가[53], 음절시[54] 등의 고전 양식의 주제 제시부를 이용했다. 옐리자베타

---

[49] 성 페테르부르그 남서쪽 근교의 소도시. 18세기 초에 표트르 대제가 이곳에 별장을 지었고, 그 뒤 증축되어 황실의 거처로 쓰였다. 1944년부터 1997년까지는 페트로드보레츠(Петродворец)로 불렸다.

[50] 로마노프 황실의 주요 거처였으며 오늘날에는 푸시킨 시로 불리는 성 페테르부르그 남쪽 근교의 소도시.

[51] 건축가 프란체스코 바르톨로메오 라스트렐리의 아버지 카를로 바르톨로메오 라스트렐리.

[52] 엄숙한 행사에서 특정한 사람이나 사물을 기리며 낭송되는 시.

[53] 저명인, 친구나 연인의 죽음을 애도하는 서정시.

[54] 한 행에 강세가 있는 음절의 수를 일정하게 넣으면서 강세가 있는 음절과 없는 음절이 번갈아 나오도록 하는 기법을 구사하는 시.

시대의 새로운 오페라와 연극과 발레는 — 알렉세이 미하일로비치 시대의 극문학과는 매우 대조적으로 — 성경의 내용보다는 고전 시대를 더 자주 작품 주제로 삼았다. 표트르 대제 스스로 로마 황제의 모습으로 조각되었고, 라틴어가 신설된 학술원의 학술어가 되었다.

이렇게 고전고대의 이미지가 그토록 고전고대 세계에서 멀리 떨어져 있는 땅에 불려나온 것은 초기 표트르 대제 이후 시대 문화의 밑바탕에 있는 비현실성을 가리켜준다. 건물에 칠해진 청록색은 새 수도의 대형 건물에 비현실적인 색채를 부여했다. 3차원 장식 효과의 — 즉, 인위적인 벽기둥과 조각상, 그리고 정원 정자의 — 끝없는 증식에는 재료를, 그리고 결국은 자연 자체를 지배하려는 바로크 예술의 전반적 욕구가 반영되어 있다.[63] 이 노력은 그토록 혹독한 자연환경에 사는 그토록 배우지 못한 민족에게는 특히나 주제넘고 현실성이 없어 보였다.

아마도 이 비현실성은 강박 관념에 가까운 옐리자베타의 가면무도회 애호에서 부지불식간에 실현되었을 것이다. 현실의 상황은 옐리자베타 여제 궁정의 장식이나 춤에 있다고 보이는 상황과 달랐다. 암호화된 금언과 우화, 그리고 글자 수수께끼 시[55]는 이미 옐리자베타의 궁정에서 자리를 잡았다.[64] 그리고 1735년 이후로 학술원에는 줄곧 풍유법(allegory) 특별강좌가 있었다. 1740년에 거행된 옐리자베타의 대관식은 옐리자베타가 가장 좋아하는 형식의 공연 오락인 풍유 발레 두 가지로 경축되었다. 옐리자베타는 자기의 통치기 동안 갖가지 가면무도회뿐만 아니라 남자가 여자로, 여자가 남자로 변장하고 나오는 "탈바꿈"으로 알려진 특별한 유형의 공연을 점점 더 후원했다. 인공 폭죽을 만드는 실험실과 학술원 맞은편에 네바 강으로 불쑥 튀어나와 있는 목조 "전광 장식 극

---

[55] 각 행의 머리글자를 모으면 특정한 낱말이 되는 시.

장"은 엘리자베타가 개시한 다른 형태의 책략이었다. 그 시대의 가장 위대한 러시아 과학자 미하일 로모노소프(Михаил Ломоносов)는 이 전광 장식을 공식 기록하는 임무를 맡아 신이 났던 듯하다. 그는 거인 거상(巨像)이 엘리자베타의 이름 머리글자와 횃불 하나를 치켜들고 바다 쪽을 바라보는 그 전광 장식을 이렇게 서술한다.

> 더 멀리 바다 건너로 쉴 새 없이 빛을 쏘아
> 배를 안전한 곳으로 무사히 데려왔노라.[65]

발트 해의 동쪽 끝에 있는 성 페테르부르그가 그런 거상이었지만, 그것은 굳건한 기반 위에 서 있지 못했다. 성 페테르부르그는 핀인과 스웨덴인이 보루와 어장으로만 썼던 늪지대 위에 세워졌으며, 큰물이 질 위협을 늘 안고 있었다. 푸시킨과 고골, 그리고 제정 말기의 다른 작가들은 그 새 수도의 창립에 내재한 자연의 도전에 매료되었다. 이 도시에 있는 유럽 문화의 역사는 프세볼로드 가르신(Всеволод Гаршин)의 한 소설에 나오는 색다른 야자수의 이야기와 무척 비슷하다. 햇볕이 내리쬐는 남쪽 지방에서 북쪽 도시의 온실로 인위적으로 이식된 그 나무는 현실에 안주하지 않고 예전 서식지의 활달한 자유를 온실 안에서 태어나 그 안에서만 사는 유순한 식물들에게 가져다주려고 애를 쓴다. 야자수는 좀처럼 쬐기 힘든 해를 향해 위로 쭉쭉 자라서 모든 식물의 찬탄 어린 주의를 끌지만, 끝내 차폐막을 깨뜨려서 주위 지역의 실제 기후에 노출되어 죽게 된다.[66]

엘리자베타 여제의 통치가 끝날 무렵에 성 페테르부르그에는 모스크바의 인구와 맞먹는 인구와 유럽의 주요 수도들의 문화와 비슷한 문화가 있었다. 성 페테르부르그는 이미 다음과 같은 도시였다.

…… 세상의 중심이 되는 대도시들 가운데에서도 가장 이상하고 가장 멋지고 가장 무시무시하고 가장 극적인 대도시인 것이다. 북위(北緯)는 높고 햇살은 극히 비스듬하고 땅은 평평하고 경치는 반짝이는 넓디넓은 하천으로 자주 끊긴다. 이 모든 것이 어우러져서 수직을 희생해서 수평을 강조하고 곳곳에 엄청난 공간감과 거리감, 그리고 역동감을 만들어낸다. …… 네바 강의 차가운 물은 도시 한복판을 가르며 매끄러운 회색 금속판처럼 소리 없이 빠르게 흐른다. …… 그러면서 그 물의 발원지인 숲과 늪의 쓸쓸한 황야의 여운을 가져다 준다. 곳곳에서 고요하고 음울하고 무한한 인내심을 보여주는 러시아 북부의 거대한 황야와 비슷한 느낌이 든다.[67]

모스크바국 건축의 이국적인 위로 치솟기 모티프는 거부되었고, 수직으로 치솟은 건축물이라고는 그 창건자가 군사 문제에 몰두했음을 생각나게 해주는 해군본부(Адмиралтейство)와 페트로파블롭스크(Петропавловск) 요새뿐이었다. 배경은 북방의 황량한 사계절로 마무리되었다. 겨울은 어두컴컴하고 봄은 길고 구질구질하고 시에 나옴 직한 훈색(暈色)을 띤 6월에는 "백야"(белый ночь)가 있다.

그리고 끝으로, 여름은 짧고 애처롭고, 까놓기보다는 맛만 살짝 보여주며, …… 아주 드물고 짧아서 주민에게 열렬히 소중히 여겨진다.
  그런 도시에서는 사람의 주의가 스스로 안으로 향할 수밖에 없다. …… 인간관계는 조짐의 기미를 띤 채로 희한한 발랄함과 강렬함을 얻는다. ……
  성 페테르부르그 시는 인위적으로 창조된 비극적 도시이며, 늘 그랬다. …… 지리적으로는 잘못된 곳에 놓였지만, 한 얄궂은 신이 그 모든 혹독함과 그 모든 잘못을 얼마간 보상하려고 작정한 것처럼 잊히지 않는 아름다움을 얻었다.[68]

이런 것이 새로운 러시아의 상징 성 페테르부르그였고 제국의 태동하는 지식·행정 활동을 지배할 도시였다. 그러나 성 페테르부르그의 승리, 성 페테르부르그의 새로운 세속 문화의 승리는 완벽하지 않았다. 옛 모스크바국의 사고방식이 옛 수도를, 그리고 러시아 농촌 대부분을 계속 지배했다. 실제로, 옛 모스크바국의 전통주의적 종교 문화는 — 비록 조정이 이루어지지 않아서 결국은 성공하지 못할지라도 — 강력한 반격을 성 페테르부르그의 문화에 여러 차례 가했다. 이 저항 운동들은 광범위한 대중의 지지를 받았으며 낡은 것과 새것 사이의 이념적 분열을 대중문화와 엘리트 문화 사이에 깊게 팬 사회적 분열로 바꾸는 것을 도왔다.

모스크바국 수호하기

표트르 대제가 살아있을 때 이미 모스크바국의 두 가지 주요 형태의 저항이 매우 맹렬한 상태에 이르렀다. 그 두 가지 형태의 저항은 구교도의 공동체주의와 카작 주도의 농민 봉기였다. 이 두 운동은 각각 알렉세이 미하일로비치의 통치기에 맨 처음 나타났지만, 표트르 대제 통치기에 이르러서야 폭넓은 사회적 기반과 심오한 이념을 지닌 독특한 전통이 되었다. 그 두 운동은 — 똑같이 모스크바국의 과거를 공동으로 이상화하고 새로운 세속적 관료제를 혐오하면서 — 자주 중첩되고 서로를 보완했다. 그 두 운동은 1917년에 로마노프 황조를 끝장낸 반대 운동을 비롯한 로마노프 황조 통치기에 일어난 모든 반대 운동의 특징을 만들어내는 데 큰 몫을 했다.

구교도는 표트르 대제 통치기에 많은 대러시아인을 굳게 장악했다. 비조직적인 구교도 운동의 세력 증대는 구교도의 교리상 입장에 대한 지지가 늘었다기보다는 새 제국에서 외국인의 권력이 커지는 데 분노가 일었다는 뜻이었다. 모스크바국 차르 체제로부터 다민족 제국으로 넘어가는 이행은 대러시아의 전통주의자에게 유달리 고통스러운 이행이었다. 이 이행과 맞물려서 전문 기술이 더 뛰어난 발트 해 연안지대 출신 독일인이 우세한 정부 관료제가 성장하고 교육을 더 잘 받은 가톨릭 신자와 유대인이 사는 예전의 폴란드 영토가 편입되었다. 적그리스도의 지배가 머지않았다는, 그리고 표트르 대제는 외국 땅에서 타락했다는, 그리고 표트르 대제가 죽을 때 일어난 큰물은 하느님이 이 새로운 세상에 내리는 분노에 찬 심판의 전조일 따름이라는 구교도의 단순한 추측이 전쟁과 사회 변화의 혼란 속에서 일정한 호소력을 얻었다.

구교 신앙은 상인 계급의 심리에 유달리 깊숙이 아로새겨졌다. 상인 계급이 외국과의 경쟁을 두려워해서만이 아니라 중앙의 관료 체제에 특별히 격분했기 때문이었다. 러시아 북부에서 재산을 그러모으고 그 지역에 있는 도시의 전통적 특권으로 보호되었던 대러시아 상인들은 중앙의 통제력을 강화하는 새로운 정책으로 심한 타격을 입었다. 그들은 자기들이 잃어버린 경제 특권을 옛 모스크바국의 이상화된 그리스도교 문명과 동일시하면서 구교 신앙에서 위안을 찾는 경향을 보였다. 그들은 오랜 특권을 포기하거나 오랜 사업 관행을 바꾸기보다는 새로운 지역으로 옮기는 쪽을 자주 택했다. 기존 체제를 못마땅해 하고 옛 예배 의식을 지키면서 청교도적 공동체 생활을 영위하는 대러시아인들이 내부 식민지를 개척하는 유형이 차츰차츰 발달했다. 이 새 공동체에서는 세상 종말이 다가오리라는 믿음이 포기되지 않았지만, 세상 종말이 머지않다는 느낌보다는 새 공동체의 일이 다급하다는 느낌을 주려고 심판에 대한 기대를 불러일으키는 일이 잦아졌다. 교회의 성사나 국가의 활동을 통해서는 각각 니콘의 개혁과 표트르 대제의 개혁 이후로 더는 구원을 찾을 수 없을 터였다. 사람들은 이제 지난날 모스크바국의 유기적 종교 문명이 유일하게 보전된 그 엄격하고 고립된 공동체에서 구원을 찾았다.

　서유럽의 칼뱅주의자와 동방의 구교도 사이의 유사점이 두드러진다. 두 운동은 청교도적이었으며, 성사 위주의 교회를 현세의 새로운 금욕주의로, 기존의 위계적 권력을 지역 공동체의 지배로 대체했다. 두 운동은 자기가 진노한 하느님의 선택을 받았음을 보여주는 유일한 수단으로서 부지런히 일할 필요성을 혹독하게 역설해서 경제적 기업심을 부추겼다. 두 운동은 예전에는 사람이 살지 않던 땅을 개척하는 일을 주도하는 역할을 했다. 구교도 공동체들을 시베리아로 밀치고 들어가도록 떠민 것은, 배를 타고 북아메리카로 가는 순례자들의 경우처럼, 기존 교회의 박해와 임박한 하느님의 나라가 지상의 존재로 될지 모를 더럽혀지지 않은 지역을 찾는다는 들뜬 희망이었다.[69]

　이 새로운 공동체 가운데 아마도 가장 예사롭지 않았을 공동체는 러시아 북부의 얼어붙은 호수와 하천을 따라 뻗어나간 공동체였다. 중앙 권력에 맞선 솔로베츠크 수도원의 영웅적 저항으로 고취된[70] 이 새로운 공동체는 제정 당국이 자기들을 덜 쫓아다님 직한 벽지에서 자기들의 오랜 공동사업 관행과 전통적인 예배형식을 계속 지켜나갔다. 그 지역 전체의 모범 공동체는 오네가 호수와 백해 사이에 있는 븨그(Выг) 강의 유역에서 1690년에 발달한 공동체였다. 1720년 무렵에 이 공동체에는 1,500명이 넘는 구교도가 있었으며, 성자전과 논쟁 문학이 옛 모스크바 국풍으로 풍성하게 발달하고 있었다. 러시아 북부의 한 영락한 공후 가문 출신인 데니소프(Денисов) 형제가 그 새 공동체의 운영과 이념을 이끄는 지도자가 되었다. 사실상, 이들은 하나의 새 수도원 문명의 속인 장로였다. 맏형 안드레이 데니소프(Андрей Денисов)는 1722년에 신성종무원의 신학 심문에 응해서 작성한 『포모르인의 답변』(Поморские ответы)[56]에서 최초로 구교 신앙을 체계적으로 옹호했다. 그의 아우 세묜 데니소프(Семен

Денисов)는『솔로베츠크의 신부와 수난자의 역사』(История об отцах и страд-
альцах соловецких)와『러시아 포도원』으로 분리파의 순교사를 집대성하
고 정리했다.[71]

빅그 강 지대에 개발된 정주지는 표트르 대제의 새 제국과 사실상 결
별했다. 표트르 대제는 그 정주지의 상업 활동이 러시아 경제에 지니는
가치를 깨닫고서 그 정주지에 자유를 부여했다. 그 자유는 19세기에 접
어들어서도 지속되었다. 빅그 강의 "신부"들과 "형제"들은 재산을 꽤
많이 모았고 18세기 러시아에서 가장 컸던 교육 단지들 가운데 하나를
자기들의 중앙 코뮌에 세워서 옛 모스크바국의 문학과 음악과 이콘 제작
법을 가르쳤다. 이 비공식 교육단지에는 그들의 교회와 수도원에 사제가
없는 것과 똑같이 교수가 없었다. 하지만 공식 교회의 대다수 교구보다
구교도의 이 "무사제" 코뮌에서 문자해독률이 더 높았고 교회 예배에
대한 애착이 더 강했다. 더욱이 그들의 기업가적 경제 활동은 영웅적
개척 활동의 대단한 한 장을 이룬다. 그들은 연대감이 강했기 때문에
모스크바와 성 페테르부르그의 현지 생산가보다 자주 더 싸게 물품을
만들어 그 두 도시로 운송할 수 있는 교역망을 세웠다. 그들은 금욕적
규율 의식 덕분에 러시아의 가장 황량한 북극권 지대에 정주지를 만들고
어로 원정단을 동쪽으로는 노바야 젬랴(Новая Земля),[57] 서쪽으로는 스피
츠베르겐(Spitzbergen)[58]만큼 멀리 보낼 수 있었다. 구교도 자체의 공상적인

---

56 원 제목은『네오피트 수도사의 질문에 대한 은수자의 답변』(Ответы пустыннож-
  ителей на вопросы иеромонаха Неофита). 포모르(Помор)인은 노브고로드 출
  신으로 백해 연안에 정착한 사람을 뜻하지만, 17세기에 빅그 강 유역의 구교도
  무사제파 공동체에 소속된 이들을 일컫게 되었다.
57 북극해에 있는 길이 1,000km의 러시아령 군도(群島).
58 북극해에 있는 노르웨이령 스발바르(Svalbard) 군도에서 가장 큰 섬.

연대기작가는 구교도 원정단이 북아메리카에 이르렀다고 말하기까지 했다.[72]

볼가 강 지대 구교도의 초기 역사는 훨씬 덜 평화롭다. (따라서 조금은 더 전형적이다.) 구교 신앙은 새로 개종하고 새로 개척된 지대에서 "우리 자신만이 아니라 …… 우리 아버지와 할아버지를 위해서" 열렬하게 수호되었다. 고난을 참아내는 신실함은 "믿음을 바꾸는 것이 지옥 아래 있는 지옥이 될" 지역의 최고 미덕이었다.[73] 근래에 카작은 이미 싸움터였던 이 지역에 자기들의 폭력의 전통을 가져왔다. 번창하는 볼가 강 교역을 관장하는 이들 카작 정주민과 상인은 중앙집권화된 권력과 서방의 방식에 똑같이 반발했다. 표트르 대제의 대리인들이 1700년에 드미트리옙스크(Дмитриевск)[59]라는 볼가 강의 도시에 도착해서 스웨덴 군대와 곧 벌일 전투를 위해 카작 군인을 동원해서 수염을 깎고 군복을 입혔을 때, 카작이 반란을 일으켰다. 현지 주민의 도움과 부추김을 받은 카작은 밤에 무리를 지어 그 도시로 들어가서는 수도에서 온 관리들을 학살했다. 턱수염이 없는 자의 머리를 베어 난도질했고, 부역한 현지인들을 볼가 강에 빠뜨려 죽였다. 지방군정관은 턱수염이 자랄 만큼 오랫동안 숨어있다가 개종해서 구교 신자로 되돌아옴으로써 겨우 살아남을 수 있었다.[74]

신념 때문이든, 필요 때문이든 러시아 동부의 관리는 자주 드미트리옙스크의 지방군정관을 따라서 구교 신앙과 화해해야 했다. 개척지 전방 지대에 있는 주요 도시의 밖에는 공식 교회 교구보다 구교도 코뮌의 수가 자주 더 많았다. 볼가 강 하류 지대에서는, 그리고 러시아 동부의 다

---

[59] 볼고그라드 주 카믜신(Камышин) 시의 옛 이름. 1697년에 표트르 대제가 볼가 강과 돈 강을 잇는 운하를 만드는 작업에 동원된 인력을 보호하려고 만든 도시였으며, 1780년에 카믜신으로 개칭되었다.

른 중요한 교역지와 개척지에서는 정통 정교회가 비교적 소수였다. 칼뱅주의자가 그랬듯이, 구교도 공동체는 "현세의 금욕주의" 덕분에 곧 부유해졌고 18세기 말엽께에는 신학적으로뿐만 아니라 정치에서도 보수화했다. 예언적인 무사제파 분파는 볼가 강 너머에 있는 이르기즈(Ириз) 강[60]의 황야나 러시아와 합스부르크 제국의 경계선 부근의 카르파티아 산맥[61]에 있는 벨라야 크리니차(Белая Криница)[62]의 황야에서 발달한 공동체처럼 정주성이 더 강한 "사제파" 구교도(포폽칙) 공동체의 도전을 받기 시작했다. 그러나 예언의 목소리는 메시아적 집단과 떠돌이 예언자들이 그 구교도 공동체에서 갈라져 나오기를 거듭하면서 — 그리고 또한 분파 교도와 점점 더 자주 접촉하고 상호작용하면서 — 계속 새로워졌다.

구교도는 러시아 문화 발달에서 상대적 소수라는 위상에 전혀 걸맞지 않은 역사적 중요성을 지닌다. 대러시아인 상인 공동체의 핵을 이루는 이 주요 집단은 제국의 정치·지식 활동에서 사실상 떨어져 나감으로써 러시아의 주요 활동 중심을 외국인에게, 그리고 서방화된 봉직귀족에게 넘기는 데 일조했다. 근면과 금욕이라는 구교도의 특이한 자질은 참으로 국가적이고 작위적인 문화를 만들어내는 데 절대 통합되지 않았다. 통합되기는커녕 구교도는 앵돌아져서 자기들 나름의 세상으로 물러나 들어가서는 역사 자체가 끝나리라고 믿으면서 역사의 진행에 항거했다. 구교도 공동체는 서방화된 도시와 귀족 영지의 사치스러운 삶에 끊임없이 가하는 질책이었다. 그들의 열렬한 종교적 신념과 공동생활 방식은 모스크바국의 과거에서 나오는 목소리였고, 그 목소리는 19세기에 러시아

---

[60] 러시아의 사라토프 주에 있는 볼가 강의 한 지류.
[61] 슬로바키아, 폴란드, 헝가리, 루마니아, 우크라이나를 가로질러 뻗어 있는 길이 1,450km의 산맥.
[62] 우크라이나어로는 빌라 크리니차(Біла Криниця).

인민주의자(나로드닉(народник))에게 세이렌[63]의 노래가 될 터였다.

러시아 문화의 운명에 똑같이 중요했던 점이 토착 기업가 계급 대다수가 실용적 세계관이나 합리주의적 형태의 신앙이 아니라 오히려 가장 비합리적이고 미신적인 형태의 광신과 결부되었다는 사실이었다. 구교도는 아무리 사업 관행에서 재간이 있고 실험적이었을지라도 자기들의 신앙을 조금이라도 바꾸거나 근대화하는 데에는 반발했다. 따라서 중세 말엽 서방의 기업가 부르주아지의 발달이 12세기의 파리에서는 합리주의의 성장을, 15세기의 피렌체와 로테르담에서는 회의적 인문주의의 성장을 촉진하는 경향을 보인 반면에 근대 초기 러시아에 등장한 상인 계급은 그런 역할을 하지 않았다. 사실, 서방의 부르주아지와 유사한 러시아의 부르주아지는 알렉세이 미하일로비치와 표트르 대제가 일으킨 변혁을 견뎌내고 존속하지 못했다. 17세기 중엽에 도시 반란이 일어난 뒤에 자기들의 유구한 특권과 특전을 잃어버린 옛 모스크바국의 기업가 지도자들에게는 딱 두 가지 선택이 있었다. 그들은 융해되어 다양한 외국인과 용병과 나란히 새로운 국가의 중상층 관리로 흡수될 수도 있었다. 아니면 제국의 신개척지로 옮겨가서 외국 것을 미워하는 불만을 내몰린 다른 인자들의 불만과 한 데 뒤섞어서 예전의 방식과 이상을 고수할 수도 있었다. 관료제나 라스콜,[75] 새로운 중심 도시의 "조국 없는 세계주의"나 러시아 내지의 편협한 국수주의에서 하나를 택할 수 있었다.

뒤의 경로를 택한 이들, 즉 러시아의 토착 부르주아지는 근대 초기 유럽의 세속화한 기업가의 영적 친척이 아니라 피에르 발도(Pierre Waldo), 사보나롤라, 제라드 윈스턴리(Gerrad Winstanley) 같은 메시아적 도시 설교가

의 영적 친척이었다. 그러나 서방의 이 설교가들과 달리 구교도는 근대에 접어들어서도 살아남아 번성할 수 있었다. 구교도는 드넓은 공간으로 보호를 받았고 자기들이 초기 그리스도교의 경건성을 작위적으로 다시 만들어내고 있다기보다는 언젠가는 주류가 될 참된 전통을 지켜내고 있다는 믿음으로 힘을 얻었다. 구교도는 지성보다는 직감에, 개인의 이성보다는 공동체의 명예에 호소함으로써 대중 사이에서 추종자를 얻었고, 이들은 서방의 대다수 부흥 예언자의 추종자들보다 더 오래갔다.

구교도는 라스콜니키(раскольники), 즉 분리파라는 명칭을 거부했고, 그 명칭을 오히려 새 공식 교회에 갖다 붙였다. 그렇지만 교회분열이라는 신학상의 의미와 더불어 갈라져 찢긴다는 생리학적 연상을 불러일으키는 라스콜이라는 낱말은 이 운동이 러시아의 삶에 미친 역사적 영향을 시사한다. 라스콜이 정치체에 열어젖힌 상처는 결코 완전히 치유되지는 못할 터였다. 라스콜로 말미암아 러시아는 정치적으로 약해졌고 안정된 민족 문화의 조화로운 발달을 망친 내부 논쟁에 유토피아적이고 종말론적인 기조가 부여되었다.

여기서는 라스콜니키가 열어젖힌 분열을 두어 개만 거론한다. 무엇보다도 먼저 그들은 러시아의 종교 생활뿐만 아니라 비(非)종교 생활에서도 스스로 떨어져 나갔다. 더 나아가 구교도는 비밀 암호와 제보자 연결망, 그리고 적어도 두 가지의 내부 소통용 비밀 언어[76]를 사용하기까지했다. 더욱이 구교도는 현세의 역사가 종말에 다가가고 있다고, 그리고 러시아 제국에서 이루어지는 역사적 위대성에 관한 일체의 운운은 적그리스도의 예상 가능한 기만일 따름이라고 믿으면서 역사에서 갈라져 떨어져 나갔다. 라스콜니키는 자기들 사이에서 곧 저마다 초창기 구교도 순교자들의 참된 교회임을 자처하는 페오도시파(феодосиевцы)[64], 필립파(филипповцы)[65], 순례파(странники), 도주파(бегуны)[66] 등 끝없이 반목하는 집단으로 쪼개졌다. 끝으로, 구교도가 자기 주위 세상을 대하는 태도에는 정신분열증이 있었다. 그들은 일상생활에서는 지극히 소박하고 청교도적이고 실용적이면서도 예술과 종교에서는 화려하게 꾸미고 허세를 부리고 의례를 중시했다. 사실상, 옛 모스크바국이 이콘과 도끼에, 즉 형식화된 이상주의와 현세의 엄혹함에 동시에 바쳤던 충성은 구교도로 말미암아 사라지지 않고 유지되었다고 말할 수도 있다. 그들의 영향력은 시간이 지나면서 확대 강화되었다. 18세기 초엽의 억제 규정 가운데 몇 개가 1760년대에 없어졌다. 그 뒤 얼마 안 되어 "사제파" 구교도와 "무사제파" 구교도의 주요 거류지가 의미심장하게도 성 페테르부르그가 아니라 모스크바에 세워졌다.[77] 그들은 모스크바의 빈민가에서 아픈 이를 돌보는 일의 선구자가 되었다. 차츰차츰 구교도는 동조자와 감상적인 찬양자를 끌어모으고 새로운 민족 문화의 형성에, 자기도 모르는 사이에, 영향을 미치는 힘이 되기 시작했다.

성 페테르부르그라는 새로운 세상에 대한 보수적 항의의 두 번째 전통, 즉 카작이 주도하는 농민 봉기의 전통은 구교도 근본주의자의 전통과 유사점을 많이 지닌다. 그 두 전통은 대동란 시대의 종교 부흥에 기원을 두었고 알렉세이 미하일로비치의 통치기에 크나큰 변화가 일어나는 동안 가장 위대한 구교도 순교자들을 배출했다. 스텐카 라진은 러시아

---

[64] 구교도 내부에서 원칙을 완화하는 경향에 반대하며 러시아 북서부 농민 사이에서 나타난 종파. 페오도시 바실레프(Феодосий Васильев, 1661~1711년)가 창시자였고, федосеевцы나 федосеевщина라고도 한다. 고행하고 결혼을 부정했고, 교회 전례는 인정했지만 국가를 악으로 간주했다.

[65] 18세기 초에 "스승" 필립(Филипп, 세속명 포티 바실리예프Фотий Васильев, 1674~1742년)의 지도를 받아 구교도 무사제파에서 갈라져 나온 종파.

[66] 18세기 중엽에 러시아 정부가 구교도 탄압을 완화했을 때, 정부 정책에 따르는 다른 구교도 종파와 달리 비합법 지위를 고수한 구교도 내의 소종파.

남부에서 아바쿰과 솔로베츠크 수사들이 러시아 북부에서 그런 것과 똑같은 반(半)전설적 영웅이었다. 그러나 구교도의 전통이 표트르 대제에 반발하면서 비로소 완전히 형성된 것과 똑같이 농민 봉기의 전통은 여러 모로 콘드라티 불라빈(Кондратий Булавин)이 1707~1708년에 표트르 대제의 통치에 맞서 봉기하면서 비로소 확립되었다.[78] 구교도 운동을 이끄는 상인들이 중앙 정부가 도시의 오랜 특권을 없애는 데 항의하고 있었다면, 봉기자들을 이끄는 카작들도 한때에는 자유로웠던 자기들의 생활 방식에까지 국가의 고된 의무가 확장되는 데 항의하고 있었다. 구교도가 정주지가 외딴곳에 있고 그들의 상업 활동이 가치를 지녔기 때문에 존속할 수 있었던 것과 마찬가지로, 카작은 그들의 남쪽 정주지가 제국의 권력 중심에서 멀리 떨어져 있고 그들의 전투 부대가 제국의 군사력에 중요했기에 자기들의 전통을 유지할 수 있었다.

때때로 봉기 전통은 — 특히 볼가 강 하류 지대에서 — 구교도 전통과 합쳐졌다. 그러나 그 두 전통의 절대주의 전제정 반대 방식과 그 두 전통의 사회적 이상은 퍽 달랐다. 구교도는 하느님의 개입이 머지않았고 부당한 수난은 보상 가치를 지니고 있다고 믿었으므로 새로운 통치 체제에 대한 저항에는 본질적으로 소극적이었다. 봉기 농민은 폭력적이었고, 가장 가까이에서 손에 잡히는 관료제 권력의 상징물에 분풀이를 해대려고 안달복달이 나서 행동에 나서지 않고는 못 배기는 사람들이었다. 구교도의 이상적 질서는 전통적 형태의 예배의식과 공동체 활동으로 통합된 대러시아인 그리스도교 신도의 유기적 종교 문명이었다. 봉기자들을 움직이는 힘은 기존 질서를 깨부수려는 순전히 부정적인 충동이었다. 그들은 이 충동을 여러 민족이 사는 러시아 남동쪽 변경에서 그리스도교인 집단뿐만 아니라 무슬림과 이교도와도 공유하려고 애썼다.

물론, 봉기 농민은 북부의 전통적인 상인이 직면한 속박보다 훨씬 더 괴롭고 힘든 속박에 항거하고 있었다. 17세기 중엽에 종신 예농 신분에서 헤어날 길이 끝내 죄다 막혀버리고 18세기 초엽에 병역이 25년으로 늘어나면서, 일반 농민은 사실상 노예 신세였다. 또한, 농민 반란의 폭력은 탁 트여 있어 공격받기 일쑤인 남쪽 스텝에서 끊이지 않는 타타르인의 습격과 군사 동원이라는 배경 속에서 자리매김해야 한다. 러시아는 마지막 대반란이 진압된 뒤로도 한참 지난 뒤인 예카테리나 대제 통치기 말엽에 가서나 결국 타타르인과 오토만 제국의 손아귀에서 우크라이나 남부와 크림을 빼내 차지했다.

그러나 조직되지 않은 폭력이기는 했어도 농민 반란은 되풀이해서 나타나는 하나의 정치 이상, 즉 "진짜 차르"가 있다는 믿음으로 활력을 얻었다. 한 관점에서 보자면, 이 이상은 혁명적 사상, "차르를 참칭한" 봉기 지도자인 사모즈바네츠(самозванец)가 적법한 제위 계승자라는 주장을 근거로 쿠데타를 일으키라는 호소였다. 그러나 근본적으로 이 이상은 매우 보수적이었다. 구교도의 이상보다도 훨씬 더 보수적이었다. 진짜 차르라는 발상은 체제의 최고 통치자가 그 체제를 구원할 수 있는 유일한 사람임을 넌지시 뜻했기 때문이다. 러시아가 모스크바국 시절의 아늑한 가부장제로 되돌아갈 수 있도록 새 제국의 정치·행정 체계는 그저 파괴되어야 했다. 따라서 농민과 카작의 민간전승에 나오는 "진짜 차르"는 인자한 할아버지와 메시아적 구원자, 즉 바튜시카와 스파시텔(спаситель)의 결합체였다. 그는 "진실된 촌사람"(무지츠키(мужицкий)), 즉 자기 자식의 참된 보호자였고, 자기와 자식 사이에 끼어들고 있는 관리와 관료라는 벽이 깨져 무너지기만 하면 제 자식을 구하러 올 터였다. 한편, "진짜 차르"는 끊긴 데 없이 블라디미르와 콘스탄티누스 대제로, 심지어는 류릭과 프루수스로까지 거슬러 올라가는 계보를 제공함으로써 농민 대중의 눈에는 신의 재가를 얻었다고 보였다.

"진짜 차르"가 있다고 대중 사이에 퍼진 최초의 소문은 이 신화적 계보를 세우기도 하고 끊기도 한 사람인 이반 4세의 통치기에 시작되었다고 보인다.[79] 러시아 역사상 최초의 "참칭자"였으며 제위에 오른 유일한 참칭자인 가짜 드미트리는 기적처럼 목숨을 부지한 옛 모스크바국의 계승자가 있다고 믿고 싶어 하는 사람들의 마음에 교묘하게 기댔다. 대동란 시대에 많은 러시아인은, 드미트리의 가톨릭 신앙 때문에 이내 환멸을 느끼기는 했어도, 하느님의 총애를 받고 옛 계보를 계승한 한 명의 차르만이 러시아를 음모와 무정부 상태에서 구해낼 수 있다고 믿게 되었다. 어딘가에 진짜 차르가 있다는 생각이 가짜 드미트리의 살해에 뒤따른 혼란스러운 봉기에 참여한 농민 대중 속으로 퍼져 들어갔다. 그들 가운데 어떤 이들은 폴란드가 후원하는 두 번째 참칭자에게 가담했지만, 더 많은 이들은 예전에 농노였던 카작이었고 튀르크에게 붙잡혀 가기도 했으며 진짜 드미트리의 조카이자 표도르의 아들이라고 소문난 이반 볼로트니코프(Иван Болотников)의 지도에 따랐다. 1606~1607년에 볼로트니코프가 이끈 혼란스러운 폭력 봉기는 모스크바를 점령할 뻔했으며, 타당하게도 전국 차원의 첫 농민 대반란으로 간주한다.[80] 따라서 봉기 농민은 진짜 차르는 유기적 종교 문명의 지도자여야 한다는 옛 모스크바국 이념을 생각나게 하는 구시대인으로 보인다. 처음에는 그 같은 차르는 이반 뇌제를 거쳐 내려오는 오랜 계보의 후손이어야 한다는 견해가 내세워지기도 했지만, 곧 제위를 요구하는 자의 자격이 현재 제위에 있는 자의 자격보다 더 유서 깊고 명예롭다는 점을 보여주기만 하면 충분하게 되었다. 자칭 반란 지도자이자 제위 요구자는 타락한 서방에 널려 있는 그저 그런 또 다른 왕이나 황제가 아니라 (딱 한 사람만 있을 수 있는) 거룩한 차르여야 한다는 사실이 크게 강조되었다. 농민 반도는 구교도가 목소리를 높여 외치던 주장을 자주 그대로 되풀이했다. "황제" 칭호는

"사탄 같은" 교황에게서 나왔고, 통행증은 적그리스도가 고안한 것이고, 쌍두 독수리 문장은 ("머리가 둘인 것은 악마뿐"이므로) 악마 자체의 문양이며, 탈영병의 왼손에 십자가 모양으로 그어놓은 특별한 식별 표시는 거룩한 십자가의 모욕이며 적그리스도의 인장이라는 것이 그런 주장이었다.[81]

진지한 제위 참칭자는 17세기에 14명이었는데, 참칭자 전통이 다음 세기에 워낙 강하게 발달한지라 18세기 말엽 동안만 해도 13명이었다. 심지어 19세기 초엽에도 참칭자가 몇 사람 있었다. 진짜 차르는 니콜라이 1세(Николай I)가 아니라 콘스탄틴 파블로비치(Константин Павлович)라는 전설은 귀족 데카브리스트의 프로그램이 조율 되지 않은 채 민중 사이에 일으킨 메아리의 일종이었다.[82] 참칭자 전통이 18세기에 고양된 원인 하나는 "차르가 바꿔치기 당했다"는 믿음이 갑자기 확산된 데 있었다. 옛 방식 옹호파는 표트르 대제가 외국 여행을 했기 때문에 개혁의 열의가 거세졌음을 올바로 감지하고는 다른 누군가가 (보통은 프란츠 레포르트(Франц Лефорт)의 아들이) 어떻게 차르로 바꿔치기 되었는지를 설명하는 내용의 일련의 거짓 전설을 만들어내기 시작했다. 그 결과, 표트르 대제 통치기의 농민 봉기 지도자 불라빈이 적법한 제위 계승자라는 주장이 더 앞선 시기의 반란 지도자들의 주장보다 더 널리 받아들여졌다. 표트르 대제가 10년 뒤에 자기 아들 알렉세이[67]를 가혹하게 대하는 바람에 허약한 알렉세이조차도 많은 이에게는 적법한 계승자로 보일 수 있게 되었다. 여인들이 1796년까지 거의 계속해서 러시아를 다스렸다는 사실

---

67 러시아의 황태자(1690~1718년). 표트르 대제와 예브도키야 로푸히나(Евдокия Лопухина, 1669~1731년) 사이에 태어난 아들. 황태자가 되었지만, 어머니를 박해하는 아버지와 사이가 좋지 않았고 1716년에 빈으로 도피했다. 사면을 약속받고 귀국했지만, 반역 혐의로 사형 선고를 받았고 옥사했다.

로 말미암아 표트르 대제가 죽은 뒤에 진짜 차르가 있다는 믿음이 퍼질 특별한 기회가 생겼다. 농민은 자기 처지가 더 나빠지는 것을 여자가 나라를 다스리는 탓으로 돌리는 경향을 보였다. "계집이 나라를 다스리니 낟알이 안 맺힌다"[83]는 속담이 있었지만, 예카테리나 대제 통치기에 푸가초프 반란이 일어났을 때에는 진짜 차르가 제위에 있는 그 여인과 어떤 관계인지가 뚜렷하지 않았다. 푸가초프는 그를 따르는 사람들 가운데 많은 이에게 예카테리나의 피살된 남편이자 예카테리나에 앞서 제위에 있던 황제였다가 기적처럼 되돌아온 표트르 3세(Петр III)일 따름이었다. 몇몇 사람은 그가 예카테리나를 대신해야 한다고 생각했지만, 그가 예카테리나와 결혼해야 한다고 생각하는 사람이 많았다. 푸가초프 스스로는 예카테리나를 조정 대신들에게 능욕당하고 있는 어머니라고 여겼던 듯하다.[84]

진짜 차르가 있다는 믿음이 띤 근본적으로 보수적인 성격은 각각의 주요 제위 참칭자가 저마다 어떤 긍정적 프로그램을 통해서가 아니라 변화에 저항하는 갖가지 세력의 구심점 구실을 하는 능력을 통해서 백성의 지지를 얻었다는 사실로 알 수 있을지 모른다. 각각의 경우에 가장 직접 위협을 받은 차르가 중앙 권력과 문화 서방화를 확대하려고 시도하고 있었다. 보리스 고두노프(가짜 드미트리), 슈이스키(볼로트니코프), 알렉세이 미하일로비치(스텐카 라진), 표트르 대제(불라빈), 예카테리나 대제(푸가초프)가 그랬다. 영웅적 반란의 결과로 그 반란이 항거하는 대상이었던 관료제의 중앙집권화는 약해지기는커녕 강해졌다. 농민의 원한은 중앙 정부에게는 비교적 하찮은 소모품인 지방 관리의 주기적 살해로 향한 반면에, 체제의 중심이자 심장인 전제군주에게 농민이 바치는 충성은 강해졌다. 심지어 반란을 일으키는 동안에도 농민은 대안이 될 정치 체제를 구상할 수 없었다. 농민은 통치하는 차르가 그 시대의 해악과 차르 주위에 있는 관료와 외국인들의 책임자라는 것을 도무지 믿으려 들지 않았다.

구교도의 경우에서처럼, 보수적인 봉기 농민는 근대화에 맞선 유럽의 다른 저항 운동과 일정한 유사성을 지닌다. 러시아의 농민 봉기는 사회적 구성과 메시아적 유토피아주의에서는 16세기 독일의 농민 봉기와 닮았고, 더 신성한 통치 계보를 바라는 보수적 염원에서는 17세기 말엽과 18세기 잉글랜드의 재커바이트(Jacobites)[68]와 닮았다. 재커바이트 신화는 봉기의 힘으로서 효력을 잃은 뒤에도 오랫동안 스코틀랜드와 잉글랜드 북부의 농촌 지대에서 사라지지 않은 것과 똑같이, 농민 봉기의 신화도 푸가초프가 이끄는 마지막 대봉기가 일어난 뒤에도 러시아 남부의 심성 속에서는 오래도록 사라지지 않았다.

이렇듯, 비록 18세기와 19세기 초엽 내내 국가의 관료제와 군대가 꾸준히 자라나고 봉직 귀족이 부와 지방 권력을 얻었을지라도, 많은 러시아인은 계속해서 분리파 소공동체가 더 우월하다고 믿거나 새로운 스텐카 라진이 자기들을 이끌고 구원자 차르에게 가주리라는 꿈을 꾸었다.

분리파나 농민 봉기보다 덜 극적인 것이 성 페테르부르그라는 새로운 세상에 맞서는 세 번째 형태의 종교적 저항, 즉 공식 교회 안에서 일어난 수도원의 부흥이었다. 이 움직임은 가장 느리게 전개되었고 대중의 참여 면에서는 한계가 가장 컸지만, 아마도 모든 움직임 가운데 가장 심원하고 옛 모스크바국 문화에 가장 충실했을 것이다. 그 문화의 중심 기구는 언제나 수도원이었다. 18세기 초엽의 괴멸적 타격에서 비록 부분적이었

<hr />

[68] 1688년의 명예혁명으로 쫓겨난 스튜어트 왕가의 제임스 2세(James II)와 그 후손을 따르는 세력. 스튜어트 왕가의 복귀를 꾀하는 봉기를 1745년까지 다섯 차례 일으켰다.

을지라도 헤어나온 수도원의 회복 능력은 아마도 이 "옛" 문화가 러시아 역사의 "새" 시대에도 계속 중요했음을 가장 확실하게 알려주는 지표일 것이다.

그런 부흥이 어떻게든 일어날 가능성은 18세기 초엽에는 틀림없이 극히 낮아 보였을 것이다. 표트르 대제와 안나 여제가 러시아 교회를 조직 면에서 발트 해 연안 지대의 루터파 국가 교회와 더 유사하게 만들려고 애쓰면서 수도원의 위상이 아주 약해졌다. 18세기 초에는 수도회에 25,000명이 있었는데, 안나의 통치가 끝날 무렵에는 15,000명이 채 안 되었다. 그 수치는 예카테리나 대제가 1763년에 수도원 재산을 정식으로 몰수한 뒤에는 훨씬 더 떨어질 터였다. 1764년의 명부는 17세기 말엽에 2,000개가 넘던 수도원 가운데 겨우 318개가 남았음을 보여준다.[85]

많은 수도원의 첫 대응은 또 다른 "진짜 차르"라고 주장하는 자들과 때로 제휴해서 예전의 특권을 지키고자 맹렬히 항거하는 것이었다. 그 전형은 적그리스도가 진짜 표트르 대제의 자리를 차지하고는 표트르 대제의 아들을 죽였다고 믿고 수도원에서 달아난 탐보프의 한 수사[69]였다. 비록 세상 종말이 1723년에 일찍 일어나리라는 그의 예언은 틀렸을지라도 그는 쉽사리 흥분하는 탐보프 지역에서 자기를 따르는 수사를 계속 모았고 표트르 대제가 죽자 러시아를 참된 길로 되돌려 놓겠다는 부푼 희망을 품고 모스크바로 갔다. 오히려 그는 체포되어 처형되었고 그의 추종자들은 죄다 붙잡혀 사지를 잘렸으며, 신설 근위부대 가운데 한 부대의 군인들이 그의 머리를 탐보프의 거리에 내걸었다.[86]

어쩌면 옛 방식으로 완전히 되돌아갈 수 없음을 분명하게 깨달은 뒤에야 비로소 러시아의 수도생활에서 새로운 접근을 위한 길이 트였을지

---

[69] 사무일 븨모로코프(Самуил Вымороков).

도 모른다. 잃어버린 재산과 독립성을 되찾겠다는 일체의 희망이 사라지자, 러시아의 수도원은 오랫동안 밑에 가라앉아 있던 원조 14세기 수사 개척자와 복음 전도자의 전통으로 되돌아가기 시작했다. 이 영적 부흥은 18세기 말엽에 소리 없이 시작해서 19세기 내내 계속되었고, 수도원 기구의 규모가 차츰차츰 커지고[87] 수도원의 영적인 삶이 심원해졌다.

그 부흥의 심장은, 다시 한번, "거룩한 산" 아토스와 그 아토스 산의 교부 신학과 내적 영성이라는 여전히 원기왕성한 전통의 재발견이었다. 아토스 산의 정신을 러시아에 두 번째로 가져온 사람은 폴타바의 사제와 개종한 유대 여인의 아들인 파이시 벨리치콥스키(Паисий Величковский)였다. 우크라이나의 가장 위대한 바로크 시인들 가운데 한 사람의 후손이기는 했어도 파이시는 서방화된 이 유산 속에서 자기가 발견한 "이교 신화"에 혐오감을 품었다. 16세기의 '그리스 사람' 막심과 17세기의 이반 비셴스키처럼 파이시는 세속주의를 등지고 황야에서 지내던 초기 교부의 소박한 방식으로 되돌아가라는 단순한 메시지를 가지고 18세기에 아토스 산에서 러시아로 왔다. 더 앞 시대의 이 장로들과 마찬가지로 파이시는 세상 지식에 심하게 반대했지만, 그 자신은 자기 생각을 표현할 줄 아는 학식 높은 인물이었다. 그는 초기 교부들의 저작을 러시아어로 잇달아 번역하는 작업을 시작해서 여태껏 러시아에서 나온 것들 가운데 가장 훌륭하고 가장 긴 교부 저작집을 내놓았으며, 인기가 높은 그리스의 금욕 영성 문집 『필로칼리아』(Philokalia)[88]를 번역했다.

그러나 막심이나 비셴스키와 달리 파이시는 광야에서 외치는 예언의 목소리이기보다는 교회 안에서 운동을 개시한 사람이었다. 그는 몰도바와 러시아 남부에 새 수도원을 여럿 세웠고 그 수도원에 수사 신분의 정화를 위한 지침으로서 일련의 「영적 교훈의 서한」(Письма наставления духовного)을 보냈다. 파이시에게 수사 생활의 핵심은 끊임없이 기도하기에 전념하는 고행 은수자의 공동체 안에서 영적 장로에게 공동으로 복종하는 것이었다. 이렇듯 영적인 삶은 헤시키아주의의 관점에서는 내면의 기도와 자기규율의 삶으로 여겨졌다. 채택된 "규칙"은 황야에서 지내던 초기 교부의 규칙을 본떴다. 파이시의 엄격한 규칙이 더 널리 받아들여지게 되면서 황야를 뜻하는 낱말[70]에서 나온 푸스틴(пустынь)이라는 용어가 수도원을 가리키는 다른 호칭들을 차츰차츰 대체했다.

영향력과 독창성이 훨씬 더 큰 인물이 새로운 종류의 세상에서 새로운 종교적 소명을 고뇌하며 찾은 티혼 자돈스키(Тихон Задонский)였다. 성 페테르부르그 근처에서 태어나고 자라서 노브고로드에서 교육을 받은 티혼은 수도의 새로운 세속화 영향에, 그리고 독일의 경건주의라는 새로운 사조에도 완전히 노출되었다. 내면의 거듭남과 회개라는 경건주의 사상의 영향을 받았는지, 티혼은 노브고로드 부주교라는 높은 자리에서 내려와 보로네즈 주교구를 거쳐 돈 강 변경 지대에 있는 신설 수도원으로 옮겨갔다. 요한 아른트(Johann Arndt)의 영향력 있는 경건주의 소책자의 제목인 '참된 그리스도교 신앙에 관하여'가 거룩한 삶에 관한 티혼 자신의 대표작[71]의 제목이 되었다. 이 책에서, 그리고 자기의 다른 저술과 설교에서 티혼은 그리스도처럼 살기의 즐거움을 강조한다. 자돈스크(Задонск)[72]에서 티혼은 수도원이라는 좁은 영역에서 벗어나 번잡한 세상으로 들어가는 영적 장로의 역할을 맡아 견습수사뿐만 아니라 평신도의 벗이자 상담자가 되었다.[89]

이 부흥을 19세기까지 유지한 사람인 사로프의 세라핌(Серафим Саровс-

---

[70] пустыня.

[71] Об истинном христианстве.

[72] 17세기 초엽에 돈 강 중상류 좌안에 있는 수도원을 중심으로 형성된 소도시.

кий)은 금욕과 교부에 관한 파이시의 강조를 자기희생과 사람 섬기기에 대한 티혼의 강조와 결합했다. 세라핌은 자기의 속세 물건을 모조리, 심지어는 수사의 습관까지도 내버리고는 자기가 사로프(Саров)에 새로 세운 수도원의 근처에 있는 숲에서 농부의 흰옷을 입고 은수자로 열다섯 해를 보냈다. 열렬한 헤시키아주의자인 그는 "침묵은 내세의 성사요, 웅변은 현세의 무기"라고 믿었다.[90] 세라핌은 숲의 은둔처에서 돌아온 뒤 수도원을 드나들며 두루두루 여행하면서 사람들에게 자신을 그리스도에게 다시 헌신하라고 촉구했다. 그는 "권태는 기도를 해서, 쓸데없는 말을 자제해서, 그리고 손을 놀려 일해서 고쳐진다 ……"고 생각했다.[91] 그는 독식 생활을 특히 바람직한 것으로 여겼고, 수녀원을 자주 찾아갔다. 수녀원의 급성장은 종교적 소명에 관한 관심이 되살아났다는 중요한 신호였다.

세라핌이 세운 새 수도원 공동체가 일으킨 강렬한 영성이 비록 순례는 아닐지라도 방문을 하는 — 세속화된 지식인이라는 — 신종 순례자를 도로 끌어들이기 시작했다. 모스크바 남쪽에 있는 이름난 옵티나 푸스틴(Оптина Пустынь)은 인생 말년 대부분을 그곳에서 보낸 친슬라브주의자 이반 키레옙스키(Иван Киреевский)를 필두로 도스토옙스키와 톨스토이와 블라디미르 솔로비요프(Владимир Соловьев)를 거쳐 쭉 이어지는 러시아의 가장 유명한 19세기 사상가들 가운데 여러 사람에게 상담소이자 영혼의 안식처가 되었다. 도스토옙스키의 『카라마조프 씨네 형제들』에 나오는 조시마 장로라는 인물은 도스토옙스키가 자주 찾아뵌 옵티나 푸스틴의 장로 수사 암브로시(Амвросий) 신부의, 그리고 도스토옙스키가 흠모하며 연구한 저술의 저자인 티혼 자돈스키의 꽤 정확한 합성 초상이다.[92]

새로운 수도생활의 문제는 근원적으로 세속적인 사회에서 모든 종교적 소명이 지닌 문제였다. 새 수사들은 자기 회의로 고민했고, 다른 모든 이처럼 국가에 쓸모가 있음을 스스로 입증해야 한다는 요구에 시달렸다. 어용 이념가와 대지주의 역할을 박탈당했으므로, 그들은 새로운 사회에서 수도원이 무슨 역할을 할 수 있을지 아직 확신하지 못했다. 전통적인 수도원의 바깥에서 수도생활이 가장 강하게 부흥하는 경향이 있었다.

한편, 훨씬 더 외진 암자로 물러나 나오지 않는 경향이 있었는데, 그 암자에서는 거룩한 이상이 평범한 사회생활에서 떨어져나와 개개인의 금욕 수행과 결부되었다. 이 이상한 반(半)동양 세계에서는 죽은 뒤 육신이 썩지 않는 상태에 이르는 것이 극기하는 금욕의 최종 결실로 생각되었으며, 18세기 러시아 교회에서는 육신이 일정 정도로 썩지 않았다는 증거가 시성의 한 필요조건이 되었다.[93] 새로운 수도생활은 금욕을 강조함으로써 모스크바국의 수도생활이 끊임없이 연루되었던 역사와 정치 밖으로 헤어나왔다. 회개를, 그리고 초기 교회의 조용한 금욕 생활로 되돌아가기를 강조한다는 점에서 수도자성은 종교개혁 이후 가톨릭의 트라피스트(Trappist) 운동[73]과 비슷했다. 티혼은 교회 권력과 문명 전반에서 벗어난다는 점뿐만 아니라 "세상에서 모은 영적 재보"를 쌓아두려고 애쓴다는 점에서도 전형적이었다. 현세에서는 통찰과 경험의 흩어진 조각들만이 찾아 보존할 가치가 있었다.

장사꾼이 여러 다른 나라에서 잡다한 물건을 모아서 자기 집으로 가져와 숨겨두듯, 그리스도교인도 이 세상에서 영혼에 유익한 생각을 모아서 자기 가슴 속 곳간에 쌓아두고 그것으로 자기 영혼을 빛을

---

[73] 가톨릭 시토 교단에 속한 프랑스의 라 트라프(La Trappe) 수도원에서 17세기 중엽에 시작된 운동. 계율 준수에 느슨해지는 시토 교단의 경향에 반대해서 계율을 지키고 절식과 고행과 침묵을 실천했다.

수 있다.[94]

한편, 각계각층 사람과 더 직접 소통하려는 새로운 욕구가 수도원 안에 있었다. 지난날에 수도원 토지가 몰수되자 경제 업무에 골몰하지 않게 된 것과 똑같이, 경건한 금욕이 강조되자 수도원 공동체의 낡은 전례와 형식이 무너지는 경향이 나타났다. 프로테스탄트 경건주의의 영향으로 티혼 같은 수도원 장로들이 인기 있는 복음전도사의 일을 겸하는 경향이 나타났다. 거의 피학 행위에 가깝게 자신을 낮추려는 새내기 수사의 의욕 배후에는 자기회의라는 요인이 있을지 모른다. 티혼은 가장 천한 신자의 발에 말 그대로 짓밟힐 수 있도록 자기를 평범한 교회의 입구 디딤돌 밑에 묻어달라고 부탁했다. 티혼은 논쟁을 벌이다가 한 자유사상가에게 얻어맞자 자기를 때린 사람이 그토록 자제심을 잃어버리게끔 내몬 것을 용서해 달라며 깜짝 놀라는 그 사람 발 앞에 자기를 내던져 응수했다.[95] 러시아의 사상가들이 도덕 정화의 문제에 다시 관심을 보이고 평범한 사람 앞에서 자신을 낮추고 있던 때인 1860년대에 티혼이 시성되고 그의 저작이 새로 연구된 것은 어쩌면 당연한 일이다. 그 시대의 주요 이념 운동인 그 유명한 "인민 속으로 가기(말 그대로 "행진"이나 "순례", 호제니예(хождение))"는 여러모로 수도생활의 이상을 밖으로 꺼내 예속되어 있지만 아직도 믿음을 지니고 있는 농민에게 가져가려는 노력의 연장이자 세속화일 따름이었다. 실제로, 복잡한 인민주의 운동은 — 그리고 러시아 근대사에서 가장 진정으로 독창적인 그 사회 운동은 — 여러모로 러시아 제국의 서방화와 세속화에 맞서 표트르 대제 이후 시기에 나타난 보수적 저항의 세 가지 형태 전부의 속편으로 보인다. 그 세 가지 형태의 저항과 마찬가지로 인민주의는 조직화한 운동이기보다는 느슨한 전통이었다. 대다수 구교도와 마찬가지로 인민주의자는 오랜 공동체 형태의 경제생활을 보전할 수 있다고, 그리고 역사적 변화가 머지않아 갑작스레 일어날 수 있다고 믿었다. 봉기 농민과 마찬가지로 인민주의자는 경찰과 관료에 맞선 폭력 행위를, 그리고 "진짜 차르"의 궁극적인 자비심을 믿었다. 인민주의자는 심지어 1881년에 알렉산드르 2세를 죽인 뒤에도 그의 계승자에게 유토피아적 호소를 하는 것밖에는 다른 프로그램을 구상할 수 없었다.[96] 인민주의자는 열성적인 수사처럼 금욕적 자기부정을, 그리고 죄 없이 고통받는 러시아 인민 앞에서 자신을 낮추기를 믿었다.

그러나 이 운동과 제정 말기의 다른 여러 운동을 고찰하기에 앞서 옐리자베타와 예카테리나 대제의 통치기에 형성되어 한 세기 동안 지속된 새롭고도 독특한 문화를 살펴보아야 한다. 이 시기 동안 알렉세이 미하일로비치와 표트르 대제의 개혁으로 러시아 사회에 개시되었던 분열과 긴장 위에 귀족 문화의 장식 효과가 덕지덕지 달라붙었다. 이제 그 귀족의 세기의 찬란하고 자신감에 찬 문화에 ── 그리고 그 문화가 지닌 가시지 않는 내면의 근심에 ── 주의를 기울여야 한다.

안드레이 루블료프 수사의 「구약의 삼위일체」(도판 5)에서 미적 가치와
영적 가치가 워낙 완벽하게 조화를 이루어서 1551년 교회공의회는 이
이콘을 앞으로 삼위일체를 주제로 삼는 모든 이콘의 본보기로 지정했다.
성 세르기가 세운 수도원을 위해 그 수도원의 봉헌 대상인 종교 주제를
다루면서 1425년 무렵에 그려진 루블료프의 유명한 이 걸작은 모스크바
국가의 드높아진 영성과 역사적 신학의 적절한 산물이다. 이 「구약의
삼위일체」는 말로 설명할 수 없는 신비 그 자체보다는 하느님의 삼위일
체성의 누설을 예시하는 구약의 구체적 사건을 묘사한다. 정교 예배식에
서 노래로 하는 설명("그는 성 삼위일체를 보고 자기 집에 맞아들였으므
로 '복 받은 사람'으로 불린다오")에 들어맞게 순례자 세 사람이 아브라
함에게 온다(「창세기」 18장 1~15절).

성만찬의 빵과 포도주 주위에 모인 루블료프의 세 천사의 영적인 곡
선이 이루는 조화는 주제가 같은 15세기 중엽의 한 이콘(도판 6)의 어수선
한 구도와 음식을 즐기는 분위기와는 확연히 대비된다. 비잔티움-발칸
의 모델에 바탕을 둔 이 프스코프 유파의 그림은 프스코프라는 서쪽의
상업 중심지가 더 세속적인 일에 몰입했음을 슬쩍 드러내 준다.

삼위일체라는 주제의 세 번째 묘사, 즉 궁정화가 시몬 우샤코프가 1670
년에 그린 이콘은 알렉세이 미하일로비치의 치세 말엽에 서방의 영향을
받으면서 러시아의 이콘 제작이 쇠퇴했음을 생생하게 보여준다. 루블료
프가 그린 세 인물의 윤곽 형태는 유지되어 있지만, 그 기풍은 확 바뀌었
다. 루블료프의 이콘과 이 프스코프의 이콘, 둘 모두에게 미적 균형을
준 상징적 생명수는 가로퍼진 떡갈나무가 되었다. 이제 이 떡갈나무는

코린트 양식의 원주가 있는 고전풍 주랑현관으로 균형을 맞춘다. 반쯤은 사실주의적이고 다른 이의 시선을 살짝 의식하는 인물상과 사치스러운 가구는 완전히 새로운 세속 미술의 도래가 머지않았음을 시사한다.

〈도판 5〉 안드레이 루블료프가 1420년대에 성 세르기 대수도원을 위해 그린 「삼위일체」. (모스크바, 트레티야코프 국립미술관)

〈도판 6〉「삼위일체」, 프스코프 유파, 15세기 중엽.
(모스크바, 트레티야코프 국립미술관)

〈도판 7〉 시몬 우샤코프가 1670년에 그린 「삼위일체」.
(모스크바, 트레티야코프 국립미술관)

18세기에 가장 중요한 형태의 시각예술로서 이콘 그림을 대체한 새로운 세속적 인물묘사의 전형이 상인 귀족 프로코피 데미도프(Прокофий Демидов)의 그림(도판 8)이다. 예카테리나 대제의 궁정화가인 레비츠키가 1773년에 완성한 이 그림은 의(擬)고전주의풍 물건에 둘러싸인 가운데 이른바 "의전용 초상화" 방식으로 당당한 풍채로 그려졌다. 하느님이 역사에 개입하는 매체로 생각되는 낡은 오브라자(образа), 즉 "형상들"이 자기 실력으로 역사를 만들고 있다고 생각되는 중요한 페르소늬(персоны), 즉 "인물들"로 대체되었다. 데미도프는 「구약의 삼위일체」의 가운데에 있는 인물상과는 달리 하느님이 사람에게 준 신비한 선물이 아니라 시골에서는 농업의, 그리고 새로운 도시에서는 관상수의 후원자로서 인류에게 준 아주 구체적인 자기의 기증물을 손으로 가리키고 있다. 이 그림의 장점은 조금은 허영기가 있고 허황한 이 이름난 귀족 가문 후손의 초상에 레비츠키가 희화화의 기운을 살짝 불어넣은 데 있다.

〈도판 8〉 드미트리 레비츠키(Дмитрий Левицкий)가 1773년에 완성한
프로코피 데미도프의 초상화. (모스크바, 트레티야코프 국립미술관)

IV 귀족 문화의 세기

18세기 중엽부터 19세기 중엽까지

(러시아가 루이 14세의 프랑스와 동맹을 맺었고 러시아에 대학교와 상설 극장이 맨 처음으로 세워진) 1755~1756년부터 (크림에서 결정적으로 패전했고 개혁 차르 알렉산드르 2세가 즉위한) 1855~1856년까지의 한 세기 동안의 불안정할지라도 독특한 귀족 문화의 견고한 지배. 프랑스의 영향과 독일의 영향 사이에서, 합리주의적 감정과 낭만적 감정 사이에서 계속된 충돌; 옐리자베타 통치기(1741~1762년)에 시작되는 귀족의 계급 표식으로서의 프랑스어 수용과 프랑스 사상 수입; 프랑스 문물이 애호된 장기간의 예카테리나 대제 통치기의 직전과 직후인 표트르 3세 치세(1762년)와 파벨 1세 치세(1796~1801년)에서 강조된 프로이센식 규율. 러시아의 계몽: 미하일 로모노소프(1711~1765년)의 학식과 학문의 업적, 신고전주의 예술양식, 예카테리나 대제의 정복 시대와 더불어 새로 생긴 도시들.

자연법에 바탕을 두고 합리적 통치를 하려는 욕구와 동시에 엄격한 계급 구분에 바탕을 둔 절대 전제정을 유지하려는 결의 사이에서 예카테리나 대제가 맨 처음으로 처한, 그리고 거듭 나타날 딜레마. 예카테리나 대제 통치기에 차르정 반대의 특성이 푸가초프 지도로 일어난 마지막 농민 대반란(1773~1775년)으로부터 "대학 푸가초프들"의 첫 선언, 즉 소외된 귀족 지식인 알렉산드르 라디쉐프(1749~1802년)가 1790년에 펴낸『페테르부르그에서 모스크바로 가는 여행』으로 바뀌는 결정적 전환. 실없는 "볼테르주의"에 맞선 싸움, 니콜라이 노비코프(1744~1818년)의 문필 활동, 그리고 심화하는 개혁 귀족의 공동체 생활에서 러시아 프리메이슨이 지닌, 처음에는 미미했지만 갈수록 더 커지는 중요성.

알렉산드르 1세 통치기(1801~1825년) 동안의 크나큰 기대; 나폴레옹의 침공(1812~1814년)에 저항하면서 일어난 민족 부흥; 정치개혁의 좌절과 귀족이 일으킨 1825년 데카브리스트 봉기의 진압. 계몽과 프랑스 혁명에 대한 전 유럽적 반동의 초점으로서의 러시아; 1833년에 "정교, 전제정, 국민성"을 러시아 제국의 관제 이념으로서 선언하면서 절정에 이르는 반동적 사고의 물결 속에서 가톨릭 신자, 경건주의자, 정교 신자, 신비주의자, 동방을 지향하는 자.

프로이센 문물이 애호되는 니콜라이 1세의 권위주의적 통치기(1825~1855년) 동안 독일 낭만주의 철학에 푹 빠진 귀족 사상가들. 역사, 예술, 삶 자체의 의미에 관한 "저주받은 문제"의 해답을 토론 동아리의 형제애 안에서 찾아서 "두꺼운" 정기간행물의 지면에 내놓으려는 강한 욕구. 알렉산드르 푸시킨(1799~1837년)의 귀족 시에서 니콜라이 고골(1809~1852년)의 고뇌 어린 산문으로, 신고전주의 건축에서 알렉산드르 이바노프(1806~1858년)의 이념적 회화로, 1830년대의 셸링과 친슬라브주의자의 공상적 낭만주의에서 1840년대의 청년 헤겔파와 "서구주의자"의 혁명적 합리주의로 넘어가기. 귀족의 진리 추구가 남긴 형이상학적 고뇌의 유산; 미정의 문화적 정체성 추구에서 셰익스피어의「햄릿」과 라파엘로의「시스티나의 성모」가 지닌 상징적 중요성.

그 모든 시련과 분열을 딛고서 러시아는 18세기 중엽에 유럽의 대열강이 되었다. 변방의 투박함과 타타르의 무자비함은 프로이센의 규율과 스웨덴의 행정 기술로 순치되었다. 북유럽 출신의 고용 군인들로 새로 불어난 장교 계급은 러시아를 대외 정복에서 이끌었으며 러시아의 전제 군주를 국내 소요에서 지켜냈다. 보상으로 그 장교 계급에게 이제 토지와 행정권력이 주어지고 있었다. 새 귀족들은 옛 러시아의 문화를 거부했지만, 새로 흡수된 폴란드 영토에서 얻은 라틴 문화의 세련된 외관을 빼놓고는 그 자리에 아직 아무것도 들어서지 않았다.

표트르 대제와 그 바로 뒤 계승자들의 치세에 귀족은 여러 세계 사이에 붕 떠 있었다. 귀족은 대개 독일어와 러시아어와 폴란드어, 이렇게 적어도 세 나라 말을 해야 했으며, 그들의 반(半)공식적 교과서는 세 가지 다른 수 체계, 즉 (군사·기술용으로 필요한) 아라비아 숫자, (고전 문화와 근대 서방 문화에서 쓰이는) 로마 숫자, 아직도 러시아 자체에서 쓰이는 교회 슬라브어 문자 숫자를 익히라고 권했다.[1]

새 봉직귀족 계급에 맨 처음 주어진 명칭 슐랴헷스트보(шляхетство)는 이 계급이 여러 나라에서 비롯되었다는 상징이었다. 이 낱말은 폴란드어 낱말 슐라흐타가 러시아화한 형태였고 슐라흐타라는 낱말 자체도 세습 혈통을 가리키는 독일어 낱말 게슐레히트(Geschlecht)에서 유래했기 때문이다. 18세기 동안 그 귀족 계급은 드보랸스트보라는 용어로 알려지게 되었는데, "궁정인"이라는 이 용어는 차르와 귀족의 상호의존성이 커지고 있음을 시사했다. 귀족은 표트르 대제의 관등표(1722년)에 규정된 대로 국가에 봉사하는 대가로 1785년에 귀족헌장(Жалованная грамота дворянству)[74]

---

[74] 정식 명칭은 러시아 명문 귀족의 권리와 특권과 특전에 관한 헌장(Жалованная грамота на права, вольности и преимущества благородного российского дво-рянства)이다.

에서 절정에 이르는 일련의 권한을 부여받아 거의 무제한의 지방 권력을 얻었다. 새로운 귀족 계급은 독일-폴란드식 명칭을 내버린 것과 똑같이 그리스-비잔티움의 전통 유산을 거부하는 수단이었던 라틴 문화의 외피를 내버렸다. 라틴어는 신학교와 학술원의 주 언어로 남았지만, 러시아의 새 지배계급에게 공용어를 제공하지 않았고 18세기에는 그럴 수도 없었다.

　뿌리는 없지만 승리를 거둔 이 계급은 표트르 대제의 막내딸인 옐리자베타의 치세 말엽에나 가서야 프랑스어와 프랑스 문화를 통해 일체감을 찾기 시작했다. 옐리자베타 여제의 통치기는 러시아 귀족의 황금시대라고 마땅히 불릴 수 있고 대략 1755~1756년과 1855~1856년 사이의 한 세기라고 할 수 있는 창조의 시대를 열었다.

　1755~1756년에 러시아에서는 러시아인이 최초의 러시아 오페라를 공연했고 러시아 최초의 상설 극장이 들어섰으며 최초의 러시아 대학이 세워졌다. 한 세기 뒤에는 알렉산드르 2세가 제위에 올라 농노를 해방하고 러시아의 급속한 산업화를 개시했고, 그래서 귀족의 특별 지위를 영구히 종식했다. 외국의 영향이라는 관점에서도 이런 식의 시대 구분은 똑같은 정도로 의미심장하다. 1756년은 러시아가 프랑스의 구체제(ancien régime)[75]와 제휴하는 "외교 혁명"이 일어난 해이고, 1856년은 크림 전쟁이 끝난 해였다. 러시아의 구질서에게는 최초의 좌절이었던 크림 전쟁으로 승전국인 영국과 프랑스로부터 자유주의 사상이 흘러들어올 길이 마련되었다.

　러시아 외교에서 일어난 그 새로운 전환은 프랑스어가 귀족의 공용어가 되는 데 도움이 되었다. 러시아 귀족은 비록 근대 러시아 문학어도

---

[75]　1789년 프랑스 혁명 이전 프랑스의 정치·사회 구조.

만들어낼 터이더라도 계속해서 서로 프랑스어로 말을 했고 생각까지도 주로 프랑스어로 했다. 이 새 언어 덕분에 러시아 귀족은 유럽 문화의 주류에 들어섰고, 또한 제 나라 사람들에게서 예전보다 더 고립되었다. 그 귀족의 세기의 극적 요소 대부분은 세련되었지만 본질적으로 외국 것인 문화가 러시아 땅에 뿌리를 내리려는 몸부림에 있다.

이 추운 북쪽 지방에 정착하려고 애쓰면서 프랑스 계몽의 합리주의는 대중의 완고한 신앙심과 미신뿐만 아니라 귀족계급 자체 안에서 새로 솟구친 경건주의 사상과도 대립했다. 귀족의 세기가 어떻게 설정되든, 겉보기에 잔잔한 표면 밑에서 합리주의와 낭만주의, 프랑스의 영향과 독일의 영향, 보편주의와 민족주의, 성 페테르부르그와 모스크바 사이에 싸움이 벌어지고 있었다.

인상에 근거해서 사람들은 18세기는 계몽의 시대이고 19세기는 낭만의 시대라고, 또는 볼테르(Voltaire)와 디드로의 숭배가 셸링과 헤겔의 숭배에 자리를 내주었다고, 또는 예카테리나 대제와 알렉산드르 1세 치세의 친프랑스적 개혁과 두 사람의 계승자인 파벨 1세와 니콜라이 1세 치세의 프로이센식 규율 사이를 왔다갔다 했다고, 또는 프랑스에 매료되는 일반적 정서가 처음에는 혁명의 테러로, 그다음에는 나폴레옹의 1812년 침공으로 약해졌다고 말할 수 있다. 어떤 경우이든, 이 한 세기 내내 벌어진 싸움은 본질적으로 정치적, 개인적, 미학적 문제에 대한 프랑스식 접근법과 독일식 접근법 사이의 싸움이었다.

그 논쟁은 편찮은 귀족 소수파 안에서 일어났는데, 그들은 아래에서 오는 압박과 위에서 오는 핍박을 느끼기도 했다. 그러나 러시아의 역사라는 넓은 맥락에서 본다면, 통치 엘리트가 사회·정치적 대변동이라는 혼란에서 벗어난 상태에서 문제와 사상을 토론할 자유를 누렸던 세기는 십중팔구 없었을 것이다. 이 시기 동안 귀족 엘리트는 민족적이면서도 유럽적인 문화를 빚어냈고 그 시대의 최고 수준에 필적하는 시와 발레와 건축물을 창작했다.

그러나 그 귀족의 세기가 가장 운명적인 유산을 남긴 영역은 바로 사상의 영역이었다. 귀족은 현실의 책임에서 안전하게 벗어나 있었으므로 소란한 한 세기 동안 유럽의 철학에서 일어난 논쟁에 관여할 형편이 되었다. 얼마간은 한가한 호기심에서, 얼마간은 더 깊은 관심에서 러시아 귀족에게 역사의, 문화의, 그리고 삶 자체의 의미에 관한 좀처럼 가시지 않는 골치 아픈 문제에 차츰차츰 집중하는 철학적 고뇌감이 생겨났다.

관(官)의 러시아에 서먹서먹한 느낌이 들고 이 "골치 아픈 문제"들을 염려하는 귀족들 안에서 특수한 종류의 형제애가 나타났다. 프리메이슨 (Freemason)[76] 지부, 친교회, 철학 "동아리"의 무료한 회원들 사이에서 악의 없이 시작된 논쟁에서 연대감과 숭고한 목적의식이 나왔다. 물론, 그 귀족 철학자들은 거의 모든 것에 의견 일치를 보지 못했고 자기들을 둘러싼 사회에서 커다란 당혹감을 불러일으켰다. 그들은 조지 고든 바이런 (George Gordon Byron)의 시와 실러의 희곡에 나오는 영웅성을 러시아 땅에 실현하려는 비현실적인 노력을 하다가 자기들이 좋아하는 연극의 등장인물 햄릿(Hamlet)의 우유부단한 우울함에 자주 침잠해서 "잉여인간" (лишний человек)[77]으로 알려진 문학의 전형적 인물상을 만들어냈다. 그러

---

[76] 1717년에 런던에서 결성되어 18세기 중후엽에서 유럽과 미주에 확산한 엘리트 남성의 사교 조직. 세계주의, 자유주의, 개인주의, 합리주의를 표방하고 박애와 사회 개혁을 추구했으며, 종교적 색채까지 띠었다. 가톨릭교회와 정부의 의심을 사서 탄압을 받자 비밀결사 성격을 띤 조직이 되었다.

[77] 이상과 선의를 품고 있지만 실천하지 못하고 사회의 부조리를 깨닫고도 방관하는 유형의 인간을 일컫는 표현. 투르게네프의 『한 잉여인간의 일기』(Дневник лиш-него человека)가 1850년에 나오면서 유행어가 되었고, 곤차로프의 1859년 작 『오블로모프』(Обломов)의 주인공이 그 전형이다.

나 한편으로 그들은 높은 이상에 대한 자기들 나름의 비상한 헌신의 주위에 영웅적 행위라는 아우라를 만들어냈다. 그들은 타협, 속물성, 부분적 해답에 대한 지속적 불만을 만들어냈다.

생각하는 귀족들은 현실의 정치·사회 개혁의 문제에서 좌절하고는 자기들의 열정을 예술 창작과 역사적 예언에 더욱더 쏟아부었다. 그들은 풍작을 위해 땅을 갈고 씨를 뿌렸다. 그들이 현실에 안주하지 않고 진실을 좇은 덕분에 후속 시대에 근대의 가장 심오한 사실주의 문학과 가장 심오한 혁명적 정치 격변이 나타날 수 있었다.

01 곤혹스러운 계몽

근대 초기의 서방에서 전개된 양상과는 달리 러시아의 세속적 계몽은 뒤늦게 시작돼서 단속적으로 진행되었으며, 대개는 — 언제나 황제의 명령과 후원에 호응한 — 수사나 외국인 전문가의 작품이었다.

종교의 중요성을 최소화하고 대러시아의 영향을 대체로 최대화하는 소련의 학자조차도 이제는 러시아 계몽의 시작을 러시아 교회에서 분열이 일어났을 때 학식 있는 백러시아인 및 우크라이나인 수사들이 모스크바로 유입된 시기부터라고 보는 경향을 보인다.[1] 수사와 신학생이 실제로 20세기에 접어들어서도 러시아 계몽에서 계속 큰 역할을 했고, 그들 때문에 얼마간은 러시아의 많은 세속적 사고가 종교성을 강하게 띠었다. 한편, 러시아 제국의 영토 가운데에서 서방화된 지역은 곧 귀족 문화를 지배하는 사변철학과 고전 예술양식에 러시아의 심성이 익숙해지도록 만드는 데 핵심 역할을 했다. 키예프는 폴란드의 지배를 받는 동안 학술 교육과 바로크 건축의 동쪽 보루로 바뀌었다. 키예프는 도로 러시아의 지배를 받게 된 뒤로 거의 한 세기 동안 러시아 제국에서 학문 수준이 가장 높은 도시였다. (19세기까지는 신학원이 아니었던) 키예프-모길라 학술원은 서방식 문과 대학에 가장 가까운 기구였다. 1721년과 1765년 사이에 신학교 스물여덟 개가 — 모두 다 키예프를 본떠서 — 세워졌다. 키예프가 18세기에 러시아에게 읽고 쓰는 법뿐만 아니라 귀족 지식인에게 그토록 매력적이었음이 입증될 터인 추상적·형이상학적으로 생각하는 법을 가르쳤다고 해도 지나친 말이 분명 아닐 것이다.[2]

외국인 기술자도 근대 초 러시아 역사에서 문예·세속 사상을 지니고 온 이들이었다. 그러나 15세기부터 17세기 초엽까지 러시아로 점점 더 많이 물밀 듯 쏟아져 들어온 다양한 군사·상업·의료 전문가는 대개 주요 항구와 행정 중심지에 있는 완전히 폐쇄된 거류지에 갇혀 지냈다. 넓은 지역에 흩어져 살거나 러시아인과 폭넓게 접촉하면 거의 한결같이 완전 동화되는, 즉 이름과 종교와 옷이 바뀌는 대가를 치렀다. 이 대가를 기꺼이 치르고자 한 이들은 대체로 자기 나라로 택해서 귀화한 나라에 이바지할 상당한 지적 활력이나 문화적 활력을 지니고 있지 않았다.

표트르 대제는 외국의 기술 사고를 러시아에 들여왔기 때문이 아니라 그 사고를 국가 후원 형식의 새로운 교육의 바탕으로 삼았기 때문에 중요했다. 표트르 대제는 대다수 봉직귀족에게 초등 교육을 의무화하는 법령을 만들어서, 그리고 관용 서체, 즉 개량 알파벳과 숱하게 많은 서방의 낱말과 개념을 러시아어에 도입해서 더 순전히 세속적인 계몽을 위한 길을 닦았다. 그가 죽고 나서 얼마 지나지 않아 최초의 세속학문 연구소인 학술원이 그가 미리 정해놓았던 방침에 따라 성 페테르부르그에 세워졌다. 그 학술원의 조직과 임원 구성을 독일의 수학자이자 자연철학자인 크리스티안 볼프(Christian Wolff)에게 맡김으로써 표트르 대제는 그의 후계자들의 치세에도 지속될 외국인에 대한 의존을 인정했지만, 그들에게 세속 지식을 선호하는 편향을 물려주었다. 할레(Halle)에서 온 경건주의 복음전도자들이 표트르 대제 치세 초기에 러시아의 핵심 도시에 세운 학교 체계는 곧 무너졌지만, (두려워하는 경건주의자들의 강압에 밀려 할레를 떠나야 했던) 볼프가 조직한 학술원은 사라지지 않았고 차츰차츰 새 교육 체계의 중심이 되었다.[3]

그러나 옐리자베타 여제 치세인 1750년대에 비로소 학술원의 활동이 러시아 문화에 더 폭넓은 영향을 주기 시작했다. 그 무렵이 되면 서방을 향한 표트르 대제의 개방이 여러 방면에서 불러일으킨 효과가 러시아판 계몽이라고 마땅히 불릴 수 있는 열매를 맺기 시작했다. 학술원은 1750년대 중엽의 몇 해 안 되는 기간 안에 민족지 서적과 지리학 서적을 펴내서 다른 문화에 관한 신선한 정보로 귀족 사회를 크게 자극했다. 러시아는 대학교, 상설 극장, 예술원, 장식용 도자기 공장 등을 얻었다.

아마도 예카테리나 대제 치세 초기가 가장 결정적인 시기였을 것이다. 새 군주가 글을 읽을 줄 아는 대중에게 새로운 범위의 문제를, 즉 정치에서 건축과 농업에 이르는 각종 문제를 생각해보라고 사실상 명했기 때문이다. 러시아 제국에서 한 해에 간행되는 서적의 종수가 표트르 대제가 죽은 다음 해에 겨우 7종이던 수준에서 1750년대 말에는 23종으로 늘어난 반면에, 1760년대에는 연평균 105종으로 껑충 뛰었다. 일련의 기하급수적 증가의 첫 사례였다. 18세기 전반기에 간행된 얼마 안 되는 책 거의 전부가 종교 서적이었던 반면에, 18세기 후반기에 (거의 다가 예카테리나 대제 통치기 동안에) 간행된 책 8,000종의 40퍼센트가 순전히 세속적인 서적이었다.[4] 1760년대와 1770년대에 러시아에서 유통되는 신간 서적의 종수는 1740년대와 1750년대의 7배 이상이었다.[5]

간행된 (그리고 또한 수입된) 서적의 수가 이렇게 급작스레 늘면서 더불어 세속 지식이 지방으로 확 퍼져나갔다. 종교적 보수주의와 외국인 혐오증의 보루였던 외딴 지방이 세속적 계몽에 중요한 이바지를 하기 시작했다. 시인 바실리 트레디야콥스키(Василий Тредьяковский)는 아스트라한 출신, 로모노소프는 홀모고리 출신, 러시아 최초의 상설 극장의 임원은 야로슬라블 출신이었다. 그 상설 극장의 단장 겸 수석 극작가인 알렉산드르 수마로코프(Александр Сумароков)는 ── 성 페테르부르그의 재건축에 쓰인 화강암 대부분이 그랬듯이 — 핀란드에서 왔다. 러시아 역사상 최초의 지방 저널은 1780년대 말엽에 야로슬라블과 머나먼 시베리아의 토볼스크에서 나타났다.[6] 볼테르의 저서를 가장 뛰어나게 번역한 (그리고 예카테리나 대제가 러시아의 계몽에 환멸을 품게 된 뒤에도 볼테르를 가장 유창하게 옹호한) 사람은 오렌부르그(Оренбург)라는 시베리아의 도시에서 왔다.[7]

외국인 개인교사가 갑자기 유입되고 지방 도시를 제국의 문화·행정 중심지로 만들려는 시도가 이루어지면서 새로운 세속 문화에 지방이 연루되는 일이 많아졌다. 위대한 생물학자이자 광물학자이자 어학자인 페터 지몬 팔라스(Peter Simon Pallas)가 이끄는 과학 탐사대가 1760년대와 1770년대에 갑작스레 북부와 동부를 여러 차례 탐험한 것도 중요했다. 온갖 종류의 과학 정보를 수집해서 대조하는 이 거창한 시도가 학술원의 후원을 받아 수행되면서 그 활동에 지역의 상황과 문제에 관한 직접적 지식을 지닌 많은 지방 인사가 관여하지 않을 수 없었다.

학술원이 토박이 러시아인의 중대한 고등과학교육기관으로 등장한 시기는 팔라스의, 그리고 위대한 수학자 레온하르트 오일러(Leonhard Euler)의 러시아인 문하생들이 집단 연구를 시작한 때로 잡을 수 있다. 오일러는 1766년에 러시아로 영구히 돌아온 뒤 얼마 되지 않아 장님이 되었는데도 그의 전집에 실려있는 논문 800편 가운데 거의 절반을 생애 말기에 썼다. 연구 성과가 두드러지게 많이 배출된 시기였다. 그는 몸이 워낙 허약해서 젊은 러시아인 문하생들에게 의지하지 않으면 안 되었다. 그가 예전에 베를린 학술원 원장을 지낸 경험은 동료 과학자들을 격려하는 능력뿐만 아니라 그들을 조직하는 능력도 키워주었다. 그는 1783년에 죽었을 때 다른 교육기관의 교과과정에 고등수학을 도입할 능력을 갖추고 러시아어를 구사하는 상당수의 과학자를 러시아에 남겨놓았다.[8]

오일러는 예카테리나 대제에게서 전속 개인 요리사를 빼내 왔는데, 그 요리사는 나이를 먹어가는 오일러의 몸이 소화할 수 있는 것보다 더 푸짐하게 음식을 차려주었다. 오일러는 러시아에 생각할 양식을 러시아의 어린 지력이 아직 소화할 수 있는 것보다 더 많이 주어서 예카테리나 대제에게 보답했다. 그러나 오일러가 죽은 뒤 그의 아들 가운데 셋이, 적어도 한동안은, 러시아에 남아서 그 소화 과정이 시작되도록 도왔다. 성 페테르부르크에서 열린 오일러의 장례식에서 고인의 덕을 기리는 글을 읽은 사람인 니콜라스 푸스(Nicolas Fuss)는 오일러의 손녀와 결혼했고 19세기 초엽의 러시아에 더 높은 수준의 수학을 연구하는 자생적 전통을 세우는 일을 도왔다.

이 토착 과학전통의 발전보다 훨씬 더 중요한 것이 러시아 계몽의 가장 유명한 인물인 미하일 로모노소프로 대표되는 과학상의 자신감이 더 먼저 나타난 것이었다. 로모노소프는 과학자였다. 과학자라는 낱말의 르네상스식 의미로도 그랬고 근대적 의미로도 그랬다. 그는 러시아가 유럽의 세속적 과학 문화에 의존만 하는 존재보다는 공헌하는 존재로서 등장했음을 상징하는 보편인[1]이었다.[9] 1730년대 중엽에 학술원의 신임 원장이 학술원 산하 김나지움에서 과학 교육을 받도록 일정한 수의 우수한 러시아인 학생을 여러 신학원에서 뽑아서 보내달라고 요청했을 때 로모노소프의 삶을 결정하는 순간이 찾아왔다. 로모노소프는 그렇게 뽑힌 소수의 일원으로서 1736년 설날에 성 페테르부르크에 도착했다. 딱 네 해 앞서서 안나 여제가 상시 거주를 위해 성 페테르부르크에 도착한 것

---

1   여러 분야에 걸친 깊은 지식을 지닌 지성인. 르네상스 인본주의의 이상적 인간형이었으며, 라틴어로는 Homo Universalis, 이탈리아어로는 Uomo universale라고 한다.

못지않게 그 새 수도의 문화 흥기에 중요한 획기적 사건이었다.

할레에 있는 프로이센 경건주의의 아성을 떠났던 크리스티안 볼프와 함께 로모노소프는 공부하려고 성 페테르부르그에서 마르부르크(Marburg) 대학으로 갔다. 그곳에서 로모노소프는 물리화학 분야의 선구자가 될 수 있도록 해준 과학 훈련을 받았을 뿐만 아니라 그때까지 러시아에는 없던 대학교라는 제도에 매혹되기도 했다. 그는 러시아에 돌아오자마자 성 페테르부르그 학술원의 과학 활동에 전념했고 모스크바 대학을 세우는 일을 거들기도 하고 그 대학이 초창기에 도서관과 연구소를 중시하는 독일식 편향성을 띠도록 일조했다.

로모노소프는 과학자이자 교육자였을 뿐만 아니라 시인이자 수필가이자 웅변가이자 역사가이기도 했다. 그는 표트르 대제 전기를 쓰려는 볼테르에게 보낼 자료를 모았으며, 러시아의 초기 문명에서 게르만 요소를 강조하는 당시의 주류 "노르만" 설에 의문을 제기했다. 그는 러시아어 문법서를 썼는데, 이 책은 출간된 1755년부터 1830년대까지 이 주제의 기본서 구실을 했다. 로모노소프는 — 비록 자기의 저술 대부분을 교회 슬라브어식 표현법 투성이의 과장된 언어로 썼을지라도 — 토착 러시아어를 찬미하고 토착 러시아어 사용 지침을 내놓아서 진정으로 민족적인 표현 형식을 위한 길을 닦는 일을 거들었다.

로모노소프는 어느 모로도 혁명가는 아니었다. 그는 곳곳에 있는 게으름과 미신을 거부했다. 그러나 그는 유럽의 다른 대다수 계몽운동 지도자 못지않게 군주를 찬양했고, 그의 신앙은 꽤 열렬했다. 그의 새로운 수사·찬양 기법은 즉위 기념식과 그리스도교 축일에 이용되었으며, 유리를 만드는 그의 새 화학 기법은 교회 모자이크에 이용되었다. 그의 호기심은 (동료 한 사람과 함께 벤저민 프랭클린(Benjamin Franklin)의 전기 실험을 그대로 되풀이하고 뇌우가 이는 동안 전하(電荷)를 병 속으로 보내는 "우레 장치"를 만들어서 성 페테르부르그 사회를 사로잡는 등) 위로는 하늘로, 그리고 (더 과학적인 항법을 개발할 국제 학술원을 세우자고 제안하고 오리엔트로 가는 북쪽 경로를 찾을 원정대를 편성하자고 주장하는 등) 밖으로는 저 멀리 바다로 뻗어나갔다.

푸시킨과 더불어 로모노소프는 그 뒤 러시아 사상계 거의 모든 분파의 찬양을 받은 드문 인물들 가운데 한 사람이다. 로모노소프의 후대인이 동경하며 돌이켜 돌아보는 대상은 그가 이룬 위업의 범위뿐만 아니라 그가 삶을 대하는 실용적 태도였다. 과거를 그리워하는 그들의 애착은 로모노소프라는 인물 자체의 특이함 못지않게 러시아의 계몽이 서방의 계몽에 비해 상대적으로 허약하고 불안정한 현상이었음을 생각나게 해주는 구실을 한다. 실제로, 로모노소프의 동포는 20세기 초엽에 가서야 그의 대다수 과학 활동을 완전히 발견하고 이해했다.

로모노소프가 1765년에 죽은 뒤 계몽은 새 여황제인 예카테리나 대제의 치하에서 가장 위대한 승리 쪽으로 움직이고 있다고 보였다. 표트르 대제가 유럽을 향해 창을 열고 옐리자베타가 그 창을 로코코풍 커튼으로 꾸몄다면, 예카테리나 대제는 문을 활짝 열었고 집 자체를 개축하기 시작했다. 예카테리나 대제는 북유럽 프로테스탄트 국가들의 기술적 위업 너머로 프랑스와 이탈리아의 문화 번영과 영국의 정치 전통에 눈길을 주었다. 그러나 이 초기의 낙관론은 금세 시들었다. 만물을 비추는 계몽의 태양은 동방의 하늘이 처음에 보였던 것보다 더 흐리다는 것을 깨달았다.

개혁하는 전제군주의 딜레마

예카테리나 대제의 통치는 그토록 많은 18세기 유럽 군주를 괴롭힌

이론상의 계몽과 실제의 전제정 사이의 갈등을 극적으로 예증해준다. 예카테리나 대제 시대의 다른 통치자들 가운데 그토록 포괄적인 개혁 계획을 보유하고 필로소프(Philosophe)²에게서 찬사를 그토록 많이 받은 이도 드물지만, 다른 통치자들 가운데 실제 성취에서 그토록 빈약한 이도 드물다. 그러나 실패하면서도 예카테리나 대제는 — 귀족들에게는 골치 아픈 문제를 내놓는 한편으로 농민에게는 견디기 힘든 조건을 만들어내면서 — 미래의 변화를 위한 조건을 만들어냈다. 이반 4세와 레닌 사이에 러시아를 다스리고 자기 생각을 표현할 줄 아는 유일한 이념가로서 예카테리나 대제는 러시아 문화를 프랑스 문화와 연결해서, 그리고 황제권의 기반을 세습권이나 종교적 승인보다는 철학적 원칙에 두어서 러시아 사상의 준거를 바꿨다.

물론, 프랑스의 매력은 더 일찍부터 인식되었다. 표트르 대제는 소르본 대학을 방문했으며 1717년에는 유학생 세 명을 파리로 보냈다. 칸테미르와 트레디야콥스키는 둘 다 30대의 대부분을 파리에서 프랑스 문화를 흡수하면서 보냈다. 칸테미르는 장-밥티스트 몰리에르(Jean-Baptiste Molière)의 작품을 번역하고 독자적으로는 프랑스 풍자문학풍의 글을 썼다. 트레디야콥스키는 학술원 간사이자 궁정 시인으로서 러시아어 회화에 프랑스식 어법을 대거 도입하기 시작했다. 안정되지 못한 귀족은 표현 양식뿐만 아니라 철학의 지도 원리를 얻고자 처음부터 프랑스 사상에 눈길을 주었고, 이렇게 철학을 갈구하다 보니 새로운 국가교회 안의 정교 수호자들과 갈등을 빚게 되었다. 옐리자베타 여제 통치기 내내 신성종무원은 우주가 무한하다는 이미지를 대중화하는 베르나르 퐁트넬(Bernard Fontenelle)의 『세계의 복수성(複數性)에 관한 대담』(Entretiens sur la

---

² 철학자라는 뜻의 프랑스어 낱말이지만, 이성의 우위를 믿고 사회 개혁을 지지하는 경향을 보인 18세기 프랑스의 문인, 과학자, 사상가를 총칭하는 표현으로 쓰인다.

pluralité des mondes)을 금지하려는 시도를 되풀이했다.[10]

그러나 예카테리나 대제 치세에 시냇물이 큰물이 되었다. 퐁트넬의 책이 자유롭게 출판되었지만 눈길을 거의 끌지 못했다. 새로운 서적과 사상이 프랑스에서 흘러들어왔고 금세 더 대담하고 참신한 것들로 대체되었다. 예전의 책은 한 번도 쓰지 않았는데 갑자기 유행에 뒤떨어진 모자처럼 사용되기도 전에 내버려졌다. 예카테리나 대제 치세에 크나큰 인기를 누릴 첫 프랑스 사상가는 "불후의 페늘롱(Fénelon)"이었는데, 그의 소설 『텔레마코스의 모험』(Les Aventures de Télémaque)은 유토피아 사회의 짜릿한 이미지를 제시했고 그의 저작 『여성교육론』(Traité de l'éducation des filles)은 귀족 여성을 교육하는 예카테리나 대제의 실험에 얼마간 영감을 주었다.[11] 페늘롱의 자리에 샤를-루이 몽테스키외(Charles-Louis Montesquieu)가, 몽테스키외의 자리에 볼테르가 들어섰다. 그때마다 심취하는 정도가 더 강해졌다.

프랑스 심취에는 귀족 문화의 성격을 — 또는 성격 부재를 — 결정하는 데 큰 몫을 한 인위적이면서 작위적인 특성이 있었다. 프랑스와의 접촉은 빈번하게 매개를 거쳐 이루어졌다. 예카테리나 대제 스스로 독일에서 교육을 받을 때 프랑스 문물을 좋아하는 나름의 취향을 습득했다. 프랑스어 작품을 러시아어로 체계적으로 번역하는 작업을 맨 처음 한 이는 "노르만론자"인 독일인 게르하르트 프리드리히 뮐러(Gerhard Friedrich Müller)였는데, 그는 그 작업을 조지프 애디슨(Joseph Addison)과 리처드 스틸(Richard Steele)의 저널[3]을 모방한 독일 저널을 모방한 러시아 저널[4]에서 했다. 몰

---

[3]   애디슨과 스틸이 공동으로 1709년 4월부터 1711년 1월까지 발행한 『태틀러』(The Tatler)와 그 후신으로 1711년 3월부터 1712년 12월까지 발행한 『스펙테이터』 (The Spectator).

[4]   『성 페테르부르그 통보』(Санкт-Петербургские ведомости). 1703년부터 『통보』

리에르의 작품은 주로 발트 해 연안 지방이라는 매개를 거쳐 러시아에 도달했으며, 몰리에르가 예카테리나 대제 시절의 러시아 풍자문학에 미친 영향은 "덴마크의 몰리에르"인 루드비 홀베르(Ludvig Holberg)의 영향과 뒤섞였다. "프랑스의"라는 뜻의 러시아어 낱말은 독일어에서, "파리"를 뜻하는 러시아어 낱말은 이탈리아어에서 비롯되었다.5[12]

그러나 프랑스 문화는 비록 자주 매개를 통해서 러시아에 도달했을지라도 대체로 통째로 물리치거나 받아들여야 할 단일한 완성물로 여겨졌다. 러시아인은 비잔티움과 처음 대면했을 때보다도 훨씬 더 심하게 프랑스의 위업을 그것에 딸려있던 비판 정신을 빼놓고 이식하려고 시도했다. 예카테리나 대제는 프랑스의 계몽에서 자기의 통치를 탄탄한 철학적 기반 위에 올려놓고 유럽의 도덕적 지도에 국가적 지침을 제공하는 수단을 보았다. 러시아 귀족은 프랑스 문화를 이용해서 공동의 정체성을 확립했다. 러시아 제국에서 프랑스어는 러시아 귀족을 러시아어나 우크라이나어를 쓰는 농민에게서, 그리고 독일어나 스웨덴어나 이디시(Yiddish)어6를 쓰는 상인에게서 떼어 갈라놓았다. 프랑스풍 저택과 공원과 연극 공연은 한가로운 모임과 공동 행사를 위한 즐겁고 우아한 장소와 오랜 전쟁 기간의 내핍에서 벗어나는 위안거리를 제공했다.

예카테리나 대제는 자기가 지은 많은 철학 우화들 가운데 하나에서 자기의 통치 목적을 "가시가 없어서 찔리지 않는 장미꽃"으로 묘사했다.[13] 그 장미꽃은 길라잡이, 즉 이성의 안내에 따라서 이 세속적 천로역

(Ведомости)라는 표제로 나오다가 1728년에 뮐러가 편집장이 되면서 이름이 바뀌어 1914년까지 간행되었다.

5   французский는 독일어의 französisch에서, Париж는 이탈리아어의 Parigi에서 비롯되었다.

6   중동부 유럽 출신 유대인의 언어. 셈어와 독일어와 슬라브어가 혼합된 혼성어이다.

정(天路歷程)을 방해하려고 애쓰는 비합리적 유혹을 피해야만 얻을 수 있는 미덕을 상징한다.[7] 예카테리나 대제는 "18세기 철학자의 하늘나라", 즉 정의와 올바른 이성의 지배로 자연스레 틀림없이 이어질 참된 미덕에서 일말의 고통이나 불행을 보지 못했다.

자신감에 차서 낙관한 탓에 예카테리나 대제는 개혁하는 전제군주의 딜레마가 생겨나도록 조장했고 그 딜레마에 직면할 수밖에 없었다. 또한, 이 딜레마는 예카테리나 대제의 손자 알렉산드르 1세와 그의 조카 알렉산드르 2세를 늘 따라다니게 되는 반면에, 알렉산드르 2세의 손자 니콜라이 2세는 그 딜레마에 맞서기는커녕 겁에 질려 피해 다니게 된다. 어떻게 하면 절대권력과 위계제적 사회 체계를 유지하면서도 개혁책을 도입하고 교육을 장려할 수 있을까? 어떻게 하면 절대군주가 "기대가 용솟음치는 혁명"에 맞부딪치지 않고 개선의 희망을 유지할 수 있을까? 두 알렉산드르는, 예카테리나 대제처럼, 초기의 포용을 후기의 전제적 방책으로 반드시 제어해야 한다고 깨닫게 된다. 그러나 그 후계자들의 — 즉, 파벨 1세와 니콜라이 1세와 알렉산드르 3세의 — 프로이센식 방식은 국가의 본질적 문제를 풀 수 없었고, 그런 탓에 개혁의 필요성이 훨씬 더 절실해졌다. 더군다나 파벨 1세와 니콜라이 1세와 알렉산드르 3세는 온건 개혁주의자에게 좌절감을 안겨줌으로써 개혁 진영에서 극단주의자의 영향력을 키워주고 후임 황제에게 인위적으로 억눌리고 과장된 기대를 떠넘겼다.

---

[7] 1781년에 예카테리나 대제는 키르키즈 타타르의 한에게 납치되어 "가시가 없어서 찔리지 않는 장미꽃"을 사흘 안에 찾아오라는 과제를 받은 주인공 흘로르가 힘든 여행을 한 끝에 이성(Разсудок)의 도움을 받아 험준한 산꼭대기에서 그 꽃을 찾아내고 풀려나 자기 나라로 되돌아간다는 민담 『차레비치 흘로르에 관하여』(О Царевиче Хлоре)를 썼다.

폭력의 냄새가 이 모든 개혁 황제들의 주위에 감돌았다. 예카테리나 대제와 알렉산드르 1세는 저마다 전임 황제이자 근친자의 모살(謀殺)을 부추겨서 권좌에 올랐다. 가장 원대한 개혁을 이루려던 알렉산드르 2세가 받은 사례는 감사가 아니라 암살이었다.

개혁하는 전제정의 딜레마에 직면하도록 맨 처음 예카테리나 대제를 몰아간 것은 거의 틀림없이 두려움이었을 것이다. 제위에 오른 예카테리나의 처지는 처음에는 얼마 전 피살된 남편 표트르 3세의 처지보다 더 든든하지도 않았다. 특히 귀족 위주의 황제 협의회(Императорский совет)[8]로 황제권을 크게 제한하려는 니키타 파닌(Никита Панин)의 계획으로 위협을 받자 예카테리나 대제는 1763년에 포괄적인 절대군주제 옹호론을 작성하는 일에 나섰다. 별개의 초안 세 개를 쓴 뒤에 예카테리나 대제는 특별히 소집된 1766~1767년의 입법위원회에 그 옹호론을 제출했다. 예카테리나 대제의 지시에 따르는 비귀족 인자가 과반수를 차지하는 그 입법위원회는 만장일치로 그에게 "예카테리나 대제, 조국의 현명한 어머니"라는 칭호를 수여하고 흔히 「훈령」, 즉 나카즈(Наказ)[14]로 알려진 그의 미려한 철학적 군주제 옹호론 최종안을 러시아어, 독일어, 프랑스어, 라틴어로 간행할 준비를 했다.

그러나 예카테리나 대제와 그 후임 황제들은 제위 찬탈을 정당화하는 이 묘한 방법에 대한 혹독한 대가를 치렀다. 귀족 계급은 자기들에게 뿌리가 없다는 감정이 가시지 않아서 괴로워했는데, 예카테리나 대제는 귀족을 국무에 끌어들이자는 파닌의 제안을 거부함으로써 이미 강했던 이 감정을 더 키웠다. 그 뒤에 예카테리나 대제가 보상 차원에서 귀족계

---

[8] 파닌의 계획에서 고관대작 6~8인으로 구성되어 황제와 더불어 국정을 운영할 위원회.

급에게 그들이 소유한 농노에 대한 엄청난 경제적 권한과 정부에 봉사하지 않아도 된다는 면제권을 부여했다는 사실은 국정에 참여한다는 의식을 키우지 않은 채 무위도식할 권세를 키웠을 따름이다.

훨씬 더 중요한 것은 누군가가 권력을 쥘 권리를 자연철학[9]이라는 완전히 새로운 기반 위에서 정당화하는 것이 지닌 체제 뒤흔들기 효과였다. 입법위원회는, 비록 어떤 법률도 제정하지는 못했을지라도, 예카테리나 대제의 논설문을 상세하게 논의하고 공식 승인함으로써 체제를 뒤엎을 잠재성을 지닌 수많은 새 정치사상이 유포되도록 거들었다.「나카즈」에 따르면, 러시아는 유럽 국가이며 러시아의 신민은 "시민"이며 러시아의 바람직한 법률은 전통적인 역사적 법률이기보다는 합리적이고 자연스러운 질서의 법률이었다. 비록「나카즈」가 러시아 안에서 널리 배포되지는 않았을지라도, 입법위원회는「나카즈」의 사상을 농노를 제외한 러시아의 모든 사회 집단에 전해주기에 충분할 만큼 폭넓은 대표성을 지녔다. 대의원 564명으로 러시아인 1,800만 명 가운데 400만 명을 대표하는 입법위원회는 17세기 초엽의 젬스키 소보르 이후로는 진정으로 거국적인 협의체를 열어보려는 서툰 첫 시도였다.[15] 그러나 입법위원회는 완전히 세속적이라는 점에서 러시아 땅에서 여태껏 열렸던 예전의 모든 협의체와는 사뭇 달랐다. 신성종무원을 대표하는 대의원이 한 명 있었지만, 성직자 신분을 대표하는 대의원은 단 한 명도 없었다.

"선"(善)과 "자연성"이라는 예카테리나 대제의 기본 사상은 계시 종교[10]뿐만 아니라 전통적인 자연철학까지도 회의하는 태도를 부추겼다.

---

[9] 자연 현상의 바탕이 되는 형이상학 원리를 탐구하고 자연과학의 인식론적 기초를 밝히는 철학.
[10] 유대교, 그리스도교, 이슬람교 등처럼 유일신이 인간에게 내린 은총을 바탕으로 하는 종교.

예카테리나 대제의 「나카즈」는 인간의 생각을 궁극적 진리나 이상적 원형뿐만 아니라 상대주의적이고 공리주의적인 새 전망 쪽으로도 돌렸다. 영국 공리주의[11]의 아버지 제레미 벤담(Jeremy Bentham)이 예카테리나 대제의 러시아를 방문한 외국인들 가운데 가장 큰 존중을 받은 사람이었다는 것은, 그리고 러시아에서 나온 벤담의, 그리고 벤담에 관한 번역서가 팔리는 양이 영국에서 그 원본이 팔리는 양을 곧 넘어서기 시작했다는 것은 전적으로 타당해 보인다.[16]

진정한 공리주의자처럼 예카테리나 대제는 입법을 특정한 전통과 환경 속에서 "인류에게 유용할 수도 있"는 "최대 행복으로 인민을 이끄는 기법"으로 정의했다. 전제정은 매개 권력과 명확한 법률을 통해 통치해야 하며, 그러려면 개인이 "그 법률을 불가침의 상태로 두는 것이 그 개인의 의무일 뿐만 아니라 그의 이익이라는 점을 완전히 확신해야 한다." 프랑스의 군주는 이처럼 권력을 정당화하는 접근법에 체제를 뒤엎는 효과가 들어있음을 올바로 알아채고는 1771년에 프랑스로 들어오던 「나카즈」 2,000여 부를 몰수하고 그 저작의 24개 외국어판 어느 하나도 프랑스에서 인쇄되지 못하도록 막았다.[17]

예카테리나 대제는 벤담뿐만 아니라 벤담의 적수 윌리엄 블랙스톤(William Blacksotne)도 찬양했다. 예카테리나 대제는 블랙스톤의 『영국법 주해』(Commentaries on the Laws of England)를 꼼꼼히 공부하고 세 권짜리 책으로 번역했다. 예카테리나 대제는 영국뿐만 아니라 이탈리아에서도 널리 찬양되었다. 이탈리아에서 18세기에 승리를 거둔 권력과 이성의 연합을 기리는 대작 한 권이 1778년에 예카테리나 대제에게 헌정되었다.[18] 예

---

[11] 행위의 목적이나 선악 판단의 기준을 행복과 이익을 증진하는 데 두는 사상. 개인의 복지를 중시하는 견해와 사회의 복지를 중시하는 견해로 나뉜다.

카테리나 대제의 「나카즈」에 있는 항목의 거의 6분의 1은 또 다른 이탈리아 사람인 체사레 베카리아(Cesare Beccaria)의 『범죄와 형벌에 관하여』(Dei delitti e delle pene)에서 곧바로 따온 것이었다. 예카테리나 대제는 『범죄와 형벌에 관하여』를 읽고서 범죄는 무지와 허술한 법에서 나오며 형벌은 자의적이고 보복 위주이기보다는 엄정하고 교도 위주여야 한다는 신념을 굳혔다.[19]

그러나 예카테리나 대제가 가장 강하게 친밀감을 품는 대상은 늘 프랑스였다. 예카테리나 대제는 프랑스와 동맹 관계를 새로 맺은 직후이면서 제위에 오르기 훨씬 전인 1756년에 그 동맹을 평하면서 "비록 상업상 이익은 크지 않을지라도, 우리는 지성이 든 화물 짐짝으로 벌충하리라"고 썼다.[20]

그 짐짝은 1755년에 러시아 땅에서 최초로 프랑스어 잡지가 나오면서, 그리고 1756년에 볼테르의 『역사철학』(Philosophie d'histoire)이 나온 지 며칠 만에 성 페테르부르그에서만 3,000부가 팔리는 전례 없는 일이 일어나면서 이미 도착하기 시작한 상태에 있었다.[21]

볼테르는 곧 러시아 제국의 공식 역사가, 그리고 세속 귀족계급을 위한 일종의 수호성자가 되었다. 다면적인 프랑스 계몽주의는 볼테르를 중심으로 하는 단일체라고 생각되었다. 벗이든 적이든 하나같이 다, 15세기에 라틴스트보("라틴 세계")를 두고 그랬던 것과 똑같이, 볼테리얀스트보(Вольтерьянство, "볼테르주의")를 서방 문화의 진수라고 일컬었다. 예카테리나 대제의 적극적인 장려로 러시아 귀족계급의 상당 부분이 합리주의와 회의주의, 그리고 개혁에 대한 막연한 열정이라는 개괄적 의미를 지닌 볼테르주의에 푹 빠지게 되었다. 예카테리나 대제는 통치 첫해에, 즉 서른네 살이었을 때 거의 일흔 살인 볼테르와 편지를 주고받기 시작했다. 18세기의 마지막 3분의 1 동안 러시아어로 번역된 볼테르의 예순

권 남짓한 개별 저작은 거의 모두 다 예카테리나 대제 통치기 동안에 나왔다. 적어도 140종에 이르는 볼테르의 저서 번역서가 귀족의 세기 동안 간행되었다. 요약문과 필사본이 수없이 많이 만들어졌고, 프랑스어 원문으로 된 상당한 분량의 볼테르 저작을 갖추지 않은 귀족의 서재는 완전하다고 여겨지지 않았다. 볼테르라는 이름은 비유로뿐만 아니라 말 그대로 가장 높이 떠받들어졌다. 러시아 귀족이 만찬 뒤에 대화할 때 앉는 등받이가 높고 팔걸이가 가느다란 새 안락의자는 볼테르가 앉아있는 것으로 자주 묘사되는 의자를 본뜬 것이었고 심지어는 오늘날에도 볼테롭스코예 크레슬로(Вольтеровское кресло), 즉 "볼테르 의자"로 알려져 있기 때문이다.[22]

볼테르가 상징이었다면, 프랑스화한 독일인인 프리드리히 그림(Friedrich Grimm)은 예카테리나 대제의 궁정을 위한 정보의 주요 원천이었다. 그림은 살롱의 지성 활동에 관한 자기의 유명한 문학 시사통신[12]에 부록으로 그 여황제와 주고받은 많은 편지를 실었다. 예카테리나 대제는 그림을 함부르크 주재 러시아 공사에 임명하는 등 그에게 많은 특전 세례를 퍼부었다. 그림은 예카테리나 대제를 위한 일종의 공공 선전원이 되었고, 그가 주기도문을 "러시아에 계신 우리 어머니여 ……"로 고쳐 읽고 사도신경을 "예카테리나만을 내가 믿사오며 ……"로 바꾸고 조반니 파이시엘로(Giovanni Paisiello)의 음악에 맞춰 「하느님, 우리는 예카테리나를 찬양하나이다」(Te Catherinam Laudamus)라는 찬양가를 지었을 때 꼭 웃음을 자아내려고 그런 것만은 분명 아니었다.[23] 볼테르는 그리스도교 용어를 일부러 피하면서 예카테리나 대제를 "우리 사원 안에 있는 사제"로 일컫고 "알라 외에 신은 없고 예카테리나는 알라의 예언자"라고 고백

---

[12] 『문학・철학・비평 통신』(Correspondance littéraire, philosophique et critique).

했다.[24] 클로드-아드리앙 엘베시우스(Claude-Adrien Helvétius) 같은 더 체계적인 유물론자만이 유신론적 표현을 완전히 피할 수 있어서, "자기 민족을 다스리기에 충분한 만큼 다른 민족을 평가하기에 충분히 총명한, '아시아적 전제정'에 맞서는 보루"[25]로서의 예카테리나 대제에게 자기의 마지막 대작 『인간, 인간의 지력과 교육에 관하여』(De l'homme, de ses facultés intellectuelles et de son éducation)를 바쳤다.

통치라는 극히 중요한 이 문제에서 예카테리나 대제는 몽테스키외에게 빚을 가장 많이 졌다. 그의 역작 『법의 정신』(De l'Ésprit des Lois)은 일생에 걸친 세련된 숙고의 최종 산물이면서 프랑스의 구질서에 맞선 "사상전"을 개시하는 일제포격이었다.[26] 몽테스키외의 『법의 정신』은 1748년에 첫선을 보인 지 18개월 만에 22판을 거듭했고, 예전에는 무덤덤하던 여러 사회 집단이 이 저작이 지닌 정치에 관한 맹렬한 호기심, 서술과 비교 위주의 접근법, 독단적이고 전제적인 통치를 막으려는 저변의 결의에 감화되었다.

몽테스키외의 저작이 지닌 이 모든 특색은 예카테리나 대제가 옛 러시아의 정치적 혼돈과 종교적 신비성에 맞선 싸움을 위해 자신을 단련하기를 꾀했으므로 그 젊은 여황제에게 호소력을 지녔다. 권력 장악을 대하는 예카테리나 대제의 입장은 러시아를 다스리는 자는 틀림없이 "하느님일 것이다. 그렇지 않다면 러시아가 어떻게 존재할 수 있는지 설명하기가 불가능하다"고 빈정거리며 말한 휘하 장군 한 사람의 입장이었다.[27] 예카테리나 대제의 「나카즈」는 러시아 제국의 정치 활동에 합리적 질서를 도입하려고 시도했고, 몽테스키외는 예카테리나 대제에게 영감을 주는 주요 원천이었다. 예카테리나 대제는 그 거장의 글을 읽으려고 날마다 세 시간을 남겨두었고, 『법의 정신』을 자기의 "기도서"라고 일컬었으며,[28] 「나카즈」에 있는 항목의 거의 절반을 그의 여러 저작에

서 따왔다.[29]

물론, 예카테리나 대제의 노력 전체는 러시아는 그 규모와 유산 탓에 전제정 국가가 될 운명이라는 몽테스키외의 가정과 어긋났다. 예카테리나 대제는 몽테스키외의 가장 유명한 몇몇 사상을 왜곡하거나 경시했다. 몽테스키외가 군주와 신민 사이에 존재한다고 말한 귀족의 "매개 기구"가 예카테리나 대제의 계획안에서는 행정, 입법, 사법 기능 사이에 권력을 나누기보다는 오히려 정부 기능을 강화하고 황제 권력을 전달하는 새로운 선을 만들어내는 데 일조했다.

그렇더라도 특정한 사항에서는 예카테리나 대제가 몽테스키외를 더 축자적으로 따르는 많은 사람보다 그의 정치학의 참뜻에 더 가까웠다. 군주정을 무제한이지만 철저하게 합리적으로 만들려는 예카테리나 대제의 노력, 정치 형식을 환경의 필요에 맞도록 조정하는 감각, 이성의 지배를 지지하도록 명예 정신을 발휘할 수 있게끔 귀족의 적극적 지지를 끌어내야 한다는 인식의 강화, 이 모든 것이 인간의 시선을 법의 자구에서 법의 참뜻으로 돌리는 데 큰 몫을 한 그 사람의 정신과 분명하게 맞아떨어졌다.

『법의 정신』이 예카테리나 대제에게 합리적으로 정돈된 정치의 이미지를 제공했다면, 세 해 뒤인 1751년에 나오기 시작한 디드로와 달랑베르(d'Alembert)의 『백과전서』(Encyclopédie)는 합리적으로 정돈된 지식의 이미지를 제공했다. 예카테리나 대제가 이 저작에 보인 열광은 몽테스키외에 품은 열정과 곧 맞먹게 되었다. 달랑베르는 자기 아들의 개인교사로 일해 달라는 예카테리나 대제의 요청을 거절했지만, 디드로는 『백과전서』 편집 작업진을 리가로 옮길 것을 고려했고 결국은 자기가 소장한 도서를 예카테리나 대제에게 팔고 성 페테르부르그로 갔다.[30] 『백과전서』 전질 가운데 세 권이 모스크바 대학 총장의 감독 아래 러시아어로 거의 곧바로 번역되었다. 장차 역사가가 될 이반 볼틴(Иван Болтин)은 같은 시기에 『백과전서』를 혼자서 번역하고 있었고, 『백과전서』의 많은 항목과 절이 개별적으로 번역되었다.

예카테리나 대제는 경제 활동을 합리적으로 조정하고자 처음에는 (디드로의 제안에 따라) 프랑스인 중농주의자 르메르시에 드 라 리비에르(Lemercier de la Rivière)에게 도움을 청했다가, 그의 불행한 러시아 방문[31] 뒤에는 글래스고(Glasgow)에서 애덤 스미스(Adam Smith) 밑에서 공부를 하도록 모스크바에서 교수 두 사람을 보냈다. 예카테리나 대제의 가장 독창적인 접근법은 1765년에 일종의 정부 외곽 자문기구인 '러시아 농업과 가계에 필요한 지식을 러시아에 확산하기 위한 자유경제협회'를 창립한 것이었다. 두 해 뒤에 예카테리나 대제는 "공공선을 위해" 농업 경제를 어떻게 조직해야 하는지를 가장 뛰어난 권고안을 제출하는 사람에게 주겠다며 금화 1,000닢을 내놓았다. 자유경제협회는 이 엄청난 전 유럽 차원의 경연에서 164건의 응모를 받았는데, 가장 큰 호응과 입상작은 프랑스에서 나왔다.[32]

그러나 농업은, 새 법전이 편찬되거나 지식의 종합이 이루어지지 않은 것과 똑같이, 실제로는 재편되지 않았다. 푸가초프 봉기가 불러일으킨 충격은 기운을 잃어가던 입법위원회에, 그리고 『백과전서』를 대중 계몽의 확산을 위한 토대로 삼으려던 다양한 노력에 종지부를 찍었다. 볼틴의 번역은 글자 "K"에서 멈추었고, 러시아의 역사에 그토록 비극적으로 나타나는 수많은 미완성 편람서의 첫 사례였다.[33]

그러나 예카테리나 대제는 심지어 푸가초프를 네 토막 내서 죽일 준비를 하는 동안에도 코르시카(Corsica)[13]의 혁명가 파스칼 파올리(Pasquale

---

13 프랑스와 이탈리아 사이에 있는 지중해의 섬. 15세기 중엽부터 제노바의 지배를

Paoli)와 편지를 계속 주고받았다. (그리고 현실에 안주하지 않는 또 다른 코르시카인이며 당시에는 세상에 알려지지 않은 나폴레옹 보나파르트는 예카테리나 대제의 군대에서 복무할 생각을 했다.)[34]

프랑스 혁명이 일어난 뒤에야 비로소 예카테리나 대제의 생각은 개혁에는 완전히 등을 돌리고서 마침내 바뀐 구석이라는 조금도 없는 전제정을 고집하는 쪽으로 돌아섰다. 심지어는 그러고 난 다음에도 예카테리나 대제는 스위스의 공화주의자 프레데릭-세자르 드 라 아르프(Frédéric-César de la Harpe)를 알렉산드르 1세의 개인교사로 배정해서, 그리고 영국에 우호적인 자유주의자로 이루어진 귀족 수행원들을 알렉산드르 1세의 측근에 배치해서 그에게 딜레마를 물려주었다. 알렉산드르 1세는 알렉산드르 1세대로 자기가 나름대로 자유주의자였던 시절부터 사귄 벗인 미하일 스페란스키(Михаил Сперанский)를 알렉산드르 2세의 개인 교사들 가운데 한 사람으로 삼아서 부분적 개혁을 좋아하는 이 위험한 취향을 알렉산드르 2세에게 유산으로 물려주었다.

예카테리나 대제는 은근하고도 노골적인 유혹의 기나긴 행적이 끝날 무렵에 귀족의 러시아를 자극은 받았지만 욕구는 절대 채워지지 않은 상태로 남겨놓았다. 귀족 엘리트 대다수를 유학생으로 외국에 보내서 예카테리나 대제는 서방의 계몽을 "따라잡아 앞지르기"가 가능하다는 막연한 느낌, 그러겠다는 결의를 불어넣었다. 그러나 이 목표로 가는 명확한 지침을 제시하기에는 예카테리나 대제 통치기에 실제로 이루어진 개혁은 너무나 보잘것없었다. 예카테리나 대제에게서 귀족 사상가들이

받다가 1729년부터 자주 국가를 세우려는 노력이 벌어졌다. 1769년에 프랑스 영토가 되었고, 1794~1796년에는 영국의 보호를 받는 왕국이었다. 현재는 프랑스의 영토이다.

받은 것이라고는 해답을 찾아 서방 쪽을 바라보려는 의향뿐이었다. 그들은 구체적 조건과 전통에 뿌리를 둔 점진적 변화보다는 추상적이고 합리주의적인 기반 위에서 이루어지는 전면 개혁의 관점에서 생각하게 되었다.

새로 정복한 남부 지대가 무(無)에서 새로운 문명을 키워낼 처녀지를 제공할 수 있다는 막연한 생각이 예카테리나 대제 치세에 유난히 인기가 높았다. 볼테르는 예카테리나 대제에게 만약 성 페테르부르그가 아니라 키예프를 수도로 삼는다면 러시아로 가겠다고 말했다. 요한 헤르더(Johann Herder)가 맨 처음에 꾸었던 현세의 영광에 관한 꿈은 우크라이나를 위한 "새로운 루터이자 솔론(Solon) 같은 인물"이 되는 것, 즉 이 때 묻지 않은 기름진 지역을 "새로운 그리스"로 만드는 것이었다.[35] 자크 앙리 베르나르댕 드 생-피에르(Jacques-Henri Bernardin de Saint-Pierre)는 아랄 해(Аральское море) 부근 지대에 평등주의적 농업 공동체가, 어쩌면 새로운 펜실베이니아(Pennsylvania)[14]까지도 만들어질 수 있다고 믿었다.[36] 예카테리나 대제 스스로는 키예프 아래 드네프르 강에 있는 자기의 신도시 예카테리노슬라프("예카테리나를 찬양하라")를 세계 문화의 기념비적 중심지로, 그리고 자기가 새로 정복한 흑해의 항구 도시 헤르손(Херсон)을 새로운 성 페테르부르그로 만들 꿈을 꾸었다.[37]

만년에 예카테리나 대제는 자기 영토의 구체적인 문제를 붙잡고 씨름하기보다는 콘스탄티노플을 손에 넣고 발칸 반도를 합스부르크 제국 황제와 나눠 가지겠다는 "거대한 구상"에 푹 빠져들어 갔다. 예카테리나

---

[14] 대서양 연안에 있는 미국의 주(州). '펜의 숲이 있는 지역'이라는 뜻으로, 1681년에 영국 국왕 찰스 2세에게서 이 지역의 지배권을 받은 종교 지도자 윌리엄 펜에서 비롯된 이름이다. 펜실베이니아는 총독과 양원제 의회의 통치가 이루어지면서 신앙의 자유가 인정되는 신천지가 되었다.

대제는 둘째 손자의 이름을 콘스탄틴(Константин)으로 짓고 동전에 하기아 소피아(Hagia Sophia)[15]의 이미지를 새겨 넣고 「올레그의 첫 통치」라는 희가극 대본을 썼다. 이 희가극은 초기 러시아의 이 정복자 공후가 뒷세대가 반환을 요구할 수 있도록 자기의 방패를 콘스탄티노플에 남겨두고 떠나면서 끝이 난다.[38]

흑해 북쪽 연안 전체를 드디어 정복한 예카테리나 대제는 그 지역을 — 자주 고대 그리스인의 정주지 터에 — 줄지어 늘어선 새 도시들, 즉 아조프(Азов), 타간로그(Таганрог), 니콜라예프(Николаев)[16], 오데사(Одесса), 세바스토폴(Севастополь)로 장식했다. 크림 반도의 남서쪽 모서리에 요새로 세워진 세바스토폴은 황제의 로마식 칭호인 아우구스타(Augusta)에 해당하는 그리스어 낱말이 이름으로 붙여졌다. 영국 해군 공병장교인 새뮤얼 벤담(Samuel Bentham)이 세운 이 "황제 도시"(sevastē polis)는 그의 유명한 형인 제레미 벤담의 판옵티콘(panopticon), 즉 중앙에 있는 감시자 한 사람이 모든 감방을 들여다볼 수 있는 감옥이라는 섬뜩한 계획을 빼놓고는 독창적인 것을 전혀 고취하지 못했다.[39] 세바스토폴은 그 섬뜩함을 불러일으켜서가 아니라 크림 전쟁 동안 영국과 프랑스의 침공군에게 점령되었을 때 러시아에 치욕을 안겨주었으므로 기억된다. 1855년에 일어난 그 "황제 도시" 함락은 다른 어떤 단일 사건보다도 더 환상을 깨뜨려서 러시아가 외부의 영광에서 내부의 개혁으로 돌아서지 않으면 안 되게 만들었다.

그러나 예카테리나 대제는 치세 후반기에 외부의 영광에 몰두했다.

---

[15] 성 소피아 대성당. 비잔티움 제국 황제 유스티니아누스 1세의 명에 따라 콘스탄티노플에 세워지기 시작해서 537년에 완공되었고, 세계 최대 건축물 가운데 하나이다.

[16] 오늘날에는 우크라이나의 영토이며, 우크라이나어로는 미콜라이우(Миколаїв)라고 한다.

예카테리나 대제의 환상 세계는 승리를 기념하는 순시를 하는 동안 예카테리나 대제의 눈에 띄지 않도록 백성의 참상을 감추려고 그의 가장 저명한 총신이 이동 설치가 가능한 "포툠킨 마을"(потемкинские деревни)[17]을 고안했다는 유명한 일화로 상징된다. 예카테리나 대제는 자기의 총신과 외국인 고문과 친인척에게 호화로운 저택을 지어주면서 말년을 (그리고 국고에 있는 거의 마지막 1루블까지) 허비했다. 그런 저택으로는 성 페테르부르그에 있는 타브리다 궁전(Таврический дворец)[18], 그리고 가트치나(Гатчина)와 (예카테리나 대제가 이름을 콘스탄티노그라드(Константиноград)로 지으려고 했던) 차르스코예 셀로의 근처에 있는 궁전이 있다. 예카테리나 대제의 극장에서는 실제 희곡보다 의상과 장식이 더 인상적이었다. 예카테리나 대제는 연장된 막간 여흥을 더 좋아한다고 밝혔고, 심각한 오페라는 3막에서 2막으로 줄어들어야 한다고 고집했다. 다르게 번안된 네 가지 피그말리온(Pygmalion) 이야기[19]가 예카테리나 대제 통치기 동안에 상연되었다는 것은 시대 상황과 묘하게 맞아떨어지는 듯하다. 18세기의 현자들이 이 볼품없던 독일 공주를 북방의 여신으로 탈바꿈해놓았지만, 이 경우에 실물은 동상 받침대 위에 놓인 형상보다 덜 인상적이었다.

---

[17] 크림을 정복한 그리고리 포툠킨이 1787년에 예카테리나 대제가 크림을 순시할 때 그 영토가 번창하는 지역이라는 인상을 주려고 겉만 번지르르한 가설 건물을 세워 대제를 속였다는 이야기가 있다. 일부 역사가는 이 일화를 포툠킨 반대파가 꾸며낸 이야기로 본다.

[18] 그리고리 포툠킨이 1780년대 후반기에 거처로 쓰려고 성 페테르부르그에 지은 대저택. 포툠킨이 죽은 뒤에 예카테리나 대제가 개축해서 사용했고, 나중에는 두마나 소비에트의 회의 장소로 이용되었다.

[19] 그리스 신화에서 피그말리온은 아프로디테 여신의 조각상을 사랑한 키프로스의 왕이었다. 로마의 시인 오비디우스는 이 전설을 자기가 만든 여인의 조각상을 사랑하게 된 피그말리온이라는 조각가를 베누스 여신이 가엾게 여겨 그 조각상을 살아있는 여인으로 만들어주었다는 이야기로 각색했다.

심지어는 오늘날에도 레닌그라드에 있는 지난날의 황립 도서관(지금의 살틔코프-쉐드린(Салтыков-Щедрин) 도서관) 앞의 예카테리나 대제 기념 동상은 아직도 늘 뻘밭에서 솟아오르는 모습이다. 예카테리나 대제의 모든 움직임은 겉을 꾸미는 화장과 로코코식 허식에 둘러싸였다. 유럽 전역에서 실루엣 오리기와 외관 꾸미기가 유행하던 시대에 예카테리나 대제는 개혁이라는 알맹이가 없는 실루엣을 러시아에 가져왔다.[40] 예카테리나 대제는 자기의 허영에 바치는 마지막 기념물로서 교회력에 자기만을 기리는 다섯 축일을 남겨두고 떠났다. 그 다섯 축일이란 자기의 생일과 제위 계승일과 대관식 거행일, 명명일(命名日),[20] 그리고 자기가 우두접종을 한 11월 21일이었다.[41]

예카테리나 대제가 대내 개혁에서 대외 팽창으로 돌아섰음을 극적으로 보여주는 생생한 예는 세 나라가 세 차례에 걸쳐 진행한 폴란드 분할[21]이다. 젊을 적 자기의 벗이자 연인이었던 스타니수아프 포니아토프스키(Stanisław Poniatowski)가 1764년에 폴란드의 왕위에 오르도록 도와준 예카테리나 대제는 1772년에 제1차 폴란드 분할에 가담했고, 그런 다음 자기가 초기에 고려했던 것과 다르지 않은 개혁적 헌법을 스타니수아프가 1791년에 채택한 뒤 제2차, 제3차 분할에 앞장섰다.[42] 그러나 폴란드 흡수에는 예카테리나 대제가 거부하고 있었던 바로 그 전통의 영속화를 돕는 얄궂은 효과가 있었다. 스타니수아프가 곧바로 자기의 친족인 차르토리스키(Czartoryski) 족벌[22]과 개혁적 심성을 지닌 옛 공화제 폴란드의 다

---

[20] 자기와 이름이 같은 성자의 축일.
[21] 러시아, 프로이센, 오스트리아가 1772년, 1793년, 1795년에 세 번에 걸쳐 폴란드 영토를 분할한 사건.
[22] 14세기에 시작되어 18세기에 폴란드-리투아니아 연방체를 주도한 가문. 18세기 중엽에 이 가문의 형제들이 처남 스타니수아프 포니아토프스키와 동맹 관계를

른 여러 생존자와 함께 성 페테르부르그로 옮겨왔기 때문이다.

예카테리나 대제의 맏손자 알렉산드르는 자기 이름의 원래 주인인 마케도니아인 정복자[23]보다는 자기가 어렸을 때 만난 폴란드의 몽상가들을 더 닮았다. 예카테리나 대제의 둘째 손자 콘스탄틴은 알렉산드르 1세가 죽은 뒤 1825년 12월 14일에 성 페테르부르그의 원로원 광장(Сенатская площадь)에 집결한 근위부대의 개혁주의 인자들의 구심점이 되었다. 그러나 이 "데카브리스트들"은 콘스탄틴이라는 이름을 콘스탄티노플[24]이 아니라 헌법(콘스티투치야(конституция))과 연계했다. 글을 모르는 데카브리스트 추종자 일부는 심지어 러시아어 낱말인 콘스티투치야가 콘스탄틴 아내의 이름이라고 믿었다. 데카브리스트들이 데려오라고 부르고 있었던 사람은 제국의 최고권자가 아니라 폴란드 총독이 되었고 폴란드의 더 온건한 개혁 전통과의 모종의 연계를 제공한다고 생각되던 사람이었다. 이 온건 입헌주의자들이 왜 맥을 못 추었는지를, 그리고 개혁하는 전제군주의 딜레마가 왜 니콜라이 1세 통치기에 확고하게 전제정에 유리한 쪽으로 해소되었는지를 이해하려면, 상징과 조짐에서 눈길을 돌려 예카테리나 대제 통치기에 러시아 사상의 방향에서 일어난 결정적인 실질적 변화를 바라보아야 한다.

계몽의 열매

예카테리나 대제의 대내 프로그램의 구체적 성취는 이상하리만큼 보

맺어 위세를 누렸다. 폴란드 분할 뒤에도 영향력을 유지했다.

[23] 고대 마케도니아의 알렉산드로스 대왕.
[24] 러시아어로는 콘스탄티노폴(Константинополь).

잘것없어 보인다. 종두와 지폐를 도입하고 지방행정 체계를 개선한 정도이다. 그러나 예카테리나 대제가 러시아의 역사에 미친 영향은 그가 누리는 명성의 타당한 원천인 통치술과 대외 정복보다 훨씬 더 심원했다. 예카테리나 대제는 레닌주의 혁명 이전의 다른 어떤 개인보다도 더 공식 문화를 그 종교적 근원으로부터 해방했으며, 그 공식 문화의 물리적 환경과 철학적 논점을 바꿔놓았다. 따라서 예카테리나 대제의 계몽이 지닌 혁명적 성격과 치명적 결과를 이해하려면, 건축과 사상에서 일어난 중요한 변화를 분석해야 한다.

예카테리나 대제는 수도원 대신에 도시를 러시아 문화의 주요 중심으로 삼았다. 수도원을 대거 폐쇄하고 콜로멘스코예에 있는 차르의 낡은 여름궁전 같은 모스크바국의 목제 상징물을 철거한 이는 예카테리나 대제였지 표트르 대제가 아니었다. 예카테리나 대제는 아직 폐쇄되지 않은 몇몇 수도원에 의(擬)고전주의풍 종탑을 세웠는데, 이 종탑은 다른 모든 것과 어울리지 않았으며 예카테리나 대제에게 모크스바국가의 오랜 종교문화를 존중하는 시늉조차 할 능력이 없음을 생생하게 보여주었다.

사람들은 늘 "도시 건설자의 기억을 입법자의 기억과 동등한 수준으로"[43] 존중해왔다고 확신한 예카테리나 대제는 통치 초기에 모스크바와 성 페테르부르그의 체계적 개축을 계획할 특설위원회를 임명했고 416개쯤 되는 다른 도시를 건설하거나 혁신할 계획을 세우라고 그 특설위원회를 격려했다. 성 페테르부르그는 곧 네덜란드 해군기지를 흉내낸 도시에서 화강암으로 된 당당한 수도로 탈바꿈했다. 새로운 도시들이 세워졌고, 표트르 대제 시대 이후로 조금밖에 늘지 않았던 도시민 총수가 1769년과 1782년 사이에 거의 두 곱으로 늘었다. 예카테리나 대제는 트베르에서 토볼스크까지 자기가 다시 지은 여러 도시에서 합리적 획일성이라는 자기의 이상을 실현할 수 있었다. 내륙 도시들 가운데 크기면에서 모스크바에만 뒤지는 야로슬라블은 뒤죽박죽인 도시 위에 방사선형으로 뻗은 대로의 격자를 얹어놓음으로써, 그리고 모스크바국 말엽의 화려한 교회를 길과 거리가 시작하고 끝나는 지점 구실을 하는 장식물로 슬쩍 용도를 변경함으로써 아름답게 탈바꿈했다. 벽돌이 균일한 크기로 개량되고 대량 생산되어서 나무로 지어진 지방 도시를 개축할 실질적인 새 가능성이 생겨났다. 영토 곳곳에서 건축물 집체가 성기 모스크바국 양식과 옐리자베타 로코코, 두 양식의 현란한 장식 효과를 대체하기 시작했다. 단순한 신고전주의 외양이 — 즉, 반원형 아치와 돔과 도리스(Doris) 양식 기둥이 — 새로운 도시 건축을 지배했고, 그 도시 건축에서는 대개 건물군의 디자인이 개별 건물 구조의 비율을 결정했다.

물론, 예카테리나 대제의 도시 계획 가운데에는 극히 비실용적인 계획이 많았다. 실행되지도 않은 계획은 더 많았다. 총 도시인구의 비율은 여전히 미미했으며 도시에서 한 철만 지내는 거주민의 비율이 높았다. 건설된 이 도시들에서는 도로와 광장이, 그리고 주요 건물의 정면 디자인이 따라야 하는 형식이 미리 정해져 있었다. 대로가 아닌 거리와 모든 건물군 안쪽은 전혀 규제되지 않았다. 예카테리나 대제가 이룬 위업의 피상성은 그런 너저분함에서 입증된다. 그 건물의 웅장한 정면과 측면 뒤에는 농노 신세의 농민과 끊임없는 군사 정복으로 불행한 농노 팔자에서 빠져나와 수가 크게 불어나고 질병에 시달리는 군대가 있었다. 귀족도 아니고 글도 모르는 많은 사람을 비롯한 지방민 다수가 신도시를 세우는 데 참여했다. 합리적 질서와 고전주의 양식이라는 새로운 이상을 퍼뜨리는 데 건축은 여러모로 문학만큼 중요했다.

그렇다고 해도 예카테리나 대제 시대의 장중한 인위적인 도시는 러시아 문화에 새로운 중심 겸 상징을 제공했다. 예카테리나 대제의 신도시들은 기본적으로 상업 중심지, 즉 실용적 심성을 지닌 부르주아 문화의 발전을 위한 전통적인 경합장이기보다는 귀족의 도시, 즉 귀족이 새로 획득한 우아함과 지방 지사 권력을 위한 지방의 전시장이었다. 도시설계자는 상공업을 위한 장소보다는 군대 열병을 위한 광장을 제공하는 데 관심을 더 많이 쏟았고 건축가는 창의력을 통상적인 재화와 용역을 위한 편의 시설보다는 극장도 되고 무도회장도 되는 시설을 만드는 데 쏟았다.

이렇게 예카테리나 대제의 신도시 다수가 새로 만들어진 지방정부를 위한 행정 중심지였으므로, 종교 관련 건물보다는 정치 관련 건물이 도심지에 들어섰다. 나무로 만들어진 도시의 좁은 길과 원뿔꼴 지붕과 양파꼴 돔이 일소되면서 수평선이 수직선을 대체했다. 주요 거리의 폭과 그 거리를 마주보는 건물의 높이가 2:1을 이루어야 한다고 요구되던 비율이 많은 경우에 4:1이 되었다. 이렇게 공공 산책로가 인위적으로 넓혀지고 의(擬)고전주의 양식의 포치(porch)[25]와 엑세드라(exedra)[26]에서 보이는 광장이 마구 확장되면서 귀족 지배계급은 위풍당당한 공간감을 얻었다.

예카테리나 대제 치세 말년의 귀족 장교는 이제 막 남부의 스텝을 정복하고 지방 영지에 터를 잡고 나서 땅을 새로이 인식했다. 그 드넓은 땅은 그의 허세를 조롱하기도 하고 위협하기도 하는 듯했다. 기나긴 겨울을 견뎌내려고 수리한 신도시에서 그는 예전에 러시아 도시에서는 결코 가능하지 않았던 식으로 물리적 안전을 느낄 수 있었다. 목조 건물과 좁다란 길거리가 차츰차츰 없어지면서 화재의 위험이 확 줄었고 최후의 농민 대봉기가 진압되었으며 남쪽에 있던 타타르인의 주요 습격기지가 마침내 점령되었다.

---

[25] 건물 정면에서 불쑥 나와 건물 입구를 보호하는 역할을 하는 현관. 지붕이 있고 양옆이 트여있다.

[26] 건물 내부의 높은 곳에 있는 반원형이나 직사각형 모양의 벽감(壁龕).

그러나 눈길을 위로 들어 올리는 돔과 뾰족탑으로 꼭대기를 덮은 외부 성벽과 내부 성채와 더불어 옛 모스크바국의 심리적 안도감도 사라져버렸다. 이제는 도시 한복판에 있는 중앙 공간에서 사방팔방에 있는 더 큰 공간으로 이어져 수평으로 뻗어나가는 도로가 도시를 지배했다. 그런 도시 안으로 귀족 지배자들은 가없고 단조로운 스텝과 그 위에 인위적으로 들어선 자기들의 위치와 연관이 없지 않은 내면의 불안감을 가져왔다.

교육에는 해방을 가져오고 품위를 높이는 힘이 있다는 믿음은 아마도 유럽 계몽주의의 핵심 신조였을 것이다. 그러나 상대적으로 뿌리가 없고 불안정한 러시아 귀족계급에게 세속 교육을 제공한다는 실천의 문제는 퍽 힘든 문제였다. 성취에는 한계가 있고 문제는 만만찮다는 점이 궁정에서 예카테리나 대제에게 교육 문제에 관해 조언해준 이반 베츠코이(Иван Бецкой)의 경력에서 생생하게 입증된다. 그의 긴 생애는 18세기의 아흔두 해에 걸쳐 있었으며, 다방면에 걸친 그의 개혁 활동의 대부분은 그 세기의 핵심적 관심사, 즉 교육 확대와 대중 계몽에 바쳐졌다.

서방식 학교 체계를 확대한다는 이상은 러시아 제국에서 더 선진적인 지역인 서부에서 몇십 년 동안 존재해 왔다. 그리고리 테플로프(Григорий Теплов)처럼 독일에서 교육을 받은 우크라이나 출신 신학교 졸업생들이 정교한 계획안을 작성했다. 헤르더는 리가에서 젊은 목사로 있는 동안 장-자크 루소(Jean-Jacques Rousseau)의 『에밀』(Émile)을 모범으로 삼은 교육 체계를 갖출 꿈을 꾸었다. 에스토니아의 타르투에 있는 대학교를 나온 발트 해 연안 출신 독일인들은 계몽사상을 가져왔고, 그 사상이 그 대학교에 배어들기 시작했다. 안드레이 볼로토프(Андрей Болотов) 같은 장교들은 승리한 프리드리히 대왕(Friedrich der Große)이 정한 노선에 따라 러시아의 귀족 교육을 능률화할 계획을 세우고 7년전쟁[27]에서 돌아왔다.[44]

얼핏 보면, 예카테리나 대제의 교육 기획은 희망은 컸는데 성취는 보잘것없는 경우의 또 다른 사례에 지나지 않아 보인다. (1761년에 러시아어로 번역된) 로크의 『어린이 교육에 관하여』(On the Education of Children)와 그의 『인간오성론』(An Essay Concerning Human Understanding)으로 용기를 얻어 인간을 교육으로 어떤 메시지든 자유로이 새길 수 있는 백지상태로 생각하게 된 예카테리나 대제는 백과전서파에서 (교황이 1773년에 예수회를 해산한 뒤에 자기가 돌보아주던) 예수회 단원에 이르기까지 가리지 않고 모든 사람과 교육 계획을 의논했다. 그러나 합스부르크 제국 안에서 공공 교육을 개편했던 세르비아인 얀코비치 데 미리예보(Janković de Mirievo)의 도움을 받아 작성된 러시아 제국 공립학교 정관은 대체로 종잇조각에 지나지 않는 선언문으로 남았다. 예카테리나 대제는 제국 곳곳에 지식의 씨앗을 뿌리는 일을 이야기하면서도 성 페테르부르그 학술원이 수준 높은 저작이 간행되지 않는 상대적 휴경기에 빠지도록 내버려두었다.[45]

그러나 교육에서 중요한 발전이 이루어졌으며, 그 발전은 거의 다 베츠코이와 관련되어 있었다. 베츠코이는 18세기 러시아의 대다수 귀족처럼 두루 여행을 다녔고 추상적이고 보편적으로 사고하는 훈련을 받았으며 조국 러시아에는 깊은 뿌리를 거의 전혀 내리지 못했다. 소외는 바로 그의 이름에 자리를 잡고 들어앉아 있었다. 베츠코이라는 이름은 유서 깊은 귀족 성(姓)인 트루베츠코이(Трубецкой)의 축약형이었기 때문이다. 귀족 가문의 사생아는 흔히 그런 유의 축약형을 자기 성으로 정했다. 보론초프(Воронцов) 가문에서 란초프(Ранцов)가, 골리친 가문에서 리친(Лицын)이, 루먄체프(Румянцев) 가문에서 먄체프(Мянцев)가, 그리보예도프(Гри-

27 슐레지엔을 프로이센에게 빼앗긴 오스트리아가 프랑스, 스웨덴, 러시아를 동맹국으로 끌어들여 영국과 동맹 관계에 있는 프로이센과 1756~1763년 일곱 해 동안 벌인 전쟁.

боедов) 가문에서 그리보프(Грибов)가 여럿 생겨났다. 귀족의 방탕을 늘 생각나게 해주는 사람은 베츠코이만이 아니었다. 심지어 농민을 위한 교육을 제안하는 데까지 나아간 『러시아 관련 교육 경험』(Опыт о просвещении относительно России)이라는 논설문을 1804년에 썼던 이반 프닌(Иван Пнин)도 유서 깊은 귀족 가계의 서출이었다. 그의 아버지 니콜라이 레프닌(Николай Репнин) 공은 베츠코이의 벗이었으며 러시아 서부에서 계명 행정가로 활동해서 "러시아의 아리스티데스(Aristides)[28]"로 알려졌다.[46] 나중에 예카테리나 대제 시대의 개혁 풍조에 관한 관심을 되살리는 데 일조하는 저서를 외국에서 간행한 게르첸에게도 귀족의 사생아라는 낙인이 찍혀 있었다.

베츠코이는 스톡홀름에서 태어나 코펜하겐(Copenhagen)[29]에서 교육을 받고 어린 시절을 대부분 파리에서 보냈으며, 예카테리나 대제의 어머니[30]를 비롯한 여러 독일 소공국 공주와 연인 관계는 아니라도 친우 관계를 맺었다. 따라서 베츠코이는 예카테리나가 제위에 올랐을 때 궁정에 있을 만한 출중한 지적·육체적 자격을 갖춘 남자로 그 젊은 여황제의 호감을 샀다. 예카테리나 대제의 각별한 총신 그리고리 오를로프(Григорий Орлов)와 그리고리 포툠킨(Григорий Потемкин)처럼, 베츠코이는 얼마간은 입지가 더 탄탄한 귀족들에게 반감을 품은 탓에 그 여황제와 개혁 기획에 이끌렸다. 나이 많은 귀족 대다수가 차르 권력을 귀족위원회로 제한

---

[28] 기원전 5세기 아테네의 위정자(?~?). 살라미스 해전과 플라타이아 전투에서 페르시아군을 물리치는 공을 세웠다. 페르시아의 재침을 막는 델로스 동맹을 주도했고, 가맹국에게 부과금을 공정히 매겨 신망을 얻었다.

[29] 덴마크의 수도이자 최대 도시. 덴마크어로는 쾨벤하운(København)이라고 한다.

[30] 요한나 엘리자베트 폰 슐레스비히-홀슈타인-고토르프(Johanna Elisabeth von Schleswig-Holstein-Gottorf, 1712~1760년).

하려는 파닌의 노력에 동조한 반면에, 베츠코이와 그의 동지들은 그 서열에서 자기들의 상대적 지위를 높이는 수단으로서 차르 권력을 확대하려고 애썼다. 나이 든 귀족들에게는 볼테르와 디드로의 신중한 합리주의를 받아들이는 경향이 있었던 반면에, 기반이 덜 굳건한 예카테리나 대제의 정신(廷臣)들에게는 루소의 공상적 사상을 선호하는 경향이 있었다. 러시아 귀족계급의 상대적 국외자인 이들과 필로소프들의 귀족적 파리의 국외자인 그 제네바 사람 사이에는 아마도 어떤 동질감이 있었을 것이다. 그러나 기본적으로 러시아가 볼테르에게서 루소로 돌아선 것은 1770년대와 1780년대의 유럽의 개혁파 사이의 지적 시류에서 일어난 전반적 전환을 반영했다. 오를로프는 루소에게 러시아로 와서 자기 영지에 정착해서 살라고 권했고, 포툠킨 가문의 한 사람은 루소의 저작을 러시아어로 옮기는 주요 번역자가 되었고, 예카테리나 대제는 점점 더 자기 나름의 루소주의 "에르미타즈"(Эрмитаж)에 칩거했으며, 베츠코이가 예카테리나 대제에게 내놓은 "일반 교육 계획"은 부분적으로 루소의 『에밀』에 바탕을 두었다.[47]

베츠코이는 당대 사회의 인위성에서 해방되어 더 자연스러운 생활 방식을 영위하는 "신종 인간"을 러시아에서 만들어내려고 애썼다. 정부는 이 새로운 유형의 교육을 책임져서, 지력과 더불어 감성을 계발하고 정신 발달과 더불어 신체 발달을 북돋고 도덕 교육을 교과과정의 맨 앞에 놓으려고 노력해야 할 터였다. 그는 교육 실험을 통한 개조에 적합한 요소를 찾으면서 자기 자신의 출신 이외에 더 멀리 다른 곳을 두리번거릴 필요가 없었다. 사회의 버림받은 존재인 사생아와 고아는 인간애라는 그의 새로운 사원의 주춧돌이 될 터였다. 베츠코이는 영국과 프랑스에서 이루어지는 세속적 자선 활동의 면밀한 연구를 기반으로 삼아 새로운 러시아 계몽으로 들어서는 주요 중심지가 될 양육원을 모스크바와 성

페테르부르그에 세웠다. 양육원은 러시아에서 심지어 지금도 "훈육원"(в
оспитательный дом)으로 불리며, 이 최초의 양육원이 세워진 목적은

…… 묵은 편견을 뿌리 뽑고 사람들에게 새 교육을, 말하자면 새로운
탄생(포로제니예(порождение))을 제공하는 것이다.[48]

그 사람들은 5~6세부터 18~20세까지 이 세속의 수도원에 바깥세상과
완전히 떨어진 채로 머물러 있어야 했지만, 실제로는 많은 이가 2~3세에
들어갔고 사생아도 고아도 아니었다.

베츠코이는 예술원(Академия искусств) 원장으로 근무하고 ("수도원" 학
교들 가운데 그가 죽은 뒤에도 유일하게 계속 운영될 학교인) 스몰늬이
(Смольный) 수녀원의 설립 계획을 세운 사실상의 초대 교육부 장관이었으
며, 보병 생도단의 교과과정을 개편했을 뿐만 아니라 양육원 원장을 역
임하고 학술원과 많은 개인교사의 유력한 고문이었다. 그는 기금을 마련
하는 수완도 뛰어나서, 자선 연극 특별 행사를 주최하고 귀족이 좋아하는
또 다른 오락인 카드놀이에 교육세를 매겨 돈을 마련했다. 그는 자기를
후원하는 군주가 죽기 딱 한 해 전인 1795년에 죽었고, 40만 루블에 이
르는 거액의 개인 재산을 자기의 교육 기획에 유증했다. 그의 하관식에
서 그 시대에 가장 큰 명예를 누리던 시인 가브리일 데르자빈(Гавриил
Державин)이 이 "은혜의 빛"에게 특별히 바치는 「한 자선가의 서거에 부
쳐」(На кончину благотворителя)를 써서 낭독했다. 이 시는, 어찌 보면, 정교
회 매장식의 「영원한 기억」(Вечная память)[31]의 세속적 대체물이었다. 이
제는 "하늘나라 진리는 거룩해서" 비록 삶이 "연기"에 지나지 않을지라

---

[31] 정교회 식의 장례식이나 추모 행사가 끝날 무렵에 불리는 노래.

도 그 삶의 "빛"은 절대로 사라지지 않는다고 "무덤에서 통곡하"게 되었다. 데르자빈은 "선행 없이는 행복하지 않다"고 끝을 맺었다.[49]

물론, 예카테리나 대제 치세에 실제로 "선행"이 얼마나 많았는지, 또는 백성이 얼마나 "행복"했는지를 물을 수 있다. 예카테리나 대제는 자기 정신들이 루소에게 품은 호감을 절대 공유하지 않았으며, 『에밀』을 비롯한 루소의 여러 핵심 저작의 유포를 — 푸가초프 봉기가 일어나기 오래전에 — 금지했다. 예카테리나 대제는 루소를 "나에 맞선 영적 십자군"을 일으키려고 프랑스와 유럽 전체를 무장시키고 있는 "새로 나타난 성 베르나르(St. Bernard)"로 보았다.[50] 그런데도 아주 중요한 『에밀』 제4부, 「사부아 지방 보좌신부의 신앙고백」이 1770년에 "하느님의 위대함에 관한, 하느님의 섭리에 관한, 인간에 관한 숙고"라는 "이솝 식" 제목을 단 러시아어 번역이 나왔을 때 검열관의 손아귀에서 쉽사리 빠져나왔다.

예카테리나 대제 치세에 나타난 러시아 계몽의 역사적 중요성을 부정할 수는 없다. 러시아인은 신학적이지도 않고 기술적이지도 않은, 그러나 인간을 윤리적 행동주의라는 새로운 세속적 이상에 따라 완전히 개조한다는 사상의 신세계로 인도되었다. 더욱이 이 윤리 교육은 마땅히 정부의 책임이라는 생각이 확립되었다. 베츠코이는 철두철미한 전제정 옹호자였으며, 자기의 교육 프로그램이 오로지 제정의 대의에 충성하는 정예 엘리트를 만들어내는 데 이바지하리라는 근거를 들어 정부가 그교육 프로그램을 찬조하도록 만들려고 애썼다.

정치에서 몽테스키외가 그랬던 것처럼, 교육에서 베츠코이는 그 뒤에 러시아에서 이루어진 대다수 논의의 기조를 정했으면서도 자기의 여러 실천 처방이 채택되는 모습을 보지는 못했다. 귀족 청소년이 러시아나 비잔티움의 전통보다는 서유럽의 전통에 익숙해지도록 만들리라는 기대를 받은 학술기관과 교육자들은 베츠코이가 러시아어 사용에 보인 관심을 내팽개쳤다. 그가 실용적 직업 훈련에 얼마간 관심을 보였다고 해서 철학 위주의 비전문적 교과목이 확고하게 강조되는 상황이 바뀔 수는 없었다. 고등교육 기관에서 보낸 시간은 귀족에게, 또는 직함을 추구하는 자들에게는 대개 국가에 복무한 기간으로 간주되었다. 귀족 사이에서 영위되는 삶을 준비하는 데에는 전문성을 부지런히 키우는 교육보다 한가로이 취미로 배우는 교육이 더 나았다.[51] 베츠코이가 열과 성을 다해 만든 기숙학교는 익살맞은 독설의 대상으로 주로 기억되었고, 그 독설의 대상은 대개는 "어린애 같은 베츠코이"(детской-Бецкой)였다.

베츠코이가 예카테리나 대제에게 한 중요한 마지막 봉사는 성 페테르부르그 미화 사업의 감독이었다. 과연 그답게도 용의주도하게 베츠코이는 희귀한 장식용 석재를 가지고 돌아올 시베리아 원정대를 편성했고, 핀란드에서 돌을 들여오고 성 페테르부르그에서 벽돌을 제조하는 일을 처리했으며, 에티엔-모리스 팔코네(Étienne-Maurice Falconet)가 오랫동안 공을 들여 원로원 광장에 세운 표트르 대제 기마상을 비롯한 갖가지 조각상의 최종 입지를 정하는 일을 거들었다.[52] 표트르 대제를 기리는 이 위풍당당한 기념물은, 푸시킨의 유명한 시 「청동의 기사」(Медный всадник)를 통해, 새 수도의 장엄한 힘과 인간미 없는 냉담함의 영원한 상징이 되었다. 널리 퍼져있는 고통을 웅장한 건물 정면으로 덮어 가리는 예카테리나 대제의 겉치레는 어느 모로는 스탈린 시대에 공포가 난무하는 와중에 나타난 도스토프리메차텔노스트(достопримечательность, "볼만한 구경거리")의 선행 형태로 보인다. 드네프르 강을 따라 키예프의 아래에 있는 예카테리나의 도시(예카테리노슬라프, 지금의 드네프로페트롭스크(Днепропетровск))는 소비에트 러시아 시대에 최초이자 가장 유명한 초대형 건축 기획, 즉 1920년대의 수력발전용 댐이 들어설 터가 되었다.

그러나 예카테리나 대제의 러시아와 혁명기 러시아를 잇는 가장 중요한 고리는 전면적 개혁을 추구하는 막연한 성향을 지닌 세속적 지식인이라는 새로운 계급의 창출에 있다. 베츠코이가 귀족과 농민과 나란히 존재하는 공민인 "제3의 신분"을 교육을 통해 개발할 것을 이야기한 적이 있다.[53] 실제로 교육을 받은 지식인들은 사회에서 표트르 대제가 만든 관등표 밖에 있는 새로운 신분을 구성하게 된다. 그러나 베츠코이가 바랐던 바와는 달리 그들은 계명된 국가봉직자 계급이 아니라 국가 기구에서 소외된 "인텔리겐치야"로서 자기들의 결속감을 찾았다. 이것이 예카테리나 대제의 문화 격변에서 생겨날 "신종 인간", 즉 지배하는 귀족과 지배당하는 농민 사이에 있는 비공식적인 "제3의 신분"이었다.

황제 권력에 대드는 국내 반대파의 근원이 예카테리나 대제 통치기에 심원하고도 영구히 바뀌었기 때문이다. 통치기 전반부가 푸가초프 봉기에서 절정에 이르는 하층 계급의 폭력적 저항 운동에 시달린 반면에, 후반부에는 교육받은 귀족계급 내부에서 비롯된 신종 반대 세력인 "학술원 출신 푸가초프들"이 처음으로 나타났다. 이 지식인들이 자기들의 귀족적 배경에서 소외된 까닭은 개혁을 대하는 그 군주의 태도에 어떤 변화가 일어나서라기보다는 식자층 자체 안에서 사상이 안으로 무르익어서였다. 이 지성의 발효가 그 뒤의 러시아 역사에서 극히 중요한 역할을 할 터이므로, 러시아가 인텔리겐치야와 "소비에트 신인텔리겐치야", 그리고 어쩌면 심지어 스탈린 이후 시대의 인텔리겐치야를 넘어서는 그 무엇을 형성하도록 유도할 비판적 문제 제기라는 길에서 내디딘 첫걸음을 살펴보는 것이 중요하다.

지식인의 소외

근대 러시아에서 지식인의 소외는, 처음부터, 다른 계급이나 분파들 사이에 빚어진 갈등의 문제이기보다는 같은 집단, 심지어는 동일한 개인 안에서 작용하는 상충된 감정과 충동의 문제였다. 심란한 이 집단과 개인 안에서 일어나는 갈등은 어느 모로는 그 갈등에 참여하는 자들과 참여하지 않는 자들 사이에서, 즉 인텔리겐치야와 메샨스트보(мещанство), 즉 지식인과 소시민으로 불리게 되는 두 집단 사이에서 느껴지는 크나큰 거리감에 비하면 별것 아니었다.

근대 러시아의 인텔리겐치야를 맨 처음으로 만들어낸 내적 갈등은 귀족 지배계급 안에서 일어난 개인적이고도 도덕적인 갈등이었다. 이 사실에서 도덕적인 문제에 열정적으로 몸소 관여해야 한다는 특이한 심리적 강박증이 생겨났고, 그런 관여는 소외된 지식인의 핵심적 특징이 될 터였다.

우선, 예카테리나 대제 시대 귀족 지배계급의 개인적 도덕 위기를 빚어낸 것은 경제·정치적 특권이 아니라 귀족계급 자체 내부의 새로운 생활 양식, 즉 프랑스 문물에 푹 빠져 흉내만 내고 저속한 향락만 일삼으면서 점점 방탕해지는 그들의 삶이었다. 이런 자기혐오의 상당 부분이 외국의 양식과 관습의 통렬한 비난으로 승화했고, 그런 비난은 예카테리나 대제 치세 말년이 되면 극도로 예민할지라도 점점 커지는 민족 자의식의 고취로 이어졌다.

그러나 자기반성과 자기비판도 많았다. 러시아인은 "미네르바[32] 숭배에는 바쿠스 축제[33]가 뒤따르는 일이 매우 잦다"는 걱정을 내비쳤고 미

---

[32] 그리스의 아테나에 해당하는 로마의 여신. 지혜와 기예의 신이며 이성적 도시 문명의 성격을 띤다.
[33] 고대 로마에서 술의 신 바쿠스(그리스 신화에서는 디오니소스)를 기리는 축제. 다산성을 북돋는 농촌 제의에서 비롯되었고, 술과 날고기를 먹으며 이성을 잃고 광란 행위를 꺼리지 않기로 유명했다.

네르바의 지혜를 실천 행위의 문제에 어떻게 적용할 수 있는지를 알아내려고 애썼다. 그러나 자기들의 타락상이 비롯되는 어떤 외부의 근원을 찾아야 한다는 느낌이 여전히 존재했고, 그 근원 하나가 "동물적인 삶을 인간의 유일한 목표로 삼"았다는 말이 있는 볼테르라는 상징적 인물 속에서 곧 발견되었다.[54] 볼테르주의는 방종한 풍기문란을 불러일으키는 힘으로 여겨지게 되었다.

그 뒤로 흔한 일이 되겠지만, 사려 깊은 러시아인들에게는 자기들이 받아들이는 것보다 자기들이 거부하는 것 주위에서 한데 뭉치는 경향이 있었다. 테오도르 앙리 슈디(Théodore Henri Chudi)가 이 집단 혐오의 편리한 대상을 제공했다. 슈디는 프랑스 문물을 애호하는 슈발로프(Шувалов) 가문[34]의 주요 외국인 중개자이면서 프랑스 문화를 러시아로 수입하는 주요 매개자였다.

슈디는 러시아 황제 측근에 있는 더 밉살스러운 아첨꾼 가운데 한 사람이었다. 그는 맨 처음에는 새 황립 극단의 2급 인물로 러시아에 왔던 스위스인 배우였다. 그는 더 강한 인상을 주는 (쉬발리에 드 뤼시(Chevalier de Lussy)라는) 이름을 쓰고 프랑스 귀족 가문의 후예인 척한 뒤에 궁정에서 기둥서방이자 좋게 말해서 가십 칼럼니스트로 — 러시아 땅에서 나온 최초의 프랑스어 잡지인 『문예 카멜레온』(Le Caméléon littéraire)을 펴내면서 — 출세했다. 그는 그 잡지의 지면에서 자기는 "경박하지 않으면 망한다"고 솔직하게 인정했다.

나는 프랑스 사람이다. 사람들은 내 나라 사람들에게 당연한 일인

---

[34] 근대 러시아의 귀족 가문. 기록에는 16세기부터 나타나지만 1741년 궁정 정변에서 두드러진 역할을 해서 옐리자베타 여제 통치기에 대귀족 가문의 반열에 올랐다. 러시아 혁명 뒤에 망명했다.

경박성을 나한테 마땅히 기대한다. 나의 이 주요 특성을 인정받는 데 보태서 세계주의자라는 호칭도 얻고 싶다.[55]

이런 부적절한 맥락에서 "세계주의자"라는 용어가 도입되었으며, 이 낱말은 제정 러시아와 소비에트 러시아에서 똑같이 고전적인 욕설이 되었다. 관능성과 피상성과 세계주의는 상호연관된 죄악이었으며, 모두 다 볼테르라는 바이러스와, 그리고 슈디 같은 보균자와 동일시되었다.

볼테르주의에 대한 더 심한 도덕적 반발의 어렴풋한 첫 윤곽은 극장에서 드러났다. 극장은 예카테리나 대제 시대에 이념이 겨루는 중앙 경연장이었다. 생겨나기 시작하던 러시아의 극장이 지닌 중요성은 — 몸소 연극 대본을 쓰고 후원하는 그 여황제의 작품을 포함해서 — 무수히 많은 연극, 오페라, 발레, 무언극의 대본이 쓰이고 상연된다는 점에서만 비롯되지는 않았다. 극장의 중요성은 귀족의 궁정 생활이 양식화되고 연극조가 되어버린 세계에서 사적이지 않고 공식적인 극장이 얄궂은 전위(轉位)로 말미암아 상류 사회에서 귀족의 더 내밀한 관심사가 다루어질 수 있는 유일한 공공 경연장이 되는 경향이 있다는 사실에 있었다.

진지한 극작가들이 예카테리나 대제 시대 후기에 점점 더 경박해지고 음악에 치중하는 극장에 반감을 키우면서 지식인의 소외가 여러 방식으로 시작된다. 1780년대의 전형적인 희극 오페라 「교수 후견인, 또는 사랑은 달변보다 더 똑똑하다」(Опекун профессор, или Любовь хитрее красноречия)는 교수와 철학자, 그리고 계몽을 싸잡아 놀리면서 다음과 같은 합창으로 끝을 맺었다.

제아무리 사람들이 똑똑해도,
제아무리 이성이 비웃어도,
　진실은 사람들한테 이렇게 말해.
　사랑이 너희보다 더 똑똑해.

예카테리나 대제는 신성종무원 구성원 전원에게 또 다른 오페라 「어리 석은 철학자」(Le Philosophe ridicule)를 끝까지 관람하도록 지시했다. 예카테 리나 대제 자신의 방탕함이 「새 가족」(Новый семейство)에서 찬미되었다. 「새 가족」은 "단조로움과 지루함"을 마침내 떨쳐버린 행복에게 보내는 다음과 같은 합창으로 끝을 맺었다.

> 살고 싶은 대로 사세요,
> 우리는 당신을 방해하지 않을 테니 ······[56]

성 페테르부르그 극장 단장인 알렉산드르 수마로코프에게서 반동의 개시가 보인다. 그의 비극, 희극, 오페라 대본이 18세기 내내 상연목록의 바탕을 이루었다. 비록 언제나 세속적 계몽의 틀 안에서 운영했을지라도 수마로코프는 러시아의 취향이 쾌락주의적인 볼테르주의에서 페늘롱과 장 라신(Jean Racine), 그리고 고대의 스토아 철학자들에게로 되돌아가도록 유도하려고 애썼다.

수마로코프로 말미암아 러시아 비극은 시간과 장소의 일치라는 고전 주의 원칙을 엄격히 지키는 한편으로 교훈을 주는 도덕적 주제에 치우치 게 되었다. 비극의 목적은 "사람을 선행으로 이끌기", "이성을 통해 정욕 을 없애기"였다.[57] 그의 풍자와 우화도 교화를 추구했고, 그의 글은 러 시아의 귀족 사상가들에게 추상적 도덕 개념의 새 어휘를 제공하는 일에 서 그 시대의 다른 어떤 인물이 쓴 글보다도 더 큰 몫을 했다. 로모노소프 같은 자연과학자보다 훨씬 덜 종교적인 이 자연철학자는 이성과 의무, 그리고 공공선에 최고 가치를 부여했다. 그는 "영적인 송시"를 쓸 때조 차 귀족의 자기규율이라는 새로운 세속적 도덕성을 요청하고 있었다.

얼마간, 수마로코프의 이상은 『텔레마코스: 정욕을 이기다』(Télémaqe:

Vaincre les passions)에 나타난 "불후의 페늘롱"의 이상이었다. 이 의(擬)고전 주의 시가는 러시아에서 대성공을 거둘 최초의 프랑스 작품이었다. 이 작품은 여러 차례 번역되었고 — 페늘롱이 호메로스의 작품 『오뒤세이아』의 일종의 속편으로서 『텔레마코스』를 내놓았듯이 — 트레디야콥스키가 러시아판 속편, 즉 『틸레마히다』(Тилемахида)를 쓰도록 자극하는 계기가 되었다.

수마로코프는, 그리고 철학에 경도된 다른 러시아 귀족들은 고전 세계 와 이어지는 연결고리를 찾다가 스토아 철학에 이르렀다. 옐리자베타 여제의 동굴 수도원 순례 행사를 기념해서 1744년에 키예프에서 상연되 었던 연극이 「마르쿠스 아우렐리우스의 경건성」(Благочестие Марка Аврелия) 이었다.[58] 이 연극에서 패배하는 악한은, 수마로코프의 연극에서 이기적 이고 육욕적인 사랑 같은 욕정이 늘 그런 것과 똑같이, 분노(Гнев)였다. 팔코네의 표트르 대제 동상은 원래 로마의 마르쿠스 아우렐리우스(Marcus Aurelius) 동상을 본뜬 것이었고, 흔히 마르쿠스 아우렐리우스로 불렸다. 데니스 폰비진(Денис Фонвизин)이 번역한 동시대의 「마르쿠스 아우렐리우 스 비가」(Элегия о Марке Аврелии)가 1771년에 나왔고, 라 아르프는 예카테 리나 대제에게 보낸 알렉산드르 1세 교육 관련 메모에서 모든 군주의 모범으로 마르쿠스 아우렐리우스를 들었다.[59] 그 로마 황제의 스토아주 의적 평정은 욕정을 이성으로 다스리려는 러시아 귀족의 노력을 위한 모범으로 보였다. 수마로코프가 표현했듯이,

> 이성적인 사람은
> 절제하며 세월을 보내고,
> 슬기로운 행복은 지나친 희열로 넘어가지 않으며,
> 슬픔에 잠겨 괴로워하지 않는다.[60]

스토아 철학의 "심원한 지혜"로 "인간의 도덕을 바로잡고 참된 건강을

불어넣어 주겠다"고 약속하는 『그리스도교 신자가 되고 있는 세네카의 도덕 요법』(Сенеки христианствующего нравственные лекарства) 같은 책들을 통해 세네카(Seneca)의 금욕주의도 추종자를 얻었다.[61]

이 "심원한 지혜"(премудрость) 개념은 수마로코프 같은 지극히 충성스러운 군주주의자들이 제시할 때조차 예카테리나 대제 궁정의 기풍에 들어맞지 않았다. 같은 시기에 모스크바 대학 철학 교과과정에 도입되고 있던 자연법 개념과 마찬가지로, "심원한 지혜"는 진리라는 기준을 군주의 의지라는 기준 위에 놓기를 제안한다고 보였다. 비체계적인 볼테르주의가, 교화된 현세적 삶과 세련된 회의주의라는 그 이상과 함께, 예카테리나 대제의 마음에 더 들었다. 예카테리나 대제는 자기의 정신들이 마르쿠스 아우렐리우스의 『명상록』[35]보다 타티쉐프의 『젊음의 순수한 거울』(Юности честное зерцало)을 읽기를 바랐다. 이 원고는 같은 이야기를 끝도 없이 되풀이하거나 나이프로 이를 쑤시거나 춤을 추는 동안에는 박차를 차지 말라는 (자주 금언으로 보강된) 소박한 훈계가 덧붙여져 1767년까지 다섯 판본으로 나왔다. 이 같은 세계에서 도덕에는 스토아주의적이기보다는 에피쿠로스주의적인 경향이 있었다. 출발점은 자기의 더 높은 실재이기보다는 자기 이익이었다.

> 합리적 이기주의는 그 안에 하느님을 향한, 그리고 동포를 향한 사랑을 반드시 담고 있다. 자기가 행복하려면 다른 이를 사랑해야 하므로, 사람은 그냥 사랑할 것이다.[62]

세속적 풍자는 귀족이 볼테르주의에 품은 불만을 극적으로 표현하는

---

[35] 로마의 마르쿠스 아우렐리우스 황제가 자신의 교만을 경계하고자 스토아 철학의 지혜를 그리스어로 기록한 책.

데에서 스토아주의적 고양보다 훨씬 더 중요했다. 예카테리나 대제는 귀족 계급을 비꼬는 희곡을 여러 편 썼으며, 전복성이 잠재되어 있는 한 새로운 장르의 산파가 되었다. 맨 처음으로 그 장르의 달인이 된 이는 데니스 폰비진이었다. 예카테리나 대제가 작가로서 실제로 이룬 바보다 훨씬 더 으스댔다면, 폰비진은 그 정반대였다. 숫기 없고 잘난체하지 않는 귀족이었던 그는 30대 말엽에 불치병을 앓게 되었지만, 살아남아서 러시아 세속문학의 첫 독창적 걸작의 하나이자 "최초의 사회풍자극"인 『철부지』(Недоросль)를 완성했다.

『철부지』는 우위를 차지하고 있던 의(擬)고전주의 문어체에 도전하고 러시아의 글쓰기에 완전히 새로운 방향을 제시했다. 『철부지』는 어느 모로는 고골을 거쳐 체호프까지 이어질 "눈물을 머금은 웃음"이라는 러시아 특유의 극 전통을 미리 보여준다. 완성되는 데 거의 스무 해가 걸린 『철부지』는 제정 말기의 그 많은 예민한 예술가의 재능을 고갈시킬 필생의 기획의 첫 사례이기도 하다.

『철부지』는 — 당시에 유행하던 대로 신화를 배경으로 삼는 답답한 압운 비극의 정반대여서 — 현대적 주제를 다룬, 단순해 보이지만 실은 그렇지 않은 산문단편 희극이다. 예카테리나 대제가 선을 보인 풍자 양식을 더할 나위 없이 발전시킨 폰비진이 예카테리나 대제의 전제 권력을 제한하는 투쟁을 맨 처음으로 이끌었던 사람인 파닌 백작의 비서였다는 점은 예카테리나 대제 치세의 여러 아이러니 가운데 하나이다. 예카테리나 대제 반대파는 황제의 절대주의를 제어하려고 애쓰다가 좌절하자 이제는 풍자로 방향을 틀었다. 그것은 앞으로 일어날 일을 알려주는 조짐이었다. 정치적 제한보다는 이념적 불만이 예카테리나 대제의 후계자들을 더 많이 제한할 터였기 때문이다. 극 중 풍자는 19세기에 — 그리고 실제로는 스탈린이 죽은 이후의 20세기에 — 폭정에 맞서 비록 겉으로는 소극적으로 보일지라도 치열하게 벌이는 러시아 특유의 공동 항의 형태의 매개체가 되었다. 1860년대의 한 예리한 독일인 평자가 지적한 대로, "러시아에서 정치적 반대는 풍자의 형태를 띤다."[63] 『철부지』는 서방에서 번역되어 상연될 최초의 러시아 연극이었으며, 아직도 소련에서 정기적으로 공연되는 유일한 18세기 러시아 연극으로 남아있다.

폰비진은 세계주의적인 18세기인이었다. 그가 독일계라는 점은 (폰 비젠(von Wiesen)에서 비롯된) 그의 이름에서 드러나고, 그의 희곡은 (그가 읽고 독일어에서 러시아어로 번역한 희곡의 저자인) 덴마크의 사회풍자가 루드비 홀베르의 영향과 (오페라 극장을 위해 들어온 이탈리아인 단원들을 통해 스며들어오던 전통을 보유한) 이탈리아의 코메디아 델라르테(commedia dell'arte)[36]의 영향을 드러내 준다. 그러나 그의 진정한 본보기는 프랑스, 그리고 혁명 이전 프랑스의 풍자극이었다. 거기서 — 파리에서 보낸 편지에서 그가 표현한 대로 — "너는 희극 한 편이 상연되고 있다는 걸 잊고 있는데, 너는 참 역사를 보고 있는 셈이야."[64]

『철부지』는 "참 역사"와 다를 바 없으며, 따라서 19세기 러시아 문학의 많은 부분을 미리 보여준다. 그 희곡은 귀족 계급의 교육이라는 러시아 계몽 자체의 핵심 문제를 다룬다. 그 희곡의 일부는 결혼 준비를 하는 귀족 남녀 한 쌍의 덕성과 책무를 위한 통상적인 러시아 특유의 교육을 묘사한다. 그러나 그 희곡의 대부분과 그 관심사 전체는 "프로스타코프(Простаков, 말 그대로는 "얼간이") 집안 사람들이 사는 마을의" 잊을 수 없는 기라성 같은 인물들이 열여섯 살 먹은 막돼먹은 시골 귀족 미트로판(Митрофан)이라는 "철부지"를 교육하는 데 집중되어 있다. 사기꾼 교사 세

---

[36] 16세기부터 이탈리아에서 성행한 즉흥 희극. 배우 5~10명이 노천에서 대본과 소품 없이 공연했다.

사람, 아무짝에도 쓸모 없는 아버지, 돼지를 좋아하는 아저씨, 아들을 떠받드는 막돼먹은 어머니, 이 모든 이들이 버릇없는 미트로판의 주위를 맴돌고 그를 응석받이로 키우는 데 이바지한다. 귀족의 덕성이라는 복음을 설교하는 자들은 적나라한 막된 행동이 여전히 정상으로 통하는 세상에서 따분하고 조금은 우스꽝스럽게 보이도록 나온다.

이렇게 폰비진은 자기가 파닌의 정치적 반대파의 일부로서는 한 적이 없는 — 그리고 자기가 전혀 의도하지 않았을지 모르는 — 방식으로 예카테리나 대제의 세계를 거꾸로 뒤집는다. 서방식 교육은 철부지 러시아에서 계몽이라는 성배(聖杯)에 이르지 못한다. 모험이 끝나고 보니, "가시가 없어서 찔리지 않는 장미꽃"은 없고 가시나무 덤불만 잔뜩 있다. 희곡의 마지막 행은 이렇다. "못된 본성의 마땅한 결과로구나!" 어쩌면 인간의 본성은 결국은 완벽할 수 없다. 어쩌면, 볼테르가 충고한 대로, 독이 든 열매만 자랄 터이니 정원을 가꿔보았자 소용없다.

그러나 그처럼 심술 맞은 생각은 더 뒤에 나타날 터였다. 폰비진의 관점은 아직은 삶을 긍정하는 웃음의 관점이다. 그는 러시아 계몽의 전형이 되는 폭넓은 관심사를, 그리고 떠오르는 권력층의 특권적 일원이어서 생기는 자신감과 자부심을 공유했다. 더 깊은 불만을 찾아내려면 당시의 문제에 대한 근본적으로 새로운 해답을 천천히 찾아 나선 다른 세 사람, 즉 그리고리 스코보로다(Григорий Сковорода)와 알렉산드르 라디쉐프(Александр Радищев)와 니콜라이 노비코프(Николай Новиков)에게로 눈길을 돌려야 한다. 그 세 사람은 18세기 말엽 러시아에서 십중팔구 가장 뛰어난 사람들이었을 것이다. 그들이 해답을 찾는 행위의 심도와 다양성은 예카테리나 대제 통치기에 지식인의 소외가 참으로 얼마나 심각했는지를 생생하게 보여준다. 그들의 각기 다른 이력에 딱 하나 있는 공통된 특징은 그들 모두가 얄팍하고 흉내 내기만 하고 얄팍한 궁정 문화의 속성을 거세게 거부했고, 예카테리나 대제는 또 예카테리나 대제대로 그들의 새로운 사고와 활동을 결국은 거부했다는 점이다.

스코보로다는 이 세상 것에 대한 금욕적 무관심과 "심원한 지혜"의 숨은 신비에 대한 추구로 예카테리나 대제의 기풍에 대한 가장 철저한 거부를 대표했다. 카작의 후예인 스코보로다는 키예프 학술원에서 공부하다가 1740년대에 키예프의 바로크 합창단 성악가로서 황실의 관심을 끌었다. 키예프 학술원의 뛰어난 교사인 그는 신학을 가르치는 일을 시작했고, 그런 다음에는 홀로 떠돌아다니며 책을 읽으며 살고자 일을 그만두었고 끊임없는 철학적 대화와 몇 사람 안 되는 절친한 벗으로 위안을 받았다.

그는 키예프, 성 페테르부르그, 하르코프, 모스크바, 그리고 성 세르기 대수도원의 학술원 같은 18세기 러시아 신학 교육의 모든 위대한 중심지에서 짧게 짧게 가르쳤다. 그는 행복은 오직 자기 자신에 대한 완전한 내적 지식에 있으며 그 지식에는 하느님과의 아주 개인적이고 신비한 연계가 필요하다는 결론을 내렸다. 그는 자기 삶의 마지막 서른 해 대부분 동안 히브리어 성경 한 권과 여러 언어로 된 책이 들어있는 보따리 하나만 달랑 들고서 러시아 곳곳을 돌아다녔다. 그는 윌리엄 블레이크(William Blake) 식 문체로 좀처럼 잊히지 않는 시와 편지와 철학 대담을 썼고, "내 마음 저 깊은 곳까지 즐겁게 해주는 태초의 세상"을 위해 계몽의 상류 문화를 거부했다.[65] 스토아주의와 신플라톤주의의 영향을 받은 그는 자기 저서 『미카엘 대천사와 사탄의 싸움』(Брань архистратига Михаила со сатаною)에서 영의 세계와 육의 세계 사이에는 근본적 갈등이 존재한다고 가르쳤다. 육욕과 현세의 야망은 악마의 주된 미끼이다. 그는 자기가 쓴 『이스라엘의 뱀』(Израильский Змий)에서 육욕을, 그리고 자기가 쓴 『알키비아데스의 이콘』(Икона Алкивиадская)에서 현세의 야망을 통렬하게 꾸

짖었다. 그는 "세상은 나를 낚았지만 사로잡지는 못했다"라는 묘비명을 남기고 1794년에 죽었다.[66]

스코보로다는 자신을 러시아의 소크라테스라고 불렀고, 러시아 최초의 독창적인 사변철학자들 가운데 한 사람이었다. 더욱이 그는 플라톤이 말하는 헌신의 자질을 공유했으며, 아마 동성애도 공유했을 것이다. "우리의 어버이인 자유"에 바치는 그의 찬가[67]에는 그의 카작 선조의 아나키즘 정서가 반영되어 있다. 그의 사고에는 신비주의와 이원론이 있는지라 그는 라틴화한 우크라이나의 스콜라 철학에 푹 물든 공식 정교회보다는 분파교에서 더 아늑함을 느꼈다. 스코보로다는 "영혼의 씨름꾼들"을 위한 사도신경을 작성하고 성가를 부르는 "젖 먹는 사람들"의 의식을 위한 음악을 작곡하는 일을 도왔다.[68]

그러나 스코보로다는 어떤 종파에도 가입하지 않았으며, 적절하게도 "초원에 홀로 솟은 산"으로 묘사된다.[69] 그는 러시아 인텔리겐치야의 낭만적인 형이상학적 주유(周遊, Auswanderung)를 미리 보여주었다. 그가 자기 시대의 러시아보다는 일체의 현세에 불만을 품었기 때문이다. 그를 움직인 힘은 형식적이고 외면적인 모든 지식에 대한 파우스트적 불만이었다. 모든 주요 신학 기구의 요직이 주어졌지만, 그는 결코 성직자는 되지 않았으며, 결국은 정교회를 완전히 떠났다. 그는 성경의 상징 연구와 시를 통해 종교를 가르치려고 애썼다. 그는 "거지가 아닌 고행수사"[70]를 자처했고, 일종의 세속판 중세 탁발순례자가 되었다.

후대의 많은 러시아 사상가와 마찬가지로 그의 성실하고 열렬한 구도는 그의 생각이나 말을 이해할 수 없는 사람들 사이에서도 존경을 얻었다. 그는 자기 고향 우크라이나에서 전설적 인물이 되었으며, 그의 원고는 성경처럼 여겨졌고 그의 그림은 자주 이콘으로 전시되었다. 특히 그를 두려워하는 자들 가운데에는 차르 정부도 있었는데, 차르 정부는 그가 쓴 수많은 (그리고 대개 간행되지 않은) 저술을 한데 엮어 펴내는 것을 그가 죽은 뒤 한 세기가 지나도록 일절 허용하지 않았다. 한 세기가 지나서 나온 저작집도 전집이 아니었고 검열을 심하게 받았다. 그리고 그 뒤에 나온 저작집의 편집자들은 이 심오한 — 그리고 심오한 당혹감을 불러 일으키는 — 사상가의 저술을 매우 선별적으로 추려서 엮어냈을 뿐이다. 스코보로다는 자기의 저술 가운데 많은 것을 "대담"이라고 불렀고, 그 것들은 분명히 근대 러시아의 사상가들이 우주론적인 문제를 놓고 한도 끝도 없어 보이는 논쟁을 개시하도록 거든 형이상학 주제를 놓고 벌인 수많은 구두 토론의 소산이었을 것이다. 스코보로다는 일종의 혼성 고등 종교를 추구했다. 그 종교의 정수는 사람과 지혜(Мудрость) 사이에 오가 는 전형적인 이 "대담"에서 드러난다.

> 사람: 나한테 네 이름을 말해줘, 너 스스로 말해봐.
>   네가 없으면 우리 생각은 죄다 쓸데없으니까.
> 지혜: 옛날옛적에 그리스 사람은 날 소피아라고 불렀지.
>   그리고 러시아 사람은 다 무드로스트라고 부르지.
>   하지만 로마 사람은 나를 미네르바라고 불렀어,
>   착한 그리스도교인은 나한테 그리스도라는 이름을 붙였어.[71]

예카테리나 대제의 러시아로부터의 라디쉐프의 소외는 사회·정치 비판이라는 더 낯익은 형태를 띠었다. 러시아 귀족의 절대주의를 철저히 개혁하자고 제안하는 러시아 최초의 "뉘우치는 귀족"인 라디쉐프는 예 카테리나 대제의 계몽의 순수한 창조물이었다. 열세 살 사내아이였을 때 그는 예카테리나 대제의 대관식에서 아무나 들어가지 못하는 신설 유년생도단(Пажеский корпус)[37]의 단원 마흔 명 가운데 한 사람으로 뽑혔고, 나중에는 라이프치히에서 유학할 학생으로 파견된 열세 명 가운데 한

사람이었다. 그는 귀국해서 제국 관리로 근무하면서 요직을 두루 거쳤고, 그 정점은 돈이 많이 생기는 직위인 성 페테르부르그 세관장이었다.

자기 경력의 거의 처음부터 라디쉐프는 전제정을 계몽으로 완화하려고 애썼다. 그의 초기 풍자 작품은 농노제를 비판했다. 곧 그는 모종의 분별 있는 인민 주권에 찬성하기 시작했다. 자기가 1773년에 펴낸 가브리엘 보노 드 마블리(Gabriel Bonnot de Mably)의 『그리스사 논고』(Observations sur l'histoire de la Grèce) 번역서에 단 머리말에서, 1781~1783년에 자기가 쓴 송시 「자유」(Вольность)에서, 미국 혁명에 부치는 찬사에서, 그리고 1780년대에 입법에 관해 자기가 쓴 논문에서 특히 그랬다.

그가 1790년에 자비로 펴낸 유명한 저서 『페테르부르그에서 모스크바로 가는 여행』(Путешествие из Петербурга в Москву)은 특권 귀족이 기성 질서에 맞서 터뜨릴 일련의 수많은 문학 폭탄의 선두였다. 그러나 그 책은 여러모로 예카테리나 대제 시대의 전형적 작품이어서, 어조는 도덕적이고 문체는 멋을 부렸다. 라디쉐프는 로렌스 스턴(Laurence Sterne)과 콩스탕탱 볼네(Constantin Volney)를 흉내 내어 자기의 사회 비판을 유럽 계몽의 철학적 언어로 표현한다. 불행은 "사람 탓에, 자주 사람이 자기를 둘러싸고 있는 사물을 똑바로 바라보지 않는 탓에 생겨난다." 사람은 타고난 한계보다는 인위적인 구분과 제약 탓에 자기의 "신성불가침의 진가"를 깨닫지 못한다.[72]

그 책의 가장 참신하고도 대담한 특징인 농노제 비판조차도 어느 모로는 예카테리나 대제 자신이 몇 해 전에 자유경제협회에게 했던 사회·

---

[37] 러시아 제국의 엘리트 청소년 교육 기관. 18세기 중엽에 귀족 자제의 교육 기관으로 출발해서 1762년부터는 평민 청소년도 받아들였고, 1802년에는 유년 군사학교로 개편되었다.

경제 비판 요구에 대한 일종의 지연된 응답일 뿐이었다. 더욱이 라디쉐프가 농노제에 반대하는 근거는 예카테리나 대제의 계몽에 따른 것이었다. 그의 항의는 실용적이거나 심지어는 동정적인 동기가 아니라 농노들이 기구해지는 자기 팔자에 대해 어떤 대안을 구상할 자기 나름의 이성 능력을 체제 탓에 사용하지 못한다는 고매한 철학적 차원에 그 근거를 두었다.

라디쉐프의 책은 프랑스 혁명 첫해에 정식 허가 없이 나왔으므로 예카테리나 대제를 깜짝 놀라게 했다. 예카테리나 대제는 라디쉐프를 반역죄로 체포해서 참수형을 선고했다. 참수형은 시베리아 유형으로 감면되었다. 머나먼 토볼스크에서 라디쉐프는 19세기의 급진 "시민" 시인들 사이에서 유행하게 될 투박하고 단조로운 문체로 쓰인 다음과 같은 운문으로 인간의 존엄성에 대한 자기의 신념을 재확인했다.

나는 언제나 나였고 앞으로도 영원히 그럴 터이다.
가축도 아니고 나무도 아니고 노예도 아닌 사람이란다.[73]

라디쉐프는 예카테리나 대제가 죽은 뒤에 시베리아에서 돌아와서는 러시아의 공화주의 헌법을 기안하면서 말년을 보냈으며, 그 헌법을 젊은 알렉산드르 1세가 실행하기를 소망했다. 라디쉐프는 사회와 경제의 개혁에 대한 미완의 희망을 뒤에 남긴 채 1802년에 스스로 목숨을 끊었다. 그 희망은 알렉산드르 1세 통치기 내내 귀족 계급을 계속 들쑤셨다. 그의 사상에 관한 관심은 알렉산드르 2세 통치기라는 개혁기 동안에, 즉 농노해방령 직전인 1858년에 『페테르부르그에서 모스크바로 가는 여행』의 신판을 게르첸이 출간했을 때 비로소 되살아났다.

스코보로다와 라디쉐프는 근대 러시아 사상을 쓸고 지나간 두 강력한 사조의 원류에 서 있다. 스코보로다는 표도르 튜체프(Федор Тютчев)에서 파스테르낙에 이르는 러시아의 소외된 형이상학파 시인들의, 그리고 미하일 레르몬토프(Михаил Лермонтов)의 우리 시대의 영웅에서 도스토옙스키의 백치에 이르는 일단의 음울한 문학 인물상의 선발(先發) 격인 인물이었다. 스코보로다는 귀족의 러시아에서 직함이 없는 외부인, 정처 없는 낭만주의자, 어떤 기존 신앙 체계의 한계 안에서는 살 수 없는 열성 신자이다. 그는 이 세상의 사회·정치적 악에 상대적으로 무관심한 채로 더 풍요로운 저세상의 숨겨진 수원(水源)과 금단의 열매를 갈망하면서 성스러움과 철저한 자아주의 사이 그 어딘가에 떠 있다.

라디쉐프는 유럽에서 교육을 받은 특권 귀족이었으며, 자기 지위의 인위성을 인식하고 있었다. 그는 다른 이들의 고통에 양심의 가책을 받았으며, 더 나은 사회 질서를 만들고 싶어 했다. 사회 문제에 몰입하는 그의 태도는 데카브리스트와 니콜라이 네크라소프(Николай Некрасов)의 시민 시[38], 투르게네프 소설의 주인공, 그리고 심지어는 예브게니 오네긴(Евгений Онегин)[39]에서 안나 카레니나(Анна Каренина)[40]에 이르는 가정의 행복과 사회적 적응에 대한 추구를 미리 슬쩍 보여준다. 한편, 라디쉐프에게는 미래에 대한 아나톨리 루나차르스키(Анатолий Луначарский)와 레프 트로츠키의 황홀하고 세속적인 믿음의 선행 형태인 프로메테우스적 영웅성이 있다. 라디쉐프는 자기의 마지막 저작 『인간에 관하여, 인간의 사멸과 불멸에 관하여』(О человеке, о его смертности и бессмертии)에서 프랑스 백과전서파의 무미건조한 유물론을 거부하고 인간이 영웅적 노력,

---

[38] 예술지상주의에서 탈피해서 사회적, 시민적 대의를 추구하고 민중을 지향하는 시.
[39] 푸시킨이 1833년에 펴낸 동명 소설의 주인공.
[40] 레프 톨스토이가 1877년에 펴낸 동명 소설의 주인공.

그리고 망자의 회생(回生, palingenesis)을 포함하는 창조적 진화를 거쳐 완전성을 — 심지어는 불멸성까지 — 얻어가는 모습을 본다. 그의 신념은 다음과 같다. "사람들이 죽음을 덜 무서워한다면, 결코 선입견의 노예가 되지 않으리라. 진리는 더 열렬한 옹호자를 스스로 찾아내리라."[74]

라디쉐프와 스코보로다는 제 힘만으로 결정적 영향력을 행사한 인물이기보다는 선발 격인 인물이었다. 그들의 사상을 그들의 삶과 시대의 복잡한 맥락에서 떼어내는 것은 위험한 일이다. 그렇더라도 그들은 선지자는 아닐지라도 선구자로서 서 있다. 그들은 혁명에 이르게 될 소외의 대장정에 나서는 최초의 인물이었다. 러시아의 거의 모든 혁명가는 라디쉐프를 혁명 전통의 시조로 보았다. 레닌이 읽고 찬양한 몇 사람 되지 않는 종교사상가들 가운데 한 사람이 바로 스코보로다였음이 이제 밝혀져 있다. 소련에는 라디쉐프를 기리는 기념물이 많으며, 레닌은 스코보로다를 기리는 기념비를 만들 계획을 세우기도 했다.[75]

노비코프와 프리메이슨

예카테리나 대제 시대에 라디쉐프나 스코보로다보다 훨씬 더 유력한 인물은 라디쉐프의 박애적 개혁주의와 스코보로다의 종교적 번뇌를 둘 다 공유한 니콜라이 노비코프였다. 노비코프는 진지한 사상가인 동시에 귀족 계급을 위해 실천 활동의 새 길을 연 뛰어난 조직가였다. 아무나 들어가지 못하는 이즈마일롭스키(Измайловский) 연대의 부대원이며 예카테리나 대제의 입법위원회의 위원인 노비코프는 당시 궁정에서 인기를 끈 한 연극에 나오는 명청한 탁상공론가의 이름을 따서 표제를 지은 자기 소유의 풍자 주간지 『수펄』(Трутень)을 창간함으로써 1760년대에 예

카테리나 대제를 흉내 냈다. 노비코프는 이 잡지에서 — 1770년대 초엽의
후속지인 『화가』(Живописец)와 『돈지갑』(Кошелек)에서는 훨씬 더 세게 — 예카테리나
대제가 프랑스 방식을 흉내 내고 사회적 불의를 용인하는 데 토박이 러
시아 귀족이 점점 더 많이 품는 불만을 표현했다. 노비코프의 저널들은
러시아 역사에서 최초의 독자적인 사회 비판 간행물이 되었다. 제정 당
국은 이 각각의 저널을 훗날의 "두꺼운 저널"[41]과 마찬가지로 폐간했다.
그러자 노비코프는 출판에 쏟던 자기의 에너지를 소외된 지식인의 문화
발전에서 핵심 역할을 하게 될 다른 두 기구에 연계했다. 그 두 기구는
대학교와 토론 소모임, 즉 "동아리"(кружка)였다.

그 대학교는, 물론, 모스크바 대학이었다. 모스크바 대학은 1770년대
말엽에 노비코프가 들어오고 그의 동아리가 활동하기 전에는 모두 합쳐
서 100명쯤 되는 재학생이 라틴어와 독일어로 이루어지는 지루한 강의
를 듣는 다 죽어가는 기구였다. 그러나 모스크바 대학은 시인 미하일
헤라스코프(Михаил Херасков)가 1778년에 학장이 되자 지적 발효의 중심
지로 빠르게 변모했다. 노비코프는 1779년에 모스크바 대학 출판부를
넘겨받았고 모스크바 대학 부속 공공 도서관을 세웠다. 그가 모스크바
대학 출판부에서 1781년부터 1784년까지 펴낸 책의 수는 그 출판부가
존재한 이전 스물네 해 동안 나왔던 책의 수보다 더 많았으며, 10년 안에
공식 기관지 『대학보』(Университетская газета)의 독자 수가 10년 안에 600
명에서 4,000명으로 늘었다.[76]

노비코프는 1783년에 러시아 최초의 사영 인쇄소 두 개를 세웠고, 그

---

[41] 일상생활의 갖가지 주제를 다룬 글과 더불어 정치, 과학, 학술에 관한 논문을 싣던
400쪽 안팎 분량의 19세기 러시아의 저널을 일컫는 표현. 카람진이 1802년에 창
간한 『유럽 통보』가 그 효시였고, 주로 정기구독 위주의 월간지 형태를 띠었다.

가운데 하나를 이듬해에 러시아 최초의 합자 출판사로 만들었다. 또한, 그는 러시아 최초의 사영 보험회사를, 1787년에는 주목할 만한 전국 규모의 기근 구제 체계를 세우는 일에 앞장섰다. 1770년대 말엽에 그가 창간한 『아침 햇살』(Утренний Свет)은 플라톤과 세네카의 번역을 필두로 위대한 고전고대 철학자들의 체계적 지식을 전달하려고 시도한 러시아 역사상 최초의 저널이었다. 그는 1780년대에는 일련의 저널과 아동 도서에서 러시아 초기 역사에 관한 방대한 문서집에 이르는 다양한 문집을 편집했다. 그의 『고대 러시아 문고』(Древняя Российская Вивлиофика)는 1780년대 10년 동안 대형판으로 두 판본이 나왔다. 그의 벗인 미하일 쉐르바토프(Михаил Щербатов) 공이 쓴 『러시아사』(История России)와 『러시아의 도덕 파탄에 관하여』(О повреждении нравов в России)와 더불어 노비코프의 저작은 옛 모스크바국의 도덕 기풍을 찬양하는 경향을 보였으며, 예카테리나 대제가 러시아의 삶에 있는 전통적 요소를 호기롭게 내팽개치는 행위를 은근히 문제 삼았다. 미하일 출코프(Михаил Чулков)가 1770년대와 1780년대에 펴낸 백과사전식 러시아 민담·민요·민간설화집은 문학 발전에 쓰일 토속 재료가 많이 있는데 소홀히 취급되었다는 점을 보여주었다. 그것은 성 페테르부르그의 볼테르주의자들이 소홀히 취급한 민중 지혜의 원천이었다. 볼테르를 찬양하고 디드로의 저작을 번역한 사람인 이반 볼틴조차 1789년에 들고 일어나서는 러시아를 싫어하는 한 프랑스인 외과의사가 1782년에 펴낸 읽기 거북한 여섯 권짜리 러시아사를 거세게 논박하는 책인 『레클레르의 「러시아 고대사·현대사」 주해』(Заметки о Леклерковой "Истории древней и новой России")에서 러시아의 전통을 칭송했다.[77]

예카테리나 대제 치세 후반기에 모스크바가 지성계에서 다시 두각을 나타낸 현상은 제1차 폴란드 분할, 제1차 러시아-튀르크 전쟁[42], 푸가초프 봉기 최종 진압, 1770년대 중엽 자포로지예 카작(запорожские казаки)[43] 복속에 뒤이어 일어난 대러시아 민족주의 감정의 흥기와 밀접하게 연관되어 있었다. 헤라스코프는 철저한 훈육을 모스크바에서 받았으며, 모스크바 대학에서 외국어보다는 러시아어를 쓰자는 당파에 늘 속했다. 또한, 노비코프는 대다수 다른 귀족보다 여행을 덜 다녔고 외국어에 덜 능통했다. 이 두 인물이 버티고 있는 덕분에 모스크바는 옛 러시아 찬양의 중심지와 수도의 프랑스식 세계주의에 반대하는 이들의 문화적 메카가 되었다. 예카테리나 대제의 계몽에 반대하는 지식인들은 마음의 안식처를 찾아냈다.

오직 모스크바만이 예카테리나 대제가 러시아 도시에 덧씌우고 있던 신고전주의 문화에 저항할 만큼 강력했다. 예카테리나 대제는 — 심지어 크레믈 안에 유럽 양식의 정부 건물과 접견실을 만들어 놓으면서까지 — 이 도시를 바꿔 놓으려고 무척 애를 썼다. 그러나 예전의 수도는 색다르고 뒤죽박죽인 특색을 간직했다. 지붕이 양파꼴과 원뿔꼴인 교회의 주위에 목조 건물이 여전히 옹기종기 모여 있었으며, 새로 지어진 시가 건물과 탁 트인 광장보다는 유서 깊은 크레믈이 여전히 도심지였다. 인구가 40만 명을 웃도는 도시인 모스크바의 크기는 성 페테르부르그의 두 배였으며, 어쩌면 이질적인 제국 전체에 중앙집권화된 통제와 단일한 민족 문화를 부과한다는 환상을 간직하기에 충분할 만큼 커다란 단 하나의 도시였을 것이다. 외국인은 대개 모스크바가 마음에 들지 않는 도시임을 알아차렸다.

---

[42] 1768년부터 1774년까지 러시아 제국과 튀르크 제국 사이에 벌어져 러시아의 승리로 끝난 전쟁.

[43] 우크라이나 중앙의 자포로지예(Запорожье) 지방에 터를 잡고 살던 카작의 일파. 막강한 군사력을 유지해서 17세기까지도 튀르크 제국과 러시아 제국에 복속되지 않았다.

팔코네는 러시아에 오래 머무는 동안 (시베리아의 도시를 포함해서) 러시아의 거의 모든 도시를 찾아다녔지만, 모스크바는 한 차례도 찾아가지 않았다. 예카테리나 대제 치세 말엽에야 비로소 모스크바에도 성 페테르부르크의 극장에 견줄 만한 극장이 생겨났지만, 침을 뱉고 트림을 하고 호두를 깨는 모스크바의 관객 앞에서 공연하기를 좋아하지 않는 배우가 많았다. 수마로코프만 이렇게 투덜대지는 않았다.

> 모스크바는 볼테르 씨와 나보다는 서기관을 더 믿을 것이며, 모스크바 독자의 취향은 그 서기관의 취향과 더 비슷하다![78]

좁다란 길과 자급자족하는 교외에 파묻히고 역사적으로 지리적으로나 러시아의 심장부에 더 가깝고 새로운 사상을 늘 수상쩍어하는 모스크바는 유럽 계몽의 이상에 대한 반대의 자연스러운 중심이었다. 모스크바를 가장 깊이 물들인 예카테리나 대제 궁정의 특성은 방탕과 방종이었다. 성 페테르부르크 사회가 아니라 모스크바 사회가 알렉산드르 그리보예도프(Александр Грибоедов)의 유명한 풍자희극 「지혜로운 자의 슬픔」(Горе от ума)이 비웃는 대상이 될 터였다. 「지혜로운 자의 슬픔」에서 주인공 차츠키(Чацкий)는 모스크바 사회와, 그리고 모스크바 사회의 모든 천박성과 단조로움과 싸운다. 겨울철이면 밤마다 귀족의 무도회가 40~50군데에서 열리는 이 세계[79]는 차츠키가 다음과 같은 단장격(短長格)[44] 시로 경멸하는 대상이었다.

> 모스크바가 나한테 뭘 새로 보여주겠소?

---

[44] 시에서 한 장음절 다음에 한 단음절이 오는 음보(音步). 약강격(弱强格)이라고도 한다.

오늘은 무도회 하나를, 내일은 무도회 둘을 보여주겠지.[80]

모스크바 사회의 허황함과 따분함은 성 페테르부르그의 볼테르주의와 세계주의에 가하는 공격에 앙심이라는 요소를 보탰다.

계몽과 반(反)계몽 사이의 싸움은 그 두 도시 안에서 — 그리고 다른 도시들에서도 — 벌어졌다. 그러나 여전히 성 페테르부르그는 계몽의, 모스크바는 반계몽의 상징이자 중심이었다.

러시아 귀족 사이에 존재한 반계몽 전통의 뿌리를 이해하려면, 노비코프가 모스크바 시기에 한 활동을 보아야 한다. 이 활동을 이해하려면, 모스크바의 별난 분위기뿐만 아니라 러시아 프리메이슨의 역사도 제대로 평가해야 한다. 프리메이슨은 러시아 귀족의 첫 이념적 계급 운동이었으며, 노비코프는 자기의 각종 활동 대부분을 이 운동을 통해 벌였다. 노비코프의 이력에서, 그리고 러시아의 프리메이슨에서 성 페테르부르그 단계와 모스크바 단계 사이에 나타나는 분리는 러시아 귀족의 사상에서 합리주의와 신비주의 사이에 나타나는 — 훗날 서구주의자와 친슬라브주의자 사이에서 벌어질 그 유명한 논쟁에서 다시 나타날 — 심한 분열을 예증해준다.

프리메이슨은 18세기 유럽 귀족계급의 친목 단체였다.[81] 프리메이슨 지부 안에서 유럽의 지주 장교 계급은 소속감을 얻고 새로 출세한 자들은 외부의 흔한 더 경직된 사회 체제를 통하는 것보다 더 쉽게 귀족 사회에 접근할 기회를 얻었다. 그러나 프리메이슨은 교파를 초월하는 일종의 이신론(理神論)[45]적 교회이기도 했다. 프리메이슨은 회원들에게 전통 교회에서 더는 찾지 못하는 더 높은 소명감과 성사에 버금가는 비밀 의식

---

[45] 계몽 시대에 나타난 합리주의적 종교관. 이성이 인식할 수 있는 자연적인 것에서 신의 존재와 진리의 근거를 찾고 하느님을 세계의 창조자로 인정하지만 세상사에 관여하거나 기적을 일으키는 존재로는 보지 않았다.

을 제공했다. 프리메이슨은 우주에는 자연스럽고 도덕적인 질서가 있다는 18세기의 기본 사상에 정교한 새 상징성을 부여했고, 이 핵심 진리를 인정하는 이들에게 은밀한 입단식과 고백 의식을 행해주었으며, 그들이 인간은 완전해질 수 있다고 믿도록 만드는 박애 활동과 교육 활동을 의무로 규정했다.

비록 특히 1666년 대화재[46]가 일어난 뒤 런던이 재건되는 시기에 석공 길드와 연관되었다고 보일지라도, 자주 운위되는 프리메이슨의 중세 기원설은 전설의 범주에 속한다.[82] 근대적 유형의 프리메이슨 지부는 17세기 말엽과 18세기 초엽에 잉글랜드에서 맨 처음으로 나타났다. 회원들은 도제(徒弟), 직인(職人), 장인(匠人)이라는 중세 직업 길드의 체계와 비슷한 세 단계를 거쳐 지도되었다. 잉글랜드 상인들이 1730년대 이전에 러시아에 첫 지부를 세웠고, 그 뒤에 러시아의 프리메이슨은, 그것이 형성에 도움을 준 러시아의 귀족 문화와 마찬가지로, 외국인의 영향을 크게 받았다.

프리메이슨을 잉글랜드에서 러시아로 가져온 사람인 제임스 키스(James Keith)는 대의를 추구하는 중세 기사의 화려한 모든 자질의 화신이다. 스코틀랜드 귀족 가문의 자손인 키스는 스튜어트(Stuart) 가문의 영국 왕위 요구자를 위한 1715년 반란[47]을 지지했다는 이유로 잉글랜드에서 쫓겨나 에스파냐 군대에서 근무하다가 1728년에 러시아로 갔다. 러시아에서 키스는 뛰어난 장군, 우크라이나의 군정 주지사, — 1740년대 초엽에는 — 프리메이슨 러시아 지역 총수가 되었다.

---

[46] 1966년 6월 2일에 런던에서 일어나 닷새 동안 시가 대부분을 잿더미로 만든 화재 사건.
[47] 명예혁명을 지지했다가 환멸을 느낀 스코틀랜드의 마(Mar) 백작이 1715년 여름에 제임스 3세와 제임스 8세를 위해 재커바이트와 함께 일으킨 봉기.

키스는 그 새로운 귀족 친교회에 러시아인을 끌어들인 "새벽 같은 모습"의 사랑스럽고 교양 있는 인물이었다. 그 시대의 한 프리메이슨 노래에 표현된 대로,

> 그분(표트르 대제 — 저자 주)이 돌아가신 뒤 러시아인에게로
> 빛을 받아 빛나시는 키스께서 달려오셨네.
> 그리고는 타오르는 열정으로
> 거룩한 불을 여기에 피우셨네.
> 심원한 지혜의 사원을 세우시고
> 생각과 마음을 바로잡으시고
> 우리를 형제로 굳게 묶으셨네.[83]

1747년에 키스가 러시아를 떠나 프리드리히 대왕의 군대에 들어갔지만, 프리메이슨은 러시아에서 계속 자랐다. 1750년대 말엽이 되면 프리메이슨 지부가 유럽의 거의 모든 나라에, 북아메리카에, 중동의 일부 지역에, 그리고 — 대거 — 러시아에 나타났다. 1756년에 문필가가 많이 들어가 있는 지부 하나가 영국 문물을 좋아하는 미하일 보론초프(Михаил Воронцов) 백작을 지부장으로 삼아 성 페테르부르그에서 정식으로 설립되었다. 외국과 연계해서 소요를 일으킬 계획을 세운다는 적대적 풍문에 대응해서 "프리메이슨 종파"를 상대로 최초의 정식 경찰수사가 이루어졌지만, 프리메이슨은 혐의를 벗었다. 표트르 3세는 짧은 통치기 동안 성 페테르부르그와 오라니옌바움(Ораниенбаум)[48] 두 곳에 있는 자기 거처의 부근에 프리메이슨 지부를 세우면서 프리메이슨 운동에 참여했다고

---

[48] 성 페테르부르그 서쪽 핀란드만에 있는 러시아 황실의 거주지.

보인다.

프리메이슨 지부 안에 조직화된 지휘 구조가 존재한 시기는 부유한 조신 이반 옐라긴(Иван Елагин)이 프리메이슨 러시아 제국 지역 총수로 취임한 날로 거슬러 올라간다. 예카테리나 대제 통치 초기에 옐라긴은 엄청난 유력 인사였다. 예카테리나 대제는 그에게 보내는 편지에 때때로 익살맞게 "재상 옐라긴 씨께"라고 써넣었으며,[84] 옐라긴은 러시아 프리메이슨의 제1단계 국면을 위한 조직가이자 옹호자이다. 예카테리나 대제는 성 페테르부르그에 본부를 둔 실용 위주의 이 잉글랜드형 프리메이슨이 그럭저럭 허용할 만하다고 판단했다.

실제로 잉글랜드형 프리메이슨에는 예카테리나 대제 궁정의 딜레탕트한 분위기가 있었다. 옐라긴은 자기가 워낙은 따분한 탓에 프리메이슨 운동에 들어섰음을 인정했다. 그가 잉글랜드형 프리메이슨의 표준 관행에 보탠 중요한 것은 색다른 입단식이었다. 그는 교회 의식을 대체할 의식이 있어야 한다는 실용적 근거를 들어 그 입단식을 정당화했다. "자기 습성을 이겨내는 법을 알고 …… 자기 의지를 이성의 법칙 아래 둘 수 있는 자유인"[85]이라는 그의 프리메이슨 회원 정의는 계몽된 예카테리나 대제 측근들에 관한 묘사와 별반 다르지 않았다. 1774년에 옐라긴의 프리메이슨 지부들의 기본 회원수는 러시아 귀족과 외국인 귀족을 합쳐 200명쯤이었으며, 그들 거의 모두가 민간 기관과 군대에서 요직을 차지하고 있었다.[86]

노비코프는 성 페테르부르그에 있는 옐라긴의 지부를 통해 1775년에 처음으로 프리메이슨에 입단했다. 그러나 그는 통례의 입단식에 따르기를 거부했고 회원들이 "애들 장난처럼 모여서 '프리메이슨' 놀이를 하는" 행태에 불만을 품었다.[87] 그는 한 해 안에 갈라져 나와 새 지부를 만들어 러시아의 프리메이슨을 더 진지한 제2단계 국면으로 들여보냈다. 이 국면은 기원상으로는 잉글랜드형이라기보다는 신비주의적인 독일형이었으며, 성 페테르부르그보다는 모스크바를 그 정신적 중심지로 삼았다. 노비코프는 러시아 프리메이슨을 정해진 체계 없이 운영되는 옐라긴의 친목 활동에서 배타적 집단과 은비학 다단계 종단으로 바꾸는 데 앞장섰다. 러시아 프리메이슨 역사의 이 두 번째 국면, 즉 모스크바 국면의 특징을 이룬 그런 전환은 러시아 문화의 이후 발전에 매우 중요한 영향을 미치게 된다.

러시아 프리메이슨의 이 새 추세는 잉글랜드형 프리메이슨에서 벗어나 "스코틀랜드형" 프리메이슨으로 가는 유럽의 전반적 동향의 일부였다. "스코틀랜드형" 프리메이슨은 원래의 세 단계를 넘어서는 더 높은 회원 단계가 있으며 그 추가 단계가 곳에 따라서 적게는 하나, 많게는 아흔아홉에 이른다고 가르쳤다. 이 프리메이슨 "다단계 조직"[88]은 더 엄한 비밀 지키기와 상호 의무, 특별한 문답과 서약, 새로운 준(準)오리엔트식 의상과 의례라는 더 긴밀한 결속을 도입했다. 그 조직의 지부들은 성전기사단[49]이나 예루살렘 기사단[50]을 거쳐 영지주의파와 에세네파[51]로 거슬러올라가는 성스러운 과거에 기원을 두고 있다고 주장했다. 러시아에서 이 다단계 조직은 심지어 그리스도교를 베드로가 로마에 전하기

---

[49] 정식 명칭은 '그리스도와 솔로몬 성전의 청빈기사단'. 12세기 초엽에 예루살렘 순례자를 보호하려고 팔레스타인에 세워진 기사 종단. 유럽 각지에 지부 체계를 세워 번성했지만, 교황과 프랑스 국왕의 탄압을 받아 1307년에 해체되었다.

[50] 정식 명칭은 '성 요한의 예루살렘·로도스·몰타 주권 군사 구호기사단'. 줄여서 몰타 기사단이라고도 한다. 11세기에 예루살렘 순례자를 돌보는 병원으로 시작된 기사 종단이며, 1291년에 키프로스로, 1309년에 로도스로 근거지를 옮겼다. 로도스에서는 거의 주권 국가처럼 세력이 커졌다.

[51] 기원전 2세기와 기원후 1세기에 팔레스타인에서 활동한 유대교의 한 분파. 입회 과정이 엄격했고 금욕적인 공동생활을 했다. 정의와 진리 수호를 강조했고, 맹세를 하면 절대 철회하지 않았다.

에 앞서 러시아에 전했다는 말이 있는 사도인 "안드레아의 종단"으로 흔히 알려졌다.

"참된 프리메이슨"으로의 전환은 많은 프리메이슨 귀족 회원에게 다소간 종교적 회심의 효과를 미쳤다. 경박과 관능의 주요 상징이었던 "문예 카멜레온" 슈디는 프리메이슨 운동을 유럽의 도덕적 타락에 맞선 유일한 보루로 열렬히 옹호하는 사람이 되었다. 슈디는 도색(桃色) 문학을 쓰는 일에서 프리메이슨의 설교문과 교리문답을 쓰는 일, 그리고 자기의 고등 지부 체계인 "불타오르는 별"(Пламенеющая Звезда)을 세우는 일로 전향했다.[89]

러시아 귀족은 1770년대와 1780년대에 일어난 그 같은 전향을 위한 옥토였다. 부도덕, 불가지론, 궁정 생활의 천박성에서 벗어나고 싶어 하는 사람의 수가 늘고 있었으며, 더 높은 귀족은 푸가초프 봉기의 여파 속에서 새로운 불안감에 완전히 사로잡혀 있었다. 그들은 이제 자기들이 다스리게 된 사람들의 종교와 단절되었다고 느꼈지만, 아직은 예카테리나 대제 궁정의 볼테르주의에 만족하지 않았다. 노비코프는 자기의 전향에 관해서 이렇게 쓴다. "볼테르주의와 종교 사이의 갈림길에 선 나에게는 받침점이, 또는 영적 평온의 기반으로 삼을 수 있는 기본 사상이 없었고, 그래서 엉겁결에 그 단체[52]에 들어갔다."[90] 그가 1770년대 말엽에 『아침 햇살』이라는 철학 저널을 간행한 명백한 의도는 고전고대와 중세 대철학자들의 저술을 펴냄으로써 "'철학적'이라는 표제를 내걸고 거들먹거리는 종파와 싸운다"[91]는 것이었다.

은비학으로의 전향, 즉 동유럽의 프리메이슨 "다단계" 조직은 프랑스 혁명 이전 열다섯 해 동안 세를 불려가고 있던 프랑스의 합리주의와 세

---

[52] 프리메이슨.

속주의에 대한 전반적 반작용의 일부였다. 본보기는 이른바 스웨덴형 체계였는데, 이 체계에는 아홉 단계가 있었고 금요일마다 자정에 만나서 특별한 기도와 단식, 그리고 다른 형태의 수양을 하는 "붉은 십자가의 사령관들"로 알려진 회원 아홉 명으로 이루어진 열 번째 비밀집단이 있었다. 신비주의 군사종단이라는 이 착상은 독일에서 널리 주목을 받았는데, 독일에서는 스웨덴형 체계가 "엄격한 제례"(Strikte Observanz)[53]로 알려지게 되었다. 이 새 형제단들의 단원은 대개 자기가 내면적으로 거듭났다는 표시로 이름을 새로 지었고 독서와 명상을 통해 내면의 진리와 잃어버린 초기 그리스도 교회의 통일성을 찾으려는 공동 노력에 동참했다. 이 동아리 안에서는 1747년부터 숨을 거두는 1772년까지 『천상의 비밀』(Arcana Cœlestia)과 『드러나는 계시』(Apocalypsis Revelata) 같은 일련의 은비학 저작을 썼던 스웨덴의 신비주의자 에마누엘 스베덴보리(Emanuel Swedenborg)의 저작으로 야콥 뵈메의 신지학 논설문이 보완되었다. 1770년이 되면 독일 동부와 발트 해 연안 지역에 대규모 지부가 적어도 열두 개는 있었고, 다음 10년 동안 그 지역의 양대 열강인 프로이센과 러시아의 내부에 이런 다단계 조직이 마구 늘어나게 된다.[92]

프리메이슨 다단계 조직은 프랑스 계몽의 개혁 사상이 제 영토에 들어오지 못하도록 막는 수단으로서 동유럽의 군주와 귀족의 관심을 끌었다. 그 같은 군주 두 사람, 즉 스웨덴 국왕 구스타프 3세(Gustav III)와 프로이센 왕태자 프리드리히 빌헬름(Friedrich Wilhelm)이 그 운동을 러시아에 가져오는 데 주요 역할을 했다. 구스타프 3세는 1776년에 성 페테르부르그를 방문하는 동안 프리메이슨의 결속을 과시하고 러시아의 파벨 황태자

---

[53] 독일의 카를 고트헬프 폰 훈트(Karl Gotthelf von Hund, 1722~1776년)가 1751년에 만든 프리메이슨 조직. 1764년부터 "엄격한 제례"라는 이름으로 불렸다.

를 비록 정회원은 아닐지라도 우호적인 회원으로 끌어들였을 때 스웨덴 프리메이슨의 존엄성을 드러냈다.[93] 그는 왕실 사이의 결혼을 주선하는 교섭에 들어갔고 러시아와 스웨덴의 프리메이슨을 합쳐서 자기 동생이 관장하는 단일 지부 체계로 만들려고 시도했다.

훨씬 더 중요한 것은 독일로부터의 유입이었다. 독일에서는 스웨덴을 본뜬 다단계 조직이라는 착상이 크게 성행하고 있었다. 파벨의 가까운 벗이자 성 페테르부르그에 있는 스웨덴형 프리메이슨 주요 지부의 지도자인 가브리일 가가린(Гавриил Гагарин) 공은 1776년에 독일 여행을 가서는 베를린 지부 미네르바의 ("엄격한 제례의") 권위를 받아들였고 러시아 "지역"을 위한 독일계 귀족 지도자이면서 역동적인 젊은 은비학 교사인 요한 게오르크 슈바르츠(Johann Georg Schwarz)를 데리고 돌아왔다.

독일에서 교육을 받은 25세의 트란실바니아 사람인 슈바르츠는 모스크바 대학에서 교수직을 얻었고 곧바로 핵심적인 러시아인 찬양자 두 사람, 즉 헤라스코프와 노비코프와 힘을 합쳐 러시아의 프리메이슨을 바꾸는 일에 적극적으로 나섰다. 슈바르츠가 언어학과 신비주의 철학과 역사철학에 관해 모스크바 대학에서 한 강의는 1780년의 저명한 방문객 두 사람, 즉 오스트리아의 요제프 2세(Joseph II)와 프로이센의 프리드리히 빌헬름 왕태자를 비롯한 일단의 찬양자의 주목을 받았다.

1781년에 슈바르츠와 노비코프와 헤라스코프, 그리고 다른 이들이 한데 뭉쳐 러시아 역사상 최초의 학자 비밀결사체 "대학생도단"(Собрания университетских питомцев)[54]을 결성했다. 이듬해에 슈바르츠는 예상되는 러시아 교육 체계의 확장에 대비해 교사를 양성하고 대학교 입학 예비과정

---

[54] 1781년에 윤리와 문학을 공부할 목적으로 슈바르츠가 주도해서 만든 학습 모임. 한창때에는 회원이 쉰 명이 넘었고, 거의 모두 프리메이슨 회원이었다.

을 개편할 새로운 "교육 강습회"의 장학관이 되었다. 이 직위에 오른 슈바르츠는 러시아의 고등 교육을 프리메이슨 다단계 조직과 사실상 통합하려고 시도했다. 노비코프가 출판이라는 지원 프로그램을 조직하면서 슈바르츠는 차츰차츰 부유한 후원자 여러 사람의 관심을 얻었다. 그 후원자들은 그 두 사람과 함께 1780년의 새로운 "비밀의 과학(сиентифиче-ская) 지부, 화음(Гармония)"의 지부원이었다.[94]

스웨덴 프리메이슨의 열 번째 종단처럼 이 비밀 지부에는 지부원이 아홉 명 있었고, "조직을 그리스도교로 되돌리는 것"이 지부의 목표였다. 지식의 추구와 유포가 강화되겠지만 "그리스도교 없는 과학은 사악하고 치명적인 독이 되"므로 그리스도교의 찬조 아래 수행될 터였다.[95] 1782년에 모스크바 그룹이 외국 서적을 펴내는 가맹단체 "번역가 강습회"와 식자 서른다섯 명으로 이루어진 "최고 철학 강습회"와 함께 "학술동우회"를 만들었다. "최고 철학세미나" 구성원 서른다섯 명 가운데 스물한 명은 그 강습회에서 선발되었다.

지도자급 모스크바 프리메이슨 단원들이 취한 최종 형태의 "다단계" 조직은 슈바르츠가 1781~1782년에 외국 여행을 하다가 입단한 프로이센 장미십자단(薔薇十字團, Rosenkreuzer)[55]이었다. 슈바르츠는 프리메이슨 다단계 조직의 질서를 바로잡아 혼란에서 벗어나고자 소집된 1781~1782년의 빌헬름스바트(Wilhelmsbad) 총회에 러시아 대표로 참석했다. 슈바르츠는 많은 프리메이슨 다단계 조직의 협잡에 실망한 나머지 프로이센 장미십자단 지도자 요한 크리스토프 뵐너(Johann Christoph Wöllner)의 영향

---

[55] 전설적 인물인 크리스티안 로젠크로이츠(Christian Rosencreutz)의 문하생들이 만들었다고 하는 반(反)가톨릭 성향의 비밀결사체. 17~18세기에 활동하다가 18세기 말에 소멸했다.

아래로 들어갔다. 뷜너는 프리드리히 빌헬름 왕태자도 포섭했으며 곧 프로이센의 학교에서 합리주의적 가르침에 대한 숙청을 주도하게 된다.[96] 슈바르츠는 장미십자단에 가입해서 러시아에 자기의 독자적 관구를 설치할 권한을 얻었다. 그는 그 조직을 "황금장미십자단"(Золото-розовый Крест)이라고 불렀다. 프리메이슨 지부 "화음" 단원들의 핵심 신념은 과학과 종교는 한 진리의 두 측면일 뿐이라는 것이었다. 노비코프가 1781년에 모스크바 대학 출판부를 위해 새로 펴낸 연속 간행물의 첫 호에서 표현한 대로,

> 신앙과 이성 …… 철학과 신학 사이에 대립이 있으면 안 된다. 신앙은 …… 이성에 어긋나지 않으며, …… 우리에게서 삶의 쾌락을 앗아가지 않는다. 신앙은 다만 지나친 쾌락을 거부하라고 요구할 따름이다.[97]

슈바르츠의 장미십자단원들에게 세상 자체는 프리메이슨의 "최고 사원"이고 장미십자단은 최종적인 "이론 수준"이며 프리메이슨의 다른 모든 단계는 이 수준에 이르기 위한 예비 단계일 뿐이었다. 이 수준에 이르려면, 노비코프가 1782년에 그의 새 저널 『저녁노을』(Вечерняя заря)의 창간호에서 다음과 같이 분명하게 지적한 대로 러시아 계몽의 합리주의에서 벗어나야 했다.

> 우리의 현재 상태를 우리의 시조가 타락하기 전에 한낮의 빛처럼 슬기로 번쩍였던 상태와 비교하면, 우리 이성의 빛은 저녁의 빛에나 견줄 수 있다. ……[98]

그러나 "아담의 빛"은 "아직도 우리 안에, 다만 감춰진 채로" 있다.[99]

해야 할 일은 내면을 정화해서, 그리고 자연의 "신성문자"를 — 그리고 이 잃어버린 빛의 반사광이 아직 조금은 들어있는 가장 태고의 역사를 — 열심히 탐구해서 그 빛을 찾아내는 것이다. 슈바르츠는 모스크바 대학과 프리메이슨 지부에서 한 일련의 강의에서 지침을 내놓으려고 시도했다. 그는 이성은 그 빛에 이르는 가장 미덥지 못한 첫 번째 길, 감각(장미의 미감)은 두 번째 길, 계시(십자가의 신비)는 세 번째 길이라고 설명했다. 그 각각의 길은 사람을 지식의 더 높은 단계로 차근차근, 즉 호기심의 단계로, 즐거운 단계로, 유용한 단계로 이끌었다. 뵈메를 따라 슈바르츠는 우주의 삼라만상이 삼체(三體)로 완전한 상태를 향해 움직이고 있다고 주장했다. ("알아낼 길 없는 자기 의지의 끝없는 발현"으로서 세계를 "고유한 내적 본질로" 창조하신) 삼체적 신과 신의 형상인 (육신과 정신과 영혼이라는 하나의 "삼체"가 들어있기도 한) 인간은 둘 다 궁극적 삼체, 즉 "진 선 미"의 재합일을 향해 움직이고 있었다.[100] "설익은 마음"을 볼테르주의에서 도로 가져오는 일을 돕고자 슈바르츠와 노비코프는 뵈메의 『그리스도께 이르는 길』(Der Weg zu Christo)과 아른트의 『참된 그리스도교 신앙에 관하여』(Von wahrem Christentum)부터 『이성의 오해』(Заблуждения разума)와 『십자가의 신비』(Тайны Креста) 같은 저자 미상의 편찬물에 이르는 일련의 신비주의 소책자를 1780년대 초엽에 대형판으로 펴냈다.

슈바르츠는 내면의 완벽성과 지식을 추구하면서 지나치게 자기를 절제하는 금욕 생활을 한 탓에 1784년 초엽에 죽었다. 그의 장례식이 외딴 마을에서 치러졌는데도 조문객이 많이 몰려들었다. 누가 시키지도 않았는데 슈바르츠의 학생들이 모스크바에서 추모 행사를 했다. 그는 비록 생애 서른세 해 가운데 다섯 해가 채 안 되는 기간을 러시아에서 지냈고 귀족 지위를 공식적으로 누린 적이 한 번도 없었어도 러시아 사상의 발전에서 혁신을 일으키는 중요한 역할을 했다. 자연 이성을 멸시하고 예술이 자연의 내적 조화에 더 가깝다고 믿고 여명과 신비와 기사도 이상을 사랑했으니 그는 여러모로 러시아 낭만주의의 아버지였다. 한편, 특수한 지식과 엄선된 한 형제단의 헌신을 통해 완벽성이 실현될 수 있다고 역설한 그는 철학상의 절대자[56]에 대한 갈구를 러시아에 전해줄 독일 관념론 철학자의 긴 대열의 선두였다. 1780년대의 모스크바 장미십자단원들은 러시아의 지성 생활에서 매우 중요해지는 반(半)비밀 철학동아리의 전통을 맨 처음으로 만들었다. 그들은 그런 갖가지 동아리의 특징이 될 관행을 도입했다. 그 관행이란 가명, 우애와 상호부조의 결속, 비밀 토론과 상호 비판, 석 달마다 종단 총수에게 고해하는 의무 체계였다.

초기 프리메이슨에서 우세했던 비체계적인 도덕주의와 박애는, 슈바르츠의 지도 아래서, 축성된 사상가들의 집중적 노력을 통해 지상낙원을 실현할 수 있다는 매혹적인 믿음으로 탈바꿈했다. 슈바르츠가 인텔리겐치야라는 용어를 맨 처음 사용한 사람임이 분명하다는 것은 그럴듯해 보인다. 슈바르츠는 비록 그 말을 라틴어의 인텔리겐티아(intelligentia, "지성")라는 의미로 썼을지라도 그 용어에 인텔리겐치야(интеллигенция)라는 러시아식 철자 표기를, 그리고 결국은 인텔리겐치야라는 이름으로 통하는 사람들의 계급에게 적용될 특별한 권력감을 주었다. 슈바르츠는 그 뒤의 러시아 역사에서 무척이나 많이 되풀이될 문구로 "쉬토 타코예 인텔리겐치야?"(Что такое интеллигенция?), 즉 "지성이란 무엇인가?"라고 묻는다. 그는 그것이 다음과 같은 것이라고 말한다.

스러져 사라질 천하고 속된 물질이 없는, 그리고 감지되지 않도록

---

[56] 그 어떤 힘에게도 제약되거나 한정되지 않는 자유롭고 완전한 독립자존의 존재를 뜻하는 철학 개념.

사물에 영구히 영향을 미치고 작용할 수 있는, 하나의 정신적 실체로 서의, 인간의 더 높은 상태.[101]

인텔리겐치야는 예카테리나 대제가 자기의 「나카즈」 첫 부분에서 "주님이시여 …… 제게 지성을 주소서 ……"(Domine Deus …… da mihi intelligentiam ……)라고 기도하며 달라고 간청했던 마법의 힘이었다. 그러나 슈바르츠가 그 말에 다른 신비한 뜻을 부여했다. 러시아 프리메이슨에 관한 최초의 종합적 역사서는, 얼마간 타당하게도, 러시아의 프리메이슨 이 귀족 계급에게 "지성적 신분으로서의(как интеллигентное сословие) 사명 감"을 처음으로 주었다고 주장했다.[102]

슈바르츠가 죽은 뒤, "진정한 장미십자단원은 유럽 질서의 진정한 복 원자"이며 이 복원에서 러시아("귀중품을 짊어지고 있음을 깨닫지 못하 는 낙타")가 주도적 역할을 하리라고 확신하는 새 총수가 독일에서 도착 했다.[103] 그 질서를 더 충실하게 공부하려고 베를린으로 몰려가는 러시 아 젊은이가 많았다. 그들 가운데 일부는 베를린에서 영원한 생명의 비 밀을 풀기를 소망했다. 그 움직임은 열성 장미십자단원인 프리드리히 빌헬름 왕태자가 프로이센 국왕이 된 1786년에 새로 활력을 얻었다. 1780년 말엽에 엄청나게 많은 은비학 친교회가 러시아로 터진 봇물처럼 흘러들어왔다. "하느님의 사람들", 즉 자신을 참된 프리메이슨 회원이라 고 일컫지만 그보다는 분파교도처럼 보이는 "새 이스라엘 종파"[57], 스베 덴보리의 추종자들인 "새 예루살렘의 자녀"(Дети Нового Иерусалима), 세르

---

[57] 19세기 말엽에 보로네즈 지방의 농부 바실리 룹코프(Василий Лубков, 1869년~) 를 중심으로 형성된 채찍고행파의 일파. 채찍고행파의 지나친 금욕주의를 거부하 고 지상에 신의 나라를 세우고자 했다. 1905년에 정교회와 완전히 절연했고, 1912 년에 남아메리카로 이주했다.

게이 플레쉐예프(Сергей Плещеев) 제독과 니콜라이 레프닌 공이 아비뇽(Avignon)[58]에서 결성했다가 지난날 베네딕트회 수사였으며 은비학 공부를 시작한 프리드리히 대왕의 사서(司書)인 동 페르네티(Dom Pernety)의 이념적 지도 아래 성 페테르부르그로 이전한 한 귀족 단체가 그런 은비학 친교회였다.[104]

노비코프는 프리메이슨이 은비학으로 방향을 새로 튼 데 불쾌해져서 1780년대 말엽에 더 순전히 그리스도교적이고 박애적인 종단을 하나 만들자고 제안했다. 그가 1784년에 예수회를 정치 종단이며 따라서 수사의 이상을 저버렸다고 호되게 비난하자, 예수회를 후원하는 예카테리나 대제에게서 심한 꾸중을 받았다. 차츰차츰 예카테리나 대제는 도를 높여가며 모든 프리메이슨 회원을 괴롭히고 반(反)프리메이슨 풍자극 세 편을 쓰고 프리메이슨 인쇄소를 폐쇄하고 1792년에 마침내 시골 영지에 있던 노비코프를 체포했다.

예카테리나 대제의 노비코프 박해는 흔히 라디쉐프가 받은 대접과 더불어 프랑스 혁명의 여파 속에서 예카테리나 대제가 프랑스의 계몽에 느낀 전면적 환멸을 생생하게 보여주는 사례로 여겨진다. 실제로, 예카테리나 대제가 프리메이슨에 보인 적대적 태도는 여러 해에 걸쳐 형성되었고 심지어는 제위에 오르기 전에 쓴 글에도 나타났다. 그 적대적 태도의 기반은 예전의 이념적 심취에 대한 갑작스러운 환멸이 아니라 모든 형태의 모호성과 은밀성에 대한 깊은 반감이었다. 예카테리나 대제는 "현세의 일에 참여하고 싶은 마음을 사라지도록 만드는" 신비주의적인 그 어떤 것도 의심했으며,[105] 또한 정치적으로 이 프리메이슨 다단계 조직에 스웨덴과 프로이센이 행사하는 영향력을 우려했다.

---

[58] 프랑스 남동부 해안 가까이에 있는 고도.

더욱이, 이 운동 안에 특별한 위험이 잠복해 있다는 예카테리나 대제의 예감에는 참으로 예리한 구석이 있었을지 모른다. 예카테리나 대제는 은비학 종단들이 자기 아들 파벨에게 영향을 미친다는 것을 알았고, 그 종단들이 백성 가운데 있는 다른 불평분자들과 더 폭넓은 연계를 확립할지 모른다고 느꼈다. 예카테리나 대제는 시골에서 종교를 쳐부수고 나서는 그 종교가 응접실에서 재기를 꾀한다고 보고 있었다. 옛 시절을 도시에서 그리워하는 문학이 시작되고 있었다. 출코프와 쉐르바토프와 노비코프, 그리고 다른 이들이 사람의 눈길을 뒤로 돌려 이상화된 모스크바국 농촌·종교 문화를 보도록 만들고 있었다. 노비코프가 옛 러시아의 종교 전통에 관심을 점점 더 많이 가지면서 그의 간행물은 종교에 준하는 새로운 종류의 호소력을 얻고 있었다. 노비코프는 그리스도 탄생이 아니라 천지창조부터 날짜를 세는 구교도의 관습을 받아들이고 다수의 구교도 문서를 간행했다. 실제로, 반란을 일으킨 솔로베츠크 수사들을 변호하는 글을 펴낸 것이 그가 체포되어 추방당한 직접적 원인이었다.
　예카테리나 대제의 통치 말년에 종교 공동체 안에는 절망으로 치닫는 전반적인 흐름이 있었다. 이 시기 동안 수사들은 수도원에서 빠져나가 고행 생활을 하는 "황야" 정착촌(푸스틴)으로 갔다. 그 분리파 공동체 안에서 예언적인 "순례파"가 생겨났다. "순례파"를 이끈 이는 처음에는 군대에서, 그다음에는 구교도 정주촌 자체에서 이탈한 사람이었다. 그는 동전이나 그밖에 제국의 "적그리스도 인장"이 찍힌 모든 것을 만지기조차 거부했다. 모든 정부 기구가 적그리스도의 소산이었으며, 적그리스도의 징표는 "사람을 다른 관등으로 나누고 숲과 바다와 땅을 측량하는 것"이었다.[106] 분파교도 가운데에서 영혼의 씨름꾼들의 새 지도자가 자신을 그리스도로 선언하고는 열두 사도와 함께 길을 떠나 떠돌아다니며 설교를 함으로써 자기 종파에 영혼의 씨름꾼들이 줄곧 유지해온 채찍고행의 면모를 부여했다.

그러나 예카테리나 대제의 통치에 대한 가장 극단적이고도 엽기적인 새 형태의 종교적 저항은 채찍고행 운동, 즉 스스로 거세하는 거세파(ско-пцы)[59] 안에서 나타났다. 분리파에 속하는 "도주파" 운동과 마찬가지로, 분파교에 속하는 거세파는 한 탈영병이 만들었다. 무아경에 빠져 채찍질을 하는 "즐기는 의식"을 하다가 스스로 거세하는 지경에 이른 것이 분명한 그 자는 1770년대에 자기의 예를 따르라고 다른 이들을 설득하기 시작했다. 반세기가 넘도록 그는 흥미를 느끼고 귀를 기울이는 이들에게 이런 형태의 정화가 필요하다고 계속 설교했다. 그렇게 귀를 기울이는 사람들 가운데에는 그를 감옥이나 수도원에 가둔 사람 다수와 알렉산드르 수보로프(Александр Суворов) 장군, 심지어는 알렉산드르 1세까지도 있었다.

17세기 말엽의 분신파(焚身派, самосожженцы)와 마찬가지로 18세기 말엽의 거세파를 그저 피학적 성향을 띤 괴짜로만 보아서는 안 된다. 그 두 집단은 자기들의 행위를 다가올 세상의 선민이 되는 "새 세례식"으로, 그리고 타락한 사회의 대속을 위한 일종의 희생적 속죄로 보았다. 분신파는 지배계급 사이에서 폭력과 잔학행위가 극에 이른 시대에, 거세파는 방탕이 가장 심한 시대에 나타났다. 이렇듯 그 두 집단이 저마다 행하기로 선택한 희생은, 얼마간은, 그들이 항의하고 있던 대상인 사회의 성격으로 결정되었다.

그러나 거세파에게는 훗날 분파교 전통에서 비롯될 혁명적 사회 교리

---

[59] 18세기 말엽에 "하느님의 사람들"에서 갈라져 나온 종파. 아담과 하와가 먹은 선악과가 고환과 유방으로 변했으므로 남자는 고환을, 여자는 유방을 잘라내야 순수한 상태로 되돌아갈 수 있다고 믿었다. 정부의 탄압을 받으면서도 19세기까지 만만치 않은 세력을 유지했다.

를 맨 처음으로 슬쩍 암시해주는 묘한 정치적 자임이 있었다. 그들은
표트르 3세의 이콘 앞에서 예배를 했으며, 자기들을 이끌게 하고자 하느
님이 그를 성 불능자로 창조하셨다고 믿는 사람이 많았다.[107] 거세한
표트르 3세를 자칭하려던 거세파 지도자 콘드라티 셀리바노프(Кондратий
Селиванов)의 시도는 "진짜 차르"라는 오랜 신화에 입각해 있었다. 새로
운 것은 거세파 전체가 예카테리나 대제 궁정의 방탕한 거짓 귀족을 대
체할 운명을 지닌 일종의 "참된 귀족"이라는 주장이었다. 셀리바노프가
표명한 목표는 거세한 자들이 온 누리를 다스리는 체제를 세우는 것이었
다. 이 엘리트 집단에 들어가는 의식의 제1단계(거세)는 "작은 인장",
제2단계(성기의 완전 제거)는 "황제 인장"(царская печать)으로 불렸다. 셀
리바노프는 개종자를 모으는 데 대단한 성공을 거두었다. 예카테리나
대제 궁정의 핵심 권력집단에 다가설 길을 얻지 못했던 모스크바의 부자
상인들과 군사 지도자들 사이에서 특히 그랬다. 셀리바노프를 좇아 개종
한 이들 가운데 한 사람은 예전에 폴란드 국왕의 시종이었던 자[60]였는데,
이 사람은 폴란드가 최종 분할된 뒤에 모스크바에 왔고 거세파 지도부를
"하느님의 관아(官衙)"로 일컬었다.[108]

다른 분파교도와 마찬가지로 거세파는 자신을 참된 "영적" 그리스도
교인으로 여기면서 서로를 "비둘기"라고 불렀다.

분리파 사이에서, 순례파는 야로슬라블 부근의 한 마을에 중심을 둔
느슨한 연락·명령 체계를 만들었고, 분파교 공동체에 있는 더 급진적
인 새 '영혼의 씨름꾼들'은 탐보프를 하느님이 성자들의 천 년 지배를

---

[60] 알렉세이 옐렌스키(1756~1813년). 알렉산드르 1세의 시종이 될 만큼 출세한 내시
     였다. 거세를 러시아 제국의 국가 이념으로 삼고 거세자를 등용하라는 제안서를
     황제에게 제출하기도 했다.

위해 참된 종을 모으러 올 곳으로 보게 되었다. 이렇듯 예카테리나 대제 치세에 존재한 새로운 형태의 모든 이견 종파에는 비록 본질적으로는 소극적일지라도 급진적인 저항의 요소가 들어있었다. 그 이견 종파는 모두 다 — 순례파 지도자가 자기의 예언서 『훈화집』(Цветник)[61]에서 표현한 대로 — "한 눈으로는 땅을, 다른 눈으로는 하늘을 쳐다보며" 다니지 않겠다고 굳게 마음먹었다.[109] 두 눈을 들어 위를 올려다볼 터였다. 이 고분고분하지 않은 분자들에게 러시아의 참된 수도는 성 페테르부르그나 예카테리나 대제가 건설하거나 개축한 그 어떤 도시가 아니라 — 성 세라핌의 푸스틘이든, 야로슬라블 부근의 순례파 중심지이든, 아니면 분파교도의 유구한 중심지 탐보프이든 — 새 영적 군병의 지도자가 사는 마을이나 산이었다.

예카테리나 대제는 이 모든 것을 역겨움과 윗사람으로서 너그러이 봐주는 연민이 뒤섞인 감정을 가지고 지켜보았다. 종교를 대하는 예카테리나 대제의 태도는 무관심을 통한 관용이라는 전형적으로 근대적인 태도였다. 예카테리나 대제는 루터교도로 태어나 칼뱅 교도와 가톨릭교도에게 교육을 받았고, 정교회에 영입되었다. 예카테리나 대제는 유대인과 분파교 극단주의자를 깊이 의심했지만, 이런 집단만 아니라면 종교 문제에서 국가이성이라는 고려사항의 지배를 받았다. 예카테리나 대제는 지적 능력과 교육 능력을 지녔다며 예수회를 환영했고, 농사 솜씨가 뛰어난 독일인 경건주의자들의 이주를 장려했으며, "단일 신앙"(единоверие) 운동을 개시해서 기존 교회 지도부의 권위를 인정하기만 하면 구교도가 자기들의 옛 전례 대다수를 유지하면서 공식 교회에 다시 들어오도록 허락했다.

---

[61] 18세기 순례파 지도자 옙피미(Евфимий, ?~1792년)가 쓴 예언서. 정식 명칭은 Цветник десятословный.

그러나 예카테리나 대제는 자기의 통치로 대중의 종교 감정이 크게 상했음을 올바로 알아챘으며, 모스크바에서 노비코프가 주도하는 비밀 집회가 반대파의 초점이거나 초점이 되리라고 느꼈을지 모른다. 예카테리나 대제는 프리메이슨 인쇄소를 감시하고 노비코프를 체포하라고 명령는 1785년 칙령을 필두로 "마르탱주의자"가 러시아 사회에서 모종의 은밀한 분열(라스콜)을 조장하고 있다는 두려움을 거듭 표명했다. 예카테리나 대제는 1786년 1월에 프리메이슨을 "알려진 새로운 분열의 무리"라고 일컬었고, 모스크바 수좌대주교[62]에게 보낸 특별 칙서에서 "그들의 추론에는 정교 신앙의 단순하고도 순수한 원칙과 공민의 의무에 어울리지 않는 것이 숨어" 있다고 시사했다.[110] 예카테리나 대제는 비록 모스크바 수좌대주교의 노비코프 신임투표[63]로 잠시 안심했을지라도 자기는 노비코프의 은비학 서적을 이해할 수 없으므로 판정할 수 없다는 대주교의 언명으로 틀림없이 불안해졌을 것이다. 예카테리나 대제가 프리메이슨을 상대로 꾸준히 벌이는 전쟁은 비꼬는 글을 쓰는 것과 행정적 압박을 높이는 것을 통해 지속되었다. 행정적 압박은 1790년 2월에 모스크바 총사령관이 새로 임명된 뒤에 특히 거세졌다. 예카테리나 대제가 노비코프를 특히 우려했음을 보여주는 척도는 1792년 4월에 이루어진 그의 체포가 그가 모스크바 밖에 있을 때 신중하게 계획되었고 경기병 1개 대대 전체가 동원되어 실행되었다는 사실이다. 라주몹스키(Разумовский) 백작은 노비코프를 두고 이렇게 말했다. "치질로 심하게 고생하는 그 불쌍한 늙은이는 꼭 도시처럼 포위되었다!"[111] 노비코프는 야로슬라블로 호송

---

[62] 플라톤 룝신.
[63] 플라톤 룝신 대주교가 예카테리나 대제에게 노비코프의 행실이 건실하다는 회답을 보냈다는 뜻.

되었다가, 틀림없이 볼가 강의 이 대도시가 프리메이슨 활동과 분파교 선동의 중심이라는 이유에서 더 멀고 외진 유폐지로 이송되었다.

에카테리나 대제가 노비코프의 동아리를 가리켜 거듭 사용한 용어인 "마르탱주의자"는 이 용어가 프리메이슨 다단계 조직 안에서 루이-클로드 드 생 마르탱(Louis-Claude de Saint Martin)[64]의 신비주의 교의가 핵심적 중요성을 지닌다는 점을 돋보이게 해주므로 잘 선택된 것이었다. 생 마르탱은 18세기에 러시아 사상에 압도적 영향력을 행사할 프랑스 사상가의 기다란 대열의 맨 끝에 있는 사람이었다. 생 마르탱은 프랑스 사상에서 볼테르의 반대자였으며, 그의 첫 저작이자 최대 역작인 『오류와 진리에 관하여』(Des erreurs et de la vérité)는 프랑스의 계몽에 맞선 신비주의의 역공을 위한 일종의 성경이었다. 1775년에 출판된 이 책은 거의 곧바로 러시아에 알려졌고 프리메이슨 다단계 조직 동아리 안에서 번역되고 복사되고 널리 발췌되었다.

여러모로 생 마르탱은 소외된 지식인의 희화화였다. 머리가 지나치게 큰 왜소하고 병약한 미혼남에 변변한 직업이 없고 친구도 별로 없었다. 부유한 귀족이었으므로 그에게는 책을 읽고 여행을 할 시간이 넘쳐났다. 그러나 그는 포르투갈 유대인이라는 말이 있는 마르티네스 데 파스칼리(Martinez de Pascually)를 만났을 때에야 비로소 목표와 정체성에 관한 인식을 얻었던 듯하다. 파스칼리는 자기가 세운 "선택된 제사장"(Élus Coëns)[65] 이라는 비밀 종단을 통해 그를 심령술로 인도했다. 생 마르탱이 자기 저서 『오류와 진리에 관하여』를 쓰고 알쏭달쏭하게도 "무명 철학자"라

---

[64] 영어 원문에는 앙리 드 생 마르탱(Henri de Saint-Martin)으로 잘못 표기되어 있다.
[65] 정식 명칭은 "온 누리의 선택된 제사장 프리메이슨 기사단"(L'Ordre des Chevaliers Maçons Élus Coëns de l'Univers). 18세기 후반기 프랑스에서 마르티네스 데 파스칼리가 주도한 신비주의 프리메이슨 조직.

고 서명한 것은 바로 이 종단에 매료되어서였다.[112]

이 책의 의미는 의도적으로 모호하다. 즉, 영적인 힘에 관한 과장된 이야기와 그 시대의 이른바 관능주의와 유물론에 대한 맹렬한 공격을 겉에 칭칭 휘감고 있는 것이다. "나는 하느님의 벗이라기보다는 하느님의 적의 적이었으며, 바로 이 분노가 나의 첫 책을 쓰도록 나를 몰아붙였다."[113] 동물적 인간의 반대는 지성의 인간이며, 그는 나중에 지성의 인간을 "욕망의 인간", "정신의 인간"이라고도 부른다. 이렇듯 생 마르탱은 "지성"이라는 용어에 슈바르츠보다 훨씬 더 넓은 의미를 부여한다. 지성만이 세상을 구원할 수 있다. 욕망과 영성이 지성을 움직이고 지성의 목적은 하느님에게 되돌아가기이기 때문이다. 신플라톤주의자를 좇아서 생 마르탱은 모든 존재는 하느님에게서 유출된 것이라고 주장한다. 인간이 원래 지녔던 완전성을 잃어버린 것은 오로지 인간의 영적 본성이 물질로 희석되었기 때문이다. 그러나 "존재가 원래의 완전성으로 재합일되는 것"[114]이 이제는 새로운 영적 형제단 안에서 "지성"의 활용을 통해 가능하다.

생 마르탱은 이 재합일하는 주된 존재, 즉 — 그가 붙인 다른 호칭인 — "그 사물"(la chose)로 인간을 이끌겠다고 약속해서 러시아인 추종자를 많이 끌어모았다. 그 누구도 "그 사물"이 무엇인지 정확히 알지 못했지만, 그것을 찾을 곳은 은비학 저술과 프리메이슨 다단계 조직 지부에 있었다. 현실 세계는 영성의 세계이며 진리를 여는 열쇠는 그 세계와 모종의 접속을 확립하는 데, 또는 그 세계를 이해하는 데 있다는 사고를 러시아 사상가 사이에 확립한 사람이 다름 아닌 생 마르탱이었다. 이렇게 지성인 사회 안에 심령론이 소개되자 "분파교의 영적 그리스도교"와 관심을 공유할 잠재 가능성이 지성인 사회에 생겨났다. 예카테리나 대제는 자기에 대한 그러한 모종의 통합된 반대가 "마르탱주의자"들의 주도로 종교의 기반 위에서 전개될지 모른다는 점을, 그리고 국가의 힘을 지켜내려면 반드시 단호한 행동에 나서야 한다는 점을 본능적으로 감지한 듯하다.

예카테리나 대제의 추론이야 어쨌든, 그가 노비코프를 체포하고 모스크바의 마르탱주의자들을 해산하면서 그의 계몽 프로그램도 종식되었다. 노비코프가 자기 안에서 러시아 계몽의 양대 양상, 즉 성 페테르부르그와 모스크바, 그리고 실천상의 박애와 이론상의 신비주의를 결합했기 때문이다. 노비코프의 초기 이력은 풍자, 도덕주의, 잉글랜드-프랑스의 영향이 우세했음을 보여준다. 이 모든 것이 딱히 일정한 체계가 없는 초기 형태의 잉글랜드형 프리메이슨의, 그리고 세계주의적이고 행동주의적인 수도[66]의 전형이었다.

노비코프는 모스크바로 이주하면서 종교적 주제에 몰입하게 되었다. 그는 애디슨과 스틸의 세계에서 존 버니언(John Bunyan)과 존 밀턴(John Milton)의 세계로 옮아갔다. 노비코프는 『실낙원』(Paradise Lost)과 『천로역정』(Pilgrim's Progress)의 번역을 격려했고, 토마스 아 켐피스의 『그리스도를 본받아』(De imitatione Christi)의 첫 러시아어 번역을 필두로 1784년에 자기의 『그리스도교 문선』(Избранная библиотека для христианского чтения)을 펴내기 시작했다. 그는 실천 활동보다는 뵈메의 신지학과 러시아 민중의 더 오래된 종교전통을 연구하면서 새로운 비교(秘敎)를 추구하는 일에 더 많이 관여했다.

나중에 "서구주의자"와 "친슬라브주의자" 사이에 벌어질 싸움이 낮은 단계의 프리메이슨과 높은 단계의 프리메이슨 사이의 시각차에서 미리 보인다. 두 경우 다 성 페테르부르그의 서방화된 행동주의가 모스크바의 더 관조적인 동방식 심취와 대비된다. 그러나 두 경우 다 두 파당

---

[66] 성 페테르부르그.

사이에는 긴밀한 유대가 있었다. 게르첸은 서구주의자와 친슬라브주의자의 관계를 이렇게 말했다. "야누스(Janus)[67]처럼, 또는 쌍두 독수리처럼 우리는 한 심장이 뛸 때 서로 다른 쪽을 바라보았다."[115] 마찬가지로 반세기 전에는 합리주의자 라디쉐프가 자기의 『페테르부르그에서 모스크바로 가는 여행』을 신비주의자 알렉산드르 쿠투조프(Александр Кутузов)에게 헌정하면서 이렇게 썼다. "비록 제 견해는 …… 당신의 견해와 다르지만 당신의 심장은 제 심장과 함께 뜁니다"[116]

이렇듯 소외된 귀족 지식인들 사이의 참된 연대감은 지력이 아니라 "심장", 즉 공동의 배려심에 있었다. 생 마르탱에게 "지성"이라는 낱말은 "욕망"과 "정신"을 포함했으며, 이 두 자질은 자신을 집합명사로 인텔리겐치야라고 부를 사람들의 선배인 이들에게 중요했다.

예카테리나 대제 통치 말기에 이 헌신적인 귀족 동아리가 가장 높이 평가한 자질은 "진리 사랑"(правдолюбие)이었다. 이것은 노비코프의 필명이면서 애호되는 묘비명의 하나였다. 귀족 지식인들은 진리와 같은 어떤 것이 있다고 믿었으며, 그것을 찾아서 프리메이슨 다단계 조직에 가입하고 여행을 떠나고 서방에서 들어온 새 책을 유난스레 열심히 읽었다. 뵈메와 생 마르탱을 따라 그들은 자기들이 진리의 "신성문자"를 읽지 못하는 것을 타락해서 죄를 저지른 탓으로 돌렸다. 독서는 딱히 일정한 체계가 없는 여가 활동이 아니라 정신과 도덕을 쇄신하는 종합 프로그램으로 여겨지게 되었다. 외국의 책은 구원하는 힘을 지니고 있다고 생각되는 거룩한 물건이 되었고, 핵심부는 자주 반쯤 예배의식으로 읊조리며 읽혔다. 그러나 그 "동아리"의 이 모든 신비주의 활동의 뒤에는 "내밀한 이성", 즉 세상에서 겉으로는 조화롭지 못하고 불행해 보이는 그

---

[67] 머리 앞뒤에 얼굴이 있는 모습으로 문(門)을 수호하는 고대 로마의 신.

모든 것 배후에 있는 "궁극적 조화"가 존재한다는 계몽의 최고 신념이 있었다. 이렇게 계몽의 "합리적" 측면과 "신비적" 측면 사이에는 논리적 연계가 있었고, 그뿐만 아니라 노비코프라는 인물을 통한 심리적 연계도 있었다.

물론, 문헌 주해의 은비학적 방법으로 도피해 들어가는 것은 얼마간은 난생 처음 경험한 열광의 결과였다. 공식 교회의 찬송가가 추상적 미덕과 고대 신화의 신들에게 바치는 새로운 낭독식 찬가로 대체되었다. 이콘은 조각상으로 — 무엇보다도 대철학자들의 흉상으로 — 대체되었다. 스위스의 신비주의자 요한 카스파르 라파터(Johann Kaspar Lavater)의 대단한 영향력 탓에 사이비 과학인 골상학이 러시아에서 판을 치고 있었다. 얼굴의 윤곽과 이목구비를 세심히 살펴서 한 사람의 내적 특성을 (그리고 더 나아가 그가 가진 사상의 핵심까지도) 알아낼 수 있다는 믿음이 널리 퍼져 있었다. 실물처럼 표현된 흉상이나 초상화로 가득한 정원과 방이 점점 흔해졌으며, 프랑스 혁명의 결과로 예카테리나 대제가 자기의 볼테르 흉상을 깨부순 행위는 거의 토템신앙적인 행위였다.

그러나 "지혜를 사랑하는 이들"(любомудры)은 자기들의 동아리[68] 안과 철학자의 조각된 가면 뒤에서 무엇을 찾아내기를 기대했을까? 답은 진리를 뜻하는 러시아어 낱말인 프라브다(правда)로 일부가 드러날지 모른다. 한 19세기 귀족 지식인[69]이 말한 대로,

"프라브다"라는 낱말이 머리에 떠오를 때마다, 그 낱말의 엄청난 내

---

[68] 지혜 사랑 모임(Общество любомудрия). 1823년에 오도옙스키가 주도해서 만든 지식인의 토론 모임. 지혜 사랑이란 철학의 대용어였고, 독일의 관념론, 자연철학, 문학에 관심을 두었다. 1825년에 데카브리스트 봉기가 일어나자 자진 해체했다.
[69] 니콜라이 미하일롭스키.

적 아름다움에 매료되지 않을 수 없다. 그런 낱말은 유럽의 어떤 언어에도 없는 듯하다. 오직 러시아어에서만 진실(истина)과 정의(справедливость)가 동일한 낱말로 지칭되고 하나의 거대한 전체로 융합되는 듯하다. 낱말이 지닌 이 엄청난 의미의 진실은 언제나 내 추구의 목적을 이루었다.[117]

이렇듯 진리는 사물의 본성에 관한 지식과 더 높은 형태의 정의, 이 둘 다를 뜻했다. 진리가 러시아 계몽을 대표하는 귀족들에게 그 두 가지 의미를 지녔다는 표시는 그들이 궁극적 진리와 인간 세계를 이어주는 경외로운 매개자로서 옛날의 성자들 대신에 내세운 고전 시대의 신들을 바라봄으로써 찾아낼 수 있다. 러시아 계몽의 의(擬)고전주의적 판테온 (pantheon)[70]에는 두 여신이 버티고 서 있다. 그 두 여신은 정의의 여신, 즉 프라브다-스프라베들리보스트(правда-справедливость)의 여신 아스트라이아(Astraea)[71]와 지혜의 여신, 즉 프라브다-이스티나(правда-истина)의 여신 아테나(Athena)[72]이다. 옐리자베타는 자기의 대관식을 위해 커다란 아스트라이아의 조각상을 만들도록 했고, 그 뒤 곧바로 겨울궁전 앞에 미네르바(Minerva, 아테나의 라틴어 형태) 사원을 세우도록 했다. 예카테리나 대제는 자기의 대관식에서 가면무도회 「개선하는 미네르바」가 상연되도록 했고, 자기가 입법 제안서를 작성할 때에는 자신을 아스트라이아로 묘사

---

[70] 로마 제국에서 그리스와 로마의 주요 신들을 모신 대사원. 2세기 초엽에 로마에 재건된 판테온은 로마의 대표적 건축물이었고, 훗날 이를 모방한 건축물이 파리 등 유럽의 주요 도시에 세워졌다.

[71] 제우스와 율법의 여신 테미스 사이에서 태어난 정의의 여신. 두 눈을 천으로 가리고 한 손에는 선악을 재는 저울을, 다른 손에는 칼을 들고 있는 모습을 하고 있다.

[72] 아테네의 수호신이자 고대 그리스 전역에서 숭배된 지성, 공예, 전쟁의 여신. 오케아노스의 딸 메티스와 제우스 사이에서 태어났고, 올림포스 12신의 일원이었다.

하도록 했다. 러시아에 상하 조직 체계를 수립하는 최초의 프리메이슨 다단계 조직 지부는 베를린 지부 "미네르바"였으며, 프리메이슨 다단계 조직 지부들 가운데 영향력이 가장 큰 마지막 고리는 러시아 지부 "아스트라이아"(Астрея)[73]였다.

프리메이슨 다단계 조직이 러시아 지성 활동의 발전에 미친 영향은 더할 나위 없이 지대하다. 작은 동아리가 정기적으로 모인다는 발상, 참지식과 더 높은 정의를 더불어 추구한다는 구상, 은밀한 의례와 독서에 대한 애착, 윤리와 영성과 미학에 관한 관심을 더 높은 단일한 지향의 일부로 보는 경향, 이 모든 것이 러시아 귀족의 사상이 지닌 특징이 되었고 혼돈과 긴장이라는 비록 모호하지만 영속적인 유산을 남길 터였다. 19세기 초엽의 러시아에서 창의적 사고가 흐르는 주된 물길은 — 관청이나 신설 대학이 아니라 — 바로 이 동아리들이었다. 마르탱주의는 모든 곳에 기대감을 채워넣었으며 비록 진리가 무엇인지에 관해서는 의견이 다를지라도 진리를 추구하는 사람들 사이에 연대감을 만들어냈다. 사상이 행동에 나서려는 갈망을 만들어내고 있었다는 점이 가장 중요하다. 세기의 전환기에 새 "문학형제회"(Дружеское литературное общество)[74]의 "창립 회의"에서 한 연사[75]가 표현한 대로,

　　…… 우리가 모두 모임에서 얻고 싶어 하는 이득을 밝혀야 합니다.

---

[73] 아스트라이아의 러시아어 형태.

[74] 문학을 애호하는 모스크바 대학 기숙사생들이 1801년 1월에 만든 토론 모임. 같은 해 후반기에 해체되었지만, 러시아 낭만주의 발전의 밑거름이 되었다.

[75] 알렉세이 메르즐랴코프(Алексей Мерзляков, 1778~1830년). 페름의 상인 가정에서 태어났고, 모스크바 대학에서 공부했다. 모교 교수가 되어 시를 가르쳤으며, 대학 교과과정에 문학 연구가 도입되는 데 이바지했다. 시와 평론에 주력했고, 그리스와 로마의 문학 작품을 많이 번역했다.

…… 무엇을 해야 할까요? …… 무한한 미래에 때때로 너무나도 깊이 숨겨져 있는 그 값진 보물을 누가 어떻게 찾아낼까요? 행동입니다. 행동은 모든 성공의 수호자이자 어머니입니다. 행동은 자연이라는 성전(聖殿)을 여는 열쇠를 주고 그곳으로 가는 길을 보여줄 것입니다. 우리의 모든 말보다는 노동과 불행과 승리의 제관이 우리를 더 긴밀하게 결합해줄 것입니다.[118]

정치개혁의 좌절

18세기의 마지막 10년은 러시아 문화에게는 을씨년스러운 시기였다. 예카테리나 대제는 자기와 휘하 정신(廷臣)들 사이의 나이 차이가 벌어지면서 육체적으로, 그리고 계몽이라는 자기의 오랜 이상과 혁명이라는 현실 사이의 차이가 벌어지면서 이념적으로 좌절했다. 바스티유(Bastille)[76]가 함락되고 며칠이 지나지 않았을 때 예카테리나 대제는 파리 주재 러시아 대사에게서 혁명가들의 새로운 "정치적 열광"에 관한 예언적 경고를 받았다. 예카테리나 대제는 천천히 프랑스에 등을 돌렸다. 예카테리나 대제는 1791년까지 파리와 스트라스부르(Strasbourg)에서 러시아인 유학생을 모두 다 불러들였고 혁명적인 "적그리스도의 헌법"에 이념 전쟁을 선포했다. 1792년에 스웨덴의 구스타프 3세가 가면무도회에서 암살당한 뒤 곧이어 1793년에 루이 16세(Louis XVI)와 예카테리나 대제의 친한 벗 마리 앙투아네트(Marie-Antoinette)가 처형당하자 예카테리나 대제는 더

---

[76] 프랑스 구체제에서 국사범을 가두는 감옥으로 쓰여 압제의 상징이었던 파리 시내의 요새. 1789년 7월 14일에 파리 시민이 이 요새를 공격하면서 프랑스 혁명이 시작되었다.

더욱 침울해졌고, 성 페테르부르크에서 익살극에 가까운 마녀사냥이 한 차례 촉발되었다. 자코뱅 한 사람을 찾아내려고 안달복달인 한 관리가 붉은 모자⁷⁷를 쓴 프랑스 왕당파 장군을 자코뱅으로 오인하고는 체포했다. 글을 모르는 경찰관들은 수상한 책을 없애버리라는 명령을 받자 도서관에서 수상한 책 옆에 있는 책들을 오염되었을까 겁이 나서 폐기해버렸다.

찬송가를 개작한 시들이 검열을 받았고, 예전에 예카테리나 대제의 총신이었던 이가 무해한 통속극 「노브고로드의 바딤」(Вадим Новгородский)의 모든 사본을 불살랐다. 이 희곡은 러시아를 다스리러 왔던 류릭의 딸에게 바딤이 품은 사랑을 묘사했다. 바딤은 자기가 노브고로드의 옛 방식에 애착을 품은 탓에 새 질서를 건설하기에 좋지 않은 불량 건축자재임을 깨닫고는 자기의 연인과 함께 스스로 목숨을 끊는다. 모든 것이 선정(善政)을 위해, 그리고 러시아 통치의 영광을 위해 자기를 버리는 존엄성을 지니고 하는 행위이다. 그러나 바딤이 노브고로드의 잃어버린 자유를 찬양하며 옛 생각에 젖어 이따금 하는 독백이 예카테리나 대제에게는 지나치게 혁명적인 웅변처럼 들렸다.[119]

그러나 예카테리나 대제는 제대로 된 독재자가 되기에는 재갈을 너무 느슨하게 풀어놓았다. 예카테리나 대제는 검열을 강화하는 일에 대학교수와 다른 식자 집단의 협조를 얻을 수 없었다. 예카테리나 대제의 아들이자 후계자인 파벨 1세만이 기꺼이 숙청다운 숙청을 시행하고 저인망식 검열을 확립했다. 파벨 1세의 짧은 통치기에 "시민"이라는 말을 쓰거

---

⁷⁷ 프랑스 혁명기에 자코뱅을 지지하는 상퀼로트(Sans-Culottes)는 고대 로마의 해방 노예가 쓰던 모자를 본떠 혁명 표식의 하나로 자유의 모자로도 불린 붉은 프리기아 모자(Bonnet phrygien)를 쓰고 다녔다.

나 그의 어머니가 작성한 입법 제안서의 사본을 소지하는 일은 범죄가 되었다. 파벨 1세가 열두 달을 다 채워 통치한 첫해인 1797년에 러시아에서 발행되는 정기간행물의 수가 (1789년의 16종에서) 5종으로, 그 해에 간행된 서적의 수가 (1788년의 572종에서) 240종으로 줄었다.[120] 그러나 파벨 1세에게는 러시아를 위한 새 진로를 설정할 권위가 없었다. 그의 통치는 개혁의 필요성을 그 어느 때보다도 더 절박하게 만들었으며 알렉산드르 1세 치세의 러시아 사상의 진로에 두 가지 중요한 방식으로 영향을 끼쳤다. 맨 먼저 파벨 1세의 공공연한 프로이센식 사고 찬양에는 대다수 귀족이 프랑스 계몽으로 되돌아가도록 몰아붙이는 부정적 효과가 있었다. 프랑스 혁명의 초기 단계에는 프랑스 것 일체에 반발하는 물결이 거세게 일었는데, 이제 러시아 귀족에게는 파벨 1세의 독단적 통치의 재발을 막는 정치 지침을 구하려고 다시 프랑스로 눈길을 돌리는 경향이 있었다. 이렇듯 파벨 1세는 의도하지는 않았지만, 알렉산드르 1세 통치 전반기 동안 정치개혁 논의가 다시 이루어지도록 자극했다.

그러나 한편으로, 혁명 사상과 싸우는 파벨 1세의 방법은 여러모로 알렉산드르 1세 통치 후반기에 널리 나타난 유형을 미리 보여주었다. 파벨 1세가 반(反)혁명의 대의에 신비주의 종교를 동원하려고 시도했기 때문이다. 그는 자기의 대관식에서 (자신에게 성찬식을 거행하면서) "교회 수장" 직함을 정식으로 취했으며, 프리메이슨 다단계 조직과 로마가톨릭교회, 두 조직의 열렬한 후견인이 되었다. 그는 대관식 직후에 노비코프를 풀어주고 "새 이스라엘" 종파의 우두머리인 레프닌을 육군원수와 특별고문관의 직위에 올려놓았다. 1798년에 그는 스스로 (프랑스 혁명의 파고가 몰려오자 몰타 섬에서 밀려났던) 예루살렘 기사단 몰타 종단[78]의 신임 단장이 되었으며, 프리메이슨 다단계 조직 지도자인 알렉산드르 라브진(Александр Лабзин)을 몰타 종단의 공식 역사가에 임명했다. 또한, 그는 교황에게 프랑스 혁명을 피할 피난처를 제공했고 성 페테르부르그에 1개 가톨릭 교구가, 그리고 빌뉴스에 예수회 단장이었던 이를 원장으로 해서 1개 가톨릭 학술원이 설립되도록 허가했다.[121]

이렇듯 알렉산드르 1세 치세 후반기 동안 혁명에 맞선 "영적 동원"은 어느 모로는 파벨 1세가 설익은 상태로 처음 시도해본 구상과 기법이 발전한 형태였다. 여리지만 엄혹한 이 통치자는 1801년에 개혁 성향을 지닌 근위대 장교들의 손에 목 졸려 죽기에 앞서 가트치나의 성에 유령이 있다고 자주 투덜거렸다. 그러나 전제적 규율에 맞서 귀족의 역공을 이끌었던 데카브리스트 장교 다섯 사람을 교수대에서 목 졸라 죽이려고 사반세기 뒤에 되돌아온 것은 바로 그의 유령이었다. 그 사이에 끼어있는 알렉산드르 1세 시대에 철저한 정치개혁의 기대가 전례 없이 세차게 솟구쳤다.

그토록 많은 다른 집단의 막연한 희망이 1801년에 차르가 되는 잘 생긴 젊은 황태자에게만큼 한 사람에게 뚜렷하게 수렴된 적은 극히 드물었다. 알렉산드르 1세가 자기의 대관식에서 모호하게 언급한 개혁 약속은 모든 이의 희망을 들쑤셔놓았다. 농민은 예카테리나 대제와 파벨 1세의 혹정을 겪은 뒤 그를 "축복받은 알렉산드르"라고 부르며 맞이했다. 공식 교회에 따르지 않는 종교 집단들에게 관용을 베풀겠다는 그의 약속에 신이 났다. 러시아에서 여러 해를 보내고 괴팅엔(Göttingen)으로 러시아 학생을 많이 끌어모은 존경받는 역사가 슐뢰처 교수는 19세기를 "알렉산드르의 시대"라고 부르며 맞이했다.[122] 러시아가 어울리게도 희망(Наде-

---

78 예루살렘 기사단은 근거지인 로도스 섬이 1522년에 튀르크에게 점령되자 1530년에 몰타 섬으로 옮겼다. 전성기를 누리던 기사단은 1798년에 프랑스가 보낸 나폴레옹 군대에 밀려 몰타에서 쫓겨났다.

01 곤혹스러운 계몽 | 251-

жда)이라는 이름이 붙은 기함의 지휘를 받는 러시아 최초의 세계일주 해군 원정대를 보낼 채비를 하면서 모든 곳에 낙관주의가 있었다.

희망은 아마도 자유주의적 개혁가들 사이에서 가장 높이 솟구쳤을 것이다. 라디쉐프는 알렉산드르 1세를 "수호천사"라고 부르면서 맞이했으며,[123] 개혁가들은 그가 라 아르프와 오랫동안 교제하고 비밀결사 금지령을 폐지하고 4개 대학교 신설을 인가하기로 했다며 고무되었다. 파벨 1세의 혹정에서 벗어났고 러시아가 유럽에서 차지하는 중요성이 커진다는 데 기분이 좋아진 그들은 러시아의 정치 체제를 근대화하겠다고 공언한 알렉산드르 1세의 의향을 실현하고자 그를 돕고 싶어 했다. 알렉산드르 1세는 근대식 장관제를 도입하고 프랑스 혁명식 명칭인 "공안위원회"로 알려진 자유주의 성향의 측근 고문관을 자기 주위에 모아놓고는 정치개혁을 당당하게 의제로 올렸다.

이에 호응해서 귀족 계급은 알렉산드르 1세 통치기 동안 정치사상을 당혹스러울 만큼 줄줄이 내놓았다. 세 가지 주요 사조, 즉 입헌군주제와 전제적 보수주의와 연방제 공화주의가 두드러졌다. 입헌군주제는 알렉산드르 1세 치세 전반기인 "자유주의 시기"에, 전제적 보수주의는 후반기에 우세했으며, 연방제 공화주의는 밑에 있어서 눈에 띄지 않다가 알렉산드르 1세가 죽은 뒤 잠깐 위로 올라왔다. 이 세 입장은 저마다 러시아를 위한 가장 좋은 합리적 대안으로서 계몽의 신중한 방식으로 옹호되었다. 각 입장은 경제 문제와 사회 문제를 많이 고려하지 않은 채로 구상되었으며, 정치 변화를 논의하거나 실행할 자격을 갖춘 자는 몇 사람 되지 않는다고 가정한다는 점에서 매우 귀족적이었다.

입헌군주제는 알렉산드르 1세 통치 첫 10년 동안 우세했던 이상이었고, 그 이상의 유력 인물은 미하일 스페란스키였다. 알렉산드르 1세 시대의 다른 주요 사상가 대다수와 마찬가지로 스페란스키는 자기 시간을 양분해서 정치 이론과 종교적 관심사에 할애했다. 그는 자기의 경력을 성 페테르부르그 신학원에서 학생이자 교사로 시작하고 신비주의적인 은비학 연구자로 끝맺음했다. 가장 영구적인 그의 업적은 법률과 행정에 있었다. 그는 1820년대에 개혁을 시행하는 시베리아 총독과 1833년 신 법전의 수석 편집인으로 일했다.[124] 그러나 알렉산드르 1세 통치기 첫 10년 동안 그는 러시아를 서방형 입헌군주국으로 탈바꿈하는 더 포괄적인 프로그램을 내놓았다. 사제의 아들이면서 러시아 사회 상류층 밖을 떠도는 이단자로서 스페란스키는 국가 공복을 국가에 봉사하지 않은 대다수 부자 귀족보다 더 높은 지위로 올리는 데 관심을 훨씬 더 많이 보였다. 영국 여인의 남편이면서 벤담의 찬양자로서 그는 특히 의 공공 서비스 전통에 관심을 보였다.[125]

따라서 스페란스키는 라디쉐프가 러시아 사상에 이바지한 마지막 글인 「러시아 인민헌장」(Хартия российского народа)을 편집하면서도 라디쉐프의 추상적이고 수사적인 접근법에 그다지 공감하지 않았다.[126] 그는 처음 몇 해를 행정 실무, 즉 러시아의 뒤죽박죽인 재무 체계를 개혁하고 신설 정부부서 안에서 권한의 명확한 책임과 규정을 확립하는 일을 하면서 보냈다. 그는 교육을 더 잘 받은 공무원이 필요하다는 점을 인식하고 공무원을 양성하는 학교를 두 곳, 즉 종합기술전문학교와 차르스코예 셀로 전문학교[79]를 신설하는 일을 거들었다. 특히 종합기술전문학교는 개혁 사상이 러시아 귀족계급 안으로 흘러들어가는 주된 물길이 되었다.[127]

---

[79] 1811년에 차르스코예 셀로에 세워진 귀족 자제 교육 기관. 1843년에 성 페테르부르그로 이전하면서 알렉산드로프 전문학교(Александровский лицей)로 이름이 바뀌었다.

알렉산드르 1세가 1807년에 틸지트(Tilsit)[80]에서 나폴레옹과 화해[81]한 뒤에, 프랑스를 본떠 러시아 정부를 철저히 개혁한다는 생각이 지지를 얻었다. 스페란스키는 개혁을 위한 비밀 계획을 준비하라는 지시를 받고는 삼권을 분립하고 원로원을 최고 사법부로 전환하고 중앙 입법부 아래에 지방 대의기구 체제를 두는 입헌군주제를 제안했다. 행정부는 중앙 입법부에 책임져야 하지만, 최종 통제권은 차르에게 남고 국정협의회(Государственный совет)[82]는 오직 차르에게만 책임을 질 터였다.[128]

교묘하고 조금은 절충적인 이 1809년 제안은 스페란스키 자신이 간사로 있는 국정협의회의 창설을 빼놓고는 전혀 받아들여지지 않았다. 귀족에게 세금을 더 확실하게 매기고 체계적인 공무원 시험을 필수화하겠다는 스페란스키의 결단은 귀족 계급의 분노를 샀다. 출신이 미천하고 흔히 대(對)프랑스 동맹과 동일시되는 사람으로서 스페란스키는 나폴레옹이 러시아를 침공했을 때 하릴없이 공격당하는 처지에 놓였다. 따라서 알렉산드르 1세는 1811년에 라 아르프에게 러시아에서 "자유주의 사상이 이루어지고 있다"[129]고 확언했으면서도 이듬해에 스페란스키를 해임하고 동방으로 유배했다. 대의제와 입헌제의 형식을 러시아 군주정에 도입하려던 가장 진지한 계획이 그와 함께 사라졌다. 그런 계획은 거의 한 세기 뒤에나 나타날 터였다.

귀족 보수주의의 대변자인 니콜라이 카람진은 『옛 러시아와 새 러시

---

[80] 오늘날 러시아 연방 칼리닌그라드 주의 소베트스크(Советск) 시.

[81] 나폴레옹은 1806년에 프로이센과 러시아의 군대를 격파했고 이듬해에 틸지트에서 조약을 맺었다. 알렉산드르 1세는 이 조약에서 프랑스의 패권을 인정하고 대륙 봉쇄령에 참가하겠다고 약속했다.

[82] 스페란스키 개혁의 하나로 알렉산드르 1세가 1810년에 만든 국정기구. 애초에는 의회 상원으로 구상되었으나, 실제로는 차르가 신임하는 인사로 구성된 입법자문 기구가 되었다. 1906년까지 존속했다.

아에 관한 수기』(Записка о древней и новой России)로 정치 무대에 극적으로 등장했다. 그가 1811년에 차르 누이[83]의 부탁을 받고 쓴 이 책은 스페란스키에 가하는 정면 공격이었다. 차르는 이 저작에 즐거워했고 카람진에게 아니치코프(Аничков) 저택[84]에서 지내라고 권했다. 카람진은 이 궁전에서 그 유명한 여러 권짜리 『러시아 국가의 역사』(История государства Российского)를 써서 새로운 궁정 총신의 지위를 확보했다.

카람진은 두루 여행을 다닌 귀족이었으며, 문예·문필 활동을 해서 이미 서방화와 언어 근대화의 옹호자로 이름을 얻었다. 카람진은 프랑스 혁명이 일어난 뒤에 정치적으로 보수화한 다른 이들과 마찬가지로 추상적인 법의 지혜보다는 역사의 지혜를, 즉 "형식"의 지배보다는 "사람"의 지배를 더 좋아했다. 그는 1789년에, 즉 프랑스 혁명이 일어나는 동안 외국에 있었으며, 혁명 구호를 아주 싫어했다. 그는 알렉산드르 1세의 대관식에서 그에게 바치는 송가에서 대놓고 이렇게 썼다.

> 자유는 법규가 있는 곳에 있다.
> 현명한 자유는 거룩하지만,
> 평등은 꿈이다.[130]

열정과 지식을 동원해서 그는 지난날의 전제정으로 되돌아가야 한다고 매섭게 다그쳤다. 그의 단순명료한 메시지는 숱한 새 개혁 제안에, 그리고 유럽의 최고 개혁가인 나폴레옹이 갑자기 러시아의 적이 되었다는 사실에 당황하던 그 시대에 잘 들어맞았다. 또한 그의 논거는 정교해

---

[83] 알렉산드르 1세의 여동생 예카테리나 파블로브나 대공녀(1788~1819년).
[84] 옐리자베타 여제의 거처로 쓰려고 1754년에 성 페테르부르그의 넵스키 대로 (Невский проспект)와 폰탄카(Фонтанка)가 마주치는 곳에 지은 바로크풍 저택.

서 보수주의가 지적으로 대단해 보이게 되었다. 가능한 정치적 대안에 대한 그의 고찰은 계몽의 전형이었으며, 스페란스키의 고찰과 비슷했다. 무정부 상태는 정치 문제의 가장 나쁜 해법이며, 폭정은 거의 그만큼 나쁘다. 공화정은 이론상으로는 가장 좋지만, 실효를 거두려면 나라가 작아야 한다. 귀족정은 파탄과 외국인의 정치적 지배로 이어질 수 있을 뿐이다. 그러므로 러시아에게는 전제군주정이 가장 좋은 통치 형태이다.[131]

그러나 카람진의 입장은 단순명쾌하기는 해도 여전히 감상과 궤변으로 강화해서 혁신에 가하는 공격에 지나지 않았다. 그는 스페란스키를 "나폴레옹의 통역관"이라며 부당하게 공격하고, 귀족이 공무원보다 더 충실한 군주의 종복이라는 의문스러운 주장을 하고, 스페란스키의 공무원 교육 요건을 비웃음으로써 소귀족의 반(反)지성주의에 편승한다. 그의 『러시아 국가의 역사』도 품격과 학식이 높기는 해도 프로파간다의 의도를 지니고 있다. 모든 역사는 승리하는 국가의 역사이며, 그 국가는 차르의 세습 재산이며, 그 차르의 도덕적 자질은 성공이냐 실패냐를 결정한다. 수십 년 동안 러시아의 역사서는 때로는 분석적 역사서보다는 월터 스콧(Walter Scott)의 낭만적 역사소설에 더 가까워 보이는 이 저작을 다르게 바꿔쓴 저술일 따름이었다.

카람진은 근대 의상을 걸친 일종의 수도원 연대기작가였다. 그는 성페테르부르그의 지식인들을 위해 역사에 관한 옛 모스크바국의 믿음들 가운데 많은 믿음을 복권했다. 만사가 차르에 달려있으며, 러시아가 전통에 충실하게 남는다면 신의 섭리는 러시아의 편이며, 외국에서 들어온 새것이 러시아가 처한 곤경의 근원이라는 것이 그런 믿음들이었다. 그는 관료제와 타협을 혐오한다고 공언함으로써 옛 모스크바국을 옹호하는 구교도와 카작의 말을 되풀이했지만, 차르의 참된 동맹자는 낡은 의례나 낡은 특권의 고립된 수호자가 아니라 귀족 계급이라고 주장함으로써 성 페테르부르그에서 그런 견해에 완전히 새로운 호소력을 부여했다. 예카테리나 대제가 현명하게도 귀족 계급에 부여했던 권력이 어떻게든 줄어드는 것은 러시아가 위험해진다는 것이었다. 카람진은 기존 권위를 존중하지 않았다며 이반 뇌제와 표트르 대제를 비판하고는 억지로 이루어지는 혁신과 서방화의 위험을 경고한 바보성자와 예언자를 칭찬한다. 카람진은 자신을 이 궁정 예언자의 근대적 형태로 여기고는 알렉산드르 1세에게 자유주의화의 위험을 경고한 듯하다.

러시아의 역사에서 카람진의 영웅은 이반 3세이다. 이반 3세 치세에 차르의 권위는 축소되지 않았고 그 시대의 기사 귀족들은 그가 내건 상승(常勝)의 깃발 아래 자발적으로 모여들어 영웅적 전투로 나아갔다. 카람진은 자기가 쓴 소설 『시장(市長)의 부인 마르파, 또는 노브고로드의 복속』(Марфа-посадница, или покорение Новагорода)에서 이반 3세의 노브고로드 시 정복을 찬미한다.[85] 등장인물들 가운데 한 사람이 이렇게 말한다. "그들은 항거하면 노브고로드가 망한다는 걸 예견했어야 했어. 그들에게 사리분별이 있었다면 자발적으로 희생했겠지."[132] 다른 발언에서 정복 공후들 가운데 한 사람은 "미개한 백성은 독립을 좋아하고 슬기로운 백성은 질서를 좋아하지. 전제 권력이 없으면 질서도 없다"고 말한다. 또다시, 등장인물들 가운데 한 사람이 현대의 독재자에게서 찾을 수 있는 입장에 서서 "재앙을 불러오기 일쑤인 자유가 아닌 질서정연, 공명정대, 안보가 시민의 행복을 떠받치는 세 기둥"이라고 말한다.[133] 소련의

---

[85] 1430년대 말에 노브고로드 시장 이사악 보레츠키(Исаак Борецкий)와 결혼했다가 1460년에 남편과 사별한 마르파는 1471년에 리투아니아를 끌어들여 모스크바의 노브고로드 지배를 막으려고 애썼지만, 실패했다.

편집자들이 이반 3세의 노브고로드 정복의, 그리고 마르파(Mapфa)를 찬양하고 노브고로드의 자유를 찬양하는 혁명적 데카브리스트에 거스르는 카람진 해석의 "진보성"을 옹호하는 모습을 보는 것은 묘하게도 그럴 듯하다.[134]

카람진의 보수주의가 궁정에서 차츰차츰 승리했으므로 알렉산드르 1세 통치 후반기의 개혁 지지자들은 스페란스키의 입장보다 더 극단적인 태도를 보이지 않으면 안 되었다. 장교 계급은 나폴레옹을 추격한 뒤에 서방과 접하면서 새로운 사상을 얻었다. 알렉산드르 1세는 폴란드에 허용해준 헌법을 러시아 제국 전체를 위한 본보기로 삼겠다고 모호하게 약속함으로써, 그리고 러시아를 위한 연방제 헌법의 초안을 만들 특별위원회를 임명하고 니콜라이 노보실체프(Николай Новосильцев)를 위원장으로 삼음으로써 "위로부터의 개혁"이라는 오랜 희망을 살려두었다.

역사가 데카브리스트라고 부르게 된 정치개혁가들은 러시아를 나폴레옹에게 거둔 승리를 통해 얻은 드높은 소명에 걸맞은 나라로 만들겠다는 희망을 품고 귀환하는 참전 군인으로 여겨질 수 있다. 그들을 한데 묶은 것은 알렉세이 아락체예프(Алексей Аракчеев)의 둔전촌, 하급 관리의 비이성적 잔혹성, 니콜라이 1세의 제위 계승 등, 주로 그들이 반대하는 것들이었다. 그들은, 부분적으로, 러시아에 단지 갑갑해 했고, "러시아를 깊은 잠에서 깨우"고 자기들이 나라 밖에서 그랬듯 나라 안에서도 영웅임을 입증하겠다고 굳게 마음먹었다. 그들은 자신을 처음에는 "러시아의 기사"와 "자유로운 정원사"라고 일컬었고 러시아의 대하천 사이에 운하를 거미줄처럼 건설하기에서 세르비아와 헝가리를, 심지어는 노르웨이까지 병합하기에 이르는 모든 것을 막연하게 숙고했다.[135] 데카브리스트 운동의 기원은 1817년 초엽에 근위대 장교들이 "구세동맹 또는 조국의 참되고 믿음직한 아들들의 동맹"(Союз Спасения или истинных и верных сынов отечества)[86]을 결성한 데 있었고, 『조국의 아들』(Сын отечества)[87] 같은 애국적 저널은 그들의 초기 정치개혁 제안서를 펴내는 중요한 매체였다.[136]

자기 나라의 역사와 운명에 관한 낭만적 관심은 카람진 같은 새로운 보수주의자들에게만큼이나 이 새로운 급진주의자들에게도 중요했다. 데카브리스트 미하일 루닌(Михаил Лунин)은 "역사가 우리를 큰 정치의 영역으로 끌어당긴다"고 썼다.[137] 그는 자신을 "가짜 드미트리"라고 일컬었다. 그는 카람진에 도전해서 가짜 드미트리의 서방화 정책을 찬양했고, 노브고로드의 전통을 기리는 데카브리스트의 전체 합창을 시작했다.[138]

초기의 폴란드와 리투아니아의 의회(세임)가 노브고로드의 민회(베체)와 더불어 찬양되었다. 귀족 개혁가들은 폴란드와 리투아니아와 연계를 많이 지녔다.[139] 더 급진적인 장교 중 몇 사람은 슬라브인연합회(Общество соединенных славян)[88] 같은 새 형제단에서 국적을 완전히 배제했다. 세임에 나타난 적이 있는 알렉산드르 1세가 폴란드에 세임을 남겨두라고 허락해주었기 때문에 폴란드는 기대되는 제국 전체의 변모를 위한 본보기였다.[140] 리투아니아로부터는 전 러시아 헌법을 위한 가장 원대한 첫 계획들 가운데 하나인 티모테우스 보크(Timotheus Bock)의 「리투아니아 귀족단에 제출하고 통독해야 하는 문건」(Записка, которую должно представить и

---

86 농노제를 폐지하고 입헌 정치를 수립할 목표로 세르게이-무라비요프 등 청년 장교 6인이 1816년에 만든 비밀결사체. 데카브리스트 운동의 모체가 되었다.
87 1812년에 성 페테르부르그에서 창간되어 1852년까지 간행된 문예 주간지. 러시아의 사회사상과 문학을 주도했고, 니콜라이 1세 즉위 이후로 차츰차츰 보수화했다.
88 1823년 초에 우크라이나의 노보그라드-볼륀스키(Новоград-Волынский) 시에서 결성된 비밀 혁명조직. 조직원은 가난한 장교와 하급 관리였고, 목표는 전제정과 농노제가 폐지되고 민주적 헌법을 갖춘 슬라브 민족국가 연방이었다.

прочесть в собрании литовской знати)이 나왔다. 보크는 1818년에 이 문건을 알렉산드르 1세에게 보낸 뒤 곧바로 체포되었지만, 그의 글은 중세 말엽에 게르만인이 동방진출(Drang nach Osten)[89]을 하기 이전에는 동유럽 전역에 진정한 인민의 통치가 존재했다는 낭만적 관념을 퍼뜨리는 데 도움이 되었다. 발트 해 연안 지대 민족들의 자발적이고 공동체적인 자질과 게르만인의 전제 권력에 대한 그들의 깊은 반감은 에스토니아 출신의 재능 있는 데카브리스트 시인 빌겔름 큐헬베케르(Вильгельм Кюхельбекер)의 작품에 들어있는 주제였으며, 그 주제를 데카브리스트 시인 알렉산드르 베스투제프-마를린스키(Александр Бестужев-Марлинский)와 위대한 폴란드 작가이자 데카브리스트의 벗인 아담 미츠키에비치(Adam Mickiewicz)가 그대로 되풀이했다.[141] "인민의 정신에 따른 법을 선포하려고 모든 부족에서 '부족장'을 모으는" 방식을 가지고 있다며 카작을 찬양하는 경향도 있었다.[142]

입헌적 자유의 확대와 대의제 정부 형태를 애호하는 성향과는 별도로, 데카브리스트 개혁가들은 러시아 제국을 연방으로 바꾸는 데 가장 큰 관심을 두었다. 대개는 미합중국이 본보기였으며, 실제로 니키타 무라비요프(Никита Муравьев)는 콜럼비아 특별구(District of Columbia)[90]의 확장판 구실을 하는 모스크바-돈 지구를 두고 러시아를 13개 기본 주(州)로 나누자고 제안했다.[143] 1818년에 "구세동맹"이 "복지동맹"(Союз Благоденствия)[91]

---

[89] 12~13세기에 게르만인과 튜튼 기사단이 동쪽에 있는 땅을 차지하려고 엘베 강과 오더 강 사이 지역에 정착한 식민 운동을 일컫는 독일 측의 표현.
[90] 미합중국 연방정부 소재지. 흔히 워싱턴 특별구(Washington D. C.)라고 한다.
[91] 해체된 구세동맹을 기반으로 1818년 초엽에 데카브리스트 주요 구성원이 평화적 수단으로 전제정과 농노제의 폐지와 헌법의 도입을 목표로 삼아 결성해서 활동하다가 1821년에 발전적으로 해체한 비밀결사체.

으로 바뀐 것은 개혁가들 사이에서 새로운 분권 조직체계가 채택된 것과 연관되어 있었다. 복지동맹의 여러 지역위원회가 1821년 초엽에 연 모스크바 대회는 러시아 역사상 최초의 전국 정치 비밀집회였으며, 스스로를 "제헌 두마"라고 일컬었다.

그러나 1820년대 초엽에 알렉산드르 1세가 경계를 하기 시작했다. "복지동맹"의 본보기는 독일의 급진적인 "미덕동맹"(Tugendbund)[92]이었다. 알렉산드르 1세는 이 독일 학생들 사이에서 일어난 소요와 자기가 총애하는 세묘놉스키 연대 안에서 1820년에 일어난 혼란스러운 항명 사태에 직면해서 러시아를 서방의 계몽에게서 차단하는 과감한 조처를 했다. 즉, 그는 교수를 숙청하고 책을 불태우고 예수회를 내쫓았으며, 마침내 1822년 여름에 프리메이슨과 비밀결사를 모조리 없애버렸다.

그런데도 비밀결사체들은 계속 존속해서 알렉산드르 1세가 스스로 한때 제기한 적이 있는 정치 문제를 토론했다. 이 집단들은 아직은 위로부터의 개혁이라는 관념에 충실했으므로 입헌군주제의 희망을 제위 추정 상속인인 콘스탄틴 대공에게 걸었다. 예전에 프리메이슨 회원이었으며 폴란드에서 오랫동안 거주한 콘스탄틴은 입헌 통치 형태에 동조한다고 생각되었다. 그러나 1825년 말에 알렉산드르 1세가 죽은 뒤 제위 계승자가 콘스탄틴의 동생이면서 프로이센식 훈련을 받은 니콜라이임이 분명해졌을 때, 성 페테르부르그의 개혁가들은 12월 14일에 원로원 광장에서 혼란스러운 대규모 시위를 벌였다. 그 시위가 벌어진 지 며칠 뒤에 키예프 지역에서 비록 조금 더 오래 끌기는 했어도 마찬가지로 실패할 운명이었던 봉기가 일어났다.

---

[92] 나폴레옹의 침공에 맞서 1808년에 쾨니히스베르크에서 결성되어 2년간 활동한 독일의 애국 결사체.

데카브리스트 운동은 비록 러시아 혁명 전통의 시발점으로 자주 여겨질지라도 귀족의 개혁 운동의 종말로, 즉 예카테리나 대제가 처음으로 입법위원회를 열었을 때 시작되었던 정치 토론의 시대 예순 해의 마지막 에피소드로 간주되어야 어쩌면 더 적절할 것이다. 대다수 데카브리스트가 추구한 것은 예카테리나 대제와 알렉산드르 1세가 원래 품었던 포부를 실현하는, 그리고 알렉산드르 수보로프와 미하일 쿠투조프(Михаил Кутузов)가 확보한 군사적 위상에 걸맞은 정치적·도덕적 위상을 갖추도록 자기 나라를 일깨우는 수준을 넘어서지 않았다.

느슨하게 조직된 이 개혁가 대다수는 다만 경제 질서나 사회 질서를 크게 바꾸지 않은 채로 권력이 연방 형태로 분산된 모종의 입헌군주제를 추구했다. 그러나 데카브리스트 지도자들 가운데 한 사람은 1820년대에 러시아를 위한 더 급진적인 행동 노선을 주창했다. 데카브리스트 운동 남부 기구 지도자 파벨 페스텔(Павел Пестель)은 그렇게 함으로써 자신을 자기가 사는 낭만 시대보다는 다가올 철혈(鐵血) 시대와 더 많이 동일시했다. 그는 데카브리스트 가운데에서 가장 독창적이고도 예언적인 사람이었으며, 표트르 대제와 예카테리나 대제의 러시아와 레닌과 스탈린의 러시아 사이에 홀로 존재하는 일종의 중간 지점이었다.

페스텔은 개혁 성향을 지닌 자기 동지들 가운데에서 그 누구보다도 권력 문제를 더 많이 숙고했다. 그는 근대 세계에서는 동질적이고 고도로 중앙집권화된 국가가 필요하다고 믿었다. 동화하지 않을 민족(유대인과 폴란드인)은 그 국가에서 배제되고 다른 민족은 모두 완전히 흡수되어 러시아화할 것이다. 그는 노브고로드와 카작의 지난날의 낭만적 전통에서 지침을 찾지 않았다. 그가 "해롭다"고 여긴 영국형, 또는 프랑스형 헌법에서는 말할 것도 없었다. 차라리 그는 그 지침을 러시아 최초의 국가 법전인 키예프의 『러시아의 정의』(Русская правда)[93]에서 찾았다. 그는 자기의 주요 정치논문의 제목을 러시아의 정의로 정했다. 오로지 단일하고 합리적인 법만이 질서를 가져와 러시아에서 혼란을 없앨 수 있다. 러시아의 현재 상태에서 그렇게 하려면 농지를 재분배하고 주권을 공화국의 단원제 입법부에 넘겨 사회와 정치를 근본적으로 바꿔야 했다.

이 모든 것은 필요하다면 폭력으로 달성되어야 하며, 그러려면 일종의 자코뱅식 음모가 조직 연결망과 더불어 권력 장악과 "러시아의 정의"의 완전 구현 사이의 잠정적 군사 독재가 필요할 터였다.[144] 페스텔은 군대의 개혁과 개편이라는 문제에 주의를 많이 기울였고, 혁명을 조직한다는 목적에 프리메이슨 조직 형태를 이용하려는 노력을 데카브리스트 가운데 가장 진지하게 했다.[145] 그는 비록 스스로는 부분적으로 프로테스탄티즘적인 배경을 지닌 자유사상가였을지라도 러시아를 한데 묶는 공식적인 힘으로서 정교회를 유지해야 할 가치를 인정했다.

페스텔은 극단성을 보이고 권력에 몰입한 탓에 데카브리스트 동지보다는 레닌에 더 많이 맞닿아 있다. 그는 농민공동체가 사회 개편의 본보기라는 모호한 믿음을 지녔고 기꺼이 암살을 정치 투쟁의 무기로 간주했으므로 미래의 인민주의자와 사회주의혁명가(социалист-революционер)[94]와 이어지는 고리가 된다. (비록 부분적으로는 포툠킨이 더 앞질러 제시했을지라도) 유대인을 다시 이스라엘에서 살도록 한다는 그의 프로그램은 동조하지 않는 국외자가 시온주의를 앞질러 제시한 흥미로운 사례가 된다.

---

[93] 11~12세기에 키예프 러시아에서 관습법과 판례, 그리고 기존 법률을 기초로 편찬된 법전. 이반 3세의 1497년 법전이 중세 러시아 법전의 기본이 되었다.

[94] 인민주의 이념을 이어받은 러시아의 자생적 사회주의자. 노동자보다는 농민을 혁명 주도 세력으로 보았고 주로 테러 전술로 전제정과 싸웠다. 1901년에 정당을 결성했고, 사회민주당과 경쟁했다.

그러나 페스텔은 아무리 극단성을 띠었더라도 알렉산드르 1세 시대의 다른 주요 정치이론가인 스페란스키와 카람진 두 사람과 유사성을 얼마간 지닌다. 이 세 사람은 다 같이 러시아 계몽 정치사상의 통일성 안의 다양성을 생생하게 보여준다. 프리메이슨 회원이었던 적이 있는 세 사람은 모두 다 자기의 논거를 합리주의적 토대 위에 두는 애국자였다. 설령 (비방꾼들이 주장한 대로) 카람진을 움직인 것은 순전히 감상적이고 보수적인 충동이고 페스텔을 움직인 것은 순전히 혁명적인 충동과 야심이었을지라도, 그 두 사람은 자신을 냉철하고 합리적인 분석이라는 외투로 감쌌으며 그 외투를 어쨌든 적당히 튀게 걸친 듯했다. 세 사람 모두다 러시아에서는 최고통치권이 분할되어서는 안 된다고, 그리고 정부는 상충하는 이해관계의 좌충우돌을 넘겨버리기보다는 나라에 질서와 조화를 부과해야 한다고 믿었다. 카람진과 스페란스키는 비록 군주정을 옹호했을지라도 공화정에 매력이 얼마간 있음을 인정했고, 공화정이 폭정이나 무정부 상태보다 훨씬 더 나으며 다만 러시아가 워낙 크기 때문에 러시아에는 공화정을 적용할 수 없다고 여겼다.

니콜라이 1세가 제위에 오르면서 전제정은 계몽과 연계 고리를 잃었다. 니콜라이 1세가 여러 계몽사상가에게서 이것저것 골라서 빌려오면서도 그 사상의 기본 정신을 무시했으므로, 이성이 합리화에게 밀려났다. 니콜라이 1세는 페스텔을 다른 데카브리스트 지도자들과 함께 처형했으며, 같은 해에 카람진이 죽었으므로 그 역사가의 저작이 전제 통치에 백지수표를 주었다고 주장할 수 있었다. 그가 스페란스키를 중용한 까닭은 1833년에 새 법전을 편찬하기 위함이었지, 스페란스키가 관심을 가졌던 더 기본적인 헌정 개혁책들 가운데 어느 하나라도 마무리하기 위함이 아니었다. 그는 예카테리나 대제가 예전에 했던 방식에 따라 폴란드를 흡수했고, 페스텔이 촉구한 것과 같은 통합되고 러시아화한 국가를 만들려고 일했지만, 예카테리나 대제와 페스텔이 관심을 보였던 개혁 제안은 거들떠보지도 않았다. 알렉산드르 1세 시대는 정치가 변할 가능성이 유동적이라는 느낌에 흥분했는데, 니콜라이 1세는 그런 느낌을 없애버렸다. 정치개혁이 좌절되자 생각하는 계급은 차르정의 정치체제에 관여한다는 일체의 느낌을 버렸고 눈길을 완전히 정치 무대 밖으로 돌려 새로운 미래상을 바라보게 되었다.

12세기 말엽 블라디미르의 성 드미트리 대성당(도판 9)은 키예프 시대
에 시작되었으며 숲이 많은 이 대러시아 중앙부에서 유난히 특징적이던
비잔티움식 건축의 창조적 발달을 생생하게 보여준다. 여기에서는 다층
의 "흰 돌"(석회석과 회반죽)이 키예프와 노브고로드 두 곳에서 여전히
쓰이던 비잔티움의 벽돌과 양회를 대체했다. 그럼으로써 육중하고 단순
한 구조 형식이 장려된 한편으로 예전에는 비영구적인 나무 표면에 국한
되었던 유의 부조를 새기기에 알맞은 표면이 제공되었다. 아르메니야
양식과 로마네스크 양식이 구조 형식에 남긴 영향의 흔적과 숱한 부조에
많이 새겨진 낯선 동식물, 이 모든 것이 몽골 침공 이전 러시아-비잔티움
문화의 상대적 세계주의를 드러내 준다.

같은 지역의 후기 건축에는 모스크바국가 종교미술에서 세속 소재뿐
만 아니라 조각된 형상 자체를 점점 더 관용하지 못했음이 반영되었다.
그러나 수도원 제도가 크게 성장하면서 동시에 이 교회 건축에서 창의성
이 발휘되는 새로운 전통도 생겨났다. 16세기 초엽 수즈달의 성모비호
여수도원(Женский монастырь Покрова Пресвятой Богородицы)의 정문 위에 있는
성모희보 교회(церковь Благовещения, 도판 10)는 점점 더 의례가 성행하고 교
회 조직이 강해진 이 사회에서 교회가 세워지고 특별 예배가 거행된 많
은 장소 가운데 하나를 생생하게 보여준다. 성모 숭배는 (성모비호 축
일[95]이 실제로 도입된) 러시아 북부에서 특히 강했다. 수즈달 건축의 특
징인 비대칭 쿠폴라 세 개는 예전에 목조 건축에서 사용된 화려한 양파
꼴 지붕이 돌로 전환된 것을 생생하게 보여준다.

---

[95] 10월 1일에 쇠는 정교 축일. 슬라브계 민족의 가장 중요한 축일 가운데 하나이다.

〈도판 9〉 블라디미르의 성 드미트리 대성당(Собор святого Дмитрия), 1197년.
ⓒ Alexxx1979 / Wikimedia Commons

〈도판 10〉 수즈달의 성모희보 여수도원의 정문 위에 있는 성모희보 교회, 16세기.

모스크바국가 말엽에 차분한 비잔티움식 반원형 돔이 북부의 목조 건축에서 처음 개발된 끝이 뾰족한 원뿔꼴 지붕과 양파꼴 돔으로 완전히 대체되었다. 1605년에 카렐리아의 첼무지(Челмужи)에 세워진 비교적 단순한 신현 교회(церковь Богоявления)가 맨 위(도판 11)에 있다. 이 신현 교회 자체에 커다란 종탑이 이색적으로 맞붙어있는 것은 모스크바국가 예배에서 종이 점점 더 중요해졌기 때문이다. 지붕과 종탑의 물매가 가팔라서 눈이 쌓이지 않고 미끄러져 떨어지고 밑에 가로로 쌓은 무거운 통나무 구조물이 보호되었으며, 눈더미 위를 지나 들어갈 수 있도록 건물이 자주 들어올려져 있었다. 카렐리아 지역과 아르한겔스크의 이북과 이동의 상대적 인구 희소 지역에 있던 이 오래된 교회들은 두어 개를 빼고는 죄다 불과 서리에 부서졌다. 이 지역에서 최근에 소련의 탐사단이 건축 연대가 멀리는 14세기까지 거슬러 올라가는 목조 교회와 예배당을 찾아냈다.

이 교회가 지어진 뒤 한 세기 동안 양파꼴의 지붕과 돔이 마구 급증한 것은 외부 윤곽이 점점 더 중시되었다는, 그리고 니콘 총대주교가 들여온 신비잔티움 양식과 표트르 대제의 완전한 서방식 건축에 농촌과 모스크바국가가 저항했다는 의미였다. 표트르 대제가 네바 강이 발트 해로 흘러들어가는 지점에 성 페테르부르그라는 완전히 서방화된 도시를 세우고 있던 바로 그때에 옛 질서의 수호자들은 네바 강의 수원(水源)인 카렐리아의 호수들 가운데 하나에 장엄한 그리스도 변용 교회(도판 12)를 세우고 있었다. 오네가 호수의 키지에 있는 이 교회의 윤곽은 대개 벌채되어 목자재가 된, 톱니 모양으로 삐죽삐죽한 전나무에 비유됐다.

〈도판 11〉 카렐리아의 첼무지 마을에 있는 신현 교회, 1605년.

〈도판 12〉 카렐리아의 키지에 있는 그리스도 변용 교회, 1714년.
ⓒ Beyond My Ken / Wikimedia Commons

02 반(反)계몽

귀족의 세기에 나타난 러시아 사상을 생각할라치면 다음과 같은 핵심적인 의문 하나가 꼭 따라 나온다. 예카테리나 대제와 알렉산드르 1세의 치세에 그토록 많이 논의된 정치개혁이 니콜라이 1세 치세에는 왜 그토록 확연하게 지성계의 의제에서 사라졌을까? 상류계급 사이에 나타난 이런 정치적 관심의 소멸은 일시적 시류 변화가 아니라 제정 말엽의 만성 질환이었다. 귀족의 정치토론 열기는 데카브리스트와 함께 거의 사라졌다. 데카브리스트 운동의 외로운 생존자들은, 니콜라이 투르게네프 (Николай Тургенев)와 마찬가지로, 유배자 동지들 사이에서조차 정치 문제에 관한 흥미를 일으킬 수 없었다. 알렉산드르 2세가 우여곡절 끝에 1860년대에 시행한 개혁은 정치 권위보다는 행정·법률 절차를 다루었다. 개혁가들이 몰두한 대상은 농민의 법률적·경제적 속박이었지, 나라 전체의 정치적 예속이 아니었다. 20세기의 전쟁과 혁명이 1905년과 1917년에 밀물처럼 러시아 곳곳을 휩쓸 때까지 전제정에는 중대한 변경이 이루어지지 않았다. 그때까지 정치개혁에 관한 관심은 귀족 문화와 모든 연계를 잃어버렸고 주로 러시아 제국 안에서 핍박받던 소수민족 집단과 직업혁명가들과 도시의 전업 노동자 패거리의 영역이었다.

궁정 생활의 편협한 두려움과 협소한 시야가 왜 알렉산드르 1세의 통치 이후에 황족과 그들의 대다수 최측근에게 국내 정치에 창의적으로 관여할 능력이 없었는지를 설명해줄지 모른다. 그러나 학식과 견문이 높은 귀족 계급이 전반적으로 흥미를 잃었음을 이해하기란 쉽지 않아 보인다. 그 귀족 계급이 알렉산드르 1세에게서 기대하게 되었던 것 가운데에서 이루어진 것이 그토록 적었을 때에는 특히나 그렇다. 니콜라이 1세는 자기가 "사슬에 묶여 밤낮으로 국가를 지키는 개" 노릇을 하는 토지 귀족에 의존한다고 솔직하게 고백했다. 그렇다면 왜 귀족은 개집에 만족한 채 남아서 자기들이 오랫동안 요구했던 정치적 양보 가운데 적어도 답례로 몇 가지만이라도 받아내지 않았을까?

그 이유 가운데 몇몇은 정해진 형태가 없는 러시아의 영토 안에서 개혁 운동을 개시하는 데 언제나 중요했던 요인인 외부 자극이 없었다는 데 있다. 예카테리나 대제와 알렉산드르 1세의 치세와는 달리 니콜라이 1세 치세에는 차르가 위로부터 토론을 선도하지 않았다. (예카테리나 대제 치세와는 달리) 외국 출신 개혁가들의, 또는 (알렉산드르 1세 치세와는 달리) 군사 정복자들의 갑작스러운 쇄도로 니콜라이 1세의 통치가 외부로부터 뒤흔들리지도 않았다. 그러나 지주 귀족은 바깥세상과 많이 접하고 농민 소요와 경제 파탄에서 비롯되는 국내의 자극을 많이 받아서 정치를 개혁하라는 압박을 지속했으리라고 보일지도 모른다.

이 압박이 왜 지속되지 않았는지를 — 그리고 왜 니콜라이 1세의 반동 통치가 가장 학식이 높은 귀족들에게서 사실상 우상화되었는지를 — 이해하려면 보수주의를 지지하는 통상적인 심리적·경제적 논거 너머를, 그리고 예상대로 프로이센식이었던 니콜라이 1세라는 인물의 배후를 보아야 한다. 니콜라이 1세는 자기에게 개시할 능력도 없었고 이해할 지력도 없었던 사태 전개를 그저 정식화했을 따름이다. 그의 반동 통치의 기반은 알렉산드르 1세의 통치 말기에 마련되었다. 니콜라이 1세의 선임 황제인 수수께끼 같은 몽상가 알렉산드르 1세의 치세에 일어난 이런 몽매주의로의 전환은 근대 러시아의 역사에서 가장 치명적인 사태전개들 가운데 하나이다. 그 전환은 나폴레옹 전쟁 뒤에 러시아에서 민족주의가 사회적 보수주의와 동일시되는 상황을 낳은 민족적 자의식의 고취와 동시에 일어났다. 유럽의 나머지 지역에서는 그런 동일시가 19세기 말엽에나 가서야 일반화되었다.

많은 인물과 이해관계가 알렉산드르 1세의 반동화에 연루되었다. 새 군지도자이자 둔전촌 계획의 입안자 아락체예프, 외국 문물을 싫어하는 교회 지도부의 대변자 포티(Фотий), 대다수 고위 공직자를 대변하는 천박한 반(反)지성주의자 표도르 로스톱친(Федор Ростопчин)이 그런 인물이었다. 그러나 이 결정적 사태 전환을 더 완전히 이해하려면 프랑스 계몽의 합리주의와 회의주의에 맞서 반동이 종교적 색채를 띠고 강력하게 솟구친 그 시대의 주된 이념 사조를 고찰해야 한다.

이 반(反)계몽의 배후에 있는 주동력은 프리메이슨 다단계 조직이었다. 모스크바의 "마르탱주의자"들은 회의주의와 방종과 싸우는 데 전념하는 고위 친교회를 만들었지만, 새로운 믿음과 권위를 어디서 찾아야 할지를 분명하게 알려주지 않았다. 그들은 러시아인에게 물질의 힘보다는 정신의 힘에 대한, 합리적 고려보다는 비전(秘傳)의 상징에 대한 모호한 믿음만을 남겼다. 이 준(準)종교적 은비학 동아리에 이끌려 귀족들은 계몽의 합리주의에서 뒷걸음쳤다. 이 뒷걸음질은, 파벨 1세가 바란 바와는 달리, 신비주의적 몽매주의자들의 기사 종단이 다스리는 일종의 병영국가로 느닷없이 후다닥 들어서는 뒷걸음치기는 아닐 터였다. 오히려 그 뒷걸음치기는 알렉산드르 1세 치세에 계몽의 한낮에서 음울한 낭만주의의 어둑어둑한 땅거미로 들어서는 앞으로 차츰차츰 나아가기였다.

세 인물이 이 뒷걸음치기를 이끌었다고 말할 수 있다. 그 세 인물은 조셉 드 메스트르와 이반 로푸힌(Иван Лопухин)과 미하일 마그니츠키(Михаил Магницкий)였다. 세 사람은 저마다 프리메이슨 다단계 조직에 뿌리를 두었다. 그 세 사람은 저마다 반동 정치사상의 본성에는 기본적으로 뿌리가 없고 어떤 새 권위 원칙 찾기가 필사적 성격을 띠고 있음을 예증해 준다. 드 메스트르는 가톨릭 신앙에, 로푸힌은 프로테스탄트 경건주의에, 마그니츠키는 정교에 기댔다. 그러나 그들이 기대는 그 교회들은 각자의 교파의 역사적 교회가 아니라 각자의 뒤숭숭한 마음의 개인적 창조물이었다. 그 세 사상가 모두의 뇌리에서 프랑스 혁명의 기억이, 그리고 혁명이 세속적 계몽의 필연적 부산물이라는 공포가 떠나지 않았다. 자코뱅, "일루미나티"(illuminati)[1], "혁명가"라는 현실이자 가공의 위험성에 맞서 이 반동의 3인방은 "급진 우파"라고 마땅히 일컬어질 수도 있는 것을 위한 근대 유럽 최초의 이념적 청사진들 가운데 몇 개를 만들어냈다.

본질적으로는 서방의 반혁명 사상을 러시아 땅에 전해준 사람들인 드 메스트르와 로푸힌은 알렉산드르 1세의 통치 초기에 일어난 이념의 발효에서 핵심적인 인물이다. 이 두 사람보다 더 극단적이었던 마그니츠키는 그 두 사람이 영향력을 행사하던 시기 동안에는 거의 알려지지 않았다. 그랬던 마그니츠키가 알렉산드르 1세의 통치 후반기에 갑자기 튀어나와 출세한 것은 반계몽이 러시아 땅에 얼마만큼 뿌리를 내렸는지를 보여주는 극적인 지표였다. 러시아는 마그니츠키를 통해 독창적인 "정교"판 반혁명 이론을 내놓았으며, 그런 다음에 세르게이 우바로프(Сергей Уваров) 백작이 그 이론을 러시아 제국의 공식 이념으로 다듬고 체계화했다.

---

[1] 바이에른 출신의 아담 바이스하우프트(Adam Weishaupt, 1748~1830년)가 1776년에 만든 비밀결사체의 회원. 기성 권력과 교회에 반대하고 공화주의를 지향했는데, 세계 지배를 꿈꾸며 음모를 꾸민다는 의혹을 샀다.

가톨릭교도

모든 반혁명가 가운데에서 드 메스트르는 인본적 계몽의 가능성을 부정하는 면에서 철학적으로 가장 심오했다. 그는 이성의 빛뿐만 아니라 루소의 "내면의 빛"[2]과 블레즈 파스칼(Blaise Pascal)의 "마음의 이성"도 거부했다. 그는 "마음속에 그늘"[1]이 있다고 — 그리고 훨씬 더 어두운 그늘이 역사의 길을 가로질러 길게 드리워져 있다고 — 경고한다. 그의 유명한 철학 대담집 『성 페테르부르그의 저녁』(Les Soirées de Saint-Petersbourg)에는 짙어가는 어둠의 은유가 가득하며, 그의 생략법 위주의 비유적 표현과 논쟁의 맹렬함은 계몽 담화의 해가 한층 더 저물고 있음을 나타낸다. 이 과정이 러시아에서는 노비코프의 『저녁노을』로 시작되었으며, 1840년대의 장황하고 모호한 또 다른 철학 대담집인 블라디미르 오도옙스키(Владимир Одоевский) 공의 『러시아의 밤』(Русские ночи)에서 절정에 이르게 된다. 러시아에 망명한 서방인인 드 메스트르의 저작 『성 페테르부르그의 저녁』도 에드워드 영(Edward Young)의 『밤에 하는 생각』(Night Thoughts)으로 시작해서 노발리스(Novalis)의 『밤에 부치는 찬가』(Hymnen an die Nacht)에서 절정에 이르렀던 낙관적 합리주의에 맞선 낭만적 반란이 동쪽으로 확장된 사례의 일종이다.

드 메스트르는 1797년에 러시아와 처음 접했다. 사부아(Savoie)[3]의 상원의장을 지냈던 이의 아들인 그는 가진 것을 다 잃어버린 채 진군해오는

---

[2] 루소는 『에밀』 제4부, 「사부아 지방 보좌신부의 신앙 고백」에서 성직자, 제례, 성경이 아니라 자기반성, 마음의 탐구, 이성을 통해 "내면의 빛"을 추구해야 하느님에게 다가갈 수 있다고 주장했다.

[3] 프랑스와 이탈리아의 접경 지역에 있었던 소공국. 11세기에 백작령으로 독립해서 1416년에 공작령이 되었으며, 1720년에 사르데냐 왕국의 일부가 되었다가 1860년에 프랑스에 통합되었다.

프랑스 혁명군을 피해 도주하다가 우연히 러시아 대사를 만났고 포(Po) 강⁴에서 그의 손에 이끌려 배에 올라탔다.[2] 그 뒤에 여러 곳을 떠돈 끝에 드 메스트르는 이미 성 페테르부르그에 피난해 있던 동생 그자비에 (Xavier)와 많은 다른 사부아인과 피에몬테(Piemonte)⁵인에게 합류했다. 그는 프랑스 혁명과 "18세기의 파괴적 광신"[3]인 계몽 철학 전체에 대한 격렬한 반감을 품어왔다. 그는 다른 대다수 망명객과는 달리 러시아 정부의 공직을 정식으로 맡기보다는 사르데냐(Sardegna)⁶ 대사의 자격으로 왔다. 그런 식으로 독자적 권한을 지닌 직위에 올라 러시아 황궁의 안과 주위에서 열다섯 해 동안 영향력 있는 활동을 벌이기 시작했다. 드 메스트르는 러시아에서 가톨릭이 호감을 얻던 호시절에 도착했다. 파벨 1세는 해산된 예수회를 러시아에서 복원해도 좋다는 허락을 피우스 7세(Pius VII)에게서 얻어냈다. 예수회는 워낙 교육에 열의를 보여서 예전에 예카테리나 대제에게서 그랬던 것처럼 알렉산드르 1세에게서도 호감을 샀다. 예수회 수장이 러시아에서 살았고, 예수회는 가톨릭교회와 별도로 알렉산드르 1세 통치 초기 내내 계속 번성했다.[4]

드 메스트르는 1789년의 프랑스 혁명과 1793년의 공포정치⁷가 몇 해 앞서 유럽의 마음에 일어났던 진정한 혁명, 즉 "하느님께 맞선 봉기"의

---

4   알프스 산맥에서 발원해서 이탈리아 북부를 가로지르며 흘러 아드리아 해로 들어가는 길이 680km의 대하천.

5   이탈리아 북서부의 한 지방. 1700년부터 사부아의 지배를 받다가 19세기 중엽에 이탈리아 일부가 되었다. 프랑스어로는 피에몽(Piémont)이라고 한다.

6   프랑스와 이탈리아 사이에 있는 사르데냐 섬이 18세기 초엽에 이탈리아 북서부의 사부아와 피에몬테, 롬바르디아 일부와 합쳐 만든 사르데냐 왕국. 1861년에 이탈리아 통일의 주역이 되어 이탈리아 일부가 되었다.

7   혁명기 프랑스에서 1793년 9월 5일부터 1794년 7월 27일까지 시행된 독재 정치. 자코뱅 지도자 로베스피에르가 이끄는 공안위원회가 판단하기에 혁명에 해를 끼치거나 끼칠 위험이 있다고 여겨지는 세력이 무자비한 탄압을 받았다.

불가피한 결과라고 주장했다.[5] "하느님 미워하기"[6]와 당대의 "니힐리즘"(rienisme)[7]을 규탄하면서 그는 성 페테르부르그의 응접실에서 인기를 끄는 총아가 되었으며, 1805년 무렵에 이미 젊은 황제가 속내를 털어놓는 벗이 되어서 로마가톨릭 신앙을 혁명의 유일한 해독제로 옹호했다.

그러나 드 메스트르는 평범한 가톨릭 신자가 아니었다. 그의 이념적 배경은 토마스주의[8] 철학과 로마가톨릭 학술원이 아니라 은비학적 신비주의와 비밀결사에 있었다. 그는 1770년대와 1780년대에 프리메이슨 다단계 조직의 주요 이론가이자 조직가였으며, 이런 배경 덕택에 귀족 러시아의 뒤숭숭한 분위기에 잘 대비되어 있었다. 러시아 지식인처럼 그에게는 일종의 불안정한 이념적 전향 가능성이 있었다. 그는 "예수회 덕분에 나는 제헌의회[9]의 연사가 되지 않았다"고 썼다.[8] 그는 프랑스 혁명의 신비하고 파괴적인 측면에 분노하기보다는 매료되는 경우가 더 잦아 보인다. 그의 도발적 저술의 여기저기에서 음울한 논제가 나타나서, 무시무시한 힘이 세상에서 활개를 치고 있으며 로마가톨릭 사제단에게 완전히 의탁해야만 재앙을 막을 수 있다는 인상을 불러일으킨다. 그는 기본적으로 슈바르츠와 노비코프가 "이성의 파리한 빛"을 공격하다가 멈춰선 곳에서 다시 출발한다.

아직 프리메이슨 회원이었을 동안 그는 프리메이슨 다단계 조직 총회를 1782년에 빌헬름스바트에서 연다는 야심 찬 기획안을 짰다. 그의 로마가톨릭 사제단 옹호는 합리적 근거나 전통적 근거에서 나온 것이 아니

---

8 중세 유럽의 신학자 토마스 아퀴나스(Thomas Aquinas, 1225~1274년)의 사상에 기반을 두고 이루어진 신학·철학 체계.

9 정식 명칭은 헌법제정국민의회(Assemblée nationale constituante). 삼부회에서 이탈한 제3신분 대표들이 1789년 6월에 따로 결성해서 프랑스 혁명을 주도한 대의 기구이며, 인권선언을 채택하고 봉건제 폐지를 선언하고 헌법을 제정한 뒤 입법의회로 계승되었다.

라 회의주의와 싸우고 초기 그리스도교 교회의 "하느님의 참된 마법"을 되찾는 데 전념하는 새 단체가 있어야 한다는 자기의 느낌에 응답하면서 나온 것이다.[9]

드 메스트르가 계몽과 벌이는 전쟁에는 사람은 고칠 길 없이, 그리고 돌이킬 길 없이 타락했다는 그의 신념이 필수적이었다. 그는 "사람이 야만에서 과학과 문명으로 차츰차츰 올라섰다는 진부한 가설"을 맹렬히 비난하면서, "그것은 우리 세기의 …… 인기 있는 몽상이며 오류의 어머니"라고 주장한다.[10] 그는 이탤릭체로 강조한 구절에서 "우리는 우리가 우주의 질서라고 인식하는 것에 유혹당해서는 안 된다"고 경고한다.[11] 조지 버클리(George Berkeley) 주교의 종교적 낙관론은 프랜시스 베이컨(Francis Bacon)의 과학적 낙관론 못지않게 나쁘다. 사람은 18세기에 주장한 바와는 달리 더 합리적이기 때문이 아니라 더 야만적이기 때문에 자연계에서 승리했다. 사람은 "무시무시한 최상의 왕", 즉 "상어와 고래의 머리에서" 향수를 얻고 범과 곰의 가죽 위를 의기양양하게 걸어다니고 "도살자체를 위해 도살을 하"는 최고의 도살자이다.

> 사람은 한꺼번에 모든 것을, 즉 자기의 하프를 연주하려고 양의 창자를, 처녀가 입는 코르셋의 버팀대가 될 고래 뼈를, 예술품을 반지르르 윤나게 하려고 늑대의 가장 치명적인 이빨을, 아이 장난감을 만들려고 코끼리의 방어 수단을 요구한다. 사람의 탁자는 주검으로 덮여 있다.[12]

사람은 자연에 퍼져있는 "신비롭고도 무시무시한 법칙"에 따라 자신을 파괴함으로써 종말을 맞이할 것이다. 표트르 대제가 전쟁에 — 심지어는 지고 있을 때에도 — 자기 백성을 보내기보다 턱수염을 기르지 못하게 하기가 훨씬 더 힘들었다. 유혈의 폭력에는 억누를 길 없는 매력이 있다.

이것은 심지어는 사람이 가진 가장 고등한 종교에서도 입증된다. 이슬람이나 유대교처럼 숭고한 예언적 일신교는 할례하면서 피 흘리기를 요구하며, 모든 일신교 가운데에서 가장 숭고한 그리스도교는 십자가에 못 박히는 고난을 요구했다. 구원은 피를 흘려 희생해야만 주어지는 신비한 선물이며, 특수한 사제 카스트에게 비밀을 지키고 권위를 분산하기를 요구하고 있다.[13] 마찬가지로 정치권력은 교수형 집행인이라는 공포에 기반을 두고 있으며 주권자의 약식처형권이 효율적이기를 요구한다.[14] 드 메스트르는 예수회를 "유일하게 프랑스 혁명을 막을 수 있었을 성 베드로의 예니체리"로 추켜세운다.[15] 그러나 그는 유럽이 허물어지고 있으며 낙태를 뜻하는 낱말은 있지만 하느님을 뜻하는 낱말은 없는 신 홀란트(Nieuw Holland)[10] 원주민 같은 어떤 야만족에게 무릎을 꿇을 것으로 생각한다.[16] 그가 한 마지막 말은 "땅이 뒤흔들리는데, 너는 건물을 세우고 싶어 하는구나"였다.[17]

러시아를 다루는 그의 가장 유명한 저작의 첫 부분에 앞날을 미리 보여주는 조짐 하나가 들어있다. 『저녁노을』의 배경은 해가 "지평을 뒤덮는 거무스름한 숲 위를 활활 불타는 전차처럼 내달리고 햇살이 궁전의 창문에 반사되어 보는 사람에게 거대한 불길이 타오른다는 인상을 주는" 북쪽 여름의 "덧없는 황혼"이다.[18] 드 메스트르는 그 불길이 이미 성 페테르부르그에 다다르고 있다고 믿었지만, 구교도와 마찬가지로 불을 파괴하는 힘보다는 정화하는 힘으로 여겼다. 그는 시의 불길이 혁명의 불길과 뒤섞이는 것을 보았으며, 많은 러시아 지식인이 자기 나라를 바라볼 때 느끼게 될 공포와 매혹이 뒤섞인 똑같은 감정을 무심코 드러낸다. 드 메스트르는 1799년에 수보로프의 군대가, 즉 "프랑스의 목을

---

[10] 1630년부터 1654년까지 네덜란드가 지배한 브라질 북부 지역.

베러 북극에서 오는 스키타이인과 타타르인"[19]이 이탈리아에 도착하자 오싹해졌지만, 이내 러시아가 하느님이 유럽을 구하려고 택한 도구라고 확신하게 되었다. 그는 러시아가 폭력과 모살에 치우쳐있다고 깔보며 말했지만, 이 "아시아식 요법"이 러시아에 제공하는 정치적·이념적 급변의 잠재성에 이끌렸다.[20] 그는 귀신이 나온다는 가트치나 지역과 파벨 1세가 피살된 미하일롭스키 궁전의 방을 즐겨 찾아갔다.

도착하자마자 거의 곧바로 그는 차르의 측근에서 "라 아르프가 빚어낸 정신"[21]이 러시아에 끼치는 위험에 관해 썼고, 곧 스트로가노프(Строганов) 가문, 톨스토이 가문, 코추베이(Кочубей) 가문, 뱌젬스키(Вяземский) 가문 등 유서 깊은 집안의 기라성 같은 귀족들을 자기 주위에 모아놓았다. 그 귀족들에게도 차르의 새 조언자들과 자유주의 성향을 걱정해야 할 이유가 있었다. 예카테리나 대제 예하에서 검찰총장을 지냈던 뱌젬스키 가문 웃어른[11]이 살롱을 내주었고, 이 살롱은 성 페테르부르그의 새 예수회 본부와 더불어 드 메스트르의 활동 중심지가 되었다.

16세기의 포세비노와 17세기의 크리자니치처럼 드 메스트르는 이 드넓은 나라를 가톨릭 신앙으로 개종할 가능성에 매료되었다. 그는 "상류층 여인 열두어 명"을 개종시키는 프로그램을 개시했고 러시아 제국 안에서 예수회의 권위를 키우는 일을 도왔다.[22] 나폴레옹과 알렉산드르 1세의 1807년 정상 회담의 환희가 가시고 프랑스와 전쟁을 벌일 가능성이 커지자, 이에 비례해서 드 메스트르의 영향력이 커졌다. 그는 러시아 귀족들의 이념 동원의 지도자가 되어서, 그들의 투쟁을 새 카이사르[12]에

---

[11] 예카테리나 대제의 최측근 알렉산드르 뱌젬스키(Александр Вяземский, 1727~1793년).

[12] 로마 제국의 황제를 일컫던 칭호의 하나. 일부 한국어 성경에서는 가이사라고도 한다.

맞선 그리스도교 문명의 이념 동원으로 묘사했다.

1810년에 그는 스페란스키가 내놓은 교육개혁책에 대한 고발장인『러시아의 공공 교육에 관한 편지 다섯 통』(Cinq lettres sur l'education publique en Russie)으로 알렉산드르 1세가 초기에 품었던 자유주의에 공개 공격을 개시했다.[23] 이듬해에 그는 장차 교육부 장관이자 반동의 이론가가 될 우바로프 백작과 편지를 주고받기 시작했다. 또한, 그는 나중에『러시아에 관한 미공개 4개 장』(Quatre chapitres inédits sur la Russie)[24]으로 간행될 긴 비망록을 알렉산드르 골리친(Александр Голицын)에게 전달했고, 알렉산드르 시시코프(Александр Шишков) 제독과 다른 반동 지도자들과 함께 새로 만들어진 애국 단체인 "러시아어 애호자 좌담회"(Беседа любителей русского слова)[13]에 참여했다. 드 메스트르의 영향력은 1812년 봄에 스페란스키가 면직되었을 때 절정에 이르렀다. 그는 차르와 오랜 독대(獨對)를 여러 차례 가졌고 차르 명의로 간행되는 문서의 공식 편집인이라는 직위를 받았다.

가톨릭 신앙은 전반적으로 인기 절정에 있었다. 1809년에 시베리아로, 1811년에 크림으로 활동 범위를 넓혀도 된다는 허가를 받았던 예수회는 1812년에는 폴로츠크에 있는 예수회 신학교를 대학교의 지위와 백러시아의 중등교육에 대한 폭넓은 감독권을 지닌 신학원으로 바꾸었다. 1813년에 알렉산드르 1세는 성령의 근원에 관한 교회의 고전적 논쟁에서 로마가톨릭이 취하는 입장에 공감을 표시하기까지 했다. 외부의 공격에 노출된 서쪽의 여러 주에 주지사로 가톨릭 신자 망명객이, 즉 리가에 필립 파울루치(Philip Paulucci)가, 오데사에 아르망-에마뉘엘 리슐리외

(Armand-Emmanuel Richelieu)가 임명된 것도 가톨릭 활동에 득이었다.

그러나 나폴레옹에 맞선 1812년의 국민총동원은 드 메스트르와 예수회를 몇 해 안에 모두 다 러시아 밖으로 쓸어낼 열정을 일으켰다. 국민 자긍심과 반(反)외세 감정이 강해지면서 로마가톨릭은 특히 의심쩍은 종교가 되었다. 그러나 어쨌든 러시아는 드 메스트르와 가톨릭 신앙과는 상극인 새로운 종교적 심취, 즉 에큐메니컬 경건주의에 갑자기 사로잡혔다. 이 혼성적이고 감성적인 프로테스탄티즘 분파는 드 메스트르의 교황지상주의[14]보다도 계몽의 세속적 합리주의에 훨씬 더 적대적이었으며, 러시아의 반(反)계몽을 굳히는 데 훨씬 더 중요할 터였다.

드 메스트르는 그 새로운 운동이 다가오는 것을 지켜보았다. 신설된 성 페테르부르그 신학원이 1810년에 채택하고 경건주의의 영향을 받은 학습 과정을 비판하면서 그는 자기가 애매모호라는 "게르만 병"이라고 일컬은 것에 "다르게는 조롱으로 알려진 파리의 쾌활성"으로 대항하려고 애썼다.[25] 그는 그 새 경건주의의 양대 부산물, 즉 러시아 성서공회(Российское библейское общество)[15]와 신성동맹(Священный союз)[16]에 반대하는 목소리를 낼 만큼 러시아에 오랫동안 머물렀다. 그는 읽기와 뜻풀이를 위한 어떤 지침도 없이 성경을 사람들에게 나누어준다는 생각에, 그리고 국가 관리 한 사람이 종교 활동을 관장한다는 데 반대했다. 누구나 다 성경을 놓고 벌이는 토론과 교파 간 기도회는 "인간의 교만을 모든 권위

---

[14] 교황의 권위를 제한해야 한다는 주장에 맞서 교황의 권위를 옹호하고 교회 조직의 중앙집권화를 강조하는 가톨릭 교리.

[15] 성경을 러시아어로 옮기고 그 결과물인 러시아어 성경을 보급하는 일을 주도하고자 종파를 초월해 1813년에 결성된 그리스도교 단체.

[16] 나폴레옹을 물리친 뒤 제2차 파리 강화 회의 도중에 각국의 정무에서 그리스도교 원리를 강화하자는 알렉산드르 1세의 제안을 오스트리아와 프로이센이 받아들여 1815년 9월 26일에 결성된 국제기구.

에서 풀어놓아 그 교만을 받아들일" 따름이다. 러시아 성서공회와 마찬가지로 신성동맹은 가톨릭 신앙을 동맹 체결자 세 사람 가운데 한 명인 가톨릭 국가 오스트리아 황제로만 대표되는 하급 종교의 지위로 떨어뜨렸다. 교황은 신성동맹 규약문의 서명이나 인준을 거부했고, 드 메스트르는 그 규약문이 "소치누스주의자의 계략"과 "혁명을 가리는 가면"이라고 비난했다.[26]

그렇지만 드 메스트르는 불관용의 입장과 개종 활동을 유지할 것임이 틀림없는 유일한 참여자인 가톨릭에게 교파 간 관용이라는 개념이 종국에는 이득이 되리라고 생각했다. 알렉산드르 1세가 후원하는 그 모호한 두 운동은 세상을 "하느님의 나라에서 모든 의심을 내몰아버"릴 "나도 알지 못하는 종류의 대통합"에 대비하도록 만드는 "섭리의 눈먼 도구"였다.[27] 이렇듯 심지어는 알렉산드르 1세가 경건주의에 기대고 1815년에 모스크바와 성 페테르부르그에서 예수회를 쫓아낸 뒤에도 드 메스트르는 섭리의 신비한 진전에서 어떤 역할을 한다는 희망을 끝내 버리지 않았다. 그는 검열과 규율을 강화하라고 호소하는 고별사 『에스파냐의 종교재판에 관해 한 러시아 신사에게 보내는 편지』(Lettres à un gentilhomme russe sur l'Inquisition espagnole)[28]를 썼다. 그는 1816년 2월에 차르와 긴 면담을 한 차례 해서 용기를 얻었을지 모른다. 이때 알렉산드르 1세는 그가 마음을 놓도록 러시아 성서공회와 신성동맹은 보편교회 수립의 제1단계일 뿐이라고 말했다. 알렉산드르 1세는 그 해 말엽에 러시아 제국에서 손꼽히는 가톨릭 고위성직자 한 사람을 러시아 성서공회에 가입하도록 하는 데 성공했고, 이듬해에는 국가들의 화평과 함께 이루어질 교회들의 화평을 논의하도록 가톨릭 신자 대표단을 로마로 보냈다. 위기의 순간에, 심지어는 1817년 5월에 드 메스트르가 떠나고 1819년에 예수회를 러시아에서 쫓아낸 뒤에도 알렉산드르 1세는 주기적으로 로마 쪽을 돌아보면서 자기가 1821년 9월에 폴란드에서 내린 비밀결사 금지령을 같은 시기에 나온 교황 교서 「예수 그리스도의 교회」(Ecclesia Iesu Christo)와 조율했다. 알렉산드르 1세는 자기 삶의 마지막 해인 1825년에 가톨릭 신앙을 가르쳐줄 교회 고위 성직자 한 사람을 구해오라는 것이 틀림없는 밀명을 내려 드 메스트르의 오랜 벗이자 사부아 출신 동료 가톨릭 신자인 사람을 로마로 보냈다. 이렇듯 그는 자기가 죽기 바로 앞서서 개종을 곰곰 생각하고 있었을지 모른다.[29]

경건주의자

혁명 사상과 계몽사상에 맞선 러시아의 동원에서 가톨릭 반동주의자보다 훨씬 더 중요한 것이 알렉산드르 1세 치세의 운명적인 후반기에 그를 좌지우지한 종교사상가들, 즉 "내면의" 보편교회의 경건주의 예언자들이었다. 가톨릭 파당보다 더 무정형인 그 에큐메니즘 파당은 프리메이슨 다단계 조직과 신비주의 프로테스탄티즘에게서 힘을 끌어왔다. 실제로 이 파당은 귀족의 신비주의와 민중의 분파교의 사이에 예카테리나 대제가 두려워했던 동맹이 마침내 맺어졌다는 표시이다. 이 파당은 복잡한 유산을 남겼다. 그 파당의 가장 참된 영적 상속인은 레프 톨스토이 같은 반(反)권위주의적 도덕론자였지만, 그 파당이 러시아에 남긴 직접적 유산은 얄궂게도 러시아에서 반혁명 사상이 강화되고 심화된 데 있었다. 막연하게 보편교회를 추구하던 새 교회 옹호자들은 니콜라이 1세 치하에서 러시아의 새로운 구속성과 배타성의 기반을 닦는 일을 도왔다.

이 운동에서 새로운 성분은 18세기 초엽에 독일의 교회 활동을 지배하기 시작한 뒤로 죽 러시아에 스며들어오고 있었던 이념 세력인 프로테스탄트 경건주의였다. 경건주의는 계몽 시대의 세속적 합리주의의 주요 경쟁자였으며 19세기 초엽의 낭만주의 역공의 영적 선배였다. 경건주의는 경건주의의 가장 낯익은 분파인 감리교파[17]와 마찬가지로 별명에서 비롯된 명칭을 얻었으며, 한동안은 기존 교회 안에서 더 감성적이고 개인적인 종교적 심취를 지향하는 움직임에 지나지 않았다. 대체로 경건주의자들은 자기들이 "참된 그리스도교 신앙"이라고 부르는 것을 위해 교리를 없애려고 애썼다. "참된 그리스도교 신앙"은 요한 아른트가 17세기 초에 쓴 책의 제목에서 따온 문구였다. 경건주의는 17세기 말엽의 두 저작, 즉 필립 슈페너(Philipp Spener)의 『참된 복음 교회』[18]와 고트프리트 아르놀트(Gottfried Arnold)의 『교회와 이단의 불편부당한 역사』(Unparteiische Kirchen- und Ketzer-historie)에 주로 호응해서 그리스도교도의 새로운 교파 간 국제 형제단을 만드는 운동을 통해 처음으로 정체성을 얻었다. 경건주의자들의 활동 본부가 된 곳은 할레 대학이었으며, 그들은 할레 대학에서 신앙교육 특별 프로그램을 짜고 동방 민족들을 연구하고 그들에게 복음을 전도하는 연구소를 세웠다. 그들은 러시아에 각별한 관심을 쏟았고, 18세기 초엽에 당시의 주된 교육기관으로 남아있던 러시아 신학원들 안에서 그들이 행사하는 영향력은 갈수록 커졌다. 종교 구분선이 심하게 엇갈려왔던 백러시아와 소러시아에서 특히 경건주의는 전통적인 교리 분규에서 벗어난 새 접근법을 제시하는 듯했다. 18세기 초엽의 가장 학

---

[17] 18세기에 존 웨슬리(John Wesley, 1703~1791년)가 영국에서 만든 프로테스탄트 교파. 인간의 자유의지와 개인의 신앙 체험을 강조하며 교육을 중시했고, 칼뱅의 예정설과는 달리 하느님을 믿으면 누구라도 구원을 받을 수 있다는 만인 구원론을 폈다.

[18] 이 책의 정식 제목은 『경건의 소망, 즉 "참된 복음 교회 하느님의 뜻에 맞는 회복에 대한 마음에서 우러나오는 요청"』(Pia desideria, oder "herzliches Verlangen nach gottgefälliger Besserung der wahren evangelischen Kirche")이다.

식 높은 러시아 정교 신학자 시메온 토도르스키(Симеон Тодорский)는 개종한 유대인의 아들로 우크라이나에서 태어났는데, 예수회 학교에서 교육을 받았지만 자기의 영적 소명을 경건주의자 사이에서 발견하고는 아른트의 저작을 러시아어로 옮기는 한편으로 러시아에서 나올 성경으로는 가장 완전한 판인 이른바 1751년 옐리자베타 성경(Елизаветинская Библия)[19]을 펴냈다.[30]

경건주의는 프로테스탄티즘의 첫 국제 포교 운동이었으며, 이방인에게 복음을 전하는 일을 교회가 국가의 후원에 기대지 않고 해야 할 으뜸 의무로 받아들였다. 경건주의자들은 심지어는 표트르 대제 치하에서도 러시아가 복음 전도를 위한 풍요로운 들판임을 알아차렸다. 그들은 모스크바, 성 페테르부르그, 나르바, 아스트라한, 토볼스크에 작은 학교를 세웠다. 오래가지는 못한 이 학교들은 모두 미래에 복음을 전할 목적에서 동방 언어를 적어도 하나는 가르쳤다.[31]

러시아에 더 지속적으로 중요한 것은 1720년대에 작센에 있는 니콜라우스 친첸도르프(Nicolaus Zinzendorf) 백작의 영지에 경건주의의 본거지가 세워진 뒤에 곧바로 시작된 식민 운동이었다. 헤른후트(Herrnhut, "주님의 경비대")로 알려진 이 공동체는 루터교회 신도와 칼뱅주의자들과 더불어 모라비아에서 온 옛 체코 프로테스탄트 운동의 생존자들을, 그리고 일부 가톨릭교도까지도 끌어당겼다. 친첸도르프의 공동체는 모라비아 형제단으로, 또는 더 정확하게는 연합 형제단(Unitas Fratrum)으로 알려진 종교 형제단의 배아가 되었다. 이 형제단은 거의 처음부터 경건주의 사상뿐만

---

[19] 옐리자베타 여제의 후원을 받아 1751년에 간행된 교회 슬라브어 공식 성경. 1581년의 오스트로그 성경과 1663년의 모스크바 성경에 이어 전체가 번역된 세 번째 교회 슬라브어 공식 성경이었다.

아니라 헤른후트 공동체의 모든 경험을 외국 땅에 이식하고 싶어 했다. 식민지 조지아(Georgia)부터 그린란드(Greenland)와 인도까지 모든 곳에 정착한 형제단원들은 자기들의 가장 자연스럽고 광범위한 식민 운동을 1730년대에 시작했다. 동유럽으로 들어간 것이다. 일부는 라트비아와 에스토니아를 거쳐, 일부는 폴란드와 헝가리를 거쳐 이동한 그들은 예카테리나 대제가 1762년과 1763년에 내린 관용령을 틈타 러시아로 대거 들어갔다.

곧 모라비아 형제단은 빠르게 개척되고 있는 러시아 남부와 동부의 지대에서 꾸준히 확장되던 (메노파와 후터파 등) 독일 프로테스탄트 비국교도의 공동체 안에서 주도 세력이 되었다.[32] 그들은 우선 자기들이 믿기에 캅카즈에 터를 잡았던 원래의 모라비아 교회의 자취를 찾다가 볼가 강 하류 지역에 있는 사렙타(Сарепта)[20]라는 황량한 지역에 곧 정착해서 그곳을 모범 농경 공동체로 빠르게 바꿔놓았다.

1790년대가 되면 독일의 경건주의자들이 러시아 귀족계급에게서 크나큰 인기를 얻었다. 자유경제협회가 흥미를 품고 그들의 효율적인 농경법을 연구했고, 귀족들이 사렙타에 몰려와 호화로운 광천수 욕탕의 단골손님이 되었다.[33] 프랑스 혁명이 일어난 뒤에 러시아인은 믿음이 깊고 부지런한 이 사람들에게서 프랑스 계몽의 추상적 합리주의에 대한 일종의 해독제를 보기 시작했다. 고전주의풍이었던 러시아 시를 낭만주의풍으로 바꾼 바실리 주콥스키(Василий Жуковский)는 (독일의 위대한 낭만주의 시인 노발리스처럼) 주로 독일 경건주의자에게서 교육을 받았다. 돈 강 유역에 자기 나름의 "참된 그리스도교" 공동체를 세운 티혼 자돈

---

[20] 1760년대에 독일계 주민이 이주해서 세운 정착촌. 오늘날에는 볼고그라드 주의 일부이다.

스키는 하느님의 진리가 성경 읽기에서, 그리고 헌신하고 자선하는 행동에서 나타나리라는 경건주의 사상을 강조했다.[34]

헤른후트 공동체의 관용, 근면, 신앙의 열성은 싹이 트고 있던 유럽의 낭만적 상상력에 깊은 영향을 주었다. 노발리스가 모라비아 형제단원들과 함께 받은 교육은 「그리스도교 세계인가, 유럽인가」(Die Christenheit oder Europa)에 나타나는 그리스도교 세계의 재통합이라는 겉으로만 가톨릭적인 그의 미래상에 십중팔구 영향을 미쳤을 것이다. 스탈 부인(Madame de Staël)은 자기 저작 『독일론』(De l'Allemagne)의 제4부를 모라비아 형제단을 칭찬하는 데 바쳤으며, 훗날 친슬라브주의자인 키레옙스키는 그 운동을 그리스도교 통합의 참된 싹이라고 불렀다.[35]

경건주의는 교육을 장려했으며 동유럽에서는 계몽의 동맹자로 여겨졌지만, 프랑스 혁명 뒤에는 점점 더 신비주의화하고 전통주의화했다. 경건주의자들은 전 유럽 차원의 "참된 그리스도교도" 보수 동맹을 오랫동안 이야기해온 프리메이슨 다단계 조직 안에 있는 신비주의자들과 정신 면에서 점점 더 가까워졌다. 두 집단에는 프랑스 혁명을 계몽의 합리주의 탓으로 돌리며 종말론의 어투로 프랑스 혁명을 말하는 경향이 있었다. 중유럽과 동유럽에는 모든 것을 합리주의적 프리메이슨 소집단인 "바이에른 일루미나티"가 "제단과 왕좌에 맞서 음모를 꾸미는" 탓으로 돌리는 경향이 있었다.[36] 프리메이슨 동아리와 경건주의 동아리에서 똑같은 영향력을 누리는 라파터는 보편적 혁명에 대한 유일한 해법은 "보편적인 언어, 보편적인 군주제, 보편적인 종교, 보편적인 의학"을 가르치는 보편적인 내면의 교회라고 생각했다.[37] 라파터는 자기를 "참 그리스도교인"라고 부르며 1789년에 취리히에서 자기를 찾아온 카람진이 보수주의로 전향하는 데 거의 틀림없이 결정적 영향을 미쳤을 것이다.[38] 라파터와 생 마르탱 두 사람 모두 라인(Rhein) 강 너머의 추종자들에게 프랑스 혁명이라는 계시록의 짐승을 쫓아낼 새로운 그리스도교를 만들라고 간청했다. 반응은 대단했다. 독일의 "그리스도 협회"는 교조에서 벗어나 성경에 따른 보편적 그리스도교를 요구했고, 다른 단체들은 프리메이슨 다단계 조직과 모든 그리스도 교파 사이의 연계를 옹호했다. 유력한 장미십자단원 한 사람은 아침에는 가톨릭 미사에, 낮에는 루터교회 예배에 참석하고 "저녁에는 모라비아 형제단 공동체나 프리메이슨 지부나 유대교 공회당을 찾아가는" 프로그램을 내놓았다.[39]

가장 널리 읽힌 책을 쓴 신비주의적 반혁명 동맹의 예언자는 하인리히 융-슈틸링(Heinrich Jung-Stilling)과 카를 에카르츠하우젠(Karl Eckartshausen)이었다. 융은 널리 읽힌 1799년의 『그리스도교 승리의 역사』(Die Siegsgeschichte der christlichen Religion)에서 인류는 끝없는 혁명 속에서 계속 있든지, 아니면 더 고등한 형태의 그리스도교에 복종하든지 해야 한다고 말했다. 융의 저작은 반혁명적 가톨릭 신앙이라는 메스트르의 개념에 영향을 주었다.[40] 그러나 융은 새로운 교회가 동방에서 생겨날 것이라고 썼다. 융이 여러 해 동안 들어가 살았던 모라비아 형제단은 그 새로운 교회의 핵이 될 터이며, 프리메이슨 사원의 방식으로 새로운 준(準)오리엔트식 입문식을 하게 될 것이다. 융은 내면의 평온(슈틸레(Stille))이라는 경건주의의 이상에 대한 자기의 믿음을 극적으로 표현할 이름을 골라서 프리메이슨 다단계 조직의 방식으로 새 이름을 지었다.

책을 많이 쓴 에카르츠하우젠은 『기사단의 역사』, 『하느님은 가장 순수한 사랑이시다』(Gott ist die reinste Liebe), 『빛과 어둠에 관한 종교서』(Religiöse Schriften über Klares und Dunkles), 『신비의 밤, 또는 기적의 비밀을 여는 열쇠』(Mystische Nächte, oder der Schlüssel zu den Geheimnissen des Wunderbaren) 등 자기가 1780년대와 1790년대에 쓴 저작에 나타나 있는 새로운 신비주의적 교회라는 생각을 퍼뜨리는 일에서 훨씬 더 큰 영향력을 행사했다. 그는 자기의 마지막 저작이자 영향력이 가장 컸던 책인 1802년의 『성전 위의 구름』(Die Wolke über dem Heiligtum)에서 그 새로운 교회가 지금 존재하는 모든 교회의 위에 있을 것이라는 점을 힘써 지적했다. 그것은 다른 모든 종교의 배후에 있는 시원 종교(Urreligion), 즉 "모든 종교의 숨은 성자들에게" 알려진, "그리스도교인과 유대인과 야만인이 손을 맞잡고 가"는 "새 세상"일 터였다.[41]

에카르츠하우젠의 글은 러시아 안에서 새로운 반혁명 그리스도교 동맹이라는 생각을 대중화하는 십중팔구 가장 중요한 단일 매체였을 것이다. 심지어는 프랑스 혁명 이전에도 합리주의적인 바이에른 "일루미나티"를 수사해서 근절한 정부위원회의 위원장을 지냈던 그는 반혁명 진영의 노련하고 박식한 베테랑으로 여겨졌다. 알렉산드르 1세 통치기 동안 러시아에서 그의 저작은 거의 다 — 대다수가 다른 여러 판본으로 — 간행되었다.[42] 알렉산드르 1세는 신성동맹 초안을 작성하는 동안 『성전 위의 구름』을 읽고 있었다. 에카르츠하우젠의 명성은 알렉산드르 1세 통치 후반기 동안 에큐메니즘을 지향하는 다른 바이에른 신비주의자들을 찾아 나서도록 러시아 당국을 부추겼다.

보잘것없는 (그리고 다른 곳에서는 거의 완전히 무명인) 이 독일인의 인기를 높여준 사람은 러시아의 반계몽에서 둘째가는 핵심 인물인 이반 로푸힌이었다. 로푸힌의 이력에서 종파적 경건주의와 프리메이슨 다단계 조직은 뒤섞였고 뚜렷한 반혁명 편향을 띠었다.

로푸힌은 드 메스트르처럼 천천히 처음에는 혁명에, 그다음에는 합리주의에 완전히 등을 돌린 활동적인 프리메이슨 회원이었다. 그의 일생에서 첫 번째 위기는 1780년대 초엽에 프리메이슨 회원으로 지고 있는 의무 일부로서 폴-앙리 올바크(Paul-Henri Holbach)의 「자연의 법칙」[21]을 번역하라는 요구를 받았을 때 찾아왔다. 그는 그 글의 유물론 철학이 그리스도교의 가르침에 맞지 않는다는 것을 깨닫고서 자기가 만든 번역문을 불태우고 장미십자단원의 은비학 취미에 빠져들었다. 그는 1789년에 두 번째 위기를 겪었다. 평생의 지병에서 기적처럼 막 회복되고 나서, 그리고 프랑스에서 혁명이 일어났다는 소식을 들은 직후에 그는 라주몹스키 백작의 정원을 거닐다가 일종의 신비주의적 전향을 경험했다. 그 뒤에 그는 — 1791년에 그가 쓴 소책자의 제목을 인용하면 — "정신의 기사, 즉 심원한 지혜를 찾아 나선 이"가 된다. 그는 시대를 위해 새로운 대작 논설문을 쓰겠다고 마음먹었고, 거의 10년 동안 노력한 끝에 1798년에 『내면의 교회에 관한, 진리로 가는 하나의 길에 관한, 그리고 타락과 파멸로 가는 다른 여러 길에 관한 몇몇 특성』(Некоторыя черты о внутренней церкви, о едином пути истины и о различных путях заблуждения и гибели)을 펴냈다.[43] 이 저작은 프리메이슨 다단계 조직 동아리에서 — 그리고 유럽 전역에서 — 곧바로 선풍적인 논란을 불러일으켰다. 1799년에 프랑스어판이 러시아에서 간행되었고, 1801년에 파리에서 다른 프랑스어판이, 그리고 두 번째 러시아어판이 간행되었다. 그 뒤 얼마 안 되어 2개 독일어판과 다른 여러 러시아어판이 간행되었다. 노인이 된 에카르츠하우젠은 이 저작을 특별히 찬양하고 로푸힌과 친밀한 관계를 맺었으며, 자기의 저작과 "내면의 교회"의 다른 독일인 회원들의 저작이 러시아어로 번역되도록 주선했다.

한편 새 차르 알렉산드르 1세는 러시아 남부에서 성장하는 분파교 종교를 조사하도록 로푸힌을 그 지역으로 보냈다. 영혼의 씨름꾼들을 찾아내서 그들과 어울려 살았고, 자기 논문 「신실의 목소리」(Глас искренности)에서 그들이 자기의 새 교회의 숨은 성자라고 선언했다. 그 신비주의 교회의 적은 사람이 그리스도를 따르고 "참 지혜"를 얻지 못하도록 막는

---

21 올바크의 주저 『자연 체계』(Système de la nature)의 제14장.

세속 학문과 방종이었다. 1794년에 나온 논문「해로운 열매가 맺힌 평등과 과격한 자유라는 몽상의 이미지」(Изображение мечты равенства и буйной свободы с пагубными их плодами)에서 그는 프랑스 혁명가들의 탐욕스러운 본능을 유럽의 모든 병폐의 원인으로 보았다. 자기의 교회에서 그는 교회가 똑같이 유물론적인 대응을 한다고 화를 냈다. 그는 내면의 교회가 "적그리스도 모습을 띠고 있는 재산의 왕국(царство собственности)" 신자들을 파문해야 한다고 제안했다.[44] 1809년에 그는『젊음의 벗』(Друг юношества)이라는 저널의 배후에 있는 정신적 지도자가 되어,『진리와 사랑에 빠진 마음의 열매』(Плоды сердца, возлюбившего истину)와『기도하는 마음의 길』(Пути молитвенного сердца) 같이 합리주의에 반대하는 소책자를 펴냈다. 로푸힌에게 슈바르츠의 또 다른 추종자 라브진이 가세했다. 라브진의 신비주의 저널『시온의 전령』은 1806년 1월 1일에 첫선을 보였다. 라브진은 처음에는 백과전서파에 심취했다가「프랑스 가게」(Французская лавка)라는 시에서 백과전서파를 비난한 뒤에 그 새로운 신비주의적 그리스도교로 "전향한" 사람이었다.

반동적 경건주의자들은 1807년에 나폴레옹과 동맹 관계가 체결된 직후 여러 해 동안 인기를 잠시 잃었다. 라브진의 저널이 정간되었고, 로푸힌이 강요를 받아 모스크바를 떠나 시골 영지로 가야 했으며. 채찍고행파 식으로 무아경에 빠져 예언을 하곤 했던 타데우시 그라비안카(Tadeusz Grabianka) 백작의 "새 예루살렘" 종파가 금지되었다. 그러나 같은 시기에 반혁명적인 "내면의 교회"의 옹호자들은 차르의 최측근 인사들 안에서 핵심적인 사도 한 사람을 얻었다. 러시아의 명문가들 가운데에서 가장 학식이 높고 프랑스 문물을 좋아하는 가문의 후예였으며 한때 백과전서파를 사모했던 알렉산드르 골리친 공도 일종의 전향을 경험했다. 골리친은 알렉산드르 1세의 속인 신성종무원장으로서 (난생처음으로) 신약성경을 읽어보겠다고 마음먹었다. 그는 정교에서는 찾아냈던 적이 없는 풍부한 영감을 그리스도의 삶과 가르침에서 찾아냈다. 그는 자기의 관할 영역을 둘러보고는 그리스도교 분파교도가 — 특히 프로테스탄트 경건주의자들이 — 정교도보다 신약 그리스도교를 더 잘 실행하는 사람들이라고 느끼기 시작했다. 그는 자기가 광천수 목욕을 하러 자주 찾아갔던 사렙파에 있는 모라비아 형제단의 공동체를 특히 존중했다.[45] 따라서 그는 1810년에 신성종무원장 자리에서 물러나 러시아에 있는 외국 종파들을 감독하는 자리를 맡았다.22 겉으로는 좌천으로 보이는 것이 이 교파간 그리스도교 새내기 신자에게는 새로운 기회였다.

골리췬은 트라피스트 수도회 수사였다가 성직을 박탈당하고 독일 프리메이슨 역사가 겸 베를린 "인류친우회"(Die Gesellschaft der Freunde der Humanität)23의 지도자가 된 이그나츠 페슬레르(Ignaz Fessler)를 1810년에 데려와서 성 페테르부르그 신학원에서 철학을 가르치도록 했다.[46] 명목상으로는 프로테스탄트 신자인 이 슐레지엔 출신 팸플릿 저자는 교파를 따지지 않는 새 "형제애회"(필라델피아)를 키우는 일에 주로 관심을 쏟았다. 드 메스트르에게 맹공을 당한 페슬레르는 골리췬에게서 아낌없는 지원을 받았다. 골리췬은 사렙타를 한 번 장기 방문하라고 그를 부추겼고 결국은 러시아 남부의 73개 복음 정착촌을 위해 설치된 특설 감독국의 국장에 그를 임명했다.

가장 중요한 점은 골리췬이 차르 본인을 설득해서 성경을 (그 또한

---

22 지은이의 서술과는 달리, 15대 신성종무원장 골리췬은 그 직위를 유지한 채 외국 종교 총국 수장을 맡았다. 골리췬은 1817년에 신성종무원장 자리에서 물러났다.
23 페슬레르의 주도로 인류의 이익 증진을 위한 자선 사업을 목표로 삼고 1797년에 만들어져 토요일 저녁마다 베를린의 프리메이슨 지부 로열 요크(Royal York)에서 모임을 가진 단체.

맨 처음으로) 읽어보고 나폴레옹과 싸우는 러시아의 "영적 동원"을 위한 일종의 교범으로 삼도록 했다는 것이다. 골리췬은 자기의 성경을 알렉산드르 1세에게 빌려주었고, 그는 1812년 여름에 새로 얻은 핀란드를 거쳐가는 여행 도중에 그 성경을 읽었다. 알렉산드르 1세는 구약의 여러 예언서와 신약의 요한계시록에 특히 감동한 나머지 판란드의 프로테스탄트 교회에 가서 "내 앞에 새로운 세상이 열리고 있다"고 고백했다.[47] 쉽게 감동하는 이 차르는 당대의 사태를 성경의 관점으로 해석하고 골리췬의 교파간 예배당에서 열리는 기도회와 성경 독서회에 참석하기 시작했다. 그는 새로운 내면의 교회, 즉 그리스도교의 분열과 혁명 투쟁으로 입은 상처를 치유할 "성경적" 그리스도교도의 교파간 형제단이라는 구상을 자기 것으로 삼았다.

이 "영적 동원"의 핵심 조직은 경건주의와 이 경건주의의 잉글랜드식 형태인 감리교회에서 시작해서 프로테스탄트 지역인 핀란드를 거쳐 러시아에 들어온 조직인 성서공회였다. 잉글랜드 민중의 열정을 혁명적 경로에서 멀찍이 떨어지도록 유도하는 데에서 무척이나 중요한 역할을 한 이 감리교회[48]가 러시아에서 비슷한 역할을 해야 했다는 점이 흥미롭다. 러시아 지부를 세우는 일을 도우려고 핀란드의 투르쿠를 거쳐 막 도착한 영국인 성서공회 지도자와 만나기 위해 1812년 말에 퇴각하는 나폴레옹을 추격하려고 성 페테르부르그에서 출발해서 모스크바로 가는 일정을 늦추었다. 차르와 그의 두 동생은 성서공회의 후원자, 골리췬은 성서공회의 회장이 되었다.

1813년 1월에 열린 성서공회 창립 회의에는 나라 안팎의 각종 프로테스탄트 교회의 대표들이 자리했고, 모라비아 교회 신도가 핵심 역할을 했다. 성경을 외국어로만 간행하려던 원래 계획이 골리췬의 주도로 다음 두 해 동안 확대되어 러시아어로 된 신약성경과 신구약성경을 간행하는 일이 계획에 들어갔으며, 원래는 프로테스탄트 성직자로 이루어진 성서 공회 지도부가 확대되어 정교 성직자, 심지어는 가톨릭 성직자까지도 지도부에 들어갔다. 성경을 유포하고 토론하기 위해 러시아 곳곳으로 지부가 퍼져나갔다.[49]

알렉산드르 1세가 전진하는 러시아군의 뒤를 따라 천천히 움직여 유럽 안으로 들어갈 때, 그의 움직임은 때로 군사 원정보다는 교파간 종교 순례를 더 많이 닮았다. 그는 날마다 성경을 읽으면서 자기 주변에서 일어나는 일들을 성경의 관점에서 해석했다. 그는 프로이센에서 온 한 루터교회 주교에게 이렇게 말했다.

> 모스크바의 화재는 내 영혼을 밝혀주었고, 얼어붙은 벌판에서 내려진 하느님의 심판은 내가 이때까지 느끼지 못했던 따뜻한 믿음을 내 가슴에 채워주었습니다. 그때야 나는 성경에 묘사된 그대로의 하느님을 깨달았습니다. 유럽이 파탄에서 구원을 받으면서 나도 구원을 받았습니다.[50]

알렉산드르 1세는 나폴레옹과 최후의 결전을 벌이러 가는 도중에 잠시 멈춰서 리보니아에서 번영하고 있던 모라비아 형제단 공동체들과 작센에 있는 시범 헤른후트 공동체를 둘러보았고, 런던에서 퀘이커교도 모임에 참석했으며, 가톨릭 신자인 국왕 루이 16세가 참수형을 당했던 파리의 콩코르드 광장(Place de la Concorde)의 바로 그 장소에서 예하 장교단 전체와 함께 부활절 옥외 예배를 거행했다.[51]

이 장면을 눈으로 지켜본 한 사람은 희열에 넘쳐 "훈향의 연기가 하늘로 올라가 땅과 하늘을 화해시킨다. …… 종교와 자유가 승리를 거두었도다"라고 썼다.[52] 러시아 장교들은 프랑스의 프리메이슨 회원들과 친교를 나누라는 권유를 받았다. 자유지상주의자 스탈 부인에서 왕정복고론자 샤토브리앙(Chateaubriand)에 이르는 유럽의 낭만주의자들은 러시아 군주의 대속하는 신앙심에 환호를 보냈다. 한편 로푸힌은 발트 해 연안 지역에 있는 자기 영지에 있다가 불타는 십자가 500개의 불빛으로 야밤에 상징적인 나폴레옹 매장식을 연출했다.[53]

알렉산드르 1세가 처음으로 파리에 들어간 1814년과 워털루(Waterloo)에서 나폴레옹을 최종적으로 물리친 이듬해 사이에 알렉산드르 1세의 위대한 운명을 예언하는 목소리가 말 그대로 합창처럼 나왔다. 노인이 된 융-슈틸링은 세상의 종말이 1819년이나 1836년에 일어나며 알렉산드르 1세가 선택된 하느님의 도구가 되어 천년왕국이 동방에서 시작되리라는 은비학 지식을 공언했다. 알렉산드르 1세가 1814년에 그를 찾아가 그의 강론을 들었고, 그 뒤에 특별 하사금을 그에게 보냈으며, 1817년에 그가 죽을 때까지 그와 친밀하게 연락을 주고받았다.[54] 헤른후트와 융-슈틸링과 긴밀한 연계를 지닌 크뤼데너(Krüdener) 남작부인은 같은 시기 동안 차르와 함께 경건주의 기도 예배를 올리고 차르에게 감명을 주어 그리스도교 세계를 구할 사명감을 불어넣었다.[55] 이 시기의 다른 주요 친우는 프랑스의 최면술사 니콜라 베르가스(Nicholas Bergasse)와 바이에른의 신비주의자 프란츠 폰 바더(Franz von Baader)였다. 폰 바더는 1814년 초엽에 러시아와 오스트리아와 프로이센의 통치자들에게 「프랑스 혁명이 불러일으킨 종교와 정치의 더 새롭고도 긴밀한 연계의 필요성에 관하여」(Über das durch die französische Revolution herbeigeführte Bedürfnis einer neuern und innigern Verbindung der Religion mit der Politik)라는 각서[56]를 보냈던 적이 있다. 그는 이듬해 여름에 그 각서를 골리췬에게 헌정하면서 차르에게만 다시 제출했다. 바더가 보기에, 모든 교육과 정치적 지배에는 그리스도교의 가르침이 충만해야 하며 그리스도교 자체가 다른 종교와 신화에서 활기찬 요소를 흡수해야 했다.

1815년 9월에 발표되어 성탄절에 러시아 백성에게 선물로 안겨진 신성동맹은 그 주요 입안자가 크뤼데너 부인이건 바더이건 알렉산드르 1세이건 간에 "프랑스 혁명에 대한 그리스도교의 해법"을 찾으려는 노력의 정점이었다. 프로테스탄트 군주와 가톨릭 군주와 정교 군주가 자기들의 통치 전반의 바탕을 "구세주 하느님의 율법이 알려주는 지고한 진리에" 두기로 공개리에 맹세했다. 그 동맹의 명칭은 「다니엘」에 나오는 예언적 문구에서 따왔으며, "가장 성스러운 불가분의 삼위일체"에게 헌정사가 주어진다. 세 군주는 다소간에 프리메이슨 다단계 조직의 방식으로 서로를 원조하기로 서약한다. 그들은 "사랑과 과학과 무한한 지혜의 보고"를 여는 일에 서로를 원조하기로 서약한 "한 가문의 세 지파"를 자칭했다.[57]

신성동맹의 종교적 성격이 진지하게 받아들여진 곳은, 물론, 주로 러시아였다. 신성동맹이 결성되고 나서 처음 두 해 동안 그 동맹의 정신에 따라 러시아 사회를 바꾸려는 비상한 노력이 수행되었다. 골리췬은 19세기 유럽에서 유례가 없는 "영적업무·국민교육부 장관"이라는 새 직무를 맡았다. 그는 바더와 연락을 유지했고, 바더는 그를 위해 "모든 예배에 훌륭한 성직자를 확보하기" 위해 스콜라신학과 교황에 반대하는 바이에른 출신 가톨릭 신비주의자를 많이 모집했다. 알렉산드르 1세는 바더에게 러시아 성직자를 위한 수련 교범을 저술해 달라고 의뢰했으며, 골리췬은 1817년 말엽에 바더를 자기의 "문예 통신원"으로 삼았다. 바더와 바이에른의 다른 신비주의자들은 그리스도교를 "프로테스탄트 합리주의"와 "로마의 강압적 행태"를 우회하려는 은비학적 신플라톤주의 신학과 재통합하기를 소망했다. 바이에른 성서공회의 위대한 설교가이자 지도자인 이그나티우스 린들(Ignatius Lindl)이 1819년에 러시아에 왔다. 이듬해에는 바이에른에서 요한네스 고스너(Johannes Gossner)가 스위스와 슐레지엔을 거쳐 왔다. 그 두 사람 다 골리친 아래서 "단순하고 무식한 사람"들이 "성령으로 교화"될 수 있도록 해줄 훈육 체계를 고안하는 노력에서 주도적 역할을 했다.[58]

영적 갱생은 성서공회와 새 영적 훈육 체계를 통해서만이 아니라 전국 조직인 "황립박애협회"(Императорское Человеколюбивое общество)[24] 같은 자선 단체를 통해서도 이루어질 터였다. 이 협회는 "성서공회가 우리에게 가르쳐주는 하느님의 계명을 실행"하고자 알렉산드르 1세가 만든 단체였다.[59] 가장 중요한 것은 프리메이슨 다단계 조직의 눈부신 확장이었다. 알렉산드르 1세는 프로이센과 러시아 두 나라에 있는 프리메이슨 지부들을 방문함으로써 그 확장을 촉진했다. 그의 생일은 러시아 프리메이슨의 양대 특별 축일 가운데 하나가 되었으며, 지역 지부가 성서공회와 "황립박애협회"의 지부에 해당하는 기구로서 지방에서 마구 생겨나기 시작했다. 1815년에 프리메이슨 다단계 조직은 황금시대가 끝날 때맨 마지막으로 땅을 떠났던 정의의 여신[25]을 기려 이름을 지은 아스트라이아 대지부의 하위 조직이 되었다. 신성동맹에서 영감을 얻어 새로 지은 프리메이슨 찬가는 "모든 것에서 사랑이 찬란하게 빛나고 사람들이 형제애 속에서 살았던" 황금시대의 복원을 이야기했다. 루터교회와 가톨릭의 성직자들이 함께 어울렸고, 간구의 기도가 "하느님, 오딘, 제우스, 야훼, 토르, 벨로보그(Белобог)[26]"에게 올려졌다.[60] 경건주의자들은

---

[24] 알렉산드르 1세가 1802년 5월에 개인 재산을 출연해서 세운 러시아 제국 최대의 자선 단체. 처음에는 "자선협회"였으나, 1814년 8월에 "황립박애협회"로 전환했다. 1918년에 볼셰비키 정권이 협회 재산을 국유화하면서 해체되었다.

[25] 그리스 신화에 따르면, 신과 사람이 땅에서 함께 지내던 황금시대가 끝나고 사람이 악에 물들자 신들은 모두 하늘로 올라갔으나 아스트라이아만 떠나지 않았다. 사람이 계속 전쟁을 일삼자 아스트라이아마저 하늘로 올라가 처녀자리가 되었다.

[26] 고대 슬라브인이 믿었다고 주장되는 빛과 해의 신.

빠르게 확장되는 지방의 지부 조직망에서 특히 활동적이었고, 그 지부 안에서는 독일어가 주 언어가 되었다.[61]

크비리누스 쿨만이 그 새 종교의 예언자로서 존경을 받았다. 로푸힌은 내면의 교회의 일종의 옥외 판테온인 영웅의 정원에 쿨만의 흉상도 세웠다. 라브진은 "성자들 가운데 계신 우리 아버지 야콥 뵈메"의 『그리스도께 가는 길』(Путь ко Христу) 1815년 판[27]에 들어간 머리말에서 "차르의 최측근인 보야린 가운데 어떤 분"이 쿨만의 가르침을 잘 받아들였다고 시사했다.[62] 라브진의 신비주의 저술이 대단한 인기를 얻은 것이 틀림없다. 그는 뵈메에 관한 책을 아홉 권 출판했고, 1816년에 차르에게서 훈장을 받고 그가 간행했던 『시온의 전령』을 복간해달라는 요청을 받았다. 그는 교파를 초월하는 새로운 교회의 출판 업무를 담당하는 일종의 최고 조정자가 되었다. 『시온의 전령』 외에도 제목이 "한 그리스도교 신자의 삶에서 영적인 해"(Духовный год в жизни христианина)인 새 기도서의 24개 분책이 1816년에 나왔다. 다른 "영적 저널"이, 『그리스도교 독본』(Христианское чтение)과 ('그리고 모든 연령대의'라는 말이 덧붙은) 『젊음의 벗』과 마찬가지로, "생각하는 사람을 신앙의 품으로 되돌리"는 전반적 프로그램의 일부로서 번창했다.[63] 예전에는 금서였던 융-슈틸링의 예언서가 출판되었다. 모스크바 대학 출판부가 1817~1818년에 걸쳐 분책으로 연속 간행한 그의 유명한 『향수』(Das Heimweh)는 이르쿳스크(Иркутск)[28] 한 곳에서만 해도 스물네 명이 예약 구독을 했다.[64] 『시온의 전령』을 후원하는 예약 구독자 가운데에는 차르와 콘스탄틴 대공, 그리

---

[27] 야콥 뵈메의 1621년 작 『크리스토소피아: 그리스도께 가는 길』(Christosophia: Der Weg zu Christo)의 러시아어 번역판.

[28] 17세기에 러시아인의 월동 야영지로 만들어져 1686년에 시로 승격된 시베리아 남동부의 도시.

고 제국의 모든 신학원이 있었다.

1817년에 『시온의 전령』은 교회 통합과 전 인류 통합과 연관된 새 상징과 예언을 드러낼 의도에서 「무지개」라는 특별란을 추가했다. 무지개는 햇빛(과거의 빛)을 비(현재의 죄)와 합쳐서 앞으로 일어날 세상의 변혁을 인간에게 암시해주기 때문에 프리메이슨 다단계 조직에게는 핵심적 상징이었다.[65] 무지개에 있는 색의 스펙트럼은 모두 딱 하나의 참된 빛(Единый Истинный Свет)에서 형성된 다양한 교회와 민족에 비유되었다.

낙관적이고 낭만적인 상상력에게,

하나가 변함없이 남아있다.
갖가지 것들이 바뀌며 사라져 간다.
흔들리는 그늘 위에서 시대의 빛이 퍼져나온다.
해가 바뀌면서 그토록 다채로운 삶에
영원의 빛이 얼룩을 남긴다. 새하얀 빛이……[66]

문장 상징 감독관으로서 골리친은 국가의 공식 이콘 도상규범에 은비학적 프리메이슨의 괴이한 상징을 집어넣으려고 시도했다. 고전 시대의 신화와 은밀한 준(準)오리엔트적 의장(意匠)이 그 시기의 주화(鑄貨)와 건축물과 장식물에 들어갔다.

나폴레옹에게 거둔 승리를 기념하려고 주조한 주경화(主硬貨)에 "저희가 아니라, 저희가 아니라 하느님 당신의 이름에 영광을 돌리소서"라는 글귀가 새겨졌다.[67] 알렉산드르 1세가 퀘이커교도와 감리교도와 함께 기도회에 참석했다. 모라비아 교회가 동쪽에서는 칼믹인 사이에서, 서쪽에서는 라트비아인 사이에서 신도를 얻고 있었다. 타르투 대학 학장이 개종했고, 알렉산드르 1세 치세에 모라비아 교회 신자의 수가 발트 해

연안 지역에서 대략 3,000명에서 40,000명으로 불었다.[68]

　알렉산드르 1세 통치 말년에 보편교회와 내면의 영적 갱생이라는 경건주의 사상이 기존 질서의 안정성을 해치고 있다고 보였다. 교회 지도부는 라브진의 『시온의 전령』이 신학교의 교부학 저자를, 분파교 설교자가 정교 성직자를 대체해버렸다고 투덜댔다. 거세파의 예언자인 셀리바노프는 골리췬에게서 성 페테르부르그의 고급 아파트를 받았고 1820년까지 자유롭게 포교 활동을 계속했다. 1820년에 동에 번쩍 서에 번쩍하는 페슬레르가 러시아 남부에서 자기가 감독하고 있던 프로테스탄트 종무회의에서 돌아와 모스크바의 성 미하일 대성당(Собор святой Михаила)에서 예언적 설교를 했고, 한편으로는 고스너가 바이에른에서 도착해서 성 페테르부르그에서 자기의 설교 경력을 시작했다. 1821년에 크뤼데너 부인이 성 페테르부르그에 왔지만, 그 무렵에 또 다른 독일 귀족 여인이 훨씬 더 색다른 형태의 초(超)교파 신앙부흥 운동으로 그 "신성동맹 귀부인"[29]의 명성을 잠재웠다. 러시아인 대령의 독일인 미망인인 예카테리나 타타리노바(Екатерина Татаринова) 부인은 기도회를 후원하고 있었는데, 그 기도회는 채찍고행자 식으로 반쯤은 넋이 빠져 되뇌는 타타리노바 부인의 영감에 찬 예언으로 절정에 이르렀다. 타타리노바 부인은 차르와 함께 모임을 자주 가졌으며, 러시아의 토박이 분파교 신자들과 마찬가지로 자기가 황가의 단절된 방계와 신비하게 연결되어 있다고 주장했다.

　이 감성적 경건주의의 물결은 10년 전에 가톨릭의 물결이 잦아들었을 때와 똑같이 1820년대 중엽에 갑자스레 잦아들었다. 1824년에 골리췬이 총애를 잃고 경건주의의 환희가 가시기에 앞서 정교회 성직자들은 새로

29　신성동맹의 결성에서 나름대로 큰 역할을 했다는 사실에서 생겨난 크뤼데너 부인의 별명.

운 혼성 교회가 사실상 러시아 제국의 국교회가 되고 있음을 깨달았다. 바더는 골리친에게 보낸 급송 공문에서 러시아 땅에 생겨나고 있는 "보이지 않는 교회"에 관해 이야기했고, 성 페테르부르그에 새로운 유형의 그리스도교 학술원을 세운다는 생각을 정식화하고 있었다.[69] 고스너는 사렙타에서 살면서 성 페테르부르그의 새로운 신앙을 위한 안내서 『그리스도의 삶과 가르침의 정신』(Дух жизни и учения Христа)을 출간했다. 페슬레르는 새 예배 교본을 성 페테르부르그에서 출판했고, 그 교본을 1822년의 『그리스도교인의 설교』(Христианские проповеди)와 1823년의 『예배 지침』(Литургические руководства)으로 보완했다.[70]

독일인 신비주의자들을 쫓아내려는 운동은 주로 그들이 1820년대 초엽에 소개한 다른 두 문건을 둘러싸고 벌어졌다. 한 문건은 예전에 나온 기용 부인(Mme Guyon)의 정적주의(靜寂主義)[30] 소책자 『그리스도께 가는 내면의 길을 따르라고 사람들에게 하는 호소』를 국가가 후원해서 번역한 것이었다. 이 문건은 정교회를 완전히 쓸모없는 존재로 만든다는 비난을 받았다. 마태복음에 관한 고스너의 논문에 제시된 반론은 훨씬 더 강했다. 고스너는 그리스도의 영적 왕국을 헤로데의 물적 왕국과 나란히 놓고 비교함으로써 차르 체제를 공격하고 있다고 생각되었다. 위계제 없는 교회에 관한 그의 언급은 정교 사제뿐만 아니라 동료 가톨릭 사제의 비위를 건드리고 있었다. 그의 책이 몰수되어 기용 부인의 저작과 함께 불태워졌다. 권력에 도전하는 설교가들을 잡으려는 마녀사냥이 벌어지고 있었고, 골리친과 성서공회가 고난을 겪을 차례였다. 페슬레르는 "이

---

[30] 참된 그리스도교인이 되려면 자유의지를 억제하고 신에게 자신을 완전히 맡겨 영혼의 정적 상태를 유지해야 한다고 주장하는 사상. 프랑스에서는 기용 부인의 활동으로 소개되었다.

름난 예수회-자코뱅"[71]이자 "푸가초프보다 더 나쁜 자"[72]가 되었고, 모든 감리교 신자(성서공회 지도자)는 "거짓말쟁이 음모가"[73]가 되었다.

골리췬이 아예 프란츠 폰 바더를 성 페테르부르그로 데려오려고 노력했을 때, 바더는 리가를 넘어서지 못했고 1823년 말엽에 바이에른으로 돌아가지 않으면 안 되었다. 골리췬은 외국의 영향력에 반대하는 전면적 캠페인의 희생자이면서 새 종교가 러시아 땅에 생겨나고 있다고 위정자들이 품은 공포의 희생자이기도 했다. 바더가 1822년 12월에 차르에게 직접 탄원하면서 자기는 "러시아에 있는 경건주의 교파"와 연락을 취하지 않았으며 "경건주의 전체나 분립파나 분리파와 근본적으로 연계되지 않았"다고 주장했지만, 헛일이었다.[74] 골리췬과 그의 동료들이 점점 더 자주 비난을 받았다. 리가의 군정 주지사[31]는 자기의 관할구역 안에서 모라비아 형제단의 세력이 유난히 급증하는 사태에 마주쳤다. 그는 드 메스트르의 망명객 친구로서 라트비아를 넘어서려는 바더의 노력을 막아내고서 틀림없이 기뻐했을 것이다. 사실상 드 메스트르는 황제의 궁정에서 자기를 밀어내고 그 자리를 차지했던 경건주의자들에게 일종의 뒤늦은 보복을 하고 있었다. 러시아 궁정이 드디어 다음과 같은 그의 판단을 받아들이고 있었다고 보인다.

사실상 마르탱주의와 경건주의는 이 두 체계 가운데 어느 한 체계의 추종자가 다른 한 체계를 신봉하지 않는 것을 찾아보기 매우 힘들 만큼 서로 뒤엉켜 있다.[75]

프리메이슨 다단계 조직의 신비주의적 가르침이 대중의 분파교 종교

---

[31] 필립 파울루치.

운동 안으로 실제로 흘러들어가고 있었다. 가장 극적인 예증은 반란 전통을 지닌 돈 카작 사이에서 갑자기 생겨난 "영혼의 보유자"(духоносцы)[32]라는 새 종파의 예증이었다. 카작 출신 지도자 예블람피 코텔니코프(Евлампий Котельников)는 "정신의 기사"의 새로운 "내면의 교회"라는 로푸힌의 사상에 크게 감화되었다.[76] 코텔니코프는 로푸힌의 『내면의 교회에 관한 몇몇 특성』을 영감을 받아 쓰인 하느님의 말씀으로 인정했고 그의 추종자들은 그 책을 권위 면에서 성경 자체와 동등하다고 여겼다. 로푸힌의 가르침에 따라 영혼의 보유자들은 융-슈틸링이 한 예언의 참된 영적 교회를 자처했다. 그들은 적그리스도의 통치가 공식 교회 조직을 통해 이미 시작되었지만, 알렉산드르 1세는 머리 여럿 달린 이 뱀을 죽이고 러시아 땅에 영적 통치를 확립할 그리스도의 성육신이라고 주장했다.

영혼의 보유자들이 우려를 자아낸 것은 그들의 교리 탓만이 아니었다. 그보다는 이들이 궁정의 동아리들에서 지지를 받은 탓이 훨씬 더 컸다. 그들의 예언적인 가르침에는 은비학적인 프리메이슨과 타타리노바 부인의 동아리와 닮은 점이 많았다. 1823~1824년 내내 코텔니코프를 장기간 연속 심문한 것은 이런 인물을 어떻게 다뤄야 할지 꽤 망설였음을 드러내 주었다.

신비주의자 귀족과 분파교도 대중 사이의 연계를 보여주는 두 번째 예증은 1823년에 성 페테르부르그에 도착해서 세상 종말이 머지않았다고 예언하기 시작한 페오도시 레비츠키(Феодосий Левицкий)라는 대단한 설교가에게서 찾을 수도 있다.[77] 레비츠키는 백러시아의 구교도 사이에서

---

[32] 나폴레옹의 침공에 따른 혼란기에 나타난 신비주의 종파. 모든 그리스도 교인은 거룩하며 신자가 모두 사도가 될 시대가 다가왔다고 주장하면서, 기존 정교회를 타락한 존재로 비판했다. 세상이 1826년에 끝난다고 예언했지만, 실현되지 않자 힘을 잃었다.

적극적으로 복음을 전도했고 융-슈틸링의 예언서가 매우 귀중한 자산임을 깨달았다. 그가 유대인을 새로운 내면의 교회로 데리고 들어오겠다고 제안했기 때문에 그의 저술은 골리췬에게 강한 인상을 주었다. 레비츠키는 백러시아의 유대인 사이에서 설교했고 유대인이 천년왕국 직전에 교회로 다시 들어오리라는 점을 그리스도교도에게 상기시키려고 애썼다. 바더는 프리메이슨 다단계 조직의 창립자인 마르티네스 데 파스칼리가 "유대인인 동시에 그리스도교인"임을 자처했고 인류를 위해 "형태에서만이 아니라 마술적인 힘에서도 고대의 동맹"을 되살렸다는 사실을 중시했다.[78] 마르티네스 데 파스칼리의 "선택된 제사장"과 다른 프리메이슨 다단계 조직은 유대교의 말과 상징을 빈번하게 이용했고 때로는 심지어 유대의 카발라까지도 영적 추구의 보조 수단으로 이용했다. 유대인 인구가 많고 일부 유대인이 프리메이슨 활동에 참여하던 백러시아에서는 특히 그랬다.[79]

그리스도교인과 유대인을 통합하는 새로운 교회라는 구상이 토요안식일파(субботники)[33]가 갑자기 나타난 오룔(Орел)-보로네즈 지방에서 기층 민중의 지지를 얻고 있었다. 토요안식일파는 정교식 예배를 으레 거부한 데다가 삼위일체 교리에 반대하고 토요일을 안식일로 쇠고 할례 의식을 치르기도 했다. 이 종파는 알렉산드르 1세 통치 후반기에 처음 나타났다. 신성종무원이 1819년에 이 종파의 신도 수를 1,500명으로 추산했는데, 이듬해에 각료회의는 20,000명으로 추산했다. 비록 이 증가에 십중팔구는 실제 증가보다 골리췬을 깎아내리려는 각료 회의의 의도가 더 잘 반

---

[33] "유대 추종자들"의 일파. 정부 보고서를 보면, 삼위일체를 부정하고 토요일을 안식일로 삼았고 일부는 예수를 선지자로 존중했다. 알렉산드르 1세 치세에 비교적 자유로이 활동했지만, 니콜라이 1세 치세에 변경 지대로 이송되었다.

영되었을지라도, 토요안식일파가 세력을 불리고 있었음은 사실이었다. 새로 시행된 비밀 조사가 토요안식일파의 중요성을 확인해 주었는데, 이 종파에는 탈무드파 유대인뿐만 아니라 카라이파 유대인까지 분명하게 포함되었다. 이 종파는 모든 이가 라비(rabbi)[34]가 될 수 있으며 나타날 메시아는 우주의 비밀을 풀 은비학 철학자일 것이라고 가르쳤다.[80]

러시아 땅에 보편교회가 세워지지 않으리라는 점이 알렉산드르 1세의 말년에 분명해지자, 보편교회를 계속 믿는 이들은 음울한 종말론자가 되었다. 성 페테르부르그에서 레비츠키가 유명한 설교 "파멸적인 대홍수"에서 회개의 필요성을 훈계했다. 코텔니코프는 초기의 사도를 흉내내면서, 그리고 세상의 종말이 머지않았다고 예상해서 자기의 추종자들과 함께 날마다 성찬식을 했다. 그는 계시록에 관한 명상서『무자비한 낫』(Жестокий серп) 두 권을 차르 부부에게 보내서, 성 페테르부르그를 소돔에 비유하고 다가올 최후의 심판에서 유일하게 용서를 받아 목숨을 구할 영혼의 보유자들과 함께하라고 차르에게 간청했다.

1824년에 차르의 핵심 조언자들 가운데 여러 사람이 이 모든 뒤숭숭한 사태의 배후에는 기존 질서를 뒤엎으려는 음모가 있으며 융-슈틸링의 예언서에 "숨겨진 혁명 계획"이 들어있다는 결론을 내렸다.[81] 1824년 초에 레비츠키는 라도가 호숫가에 있는 한 수도원에 갇혔고, 코텔니코프는 처음에는 슐리셀부르그로 보내졌다가 그다음에는 머나먼 솔로베츠크로 보내졌고, 고스너와 페슬레르는 나라 밖으로 쫓겨났고, 골리췬은 교회의 권위에 관련된 모든 직위에서 해임되었으며, 토요안식일파를 억누르는 가혹한 조치들이 시행되었다. 성서공회는 힘을 잃었고 "교

---

[34] 히브리 성경과 경전을 공부해서 유대인의 영적 스승이 될 자격을 얻은 유대인 지도자.

회에 분열이 생기지 않도록" 곧 완전히 폐쇄되었다.[82]

"보편교회"가 혁명과 합리주의, 그리고 모든 형태의 외부 강압에 가하는 반격이라는 생각은 회복될 수 없는 타격을 입었다. 보편교회의 유일한 준거점은 구성원 각자의 "내면적 삶"이었고, 보편교회는 모든 "정신의 기사"가 비록 보편교회의 메시아는 아닐지라도 후원자라고 느낀 "축복받은 알렉산드르"에 온 희망을 걸었다.

새 보편교회의 모든 이단적 예언자들을 한데 묶어주는 주요 개념은 은비학적인 정신의 힘이 세상을 지배한다는 생각이었다. 생 마르탱은 자기의 마지막 두 주요 저작 『사물의 정신에 관하여』(De l'Esprit des choses)와 『인간의 영역과 정신의 영역』(Le Ministère de l'Homme-Esprit)으로 지식인을 심령론으로 이끌었다. 이 두 저작의 제목은 그가 계몽의 두 저작, 즉 몽테스키외의 『법의 정신』과 줄리앙 라 메트리(Julien la Mettrie)의 『인간-기계론』(L'Homme-Machine)에 반대한다는 점을 극적으로 표현했다. 생 마르탱을 따라 로푸힌은 "정신 기사단"과 "정신의 내면적 사원"에 관한 책을 썼다. 이 두 저작은 영혼의 세계를 최고 실재로 보는 경향을 가진 두 전통인 러시아의 분파교 전통과 독일의 경건주의 전통을 잇는 연결고리를 만들었다. 로푸힌의 저작을 성경으로 인정하는 영혼의 보유자들은 영혼의 씨름꾼들과 "영혼의 그리스도교도"를 포함하는 분파교 전통의 상속자였다.

육신에서 분리된 정신이 있다는 이 믿음은 유행하다가 알렉산드르 1세 통치 말년에 퇴조했다. 타타리노바의 동아리는 심령술 모임의 중심지가 되었고, 라브진의 인쇄소는 영계의 이해를 위한 통속화된 휴대용 안내책자를 찍어냈다. 레비츠키는 자기의 모든 행위를 "정신의 활동"으로 일컫기 시작했다. 영계의 작용에 관한 융-슈틸링의 저작 『정신 과학의 이론(Theorie der Geister-Kunde)』은 주목을 크게 받았다. 물질은 불완전한 형태의 실재로 여겨졌고, 실재에서 그리스도가 단지 존재한다고 보았을 따름이었다. 그리스도 자체가 육신 없는 정신, 즉 "생각하시는 하느님 지혜의 발현"이 되었다.[83]

이 모든 것이 계몽의 합리주의적 지성에 충격이었다면, 정교회에게는 똑같은 강도로 혐오스러웠다. 정교회는 이 모든 낭만적 신비주의에서 동방 그리스도교를 주기적으로 괴롭혀온 이원론적 이단의 재발을 보았다. 성직자들이 골리췬이 영혼(두샤(душа))에 대한 믿음을 정신(두흐(дух))에 대한 믿음으로 바꿔치기했다고, 그리고 페슬레르가 사실은 "새로운 마니교 신자"라고 불평하는 것은 그럴 만도 했다.[84] 그들은 자기 나라에 정교 그리스도교를 재확립하고자 정부에 거의 애원하듯 매달렸다. 이렇듯 정교 성직자들은 계몽에 맞선 "반동의 봉기"에서 가장 결정적인 최후의 역할을 했다. 정교가 경건주의를 밀어내고 그 자리를 차지했지만, 합리주의로부터의 도피는 경건주의가 10년 전에 궁정에서 가톨릭을 밀어내고 그 자리를 차지할 때 그랬던 것과 똑같이 계속되었다.

정교도

순전히 규모와 성장의 관점에서 보면, 정교회 교육 체계의 확장은 18세기 말엽의 가장 대단한 위업의 축에 든다. 1764년에 겨우 26개였던 "성직자 학교"가 1808년에는 150개였다.[85] 국가의 통제를 받는 신성종무원이 관장하는 이 학교들은 제국을 운영하는 국가 관리와 전문직업인의 과반수에 종교적이고 애국적인 초보 교육을 시행했다. 교사와 졸업생은 더 세계주의적인 대학교와 전문학교의, 그리고 플라톤 롭신(Платон Левшин)처럼 더 세련된 정교회 교사의 세속주의와 합리주의에 맞선 반동의 역공을 기층 차원에서 뒷받침했다. 플라톤 룝신은 1775년부터 1812년까지 모스크바 수좌대주교로 장기 재직하는 동안 교회 학교에서 이루어지는 수업의 질을 크게 개선했고 러시아어보다는 라틴어를 수업의 기본 언어로 유지하려고 분투한 사람이었다.

플라톤 룝신이 죽은 뒤 권좌에 오른 정교 지도자 세대는 교회 학교 체계에서 외국인이 우위를 차지하고 있다는 데 분개하고 나폴레옹에 저항하는 동안 러시아 전역을 휩쓴 민족주의 열정을 공유했다. 그들은 정교회의 특징을 그리스도교를 수호할 능력은 말할 나위도 없고 이해할 능력도 없는 "불쌍한 것"으로 묘사한 1드 메스트르의 다음과 같은 매서운 비판에 기분이 상했다.

> 가톨릭화하는 무리와 프로테스탄트화하는 무리를, 즉 살롱의 분리파 교도인 일루미나티와 인민의 일루미나티인 분리파 교도를 내치시지요! 정교회에 무엇이 남을까요?[86]

이념이 격변하고 뒤죽박죽이 되는 시대에서 정교 전통이 살아남으려면 더 공세적으로 그 전통을 대변해줄 사람이 필요하다는 공감대가 점점 커졌다. 불신앙과 이단과 혁명에 맞선 정교만의 독자 투쟁을 위한 최초의 주요 계획을 내놓은 사람은 알렉산드루 스투르드자(Alexandru Sturdza)였다. 스투르드자는 러시아 궁정의 의뢰를 받아 러시아가 몰타 종단과 맺은 관계의 역사를 쓰다가 은비학 종단에 매료되어 재기 있는 몰도바 출신 귀족이었다. 그는 황립박애협회를 위해 1816년에 쓴 『정교회의 교리와 정신에 관한 고찰』(Considerations sur la doctrine et l'esprit de l'église Orthodoxe)에서 사실상 정교회가 신성동맹을 위한 일종의 영적 감시자로 전환되어야 한다고 제안했다. 두 해 뒤에 그는 『독일의 실상에 관한 보고서』(Mémoire sur l'état actuel de l'Allemagne)를 썼는데, 폭넓은 논란의 대상이 된 이 저서는

주로 교육 문제를 다루었다.[87]

스투르드자가 보기에, 독일의 소요는 규율이 없는 학생 활동의 직접적 결과였다. 서방 교회는 교회의 지도 규율에서 벗어날 자율권이 대학교에 주는 잘못을 저질렀다. 독일은 자국 대학교의 중세 특권을 폐지해야 한다. 정교 국가인 러시아는 그런 특권이 자국의 신설 대학교에 부여되도록 허용해서는 안 되며 러시아의 대학교와 신학교에 물밀듯 몰려들고 있는 독일인 교수의 수를 제한하고 그들의 교과과정을 규제해야 한다.

스투르드자가 경보를 울렸다면, 전투배치 신호를 내리고 신을 부인하는 합리주의의 군대에 맞서 정교 그리스도교의 공격을 위한 세밀한 청사진을 내놓은 이는 미하일 마그니츠키라는 주목할 만한 인물이었다. 마그니츠키는 차르 체제의 남은 100년 동안 궁정의 동아리들에서 빈번하게 다시 나타나게 될 관료의 기회주의와 철학적 몽매주의의 새로운 혼합을 예증한다. 알렉산드르 1세 통치 초기에 마그니츠키는 출세하고 싶어 안달하는 2급 귀족이 해야 할 일이란 일은 다 했다. 그는 프레오브라젠스키 연대에서, 파리와 빈의 러시아 대사관에서 근무했다. 그는 감상적인 시를 썼고 프리메이슨 모임과 자선협회에 참여했다. 사실상, 그는 워낙 자유주의적인 태도를 보여서 스페란스키의 개혁 사상과 동일시되었고 1812년에 스페란스키와 함께 몰락할 수밖에 없었다.

볼로그다로 유배된 마그니츠키의 재능은 (스페란스키의 재능과 마찬가지로) 곧 그 지방의 행정기구에서 활용되었다. 그는 돈 강 상류 지역에 있는 보로네즈의 부주지사가 된 다음에 볼가 강에 있는 심비르스크(Сим-бирск)의 주지사가 되었다. 심비르스크 시는 기나긴 극단주의 이력을 보유했고, 예전에는 농민 반란의 중심지였으며 레닌의 출생지가 된다. 마그니츠키가 1818년에 러시아 제국의 교육 체계를 상대로 예사롭지 않은 전쟁을 개시한 곳도 바로 심비르스크였다. 익명으로 성서공회 심비르스크 지부에 보낸 편지에서 그는 모든 간행물에서 이단을 근절할 러시아판 종교재판소를 설치하라고 촉구했다. 그런 다음 그는 심비르스크에 있는 영향력이 큰 새 프리메이슨 지부 "덕행을 여는 열쇠"를 체제 전복의 본부로 여기고는 그 지부에 공개 공격을 개시했다.[88] 1819년 초엽에 그는 로푸힌의 사상이 유난히 잘 수용되었던 카잔 대학을 조사할 권한을 위임받았고,[89] 4월에 으스스한 폭로성 진상 보고서를 발표해서 하룻밤 새 유명해졌다.

마그니츠키는 시찰 여행을 한 결과로 교수 스물다섯 명 가운데 스무 명이 "가망이 없다"고 보고했다. 교과과정에서 이단적인 독일 철학이 정교 신학을 대체한 상태이지만, "다행히도 교과목이 하도 형편없이 가르쳐져서 아무도 교과목을 이해하지 못한다."[90] 성난 납세자처럼 마그니츠키는 강의가 주로 러시아인이 알아들을 수 없는 언어로 진행되는 이단과 체제 전복의 소굴에 200만 루블이 허비된 까닭을 알아야 한다고 현란한 표현을 써가며 요구한다.

그가 제안한 치유책은 당시 러시아 제국에 널리 퍼져있던 관용의 막연한 도취감에 엄청난 충격을 안겨주었다. 그는 골리췬에게 카잔 대학을 개혁해서는 안 되고 대학교 문을 닫고 범죄자처럼 정식 선고를 한 다음에 철저히 부숴버려야 한다고 권고했다. 그 터에는 통제를 받는 김나지움, 의학연구소, 타타르인에게 교리를 전하고 동방에 관해 정교도를 가르칠 학교를 세워야 했다.[91] 이 대책이 채택되지는 않았지만, 그는 6월에 카잔 관구 교육감에 임명되었고 극약 처방에 가까운 개혁에 나섰다.

앞으로 카잔 대학 전체 교과과정의 바탕은 "신성동맹의 규정에 따라 신앙"과 성경에 둘 터였다.[92] 학생은 각자 성경 한 권을 가지고 있어야 한다고 규정되었고, 벽과 복도에 성경 구절이 자주 화려한 금빛 문자로 쓰였다. 지질학은 성경의 가르침과 어긋난다며 폐지되었고, 수학자는 직각삼각형의 빗변이 그리스도를 거쳐 사람에게 내려오는 하느님의 자비를 표현한다는 것을 지적하라는 지시를 받았다.[93] 도서관에서 책이 제거되었고, 교수는 자기의 영적 삶에 관한 장문의 보고서를 쓰라는 강요를 받았고, 청교도적 규율과 성경 공동 낭독이 시행되었다. 규칙을 위반한 학생이 받는 처벌에는 3개 등급이 있었다. 최고 등급의 처벌은 철창이 쳐져 있고 나무 탁자와 의자, 큼직한 십자가 하나, 최후의 심판 그림 한 점만 덩그러니 있는 독방에 가두는 것이었다. 학생들은 이 범주에 속하는 위반자들을 위해 기도를 하라는 명령을 받았다. 그 위반자들은 몇몇 경우에 강제 징집되어 군대로 이송되었다.[94]

마그니츠키가 보기에, 근대식 대학교의 가장 큰 위험은 계시 종교에 관한 의문을 제기하게 되어있는 철학을 가르친다는 것이었다. 마그니츠키는 성 페테르부르그의 신설 대학 초대 이사장인 드미트리 루니치(Дмитрий Рунич)에게서 더없이 소중한 동맹자를 발견했다. 루니치는 "마그니츠키의 메아리"와 "마그니츠키가 되살려낸 시체"로 불렸다. 1816년에 하르코프에서 한 독일인 교수는 나폴레옹의 죄가 전통적 군주권보다 인민의 자연권을 뒤엎은 데 있다고 가르쳤다는 이유로 해임되었다. 1820년에 루니치와 마그니츠키는 자기가 쓴 『자연법』(Естественное право) 한 부를 황제에게 바쳤을 따름인 차르스코예 셀로의 황립 전문학교 교수를 함께 공격하면서 공세를 확대했다. 이듬해에 그 두 사람은 성 페테르부르그 대학에서 핵심적인 세 교수를 쫓아내는 데 성공했다.

1823년 초엽에 마그니츠키는 자기가 주장하기에 신성동맹과 전쟁을 치르는 중인 "사탄 동맹"(Сатанинский союз)을 상대로 확장된 반대 투쟁을 개시했다. 그는 자기가 한 교수의 책에서 "마라(Marat)의 교리"를, 또 다른 교수의 책에서는 "일루미나티"의 비밀 계획을 찾아냈다고 주장했다. 2월에 그는 "교수의 글 한 줄에서 총검 200,000자루와 주력함 1,000척도 나올 수 있다"고 경고하면서 철학을 불법화하자고 제안했고,[95] 5월에는 **"철학**과 **문학**으로만 불렸다가 이제는 이미 **자유주의**로 불리"는 "자유의 피투성이 모자"를 비방했다.[96]

> "제단은 꺼져라, 군주는 꺼져라, 죽음과 지옥이 있어야 한다." 이런 외침이 유럽의 여러 나라에서 이미 나오고 있다. 누구의 목소리인지 어찌 모르겠는가? 암흑의 제후가 선연하게 우리에게 다가왔다. 그를 가린 장막은 투명해져서 아마도 곧 떨어질 것이다. 그가 우리에게 가할 마지막 공격은 영적인 것이므로 어쩌면 가장 무시무시한 것이다. 그 공격은 세상의 한쪽 끝에서 다른 한쪽 끝으로 전기 충격처럼 눈에 보이지 않고 빠르게 알려지고 있으며, 갑자기 모든 것을 뒤흔들고 있다. 인간의 말은 이 지옥 군대의 전령이며, 서적 출판은 그것의 병기이다. **신앙 없는 대학의 교수들이 적법한 권력을 믿지 않고 미워하는 맹독을 가엾은 젊은이들에게 옮기고 있다.** ……[97]

러시아가 그저 해야 할 일은

> 유럽에서 광란이 벌어지고 있다는 소문이 도달하지 못하도록 자기 주위에 담을 쳐 자신을 유럽과 격리하는 것이다. 지금 벌어지고 있는 악령의 전쟁을 군대가 멈출 수는 없다. 영적 공격에 맞선 영적 방어도 필요하기 때문이다. 종교를 통한 국민교육의 확립과 결합한 사려 깊은 검열은 무신앙과 타락으로 유럽을 덮치고 있는 홍수를 막는 유일한 보루이다.[98]

이러한 극단적 입장은 영적업무·국민교육부 안에서는 그리 지지를 얻지 못했다. 한 직원은 혁명이 일어났던 에스파냐와 포르투갈 같은 나라는 계몽이 가장 덜 진전된 바로 그 나라라는 점을 지적했다.[99] 또 다른 직원은 설령 "우리 조국을 만리장성으로 둘러친 …… 다음에 에스파냐의 종교재판소를 러시아 영토에 옮겨오고 …… 철학에 관해 언젠가 쓰인 모든 것을 완전히 없앨 수 있더라도" 성공하는 국가는 이런 식으로 작동할 수 없다고 썼다.[100] 그러나 마그니츠키는 더 막강한 동맹자를 포티 대수도원장에게서 찾아냈다. 포티는 최근에 골리친과 맺은 오랜 우정에 등을 돌리고 성서공회를 격하게 비난한 차르에게 영향력을 행사하는 젊은 고행수사였다. 이름이 알려지지 않은 시시코프 제독의 정보원은 "이것은 지옥 자체의 간계입니다. …… 못된 이교도가 …… 참된 하느님 신앙을 깨뜨리고 있습니다"라고 되뇌었다.[101] 루니치는 "그리스도의 적대자의 검은 날개에서 깃털을 한 개라도 뽑는 것"이 중요하다고 썼다.[102]

1824년 봄에 마그니츠키는 신임 성 페테르부르그 수좌대주교 세라핌이 골리친의 해임을 요청하러 겨울궁전에 갈 때 그를 따라갔다. 그는 차르가 그 요청을 받아들였는지를 세라핌의 표정으로 곧바로 알아내려고 해군본부 대로 공원(Адмиралтейский бульвар)[35]에서 기다렸다. 물론 정교회의 반동주의자들에게 좋은 소식이 나왔다. 골리친이 모든 직위에서 해임되었고, 대신에 세라핌이 성서공회 회장이 되고 시시코프가 교육부 장관이 되었다. "외래 종교"는 별도의 범주로 분류되어, 마침내 정교 종무원과 엄격하기 그지없는 아락체예프의 관할 대상이 되었다. 따라서 종교 영역과 교육 영역의 권위가 골리친에게 집중된 특이한 상황이 종식되었고 새로운 보편교회의 꿈이 깨졌다.

마그니츠키가 혼성 체계와 대비한 정교는 프리메이슨 다단계 조직에

---

[35] 19세기에 해군본부 주위에 있었던 널찍한 공간. 오늘날에는 알렉산드로프 공원(Александровский сад)이 들어서 있다.

서 나온, 마그니츠키에 앞서 로푸힌이 사용했던 것과 똑같은 초(超)교파적 용어를 사용했다. 마그니츠키는 삶이 "모든 것을 다 보는 단일한 눈 …… 에 도달하고자 …… 초창기 교회를 생각나게 하는 거룩한 어둠 속에서 …… 위대한 사원 곁을 지나가고 있다"고 서술했다.[103]

드 메스트르와 마찬가지로 마그니츠키의 주요 관심사는 종교에서는 프로테스탄트 종교개혁 탓에, 정치에서는 프랑스 혁명 탓에 생겨난 합리주의에 러시아가 감염되는 사태와 싸우기 위한 러시아의 동원이었다. 그러나 그 두 사람이 제안한 절대주의라는 치료법 사이에는 결정적 차이가 있었다. 드 메스트르가 교황에 종속된 국제적 교회 위계제의 통치를 추구한 반면에, 마그니츠키는 러시아의 차르를 최고의 권위로, 민간과 교회의 관료 기구를 그 "위계제"로 여겼다. 드 메스트르가 새로운 그리스도교 문명이 라틴 세계의 고전 문화로 채워지리라고 가정한 반면에, 마그니츠키는 러시아 문명이 동방과의 동질감을 키워야 한다고 주장했다.

마그니츠키가 동방에 매혹된 것은 얼마간은 은비학적인 프리메이슨의, 그리고 새로운 교회가 동방으로부터 나오리라는 연관된 미래상의 반영이었다. 프리메이슨 사원은 늘 동방을 마주하고 지어졌으며, "오리엔트"라는 용어는 프리메이슨이 활발한 도시의 동의어로 쓰였다.[104] 경건주의 선교사들과 러시아 성서공회의 자국어 번역가들은 한껏 들떠서 러시아의 동부에서 자기들이 거두고 싶어 하는 풍성한 "곡물"을 이야기했다. 로푸힌은 혁명과 세속주의와 벌이는 싸움에서 러시아의 "가장 충실한 협력자"는 "베이징에서 콘스탄티노플에 걸쳐있는 아시아인들(азиатцы)" 사이에서 발견되리라고 역설했다.[105] 마그니츠키는 몽골 지배기가 러시아에게는 쇠퇴기였다는 카람진의 말을 비판했다. 타타르인 덕분에 러시아가 유럽에게서 구제되었고 다른 모든 그리스도교가 이단에 빠져들고 있던 때에 러시아의 그리스도교 신앙의 순수성을 보존할 수 있었기 때문이다. 타타르인에게 복음을 전하겠다는 1819년의 건의안을 필두로 마그니츠키는 동방의 연계를 계발하면 러시아가 타락한 서방을 구제하는 역할을 할 자격을 얻는 데 도움이 되리라는 생각에 낭만적으로 매료됨을 보여주었다.

같은 해에 성 페테르부르그 대학에 아라비아학 강좌가 개설되면서 동방학이 새로 활력을 얻었다. 1822년에 마그니츠키는 "동방언어 연구소"를 아스트라한에 세워 미래의 러시아 공무원들을 훈련하고 그들이 "인도의 식자층과 교제하"도록 한다는 계획을 짰다. 그는 때 묻지 않은 사도 교회가 아직도 인도에서 번성한다는 믿음을 간직했고 힌두교 경전에서 그리스도교 성경의 영향력이 보인다고 주장했다. 브라마의 아내 사라스바티[36]는 구약성경에 나오는 아브라함의 아내 사라로 생각되었다. 그는 잊힌 보물을 아르메니야의 수도원에서 찾는 탐사단을 조직했고 시베리아와 사마르칸드(Samarqand)[37]로 가는 문화 답사단을 후원하려고 애썼다.[106]

마그니츠키의 이력은 러시아의 정치체가 극단주의의 압력에 취약했음을 생생하게 보여준다. 마그니츠키가 하는 고발의 바로 그 극단성은 일정한 매력을 발휘했고, 그 때문에 그의 제물 가운데 몇 사람은 그가 단언하는 만큼 자기가 강력하고 중요하다고 믿고 싶어 할 지경에 이르렀다. 지적 혼란의 분위기 속에서 그는 모든 어려움의 간단한 해소책을 내놓았다. 그 해소책이란 국민 단합의 촉매제로서 나폴레옹을 대체할

---

[36] 후기 베다 시대 힌두교에서 브라마는 황금알에서 태어나 만물을 창조한 주신이며, 브라마의 아내이며 사라스바티 강의 화신인 사라스바티는 예술과 언어를 관장하는 여신이다.

[37] 우즈베키스탄의 고도(古都). 14세기 티무르 제국의 수도로 크게 번영했으며 1500년에 부하라의 영토가 되었다. 18세기에는 쇠락해 사람이 살지 않는 곳이 되기도 했다.

적이었다. 모든 어려움은 "일루미나티"에게서 비롯되었다. 에스파냐와 나폴리와 그리스에서 일어난 혁명은 동쪽으로 옮아오는 음모의 상호연계된 부분들이었다. 독일의 학생들은 이미 감염되었지만, 그 음모의 주 목표는 신성동맹의 중심추인 정교 국가 러시아였다. 마그니츠키는 심비르스크의 프리메이슨 지도자를 고발하면서 카르보나리(Carbonari)[38]와 은밀히 연결되었다는 혐의를 추가했고, 페슬레르를 고발하면서 유대교와 소치누스주의의 연계를 암시했다.

냉철한 조사가 이루어지지 않는 가운데, 모종의 영적 침공이 실제로 진행되고 있다는 불안한 인상이 강해졌다. 은폐와 의혹이 빠르게 커졌고 차르에게 충성심을 보여주려고 안달복달인 행태를 부추기는 데 일조했다. 고발과 숙청은 전혀 거침없이 치닫다가 마그니츠키 자신이 제물이 되는 사태에 이르러서야 사그라졌다. 알렉산드르 1세가 죽었을 때 그의 서류 사이에는 마그니츠키가 정체를 숨긴 일루미나티라는 고발장이 끼어있었다. 그 뒤 곧바로 그의 카잔 대학 운영이 조사를 받았고, 그의 적들은 그가 유대인을 학교 감시자로 고용했다는, 그리고 그가 그의 선임자가 열두 해 동안 썼다고 고발되었던 금액과 같은 액수의 돈을 일곱 해 동안 썼다는 등의 폭로에 나섰다. 마그니츠키는 사도들도 개종한 유대인이며 자기를 고발한 자들이 볼테르의 논지를 되풀이하고 있다고 주장했지만, 소용이 없었다. 그는 자기 사건을 변론하러 성 페테르부르그로 떠났으며, 1831년 초엽에 에스토니아의 유배지에서 새 차르를 위해 "전 세계 차원의 일루미나티 음모"가 일어나기 전 마지막 순간에 작성한

---

[38] 나폴레옹 몰락 뒤에 이탈리아에 강제로 부과된 보수 체제에 반대한 자유주의자와 민족주의자의 비밀결사체. 1820년에 나폴리에서 혁명을 일으켜 헌법 제정을 약속 받았지만, 오스트리아의 개입으로 목표 달성에 실패했다.

다며 그 음모에 관한 상세한 분석문 2건을 썼다.

그 문건에 따르면, 일루미나티는 학술, 정치, 교회, 대중, 이렇게 네 가지 층위에서 공격하고 있었다. "수평파"(Leveller),[39] "천년왕국설 신봉자", "감리교 신자", "분리파"는 평범한 러시아인의 "어버이 차르"를 "동무 차르"(Царь-товарищ)로 대체하려는 거대한 음모의 일부로 한통속으로 묶였다. 보수 국가인 오스트리아조차 러시아 체제를 뒤엎으려고 첩자를 보내고 있다고 단언되었다.[107]

그러나 마그니츠키는 적을 너무나 많이 만들었고, 자기의 주요한 벗인 아락체예프는 권좌에서 떨어졌다. 몽매주의의 물결에 올라탔던 그가 이제는 쓸려내려가 지방 행정기구라는 고여있는 늪에 처박혔다. 그 늪에서 그는 자기가 옹호하는 정책의 성공을 정작 자기는 덕을 보지 못한 채로 지켜보게 된다. 그는 프리메이슨 다단계 조직의 상징에서 따와서 제목을 지은 『무지개』(Радуга)라는 저널에 잠깐 글을 썼다. 그러나 그의 마지막 글은 자기가 오랫동안 견지해온 반(反)합리주의를 풀이 죽은 채로 확인하는 데 지나지 않는데, 그 글은 점성술에 관한 논설 한 편과 의문을 품지 않는 "촌놈의 그리스도교" 신앙을 변호하는 이른바 "생각이 단순한 이"(Простодум)의 연재물이었다.[108]

유산

예카테리나 대제와 알렉산드르 1세의 치세에 러시아는 물리적으로 정

---

[39] 영국 내전기의 급진파. 주로 병사의 지지를 받은 민주주의 세력이었으며, 탄압에 맞서 1649년에 봉기했지만 진압되어 힘을 잃었다.

신적으로 유럽 안으로 깊숙이 들어갔지만, 서방의 정치와 제도의 발달을 공유할 채비는 되어 있지 않았다. 러시아의 도시는 신고전주의 모델에 따라 개조되었지만, 러시아의 사고는 고전주의의 형식과 규율의 영향을 거의 받지 않은 상태에 머물러 있었다. 유럽에서 가장 관용적이고도 합리적인 선정을 베풀겠다는 예카테리나 대제의 약속으로 시작되었던 실험은 마그니츠키의 불관용과 몽골 예찬으로 끝이 났다. 주요 문제를 해결하기는 고사하고 정의도 하지 못한 채로 모호한 희망이 똑같이 막연한 두려움에 밀려났다. 러시아가 합리화된 정치 체제나 합리적인 신학을 이룩하기 전에 논의가 중단되었다. 제국 정부는 질문을 제기하는 것도 틀어막겠다는 쉽지 않은 반동적 입장에 섰다.

1824년의 종교 숙청은 이듬해의 데카브리스트 탄압이 정부 안에서 기본적 정치 문제의 논의를 모두 종식한 것과 마찬가지로 공식 교회 안에서 폭넓은 신앙 논쟁을 모두 종식했다. 그러나 한번 일어난 기대는 쉽사리 사라지지 않는다. 공식적인 장에서 논의될 기회를 얻지 못한 문제는 비공식적인 장에서 러시아를 계속 들쑤셨다.

실제로 알렉산드르 1세 시대의 주요 선동가들은 행동에서 얻을 수 없었던 역사적 의의를 순교에서 얻었다. 데카브리스트의 재판과 굴욕은 새로 일깨워진 귀족의 도덕적 감성에 강렬한 충격을 남겼다. 귀족 사상가들은 자기들 나름의 정치 프로그램에는 뜻을 모을 수 없었지만, "한 세대에 대한 재판"이라는 애처로운 광경에 반감을 느끼면서, 그리고 데카브리스트 지도자의 처형과 시베리아 유배지로 가는 다른 지도자에게 진흙을 뿌려대는 자를 예찬하는 송시를 인가한 데 격분하면서 한데 뭉쳤다. 목숨을 빼앗긴 데카브리스트의 복수를 하겠다는 게르첸과 니콜라이 오가료프(Николай Огарев)의 "한니발의 맹세"[40]는 러시아의 근대 혁명 전통의 실질적 시발점이다.

똑같이 대단한 것은 알렉산드르 1세 치세에 나왔던 새로운 종교적 해답이 니콜라이 1세 치세 내내 호소력을 잃지 않은 점이다. 가톨릭교회에 매료된 러시아 귀족이 많았다. 폴란드 반란[41]의 진압에 동반한 반(反)가톨릭 행위가 공식적 성격을 띤 뒤에 특히 그랬다. 알렉산드르 1세의 가까운 벗이자 미망인이 된 황후의 여관(女官)을 지낸 미녀 지나이다 볼콘스카야(Зинаида Волконская)는 로마에서 가톨릭 자선 활동을 주도하는 인물, 교회의 재통합과 유대인 개종의 사도가 되었다.[109] 예카테리나 대제의 주요 자문관이었던 이의 딸인 소피야 스베치나(Софья Свечина)는 파리에 있는 예수회 종단의 주요 후원자였다. 스베치나는 예배당 겸 슬라브어 도서관을 세웠고 예수회 종단에 가입하도록 젊은 외교관 이반 가가린(Иван Гагарин)을 설득하는 일을 도왔다.[110] 데카브리스트 미하일 루닌은 가톨릭 신자가 되었고, 자유사상가 블라디미르 페초린(Владимир Печерин)은 레뎀토리스트회[42] 수사가 되어 더블린(Dublin)의 빈민에게 봉사했다. 가장 주목할 만한 것은 17세기 이후로 러시아의 세속적 서방화의 선구가 되었던 골리친 가문의 상당수가 개종했다는 점이다. 볼테르가 주로 연락을 주고받은 러시아인[43]의 아들인 드미트리 골리친(Дмитрий Д. Голицын)은

---

[40] 기원전 3세기에 제1차 포에니 전쟁에서 조국 카르타고가 로마에 패하자 어린 한니발은 로마에 복수하겠다고 맹세했고, 맹세대로 죽을 때까지 로마와 싸웠다. 1825년에 13세였던 게르첸과 12세였던 오가료프는 데카브리스트의 복수를 하고 자유를 위해 싸우겠다고 함께 맹세했다.

[41] 니콜라이 1세가 1830년에 파리의 7월혁명을 진압하려고 폴란드 군대를 동원하자 폴란드인 사관생도 비밀결사가 11월 29일에 바르샤바에서 무장봉기를 했다. 러시아군의 진압에 밀려 실패했지만, 이듬해 가을에야 전투가 끝날 만큼 치열한 항전이 이어졌다.

[42] 정식 명칭은 가장 거룩한 구세주 수도회(Congregatio Sanctissimi Redemptoris). 1732년에 빈민 구제를 목적으로 만들어진 가톨릭교회 산하 수도회이며, 초창기에는 나폴리의 빈민가에서 활동하다가 세계 곳곳으로 확장되었다.

[43] 드미트리 알렉세예비치 골리친(Дмитрий Алексеевич Голицын, 1734~1803년).

가톨릭 신자가 되어 메릴랜드(Maryland) 주 볼티모어(Baltimore)로 갔으며, 그곳에서 서품을 받는 최초의 가톨릭 사제가 되었다. 1795년에 신부가 된 그는 생-쉴피스(Saint-Sulpice) 사제회[44] 선교단을 이끌고 펜실베이니아 주 서부로 가서 오늘날의 로레토(Loretto) 시 근처에 있는 통나무 교회에서 펜실베이니아의 해리스버그(Harrisburg)부터 이리(Erie)까지 펼쳐진 드넓은 지역을 관장했다.[111]

예언적인 분파교도 호소력을 계속 발휘했다. 다양한 "영적 그리스도 교", 즉 "젖 먹는 사람들"과 "영혼의 보유자들"이 남부에서 계속 번성했다. "젖 먹는 사람들"은 1823년에 캅카즈로 이송되었고 새로 신도를 얻으면서 페르시아 안으로 뻗어 들어가기 시작했다. "영혼의 보유자들"은 카작의 중심지인 노보체르카스크(Новочеркасск)에 있었는데, 이곳에서는 코텔니코프의 다양한 추종자들이 그가 솔로베츠크에서 순교했다고 말하고 1832년, 1843년, 1844년에 세상이 끝난다고 예언했다.[112]

알렉산드르 1세 시대의 비정통 종교사상은 좋든 나쁘든 이후의 러시아 역사에 동시대의 개혁 정치사상보다 훨씬 더 큰 영향을 미치게 된다. 19세기 말엽의 사변적 종교사상가들에게는 알렉산드르 1세 시대 사람들이 멈춰선 곳에서 다시 출발하는 경향이 있었다. 알렉산드르 1세 시대 영성의 주류 노선에 충실하게도 그들에게는 혁명과 합리주의, 둘 다에 반대하는 경향이 있었다. 그들에게는 규율이 선 종교재판소식 교회라는 드 메스트르의 사상과 영적인 "내면의" 교회라는 로푸힌의 사상 사이에서 동요하는 경향도 있었다.

그 두 이상은 도스토옙스키의 "종교재판소장의 극시"에서 서로 대립

---

[44] 사제를 양성할 목적으로 1641년에 프랑스에서 결성된 가톨릭교회 산하 교구사제 공동체. 본부가 파리에 있고, 캐나다와 미국으로 조직이 확장되었다.

한다. 지상으로 돌아온 그리스도의 형상은 말 없는 수난과 아낌없이 주는 사랑이라는 영적 무기로 능변의 외골수 종교재판소장에 맞서는 로푸힌의 이상적인 정신의 기사이다. 그 두 이상은 블라디미르 솔로비요프에게서도 나타난다. 로마가톨릭과, 그리고 드 메스트르의 전쟁관과 그의 개인적 친연 관계는 교회들이 "자유로운 신정(神政)"에서 재통합된다는 그의 미래상과 충돌했다.[113] 반쯤 종교재판소장 같은 콘스탄틴 포베도노스체프(Константин Победоносцев) 신성종무원장까지도 역으로 "내면의 교회"의 매력을 느꼈고 토마스 아 켐피스의 『그리스도를 본받아』를 번역했다.

19세기 러시아에서 새로운 내면의 교회라는 이상으로 개종한 가장 유명한 사람인 레프 톨스토이가 자기 일생에서 매우 중요한 몇 해를 알렉산드르 1세 시대 역사를 연구하면서 보낸 것은 이상해 보이지 않는다. 그가 한 연구의 결실은, 물론, 데카브리스트 운동 공부로 시작했다가 나폴레옹 전쟁과 그에 수반된 영적 분투의 대하 서사시로 끝난 러시아의 가장 위대한 역사소설 『전쟁과 평화』(Война и мир)였다.

그 뒤로 톨스토이는 폭력을 부정하고 "하느님의 나라는 당신 안에 있다"고 가르치는 새로운 무교리 그리스도교로 "개종"하면서 로푸힌의 "정신의 기사"의 원형이 되었다. 인간이 작은 녹색 막대기에 적혀있는 비밀 메시지[45]를 읽어 세상에서 악을 없앨 수 있다는 톨스토이의 생각은 어쩌면 녹색 막대기를 영생의 상징으로 삼은 프리메이슨 다단계 조직에서 자기도 모르게 빌린 것일 수 있다. 심지어 톨스토이가 『전쟁과 평

---

[45] 톨스토이는 어릴 적에 맏형 니콜라이에게서 "병이나 그 어떤 불쾌함도 없게 되며 그 누구에게도 화를 내는 사람이 없게 되고 모두가 서로 사랑하게 되는" 비밀을 써놓은 녹색 막대기를 야스나야 폴랴나의 숲 어딘가에 묻어두었다는 말을 들었다.

화』에서 한 프리메이슨 의례 형식의 유명한 패러디조차도 영적인 고위 종단이라는 노비코프의, 그리고 로푸힌의 이상에 핵심적인 공허한 의례에 품은 경멸을 반영한다. 톨스토이가 젊었을 때 지닌 미래상인 "하늘의 넓은 쿠폴라 아래 있는 모든 민족"의 새 형제단은 이상화된 모라비아 형제단(모랍스코예 브라트스트보(Моравское братство))의 변형이 틀림없는 "개미 형제단"(무라베이노예 브라트스트보(Муравейное братство))이라는 이름으로 통했다.[114] 자기 주위를 모든 언어로 된 성경이나 복음서로 둘러놓는 톨스토이의 버릇[115]과 그가 프로테스탄트의 경건주의 가르침에 느낀 전반적 공감은 성서공회를 생각나게 했다. 나이가 들었을 때 그는 박해받은 "영적 그리스도교"의 초기 종파, 즉 영혼의 씨름꾼들을 돕는 일에 온 힘을 바쳤다.[116] 비록 솔로비요프는 드 메스트르가 자기 나름의 교회를 세우기를 남몰래 소망했다고 암시하기는 했어도 톨스토이는 종교재판소식 교회라는 드 메스트르의 이상에 반대했다.[117] 1의 역사적 회의주의와 비관론도 『전쟁과 평화』에 영향을 깊이 미쳤다.[118]

사변적 사상이 아무리 풍부했을지라도 알렉산드르 1세 시대에는 생각하는 많은 사람이 보기에 종교의 위신을 깎아내리는 경향이 있었다. 알렉산드르 1세 개인의 우유부단함은 다양한 교파들이 황제의 총애를 얻으려고 온갖 꾀를 부리도록 부추겼고, 그런 꾀부리기는 곧 교파 사이의 논쟁과 음모로 변질했다. "예수회"와 "감리교" 같은 용어는 거의 "자코뱅"과 "일루미나티" 만큼 자주 욕설로 사용되었다. 이렇듯 관용을 북돋으려는 알렉산드르 1세의 노력은 얄궂게도 교파의 원한을 키웠을 따름이다.

더더욱 얄궂게도, 알렉산드르 1세가 통솔력을 발휘하지 못한다는 것이 분명해지면서 그는 개인적으로 아부를 더 적게 받기보다는 오히려 더 많이 받았다. 모든 개혁파는 관용적인 알렉산드르 1세를 이상화했으며 상냥하고 알쏭달쏭한 이 황제가 사실은 자기들의 특정 견해에 찬성한 다는 생각을 버리지 않았다. 알렉산드르 1세는 사실상 죽을 때까지 그 시대의 모든 막연한 희망의 유일한 현실적 초점이었다. 그는 유럽 전역 의 수많은 자칭 아리스토텔레스에게는 여전히 알렉산드로스 대왕이었 고, 농민에게는 여전히 하느님에 버금가는 존재였다. 농민들은 그를 상 대로는 대규모 봉기를 일으키지 않았다. 가톨릭 신도는 알렉산드르 1세 가 죽을 때 개종할 생각을 했다는 생각을 버리지 않았다. 대중의 종교적 상상력은 알렉산드르 1세가 죽지 않았고 떠돌이 성자 표도르 쿠즈미치 (Федор Кузьмич)[46]로 살았다는 생각을 버리지 못했다.[119]

알렉산드르 1세를 통해 러시아를 변혁하겠다는 희망은 너무나 막연하 고 낭만적이었고, 현실 세계의 경험과는 너무나도 맞지 않았다. 그러나 ── 구원자로 여겨졌던 다른 선의의 정치 지도자들과 마찬가지로 ── 알렉산드르 1세는 자기가 받은 아부에 도취하여 최면 상태에 빠졌다고 보인다. 말년에 그 는 냉정한 정치 수완의 능력 면에서 예전보다 훨씬 더 뒤떨어졌다. 클레 멘스 메테르니히(Klemens Metternich)는 "그는 이 종파에서 저 종파로, 이 종 교에서 저 종교로 옮겨다니면서 모든 것을 망치고 아무것도 이루지 못했 다"고 투덜댔다.[120] 그는 여러 교회와 모스크, 그리고 유대인 공회당 한 곳을 방문하고 의사의 치료를 거부한 뒤 현실에서 동떨어진 채 머나먼 남쪽 지역에서 죽었다.[121] 이 관용의 수호자는 러시아가 이념 검증과 익명의 고발과 자의적 추방이 난무하는 곳이 되도록 허용했다. 러시아 근대사에서 가장 사랑받은 이 차르는 러시아가 중심을 잡지 못하고 어느

---

[46] 1825년 말에 러시아 남부를 순회하던 길에 급사한 알렉산드르 1세가 사실은 죽지 않고 표도르 쿠즈미치라는 인물로 정체를 숨기고 시베리아에서 은둔 생활을 하고 있다는 소문이 돌았다. 실존 인물인 쿠즈미치(1776~1864년)는 러시아 정교회 장 로였고 1984년에 성자로 시성되었다.

모로는 파벨 1세의 정책보다 훨씬 더 반동적인 정책에 휘둘리도록 내버려두었다.

그 시대의 대다수 주요 이론가는 — 라디쉐프, 노비코프, 카람진, 스페란스키, 페스텔, 로푸힌, 마그니츠키 같은 러시아인이든 슈바르츠, 드 메스트르, 바더, 페슬레르 같은 외국인 스승이든 상관없이 — 프리메이슨 운동에서 적극적으로 활동했다. 프리메이슨은 비록 공식적으로는 정치 운동도 아니고 종교 운동도 아니었을지라도, 그 두 영역에서 큰 영향력을 행사했다. 프리메이슨 다단계 조직은 자기완성이 가능하다고, 그리고 "참된 프리메이슨"이 세울 새로운 솔로몬 사원은 세상 자체와 다를 바 없다고 믿도록 러시아인을 일깨웠다. 그러나 이런 개벽이 어떻게 일어날지, 또는 언제 일어날지 정확히 알 길은 없었다. 한 지도자는 "프리메이슨에 관한 지식을 조금 얻을 수는 있지만, 프리메이슨 자체를 알 수는 없다"고 말하기를 좋아했다.[122]

프리메이슨 지부는 수도원이 모스크바국의 문화에서 했던 역할과 같은 그 어떤 것을 귀족 러시아의 문화에서 수행했다. 프리메이슨 지부는 아직도 삭막하고 거친 전제정의 환경 속에서 강렬한 영성과 문화 활동의 오아시스를 제공했다. 옛날의 수도원처럼 프리메이슨 지부는 지배 권력에게 도전이면서 기회였다. 그러나 예카테리나 대제는, 그리고 결국은 알렉산드르 1세도 표트르 대제가 수도원에 그랬던 것과 똑같이 프리메이슨을 도전으로 보는 쪽을 택했다. 17세기와 18세기의 다양한 저항 운동이 전제정의 옛 수도원 문화 파괴에 맞선 일종의 역공이었다면, 19세기 지식인의 이념적 반란은 어느 모로는 전제정의 새 프리메이슨 문화 파괴에 맞선 저항의 한 형태였다.

이 프리메이슨 문화의 성가(聖歌)는 추상적 미덕과 신화의 신들에 바치는 찬가였다. 프리메이슨 지부 가입은 일종의 제2차 성인 세례였다. 복음서 저자와 초기 교부와 맞먹는다고 여겨진 뵈메와 생 마르탱과 융-

슈틸링, 그리고 다른 신비주의 사상가들의 저술은 거룩한 경전이었다. 그러나 프리메이슨은 수사들이 목표로 삼는 내세의 구원이 아니라 현세의 진리인 프라브다, 즉 지혜와 정의라는 "양면의 진리"를 추구했다.

프리메이슨 문화의 이콘은 지난날 위인들의 조각상과 흉상이었다. 조상(彫像)은 예카테리나 대제 통치기에 들어서야 비로소 러시아 미술에서 처음으로 중요해졌다.[123] 표트르 대제 청동상은 서방화에 바치는 예카테리나 대제의 기념비적인 이콘이었으며, 예카테리나 대제의 볼테르 조각상은 예카테리나 대제의 개인 숭상 용도의 이콘이었다. 로푸힌은 자기의 "내면의 교회"의 "정신의 기사"들의 상징적인 조각과 흉상이 가득찬 개인 정원을 가지고 있었다.[124] 마그니츠키는 그리스도의 수난상이 새겨진 십자가를 개조된 카잔 대학에 없어서는 안 될 중요한 실내 장식물로 삼았으며, 루니치는 가시 면류관을 쓴 그리스도의 개인소장용 흉상을 지녔다.[125]

얼굴의 물리적 특성에 쏟아진 비상한 관심은 부분적으로는 서방에서는 여러 세기 동안 존재했던 자연주의 미술을 이제 막 발견하고 있던 한 민족의 새로운 흥밋거리였지만 부분적으로는 그림은 성자와 소통하는 수단이라는 이콘 제작자들의 오랜 믿음의 새로운 형태이기도 했다. 라스트렐리가 성 페테르부르그에서 스트로가노프 가문을 위해 지은 저택에 있는 흉상과 그림의 개인 화랑은 일종의 이콘 실이 되었다. 데카브리스트 니콜라이 베스투제프(Николай Бестужев)가 데카브리스트 봉기에 참여했던 모든 이들의 초상화를 유배지에서 그린 것은 새로운 순교사적 인물 묘사법이 시작되는 기점이 되었다.[126]

목숨을 잃은 데카브리스트의 복수를 시도하다가 세속적 혁명 전통을 개시한 게르첸도 프리메이슨 다단계 조직 문화의 영향을 받았다. 이 점은 그의 어릴 적 맹세에서, 일찍부터 입에 올린 회생("거듭남")에 관한 이야기[127]에서, (프리메이슨의 한 핵심 지부와 상징을 따라 표제를 정한 데카브리스트 문예집에서 취한) 그의 첫 정기간행물의 제목인 "북극성" (Полярная звезда)에서, 심지어 흥분을 자아내는 알렉산드르 2세 통치 초기의 분위기 속에서도 원조 "정신의 기사" 로푸힌의 저술을 편집하겠다는 그의 결심에서 드러난다. 실제로 프리메이슨 다단계 조직의 많은 상징은 러시아의 혁명 전통에 희한하게 잘 들어맞는 듯하다. 그런 상징으로는 "승리가 아니면 죽음을"이라는 기본 구호, (사상을 위해 싸울 필요성을 나타내는) 최상급 상징인 장검, (배신자를 처벌할 필요성을 나타내는) 하급 상징인 단검, 십자가에 메시지를 새겨넣는다는 착상, 사람 안에 있는 아담의 빛을 상징하는 사원 안의 촛불, 프리메이슨 회원이 곧 땅으로 가져올 별빛 찬란한 하늘의 완벽함이 있었다. 로마노프 황조는 이 촛불을 끄면서 그 촛불에 불을 붙였던 불꽃을 끄는 데에는 성공하지 못했다. 프리메이슨의 이 핵심적 상징인 "불꽃"(이스크라, Искра)이라는 이름이 — 다시 데카브리스트의 어법이라는 매개를 거쳐 — 레닌이 자기의 혁명 사상을 맨 처음으로 펼친 신문에 붙게 된다.

물론, 알렉산드르 1세 시대의 프리메이슨 문화는 그 상징과 기법을 이용하게 되는 혁명 운동과는 사뭇 다른 것이었다. 모든 프리메이슨 회원은 하느님을 믿는다고 서약했지만, 하느님에게는 많은 이름과 얼굴이 있었다. 사람은 하느님을 세상(대우주) 안에서, 또는 자기 자신(소우주) 안에서, 또는 계시록(간(間)우주[47]) 안에서 똑같이 잘 찾아낼 수 있었다. 러시아의 은비학 신봉자에게는 하느님의 이름 자체가 상징적이고 비유적인 의미를 지녔다. 베(Б)와 오(O)와 게(Г)라는 글자[48]는 러시아 신비주의의 "하

---

[47] 소우주보다는 크고 대우주보다는 작은 우주.
[48] Бог는 하느님을 뜻하는 러시아어 낱말이다.

느님 위에 있는 하느님"의 세 가지 본질적 특성인 블라고(благо, "선")와 오테츠(отец, "아버지")와 글라골(глаголь, "말씀")을 뜻했다. 글자 "O"는 가운데 있으며, 하느님의 부격(父格)에는 처음도 끝도 없음을 의미하는 완벽성의 자기완결적 원이다.[128] 그리스도의 탄생은 모두 세 가지 형태로, 즉 선의 도덕적 성육신과 참 말씀의 과학적 성육신으로서 일어났다고 말해졌다. 이렇듯 "그리스도 본받기"는 프리메이슨 다단계 조직에서 인간이 지식과 정의라는 "양면의 진리"를 성취한다는 뜻이었다.

그러나 그러한 하느님은 러시아와 어떤 관계를 맺었을까? 알렉산드르 1세 시대의 고뇌와 좌절의 바로 밑에는 자기의 통찰력을 현실 세계에 적용하려고 애쓰는 도취한 신비주의자의 감성이, 그리고 민족 신조를 찾아나선 깨어나는 한 민족의 더 절절한 드라마가 있다. 드 메스트르는 러시아에 트리엔트 공의회 교리문답49을 내놓았다. 경건주의 종파교도는 자기들이 "거짓 지혜의 어슴푸레한 불에서 나는 연기로 피어오른 환영"에서 벗어나도록 로푸힌의 『참 프리메이슨의 도덕 교리문답』(Нравственный катехизис истинного франкмасона)에 의지했다.[129] 보수적인 군지휘관들은 러시아에서 나폴레옹과 싸우는 독일 군인을 위해 에른스트 아른트(Ernst Arndt)가 1812년에 쓴 경건주의적이고 애국적인 『독일 군인을 위한 짧은 교리문답』(Kurzer Katechismus für teutsche Soldaten)에 찬탄하며 의지했다.[130] 합리주의적 회의론자들은 볼테르의 『정직한 사람의 교리문답』(Catéchisme de l'honnête homme)에 의지했다.[131] 애국적 개혁가들은 반도전쟁50 동안 작성된 에스파냐의 『한 시민의 교리문답』의 러시아어 번역을

---

49 대항종교개혁 시기에 가톨릭 교리를 설명하고 성직자의 신학 지식을 높이고자 트리엔트 공의회(1545~1563년)의 의뢰로 카를로 보로메오(Carlo Borromeo, 1538 ~1584년) 밀라노 대주교가 작성하고 감수한 교리문답서. 로마 교리문답이라고도 한다.

찬양했고, 데카브리스트인 세르게이 무라비요프-아포스톨(Сергей Муравьев-Апостол)의 『정교 교리문답』(Православный Катехизис)에서 제시된 다음과 같은 견해 쪽으로 기울었다. 러시아인은 "폭정에 맞서 다 함께 일어나 러시아에서 믿음과 자유를 회복"해야 한다. "거부하는 자는 배반자 유다처럼 파문당하는 천벌을 받으리라. 아멘."[132]

러시아가 니콜라이 1세 통치기에 채택한 신조는 알렉산드르 1세 시대에 골자가 잡힌 그 어떤 것보다는 예카테리나 대제의 조신이며 보수적 역사가인 미하일 쉐르바토프가 1783~1784년에 쓴 "유토피아" 소설 『스웨덴 귀족 ㅅ씨의 오빌 땅 여행』(Путешествие в землю офирскую гражданина С, шведского дворянина)에서 묘사한 신조에 훨씬 더 가까웠다. 박학다식하고 소장 도서가 타의 추종을 불허하는 15,000권이었는데도 쉐르바토프는 규율이 서지 않은 지식 활동을 깊이 의심했다. 그는 엄격한 신분 구조를 갖춘 절대군주제와 철저히 실용 문제를 지향하는 교육 체계를 제안했다. 종교는 철저하게 합리적이고 권위주의적이어야 했다. 새 교리문답 두 권, 즉 도덕 교리문답과 법률 교리문답이 다른 모든 읽을거리 대신에 (심지어는 성경 대신에) 일반 국민에게 주어질 터였다. 도덕 교리문답을 가르치는 사제와 법률 교리문답을 가르치는 경찰은 질서의 유지를, 그리고 도덕과 법에 대한 존중의 주입을 자기들의 목표로 삼아야 했다.[133]

러시아는 니콜라이 1세 통치기에 "도덕" 교리문답과 "법률" 교리문답을 둘 다 얻었다. 필라레트 수좌대주교의 『정교 교리문답』에서 "도덕" 교리문답을, "관제 국민성" 교의의 개요가 설명된 우바로프의 유명한 회람문에서 "법률" 교리문답을 얻은 것이다. 한편, 사회 정책과 경제 정

---

50 1807년에 이베리아 반도를 침공한 프랑스군과 에스파냐·영국 연합군 사이에 벌어져 프랑스군이 철수하면서 1814년에 끝난 전쟁.

책은 쉐르바토프의 소설에서 제시된 경직된 노선을 따랐다. 신분 구분은 엄하게 유지되고 농민은 예속 상태에 머무르고 상공업은 쉐르바토프가 모든 부의 원천으로 여겼던 농업의 밑에 놓였다.

이것은 어느 모로는 알렉산드르 1세 시대의 혼란 뒤에 질서와 순리로 되돌아가기를 대표했다. 니콜라이 1세는 1820년대 중엽 "반동의 고양"에서 가장 극단적인 인물들을 내쳤다. 군대에서는 아락체예프를 알렉산드르 벤켄도르프(Александр Бенкендорф)로, 교육에서는 마그니츠키를 우바로프로, 교회에서는 필라레트를 포티로, 시시코프의 고풍스러운 슬라브식 어법을 카람진의 유럽화된 산문으로 교체한 것이다. 그러나 니콜라이 1세의 정책은 그 종결성 탓에, 즉 귀족들이 종교와 정치를 더 논의할 여지를 남기기를 거부한 탓에 더 큰 분노를 샀다. 그의 이상 사회는 "질서가 있고 …… 모든 답변을 들어야겠다는 무례한 주장이 없고 …… 자기 스스로 복종하는 법을 배우기 전에는 지휘하지 않는" 군대였다.[134] 하느님은 최고사령관이고 니콜라이 1세는 "그분의 명령을 잘 수행해서 저세상에서 거행될 거대한 열병식에서 영예로운 자리 하나를 차지하겠다"고 작정한 부관이었다.[135] 로마노프 황조는 알렉산드르 2세 통치기의 짧은 몇 해를 빼고는 절대로 다시는 정치개혁 논의를 부추기지 않는다. 궁정은 그리고리 라스푸틴(Григорий Распутин)이 설치는 최종 퇴락기를 빼고는 절대로 다시는 종교적 진리를 공식 교회 밖에서 추구하라고 부추기지 않는다.

이렇듯, 알렉산드르 1세의 일생 동안 합리적 계몽을 의심하는 태도가 생겼고 이런 태도는 러시아 문화의 이후 발전을 가로막는 효과를 불러왔다. 러시아가 자국의 힘과 정체성을 충분히 의식해가고 있던 바로 그때에 반(反)계몽 정서가 만조에 이른 것이 특히 치명적이었다. 합리주의는 혁명과, 혁명은 나폴레옹과, 나폴레옹은 러시아 침공과 모스크바 화재와 동일시되었기 때문에 반(反)합리주의가 러시아 안에서 각별한 지위를 차지했다.

옛 모스크바의 폐허 위에서 일어난 새 모스크바는 곧 성 페테르부르그의 위용을 넘어서고 스스로를 유럽 문화와 다르다고 생각하기 시작했다. 가장 폭넓은 독자를 거느린 그 시대의 작가들 가운데 한 사람인 미하일 자고스킨(Михаил Загоскин)은 모스크바가 불탄 뒤에 "모스크바와 모스크바인"의 수기를 위한 자료를 모으는 필생의 작업을 시작했다. 이 작품은 1840년대에 마침내 모습을 나타냈을 때 큰 인기를 누렸다. 그는 머리말에 이렇게 썼다.

> 나는 서른 해 동안 모스크바를 지나치리만큼 연구했고, 모스크바는 도시나 수도가 아니라 하나의 완전한 세계라고, 말할 나위 없이 러시아적인 세계라고 단호하게 말할 수 있다. …… 햇살 수천 가닥이 확대경을 통과하면서 점 하나로 모이는 것과 똑같이, 우리 러시아 민족의 색다른 모든 특성이 모스크바에서 하나의 민족성으로 합쳐진다. …… 당신은 러시아의 현세적이고 세속적인 삶을 구성하는 모든 요소의 축소판을 모스크바에서 찾아낼 것이다. 러시아라는 이 청동 거상에서 페테르부르그는 머리 구실을 하지만 모스크바는 심장 구실을 한다.[136]

새 모스크바 문화의 신비주의적 낭만주의자들에게는 "심장"이 "머리"보다 더 중요했다. 한 도시의 생김새에 감춰진 진실을 찾아내려는 그들의 시도는 알렉산드르 1세 치세에 은비학에 빠져 조소술과 골상학에 매료되는 현상의 연장이었다. 모스크바의 바로 그 특이성과 비대칭성이 그들의 상상력에 호소력을 지녔다. 이 옛 수도의 이상한 모양에서는 훌륭한 의미가 발견된 반면에, 새 수도의 면모에서는 공포와 흥조가 발

견되었다. 당시에 나온 「성 페테르부르그의 생리」와 여러 문학작품에서
그랬다.[137] 이것은 러시아의 첫 대학교의 창립을 기념해서 라틴어 문구
를 새겨넣어 주조한 메달에 나타나서 떠오르는 해의 빛을 받아 반짝이는
크레믈 망루를 보여주던 모스크바[138]가 더는 아니었고 신비한 달빛의
모스크바였다.

> 밤이 참 환하구나!
> 잠든 모스크바를 바라보며
> 달이 참 밝게도 빛나는구나!
> 하늘을 지나가는 달이 보이는가,
> 도시가 그리 화려한가?
> 다른 크레믈이 보이는가?[139]

그러나 니콜라이 1세 통치기 모스크바의 대단한 문화 활동은 그 옛날
모스크바국으로의 단순한 회귀가 아니었다. 예카테리나 대제와 알렉산
드르 1세는 러시아 사상에서 돌이킬 길 없는 화를 일으켰다. 귀족들은
서방에 접해서, 그리고 — 완전한 신약성경에서 디드로의 『백과전서』에 이르기까지
— 이제까지 자국어로 읽을 수 없었던 책에 접해서 자극을 받는 경험을
했다. 귀족들은 작은 동아리의 지적인 친교 활동을 맛보았다. 세속적인
언론과 예술, 조직화된 교육과 자선 행위 모두 다 많은 러시아 귀족 삶의
일부가 되었다.

지적 분위기에 이미 일어난 변화를 생생하게 보여주는 사례로는 니콜
라이 1세의 공식 국가철학을 최종 확정한 인물인 세르게이 우바로프가
있다. 우바로프는 1833년에 새로 취임한 교육부 장관으로서 "정교, 전제
정, 국민성"(Православие, Самодержавие и Народность)이라는 자기의 거룩한
3대 원칙을 처음으로 제시했을 때부터 1855년에 니콜라이 1세가 죽고

나서 딱 두 달 뒤에 자기가 죽을 때까지 세련되고 유능한 반계몽의 수호자였다. 스페란스키가 새로 만든 1833년 법전이 입헌정치 개혁을 위한 러시아 계몽의 희망을 종결한 것과 똑같이, 같은 해에 나온 우바로프의 회람문은 교육개혁의 희망을 종식했다. 그러나 스페란스키의 법전과는 대비되게도 우바로프의 문서는 바로 앞 시대의 이념적 열정을 얼마간은 살려놓음으로써 러시아 사상을 위한 새 길을 트는 데 도움을 주었다.

겉보기에, 우바로프는 진리와 권위를 위해 합리성을 뛰어넘는 어떤 토대를 찾아야 하며 고대 동방에 기대어 "잃어버린 아담의 빛"의 남은 반사광을 얻어야 한다고 주장하므로 아직은 은비학적 프리메이슨의 또 다른 아류로 보인다. 우바로프는 아시아 학술원을 세우려고 자기가 1810년에 만든 청사진에서 러시아는 아시아와의 연계를 소중히 간직하고 자국의 동방 유산에 대한 광범위한 "형이상학적 고고학" 연구를 수행해야 한다고 주장했다.[140] 두 해 뒤에 그가 쓴 『엘레우시스 비밀 제전에 관한 시론』(Опыт об элевзинских таинствах)은 러시아의 오리엔트 유산과 연결되어 있다고 아직도 생각되는 원시 그리스 문명에서 초기의 비밀 제전이 지녔던 권위를 이상화했다. 그가 넌지시 뜻하는 바는 계몽 시대에 널리 찬양되었던 그리스의 자랑인 민주주의와 비판 철학이 사실은 더 앞선 원(原)오리엔트 사회의 "정신적 합일"[141]을 좀먹어서 망가뜨린 힘이라는 것이었다.

이 초기의 친아시아 정서 발언은 나폴레옹의 러시아 침공이 유럽과 계몽에 반대하는 정서를 부채질함에 따라 시선을 점점 더 많이 끌었다. 우바로프가 1830년대에 되풀이한 이 입장은 1830년의 폴란드 봉기에 뒤이어 두 번째 반(反)서방 감정의 물결이 인 탓에 득을 보았다. 우바로프의 주요 보좌관이자 그의 이론을 대중화한 사람인 표트르 플레트뇨프(Петр Плетнев)는 서방의 고전주의가 전제정에 맞지 않는다고 주장했다. 성 페테르부르그의 오리엔트어 교수 오시프 센콥스키(Осип Сенковский)는 우바로프의 견해를 퍼뜨리는 선전가가 되었다. 나폴레옹에게서 모스크바를 지켜낸 반동적 팸플릿 저자인 로스톱친 백작은 죽은 뒤에 칭기즈 한을 시조로 둔 계보를 받았다.

한 주요 비평가는 "우리는 스스로 동방화(овосточиться)해야 한다"고 선언했고,[142] 마치 호응이라도 하는 양 확연하게 2급에 속하는 새 역사극과 역사소설에서 갑자기 아시아 사람이 주인공이 되었다. 자기의 타타르인 아버지가 나폴레옹에 맞서 벌인 전투를 미화한 무용담 『칭기즈 한의 마지막 후예』(Последний потомок Чингисхана)에서부터 타락한 서방의 침입자와 싸우는 계명된 중국인이 묘사된 『친킨통, 또는 악령의 세 선행』(Цзин-Кин-Тонг, или Три добрые дела духа тьмы)에 이르는 다작 작가 라파일 조토프(Рафаил Зотов)의 작품이 그런 예였다. 1823년의 희곡 「이반 3세의 청년기, 또는 티무르의 러시아 침공」(Юность Иоанна III, или Нашествие Тамерлана на Россию)에서는 더 나아가 그 몽골인 침략자가 러시아 차르의 스승으로 나오기까지 한다. 한 1828년 연감은 속담 유형의 민간 지혜에 언제나 흥미를 보이는 한 민족에게 몽골 속담집을 내놓아서 그 양상을 마무리했다.[143]

범아시아주의가 우바로프의 "관제 국민성" 교의 일부가 되지는 않았지만, 그가 오리엔트에 매료된 것은 그가 시원적인, 즉 순전히 러시아적인 관례로 되돌아간다는 그 어떤 단순한 교의에게서도 동떨어져 있음을 생생하게 예증한다. 대신에 그는 그 어떤 새로운 형태의 권위주의를 확신은 없이 추구한 사람으로 보인다. 그는 "철학 원리가 승리하는 …… 완전한 사회"[144]를, 얄팍한 필로소프가 지성과 상상력과 감성을 통합하는 "완전한 사고"에 패하는 완전한 사회[145]를 이야기한다.

우바로프는 귀족들이 상업에 치우친 서방에, 그리고 "말씀을 제위에서 끌어내린" 서방의 정기간행물에 품은 일반적인 경멸에 완전히 공감했다.[146] 그러나 그는 태초에 있었던 말씀이 아니라 전에는 전혀 없었던 구호를 자기의 이념적 제위에 올려놓는다. 정교는 그가 내세운 공식의 3분의 1만을 구성했으며, 그의 비평 저술은 그가 — 비록 사실상의 무신론자는 아니었을지라도 — 그리스도교 신앙에 대체로 무관심했음을 드러내 준다.[147] 그는 신앙의 목소리가 아니라 내면의 불안과 낭만적 염원의 목소리이다. 그는 철인왕이나 그리스도교 황제가 아니라 어떤 은비학 교단의 총수를 찾고 있다고 보인다. 그가 품은 "완전한 사회"의 이미지는 각 개인이 자기의 이성적 역량을 완성하고 도덕률에 따라 사회 질서를 개조한 사회가 아니라 내밀한 가입자들을 제외한 모든 이에게 이해되지 않는 "지적 존재"가 지배하는 엄격한 위계 사회이다.

우바로프는 전통이 아니라 새 이념으로 데카르트주의[51]와 회의주의와 싸웠다. 그 이념은 자주 근대 전체주의의 선행 형태로 보인다. 그러나 그 싸움을 벌이는 과정에서 그는 다른 문제를 일으키는 데 일조했다. 관제 이념의 세 기둥 가운데 하나로 나로드노스트("국민성")를 도입함으로써 그는 훗날 급진파가 "인민의 정신"을 뜻한다고 해석한 모호한 용어에 권위를 점점 더 많이 부여했다. 우바로프는 1834년에 월간지 『교육부 관보』(Журнал Министерства народного просвещения)를 창간하고 그 "두꺼운 저널"에서 자기 견해를 정기적으로 제시함으로써 정부를 이념 저널리즘이라는 위험한 지형으로 들여보냈다. 그는 고대 오리엔트에 나타난 "사상의 작열"[148]을 이상화함으로써 니콜라이 1세 시대의 특징이 된 색다

---

[51] 데카르트와 데카르트 학파의 철학 체계. 데카르트주의에 따르면, 정신은 육체와 완전히 분리되어 있고 형이상학적 정신만이 유일한 진실이며, 세계는 물질과 정신과 신의 세 영역으로 나뉜다.

른 사고의 새로운 작열을 조장하는 데 일조했다. 우바로프는 모든 것을 포괄하는 국가 이념을 내놓음으로써 러시아 사상가들을 개인적·민족적 신념이라는 폭넓은 문제로 돌려세우는 데 일조했다. 그 문제는 정치개혁과 교육개혁의 가능성이 소멸함에 따라 러시아인의 관심을 점점 더 많이 끌었다.

알렉산드르 1세 시대 상상력에 새로운 전망이 열렸다. 우바로프가 그 전망을 애써 억눌렀는데도 귀족들은 무대가 새로운 사회계급으로, 그리고 알렉산드르 2세 통치기의 더 개방되고 산업화한 사회의 구체적 관심사로 가득 차기에 앞서 니콜라이 1세의 통치 아래서 마지막 창조적 탐색기를 즐길 터였다.

러시아의 모든 사실주의 화가들 가운데 가장 유명하고 영향력이 큰 일리야 레핀은 (1844년부터 1930년까지) 비교적 장수했고 관변과 급진 세력 양쪽의 총애를 받았다는 점에서 근대 러시아의 예술가들 가운데에서 드문 사례이다. 그의 경력은 1860년대에 황립 예술원에서 입상 작품을 그리는 데 성공하고 1870년대에 황실에게서 작품 의뢰를 받으면서 시작했다. 그는 짧은 자유민주주의 시기 동안 주요 정치가들의 초상화를 그리며 전성기를 누렸으며, (비록 말년을 망명객으로 외국에서 보내기는 했어도) 소비에트 연방에서 살면서 소비에트 예술의 대작주의와 훈계조 사실주의의 창시자로 환호를 받았다.

레핀은 그림이 들어간 초창기의 연대기 이후로 러시아 문화에 활기를 불어넣었던 역사적 주제를 활용했다. 살해된 자기 아들과 함께 있는 이반 뇌제에 관한 그의 유명한 묘사는 새로운 사실주의적 매체를 멜로드라마식으로 활용해서 러시아인이 류릭에서 비롯된 거룩한 계보를 끊어버리는 이 결정적 행위를 보면서 늘 느껴온 공포와 매혹을 전달했다. 레핀이 그린 황태자의 실물 모델은 예언적 작가인 프세볼로드 가르신이었다. 가르신의 벗들은 그와 그리스도가 닮았다고 생각했는데, 세 해 뒤에 가르신은 그리스도와 같은 나이인 서른세 살에 죽었다.

(농민 차림을 하고 맨발로 서 있는 톨스토이의 그림 같은) 레핀의 초상화 다수는 한 저명인사를 기억할 때 떠올리게 될 이미지를 제공했다. 레핀의 동료 러시아 미술가들은 그의 무소륵스키 그림(도판 14)을 특히 숭상했다. 레핀은 이 그림을 그 작곡가가 1881년 3월에 죽기 겨우 며칠 전에 정신병원을 방문한 나흘 동안 완성했다. 레핀이 병든 벗을 그린

덕분에 인민주의 시대의 많은 인물은 레핀 자신의 자연스러운 "인민"
예술 추구가 옳았음을 입증하는 이 그림을 통해 무소륵스키가 ― 거의
문자 그대로 ― 죽음을 이기고 "살아남았다"고 주장했다.

〈도판 13〉 일리야 레핀의 「이반 뇌제와 그의 아들 이반」(Иван Грозный и сын его Иван),
1895년. (모스크바, 트레티야코프 국립미술관)

〈도판 14〉 레핀의 「무소륵스키의 초상」, 1881년.
(모스크바, 트레티야코프 국립미술관)

레핀은 여러 세기 동안 내려온 장르화 전통에 고생하는 미천한 사람들과 동화하려는 새로운 인민주의적 열정을 불어넣기도 했다. (비록 블라디미르 대공의 주문을 받아 그려졌을지라도) 레핀의 「볼가 강의 배끌이꾼들」(1870~1873년, 도판 15)은 인민주의 혁명가들의 기념비적 이콘이 되었으며, 단숨에 레핀을 "이동전람파"가 10년 전에 개시했던 새로운 사실주의적 "인민예술" 추구의 상징적 지도자로 만들었다. 부분적으로는 볼가 강의 배끌이꾼들의 유명한 노래에서 영감을 얻은 레핀의 이 그림은 이번에는 무소륵스키에게 영감을 주어 그가 태어난 볼가 지방의 자연산 소리에서 새로운 구원의 음악을 찾도록 만들었다. 혁명가들은 굴복하지 않은 사내아이의 긍지 어린 태도와 매섭게 쏘아보는 시선에서 도전하라는 외침과 도와달라는 요청을 보았다. 그 배는 강이 흘러가는 동쪽의 머나먼 다른 땅을 암시했고, 미래의 어떤 스텐카 라진이 육지로 둘러싸인 러시아 제국의 노역과 속박으로부터 낭만적으로 구원해주리라는 암시마저 했을 수도 있다.

레핀이 이 작품을 구상하고 실물 모델을 찾아 이곳저곳을 돌아다니면서 보낸 그 많은 시간은 구원을 주는 걸작 한 점에 러시아 화가들이 강박적으로 몰입하는 현상이 계속 이어진 사례를 대표했다. 이런 현상은 이바노프의 「사람들에게 나타나는 그리스도」로 시작해서 모스크바 지하철에 있는 기념비적 프레스코 역사화의 주요 도안자인 파벨 코린이 25년 넘게 작업한 「레퀴엠, 우스펜스키 소보르」(Реквием, Успенский Собор)[52]로 현재까지 지속된 전통이었다. 레핀이 가장 큰 집념을 보이며 (1878년부터 1891년까지) 그린 작품은 역사 주제가 풍속화 양식과 성공적으로 어

---

[52] 코린은 1935년에 그리기 시작해서 1959년에 완성한 이 그림의 제목을 막심 고르키의 조언을 받아들여 「떠나가는 루스」(Русь уходящая)로 바꾸었다.

우러진 「튀르크의 술탄에게 보낼 편지를 쓰는 자포로지예 카작들」(Запо-
рожцы пишут письмо турецкому султану)이었다. 혁명가는 카작이 누리는 자유
에 대한 솔직한 찬미에 용기를 얻었지만, 보수적인 범슬라브주의자는
반(反)튀르크 주제에서 동등한 즐거움을 얻었다.

〈도판 15〉 레핀의
「볼가 강의 배끌이꾼들」,
1870~1873년.
(성 페테르부르그,
러시아 국립박술관)

03 그 "저주받은 문제"

니콜라이 1세 치세에 제국의 진자가 표트르 3세와 파벨 1세의 짧은 통치기 동안 그랬던 것보다 훨씬 더 확실하게 프랑스의 계몽에서 독일의 규율로 되돌아갔다. 중요성 면에서 단속적이지만 지속적으로 성장해왔던 독일어 사용권과의 다양한 접촉과 제휴는 겉은 번지르르한 니콜라이 1세의 오랜 통치기 동안 군주와 귀족의 형제적 관계라는 새로운 결속을 통해 절정에 이르렀다. 러시아와 독일의 통치자들은 빈 회의[1]에서 조인된 보수적 왕정복고의 수호자로서 함께 섰다. 자기보다 훨씬 더 나이가 많고 더 세계주의적인 형들인 콘스탄틴과 알렉산드르 1세보다는 독일 문물을 좋아하는 어머니에게 훨씬 더 가까웠던 니콜라이 1세는 프로이센 공주[2]와 결혼했고 프리드리히 빌헬름 3세와 4세로 잇달아 프로이센을 다스린 장인과 매형에게 서른 해 동안의 재위기간 내내 늘 기댔다. 발트 해 연안 지역이 이 지역의 독일인 귀족 영주와 더불어 러시아 제국

---

[1] 나폴레옹이 몰락한 뒤 유럽의 개편을 논의하기 위해 유럽 각국의 대표들이 1814년 가을에 빈에 모여 개최한 국제회의. 프랑스 혁명 이전의 질서로 되돌아가고 세력균형을 추구한다는 원칙에 따라 진행되었다.

[2] 샤를로테 폰 프로이센(Charlotte von Preußen, 1798~1860년). 러시아의 로마노프 황실에 시집온 뒤에는 알렉산드라 표도로브나(Александра Фёдоровна)라는 러시아 이름을 얻었다.

에 편입되면서 러시아 귀족 계급에 독일인이 한층 더 넘쳐났으며, 새 관등을 선택하라는 차르의 호의를 받은 한 귀족이 "독일인"이라는 칭호를 다시 달라고 청탁하는 유명한 사건이 일어났다.[1] 알렉산드르 1세 시대의 생존자들은 유배지에서 러시아가 중유럽으로 들어가는 바람에 오히려 쇠락했다고 불평했다.

> 독일인은 자기 자신이 정복되도록 내버려두는 바로 그 과정에서 러시아를 정복했다. 중국에서 몽골인에게, 이탈리아에서 만족(蠻族)에게, 그리스에서 로마인에게 바로 이런 일이 생겼다.[2]

니콜라이 1세는 군사 규율이라는 프로이센의 이상을 사회 구석구석으로 확장해서 유럽 전역의 자유주의자와 민족주의자의 미움을 샀다. 자기가 새로 만든 "제3부서"(Третье отделение)[3]의 사찰 활동에 기대어 민간 질서를 확립하면서 니콜라이 1세가 르 비앙-에트르 제네랄 앙 뤼시(le bien-être général en Russie, 러시아의 전반적 평안)라는 문구로 "러시아에서는 장군이 되는 것이 좋다"는 뜻을 밝혔다는 말이 있다.[3]

니콜라이 1세의 통치기는 러시아 역사에서 그의 관변 옹호자들이 그토록 찬양한 표트르 대제의 통치기와 여러모로 비슷한 자리를 차지한다.[4] 표트르 대제와 마찬가지로 니콜라이 1세는 정치적 충성과 제도가 모두 다 변하는 듯한 정치·종교적 비등기가 끝날 때 권좌에 올랐다. 표트르 대제와 마찬가지로 니콜라이 1세는 워낙에는 어렸을 때부터 병기와 군사 기술에 매료된, 그리고 국가에 확실히 종속된 루터교파형 교

---

3 니콜라이 1세 정부에서 정치, 종교, 검열, 치안 등 체제를 유지하는 업무를 담당한 부서.

회의 도움을 받아 군대식으로 질서를 재확립하려고 애쓴 군인이었다. 표트르 대제가 모스크바의 궁정 경비대 안에서 일어난 반란을 제압해서 권좌에 올랐던 것과 똑같이 니콜라이 1세도 성 페테르부르그의 신설 엘리트 부대 안에서 일어난 데카브리스트 봉기를 진압하면서 제위에 올랐다.

물론, 표트르 대제는 서방을 향한 창문을 열고 있었던 반면에 니콜라이 1세는 그 창문을 닫고 있었다. 그러나 표트르 대제 치세의 끝과 니콜라이 1세 치세의 시작 사이의 한 세기 동안 도저히 차단할 수 없을 만큼 문화가 서방에 너무나 많이 노출되었다. 서방에서 들어오는 사상은 마그니츠키가 바랐던 것과는 달리 막을 수가 없었다. 그 흐름은, 커다란 장애물에 갑자기 부딪쳐 시위가 난 강물처럼, 방향만 틀어 이제까지는 소량의 사상이 졸졸 흐를 뿐이었던 물길로 몰렸다. 러시아 문화의 주류에서 철학과 역사와 문학 비평이 정치와 종교를 대체했다.

잠깐은 러시아의 지성 활동이 실천적 관심사에서 완전히 동떨어져 진행되는 듯했다. 외국을 방문하는 주요 인물이 많았고, 그 방문은 천천히 길어져서 반쯤은 망명이 되었다. 러시아의 가장 뛰어난 지성인들 가운데 동떨어진 영역이나 이론의 영역으로 옮아간 이들이 많았다. 마그니츠키의 시대 직후의 카잔에서 젊은 수학자 니콜라이 로바쳅스키가 유클리드 기하학을 새로운 "범기하학"으로 대체하려고 시도했다. 아마도 니콜라이 1세 통치기 동안 러시아가 과학 사상에 한 가장 큰 이바지였을 그의 근대 기하학 덕분에 그는 가장 동쪽에 있는 러시아 대학4의 이사장을 전례 없이 여섯 차례에 이르는 임기 동안 맡게 되었다.[5] 과학의 성취가 이루어진 또 다른 분야는 요한네스 케플러(Johannes Kepler) 시대 이후로 항

---

4 카잔 대학.

해에 관심이 큰 발트 해 세계에서 활발한 탐구 영역이었던 천문학이었다. 기나긴 밤과 북극광이 흥미를 북돋았고, 일찍이 1725년에 성 페테르부르그에 천문대가 있었다. 그 뒤 러시아는 타르투에 있는 더 큰 천문대를 넘겨받았고, 1830년대에는 성 페테르부르그 근교의 풀코보(Пулково)에 천문대를 짓기 시작했다. 1839년에 완공되었을 때 세계 최대 천문대가 된 그 새 천문대의 소장인 프리드리히 게오르크 빌헬름 스트루베(Friedrich Georg Wilhelm Struve)는 알렉산드르 1세 통치 말기에 문학 연구에서 천문학 연구로 방향을 틀었고, 풀코보에서 한 필생의 작업은 상대적으로 미답의 천문학 주제인 은하수에 관한 장기 연구였다. 그 시대를 매혹한 또 다른 주제는 혜성이었고, 혜성은 활발한 사변적 논쟁 주제였다. 좀처럼 보기 힘든 핼리(Halley) 혜성[5]이 1835년에 나타난 전후 시기에는 특히 그러했다.[6] 니콜라이 1세 시대의 가장 중요한 철학 저널의 표제가 『망원경』(Телескоп)이었다.

러시아 제국 자체의 이국적인 영토에 관한 낭만적 관심도 있었다. 1830년에 외국에서 돌아오자마자 프리메이슨이나 비밀결사체와 아무런 연관이 없다는 주장을 오랫동안 해야 했던 한 과학 탐험가[6]는 꽁꽁 얼어붙은 북방 지대인 노바야 젬랴(새로운 땅)조차 이렇게 이상화했다.

> 노바야 젬랴는 각자 자기가 하고 싶은 대로 자유로이 행동하고 살아가는 진정한 자유의 땅이다. 노바야 젬랴는 경찰력이나 다른 지배력이 없고 환대만 있는 유일한 땅이다. …… 노바야 젬랴에서는 새로

---

[5] 공전 주기가 76년인 혜성. 1531년, 1607년, 1682년에 나타난 혜성이 같은 혜성임을 1705년에 밝혀내고 1758년에 다시 나타난다고 주장한 에드먼드 핼리(Edmund Halley, 1656~1742)의 예측이 적중하자 핼리라는 이름이 붙었다.

[6] 카를 폰 베어.

도착한 이가 모두 다 소중한 사람으로 환영을 받는다.[7]

그러나 가혹한 현실로부터의 가장 중요한 도피는 독일 낭만주의 철학으로의 도피였다. 프리메이슨 다단계 조직의 은비학적 신지학 추구로 철저하게 일구어진 땅에 이제 셸링과 헤겔의 위대한 철학 체계의 씨앗이 뿌려졌다. 수확은 실로 풍성할 터였다. 이 우주론 체계가 생각하는 귀족들에게 니콜라이 1세 시대의 좌절로부터의 위안뿐만 아니라 그들의 골치를 아프게 하는 어떤 심원한 철학적 의문을 논의할 어법을 내놓았기 때문이다.

이렇듯 귀족 지식인들은 새로운 문제를 돌아다보기는커녕 낡은 문제의 답을 찾는 영웅적인 마지막 노력을 하겠다고 작정했다. 산업혁명이 한창인 서방 세계의 마음을 점점 더 독차지해가고 있던 물질 세계는 아직은 러시아 사상의 의사일정에 전혀 올라있지 않았다. 은비학적인 정신적 힘이 세상을 지배한다고 여전히 생각되었고, 헌신적으로 진리를 추구하는 자들의 작은 동아리가 그 힘을 이해하고 섬길 수 있다고 믿어졌다. 알렉산드르 1세 시대의 낙관론과 개혁의 열정이 사그라지자, 러시아 사상가들은 외면의 세계에서 내면의 세계로, 즉 실천의 문제에서 사변 철학으로 돌아섰다. 니콜라이 1세 시대의 잔잔한 수면 아래서 예전과 달리 역사와 예술, 그리고 삶 자체의 의미에 관한 골치 아픈 질문이 제기되었다. 이른바 이 "저주받은 문제"에 답을 하려고 점점 더 필사적으로 노력하는 가운데 그들은 니콜라이 1세 못지않게 열렬하게 독일 쪽을 — 그러나 독일의 연병장보다는 독일의 대학교를 — 쳐다보았다. 겉보기에는 보수적인 이 기구에서 가르쳐지는 철학에서 그들이 찾은 답은 새로웠고 많은 경우에 잠재적으로 혁명적이었다.

철학으로 도주하기

옛 러시아는 체계적인 세속 철학의 필요성을 거듭해서 시종일관 거부했다. 크리자니치는 17세기 러시아에 서방의 철학사상을 소개하려는 자기의 노력이 실패한 뒤에 애처롭게도 "러시아인은 말이 아니라 행동을 철학이라고 한다"고 썼다.[8] 철학은 구원과 연관이 없기 때문만이 아니라 사람들을 — 19세기 초엽의 한 구교도의 말로는 — "제국을 뒤엎을 생각을 하"도록[9] 유인할 수 있기 때문에 거부되었다.

이렇듯, 계몽의 시초부터 러시아인의 마음에 철학은 치솟아오르는 혜성과 머나먼 땅과 같은 이국적 매력을 지녔다. 철학은 모스크바 대학의 교과과정에 처음으로 도입되자마자 계시 종교의 경쟁자이자 잠재적 대체물이라는 위험한 평판을 얻었다. 심지어는 예카테리나 대제 통치 초기 동안에도 데이비드 흄(David Hume)의 신봉자 한 사람이 모스크바 대학에서 사임하라는 강요를 받았고 자연 종교[7]에 관한 학위논문 한 편이 공개리에 불태워졌다. 알렉산드르 1세 통치 초기에 대학교가 새로 세워지고 독일식 훈련을 받은 교수들이 유입되면서 독일의 관념론 철학은 마그니츠키가 얼마간 근거를 가지고 "세례자 요한을 임마누엘 칸트(Immanuel Kant)로, 그리스도를 셸링으로 대체한다"고 말할 수 있었던 그런 발판을 얻었다. 알렉산드르 1세 통치 말기까지 철학 강의가 워낙 심하게 검열을 당한 나머지 폭넓은 철학 쟁점의 진지한 토론은 의학부와 법학부 같은 학부에서 자주 벌어졌다. 1848년 혁명[8]의 여파로 니콜라이 1세는 철학을

---

[7] 신의 계시보다 인간의 이성과 통찰력에 바탕을 두고 절대자와 인간의 관계를 설정하는 종교. 근대 유럽에서 기존 교회는 자연 종교를 계시 종교인 그리스도교에 대항하는 이단으로 취급했다.

[8] 군주정에 반대하는 프랑스 파리 시민이 1848년 2월에 봉기해서 국왕을 내쫓고

적법한 연구 주제에서 완전히 배제했다. 이 비상한 금지령은 1863년에 해제되었지만, 학문으로서의 철학을 망가뜨리는 다른 제약 규정은 1889년까지 효력을 유지했다.[10]

그런 박해의 효과는 철학 연구를 막는 것이 아니라 오히려 철학 연구를 교실에서 내몰아 비밀결사 안으로 밀어넣는 것이었다. 비판적 학문의 분위기에서 멀어지게 해서 무비판적 열광의 분위기에 빠뜨린 것이다. 슈바르츠가 대중화한 철학은 고대 영지주의자들이 헬레니즘(Hellenism)[9] 말엽 문화의 현세성에 반대하는 데에서 활용했던 철학과 비슷했다. 슈바르츠는 이성을 넘어서는 지식(그노시스, 즉 지혜, 심원한 지혜)이 있으며 그 지식으로 이성과 계시의 조화를 이룰 수 있다고 믿었다. 사람이 오직 내면의 정화와 계발을 통해서만 재포착할 수 있는 신비한 "아담의 빛"이 자연계의 임상적 연구와 대비되었다.

러시아 철학 전통의 형성에 가장 큰 영향을 준 이를 한 사람만 꼽자면 그는 야콥 뵈메였다. 슈바르츠와 생 마르탱, 그리고 프리메이슨 다단계 조직의 다른 영웅들은 뵈메를 대중화한 사람에 지나지 않았다. 은유가 풍부한 뵈메의 저술에서는 우주의 모든 것이 — 심지어 악조차도 — 하느님의 지혜의 표현이 되었다. 뵈메가 자기의 추종자들에게 이룰 수 있는 이상으로 내놓은 것은 그 어떤 "지혜 사랑"(철학)이 아니라 바로 이 "하느님의 지혜"(신지학)였다. 뵈메의 하느님은 이신론자가 말하는 유한한 시계 제조공 겸 시계수리공이 아니라 무한히 초월적인 동시에 편재하는 힘이었다. 하느님은 세상을 무(無)가 아니라 자기 자신의 본질에서 창조했다.

공화정을 세운 사건. 이 혁명으로 입헌주의를 요구하는 시위와 봉기가 프로이센과 오스트리아까지 번졌다.

[9] 마케도니아의 알렉산드로스 대왕이 죽은 기원전 323년과 이집트가 로마에 병합된 기원전 30년 사이의 그리스 문명.

인간의 모든 지적 추구와 성적 욕구와 사회적 충동은 융-슈틸링이 하느님과 사람 사이에 존재하다가 사라져버린 합일에 대한 "향수"(하임베(Heimweh))라고 일컬은 것의 표현이었다. 재합일에 대한 이 갈망은 뵈메와 생 마르탱에게 고대 동방의 거룩한 지혜뿐만 아니라 "영원한 여성성"의 원칙도 뜻한 소피아(Sophia)[10]에 대한 하느님 자신의 열망 속에 존재한다. 아담은 하느님과 완전하게 합일된 원래의 상태에서는 성별 없이 영적으로 완벽했으며, 사람이 하느님께 되돌아가기의 일부는 완벽한 암수한몸의 성취, 즉 남성성과 여성성의 합일일 것이었다.

소피아, 즉 참 지혜와 잃어버린 여성성의 신비한 원칙은 하느님과 사람 양자가 얻으려고 애쓰는 공통의 대상이었다.[11] 생 마르탱과 바더는 뵈메를 따라 소피아를 삼위일체 안의 제4의 위격으로 삼았다. 그리고 바더는 이 개념을 세상이 네 가지 원소[11]로 이루어져 있다는 옛 피타고라스주의 사고와 연계했다. 그는 "자연의 비밀을 푸는 열쇠를 내놓는 이론과 공식의 상징을 숫자 4에서" 보았다.[12] 십자가 자체가 숫자 4의 숨겨진 상징이었다.

소피아는, 알렉산드르 1세 시대의 한 은비학 원고의 제목을 인용하면, "하느님의 심원한 지혜의 상서로운 영원한 처녀"였다.[13] 뵈메의 저작을 번역해서 그의 사상을 대중화한 주요 인물인 라브진은 자기의 필명을 "지혜를 배우는 이"(Ученик Мудрости)로 정했고, 그 필명을 움(УМ), 즉 "지력"으로 자주 줄여 썼다.[14] 러시아 사상가들은 자연계를 비판적으로 더 잘 이해하기 위한 열쇠가 아니라 — 그 시대의 전형적인 은비학 안내서의 제목을 인용하면 — "하느님의 비밀을 알아낼 열쇠"를 찾아서 독일 관념론 철학

---

[10] 참 지혜를 뜻하는 고대 그리스어 낱말(Σοφία).
[11] 흙, 공기, 불, 물.

으로 돌아섰다고 말해도 지나치지 않다. 그 열쇠는 "참된 철학을 사랑하는 이를 위해 가려 뽑은 읽을거리"의 제2권으로 나타났으며,[15] 알렉산드르 1세 통치기 말엽에 발전할 가장 영향력 있는 철학 동아리[12]의 회원들은 자신을 "지혜를 사랑하는 이들"(любомудры)이라고 불렀다. 이렇듯 철학은 르네 데카르트(René Descartes)나 데이비드 흄, 또는 임마누엘 칸트 식으로 합리적이고 분석적인 탐구로 이해된 철학보다는, 그 용어가 니콜라이 1세 시대에 이해되었던 대로, "하느님의 지혜"라는 은비학적 사고에 더 가까웠다.

"지혜를 사랑하는 이들" 동아리는 여러모로 프리메이슨 다단계 조직의 위대한 마지막 체계의 연장, 즉 진리를 "우주를 움직이는 제1원인"으로 정의한 지부 "아스트라이아"의 연장으로 보인다. 이 지부에 가입하려는 이는 성경 한 권과 메멘토 모리(memento mori), 즉 "네가 죽는다는 것을 기억하라"는 불길한 문구가 새겨진 해골 하나가 놓인 캄캄한 방에서 기다려야 했다.[16] 또한 "지혜를 사랑하는 이들"은 몰래 모임을 했는데, 글귀가 새겨진 해골 하나가 문에서 그들을 맞이했다. 그 문구는 여전히 라틴어였지만, 그 메시지는 달라서 "알기를 겁내지 마라"(Sapere Aude)였고,[17] 탁자에 놓여있는 책은 성경이 아니라 셸링의 『자연철학』(Naturphilosophie)이었다. 그 동아리 회원 한 사람이 설명한 대로, "우리에게 그리스도교 신앙은 그저 평범한 사람들에게나 좋을 따름이지 우리 '지혜를 사랑하는 이들'에게는 어울리지 않아 보인다."[18]

자연 전체가 유기적으로 통일되어 있고 자연 안에 역동적인 "세계정신"이 존재한다는 셸링의 범신론적 가르침은 러시아인의 상상력을 사로잡았다. 러시아인은 러시아인답게도 셸링의 후기 저작의 복잡성을 무시

---

12 지혜 사랑 모임.

하고 부분적으로는 셸링 사상의 통속화된 요약[19]에 의지해서 그들이 느끼기에 18세기의 기계론적 세계관에서 인위적으로 배제되었던 현상들, 즉 유기적 세계의 아름다움과 다양함, 정신감응, 최면술을 설명해준다고 하는 교리의 등장에 가슴이 설렜다. 또한, 과학자들 스스로 19세기 초엽에 아이작 뉴턴(Isaac Newton)의 역학으로 자기와 전기가 적절히 설명될지 의심하자 러시아인은 얼마간 만족감을 얻었다. 자기와 전기의 독일인 권위자인 프란츠 에피누스(Franz Aepinus)가 1757년부터 1798년까지 성 페테르부르그에 장기 거주하자 (특히 달랑베르가 아닌 에피누스가 미래의 차르인 파벨의 교사가 된 뒤에) 이 현상에 관한 호기심 수준의 관심이 생겨났지만, (에피누스가 근무한 학술원과 그가 은퇴해서 살다가 1802년에 죽은 곳인 타르투를 빼고는) 과학적인 문제와 방법을 제대로 이해한 곳은 없었다.

셸링은 일종의 새 프리메이슨 다단계 조직 부재 총수로 보인다. 그 시대의 가장 인기 있는 대학 강사인 미하일 파블로프(Михаил Павлов) 교수는 입단식의 주재자여서, 자기 강의실 문에서 "자네들은 자연을 알고 싶어 하지. 그런데 자연이란 무엇이고 지식이란 무엇인가?"라는 유명한 질문을 던지며 학생들을 맞이했다.[20] 그 시대의 주요 사변철학자인 이반 키레옙스키는 이콘 제작자이자 행사 진행자여서, 셸링의 강의를 들은 뒤에 그의 흉상을 들고 러시아로 돌아왔고 셸링 철학 토론을 주재했으며 "철학"이라는 바로 그 낱말에 "마술적인 뭔가가 들어있다"고 주장했다.[21] 그와는 별개로 그 시대의 한 대중 철학자[13]는 러시아 철학을 만들어내는 것이 "우리 시대의 과제"라고 서술하면서, "너 자신을 알라!"는 격언 안에는 치매기는 세 수준의 의미가 있다고 공언했다. 첫째 수준,

---

13 스코보로다.

즉 "델포이"[14] 수준의 의미는 개인으로서의 자기 자신에 관한 지식이었다. 둘째 수준, 즉 "솔론" 수준의 의미는 "사회적 · 국가적" 존재로서의 자아에 관한 지식이었다. 셋째 수준, 즉 가장 높은 — "소크라테스" — 수준의 의미는 신의 형상으로서의 자기 자신에 관한 지식이었다.[22] 1830년대에 모스크바 대학에서 미술과 고고학을 가르친 교수이자 셸링 추종자인 니콜라이 나데즈딘(Николай Надеждин)은 "우아한 고고학 유물에서 유구한 비밀을" 찾아내면서 과거 문명의 인공 유물을 은비학적 상징으로 취급함으로써 학생들의 마음을 사로잡았다.[23] 그는 — 자기가 가진 관념론의 맞수인 유물론을 설명하면서 — "니힐리즘"(нигилизм, nihilism)[15]이라는 용어를 쓸 첫 러시아인이었다.[24] 아마도 그는 총론적인 이상적 목적을 모든 곳에서 찾는 세계관은 결국은 각론적인 이상적 목적을 어디에서도 찾아내지 못할지 모른다는 점을 예리하게 감지했을 것이다. 블라디미르 오도옙스키는 "물체의 외적 형태를 이해할 토대로서 …… 그것의 내적 본질을" 연구할 용도로 "러시아의 신지학적 물리학 체계"를 구성해보려고 시도했다.[25] 셸링 철학은 이런, 그리고 다른 기발한 사고를 고취했다. 오도옙스키가 쓴 대로,

> 당신은 그것이 그 시대에 어떤 작용을 했는지를, 로크의 광시곡의 단조로운 선율에 잠들기 시작한 사람들을 어떻게 흔들어댔는지를 상상할 수 없다. …… 그는 자기 세계의 알려지지 않은 부분을 사람에게 열어주었다. 믿기 어려운 전설에서나 존재한 그 부분은 **그의**

---

¹⁴ 고대 그리스의 도시. 그리스인이 신성시하는 아폴론 신전의 신탁이 있는 종교의 중심지였으며, 그 신탁소의 앞에 "너 자신을 알라!"라는 경구가 새겨져 있었다.
¹⁵ 절대적인 도덕규범이나 가치가 존재하지 않는다고 보는 사상. 실증주의와 유물론의 초기 형태라고 할 수 있으며, 기존 사회 질서를 부정하는 사상으로 발전했다.

정신이다! 콜럼버스(Columbus)처럼 그는 자기가 찾는 것을 찾아내지 못했다. 크리스토퍼 콜럼버스처럼 그는 실현되지 않은 희망을 불러 일으켰다. 그러나 크리스토퍼 콜럼버스처럼 그는 인간의 활동에 새로운 방향을 부여했다! 이 멋지고 훌륭한 나라로 모두가 몰려들었다.[26]

이 "멋진 나라"에서는 물질적 원인보다는 이상적 목적이 삶과 역사를 결정했다. 우주는 하나의 예술 작품이며, 우주의 최고 피조물인 사람은 유일하게 우주의 숨은 조화를 이해하고 우주의 더 높은 목적을 고양할 능력을 지녔다.

사실대로 말하면, 셸링 철학은 러시아에서 이중의 효과를 불러왔다. 한편으로, 많은 귀족이 종교에서 찾기를 그만두었던 그 무엇을, 즉 삶의 목적과 역사에 하나로 만들어주는 하나의 이상이 존재한다는 확신을 철학을 통해 다시 찾아냈다. 이런 의미에서 셸링 철학은 안도와 위안의 철학이었고, 사회적·정치적 보수주의를 부추기는 경향이 있었다. 따라서 미하일 포고딘(Михаил Погодин) 같은 반동 작가가 "관제 국민성" 이념을 정식화하면서 셸링의 도움을 얻으려고 애썼다는 것은, 또는 벨린스키 같은 미래의 급진주의자가 1830년대에 셸링의 (나중에는 헤겔의) 영향을 받으면서 현실과 화해하고 차르 체제를 추켜세우는 송시를 썼다는 것은 놀라운 일이 아니다.

한편, 셸링 철학은 러시아의 혁명 사상의 출발점이었다. 셸링의 영향 아래서, 니콜라이 1세 치하 러시아에서 가장 위대한 생물학자였던 카를 폰 베어(Karl von Baer)가 표트르 크로포트킨(Петр Кропоткин)과 니콜라이 미하일롭스키(Николай Михайловский) 같은 이후의 급진 사상가들에게 영향을 미칠 의도적 진화라는 관념론적 이론을 개발했다. 그러나 더 중요한 것은 다만 어디선가 주워들은 헷갈리는 지식으로밖에는 셸링 사상을 배운

적이 없는 많은 사상가에게 그 사상이 일으킨 도취 효과였다. 사람들이 우주론적 구원이 어떻게 일어날지에 관한 그 어떠한 예정된 계획에도 구애되지 않은 채 그 우주론적 구원을 약속받았다고 여기면서 좌절감은 철학에 잠겨 사그라졌다. 셸링은 심원한 변화가 삶 자체의 본질인 생성 과정으로부터 생겨날지도 모른다고 생각하도록 사람들을 부추겼다. 우주의 비밀을 푸는 숨은 열쇠를 찾아내려는 이전 세대의 노력은 결코 터무니없는 행위가 아니었고 다만 설익고 허술했다는 믿음이 자라났다. 모든 것을 포괄하는 해답을 찾으려는 노력이 계속되었다. 셸링은 뵈메와 에카르츠하우젠의 조잡한 은비학에서 헤겔과 클로드-앙리 드 생시몽 (Claude-Henri de Saint-Simon)과 마르크스의 이념 체계로 넘어가는 과도기적 인물로 자리매김된다.

역사의 의미

그 모든 "저주받은 문제"들 가운데 니콜라이 1세 통치기에 가장 폭넓은 논란의 대상이 된 문제는 역사의 의미였다. 나폴레옹 전쟁의 여파 속에서 러시아인은 자기가 역사에서 차지하는 위치를 그 어느 때보다도 더 열렬히 알고 싶어 했다. 반(反)계몽은 역사에 있는 불규칙적이고 전통적인 패턴에는 그 나름의 의미가 있다고 주장했으며, 러시아인은 다른 곳의 낭만주의 사상가 못지않게 이 패턴이 무엇인지를 알아내겠다고 작정했다. 러시아인의 신학은 역사지향적이었고, 러시아인은 철학으로 도피하다 보니 자연스럽게 역사 철학에 이르게 되었다.

역사에 관한 폭넓은 철학적 관심이 낭만주의 시대에 발달한 것은 얼마간은 슬라브 세계와 접촉해서 자극을 받았던 발트 해 연안 지역 독일인의 공적이었다. 헤르더가 리가에서 한 사색은 진리가 역사 너머에 있기보다는 역사 안에 있으며 각 문화는 인류의 정원에서 그 나름의 방식으로 자라나서 꽃을 피우기로 예정되어 있다는 그의 사상을 명료하게 다듬는 데 도움을 주었다. 슐뢰처가 웁살라와 성 페테르부르크에서 가르치고 연구한 오랜 기간은 그가 "보편사"를 위한 독창적 계획을 짜는 데 도움이 되었다. 그는 옛 러시아의 필사본을 역사 연구 목적에 활용한 선구자였으며, 러시아사의 "노르만 학파"에 이의를 제기했고 러시아에는 역사의 다음 단계에서 맡을 독특한 역할이 있다는 생각으로 괴팅엔에서 자기가 가르치는 많은 러시아 학생을 들뜨게 했다. 아우구스트 폰 학스트하우젠(August von Haxthausen)이 농민 공동체(옵쉬나(община))에 관해 글을 쓰고 알렉산드르 길페르딩(Александр Гильфердинг)이 러시아 북부의 구비 영웅서사시(빌리나(былина))를 "발견"하는 등 발트 해 연안 지역의 독일인 저술가들은 독일 문물이 애호된 니콜라이 1세 통치기 내내 러시아 민중의 특이한 제도에 "더 높은 진리"의 아우라를 부여하는 데 주도적 역할을 계속했다.[27]

한편, 역사에 관한 러시아인의 관심이 급속히 커졌다. 모스크바 대학 총장을 회장으로 내세운 러시아유물·역사협회가 1804년에 설립되었다. 나폴레옹이 패하고 모스크바가 재건되면서 역사에 관한 대중의 폭넓은 관심이 생겨났고, 니콜라이 1세가 니콜라이 우스트랼로프(Николай Устрялов)와 포고딘 등과 같은 여러 애국적인 강사와 역사가의 활동을 격려함으로써 그런 관심을 키우는 데 이바지했다.[28] 푸시킨의 『보리스 고두노프』(1825년)와 글린카의 「차르를 위한 목숨」(1836년) 사이에 역사를 소재로 한 연극과 오페라가 러시아의 극장 무대를 지배했다. 심지어 발전이 뒤처진 문화 분야인 회화에서도 실패하기는 했어도 기념비적인 애국적 유화를 제작하려는 경향이 있었다. 이런 경향은 카를 브률로프(Карл

Брюллов)의 「프스코프 함락」(Падение Пскова), 그리고 완성하지는 못했어도 그가 1830년대 말엽에 제작을 의뢰받아 겨울궁전에 그린 러시아 역사 프레스코화에서 절정에 이르렀다.[29] 심지어 지방에서도 월터 스콧을 흉내 내는 통속 작가들이 나타나면서 역사 소설이 문학계를 지배했다. 미하일 자고스킨의 1829년 작 『유리 밀로슬랍스키』(Юрий Милославский)를 필두로 국수주의적인 "러시아인 대 폴란드인" 소설이 줄줄이 나오기 시작했다. 『유리 밀로슬랍스키』 이후에 나온 자고스킨의 애국적인 소설과 연극은 1830년대에 엄청난 인기를 누렸다. 한 학자는 1834년과 1848년 사이에 러시아에서 역사를 소재 삼아서 바이런과 푸시킨의 문체로 쓰인 장시가 150편이라고 계산했다.[30]

셸링 철학이 세계는 영구히 "생성" 상태에 있으며 민족 특유의 운명은 항상 실현되는 신의 계획의 일부라고 주장했으므로 역사에 관한 관심이 유난히 열렬해졌다. "지혜를 사랑하는 이들" 가운데 한 사람의 표현대로, 셸링은 "위안"을 주었으며 "거룩한 조국을 내게 일깨워 주"어서 "주위 환경 탓에 바보가 되"지 않도록 막아주었다.[31] 몸소 셸링을 찾아가는 러시아인이 많았고, 셸링은 그들에게 "러시아는 위대한 운명을 타고났으며, 지금까지도 제 힘을 아직 완전히는 인식하지 못했다"고 장담했다.[32]

역사에 관한 이런 모든 관심의 초점을 러시아의 운명이라는 문제에 맞춘 사람이 표트르 차아다예프(Петр Чаадаев)였다. 차아다예프는 감수성이 풍부한 열여덟 살 때 나폴레옹과 싸우러 나갔고 그 뒤로는 알렉산드르 1세 통치 후반기의 어수선한 지적 분위기의 영향을 고스란히 받았다. 그는 드 메스트르를 알게 되어 프리메이슨 다단계 조직에 참여했고, 반항적인 세묘놉스키 연대에서 밝게 빛나는 주요 지성인이 되었다. 각별한 총애를 받는 부관으로서 그는 1820년에 세묘놉스키 연대가 반란을 일으켰다는 전갈을 들고 차르에게 갔다. 이때 차르는 라이바흐(Laibach)[16]에서 다른 신성동맹 지도자들과 회의를 하고 있었다. 그 뒤에 차아다예프는 곧바로 군에서 퇴역하고 스위스로 떠나가 장기간의 낭만적 방랑과 철학적 내면 성찰을 시작했다. 그러다 보니 그는 데카브리스트 봉기가 일어난 뒤에까지 외국에 머물렀고 셸링과 접촉하게 되었다.

1826년에 니콜라이 1세 대관식을 위해 귀국한 그는 러시아의 역사 발전에 관한 "철학 서한"(философическое письмо) 여덟 편을 쓰기 시작했고, 이 서한은 1831년께 대체로 마무리되었다. 첫째 서한은 비록 1830년대 초엽에 널리 논의되기는 했어도 1836년이 되어서야 간행되었다. 그 서한은 "밤에 권총을 쏜 것처럼"[33] 메아리쳤고, 관(官)의 러시아로 하여금 그와 그의 글을 편집한 나데즈딘에게 격분하도록 만들었지만, 러시아의 운명을 둘러싼 민(民)의 논쟁을 여는 구실을 했다. 이 논쟁은 친슬라브주의자-서구주의자 논쟁이라고 알려지게 된다.

차아다예프의 서한은 러시아를 위해 곧 옹호될 급진적인 서방화 경로 쪽을 가리키는 일종의 방향표지이다. 논쟁투의 프랑스어로 글을 썼고 모스크바를 "네크로폴리스"(망자의 도시)라고 부른 차아다예프는 러시아는 지금까지 역사라기보다는 지리의 일부였으며 외부에서 부과된 사상과 제도에 철저히 종속되어 있었다고 주장했다.

차아다예프가 러시아의 유산을 극단적으로 거부한 것은 얼마간은 — 대담한 선언으로 기우는 그의 성향과 그가 로마가톨릭에 품는 공감에서 분명히 나타나는 — 드 메스트르의 영향을 받은 결과이다. 그러나 더 십오하게도 차아다예프가 러시아의 과거와 현재를 어둡게 묘사한 것은 밝은 미래를 돋보이게 하는 구실을 한다. 그는 러시아가 역사의 무대에 오르지 않은 것이 사실

---

[16] 슬로베니아의 수도 류블랴나(Ljubljana)의 독일어 명칭.

은 미래의 발전을 위한 이점일 수도 있다는 점을 강조한다. 실제로, 차아다예프는 라이프니츠가 표트르 대제에게, 백과전서파가 예카테리나 대제에게, 경건주의자가 "축복받은 알렉산드르"에게 말했던 것을 철학적 관점에서 다시 말하고 있었다. 그 말이란 러시아는 운이 좋아서 유럽의 바보짓에 휘말리지 않았고 유럽 문명의 구원자 노릇을 할 역량을 아직도 가지고 있다는 것이었다. 그러나 이 모든 선배와는 달리 차아다예프는 러시아 안에서 러시아인에게 쓴소리하는 러시아인이었다. 더욱이 그는 차르의 자부심이 최고조로 올라있던 때에 근본적으로 차르를 상대로 말을 하고 있지 않았다. "관제 국민성"의 수호자들이 보기에, 그가 정교의 문화적 불모성과 지나친 비하에 내비치는 경멸에는, 그리고 "정치를 하는 그리스도교는 …… 우리 시대에는 더는 무의미하"며 "세상을 밝힐 순전히 영적인 그리스도교에게 자리를 내주"어야 한다는 퉁명스러운 단언에는 어렴풋하나마 체제 전복성이 있었다.[34]

러시아가 전체 그리스도교 문명을 위해 물질주의적인 서방을 뛰어넘어서야 한다는 차아다예프의 제안은 러시아 셸링주의자의 전형이었다. 오도옙스키는 "오직 러시아의 사상만이 유럽 학문의 혼돈에 통일성을 불어넣을 수 있으므로 …… 러시아의 유럽 정복, 그러나 영적인 정복"이 일어나야 하리라고 쓴 적이 있다.[35] 이렇듯 러시아의 이상주의자에게는 러시아에게 특수한 운명이 있다는 믿음이 서유럽에 관심이 없다는 뜻은 아니었다. 전제정을 옹호하는 카람진이 자기 저널에 "유럽 통보"라는 제목을 단 것과 똑같이 초기 친슬라브주의의 지도자인 키레옙스키 형제[17]도 1832년에 창간한 저널에 "유럽인"(Европеец)이라는 제목을 달았

---

[17] 형 이반 키레옙스키와 아우 표트르 키레옙스키(1808~1856년). 아우는 형처럼 열렬한 친슬라브주의자였으며, 민속학자로서 러시아의 노래와 민담을 채록하는 데

다. 그러나 서방에 관심이 있다는 것이 세속주의나 합리주의에 공감한다는 뜻은 아니었다. 차아다예프는 가톨릭 신앙에 공감했는데도 스콜라 철학에 적의를 품었고 "아리스토텔레스의 범주"가 침입한 탓에 러시아 사상이 망가졌다고 느꼈다. 그의 글을 편집한 나데즈딘은 동방교회사 대작을 쓰기 위해 정교를 믿는 동방의 모든 성소를 방문하겠다는 생각을 1830년대 내내 간직했다.

니콜라이 1세 시대 초기 러시아의 이상주의자들은 자기 나라가 그리스도교 문명 공통 문제의 해결에서 중대한 역할을 해야 한다는 데 동의했다. 그러나 그들은 묻기 시작했다. 진짜 문제는 무엇일까? 서방에 대비되는 러시아의 본성은 무엇일까? 역사에서 러시아가 맡은 역할은 어떤 것이어야 할까? 이런 질문에 답하면서 러시아 사상가들은 1820년대와 1830년대에 분석과 예언을 엄청나게 많이 쏟아냈다.

러시아와 서방 사이에 존재하는 차이의 상당 부분은 러시아에 고전주의의 유산이 없어서 비롯되었다는 일반적인 합의가 있었다. 얼마간은 이 결핍을 극복하고 싶은 마음에서 푸시킨의 시와 글린카의 음악을 지나칠 만큼 찬양했다. 알렉산드르 1세가 러시아의 교육에 도입했던 고전주의 강조를 저해하는 니콜라이 1세의 정책은 큰 분노를 샀다. 차아다예프의 글을 편집한 나데즈딘은 고전 작가들에게 관심을 보였다는 이유로 1826년에 신학원에서 쫓겨났다. 그는 두루두루 찬사를 받은 1830년의 라틴어 학위논문 「낭만시론」(De Poesi Romantica)에서 러시아가 "인간의 운명이라는 위대한 연극"에서 역할을 수행하기 위해 고전주의와 낭만주의를 융합해야 한다고 주장했다.[36]

나데즈딘의 고전 시대 개념은 그 자체가 낭만적이었다. 셸링은 새로운

일생을 바쳤다.

플로티노스(Plotinos), 나폴레옹은 새로운 카이사르, 실러는 새로운 베르길리우스(Vergilius)였던 것이다. 나데즈딘은 에드워드 기번(Edward Gibbon)의 『로마 제국 쇠망사』(Decline and Fall of the Roman Empire)를 읽었으며, 1830년대 초엽에 모스크바 대학에서 한 강의에서 러시아를 허물어지는 서방으로 몰려오는 새로운 만족(蠻族) 무리에 비유했다. 고골은 만족의 로마 정복에 관한 역사 시론을 썼으며 성 페테르부르그 대학에서 잠시 역사 강사로 있는 동안 로마 몰락에 관한 강의를 했다. 브률로프의 「폼페이 최후의 날」(Последний день Помпеи)이 1836년에 처음으로 전시된 뒤에 러시아 비평가들은 이 그림이 현대적 의미로 가득 차 있다고 생각했다.

또한, 젊은 이상주의자들은 당대 유럽의 재앙이 프랑스 혁명의 원인이 된 18세기의 유물론과 회의주의 탓이라는 데 동의했다. 그들은 비록 드 메스트르와 생 마르탱, 그리고 온전한 반(反)계몽 전통의 영향을 받았을지라도 서방 쇠락의 더 심원한 역사적 원인을 인식하는 데에서는 독일의 낭만주의 사상의 덕을 톡톡히 보았다. 키레옙스키는 파스칼과 페늘롱이 예수회에 당한 패배가 서방의 영성 상실의 결정적 전환점이라고 주장했다. 그 영성 상실을 알렉세이 호먀코프(Алексей Хомяков)는 12세기에 법률가와 논리학자가 서방 교회를 차지한 탓으로 돌렸고, 블라디미르 오도옙스키는 "두 자기 그릇 사이에 끼워놓은 무명 헝겊을 줄여서" 국가 사이의 전쟁을 불가피하게 만든 국가이성이라는 아르망-장 리슐리외(Armand-Jean Richelieu)의 철학을 탓했다.[37]

젊은 이상주의자들은 모두 다 러시아가 근대 초기에 유럽에게 당한 고난과 수모를 다가오는 새 시대에 구원의 역할을 러시아에게 보장해주는 정화 과정으로 보았다. 독일의 경건주의 설교가들과 그들의 철학적 상속인인 바더와 셸링은 신성동맹의 복음주의 이상을 살려두어야 한다고, 그리고 러시아는 유럽의 영적 상처를 고치는 데 전념하는, 정치를 초월한 새로운 힘으로 남아있어야 한다고 믿도록 러시아인을 부추겼다. 러시아 제국 안의 억눌린 민족주의 운동의 지도자들, 즉 미츠키에비치 같은 폴란드인들과 성 키릴로스·메토디오스 형제단(Братство святых Кирилла и Мефодия)[18]의 우크라이나인들은 국가란 수난의 메시아라는 훨씬 더 생생한 국가 개념을 개발했다.[38]

이상주의자들은 (포고딘이 1832년에 모스크바 대학 역사교수 취임 강연에서 말한 대로) 러시아 앞에 "거의 무한대의 위대한 미래"[39]가 있다는 데 대체로 동의했고, 같은 해에 문학비평가 스테판 셰븨료프(Степан Шевырев)의 다음과 같은 선언에 공감했다. "우리나라의 모든 이에게 과제가 딱 하나 있다. 그 과제는 포괄적이고 보편적이고 전 인류적이고 그리스도교적인 사상을 오늘날의 담화체 러시아어로 표현하는 것이다."[40]

그러나 이상주의자들은 부르주아적인 서방이라는 본보기뿐만 아니라 포고딘과 셰븨료프의 사회적 보수주의와 정치적 보수주의도 거부했다. 기존의 모든 대안에 절망한 나머지 그들이 쓰는 글의 예언적이고 혁명적인 색조가 점점 짙어졌다. 그다지 알려지지 않은 프랑스의 저널리스트 필라레트 샬레(Philarète Chasles)가 1840년에 들여다본 비관적 미래관이 큰 주목을 받았다. 샬레는 토크빌보다 훨씬 더 강한 어조로 미래는 "드넓고 애국심이 열렬하며 박수갈채를 받고 싶어 하는 두 젊은 배우" 러시아와 아메리카의 것이라고 썼다. 그는 사람들이 "새로운 12,000가지 산(酸)을 발견하고 …… 전기로 항공 기계를 조종하고 1초에 60,000명을 죽이는 방법을 생각해낼" 때가 온다고 말했다.[41] 이 파괴의 장면을 굽어보는

---

[18] 러시아 제국의 사회와 정치를 자유화하고 우크라이나의 지위를 개선할 목적으로 1845년에 키예프에서 만들어져 1847년 봄까지 활동을 유지한 비밀 정치결사체.

예언자-철학자를 다음과 같이 묘사하면서 어쩌면 그는 자기를 찬양하는 차아다예프를 서술하고 있었을지도 모른다.

> 자기의 외딴 관측소가 있는 고지에서 드넓은 어두컴컴한 공간과 거센 물결이 이는 미래와 과거를 스치듯 날아가며 …… 역사의 시간을 울려야 할 부담을 걸머지고 …… 유럽이 죽어가고 있다고 애처롭게 거듭 외쳐야 했다.[42]

그 시대의 가장 대단하고도 독창적인 역사적 예언은 "지혜를 사랑하는 이들"의 초창기 일원이며 당대의 주요 음악·문학 비평가인 오도옙스키 공의 예언일지 모른다. 오도옙스키는 1830년대에 써놓았다가 1844년에 『러시아의 밤』으로 한꺼번에 출간한 일련의 대담에서 "서방은 죽어가고 있다"고, 그리고 "신의 섭리로 위대한 위업(подвиг)을 이룩하기로 정해진 세계 6분의 1[19]은 …… 단지 유럽의 육신뿐만 아니라 유럽의 정신도 구해야 한다"고 썼다.[43] 그는 서방과 서방의 성취물을 잘 알고 있었고, 자기의 동시대 인물뿐만 아니라 요한 제바스티안 바흐(Johann Sebastian Bach)와 윌리엄 셰익스피어에 관해서도 해박한 글을 썼다. 그러나 그는 "러시아에서는 나쁜 점이 많지만, 그러면서도 모든 것이 다 좋다. 유럽에서는 좋은 점이 많지만, 그러면서도 모든 것이 다 나쁘다"고 느꼈다.[44] 그는 특히 토머스 맬서스(Thomas Malthus)의 저작에 사로잡혀 『최후의 자살』(Последнее самоубийство)이라는 시론을 써서 인구과잉을 줄이려고 화재를 일으킨 다음 지상에서 생명의 흔적을 얼마간이라도 구해내고

---

[19] 러시아 영토의 면적이 세계 지표면의 6분의 1이라는 사실에 착안해서 러시아를 지칭하는 표현.

자 그 화재를 막으려고 헛수고를 하는 인류를 보여주었다.[45]

1830년대에 오도옙스키는 러시아의 본성과 운명을 밝히는 역사 3부작에 주로 전념했다. 그는 아시아가 러시아에 끼친 영향에 관한 글을 쓸 생각을 했지만, 곧 더 야심 찬 구상을 하기로 마음먹었다. 그는 한 권은 러시아의 과거에 관해, 한 권은 러시아의 현재에 관해, 한 권은 러시아의 미래에 관해 쓸 계획을 세웠다. 곧 그는 감질나게 하는 제3권에 관심의 초점을 맞추었다.

그는 놀라운 공상으로 미래를 그린 『4338년』(4338-й год)을 1835년에 처음 출간한 다음 1839년에 더 완전한 판을 출간했다. "말 없는 이"(Безгласный)라는 가명으로 나온 이 이야기는 러시아를 방문한 "베이징 중앙학교" 출신 중국 학생이 "4338년"에 러시아에서 써서 보낸 일련의 "편지" 형식을 띠고 있다. 세계는 러시아와 중국 사이에서 분할되어 있다. 역사적 연력은 이제 세 부분으로, 즉 천지창조부터 그리스도 탄생까지, 그리스도 탄생부터 이 양대 열강의 세계 분할까지, 그때부터 현재까지로 나뉘어 있다. 다른 나라나 러시아-중국 시대 이전의 역사는 기억조차 되지 않는다. 몇 줄 남아 있지 않은 요한 볼프강 폰 괴테(Johann Wolfgang von Goethe)의 시를 읽을 수 있는 사람은 없다. 영국은 오래전에 파산했고 공개 경매에서 자기 나라의 섬이 러시아에 팔리는 꼴을 지켜보았다.

러시아는 세계의 문화 중심지이다. 거대한 신도시가 세워졌고, 북쪽 전역에서 기후가 바뀌었고, 특수한 공중 승차장과 공중 호텔과 기구가 하늘을 가득 메운다. 이제 러시아의 최고 권력자는 "화합부 장관"과 "1~2급 철학자"들의 보좌를 받는 시인이다. 전기에서 인공조명이 발생하고, 호전적 충동이 "자기(磁氣) 목욕"으로 무뎌지고 그 목욕을 하는 과정에서 모든 비밀이 드러나고, 통신은 자기 전신기로 이루어지며, 기발하고 편리한 합성품이 창안되어 가능한 온갖 육체적 안락을 제공한다.

인류애가 워낙 강해져서 문학에서 비극이 모조리 제거되어 있다. 해마다 연초에 한 달, 후반기가 시작될 때 한 달을 떼어서 휴식과 휴양에 쓴다. 예술가와 과학자를 원조하는 "상설 학자회의"가 있으며, 수도는 사라지고 없는 종이와 동물 같은 진기품이 소장된 박물관과 유원지로 가득 차 있다. 중국은 그만한 선진국은 아니지만 러시아에게서 배우기 바쁘며 "위대한 훈긴(Хун-Гин)이 중국을 그 기나긴 잠, 아니 잠이라기보다는 죽은 듯한 정체에서 깨운" 뒤 500년 동안 빠르게 진보했다. 그의 지도가 없었다면 중국은

> 지금쯤이면 사람 사귀기를 싫어하는 미국인과 비슷해졌을 것이다. 미국인은 다른 투기품이 모자란 탓에 제 나라 도시를 공공 시장에 내다 판 다음 노략질하러 우리나라로 오고 있다. 우리가 유지해야 하는 군대의 상대는 세상에서 오직 그들뿐이다.[46]

제시된 그림에 있는 유일한 결함은 이 초(超)국가의 후원을 받은 과학자들이 핼리 혜성이 지구와 부딪칠 참이라고 계산했다는 점이다. 비록 사람들이 인구과잉을 더는 데 도움이 되려고 이미 달로 이주하기 시작했을지라도, 그 누구도 이 파국을 막을 수단을 고안할 수 없는 듯하다.

미래의 안락과 러시아의 두드러진 위상에 관한 유토피아적 예언과 과학소설의 이 혼합은 혁명 이전의 러시아에서는 대체로 주목을 받지 못했다. 1840년대에 친슬라브주의자와 서구주의자 사이에 벌어진 유명한 역사 논쟁이 주목을 훨씬 더 많이 받았다. 친슬라브주의자와 서구주의자는 저마다 그 시대의 낭만적 이상주의에서 자라났고, 저마다 니콜라이 1세의 관료와 서방의 기업가에 똑같이 반대했으며, 저마다 러시아가 유럽 문명의 부흥을 주도할 수 있도록 서방의 관행 없는 서방의 발상을 빌리려고 애를 썼다.

친슬라브주의 역사관은 독일 낭만주의 이원론에 물들었다. 모든 역사는 정신의 힘과 육신의 힘 사이에 벌어지는 경쟁이었다. 시인 튜체프는 역사를 모든 자연의 유기적 통일인 코스모스(космос)와 물질 세계의 기본 원리인 카오스(хаос) 사이에서 벌어지는 투쟁으로 보았다. 물론 러시아는 코스모스의 편이었다. 그는 자기의 유명한 시에서 이렇게 타일렀다.

> 러시아는 이성으로는 이해하지 못한다.
> 보통 잣대로는 재지 못한다.
> 러시아에는 특별한 것이 있다.
> 러시아는 믿을 수 있을 뿐이다.[47]

튜체프의 동료 시인이자 셸링주의자인 알렉세이 호먀코프는 자기의 야심작이지만 마무리를 하지 못한 자기의 『보편사 시론』(Очерки всеобщей истории)에서 훨씬 더 정교한 이원론을 내놓았다.[48] 호먀코프에게 역사를 통틀어 대립 세력은 쿠시(Куш) 정신과 이란(Иран) 정신이 되었다. 쿠시 정신은 물질의 힘을 믿고 돌(자연 구조물)이나 뱀(육체적 욕망)을 숭배한 구약성경에 나오는 압제적인 에티오피아인에게서 비롯된다. 이란 정신은 하느님, 내면의 자유, 음악과 언어에 대한 사랑을 믿는 정신이었다. 로마 군대가 그리스 철학에 거둔 승리는, 더 최근에 비잔티움의 형식주의가 슬라브의 행복한 천연성에 부과된 것처럼, 쿠시의 승리였다. 유대인은 맨 처음에 이란 정신을 지닌 자들이었고, 그 이란 정신은 이제 때문지 않은 슬라브인에게 넘어갔다. 이란 정신은 러시아 인민의 삶과 예술 안으로 유난히 깊숙이 스며들었다. 러시아 인민의 강한 가족 의식과 공동체 제도와 구비 민간전승으로 말미암아 조화와 통일의 원칙이 명맥을 이어갔다. 호먀코프는 이란 정신이 승리할 것이므로 일단 러시아가 비잔티움의 형식주의와 프로이센의 군국주의라는 쿠시의 족쇄를 내던

지면 찬란한 미래가 러시아에게 보장된다고 가정한다.

호먀코프는 보편적인 내면의 교회라는 경건주의적 이상을 간직하는 사람으로 가장 잘 이해된다. 그는 서방을 두루두루 돌아다녔고 자기의 벗들인 루터교도, 영국국교도, 바이에른 가톨릭교도를 "이란" 진영의 동맹자로 보았다. 상충하는 그의 두 원칙은 프리드리히 폰 슐레겔(Friedrich von Schlegel)의 "셋의 정신"과 "카인의 정신"[20]을 생각나게 한다.[49] 그러나 호먀코프는 동방을 대하는 태도 면에서 슐레겔과 서방의 다른 많은 낭만주의자보다 덜 낭만적이었다. 그는 마그니츠키가 유행시켰던 아시아 방식 찬양을 단호히 거부했다. 주요 쿠시주의자인 "돌" 숭배자는 이집트에서는 피라미드를, 아시아에서는 사원을 지은 자들이었으며, 가장 나쁜 "뱀" 추종자는 인도의 시바(Shiva)[21] 사도이다.

호먀코프는 자기의 이론을 1830년대의 연극 두 편, 즉 「참칭자 드미트리」와 「예르마크」(Ермак)에서 생생하게 제시한다. 「참칭자 드미트리」는 처음에는 러시아 백성의 환영을 받다가 그다음에 현세 권력이라는 라틴적 이상으로 전향할 때 버림받는 가짜 드미트리를 묘사한다. 「예르마크」는 이교도 지역의 권세 숭배 철학과 싸우는 카작 시베리아 정복자를 보여준다.[22] 예르마크는 시베리아인의 쿠시 신앙을 받아들이기를 거부

---

[20] 구약성경 「창세기」에서 아담의 맏아들 카인이 아우 아벨을 질투해서 죽이고 도주한 뒤 아담과 하와가 새로 얻은 아들 셋이 하느님을 섬기는 이들의 시조가 된다. 1828년에 빈에서 역사철학 강의를 한 슐레겔은 카인과 셋을 언급하면서 인류의 초기 역사와 인간의 분열을 논했다.

[21] 힌두교 시바 파(派)의 최고 신. 모순된 특성이 함께 존재하는 복잡한 성격의 신이지만, 주로 파괴와 관련된 신이다.

[22] 이 연극의 주인공은 예르마크 티모페예비치(Ермак Тимофеевич, 1532?~1585년)였다. 카작 지도자 예르마크는 시베리아에 있는 재산을 지키려는 스트로가노프 가문의 요청으로 1581년에 원정대를 이끌고 시베리아로 들어가 원주민을 격파했지만, 1585년에 급습을 받아 도주하다가 익사했다.

하고, 자기의 아버지와 자기의 고향 공동체가 예전에 저지른 나쁜 짓을 용서받고자 실제로 권세를 모조리 내버린다.[50]

내면의 쇄신과 가정의 화합과 새로운 보편교회를 찬미하는 경건주의적 친슬라브주의자들의 관점과 사뭇 다른 것이 급진적 서구주의자들의 관점이었다. 이들은 독일 사상보다 프랑스 사상에 더 많이, 가톨릭보다 프로테스탄트에 더 많이 기대어 사상의 원천을 얻었다.

러시아의 과거와 러시아의 제도를 더 지긋지긋해 하는 관점을 지닌 러시아인에게는 대개 드 메스트르가 출발점이었다. 그러나 그는 곧 위그-펠리시테 라므네(Hugues-Félicité Lamennais)로 대체되었다. 라므네는 프랑스 사상에서 가톨릭 신앙과 사회주의 사이에 있는 실질적 이행 지점이었다. 1817년에 쓴 『종교무관심론』(Essai sur l'indifférence en matière de religion)에서 신앙의 부흥을 외쳐 유명해진 반(反)혁명적 가톨릭 일반 신자로 출발했던 라므네는 예수회를 대신해서 유럽을 새로운 영광의 시대로 이끌 새 "성 베드로 신자단"을 꿈꾸었다. 라므네는 『미래』(L'Avenir)라는 저널을 창간한 직후에, 즉 1830년에 가톨릭교회에 절망해서 그리스도교 사회주의로, 그리고 짓밟힌 대중의 영성에 대한 열렬한 믿음으로 돌아섰다. 드 메스트르의 저작과 마찬가지로 그의 저작에는 일종의 예언적 비관론이 배어 있었다. 라므네가 그 사부아 사람[23]에게 써보낸 대로,

…… 세상 모든 것이 마지막 대파국을 맞이할 준비가 되어있는 상태입니다. …… 이제는 모든 것이 극단적이며, 어떤 중간 입장도 더는 존재하지 않습니다.[51]

---

[23] 드 메스트르.

니콜라이 1세 시대 동안 가톨릭 신앙으로 개종한 러시아인들은 대개 라므네를 본받는, 즉 고통받는 대중과 함께하는 탁발 교단의 삶으로 전향했다. 가톨릭 신부로 더블린의 한 병원에서 일하던 페초린은 라므네에게서 그 시대를 위한 "새로운 신앙"을 보았고, 유럽의 억눌린 변방이 퇴락하는 중심지의 유일한 희망이라는 확신을 느꼈다. "미합중국과 함께 러시아는 역사의 새로운 순환기를 개시하고 있다."[52] 차아다예프도 라므네의 영향을 받았다. 대체로 그는 처음에는 가톨릭 신앙에 심취했다가 나중에는 사회주의에 관심을 두게 되는 과정에서 러시아인에게 길라잡이 구실을 했다. 러시아의 관점에서 가톨릭과 사회주의는 서방에서 그랬던 것만큼 양립 불가능해 보이지는 않았다. 두 세력은 수동적이고 조직화되지 못한 러시아에 사회 규율과 목적의식을 도입할 가능성을 제공한다고 보였다.

결국은 젊은 서구주의자의 신조가 되는 역사 이론의 주창자인 생시몽 스스로 드 메스트르가 무정부 상태와 혁명에 품은 깊은 두려움의 영향을 받았으며, 가톨릭교회가 중세 사회에서 수행했던 질서 유지 기능을 찬양했다. "새로운 그리스도교"는 순전히 윤리적이어야 하며 새로운 교회 지도부는 오로지 운영만 담당해야 한다고 요구하면서 생시몽과 그의 사도 오귀스트 콩트(Auguste Comte)는 이른바 "그리스도교 없는 가톨릭 신앙"을 옹호했다. 서방의 생시몽 추종자들이 산업 조직화와 계급 갈등에 관한 그의 이론에 관심을 보인 반면에, 러시아인의 흥분을 자아낸 것은 "그의 역사-철학적 시각의 폭과 규모"였다.[53]

생시몽의 첫 러시아인 제자는 데카브리스트인 루닌이었다. 그는 생시몽의 사상을 1825년 이후에 유형지에서부터 적극적으로 보급했으며, 1841년에 감옥에 갇혀서야 목소리를 내지 못했다. 그는 사회주의의 예언자로서의 경력과 함께 종교 생활도 유지했으며, 결국은 로마가톨릭의 품으로 들어갔다. 나폴레옹 전쟁 동안 낭만적인 학도병이었던 루닌은 1814~1816년에 파리와 생시몽을 알게 된 뒤로 자기가 태어난 나라를 서먹서먹하게 느꼈다. 생시몽과 마찬가지로 루닌은 혁명을 옹호하지도 않았고 실제 그대로의 서방을 찬양하지도 않았다. 그는 한 프랑스인 친구에게 이렇게 말했다. "당신들은 생각이 가벼워서 그저 즐겁고 장난기만 있으면 됩니다. 하지만 북쪽에 사는 우리는 영혼을 뒤흔들고 골똘히 생각하게 만드는 모든 것을 사랑합니다."[54]

야회(夜會)에 거의 가지 않던 생시몽이 1816년에 파리의 한 화려한 야회에 나타났는데, 오로지 다음과 같은 작별인사를 루닌에게 하기 위해서였다.

자네를 통해 나는 회의주의로 말미암아 아직 시들지 않은 젊은 민족과 인연을 맺고자 하네. 그곳은 새 가르침을 받아들이기에 좋은 땅이지. ……

미신은 황금시대가 아득한 과거 어느 때 있었다고 여기지만, 황금시대는 미래의 일이라네. 그때가 되면 거인들이 다시 태어나겠지만, 그 거인들은 육신이 아니라 정신이 거대하고 막강할 것이네. 그때가 되면 사람 대신 기계가 일할 것이고, …… 다른 나폴레옹이 노동자 군대의 선두에 설 거야. ……

설령 나는 잊더라도 "토끼 두 마리를 쫓으면 한 마리도 잡지 못한다"는 속담은 절대로 잊지 말게! 자네 나라 사람들은 표트르 대제 때부터 나라의 경계를 더욱더 넓히고 있지. 끝없는 공간 속에서 길을 잃지 말게나! 그리스도의 가르침은 피로 거름을 준 땅에서 자라났어. 전쟁은 예속 상태의 버팀목이지. 평화로운 노동은 양도할 수 없는 각자의 권리인 자유의 기반을 닦는다네.[55]

생시몽은 살아생전에는 자기의 사상이 퍼져나가는 것을 보지 못했다.

신성동맹이 자기의 새로운 그리스도교를 채택해야 한다고 알렉산드르
1세에게 올린 생시몽의 탄원은 그의 사도 콩트가 자기의 새로운 "실증적
정치 체계"를 채택해 달라고 훗날 니콜라이 1세에게 했던 호소와 다를
바 없이 주목을 받지 못했다.[56] 그러나 이 두 진보의 신학자들은 명민해
서 자기들의 웅대한 이론을 "회의주의"나 (콩트의 말로 한다면) "퇴행적
인 경험론"으로 말미암아 아직 시들지 않은" 한 민족에게 제시했다. 그
두 차르에게 무시당한 그들의 새로운 역사이론은 서방화하는 귀족들에
게 받아들여졌다. 니콜라이 1세 통치기의 서구주의자들 가운데 한 사
람[24]은 이렇게 설명했다. "정신적으로 우리는 프랑스에서 살았다. ……
나는 프랑스에 본능적으로 애착을 느끼는 동아리에 …… 들어갔다. 루
이 필립(Luois Philippe)과 프랑수아 기조(François Guizot)의 프랑스가 아니라
생시몽, 에티엔 카베(Étienne Cabet), 샤를 푸리에(Charles Fourier), 루이 블랑
(Louis Blanc), 특히 조르주 상드(George Sand)의 프랑스였음은 말할 나위도
없다. 프랑스에서 인류에 대한 믿음이 샘솟아 우리에게 흘러들었으며,
'황금시대'가 우리 뒤가 아닌 우리 앞에 있다는 확신의 빛이 프랑스에서
뻗어나와 우리를 비추기 시작했다."[57] 페초린은 생시몽에게서 "가까운
미래의 거대한 발걸음" 소리를 들었다.[58] 무엇보다도 가장 중요한 점은
데카브리스트들의 복수를 하고 그들의 서방화 전통을 잇겠다고 맹세했
던 알렉산드르 게르첸이라는 젊은 인물이 생시몽의 저작을 "쿠란처럼"
들고 다녔다는 것이다. 그의 1830년대 모스크바 동아리는 앞장서서 셸링
철학에 반대하고 사회 문제로 돌아섰다. 이런 전환은 새로운 급진적 서
구주의자의 특성이 되었다.

러시아에서 철학과 경제학을 공부하기 시작했던 생시몽의 프랑스인

---

24 미하일 살틔코프-쉐드린.

문하생 바르텔르미-프로스페르 앙팡탱(Barthélemy-Prosper Enfantin)이 1825년에 생시몽이 죽은 뒤 새로운 생시몽 종교를 수립했다. 생시몽 종교에 정통한 이들 가운데 한 사람은 자신을 모세, 자라투스트라, 무함마드와 연결했고 자기가 심지어는 오늘날의 옷을 입은 그리스도의 환생일지 모른다고 은밀히 암시했다. 러시아인은 반쯤 분파교적인 이 이상한 운동에 매료되었고 그 운동이 간행하는 저널 『지구』(Le Globe)를 아주 재미있게 읽었다. 초기의 게르첸 추종자들은 이 "새로운 그리스도교" 내 분파의 일종으로 간주할 수 있다. 그들은 비록 산업가도 아니고 앙팡탱 집단 식의 숭배자도 아니었을지라도 생시몽의 역사관에서 영감을 얻었기 때문이다. 1833년에 게르첸은 역사가 중세 가톨릭 신앙에서 철학적 프로테스탄티즘으로, 그리고 "새로운 그리스도교"로 3단계 진보 운동을 한다는 견해에 찬동했다. 이 마지막 단계인 "새로운 그리스도교"는 "진정으로 인간적인" 단계, 즉 사회 문제와 경제 문제에 과학적 방법을 체계적으로 적용해서 빈곤과 전쟁을 없애기를 꾀하는 사회 혁명이기보다는 사회 "혁신"이었다.[59] 새로운 엘리트인 사회의 운영자와 조직가는 사람에게 현대적이고 실용적인 형태의 그리스도교를 주어야 한다. 생시몽의 문하생인 오귀스트 콩트의 3단계 역사 이론은 발레리안 마이코프(Валериан Майков)가 1840년대에 이 이론을 소개한 뒤 러시아의 급진 서구주의자들 사이에서 인기를 훨씬 더 많이 누렸다. 모든 것이 신학적 단계에서 형이상학적 단계를 거쳐 "실증적"이거나 과학적 단계로 접어들어야 한다는 콩트의 사상은 인민주의 인텔리겐치야 사이에서 군림하는 역사 이론이 되었다.[60]

서구주의자와 친슬라브주의자 사이의 견해차는 처음에는 크지 않았다. 둘 다 어떤 새로운 형태의 그리스도교화 사회를 믿었고 혁명과 지나친 평등에 반대했다. 농민 공동체와 나로드노스트, 즉 "인민의 정신"을 역사에 있는 재생의 힘으로 이상화하는 경향은 친슬라브주의의 두드러진 특성이었지만 폴란드 혁명가들과 급진 서구주의자들 사이에서도 발견될 터였다. 이 모든 몽상적 혁명가에게 나로드노스트가 뜻하는 것은 우바로프에게 그랬던 것과는 달리 국민성도 아니었고 서유럽의 선거에 관련된 의미의 대중성도 아니었다. 그것은 새로 채록된 블라디미르 달(Владимир Даль)의 민간 속담이나 알렉세이 콜초프(Алексей Кольцов)의 민요와 민중시가에서 드러나는 고결한 야만인의 때 묻지 않은 슬기를 뜻했다. 거의 모든 위대한 사회이론가가 문헌학과 민족지학에 관심을 가졌고 자기 세대의 한 저술가가 카람진의 『러시아 국가의 역사』에 대응해서 『러시아 인민의 역사』(История русского народа)를 썼다고 기뻐했다.[61]

러시아의 역사적 사고에서 화합과 낭만적 환상의 환희를 내쫓은 사람은 러시아를 홀릴 독일 관념론 철학자들 가운데 마지막 철학자인 게오르크 헤겔이었다. 그는 1838년부터 1848년까지의 그 "돋보이는 10년" 동안의 러시아 지성사의 진로를 다른 어떤 개인보다도 더 많이 바꾸었다. 그는 합리적이고 포괄적으로 보이는 역사철학을 러시아인에게 내놓았고 현실에 안주하지 않는 서구주의자를 이끌어 진지한 혁명 사상을 — 맨 처음으로 — 품도록 만들었다.

헤겔 사상은 사실상 정형이 되어버린 패턴을 따라 러시아에 도입되었다. 그 씨앗은 한 새로운 철학 동아리에서 뿌려졌다. 꽤 잘 생기고 사색적인 한 인물(니콜라이 스탄케비치(Николай Станкевич)) 주위에 형성된 이 동아리에는 혈기왕성하고 더 젊은 회원 몇 사람(벨린스키와 바쿠닌)이 있었고 순례와 연구를 위한 새 중심지 한 곳을 외국(베를린)에 두었다. 새 예언자 스탄케비치는 "철학과 인류애의 콜럼버스"로 환호를 받았고 새로운 지식인 세대와 동일시되었다. 스탄케비치, 벨린스키, 바쿠닌, 게르첸에게는 — 차아다예프, 오도옙스키, 호먀코프와는 달리 — 나폴레옹에 맞선 전쟁의 기억과 알렉산드르 1세 시대의 신비한 희망이 없었다. 그들은 니콜라이 1세 통치기의 좌절을 자양분 삼아 컸으며, 헤겔 철학은 그들의 보복 무기가 되었다.

젊은 헤겔주의자들은 앞선 셸링주의자 세대와 마찬가지로 일련의 새 교수들에게서 영감을 얻었다. 그런 교수들로는 "그대는 진리를 섬기는 자"임을 늘 생각나게 해주는 법학의 표트르 레드킨(Петр Редкин)과 동물계에서 헤겔의 변증법을 추적하는 동물학의 카를 룰레(Карл Рулье), 그리고 다른 그 누구보다도 역사학의 티모페이 그라놉스키(Тимофей Грановский)가 있었다. 스탄케비치의 추종자들은 더 앞 시기의 동아리처럼 서로를 "형제"라고 부르며 다 함께 책을 읽고 다 함께 고백했다.

이전의 서방 사상가들과 마찬가지로 헤겔은 저서 원문을 통해서만큼이나 그 저작에 관한 서방의 토론을 통해 알려졌다. 스탄케비치는 프랑스어 번역판을 통해, 게르첸은 한 폴란드인 문하생을 통해 헤겔을 발견했다. 그러나 역사는 이해될 수 있다는 헤겔의 기본 신념은 심지어는 헤겔의 글을 수박 겉핥기 식으로 읽었을 때에도 눈에 띄었으며 젊은 세대의 마음을 끌었다. "현실적인 것은 이성적이고 이성적인 것은 현실적"이라는 헤겔의 유명한 선언은 고립감과 주관적인 의기소침에 맥을 못 추던 한 세대에게 안도감을 주었다. 스탄케비치는 베를린에서 보낸 편지에 "광기에서 벗어나는 길은 딱 하나 있습니다. 그것은 역사입니다"라고 썼다.[62] 헤겔은 역사에서 — 심지어는 니콜라이 1세 치세에 쓰였던 암담한 장에서도 — 의미를 찾을 수 있게 해주었다. 벨린스키는 프리메이슨 다단계 조직의 형용사인 '무드라 이 프레무드라'(мудра и премудра)를 현실 세계에 적용해서 "현실이여, 너는 지혜롭고도 참으로 지혜롭도다"[63]라고 외쳤다. 진리를 찾아 프리메이슨 지부나 동아리로 더는 도주하지 않아도 된다. 헤겔의 가르침을 잘 알고 "비판적으로 사고하는" 개인이 나날의 세계에서 객관적 진리를 찾을 수 있다. 벨린스키는 새로 헤겔주의자가 된 사람의 겸허한 어조로 이렇게 말했다. "저는 실제의 사람들을 안 덕분에 그들과 잘 어울려 지내고 있습니다. 그들 각자에서 개인이 아닌 종류와 유형을 재미있게 연구합니다. …… 날마다 뭔가를 알아가고 있습니다. ……"[64] 풀이 죽고 헤매고 심지어는 스스로 목숨을 끊어서 낭만적 이상주의자들 사이에서 사상자 수가 점점 더 늘어나던 때에 다가온 헤겔은 순전히 개인적이고 주관적인 모든 감정은 무의미하다고 말한다고 보였다. 모든 것은 객관적 필연성에 달려있다. 바쿠닌은 헤겔주의로 전향한 뒤에 이렇게 썼다. "제 **개인적 자아**는 완전히 죽었으며, 그것 자체를 위해 찾아낼 것이 더는 없습니다. 그것의 삶은 지금부터는 절대자 속의 삶이 될 것입니다. 하지만 본질적으로 제 **개인적 자아**는 잃은 것보다 얻은 것이 더 많습니다. …… 제 삶은 이제 진리의 삶입니다."[65]

친슬라브주의자든 서구주의자든 더 나이 든 세대는 이 철학이 역겹다는 것을 알았다. 셸링과 비교해서 헤겔은 "인간의 내적 확신의 뿌리를 …… 도덕적·미학적 의미 밖에 둔" 자들의 전통에 서 있었다.[66]

독일 근대국가 건설에 이바지한 헤겔주의자들 가운데 많은 이가 국가가 역사에서 세계정신(Weltgeist)[25]의 최고 발현이라는 헤겔 사상에 흥분했다. 러시아에서도 헤겔은 국가를 통해 합리성과 공공 규율을 늘리는 데 주로 관심을 둔 사도 몇 사람을 얻었다. 그러나 그들은 (헤겔 자신과 마찬가지로) 정치개혁에 주로 관심을 둔 비교적 온건한 인물, 즉 역사가 그라놉스키와 모스크바 시장이 될 보리스 치체린(Борис Чичерин)처럼 이

---

25 세계를 지배하는 정신 원리. 세계정신의 자기발현 과정이 역사라고 생각한 헤겔에게 세계사는 세계정신이 보편적 실체로서 존재한다는 사실이 실현되는 과정이었다.

른바 법치국가(Rechtsstaat)²⁶ 자유주의자였다.

그러나 헤겔로 말미암아 변증법은 지금 있는 국가의 신성화가 아니라 완전한 파괴를 요구한다고 확신하게 된 러시아인이 훨씬 더 많았다. 불가능해 보이던 변화가 역사는 모순을 통해 나아간다는 사실을 고려함으로써 갑자기 가능해졌다. 러시아의 헤겔주의자들은 헤겔의 역사 이론에서 혁명을 일으키라는, 즉 "신과 국가", 그리고 "채찍을 휘두르는 독일 제국"을 깨부수라는 외침을 독일의 헤겔 좌파보다 훨씬 더 많이 찾아냈다.[67]

겉보기에 벨린스키는 헤겔을 다음과 같이 거부함으로써 혁명적으로 변했다.

> 사상의 객관적 왕국에서는 객관적 종교에서처럼 도덕이 존재하지 않으므로 도덕에 관한 헤겔의 모든 해석은 순 엉터리라네. …… 주체, 개인, 개성의 운명은 온 세상의 운명과 중국 황제의 건강(곧, 헤겔이 말하는 일반성(Allgemeinheit))보다 더 중요하지. …… 예고르 표도로비치(Егор Федорович), 깊이 감사하며 그대의 수면용 철학 모자에 안부를 전하오만²⁷, …… 나는 설령 발전의 사다리 맨 꼭대기에 오르는 데 성공하더라도 거기에서 삶의 상황과 역사의 모든 희생자에 관한 보고서를, 그리고 천재지변, 미신, 종교재판, 펠리페 2세 등에게 희생된 모든 이들에 관한 보고서를 나한테 달라고 그대에게 요청할까 하오.[68]

---

²⁶ 절대군주가 전횡을 일삼는 경찰국가(Polizeistaat)와 대비해서 행정이 법률에 따라서 이루어지는 법치 원칙이 지켜지는 국가를 독일에서 일컫은 표현.

²⁷ 예고르 페도로비치는 헤겔을 일컫는 표현이며, 헤겔이 잘 때 쓰는 모자를 숭배하는 장난이 유행했다.

이 문단은 급진 개혁가들이 자주 인용했(으며, 이반 카라마조프(Иван Карамазов)[28]가 자기의 하늘나라 "입장권"을 받지 않는 유명한 일화에 영감을 주었)다. 그러나 그것이 벨린스키나 러시아의 급진주의에 헤겔이 미치는 영향력이 끝났다는 표시는 아니었다. 벨린스키는 비록 다가오는 유럽 사회의 변혁을 주도할 세력을 찾아 프랑스의 사회주의자 쪽을 바라보게 되었을지라도 여전히 그 변화가 헤겔의 방식으로 일어나기를 기대했다. "아버지 이성께서 다시 통치하시"고 죄인이 "자기를 처형해달라고 빌고 아무도 그 죄인을 벌하지 않을" 때 여전히 역사는 지상에서 세계정신이 실현되는 것을 향해 나아가는 "이념의 필연적이고도 합리적인 전개"였다.[69] 지상의 최종적 "합(合)"은 필연의 왕국이 자유의 왕국에 자리를 내주는 시간일 것이다. 승자로 보이는 현재의 "정"(定), 즉 유럽에서 이루어지는 제왕과 사업가의 지배는 그 정의 근본적 "반"(反)에게 파괴될 것이다. 이 "부정의 부정"이 새 천년왕국이 들어설 자리를 만들 것이다.

바쿠닌은 모든 헤겔주의자 가운데 가장 진정으로 "홀린" 가장 혁명적인 헤겔주의자였으며, 자기의 모든 것을 파괴에 바치는 이념의 소유자였다. 그는 그 "돋보이는 10년"을 거의 다 서유럽에서 보냈고 1848년의 "지식인 혁명"의 주요 촉매제였다. 베토벤의 「제9교향곡」의 합창 악장에 있는 실러의 「환희에 부쳐」(An die Freude)에 담긴 최종적 해방 정도만이 다가오는 대화재에서 구제받을 터였다. 총체적 파괴가 일어난 다음에 총체적 자유가 온다는 바쿠닌의 헤겔주의적 신념은 유럽의 혁명 사상에 — 특히 남유럽의 — 크나큰 영향을 미쳤으며, 1876년에 그가 죽을 때에야

---

[28] 도스토옙스키의 소설 『카라마조프 씨네 형제들』에서 카라마조프 집안의 둘째 아들로 나오는 등장인물.

비로소 사그라지기 시작했다. 인민주의 운동 안에서 영향력을 놓고 그와 경쟁하던 점진론자인 표트르 라브로프(Петр Лавров)마저도 역사 과정의 "의식적 행위자"가 되기 위해 순전히 개인적인 삶을 포기하라고 사람들을 다그침으로써 1860년대 말엽에 쓴 그 유명한 『역사 서한』(Исторические письма)에서 헤겔주의의 호소력을 이용했다.[70]

헤겔 사상이 러시아에서 행사한 영향력보다 헤겔 철학 개념의 통속화를 이야기하는 것이 어쩌면 더 옳을 것이다. 두 경우의 어느 쪽이든 그 충격은 컸고 전체적으로 보아 재앙이었다. 헤겔 철학을 은비학적 신비주의를 중화하는 해독제로 요란하게 내놓는 것은 열이 나서 목이 마른 사람에게 장티푸스 균이 든 물을 주는 것과 같았다. 알렉상드르 쿠아레(Alexandre Koyré)는 벨린스키가 헤겔을 거부한 것에 관해서 그것은 철학의 진정한 변화가 아니라 "헤겔 철학이라는 약으로 치유되지 않은 환자가 반항하며 외치는 소리"였다고 도발적으로 말한다.[71] 헤겔 철학이라는 약이 포괄적 철학 체계를 좋아하는 러시아의 취향을 중독으로 바꾸었다고 말할 수도 있다. 헤겔에 도취한 상태에서 가까스로 헤어나온 사람들에게는 일종의 철학적 숙취가 남았다. 그들에게는 철학을 완전히 거부하는 경향이 있었지만 어중간한 입장과 불명료한 타협을 불만족스러워하는 심리가 영구히 남았다. "헤겔주의자였던" 벨린스키와 게르첸은 포스레드스트벤노스트(посредственность, "범용성")와 메샨스트보("부르주아의 속물성")와 중용(juste-milieu)을 싫어하는 면에서는 항상 도취 상태에 있는 바쿠닌 못지않게 극단적이었다.

역사는 필연적 모순을 통해 전진한다는 헤겔 사상은 예전에는 부드러웠던 친슬라브주의자와 서구주의자 사이의 논쟁에 신랄함이라는 새로운 성질을 부여하기도 했다. 헤겔주의는 "부정적 사고의 힘"을 과시하는 듯했다. "격노한" 벨린스키의 후기 저작에서는 믿음에 관한 긍정적 언술을 찾기 힘들다. 그러나 열정적 성실이 그의 인성이므로 부정적 사고는 덕성으로 보이게 되었고 그가 러시아에 주로 도입한 새로운 문예비평에서 일종의 전통이 되었다. 게르첸도 — 교양 지식을 소유했고 개인의 자유를 배려했으므로 — 자유를 공격하는 자들을 공격하는 일에서 가장 두각을 나타냈다. 그는 혁명적 변화가 임박했다고 확신하게 되었고 1847년에 러시아를 영원히 떠나 임박한 그 역사 단계를 파리에서 맞이했다. 1848년의 실패 뒤에 — 바쿠닌과 더불어 — 그는 혁명적 변화가 결국은 러시아에서 일어나리라고 판단했다. 1849~1850년에 갑자기 게르첸과 바쿠닌 두 사람 다 농민공동체라는 이상과 슬라브 민족들의 자유로운 연방체로 눈길을 돌렸다.[72] 그 이상과 연방체가 친슬라브주의자에게 그랬던 것처럼, 그리고 곧 인민주의자에게 그럴 것처럼 도덕적으로나 정신적으로나 바람직했기 때문이 아니라 부르주아적 유럽의 속물성을 깨는 역사적 충각(衝角)인 "부정의 부정"을 대표했기 때문이다.

역사의 임박한 최종적 합, 즉 억압과 범용성에서 벗어나는 혁명적 해방의 필연성은 카를 마르크스에서 피에르-조셉 프루동(Pierre-Joseph Proudhon)에 이르는 좌파의 모든 헤겔주의자, 즉 1848년 이후에 영향력이 가장 큰 서구 혁명가에 공통된 믿음이었다. 게르첸과 바쿠닌은 그 믿음을 공유했고 경제적 힘보다는 영웅적 엘리트를 통해 혁명이 일어나기를 바란다는 점에서 마르크스보다는 자기들 공동의 친구인 프루동의 편에 더 많이 섰다. 다가오는 그 혁명을 바쿠닌은 주저하지 않고 받아들였고 게르첸은 매우 주저하며 받아들였다. 그러나 그 두 사람 다 그 혁명을 피할 수 없다고 믿었다.

헤겔은 그들에게 공식이랄 것이 전혀 없는 "혁명의 대수학"을 주었다. 따라서 역사의 현 단계에서 누가 절대자의 대행자인지를 이해하는 데에서 러시아인 문하생들의 의견은 매우 분분했다. 바쿠닌은 서방 도시의 혁명가, 동유럽 농민, 니콜라이 1세, 스위스와 유럽의 라틴 국가[29]의 아나키즘 운동에게, 그리고 마지막에는 러시아의 테러리스트 음모가에게 차례로 눈길을 돌렸다. 게르첸은 파리에게, 러시아의 농촌에게, 그리고 1860년대에 자기의 영향력과 신념을 둘 다 잃은 뒤에는 알렉산드르 2세에게 눈길을 돌렸다. 게르첸은 비록 혁명 활동에 바쿠닌식으로 참여했던 적은 없어도 혁명 활동에 홀린 듯 매료되었다. 그는 1849년에 자기 아들에게 이렇게 조언했다. "반동의 하사품으로 목숨을 부지하는 것보다는 혁명과 함께 사라지는 것이 더 낫다."[73] 사람들은 그가 비관적인 "편지를 오랜 동지" 바쿠닌에게 써보냈듯이 절대적 해방을 믿을 수 있던 시절에 대한 어떤 고상한 그리움을 그의 말년에서 찾아낸다.[74]

그 "돋보이는 10년"의 가장 흥미로운 이 두 인물의 파란만장한 이력에는 변하지 않은 요소가 어쩌면 딱 둘 있다. 첫째 요소는 십중팔구 사회주의의 청사진보다는 향수 어린 어릴 적 추억에서, 그리고 우애 어린 영웅 행위와 행복에 관한 문학의 묘사에서 비롯되었을 더 나은 사회의 이미지에 그 두 사람이 품은 애착이었다. 둘째 요소는 기존 질서의 혁명적 거부가 역사적으로 불가피하다는 본질적으로 헤겔주의적인 그 두 사람의 신념이었다.

헤겔에 매료되어서 자유에 대한 이해도를 높이지 못한 채로 해방이 다가온다고 믿게 된 러시아인이 많았다. 헤겔주의는 모스크바국 이념의 예언적 희망을 세속적 형태로 되살렸고 (비록 무척 덜 명료했을지라도) 못지않게 절대적이고 형이상학적인 역사철학을 제공했다. 부정이 절대자의 최종 실현을 준비하는 과정의 한 단계일 뿐이라는 생각은 그리스도의 재림에 앞서 적그리스도의 지배가 이루어진다는 그리스도교 개념의

---

[29] 에스파냐, 프랑스, 이탈리아.

탈인격화된 철학적 이형의 일종이었다. 그 뒤에 헤겔 철학을 거부한 사람들조차도 콩트의 실증주의나 사회 다윈주의나 마르크스주의적 유물론 등 역사철학의 필요성을 여전히 느꼈다는 것은 헤겔이 러시아 사상에 끼친 영향의 심도를 보여주는 표상이다. 헤겔은 러시아의 세속 사상가들을 부추겨 자기 사고의 밑바탕을 실용적 개혁 프로그램보다는 예언적 역사철학에 두도록, 그리고 도덕적 명령보다는 역사적 필연성의 이름으로 행동하라고 촉구하도록 만들었다.

예술의 예언적 역할

그 "돋보이는 10년"의 해방민에게 어떤 최고 권위자가 있었다면, 그는 철학자나 역사가가 아니라 벨린스키 같은 문예 비평가나 고골 같은 창작 예술가였다. 예술과 연관된 사람들의 엄청난 위신은 낭만주의 철학의 논리적 산물이었다. 창작 예술가는 여러모로 낭만주의의 예언자, 비평가는 낭만주의의 사제였기 때문이다.

계몽은 객관적인 물리법칙과 도덕율에서 진리를 찾았고, 그 진리는 자연계 전체에서 일률적으로 유효하다고 가정되었다. 연구하면 그 물리법칙과 도덕율을 발견할 수 있었고 자연철학자가 그것들을 합리적으로 설명할 수 있었다. 그러나 낭만적 사고에서 진리는 유기적이고 미학적이었으며, 진리의 숨은 의미는 직관으로 가장 잘 인지되었고 시로 가장 잘 소통되었다. 다른 문화들은 역사의 다양성과 숨은 유형의 중요한 표현이므로 낭만주의 예술가는 민족 정체성의 의미를 찾아낼 특별한 책임을 졌다.

니콜라이 1세 시대 러시아의 이상주의적 낭만주의자들에게는 그 뒤의

한 세대에게 그토록 중요해진 순수 예술과 프로파간다 예술 사이의 대비
는 중요하지 않았다. 모든 예술은 그 예술이 사회 문제와 정치 문제에
관심을 직접 표현하지 않는다는 의미에서는 순수했지만, 그 예술이 예술
사상을 세상을 바꾸는 힘으로 인식한다는 의미에서는 매우 프라파간다
적이었다. 호먀코프는 예술을 "수도자 같다"고 불렀고,[75] 반(反)계몽의
"알려지지 않은 필로소프" 생 마르탱은 예술을 "예언자 같다"고 이야기
했다. 실제로 예술에는 신의 말씀을 사람에게 대변한다는 취지의 성경적
의미의 예언이 그득했다. 또한, 예술의 특성은 저승과 접하는 강신술사
의 행위를 서술하려고 생시몽이 사용한, 그리고 예술이 그저 신의 말씀
이 아니라 신이 이룬 일로 여겨진다고 암시하려고 베르댜예프가 사용한
테우르기야적(теургическое)[30]이라는 덜 낯익은 그리스어 용어로써 묘사될
수 있다.[76]

러시아인에게는 예술이 신의 행위라는 생각의 뿌리는 특히 셸링 철학
에 있었다. 셸링은 철학을 "더 높은 시"로 정의했고 철학적 사색을 과학
적 추구보다는 예술적 추구와 연계하려고 시도했다. 셸링에게서 영감을
얻어 러시아인은 철학에서 새로운 진보가 이루어지려면 새 예술양식이
발전해야 한다는 결론을 바로 내렸다. 따라서 셸링 추종자인 나데즈딘이
모스크바 대학에서 예술과 고고학을 가르치는 교수로서 저술과 강의에
서 고전주의나 낭만주의를 넘어서는 예언적 예술을 바라는 요구 가운데
첫 요구를 했다. 그는 일찍이 1818년에 시인의 소명을 이렇게 정의했다.

---

[30] 테우르기야(теургия)는 신과 하나가 되고자 신을 불러낼 목적으로 행하는 마술적
성격을 띤 의식의 거행을 뜻하는 그리스어 낱말 테오우르기아(θεουργία)에서 비
롯된 러시아어 낱말이며, 신비적 성격을 띠는 거룩한 창작 행위를 뜻하는 러시아
상징주의의 주요 개념이다.

민중에게 선을 가르치는 것이 시인의 의무다!
시인은 참된 전령이요, 세상의 준엄한 스승이다.
시인의 숙명은 악을 깨부수고 드러내는 것이요,
사람들을 가르치고 올바른 길로 이끄는 것이다.
그리스도교를 믿는 시인은 영원한 진리의 오르간이다.[77]

벨린스키는 1830년대에 나데즈딘 밑에서 일하면서 저널을 펴내는 일을 배웠으며, 철학적으로 방황하면서도 "예술은 진리의 직관, 즉 형상으로 나타난 생각"이라는 예술가의 높은 소명에 대한 스승의 믿음에 여전히 충실했다.[78] 진리의 이런 이미지는 ── 니콜라이 1세 시대 러시아의 깨어나는 상상력에게 ── 특이한 민족적 외형을 지녔다. 글린카가 했다는 말마따나, "민중이 음악을 만들고 작곡가는 그 음악을 받아적을 따름이다." 따라서 예술가는 "성직자나 재판관처럼 한쪽 당사자에 속하지 않"고 "천상의 정신을 지상의 이성으로" 바꿔쳐서는 안 될 "위대한 민중의 신경종말"이 된다.[79] 문학 비평은 일종의 성경 주해, 어느 주요 "두꺼운 저널"의 주요 비평가는 고위 사제, 그의 책상은 "그가 거룩한 의식을 거행하는 제단"이 되었다.[80] 키레옙스키와 나데즈딘과 벨린스키를 통해 문학 비평은 철학 문제와 사회 문제를 토론하는 주요 매체가 되었다. 이 시기의 비평가는 단순한 평론가와는 거리가 멀었고 지성 활동의 발전에서 핵심적인 자리를 차지했다. 특히 벨린스키는 비타협적인 도덕적 열성을 통해 유일무이한 도덕적 권위를 얻었다. 그의 제복(祭服)은 일종의 사도권 계승으로 1860년대에는 체르늬솁스키에게, 1870년대에는 미하일롭스키에게 넘겨졌다. 벨린스키의 저술에서 제기된 문제와 발상은 그것들의 모태였던 문학 세계로 되돌아가서 도스토옙스키의 이념적 소설들에서 새로운 차원의 강도에 이르렀다.

셸링주의자인 오도옙스키 공은 "참된 러시아 시"의 창작을 거들고자

1824년에 (데카브리스트 시인 큐헬베케르와 함께) 창간한 새 저널에서 드높아진 새 예술가 개념을 처음으로 선언했다. 푸시킨과 그 시대의 주요 시인 여러 사람의 협력을 얻은 그 저널의 명칭은 적절하게도 (무사이(moũsai)의 어머니) 므네모지나(Мнемозина)였다.[31] 젊은 시인 드미트리 베네비티노프(Дмитрий Веневитинов)의 단편소설 『조각, 회화, 음악』(Скульптура, Живопись и Музыка)은 그 예술들이 모두 다 신의 영감을 얻어 이루어진다는 일반적 정서를 생생하게 보여준다. 그 세 예술은 시를 같은 어머니로 둔 천상의 세 처녀로 묘사되며, 온 세상은 시의 표출적 창조물이다. 같은 맥락에 서 있는 것이 공통 진리의 "수를 시가 세고 크기를 음악이 재고 무게를 회화가 단다"는 오도옙스키의 생각이다.[81] 비슷하게, 오도옙스키가 1820년대의 철학 활동을 지배했던 것만큼 1830년대의 철학 활동을 지배한 철학자-예술가인 스탄케비치의 단편소설 『세 예술가』(Три худож-ника)는 "어머니 자연의 영원한 아름다움"을 다른 매체로 포착하려고 시도하는, 그리고 드디어 "세 인생이 합쳐져서 한 인생이 되고 세 예술이 합쳐져서 한 예술이 되고 …… 눈에 보이지 않는 그 누군가가 자기들 사이에 있"을 때까지 각자가 다른 형제에게 영감을 주는 세 형제의 이야기였다.[82]

모든 예술 매체의 신성한 상호의존성에 관한 이 인식은 니콜라이 1세 치하 러시아의 창작 예술가들에게 무척 중요했다. 한 매체의 예술가들은 다른 매체에서 활동하는 예술가들을 대개 알고 있었다. 지니고 다니다가

---

[31] 그리스 신화에서 제우스와 기억이 의인화된 티탄 므네모시네(Mnemosyne, 러시아어로는 므네모지나) 사이에서 아홉 딸이 태어났고, 무사이로 불리는 이 아홉 딸 클레이오, 에우테르페, 탈레이아, 멜포메네, 테르프시코레, 에라토, 폴리힘니아, 우라니아, 칼리오페는 각각 역사, 음악, 희극, 비극, 무용, 서정시, 찬가, 천문학, 서사시를 담당했다.

맞바꾸는 공책에 시인이 그림을 그리고 미술가가 시를 쓰는 것은 흔한 일이었다. 우크라이나의 시인 타라스 솁첸코(Тарас Шевченко)는 자기 경력을 화가로 시작했고, 레르몬토프는 회화와 소묘를 거의 시만큼 많이 남겼다.[83] 그의 「악마」(Демон)는 나중에 안톤 루빈시테인(Антон Рубинштейн)이 지은 같은 제목의 오페라(외국에는 거의 알려지지 않은 채로 남아있는 많은 러시아 오페라 가운데 가장 인기 있는 오페라 한 편)에, 그리고 (역시 러시아 밖에서는 별로 알려지지 않은 채로 남아있는 많은 화가 가운데 가장 뛰어난 화가인) 미하일 브루벨(Михаил Врубель)의 여러 걸작[32]에 영감을 주었다. 브륄로프의 그림 「폼페이 최후의 날」은 한 오페라[33]에게서 영감을 얻었고, 그 그림은 이번에는 에드워드 불워-리턴(Edward Bulwer-Lytton)의 소설에 영감을 주었다. 음악 비평가로서의 오도옙스키와 미술 비평가로서의 바실리 보트킨(Василий Боткин)은 거의 문학 비평가의 영향력만큼 커다란 전반적 영향력을 지닌 지위를 얻었(고 그들 스스로 창작하는 작가였)다.

시는, 적어도 1830년대 말엽까지는, 예술 양식들 가운데 으뜸이며 가장 위대한 것으로 여겨졌다. 시는 "사멸하지 않는 정신의 맏딸, 가장 완벽한 조화일 따름인 영원한 우아함의 여사제"였다.[84] 이런 화려한 찬사가 조금도 부적절해 보이지 않는다. 1820년대와 1830년대는 러시아 운문의 황금시대였기 때문이다. 좋은 시의 양과 가장 뛰어난 시의 질에서 러시아는 유럽의 다른 어떤 나라에도 뒤지지 않았고 지난날에 나온 자기 나라의 그 어떤 것보다도 훨씬 더 앞서 있었다. 모든 시인 가운데 가장

---

32 「앉아있는 악마」(1890년), 「날아다니는 악마」(1899년), 「누워있는 악마」(1902년).

33 1825년에 나폴리에서 초연된 조반니 파치니(Giovanni Pacini, 1796~1867년)의 오페라 「폼페이의 마지막 날」(L'Ultimo Giorno di Pompei).

위대한 알렉산드르 푸시킨은 자기의 불운한 데카브리스트 친구들이 정치에서 대표한 것, 즉 18세기 귀족이 품었던 포부의 최종 개화를 시에서 대표한다. 그러나 데카브리스트가 영예롭지 못한 최후를 맞이하고 그 뒤의 정치사상에 별 영향을 주지 못한 데 비해 푸시킨은 심지어는 살아 있을 때에도 추앙을 받았고 제정 말엽의 풍성한 문예 문화를 지배하게 될 여러 주제를 제시했다. 푸시킨의 엄청난 성공은 데카브리스트가 분쇄된 뒤에 찾아온 반동기 동안에 재능 있는 러시아인을 정치에 대한 일종의 대안으로서의 예술로 끌어들이는 데 도움을 주었다.

푸시킨은 특권 신분으로 태어나 차르스코예 셀로에 신설된 황립 전문학교에서 주로 프랑스어로 받은 신고전주의 교육에서 시작해서 자기 관심사의 넓이와 깊이 면에서 끊임없이 성장했다. 서른여덟 해라는 비교적 짧은 삶 안에 그는 매우 다양한 시간과 장소를 똑같이 능란하게 다루면서 희곡과 단편소설과 시를 썼다. 영향력이 가장 큰 그의 작품은 "운문소설" 『예브게니 오네긴』이었다. 이 작품은 지방 귀족의 삶을 묘사하고 이도 저도 아닌 어정쩡한 상태에 관해 소곤소곤 이야기해서 "러시아 문학 주 계보의 진정한 시조"가 되었지만 "잉여인간" 오네긴과 사랑스러운 타티야나[34]는 "러시아 문학에 사는 인류의 진정한 아담과 하와"가 되었다.[85] 그의 마지막 시 가운데 하나인 「청동의 기사」는 러시아어로 쓰인 시들 가운데 십중팔구 가장 뛰어난 시일 것이다. 『예브게니 오네긴』보다 훨씬 더 짧고 더 강렬한 「청동의 기사」는 "구원의 방주도 없는" 성 페테르부르크를 홍수가 덮치는 중심적 이미지로 러시아의 묵시

---

[34] 푸시킨의 소설 『예브게니 오네긴』의 남녀 주인공. 소설은 숙부의 유산을 상속받으려고 시골에서 생활하는 귀족 청년 오네긴과 이웃 마을 지주의 딸 타티야나의 관계를 중심으로 전개된다.

록적 심성에 있는 심금을 울렸다. 푸시킨은 자기의 1824년 홍수의 기억에 기대어 팔코네의 표트르 대제 동상을 제왕의 위엄과 인정머리 없는 권력의 다의적 상징으로 바꿔놓는다. 죽기 바로 앞서 정신이 나간 상태에서 그 동상이 생명을 얻는 모습을 본 관리 예브게니[35]는 그 뒤의 러시아 문학에서 — 자기가 통제할 수 없는 것은 물론이고 이해할 수도 없는 자연적·역사적 힘에 쫓겨 — 고통을 겪는 보통 사람의 모델이 되었다.

푸시킨은 러시아 귀족 문화의 두드러진 예증으로 남아있다. 그의 손에서 러시아 시는 나데즈딘이 말하는 고전주의 요소와 낭만주의 요소의 이상적 종합에 가까이 다가섰고, 러시아어는 드디어 허식을 떼버리고 우아하고 엄밀해졌으며, 그 유명한 "러시아식 대범성"[36]은 명쾌함과 엄정한 절제라는 고전주의적 미덕과 결합되었다. 관심과 소재가 다양했으면서도 푸시킨은 러시아인이 자주 그와 비교하는 셰익스피어와는 다른 기질을 지녔다. 그의 기질은 엘리자베스 1세(Elizabeth I) 시대 사람들이 "속박에서 풀려나 누리는 황금 같은 자유"[37]가 아니라 자주 욕을 먹은 귀족적 이상, 즉 도락 차원에서 벗어난 무심한 호기심, 생색내기에서 벗어난 대등한 동정심, 병적인 내성(內省)에서 벗어난 정직한 자기인식의 실행이었다.

음악적 재능을 타고난 시인이었으므로 푸시킨이 음악과 음악가에 관한 글을 쓰고 그의 작품이 음악 공연 용도로 그토록 많이 개작된 것은

---

[35] 푸시킨의 시 「청동의 기사」의 주인공. 성 페테르부르그에 큰물이 진 뒤 절망에 빠져 표트르 대제 청동기마상에 저주를 퍼붓다가 청동기사의 환영에 쫓겨 달아나다가 죽는 가난한 청년이다.

[36] Широкая русская натура. 좀스럽지 않고 품은 포부가 크고 너그러운 품성, 또는 그런 품성을 가진 이를 일컫는 러시아어의 비유적 표현.

[37] 셰익스피어의 연극 「리처드 2세」의 1막 3장에서 모브레이(Mowbray) 공작이 하는 대사의 일부.

타당해 보인다.[86] 푸시킨 운문의 기품과 1820년대에는 유럽의 다른 모든 발레단을 뛰어넘어선 황립발레단[38]의 기품 사이에는 일종의 양립 가능성이 있다. 푸시킨의 생애 서른여덟 해 가운데 서른 해 동안 황실 발레단의 단장은 러시아의 위대한 안무가 겸 흥행주들 가운데 최초인 샤를 디들로(Charles Didelot)였다. 그는 푸시킨의 작품을 찬양했고, 푸시킨은 디들로의 가장 위대한 발레리나 가운데 한 사람인 예브도키야 이스토미나(Евдокия Истомина)에게서 신선한 영감을 얻어 시를 지었다.[87] 푸시킨의 운문과 이스토미나의 춤사위는 러시아인에게 거친 싸움에서뿐만 아니라 고상한 문화적 위업에서도 서방을 뛰어넘을 수 있다는 새로운 자신감을 주었다.

그러나 푸시킨은 천재성과 상징적 중요성을 지녔으면서도 자기보다 급이 떨어지는 많은 작가만큼 러시아의 문화 발전 경로에 큰 영향을 주지 못했다.

> 그는 실제로 러시아 문학에 엄청난 영향을 주었지만, 러시아 사상의, 그리고 러시아 정신문화의 역사에는 거의 영향을 주지 못했다. 19세기에, 그리고 전반적으로 오늘날에 들어와서도 러시아 사상과 러시아 정신문화는 또 다른 길을, 푸시킨과 상관없는 길을 걸었다.[88]

푸시킨은 비교적 논쟁을 즐기지 않은 작가, 즉 관심사가 많이 바뀌고 미완성 단편을 남겨 사람을 감질나게 하고 좀처럼 견해를 알아내기 어려운 사람이었다. 그러나 그는 사회 문제와 정치 문제에서는 보수적이고

---

38 1740년대에 창설된 마리인스키(Мариинский) 발레단. 소비에트 러시아 시기에는 키로프 발레단으로 불렸다.

정신문화와 창작문화의 영역에서는 자유주의적이라고 여길 수 있는 관점을 차츰차츰 펼쳤다. 그는 젊었을 때 연애 사건을 많이 일으키고 데카브리스트나 다른 낭만적 개혁가들과 가까이 지낸 뒤 1820년대에는 전제정의 지지자, 1830년대에는 반쯤 길이 든 가장이 되었다. 그는 귀족이 평민 대중의 천박성과 변덕에 품는 염증을 늘 공유했다. 그는 아메리카에서 민주주의가 이루어질 가능성에 회의적이었고 수준을 높이고 문화를 발전시키기 위해 과반수 의견을 무시했던 — 표트르 대제와 로모노소프, 심지어 때로는 나폴레옹 같은 — 위인을 찬양하는 경향을 보였다. 언제나 군주주의자였던 그는 알렉산드르 1세보다 니콜라이 1세를 더 진심으로 환영했고, 1829년에 지은 시 「폴타바」에서 표트르 대제를 칭찬하고 우크라이나에서 그에게 맞섰던 이반 마제파(Иван Мазепа)를 조롱했으며, 1830년 폴란드 봉기의 진압에 수긍했다. 그는 연속성과 전통을 존중하는 마음을 품었다. 그는 — 마치 시에서 제어되지 않은 과잉이 참된 예술을 망치는 불균형을 낳듯이 — 어떤 종류든 격렬한 변화는 운명의 피할 수 없는 보복을 불러오리라는 느낌을 가지게 되었다. 푸시킨은 프랑스 혁명의 공포에 몸서리를 쳤고 1830년대 초엽에 쓴 주요 역사서 『푸가초프 반란 이야기』(История Пугачевского бунта)에서는 화풀이를 마구 해댄다고 군중을 맹비난했다.

그러나 혁명적 인물들이 전통에 맞선 비인격적 투쟁의 단순한 병기가 아니라 독특한 인격이 되는 한, 푸시킨은 자기 작품에서 그 혁명적 인물들을 공후와 집시, 그리고 인간 군상과 다를 바 없이 비교적 공정하게 다룬다. 개인으로서의 푸가초프는 푸시킨의 『푸가초프 반란 이야기』에서는 공감이 가고 이해가 되는 사람이며, 그의 소설 『대위의 딸』(Капитанская дочка)에서는 이상화된 인물이다. 「바흐치사라이의 분수」(Бахчисарайский фонтан)에서 크림 타타르인이 그러하듯 『보리스 고두노프』에서 폴란드인은 객관적으로 묘사된다. 푸시킨이 데카브리스트 봉기의 진압에 슬퍼한 까닭은 그가 데카브리스트의 강령에 동조해서가 아니라 콘드라티 릴레예프(Кондратий Рылеев)와 빌겔름 큐헬베케르 같은 재능 있는 시인이 러시아에서 사라진다는 데에서 시사되듯 상상력의 시야가 좁아져서였다. 데카브리스트 봉기가 일어난 바로 그 해에 푸시킨은 자신을 프랑스 혁명의 공포정치 기간에 단두대에서 목이 잘린 프랑스의 신고전주의 시인 앙드레 셰니에(André Chénier)와 동일시했다. 푸시킨의 셰니에는 "대중에게 낯익은 난장판에서 변함없이 끝까지 자유를 노래한다", 그리고 죽기 바로 앞서서 이렇게 외친다.

> 그대, 거룩한 자유여,
> 순결한 여신이여, 아니오, 그대에겐 죄가 없도다.[89]

인간의 삶이 존엄성을 지니려면 개인의 창작 자유가 보전되어야 한다. "푸시킨은 개성과 사회의 정신적 독립성과 문화의 우위에 바탕을 둔 참된 보수주의의 관점을 옹호한다."[90] 심지어는 니콜라이 1세가 폭도의 지배와 상인의 압박을 비교적 잘 막아내는 상황에서도 푸시킨은 하급 관료와 숨통을 조이는 검열이 "문화의 우위"를 위협한다고 느꼈다. 보리스 고두노프에게 닥치는 재난과 죽음이 상황이 달랐다면 동정을 받았을 보리스 고두노프가 저질렀다고 하는 범죄에 대한 보복인 것과 똑같이, 「청동의 기사」에서 그 불쌍한 서기를 덮치는 홍수와 광기는 표트르 대제의 무모한 개혁에 대한 운명의 보복이다. 푸시킨의 초기 서정시의 낙관론은 본질적으로 무정한 자연의 한가운데에 선 인간의 고독감이 깊어지고 인간 자체 안에 있는 혼란스러운 비이성적 심연을 더 많이 인식함에 따라 후기 작품에서는 더 약해졌다. 이제까지 피상적이었던 그리스도교 이해도를 높이려고 했고 젊은 시절을 그리워하고 전반적으로 시에서 산문으로 옮아간 것이 푸시킨이 보낸 말년의 특징이었다. 그는 "나는 행복에 관해서는 무신론자다. 나는 행복을 믿지 않는다"고 말했다.[91] 그는 무모한 결투를 벌이다 크게 다쳐서 1837년 초엽에 죽었다.

사후의 푸시킨 숭배는 대단했고 여전히 그러하다. 그가 남긴 자료는 즉시 국유 재산으로 지정되었고 레르몬토프는 푸시킨의 검열관과 비평가를 맹렬히 공격하는 시 한 편을 썼고, 이것은 딱 네 해 뒤에 꼭 그럴 필요 없이 요절할 또 다른 시인에게로 최고 시인의 지위가 넘어간다는 신호가 되었다. 레르몬토프는 푸시킨보다 더 골똘히 사색하는 내성적인 인물이었다. 그로 말미암아 주정주의(主情主義)의 수문이 열렸고 예전에는 시(詩) 문화에 영향을 주는 데 그쳤던 — 바이런과 샤토브리앙과 괴테 같은 — 유럽 낭만주의의 영웅들이 시 문화를 지배하게 되었다. 괴테의 『파우스트』(Faust)의 영향력은 유난히 컸다. 『파우스트』는 1820년대 시문학의 원조 신동이었던 베네비티노프가 번역했고, 알렉산드르 1세 시대의 은비학이자 페슬레르와 푸시킨, 이 두 사람의 벗이었던 사라토프(Саратов)의 경건주의자 예브게니 구베르(Евгений Губер)가 1830년대에 다시 번역했다.[92] 오도옙스키는 매우 낭만적이고 널리 읽힌 자기 작품 『러시아의 밤』의 주인공을 "러시아의 파우스트"라고 부른다. 레르몬토프에게서 이미 두드러졌던 낭만적 동경과 형이상학적 심취는 레르몬토프가 죽은 뒤에 오래 살아남았던 표도르 튜체프의 작품에서 훨씬 더 발달해서 러시아 시의 황금시대의 위대한 마지막 유산이 된다. 일부러 의고체 러시아어로 한 괴테의 『파우스트』 번역으로 출발해서 튜체프는 노발리스와 루트비히 티크(Ludwig Tieck) 같은 초기의 염세적 낭만주의자를 생각나게 하는 사적인 환상의 세계와 밤의 주제로 돌아섰다.[93]

주정주의와 형이상학과 모호성을 향한 이러한 표류는 푸시킨 전통이 쇠퇴하고 시의 인기가 전반적으로 떨어진다는 표시였다. 시와 건축이라는 더 엄격하고 고전주의적인 예술양식을 못 견뎌 하는 분위기가 커져도 예술 자체에 대한 열광이 잦아들지는 않았다. 삶이라는 거대한 문제의 답이 예술에 들어있다는 믿음이 사라지지 않았던 것이다. 예술은 예언이 라는 생각의 기원은 다시 푸시킨에게로 거슬러 올라갈 수 있다. 푸시킨 이 1826년에 쓴 장엄한 시 「예언자」(Пророк)에는 그가 광야에서 지치고 길을 잃었을 때 주님의 천사가 그에게 어떻게 왔는지가, 그리고 "앞날을 내다보는 눈이 소스라치게 놀란 암독수리의 눈처럼 떠졌다"고 묘사되어 있다. 그 천사는 그의 실없는 기질을 없앴고, 한때 그의 "뛰는 심장"이 있던 자리에 활활 타오르는 석탄을 놓았으며, 그에게 일어나서 하느님 말씀을 말해 "사람들의 심장"에 불을 붙이라고 명했다.[94]

푸시킨을 계승한 예술가 세대는 바로 그것을 하려고 애를 썼다. 철학 적 관심사가 새로운 예언적 예술을 만들어내는 방식은 그 "돋보이는 10 년"의 걸출한 두 인물, 즉 작가 니콜라이 고골과 화가 알렉산드르 이바 노프(Александр Иванов)의 맞물린 이력에서 예증된다. 고골은 러시아 문학 에서 시로부터 산문으로 넘어가는 이행을, 이바노프는 시각 예술에서 건축으로부터 회화로 바뀌는 변화를 극적으로 표현한다. 두 사람은 비록 다른 예술 형식에서 활동했고 고골이 훨씬 더 성공했을지라도 공통 관심 사를 깊이 공유했으며, 레프 톨스토이와 니콜라이 게(Николай Ге), 프세볼 로드 가르신과 바실리 베레샤긴(Василий Верещагин), 안톤 체호프와 이사 악 레비탄(Исаак Левитан)처럼 산문작가와 화가 사이에 발달할 긴밀한 여 러 연결고리 가운데 첫 연결고리를 벼려냈다.[95]

고골과 이바노프의 활동기는 거의 정확히 같은 기간에 — 대략 니콜라이 1세 통치기에 — 걸쳐 있으며, 그 시대의 내적 불만을 여러모로 생생하게 보여준다. 두 사람 다 1830년대에 불만에 찬 상태에서 성 페테르부르크 를 떠나 외국에서 자기 예술을 위한 영감의 새로운 원천을 찾았고 그곳에서 여생 대부분을 보냈다.

외국 성지 순례는 니콜라이 1세 시대의 전형이었다. 실러와 괴테가 살았던 집을 찾아가는 러시아인의 대열이 끊이지 않았다. 러시아 낭만시의 아버지 주콥스키는 말년에 여러 해를 독일에서 보냈다. 셸링의 뮌헨(München)은 키레옙스키와 셰브료프와 튜체프를 매혹했고, 헤겔주의자들의 베를린은 바쿠닌과 스탄케비치를 끌어당겼다. 글린카와 보트킨은 에스파냐로, 호먀코프는 옥스퍼드(Oxford)로, 게르첸은 파리로 갔다. 캅카스의 이국적 지대는 예브게니 바라틴스키(Евгений Баратынский)와 푸시킨, 그리고 다른 그 누구보다도 레르몬토프의 시를 통해 러시아인에게 이리 오라고 손짓했다. 스탄케비치가 — 푸시킨의 『캅카스의 포로』(Кавказский пленник)를 희화화한 한 작품에서 — 러시아 지식인은 "칼믹인의 포로"가 되기를 남몰래 바란다고 시사할 만큼 낭만적 아우스반더룽(Auswanderung)[39]은 당시의 특징이었다.[96]

이 몇몇 여행의 배후에는 고전고대의 잃어버린 아름다움, 즉 "신성한 그리스의 휘광과 로마라는 이름의 영광"에 낭만적 상상력이 느끼는 향수가 있었다. 이 세계와 이어지는 고리를 찾아내고 싶은 마음은 고전주의 전통에 뿌리를 내리지 못하고 지중해 세계의 그 고전주의 전통에서 자라난 예술과 삶의 형식에 익숙하지 않은 러시아에서 유난히 강했다. 러시아가 할 수 있는 최선은 크림 "찾아내기"였다. 이국적인 아름다움을 지닌 흑해의 반도인 크림은 이피게네이아(Iphigeneia)[40]가 안식처를 구하고

---

[39] 떠나서 돌아다니기, 주유, 이주, 탈주를 뜻하는 독일어 낱말.
[40] 호메로스의 서사시에서 미케네 왕 아가멤논과 왕비 클리타임네스트라 사이에 태어난 맏딸. 그리스의 트로이 원정군 총사령관 아가멤논이 예언을 받아들여 출정 직전에 제물로 바치려고 했지만, 아르테미스 여신이 가엾게 여겨 타우리스로 데려갔다.

미트라다테스(Mitradates)가 망명해서 숨을 거둔 지난날 그리스 식민시[41]의 터전이었다.

예카테리나 대제가 1783년에 크림을 러시아 제국에 병합하고 그 지역을 네 해 뒤에 한 차례 찾아가 보고 나서 "『천일야화』에 나오는 동화"에 비유한 다음부터 여러 해 동안 크림에 귀족 방문객이 점점 더 많이 몰려들었다.[97] 미래의 차르 니콜라이 1세와 콘스탄틴 대공에게 고전어를 가르친 스승이 1820년에 했던 크림 여행을 미화해서 쓴 여행기는 푸시킨이 감동을 받아 러시아 제국의 "매혹적인 변경"이라고 부른 것에 고전적인, 그리고 의(擬)고전적인 휘광을 한껏 부여했다.[98] 비록 이 시기에는 타브리다(Таврида, Tauris)[42]라는 고전고대식 명칭으로 알려졌을지라도, 타타르어에서 유래한 — 이곳이 최근에 패한 무슬림 민족의 땅이었음을 생각나게 해주는 — 크림[43]이라는 더 낯익은 이름도 쓰였다. 무슬림의 위엄에 관한 전설이 러시아의 낭만적 상상력 속에서 고전고대의 기억과 뒤섞이기 시작했다. 푸시킨의 휘황찬란한 의(擬)역사시 「바흐치사라이의 분수」는 가장 인기 있는 작품들 가운데 하나가 되어 타타르인의 수도를 불멸의 존재로 만들었다.

푸시킨의 「바흐치사라이의 분수」는 미츠키에비치의 「크림 소네트」(Sonety krymskie) (또는 레르몬토프의 『우리 시대의 영웅』(Герой нашего времени))와는 달리 균형 잡힌 구성을, 그리고 병적 상태나 통속극에서

---

[41] 기원전 6세기에 그리스인이 흑해 크림 반도에 세운 타우리스. 타우리케 케르소네스(Ταυρική Χερσόνησος)라고도 한다.

[42] 타브리다라는 명칭은 크림 반도를 일컫는 고대 그리스어 고유명사 타우리카에서 비롯되었다.

[43] 크림이란 지명은 "나의(im) 언덕(qir)"이라는 뜻의 타타르어 낱말 "키림"에서 유래했다.

벗어난 줄거리를 가지고 있다. 바흐치사라이에 있는 타타르 한의 궁전에 사로잡혀 있는 폴란드 아가씨에 관한 푸시킨의 묘사는 스탈린 시대의 가장 인기 있는 발레곡 가운데 하나[44]에 영감을 주었고 갈리나 울라노바 (Галина Уланова)의 마법 같은 성격묘사를 통해 준오리엔트적 전제정에 속박된 유럽의 한 유산의 함축적 상징이 되었다.

푸시킨은 러시아 안에 머무르고 고전고대 세계라고는 그 변두리 밖에는 찾아가 본 적이 없었을망정 본질적으로 고전적 유럽인으로 남았다. 반면에 고골과 이바노프는 고국 땅을 떠나 고전고대 문화의 바로 그 심장부, 즉 서방 세계의 예술·종교적 수도인 로마를 돌아다녔을망정 자의식적으로 철저히 러시아적이 되었다. 로마에서 지나이다 볼콘스카야 주위에 러시아인이 모여들어 러시아인 촌을 이루었다. 볼콘스카야에게는 가지고 온 풍부한 예술 수집품, 그리고 알렉산드르 1세와 시인 베네베티노프와 가까이 지낸 우정의 추억이 있었다. 볼콘스카야는 — "잔 다르크"라는 제목의 오페라[45]를 쓰고 그 오페라에서 주연을 맡아 노래하면서 — 자신을 일종의 러시아판 잔 다르크(Jeanne d'Arc)로 여겼다고 보인다.[99] 고골과 이바노프가 자기들의 최고 걸작을 만들어낼 곳은 바로 로마, 즉 볼콘스카야 저택의 그늘 안이었다.

그 두 예술가는 자기 작품이 어떻게든 러시아가 구원의 영적 사명을 지녔음을 세상에 예시해야 한다는 굳은 신념을 품고 자기의 새로운 고향에 왔다. 말하자면, 그 두 사람은 1830년대의 예언자들이 러시아에 예언

---

[44] 푸시킨의 시에서 영감을 얻어 보리스 아사피예프(Борис Асафьев, 1884~1949년)가 곡을 짓고 로스티슬라프 자하로프(Ростислав Захаров, 1907~1984년)가 안무를 맡아 1934년에 마리인스키 극장에서 초연된 발레 「바흐치사라이의 분수」.
[45] Жанна д'Арк. 지나이다 볼콘스카야가 대본을 쓰고 주인공을 맡아 1821년에 로마에서 상연되었다.

하고 있던 "영적인 유럽 정복"에 예술이라는 지침과 무기를 제공하려고 시도했다. 고골에게는 러시아 문학의 제1인자로서 푸시킨을 계승했다는 감정에서 생겨난 특별한 책임감이 있었다. 이바노프도 비슷하게 성 페테르부르그 예술원 원장의 아들이라는 특별한 책임감을 품었다.

그 두 사람 다 사실은 완성되지 못한 대작 하나에 자기 삶을 바쳤다. 두 사람 다 (친슬라브주의자 가운데 많은 이가 그랬듯이) 인생 말년에는 니콜라이 1세와 현존 권력만이 새 질서를 세울 수 있다고 믿으면서 정치적으로 더 보수화했다. 가장 중요한 점은 — 그리고 그 뒤의 러시아 창작 예술의 역사에 결정적인 점은 — 두 사람 다 미학의 문제가 도덕과 종교의 문제에 종속되어야 한다고 믿게 되었다는 것이다. 두 사람 다 결혼을 하지 않았고 여성에게 마음을 주지 않았음이 분명하다. 두 사람 다 이상한 편력을 하고 부분적인 정신착란에 시달리다가 — 그들보다 먼저 죽은 베네비티노프와 푸시킨과 레르몬토프와 마찬가지로 — 어처구니없이 자초한 죽음을 맞이했다. 그러나 더 앞 시대의 이 시인들과는 달리 그 두 새로운 예언적 예술가들은 자기들의 편력에 예루살렘 성지 순례와 금욕 고행이라는 착상을 집어넣었다.

그들의 작품은 — 그들이 바랐던 대로 — 비길 데 없이 러시아적이었고 예술 세계에 있는 다른 그 어떤 것과도 달랐다. 그들은 인생 말년에 러시아의 크나큰 주목을 받음으로써 엄정한 사실주의와 금욕적 도덕주의의 혼합으로 다른 이들을 자극하는 것을 거들었다. 그들은 고전주의의 관행뿐만 아니라 낭만주의의 감상성까지 내던져버렸다. 이 두 인물은 결국은 보수주의자가 되었는데도 불만을 품은 급진 지식인들의 우상이 되었다. 그 지식인들은 예전에는 성자와 공후에게만 주어졌던 신성성의 아우라를 자기의 고뇌에 부여했다.

고골이 러시아에 도래한 것의 …… 본질은 러시아가 그 자체로 "기
념비적"이고 위대하고 당당했지만, 또는 적어도 그렇다고 생각되었
지만, 고골이 가공이든 실제이든 이 모든 기념비로 걸어가서 그의
앙상하고 허약한 다리로 그것을 흔적조차 남지 않도록 철저히 허물
어뜨렸다는 것이다.[100]

고골은 문학의 관점에서뿐만 아니라 종교의 관점과 심리학의 관점에
서도 분석해야 할 작품을 쓴 독창적인 러시아 산문작가들 가운데 첫 작
가였다. 그는 스코보로다에서 솁첸코에 이르는 많은 우크라이나 동향인
의 특성이었던 고독감과 자기성찰 의식을 공유했다. 그러나 그의 작품은
형식도 내용도 철저히 러시아적이었다. 독일식의 전원적 주제를 다룬
여리고 감상적인 시로 출발한 시작, 그다음에 아메리카로 도피하려다가
실패한 시도, 자기가 태어난 우크라이나에 관한 생생한 단편소설들(『미
르고로드』(Миргород)), 성 페테르부르그와 예술의 의미에 관한 호프만풍
수필(『아라베스크』(Арабески)), 역사 교수와 역사 작가로서의 짧은 경력
등 그의 초기 경력은 적어도 표면상으로는 1820년대와 1830년대 낭만주
의의 전형이었다. 그의 초기 경력은 1836년에 풍자 희곡 「검찰관」(Ревизор)
에서 절정에 이르렀고, 여섯 해 뒤에는 시골을 돌아다니면서 둘러보는
낯익은 낭만적 형식을 취한 그의 마지막 대작 『죽은 혼』이 나왔다.
　「검찰관」이 글린카의 「차르를 위한 목숨」과 브륨로프의 「폼페이 최
후의 날」과 같은 해에 의기양양하게 나타난 것은 러시아 예술사에서 일
종의 분수령을 이룬다. 이 세 작품은 그 이전의 그 어떤 러시아 예술보다
도 더 폭넓은 애호자들을 극적으로 사로잡을 수 있는 새로운 국민 예술
의 선구로 환호를 받았다. 그러나 고골의 「검찰관」은 이 작품이 니콜라
이 1세 치하 러시아 관료의 허위에 "세상 사람에게 보이지 않는 눈물을
머금은 웃음"을 지어서 다른 두 작품의 영웅적인 연극성과는 기조 면에

서 사뭇 달랐다. 그 대비는 다른 길로 접어든 고골의 이후 개인 경력으로 훨씬 더 두드러진다. 브륄로프가 황제의 후원을 받아들이고 글린카가 니콜라이 1세의 음악장(音樂長)이 되었지만 고골은 대성공을 거두고 곧바로 러시아를 완전히 떠났기 때문이다. 고골은 다른 이들이 철학과 역사를 통해 표현하고 있는 것, 즉 러시아와 인류 전체를 위한 대속의 희망이라는 새로운 언어를 예술을 통해 선언해야 한다는 이상한 내면적 충동에 휘둘렸다.

고골은 파리를 방문했다가 파리가 성 페테르부르그보다 훨씬 더 천박하고 돈만 밝힌다는 것을 알고 난 뒤 로마에 정착했고 러시아판『신곡』구실을 할 3부작으로써「검찰관」의 부정론을 넘어서려고 시도하기 시작했다. 그의 사명감은 1837년에 푸시킨이 죽으면서 더 굳세졌고, 그의 명성은 자기가 쓴 대작의 제1부인『치치코프의 모험, 또는 죽은 혼』(Приключения Чичикова, или Мертвые души)이 1842년에 나와 성공을 거두면서 더 커졌다. 그러나 고골은 남은 생애 10년 동안 자기의 계획에서 진전을 이룰 수 없었다. 도스토옙스키의『카라마조프 씨네 형제들』과 무소륵스키의「호반쉬나」처럼『죽은 혼』은 미완성 3부작의 찬연한 제1부로 남아있다. 이탈리아에 있는 다른 슬라브인 망명객들도 새로운『신곡』을 쓰려고 애쓰고 있었다. 율리우시 수오바츠키(Juliusz Słowacki)의「지옥에 관한 피아스트 단티섹의 시」(Poema Piasta Dantyszka o piekle)는 폴란드판「지옥편」이었다. 그러나 이어서 수오바츠키가 시로 된 "광상곡"「영혼의 왕」(Król-Duch)에서「천국편」을 내놓았고 지그문트 크라신스키(Zygmunt Krasiński)가 자기의『비(非)신곡』(Nie-Boska Komedia)을 완성했지만 고골은 지독히도 성실한 나머지『죽은 혼』이라는「천국편」을 넘어서지 못했다. 고골은 같은 시대의 그 폴란드인들과는 달리 — 그리고 그 시대의 사실상 가장 인기 있던 애국 문학과는 달리 — 이상주의와 민족주의의 매력에 끌리지 않았다. 그는 어떠한 긍정적 해답을 내놓지 않은 채 무대를 깨끗이 치우는 일만 할 수 있었다.

『죽은 혼』에서 (좀스러운 지방 사람들에 관한 잊히지 않는 묘사 가운데 또 하나인『이반 이바노비치가 이반 니키포로비치와 어떻게 다투었는지에 관한 이야기』(Повесть о том, как поссорился Иван Иванович с Иваном Никифоровичем)에서처럼) 고골은 우크라이나의 동향 출신이며 더 앞세대의 악한소설 작가인 바실리 나레즈느이(Василий Нарежный)에게서 일부를 빌려 썼다. 『죽은 혼』의 비꼬는 문체와 그림처럼 생생한 묘사를 보면 나레즈느이의『러시아의 질 블라스』(Российский Жилблаз)가 자주 생각난다. 그러나 고골은 나레즈느이의 주인공의 이름(치스탸코프(Чистяков))을 희화화하는 쪽으로 (치치코프(Чичиков)로) 슬쩍 바꾸는 것과 똑같이 악당 주인공의 이미지를 억센 모험가에서 죽은 자에 대한 청구권을 찾아 산 자의 일그러진 세상을 돌아다니는 수수께끼 같은 떠돌이로 바꾸었다. 나레즈느이는 자기가 죽은 뒤에 간행된『암울한 해, 또는 산의 공후들』(Черный год, или Горские князья)[101]에서 러시아에 고별사를 할 수 있었다. 이 작품은 러시아의 자캅카지예(Закавказье) 지배를 비판하고 여러모로 사회개혁소설과 제정 말엽의 분리주의 프로파간다를 둘 다 미리 보여주었다. 한편, 고골은 단순한 메시지도 희망에 찬 결론도 내놓을 수 없었으며, 그가 찾을 수 있는 출로라고는 ── 우선은 자기가 그 뒤에 쓴 작품의, 그다음에는 자기를 세상과 이어주었던 허약한 육체의 ── 파괴[46]로 이어지는 길밖에 없었다.

고골의 3부작 가운데 없어지지 않고 남아있는 제1부인『죽은 혼』의 희화화된 인물들은 그가 말로 표현하지는 않았지만, 완전과 완벽을 열렬

---

[46] 『죽은 혼』제1부로 대성공을 거둔 뒤 제2부 집필에 나선 고골은 진척이 없자 절망에 빠져 1852년 2월에 원고를 불태우고 굶다가 정신착란 상태에 빠져 죽었다.

히 바라면서도 더불어 사람의 볼썽사나운 모습에 매료되었음을 드러내준다. 그러나 구원의 담지자는 없으며, 그 무엇도 악과 파멸의 이미지만큼 흥미진진하지 않다. 그는 사람이 완벽성에 관한 글을 쓰려면 완벽해야 한다는 결론을 내렸다. 그는 긍정적인 주인공들을 만들어내지 못했다. 그 까닭은 이렇다.

> 당신은 그 주인공들을 머리로는 창안해낼 수 없습니다. 당신 스스로 그들과 같아질 때까지는, 당신이 끈질긴 인내와 품성의 힘으로 두어 가지 좋은 자질을 함양할 때까지는, 당신이 펜으로 만들어내는 모든 것은 썩은 고깃덩이에 지나지 않을 것이며, 당신은 진실로부터 땅과 하늘만큼이나 멀리 떨어져 있을 것입니다.[102]

이런 도덕적 완벽성 추구에 내몰린 고골은 마흔세 살에 죽어가면서 『죽은 혼』 제2부, 즉 자기의 「연옥편」의 대부분을 불에 태워서 끝내 예술을 완전히 외면해야 한다고 느꼈다. 10년 안에 고골은 (어쩌면 러시아어로 된 가장 위대한 희곡일) 「검찰관」[103]의 예술적 완벽성으로부터 『벗과 주고받은 편지에서 추린 글』(Выбранные места из переписки с друзьями)에서 기존 교회에 완전히 복종하라는 간청으로 옮아갔다. 그의 자발적인 예술 부정은 레프 톨스토이나 다른 이들의 이력에서 반향을 얻을 터였다. 도덕성을 외치는 소리가 예술을 외치는 소리보다 우위에 있어야 한다는 주장이 나오기 시작하고 있었고, 그런데도 고골의 종교적 호소를 거부한 벨린스키는 고골의 도덕적 근심을 그리보예도프 작품의 "몰사상"(безыдейность)과 대비했다. 1860년대의 예언자인 니콜라이 체르니솁스키는 "푸시킨적" 순수예술파와 인간의 불의에 대한 "고골적" 우려를 훨씬 더 극단적으로 대비하게 된다.

교회로 돌아가라는 고골의 마지막 탄원은 20세기 초엽에 정교회가 부흥할 때까지 주목을 제대로 받지 못할 터였지만, 지옥에서 벗어나는 길을 알려주는 수수께끼 같은 다른 암시는 그 뒤의 19세기 사상가들에게 뇌리에서 떠나지 않는 상징성을 띠었다. 『죽은 혼』에 나오는 마지막 이미지, 즉 초원을 가로질러 미지의 목적지를 향해 가는 치치코프의 삼두마차는 러시아의 미래라는 수수께끼의 전형적 예가 되었다. 그가 「검찰관」과 『죽은 혼』 사이에 쓴 가장 유명한 단편소설 『외투』(Шинель)의 결말은 훨씬 더 기괴한 메시지를 남겼다. 고골은 한 사내가 제 엽총을 잃어버렸다고 지나치게 속상해했다는 이야기를 듣는데, 그는 다른 이들이 우스워 한 이 응접실 객담을 「검찰관」에서 커다란 비애와 의미를 지닌 이야기로 바꿔놓는다.[47] 주인공은 가난하고 보잘것없는 성 페테르부르그의 관리인데, 소극적인 그 인물이 영위하는 딱한 삶의 초점은 오로지 새 외투를 살 돈을 저축하는 데에만 맞춰져 있다. 그는 마침내 외투를 얻지만 어두운 거리에서 그 외투를 빼앗기고 죽는다. 그리고서 그가, 기이한 결말 부분에서, 이승으로 되돌아와 외투를 돌려달라고 하는 바람에 그의 상관들은 제 외투를 빼앗길까봐 겁에 질린다. 고골의 이야기에서 그 관리는 결코 귀족도 영웅도 아니다. 이렇듯 그가 니콜라이 1세 시대의 성 페테르부르그에 거둔 최종 승리는 참으로 비현실적으로 보인다. 그러나 그 승리를 불가피하고도 그럴듯하게 보이게 하여 고골은 자기의 가장 위대한 예술적 성과들 가운데 하나를 만들어냈을 뿐만 아니라 어쩌면 자기가 『죽은 혼』에서 내놓을 수 없었던 긍정적 예언을 했을지도 모른다. 그 보잘것없는 이의 기이한 승리는 "가공이든 실제이든 기념비"

---

[47] 고골은 한 친지에게서 사냥을 좋아하는 한 관리가 오랫동안 돈을 모아 장만한 값진 엽총을 들고 나간 오리 사냥에서 그 총을 잃어버리고는 몸져누웠고 동료들이 새 총을 마련해주었지만 늘 아쉬워했다는 이야기를 듣고 『외투』 줄거리를 구상했다.

를 허물어뜨리는 고골의 "앙상하고 허약한 다리"의 가장 좋은 예가 될 뿐만 아니라 — 한 세심한 소비에트 시대 문학 연구자가 주장했듯이 — 소비에트 시대의 더 거대한 기념비들과 함께 살아가야 하는 이들에게 얼마간 희망을 줄지 모른다.[104]

고골의 상상력은 때로 회화의 언어를 써서 논해야 할 만큼 생생하고 마치 그림 같았다. 그의 저작은 푸시킨의 저작이 같은 시대의 음악과 어울린 것과 똑같이 회화적 표현에 썩 어울렸다. 실제로 고골은 푸시킨이 음악에 흥미를 느낀 만큼 회화 예술에 흥미를 느꼈다. 고골의 작품 『초상화』(Портрет)의 소재는 그에게 「모차르트와 살리에리」(Моцарт и Сальери)의 소재가 푸시킨에게 그랬던 것만큼 자연스럽게 떠올랐다. 고골에게 회화는 각별한 관심의 대상이었을 뿐만 아니라 조각과 모든 여타 형식의 조각술을 상대로 비길 데 없는 우위를 다음과 같이 차지하기도 했다.

> 회화는 한 사람을 사로잡지 않는다. 회화의 경계는 더 넓다. 회화는 온 누리를 그 안에 품는다. 그 사람을 에워싸고 있는 모든 아름다운 현상은 회화의 권능 안에 있다. 모든 비밀스러운 조화는, 그리고 사람과 자연을 이어주는 고리는 오직 회화 안에서만 발견된다.[105]

따라서, 러시아에 예술적 구원의 언약을 선언할 가능성이 있다는 자기의 확신이 약해졌을 때 고골이 자기가 품은 여러 마지막 희망의 초점을 한 화가의 작업에 맞추었다는 것은 놀랍지 않다. 인생 말년에 고골은 그 화가의 작업을 후원해달라고 끈질기게 부탁했다. 그 화가는 물론 여러 해 동안 변함없는 벗이었던 알렉산드르 이바노프였다. 이바노프는 로마에서 고골을 자주 그렸고 고골이 자기에게 보냈던 편지 한 통을 새 스케치용 화첩 안에 붙여놓았다. 그 편지의 내용은 이렇다.

당신이 작업할 때 하느님께서 당신을 도와주시니, 낙심하지 마시고 용기를 내십시오! 하느님의 축복이 당신 붓 위에 임하시고 당신의 그림이 영광스럽게 마무리되기를 진심으로 바라마지 않습니다.[106]

고골이 말한 그림은 이바노프가 밑그림을 600점 넘게 그리면서 스물 다섯 해 동안 작업을 한 「사람들에게 나타나는 그리스도」(Явление Христа народу)였다. 이 그림은 근대의 가장 비범하고도 고뇌 어린 예술적 추구의 하나였다. 이바노프의 작업은 이런 새로운 메시지 추구가 통상적인 예술 양식과 사상에 일으킨 심한 전복 효과를 더 크게 성공하고 비할 데 없는 재능을 지닌 고골의 작업보다 훨씬 더 잘 예증해준다.

이바노프는 성 페테르부르그 예술원 주요 화가의 재능 있는 귀족 아들로 가능한 모든 이점을 안고 예술 세계에 갓 들어섰다. 특권을 누리는 지위에 있었고 훌륭한 훈련을 받았고 유행하는 고전 양식의 초기 습작으로 상을 탔는데도 젊은 이바노프는 현실에 안주하지 않는 시대 분위기에 감염되었다. 1830년에 그는 "러시아의 화가라면 성 페테르부르그처럼 개성 없는 도시에 머물 수 없다. 예술원은 지난 세기의 잔재다"라고 선언하면서 성 페테르부르그를 떠났다.[107] 로마에서 그는 새롭고 더 의미 있는 양식을 원기왕성하게 찾아 나섰다. 그는 고전 미술과 르네상스 미술을 직접 보며 필생의 연구를 시작했다. 자기의 작업을 하면서 그는 신화를 주제로 삼은 유화에서 로마의 거리 풍경을 담은 단색 소묘와 명암법 수채화로, 그리고 이탈리아 시골을 담은 반(半)인상주의적 색채화 습작으로 옮아갔다. 그는 인체 표현의 박진성(迫眞性)을 추구하다 보니 로마에서 벗어나 대중목욕탕에서 나체를 오랫동안 공부할 수 있는 페루자(Perugia)나 다른 도시로 가게 되었다.

이바노프는 이 초기 실험기간 내내 자기가 새 시대로 접어드는 시기에 살고 있다는 확신에 내몰렸다. 니콜라이 1세의 장엄한 대관식은 스무 살 젊은이였던 그에게 깊은 종교적·미학적 인상을 주었고, 그는 새로운 "러시아 예술의 황금시대"가 동트고 있다고 느꼈다.[108] 예술가의 책임은 어느 모로는 정치 지도자의 책임보다 훨씬 더 컸다. "인류의 심미적 존속 전체와 그에 따른 앞으로 인류의 행복 자체"가 "예술가의 역량 발전"에 달려 있기 때문이다.[109]

이런 초기의 집중적인 기예 준비기를 거친 뒤 이바노프는 새 시대를 위한 일종의 기념비적 이콘 구실을 할 유화 한 점을 그리는 쪽으로, 즉 19세기 초엽의 영웅적 조각·건축 양식을 회화로 바꾸는 쪽으로 모든 주의를 돌렸다. 그가 이 방향의 첫 시도를 위해 고른 소재는 한결같이 성경의 소재, 즉 삼손과 들릴라, 사울 앞에 선 다비드, 요셉의 형들, 그리고 — 단연 최고는 — "마리아 막달레나와 함께 있는 그리스도"였다. 결국, 1830년대 말엽에 그는 「사람들에게 나타나는 그리스도」의 준비에 심혈을 기울이기 시작했다. 예술상 감성적이고 감상적인 방식으로 로마의 붕괴라는 부정적 메시지를 전한 브륄로프의 1836년 작 유화와는 대조적으로 이바노프의 그 그림은 기법상 완벽한 방식으로 긍정적 메시지를 전할 터였다. 주제는 세례자 요한을 따르는 들뜨고 불안한 사람들의 눈에 처음으로 그리스도의 모습이 들어온 역사상 결정적 순간일 터였다. 양식은 부분적으로는 레오나르도 다빈치(Leonardo da Vinci)의 「최후의 만찬」과 시스티나(Sistina) 예배당[48] 천장에 있는 미켈란젤로(Michelangelo)의 그림에 바탕을 둔 구도를 가진 라파엘로의 양식일 터였다.

이 그림을 그리는 작업을 하는 오랜 기간 내내 이바노프는 박진성에

---

48 바티칸 궁에 있는 가톨릭 교황의 예배당. 1481년에 세워졌으며, 르네상스 양식의 프레스코화로 장식되어 있다.

신경을 쓰며 고심했고, 이 때문에 그를 만난 모든 이들은 깜짝 놀랐다. 그는 유대교 회당에서 오랜 시간을 보내면서 유대인의 얼굴을 살펴보았고, 로마의 법정을 다니면서 선고를 받은 죄인의 얼굴에 나타나는 절망 어린 표정을 살펴보았으며, 농부들을 다른 경우였다면 들이지 않았을 자기 작업실에 불러들여 그들에게 우스갯소리를 한 다음 그들이 즐겁고 재미있어서 자기도 모르게 짓는 표정을 밑그림에 담았다. 그리스도를 미술로 묘사하는 문제가 특히 그의 머리에서 떠나지 않았다. 그는 ─ 박물관에서 연구하고 비잔티움의 프레스코화를 살펴보고 결국은 예루살렘과 근동을 한 차례 다녀오면서 ─ 그리스도의 현세적 형상의 가장 오래되고 가장 박진한 묘사를 찾으려고 죽기 직전까지도 애를 썼다. 한편, 그가 자기 그림에 넣을 그리스도를 그린 밑그림들에는 고전 조각의 아름다움을 그리스도 얼굴 묘사에 불어넣으려는 욕구가 드러나 있다.

이바노프는 성자 같은 면모나 악마 같은 교만의 특성을 띠는 어떤 알 수 없는 내면의 힘에 천천히, 그러나 가차 없이 내몰린 나머지 그리스도를 그릴 만한 존재가 되려면 자기가 실제로 그리스도여야 한다는 생각에 사로잡히게 되었다. 그의 화폭이 선언할 "전 인류의 황금시대"는 이제 "예술에서 그런 것과 똑같이 도덕적 완벽성"을 요구했다. 그는 성경과 『그리스도를 본받아』를 읽는 데 몰입했다. 1840년대 초엽에 투르게네프가 우스꽝스러운 그림을 몇 점 보여주자 이바노프는 웃음을 꾹 참고 그 그림을 오랫동안 들여다본 다음 갑자기 고개를 숙이고는 나즈막이 "그리스도께서는 웃으신 적이 없는데"라고 되뇌었다.[110]

이바노프의 뒤이은 종교적 추구가 진행되면서 하느님과의 새로운 직접적 연계에 대한 한 세기에 걸친 오랜 탐색은 격정적 절정에 이르렀다. 한편, 이바노프의 추구는 예언의 충동과 구원의 갈망이 이내 흘러들어갈 새로운 경로를 슬쩍 드러내 준다. 이바노프가 비록 1845년에 "종교가 시체가 아니었던 때"인 사도 시대[111]와 연계된 그리스도 교회와 이어질 연결 고리가 필요하다고 간절히 말했을지라도 고골이 이끌렸던 정교회로도, 로마에 있는 다른 러시아인들의 충성심을 얻었던 로마가톨릭교회로도 귀의하지 않았기 때문이다. 사람들이 그가 1846년에 쓴 「성경을 읽다가 든 생각」(Мысли при чтении Библии)이라는 원고의 제목을 보고 생각했을지 모르는 것과는 달리, 그는 분파교 전통이나 경건주의 전통을 따라 새로운 형식의 내면적 신앙에서 위안을 찾지 않았다. 대신에 그는 러시아가 전 인류를 영적으로 구원하리라는 일반적 가정에 함축되어 있었던 입장인 메시아적 애국주의로 돌아섰다. 이바노프는 니콜라이 1세가 로마를 여행하다가 1845년 12월에 자기의 작업실에 찾아오자 크게 감격했다. 이바노프는 일종의 몽상적인 종말론적 국수주의에 빠져들게 되었다. 러시아가 "그 마지막 민족으로 남는다. …… 유대인이 기다리고 있는, 그리고 재림하시리라고 상징적 그리스도교인이 믿는 메시아는 러시아의 차르, 그 마지막 민족의 차르이시다."[112]

그는 "상징적 그리스도교인", "섭리의 선민(élu)", "지혜로운 통치"(премудрое царствование)를 이야기하면서 은비학적인 프리메이슨의 언어를 빌린다. 인류는 "위대한 마지막 민족이 선사할 영원한 평화"를 누릴 참이다. 진리는 "만물의 밑바탕"이 될 터이다. "러시아 미래의 사제(жрец)"인 예술가는 곧 쓸모없는 존재가 될 것이다. 갈등이 — 또는 심지어 남녀 간의 차이도 — 없을 것이기 때문이다. 차르는 "하느님에 대한 믿음의 드높은 진정성에서 그리스도와 완전히 동등"해질 것이고 "슬라브 민족들에 대한" 권위를 세울 것이며

그렇게 되면 예언이 실현되고 나라는 하나가 되고 목자는 한 사람만 있을 것이다. 그 밖의 다른 통치자들이 그에게서 제 나라 백성에 어

울리는 국가 질서를 확립하는 방법에 관한 조언을 구할 것이기 때문이다.

오늘날의 러시아 예술가는 "…… 부대 앞에 서서 걱정과 슬픔 대신에 전사들의 이목을 끌고 힘을 북돋고 멋진 음향으로 그들을 인생의 최고 순간으로 끌어올리는 음악처럼 …… 더 아시아적으로, 예언자의 모습으로" 말해야 한다.[113] 이렇듯, 후일의 전투적 범슬라브주의에 그토록 핵심적인 요소가 되는 거룩한 전투라는 주제가 일찍부터 의기양양하게 정식화되었다. 역시 니콜라이 1세의 로마 방문에서 메시아적 전조를 보았던 자기 친구인 시인 튜체프처럼 이바노프는 1848년 혁명에서 계시록적 함의를 보고서 니콜라이 1세의 강경한 진압 조치에 환호를 보냈다.

이바노프는 "폭탄의 포물선이 나의 작업실을 비켜갔다"는 데 깊은 인상을 받고서 거룩한 "대중 예술가" 대군을 위한 새로운 예술원을 세울 흥분에 찬 비밀 기획안을 내놓았다. 그 대중 예술가들의 성소는 모스크바에, 즉 "아브라아미 팔리췬의 말로 러시아의 운명이 결정되었던 바로 그 자리에" 세워질 "전 인류의 황금시대"에 바쳐진 사원일 터였다.[114] 그 사원에는 커다란 프레스코화 한 점이 우뚝 솟아있을 터인데, 메시아가 재림할 때 지닐 형상을 한 니콜라이 1세를 한복판에 두고 그 프레스코화의 절반은 예루살렘 성지를 그리스도가 살아계실 때 그 모습으로, 다른 절반은 성지를 지금의 모습으로 보여줄 터였다.[115] 이바노프는 자기의 기획이 차르의 승인을 얻으리라고 확신하고서 벽화와 이콘을 위해 성경의 주제와 더불어 세상 역사와 신화에 나오는 사건을 포함해서 밑그림 250여 점을 그렸다.

사원이라는 착상이 공상이라는 마지막 도피를 대표한다면, 벽화 자체는 이바노프가 「사람들에게 나타나는 그리스도」를 그리기 시작한 이후

그의 머리에서 떠나지 않았던 문제, 즉 '완벽하지 못한 인간의 세상에서 그리스도의 완벽성을 어떻게 묘사할 수 있을까?'라는 문제와 깊이 연관되어 있음을 보여준다. 모든 벽화는 그리스도가 현세에서 영위한 삶을 묘사하는 일련의 기념비 주위에 그려질 터였다. 이바노프는 1851년에 프랑스어 번역판으로 처음 읽은 다비트 슈트라우스(David Strauss)의 『예수의 삶』(Das Leben Jesu)의 영향을 받아 그리스도를 다른 그 무엇보다도 먼저 한 인간으로 인식하기 시작했다. 그 한 인간의 영웅적 행위와 고난의 이야기를 역사적 교회가 쓸데없이 복잡하고 영묘하게 만들어 버렸다는 것이다. 그리스도의 삶을 표현하는 일체의 전통적 모델을 내버린 이바노프의 단순하기 짝이 없는 원본 밑그림은 실제로 고난과 학대와 냉대를 겪는 한 외로운 인물을 보여준다. 감상성이나 인위적 미화의 흔적이 없다. 그리스도는 군중과 바리사이인 무리에 에워싸여 거의 철저히 수동적인 인물로 나타나며, 태형과 십자가형은 유난히 상세하게 다루어진다. 출판된 이 밑그림 화보집에 나오는 120개 장면 가운데 딱 두 장면에서만 그리스도의 얼굴에 참된 생기가 있다. 광야에서 악마의 유혹을 받고 있을 때 그리스도는 이콘에서 제위에 있는 그리스도 식으로 똑바로 정면을 마주하고 앉아있지만, 곁눈질로 사탄을 초조하게 바라보고 있다. 십자가에 못 박혀있는 그리스도를 보여주는 마지막 그림에서 그리스도는 보는 이를 기이하면서도 날카로운 눈빛으로 응시하고 있으며, 그 눈빛은 육체의 고통보다 자기에 관한 무언의 회의가 더 심하다는 것을 보여준다.[116]

이바노프는 자기가 완전히 새로운 무엇에 달려들고 있음을 깨달았다. 그는 그 벽화들이 어떤 기존 교회의 소유물이 아니라고 주장했고, 잘못해서 자기와 자주 비교되는 라파엘 전파(Pre-Raphaelite Brotherhood)[49]와의 모

---

49 영국 왕립예술원의 젊은 화가들이 당시 영국의 회화를 "맥빠진 감상적 예술", "고

든 연계를 부인했다. 튀빙엔(Tübingen)에 있는 슈트라우스를 찾아간 해인 1857년에 그는 자기가 "라파엘로의 기법을 새로운 문명이라는 구상과 결합"하려고 시도하고 있다고 주장했다.[117] 그는 (이전의 고골처럼, 이후의 체르늬솁스키처럼 자기의 노력을 후원하려고 애쓰고 있던) 게르첸에게 "저는 밑그림에서 제 예술을 위한 새 길을 닦아보려고 하고 있습니다"라는 글을 써보냈으며, 그 뒤에는 "저는 예술의 낡은 관행을 내버리면서도 새로운 관행의 기반을 다지지 못했습니다"라고 고백했다.[118] 1858년에 그는 「사람들에게 나타나는 그리스도」를 드디어 전시하고 자기의 사원을 후원해달라고 새 차르에게 간청하고자 성 페테르부르그로 향했다. 성 페테르부르그를 떠난 지 스물여덟 해만이었다. 이바노프는 자기가 왔는데도 대중이 무관심한 데 실망하고 이상한 모색을 하느라 몸과 마음이 탈진한 나머지 자기 작품을 성 페테르부르그에 처음으로 선보인 지 겨우 며칠 뒤에 죽었다.

이바노프의 "메시아의 출현"은 그 어떤 기준으로도 실패작으로 판정되어야 한다. 앞부분에 있는 타락한 인물상들이 그 그림을 지배하고 멀찍이 있는 그리스도의 인물상에 전혀 개의치 않는 듯하며, 그리스도는 이상하게도 보잘것없고 그림과 거의 무관해 보인다. 무척 공들인 그리스도의 얼굴은 그 어떤 뚜렷한 특징도 띠지 않고 나약함과 심지어는 당황스러움의 표정을 전해준다.

이 기념비적이고 예언적인 한 시대의 마지막 예술 유산에서 세례자 요한의 인물상이 돋보이는 것은 어쩌면 타당하다. 그는 가장 당당한 존재로 화폭의 한복판에 서 있다. 세례자 요한의 날은 러시아 프리메이슨

전고대를 흉내 내는 예술"로 비판하고 "라파엘로 이전처럼 자연에서 겸허하게 배우는 예술"을 하겠다며 1848년에 결성한 유파.

다단계 조직이 가장 정성 들여 지내는 축일이었다. 차아다예프는 "대단한 것이 광야에서 나왔다"고 믿도록 러시아인을 부추겼으며 칸트의 『순수이성비판』의 속표지에 "나는 구세주가 아니라 그 구세주가 오신다고 선언하는 사람일 뿐이다"라고 적어놓았다.[119] 이바노프는 처음에는 그리스도를 만들어내려고 시도했고 그다음에는 그리스도가 되려고 시도했지만, 인간의 고통에 관한 밑그림들과 더 중요한 누군가가 오리라고 선언할 수 있을 뿐인 고행 예언자가 돋보이는 고결한 실패작 한 점만을 뒤에 남기고 떠났다.

세례자 요한은 러시아에서는 "선임자"(Предтеча)로 알려졌다. 이 호칭은 이바노프에게 특히 어울려 보인다. "대중 예술가"들의 도움을 받아 이루어지고 "인류의 사원"으로 장식되는 러시아의 세계 지배라는 이바노프의 미래상은 때때로 소비에트 이념의 선행 형태처럼 보인다. 초기에 그가 한 양식 실험은 19세기 말엽과 20세기 초엽의 새로운 예술 양식의 자유분방한 추구의 선행 형태이다. 그가 마지막에 사실주의를 택하고 고난에 몰입하면서 1890년대까지 회화를 지배하게 될 삭막하고 반쯤 사진 같은 양식의 등장이 촉진되었다. 그렇지만 이바노프는 예언자 겸 선구자로서의 특성이 있는데도 한 시대의 처음보다는 한 시대의 끝에 서 있다. 그의 삶과 활동은 그리스도와 같아지는 일종의 도덕적 자기변신을 이루려는 최후의 영웅적 노력을 대표한다.

새로운 종교적 '철학을 — 또는 철학적 종교를 — 찾아내지 못한 이바노프의 실패는 프리메이슨 다단계 조직에서 시작되었던 추구의 좌절을 대표한다. 프리메이슨 다단계 조직은 그 열성 회원들에게 "제왕의 예술"[120]로 알려졌으며, 니콜라이 1세 시대의 예언적 예술가들은 새로운 나라를 위한 예술 양식을 찾고자 했다. 그러나 누구도 그 나라가 어떤 나라일지 아직 확실히 알지 못했고, 예술가들에게는 자기들이 잃어버린 하느님에게 사로잡혀 시달리거나 하느님의 내적 비밀을 좇다가 미치광이가 되는 경향이 있었다. 이바노프의 실패는 게르첸이 일찍이 1835년에 내놓은 골치 아픈 물음을 더 극적으로 던졌을 따름이다. 그 물음은 다음과 같다.

우리 그리스도는 도대체 어디 있나? 정녕 우리는 스승 없는 제자, 메시아 없는 사도인가?[121]

니콜라이 1세 시대 말엽의 사상가들은 고뇌하며 거의 모든 곳에서, 즉 (이바노프는) 니콜라이 1세나 떠돌이 성자 표도르 쿠즈미치라는 인물에서, (미츠키에비치는) 고통당하는 폴란드에서, (솁첸코는) 우크라이나 농민에서, 또는 (키레옙스키는) 옵티나 푸스틘의 고행 장로들 사이에서 메시아를 찾았다. 고골과 이바노프의 종교적인 작품으로 말미암아 그리스도는 구원이나 위안의 원천으로 더는 보이지 않게 되었다. 그리스도를 고독하고 고통받는 불안한 인간으로 묘사한 이바노프의 그림은 그 뒤의 19세기 회화에 반영되어 확장되었다. 고통은 게의 작품에서, 음울한 외로움은 이반 크람스코이(Иван Крамской)의 작품에서 두드러진다. 귀족 개혁가 자신이 메시아로 판명될지 모른다는 솔깃한 생각을 내놓은 사람은 1840년대 말엽에 페트라솁스키(Петрашевский) 동아리[50]의 예언인인 "으뜸 시인"이었던 알렉세이 플레셰예프(Алексей Плещеев)였다. 플레셰예프는 어리둥절해 하는 그 개혁가 동아리를 타일러서 "그대는, 구세주처럼, 사도를 길에서 만나리라고 믿"도록 만들었다.[122]

마치 귀족에 국한되지 않는 새로운 운동을 위해 무대를 치우기 위해

---

[50] 1844년부터 성 페테르부르그 지식인들이 미하일 페트라솁스키의 집에 매주 모여 사회와 정치에 관련된 토론을 벌이던 모임. 1849년에 경찰에 체포되면서 해체되었다.

서인 양 1852년부터 1858년까지의 짧은 기간에 니콜라이 1세 시대의
여러 영재, 즉 나데즈딘, 차아다예프, 그라놉스키, 고골, 이바노프, 세르
게이 악사코프(Сергей Аксаков), 키레옙스키가 삶을 마쳤다. 이들 가운데
아무도 늙은이가 아니었다. 그러나 그들은 베네비티노프, 푸시킨, 스탄
케비치, 레르몬토프, 벨린스키처럼 훨씬 더 일찍, 그리고 훨씬 더 젊은
나이에 죽었던 이들과 마찬가지로 기력을 소진했다. 그들의 집단 노력에
서 예언적 함축성이 짙은 참으로 민족적인 예술이 나왔다. 스스로 1860
년에 죽게 될 호먀코프는 러시아 문화의 이 장을 위한 비문을 이바노프
의 죽음을 맞이해서 1858년자 편지에서 이렇게 썼다.

> 회화에서 그는 언어에서 고골이, 철학 사상에서 키레옙스키가 그런
> 것과 같은 존재입니다. 이런 사람들은 요절하지요. 이것은 우연이
> 아니랍니다. 이들의 죽음을 설명하려면, 네바의 물과 공기가 탁하다
> 거나 콜레라가 성 페테르부르크에서 명예시민의 권리를 얻었다고
> 말하는 것으로는 충분하지 않아요. …… 다른 원인이 이런 일꾼들을
> 때 이르게 무덤으로 데리고 갑니다. …… 이들의 작업은 개인의 작업
> 이 아니에요. …… 강하고 훌륭한 인물이지요. 이들은 스스로 몸져
> 눕지는 않습니다만, 이들 안에서 우리 러시아인은, 우리는 모두 우리
> 나라의 이상한 역사 발전의 무게에 짓눌려 있습니다.[123]

사라진 마돈나

예술과 삶에서 일어난 고전 양식의 쇠퇴는 니콜라이 1세 통치의 여러
숙명적 결과의 하나였다. 그의 관변 이념가들은 — 즉, 우바로프와 플레트뇨프
는 — 고전고대의 문예 유산이 관제 국민성이라는 새로운 교리와 대체로

양립 불가능하다는 것을 알아챘다. 귀족 지식인들이 고전고대라는 머나먼 세계와 신고전주의적 르네상스에 계속 충성한다는 것은 그들이 관제 이념과 서먹서먹하다는 표시가 되었다.

니콜라이 1세 시대 말엽의 창조적인 최고 영재들은 — 즉, 고골과 이바노프와 튜체프는 — 러시아의 깨어나는 문화와 고전고대 사이를 잇는 모종의 고리를 벼려내겠다는 희망을 품고 로마로 갔다. 친슬라브주의자는 서구주의자 못지않게 이 고리를 찾아 나섰다. 셰브료프의 강의는 러시아에 경이로운 고전 문학을 맛보여주는 데 큰 몫을 했다. 게르첸은 데카브리스트의 복수를 하겠다는 자기의 맹세를 "한니발의 맹세"라고 불렀다. 예카테리나 대제는 "세미라미스"(Semiramis)[51], 성 페테르부르그는 "북방의 팔미라"(Palmyra)[52]였다. 프리메이슨 지부 대다수가 그리스-로마 신화에 나오는 이름을 지녔으며, 고전주의 조각상, 라틴어 · 그리스어 문집, 고전주의적인 표제와 제목이 넘쳐났다. 귀족 시의 한 세기는 어느 의미에서는 호메로스의 인물들이 그 뼈대를 이루었다. 진정한 인기를 누릴 첫 시는 『오뒤세이아』의 속편인 페늘롱의 『텔레마코스』였으며, 최초의 주요 러시아 서사시인인 헤라스코프는 "러시아의 호메로스"로 알려졌다. 니콜라이 1세 통치기 말년에 (푸시킨과 레르몬토프가 죽은 뒤에) 가장 간절히 기다려진 시적 성취물은 주콥스키의 『오뒤세이아』 번역이었다. 스코보로다와 키레옙스키의 추종자들은 그 두 사람을 "러시아의 소

---

[51] 기원전 9세기 말 아시리아의 통치자. 전설과 기록에 따르면, 여신의 딸이었고 영특했고 관리의 아내가 되었다가 왕의 눈에 들어 왕비가 되었으며 왕이 죽자 나라를 다스리고 토목 공사를 벌였다. 세미라미스는 아시리아어 이름 '샴무라마트'의 그리스어 표기이다.

[52] 시리아의 고대 도시. 동서 교통로 교차점에서 교역으로 번창했고, 로마 제국의 지배 아래 3세기에 전성기를 맞이했다. 4세기에 쇠퇴해 오늘날에는 폐허만 남아 있다.

크라테스"라고 불렀다.

러시아인의 눈에 고전고대와 아주 가깝다고 보인 것은 신고전주의 르네상스였고, 러시아인은 신고전주의 르네상스를 이상화하기도 했다. 벨린스키의 별명 "광란의 비사리온"은 루도비코 아리오스토(Ludovico Ariosto)의 「광란의 오를란도」(Orlando Furioso)를 의식적으로 개작한 것이었다. 콘스탄틴 바튜시코프(Константин Батюшков)는 이탈리아 르네상스 숭배를 조장했다. 자신을 프란체스코 페트라르카(Francesco Petrarca)와 비교하는 서정 시인이 많았고, 베네비티노프 같은 "보편인"들은 자신을 조반니 피코 델라 미란돌라(Giovanni Pico della Mirandola)에 비유했다. 그 시대의 문예 동아리는 영감을 찾아 마르실리오 피치노(Marsilio Ficino)의 학술원의 신플라톤주의적 신비주의를 기웃거렸다.

심지어 이 시기 동안에도 러시아인이 푸시킨 시의 정연한 형식과 예 카테리나 대제 및 알렉산드르 1세 치하 러시아의 삶에 대한 더 넓은 전망에 느끼기 시작한 향수는 기회를 잃었다는 상념의 표시이며, 훗날 러시아인은 이 시대에 관해 그 상념을 느낄 터였다. 이것은 러시아 문예의 황금시대로 남게 될 터였다. 이 황금시대에 고전주의 양식과 르네상스의 활력이 처음으로 러시아 땅에 참 뿌리를 내렸다.

사라져 가는 이 신고전주의의 가장 뛰어난 유산은 어쩌면 러시아의 대다수 도시와 여러 영지에 대량으로 축조된 저택과 공원과 공공건물이었다. 이런 웅장한 건물군 형식의 건축물이 니콜라이 1세 통치 초기에 마지막으로 한꺼번에 들어섰다. 그런 건축물로는 성 페테르부르그 대로에서 모스크바로 들어가는 트베르 관문(Тверская Застава) 옆의 개선문[53],

---

[53] 조국전쟁 승리 기념으로 1834년에 세워진 모스크바 개선문(Московские Триумфальные ворота).

모스크바의 볼쇼이 극장과 극장광장(Театральная Площадь)[54], 성 페테르부르그의 한 구역에 있는 신성종무원·원로원 합동청사 (그리고 또 다른 구역에 있는 도서관과 극장과 대학교 건물) 주위의 웅장한 건물 단지, 러시아가 차지한 핀란드의 새 수도 헬싱키(Helsinki)에 있는 대광장 주위로 장대한 고리를 이루며 들어선 도서관과 대성당과 정부 청사가 있다. 성 페테르부르그에 이사악 대성당(Исаакиевский собор)[55]을 축조하고 주변의 광장을 개축한 것은 이 기념비적 노력의 마지막이었다. 그 뒤로는 더 절충적이고 실용적인 양식이 나타나고 대도시의 건축물은 더 차근차근 그냥 되는 대로 세워질 터였다.

이바노프가 오랜 세월 동안 공들여 그린 화폭을 들고 되돌아와서 성 페테르부르그에서 죽은 해인 1858년에 이사악 대성당을 짓는 마흔 해의 공사가 마침내 끝났다. 이사악 대성당이 건축에서 지난날의 신고전주의 양식을 계속 고수하도록 부추기는 데 실패한 것과 똑같은 정도로 이바노프의 그림과 소묘는 화가들에게 영감을 주어 "라파엘로의 기법"에 계속 충실하도록 만드는 데 실패했다.[124]

러시아인이 공유하기를 갈망한 고전 문화의 최고 상징물은, 그리고 러시아인의 낭만적 상상력에게 이상적인 아름다움의 정수인 것은 라파엘로의 「시스티나의 성모」였다. 육로로 서유럽 여행을 하는 러시아인들이 늘 들르는 기착지인 드레스덴(Dresden)에 전시된 그 그림을 보고 영감을 얻은 러시아인들은 "아름다움과 자유! …… 라파엘로의 성모와 산꼭대기의 천지창조 이전의 혼돈"의 세계를 그리며 한숨을 내쉬었다.[125]

---

54 1820년대에는 페트롭스크 광장, 1919~1991년에는 스베르들로프 광장이라고 불렸다.
55 성 페테르부르그 한복판에 들어선 초대형 석조 성당. 이전과 개축을 여러 차례 했는데, 현재의 건물은 1818년에 지어지기 시작해서 1858년에 완성되었다.

주콥스키는 「시스티나의 성모」를 자주 순례했으며 참으로 낭만적인 기분에 젖어 그 그림에 관해 이렇게 썼다.

> 아, 순수한 아름다움의 수호신은
>   우리와 함께 사시지 않습니다.
> 그분은 하늘 저 높은 곳에서
>   가끔만 우리에게 찾아오십니다.[126]

「시스티나의 성모」는 러시아 낭만주의의 일종의 이콘이 되었다. 1840년대의 한 러시아인 방문객은 그 그림을 바라본 뒤 자기는 "다른 무언가를 생각하거나 말할 힘을 모두 잃었다"고 썼다.[127] 이 무렵에 그 그림은 극단적 숭배와 더불어 열띤 논란의 대상이 되어버렸다. 루닌은 자기가 가톨릭 신앙으로 개종한 주요인으로 그 그림을 들었다.[128] 벨린스키는 반대 방향으로 움직여서 그 그림을 귀족적 초상화일 따름이라고 비난해야 한다고 느꼈다.

> 성모는 차가운 자비심을 품고 우리를 바라보는 한편으로, 우리의 눈길로 더럽혀질까 우리 상것이 씁쓸해할까 저어하며 우리를 외면한다.[129]

게르첸은 성모 마리아의 얼굴에 자기가 들고 있는 아이가 자기 것이 아니라는 내면의 깨달음이 드러나 있다고 주장했다. 우바로프는 마치 드레스덴 자체가 새로운 기적의 장소였던 양 "드레스덴의 동정녀"를 이야기했다.[130] 도스토옙스키는 세상을 구하리라고 자기가 희망한 믿음과 아름다움이 한데 합쳐진 상징으로 그 그림의 큼직한 사본을 자기의 글쓰기용 책상 위쪽에 모셔 두었다.

그러나 아름다움은 사실상 "이 세상에 있지 않다"는 느낌이 1850년대에 커지고 있었다. 만약 고골과 이바노프의 재능을 가진 사람들이 현세의 고통을 묘사하는 데에만 성공할 수 있다면, 아마도 다른 세상은 — 적어도 예술을 통해 다다를 수 있는 다른 세상은 — 없을 것이다. 과 이바노프를 찬양하다 보니 신학교에서 뛰쳐나오게 된 체르늬솁스키는 1855년에 쓴 논문 「예술과 현실의 미학적 관계」(Эстетические отношения искусства к действительности)에서 예술의 본질적 가치에 의문을 던지기 시작했다. 여기서 딱 한 걸음만 더 내디디면 성 페테르부르그의 요리사가 인류를 위해 라파엘로보다 더 많은 일을 했다는 드미트리 피사레프(Дмитрий Писарев)의 선언, "라파엘로보다 (또는 일설에는, 셰익스피어보다) 신발이 더 낫다"는 구호, 바쿠닌이 1849년에 드레스덴에서 자기가 일으킨 혁명 봉기에서 구질서의 예속 군인들이 총을 쏘지 못하도록 「시스티나의 성모」를 바리케이드 위에 걸어두어야 한다고 다그쳤다는 항간의 혁명 일화에 이르렀다.

사상에 대한 열정과 특정한 명칭과 개념에 관한 심리적 복합감정의 발달은, 비록 유럽 낭만주의의 일반적 특성이었을지라도, 러시아에서 극단으로 치달았다. 바쿠닌이 라파엘로에게 품었다는 격분은 — 이전에 벨린스키가 헤겔에게 터뜨린 분노와 마찬가지로 — 지성보다는 격정의 관점에서 보아야 더 잘 이해할 수 있다. 러시아가 고전고대에 품은 일부 애착에는 건강하지 못한 강박이, 그리고 그 시대의 창작 행위에는 승화된 성욕이라는 요소가 있었다. 바쿠닌과 고골 두 사람의 경이롭고 창의적인 이력은 부분적으로는 성적 불능의 보상으로 개발되었던 듯하다. 러시아 낭민주의의 자기중심적 세계에는 대개 여성이 들어설 여지가 별로 없다. 혼자 골똘히 생각하는 버릇을 덜어준 것은 주로 프리메이슨 지부나 동아리에서 이루어지는 남자들만의 교제였다. 스코보로다에서 바쿠닌까지, 비록 틀림없이 승화된 정신적 형태일지라도, 동성애를 시사하는 강한 암시가 있다. 이 열망은 벌거벗은 사내아이 그리기를 유난히 좋아한 이바노프의 습성에서 거죽에 더 가까이 나타나며, 영적으로 완벽해지려면 남녀양성 구유가 되거나 남자와 여자의 특성이 원래대로 하나로 합쳐진 상태로 되돌아가야 한다는 유행하던 믿음에서 철학적으로 표현된다. 이바노프는 자기의 「사람들에게 나타나는 그리스도」에서 가장 중요한 그리스도의 머리를 그리기 위한 예비 밑그림에서 여자 모델을 남자 모델만큼 많이 썼다. 고골은 자기의 기묘한 시론 「여자」(Женщина)에서 "자기의 불멸의 이데아를 거친 질료로 바꾸"려는 예술가의 시도를 "여자를 남자 안에 구현"하려는 시도에 비겼다.[131]

낭만주의 문학에 나오는 여자는 자주 실러의 「오를레앙의 처녀」(Die Jungfrau von Orleans)처럼, 또는 「돈 카를로스」의 여왕처럼 먼 곳에 있는 이상화된 존재였다. 여자가 — 푸시킨의 『예브게니 오네긴』에 나오는 타티야나[56]처럼 — 소박하고 믿을 만했던 이 시대의 러시아 문학에서는 비교적 드물게 여자가 거의 성자로 숭배되는 경향이 있었다. 지나이다 볼콘스카야는 로마에서 고골과 이바노프에게 일종의 이상적인 어머니 같은 여인이었으며, 유배된 데카브리스트의 고생하는 충직한 아내는 이상화된 환상적인 시에서 애호되는 주제가 되었다.

아직은 근본적으로 이성애적 심성을 지녔던 귀족 지식인은 사생활에서 자주 매우 불행했다. 그는 사상에 품는 자기의 애착심에서 실험적이고 쉽게 변하는 경향을 보인 것과 똑같이 이성(異性)과 맺는 관계에서도 그랬다. 실제로, 사랑에서 겪는 좌절은 때때로 사상에 심취하면서 완화

---

[56] 『예브게니 오네긴』의 여주인공. 수줍지만 열정을 품고 오네긴을 사랑하는 귀족 처녀이며, 무수한 문학작품에 나오는 여주인공의 전형이기도 하다.

되었(고 그 반대일 경우도 있었)다. 언제나 자기 위주로 사랑하는 그는 욕정과 환상이 뒤섞인 감정을 품고 여성과 사상을 둘 다 끌어안았고, 그런 탓에 관계를 지속하기란 거의 불가능했다. 대상이 여성이든 사상이든 철저하게 끌어안았고 거의 곧바로 관계를 맺는 경향이 있었다. 행복에 겨운 시기는 금세 지나가 버렸고, 그런 뒤에 귀족 지식인은 자기를 비켜간 환희를 다른 어디선가에서 찾고자 현실에 안주하지 않고 탐색을 재개했다. 그의 덧없는 이상주의는 황홀감을 주는 그 어떤 새 대상으로 한꺼번에 넘어갔다. 이해타산적이거나 만족스럽지 않을라치면 예전의 상대가 연상되었다. 이렇듯 이념적 애착은 자주 사적인 애착의 연장이었고, 삶의 한 영역은 삶의 다른 영역을 어떻든 이해하지 않고서는 완전히 이해할 수 없다.

그러나 너무 편협하게 생리학적 요인에만 집중하는 것은 부적절하고 부정확할 것이다. 그 시대의 러시아 낭만주의자는 자기의 곤경을 실러의 「체념」(Die Resignation)의 관점에서 표현하기를 좋아했다. 그 이야기로는 삶의 정원에는 꽃 두 송이, 즉 소망의 꽃과 쾌락의 꽃이 있었는데, 사람들은 그 두 꽃을 다 꺾기를 바랄 수 없다.[132] 러시아 귀족은 망설이지 않고 소망을 택했다. 성 바울이 어린 고린도 교회에 권했던 다른 소질인 믿음과 사랑에서 굳건하지 않은 고뇌하는 러시아인은 소망에 집착했다. 실현될 것 같지 않은 열렬한 기대감은 그 귀족의 세기가 그다음 한 세기에 딱 하나 남긴 가장 중요한 유산이었다. 러시아의 생각하는 엘리트는 개인적으로나 이념적으로나 좌절한 채 예언적 메시지를 역사와 예술에서 찾으려고 점점 더 치열하게 노력했다.

그들이 처한 곤경의 밑바탕에는 세상에 지쳐 "아늑한 품 안으로 되돌아가"고픈 마음뿐만 아니라 어쩌면 계급으로서의 귀족이 등을 돌렸던 대상인 "다른 러시아"에 품은 잠재의식적인 향수도 있었다. 귀족은 신앙에 의문이 제기되지 않은, 그리고 예언적인 원조 역사가나 예술가, 즉 수도원의 연대기작가와 이콘 제작자가 진리를 알리는 모스크바국이라는 어렴풋이 인식되고 가물가물 기억되는 세계로 되돌아가는 길을 더듬어 찾고 있는 듯했다.

사라진 마돈나는 어쩌면 그들이 실제로는 알지 못했던 라파엘로의 성모가 아니라 정교의 성모 이콘이었다. 이 이콘은 톨스토이가 훗날 옵티나 푸스틘의 장로들에게 풀이해달라고 부탁한 예언적인 꿈의 한가운데에 있다. 그 꿈에서 촛불 하나가 어두운 동굴 속에서 외로운 성모 이콘 앞에서 타오르고 있다. 그 동굴에는 적그리스도의 시대가 왔다고 안타까워하면서 기도하는 알 수 없는 사람들이 가득하다. 그런데 필라레트 총대주교, 그리고 고골의 광신적인 영적 길라잡이인 마트베이 콘스탄티놉스키(Матвей Константиновский) 신부는 들어갈 수 없어서 덜덜 떨며 밖에 서있다. 이 꿈에는 쇠렌 키에르케고르(Søren Kierkegaard)가 자족해 하는 19세기 유럽 그리스도교에서 사라졌다는 것을 발견한 "두려움과 떨림"이 문자 그대로 존재한다. 그것은 이바노프의 가장 뛰어난 밑그림들 가운데 한 점에서 세례자 요한이 요단 강으로 이끌고 들어가려고 애쓰고 있는 헐벗은 채 벌벌 떠는 추한 늙은이들[133]에, 그리고 한 동정녀 이콘 아래 있는 죽음의 자리에 가리개도 없이 누운 채로 거머리에게 억지로 피를 빨리고 있는 고골의 벌벌 떠는 뼈만 앙상한 모습에 나타나 있는 "두려움과 떨림"이 말이다.

암브로시 신부는 톨스토이에게 그 꿈이 "생생한 감정과 슬픔, 그리고 심지어는 두려움마저 품은 채 우리가 지금 지닌 신앙과 도덕의 애처로운 상태를 바라보고 있는, 하지만 하늘나라 여왕에게 감히 다가가 동굴 속에 있는 사람들을 보살펴달라고 청하는" 그리스도교 국가 러시아의 곤경을 생생하게 보여준다고 풀이해 주었다.

지식인들이 제정 말엽에 조금씩 조금씩 정교회로 되돌아가기 시작할 때, 그 전향자들 가운데 한 사람은 그 과정을 「시스티나의 성모」를 「블라디미르의 성모」와 맞바꾸기에 비유했다.[134] 두 경우에 그 사라진 하느님은 ─ 그리스도교적인 동정녀 이미지뿐만 아니라 어쩌면 그리스도교 도래 이전 러시아의 "촉촉한 어머니 대지"와 유럽 낭만주의의 무정한 미녀(La Belle Dame Sans Merci)[57]와도 연결된 ─ 여성이었다.

"햄릿의 문제"

비록 그 "저주받은 문제"들 가운데 그 "돋보이는 10년" 동안 제대로 해답을 얻은 문제가 없었을지라도, 이제는 일정한 기본 가정의 틀 안에서 논쟁이 이루어지는 경향이 나타났다. 진리는 역사 너머에서보다는 역사 안에서 발견될 터였다. 러시아에게는 임박한 인류의 구원에서 실현할 어떤 특별한 운명이 있었다. 예언적인 새 예술이 이 운명을 널리 알리고 사람을 그 운명으로 인도할 터였다. 황금시대는 "우리 뒤가 아니라 앞에 있다." 그때에는 인간의 프로메테우스적 고난이 끝나고 인간이 진리와 아름다움이라는 포착하기 어려운 여성적 원리와 영원히 무아경으로 결합해서 육체적으로나 정신적으로나 안식을 취하게 될 것이다.

그러나 이 모호한 낭만적 우주론 안에서 러시아인은 더 완전한 해답을 찾아 가차 없이 밀고 나아갔다. 이 진리는, 이 운명은 무엇이었는가? 이 여성적 원리는 어디에서 발견될 터였는가? 그리고 다른 무엇보다도 예언적 예술은 어떤 특정한 메시지를 우리에게 가져다주는가?

---

57 영국 시인 키츠가 알랭 샤르티에(Alain Chartier, 1385년~?)가 쓴 15세기 시에서 따와서 1819년에 지은 발라드의 제목. 무정한 미녀는 라파엘 전파 화가들이 즐겨 다룬 소재이기도 하다.

이렇듯, 아무리 러시아인들의 생각이 서방의 지성에게는 비현실적으로 보였더라도, 이 시기 동안 러시아 사상의 배후에 있는 추동력은 마음을 잡아끄는 이 문제들에 대한 더 특정한 해답을 찾으려는 본질적으로 현실적인 충동이었다. 그들은 18세기의 인위적 "의고전주의"의 일부를 이루는 형식이나 논리에 관심을 두지 않았다. 그들은 비록 알렉산드르 1세 시대와는 달리 은비학 그 자체에 더는 매료되지 않았을지라도 진리를 환상과 상징에서 찾기를 두려워하지 않았다. 그 "돋보이는 10년"의 사람들은 자기들이 택했던 새 경로를 따라 필연적으로, 실존주의적으로 생겨난 문제의 해답을 원했다. 사상가 생 마르탱과 슈바르츠가 이해했던 대로의 예언적인 영적 의미의 "지성"에 충실한 상태로 남는 한, 셸링과 헤겔을 추종하는 교수들이 그들에게 되기를 권했던 존재, 즉 "진리의 사제"로 계속 남는 한, 그 어떤 유의 모순이나 기행(奇行)도 허용될 수 있었다.

귀족 지식인들은 그 "저주받은 문제"의 해답을 찾기를 열망하면서 언제 어디서나 사실과 환상과 예언을 뒤섞었다. 그들은 러시아 사상의 거의 모든 진지한 연대기작가를 매혹하고 절망케 한 엄격한 성실성과 이념적 모순의 특이한 융합을 만들어냈다. 비록 귀족은 아니었을지라도 "광란의 비사리온" 벨린스키는 이 융합의 전형이었다. 그가 — 그리고 그가 택한 문학비평이라는 이념적 수단이 — 제정 말엽의 문화에서 얻게 된 특별한 권위는 러시아의 해답 추구의 배후에 있던 인간적 절박감을 제대로 인식하지 않고서는 이해될 수 없다. 러시아 인텔리겐치야에 관한 전설적인 이야기 일부가 된 한 유명한 장면에서 벨린스키는 유난히 치열했던 밤샘 토론을 가로막기를 거부하면서, 자기 친구들이 하느님의 존재라는 문제에 관해 아직 결정하지 않았는데도 아침을 먹으려고 토론을 멈출 생각을 할 수 있다는 데 놀라움을 표시했다.

벨린스키는 자기 자신의 모순과 혼동에는 조금도 당황하지 않았다. 그는 — 소심한 부르주아 사상가들의 정연하고 한정적인 범주는 말할 것도 없고 — 명확한, 그러나 동떨어진 고전적 사고 범주를 러시아에 이식하려고 애쓰고 있지 않았다. 그는 "생각하기, 느끼기, 이해하기, 괴로워하기는 나에게 다 같은 것"이라고 썼다.[135] 서방에서 무심코 받은 책들이 그와 그의 동시대인을 격심한 개인적 위기와 정신적 위기로 몰아넣었다. 벨린스키나 다른 문학 비평가와 서적 비평가는 셸링과 생 마르탱이 자기들에게 문학에서 찾아보라고 가르쳤던 "새로운 계시"와 예언의 단서를 찾으려고 그 책들을 숙독했다.

벨린스키는 자기의 스승 나데즈딘이 고전주의와 낭만주의 양자 너머에 있다고 주장했던 새로운 예언적 예술의 사례를 자기와 같은 시대를 살아가는 러시아인에게서 찾아내는 일에 특히 전념했다. 1860년대와 1870년대의 위대한 러시아 소설은 그러한 예술의 사례로 여겨질 수 있으며, 그런 예술이 벨린스키가 개척한 철학적, 비평적 열성이라는 전통의 영향을 어떻게 받았는지를, 그리고 그 전통에 어떻게 반응했는지를 고려하지 않고서는 그 작품들의 천재성을 완전히 이해할 수 없다.

러시아인은 오락보다는 예언을 구하려고 문학으로 눈길을 돌렸다. 서방 문학이 러시아 사상에 영향을 미친 사례를 헤아리면 거의 끝이 없다. 그 영향은 실러와 에른스트 호프만(Ernst Hoffmann)과 조르주 상드[136]같은 거물에서 빅토르-조셉 주이(Victor-Joseph Jouy)처럼 거의 잊힌 2급 인물에 이르기까지 다양하다. 고골이 파리의 삶에 관한 주이의 묘사를 성 페테르부르그로 각색해서 새로운 생동감을 불어넣었다.[137] 아마도 모든 이들 가운데 가장 중요한 이는 고골이 "스코틀랜드의 마법사"라고 부르고 역사소설 쓰기뿐만 아니라 역사 쓰기를 자극한 작품들의 저자인 월터 스콧 경일 것이다.[138] 중세 로맨스[58]를 모방한 소설들은 프리메이슨 다단계 조직의 "정신의 기사단"이 적극적이고 역사적인 기조를 띠도록 거들었다. 러시아인은 네크라소프의 유명한 시의 제목[59]을 인용하면 "한 시간의 기사"가 되기를, 또는 실러의 「돈 카를로스」에 나오는 종교재판소장과 펠리페 2세의 권위주의에 맞서 포사(Posa)[60]와 돈 카를로스의 사나이다운 우정과 예사롭지 않은 영웅적 행위를 재현하기를 꿈꾸었다. 러시아인은 자신을 바이런의 카인[61]과 돈 후안(Don Juan)[62], 괴테의 파우스트와 빌헬름 마이스터(Wilhelm Meister)[63] 같은 사랑받는 주인공들의 형이상학적 추구와 동일시하기도 했다.

그러나 귀족의 세기 정신에 특히 가까워 보이는 문학상의 인물이 하나 있었다. 그는 그 "돋보이는 10년"의 사랑받는 무대 인물, 벨린스키의 가장 긴 논문들 가운데 하나의 주제, 근대 러시아 사상에게 유일무이한 매력의 원천이었다. 바로 셰익스피어의 햄릿이었다.

그 우수 어린 왕자에 관한 낭만적 관심은 발트 해 연안지대 동부에서, 즉 게르만 세계와 슬라브 세계를 가르는 잔뜩 흐린 늪지대에서 시작되었다. 맨 처음으로 "북방의 마구스[64]" 요한 하만(Johann Hamann)이 셰익스피

---

[58] 기사의 무용과 모험과 사랑에 관한 이야기를 라틴어가 아니라 속어로 쓴 중세 유럽의 문학 형식.

[59] Рыцарь на час.

[60] 「돈 카를로스」에서 주인공 돈 카를로스의 절친한 벗으로 나오는 인물인 포사 후작.

[61] 바이런이 1821년에 펴낸 희곡 「카인」(Cain: A Mistery)에서 아우 아벨의 위선과 거짓을 참지 못하는 거친 기질의 소유자로 나오는 주인공.

[62] 바이런이 1821~1824년에 발표한 장시 「돈 후안」의 주인공. 한 탕아가 소녀를 유혹하다가 그 소녀의 아버지를 죽이고도 회개하지 않아 지옥에 떨어진다는 민담의 주인공인 돈 후안은 바이런을 비롯한 예술가들이 즐겨 다룬 문학 인물이기도 하다.

[63] 괴테의 2부작 장편소설 『빌헬름 마이스터의 도제 시절』(Wilhelm Meisters Lehrjahre)과 『빌헬름 마이스터의 편력 시절』(Wilhelm Meisters Wanderjahre)의 주인공.

어의 작품을 성경과 맞먹는 계시의 한 형태로 간주하고 이 새로운 형태의 상징적 주해를 위한 기본 교과서로 「햄릿」을 쓰라고 젊은 헤르더를 가르친 곳이 바로 쾨니히스베르크(Königsberg, 지금의 칼리닌그라드(Калининград))였다.[139] 하만은 영향력 있는 경건주의 설교가이면서 은비학 연구자였으며, 자기가 자기의 이웃이자 동시대인인 임마누엘 칸트의 지나친 합리주의라고 느낀 것의 숙적이었다. 서방 철학의 이후 발전에 끼친 칸트의 영향력이 컸고 사실상 결정적이었더라도, 하만 같은 이들이 통념에 미친 직접적 영향은 훨씬 더 컸다. 동유럽에서는 특히 그랬다. 좋든 궂든, 칸트의 비판 철학이 19세기 말엽까지 러시아에서 진지하게 귀 기울여주는 사람을 얻지 못했던 반면에 문학 텍스트에서 상징적인 철학 메시지를 찾아낸다는 하만의 의사 신지학 사상은 러시아 사상의 상식이 되었다.

헤르더가 동쪽으로 이주해서 쾨니히스베르크에서 리가로 갈 무렵에 러시아는 이미 「햄릿」을 러시아의 무대에서 정기 공연될 첫 희곡들의 하나로 맞아들여 놓은 상태에 있었다. 수마로코프는 자기가 윤색한 1747년의 번역으로 원작을 개선했다는 오만한 주장으로 러시아에서 그 비극의 비판적 논의를 개시했다.[140] 헤르더가 원작 「햄릿」에 자기가 느낀 매력을 러시아가 차지한 리가에서 지내는 동안 처음으로 직접 전했는지, 아니면 자기가 나중에 독일 낭만주의 사상에 준 영향을 통해서 단지 간접적으로 전했는지 상관없이, 「햄릿」은 러시아의 비판적 상상력을 위한 일종의 시험장이 되었다.

「햄릿」이 러시아에서 얻은 엄청난 인기는 부분적으로는 사악한 차르 막시밀리얀이 고결한 제 아들과 대결하는 대중극과 얼마간 비슷했다는

---

[64] 고대 페르시아에서 종교의식을 전담하던 사제. 하만을 "북방의 마구스"로 일컫은 이는 괴테였다.

점에서 비롯되었을지 모른다. 그러나 귀족이 지속적으로 흥미를 느낀 주원인은 햄릿이라는 등장인물 자체에 낭만적으로 매료되었다는 데 있었다. 러시아 귀족은 자기가 수행하기로 되어있는 사명과 우유부단과 시적 사색이라는 자기의 개인 세계 사이에서 갈팡질팡하는 이 특권층 궁정인에게 묘한 유사성을 느꼈다. 19세기 초엽에 러시아 귀족 한 사람이 자기 배를 떠나 엘시노어(Elsinore)[65]에 있는 "햄릿의 성"을 특별 순례했다고 해서 놀랄 일은 전혀 없어 보였다. 발트 해가 대서양과 만나는 해협에 있는 덴마크의 바닷가에 버티고 서있는 이 성은 서유럽으로 가는 도중의 러시아 배 앞에 불빛 없는 버려진 등대처럼 불쑥 모습을 드러냈다. 루닌은 1816년에 한 서유럽 여행의 초기에 이곳을 밤에 한 차례 찾아갔고, 이 경험은 그를 혁명의 길로 이끌었다.[141]

　정말 말 그대로 삶과 죽음의 문제인 "저주받은 문제" 하나를 러시아에 던진 그 유명한 독백 "존재하느냐 마느냐"(To be or not to be)는 늘 특별히 관심을 받았다. 유명한 그 개막 대사는 1775년에 "사느냐 죽느냐"로 번역되었다.[142] 스스로 목숨을 끊어야 할지 말지의 문제는 그 뒤에 러시아 사상에서 "햄릿의 문제"로 알려지게 되었다. 그것은 모든 "저주받은 문제" 가운데 가장 개인적이고도 형이상학적인 문제였으며, 많은 러시아인에게 다른 모든 문제의 자리에 들어섰다.

　유럽에 프랑스 혁명이 일어나기 직전이었던 1789년 봄에 현실이 마뜩잖은 젊은 귀족 니콜라이 카람진은 사람이 왜 계속 살아야 하는지라는 문제에 대한 답을 찾아 스위스의 골상학자 라파터에게 편지를 쓰고 있었다. 그는 산다고 해서 진정으로 즐겁지도 않고 자기 자신의 존재를 안다

---

[65] 「햄릿」의 무대인 크론보르(Kronborg) 성이 있는 곳인 덴마크 헬싱괴르(Helsingør)의 영어 표기.

고 해서 만족스럽지도 않다고 투덜거렸다. "나는 존재합니다. 나에게는 나의 **자아**조차도 내가 풀 수 없는 수수께끼입니다."[143] 그는 (라파터를 찾아가고 드루어리 레인 극장(Drury Lane Theatre)[66]에서 「햄릿」 공연을 보는 등)[144] 유럽 곳곳을 더 오래 돌아다닌 뒤 세 해 뒤에 귀국해서 대륙을 뒤흔들고 있던 사회적·정치적 격동이 아니라 자기 목숨을 끊어서 존재의 수수께끼를 푸는 "가련한 리자"에 관한 단편소설[67]을 썼다. 감수성 탓에 — 무정한 세상에 항의해서 — 하는 자살이 대화와 사색의 인기 주제가 되었다. 리자(Лиза)가 오필리아(Ophelia)[68]처럼 물에 빠져 죽었다고 하는 연못[69]에 젊은 귀족들이 자주 찾아갔다. 러시아 룰렛이라는 애처로운 관행은 필시 근위대 귀족 장교들이 너무나 따분해서 만들어냈을 것이다.

라디쉐프는 아마도 자기의 마지막 작품『인간에 관하여, 인간의 사멸과 불멸에 관하여』(О человеке, о его смертности и бессмертии)에서 햄릿의 독백에 최초로 각별한 관심을 쏟은 사람이었을 것이며, 1802년에 스스로 목숨을 끊어서 그 문제를 해결했다. 귀족의 자살 건수가 이미 18세기의 마지막 10년 동안 눈에 띄게 확 치솟았다. 18세기 귀족에게 여러모로 고전고대의 영웅이었던 로마의 스토아 철학자는 영웅다운 자살을 권했다. 비록 이 "염세"(厭世)가 유럽 전체의 현상이었고 러시아어의 미로바야 스코르브(мировая скорбь)가 "벨트슈메르츠"(Weltschmerz)[70]의 정확한 번

---

[66] 1663년에 문을 연 런던 최고(最古)의 극장.

[67] 귀족의 아들 에라스트(Эраст)를 만나 사랑에 빠진 농부의 딸 리자가 배신당한 뒤 물에 몸을 던져 자살한다는 내용의 1792년 작『가련한 리자』(Бедная Лиза).

[68] 「햄릿」에서 주인공 햄릿의 연인으로 나오는 여인. 미친 척하는 햄릿이 사랑하지 않는다고 거짓말까지 하고 실수로 자기 아버지까지 죽이자 미쳐서 물에 빠져 죽는다.

[69] 모스크바의 시노모프 수도원(Симонов монастырь) 근처에 있던 연못.『가련한 리자』를 읽고 리자의 자살이 실제 사건이라고 믿은 사람들은 이 연못을 '리자 연못'(Лизин пруд)이라고 불렀다.

역어였을지라도, 스코르브라는 말은 독일어 낱말 "슈메르츠"(Schmerz)보다 더 최종적이고 비감상적으로 들린다. 알렉산드르 1세 통치 말기에 귀족의 높은 자살률은 국가의 심각한 우려를 자아내고 있었고 검열과 국가 기강을 강화하는 주요 근거로 이용되었다.[145]

그러나 니콜라이 1세의 통치가 완고하다고 해서 러시아의 사상가들이 "햄릿의 문제"에 강박적으로 빠져드는 현상이 완화되지도 않았다. 실제로 벨린스키는 이렇게 — 민족지적 호기심이나 개혁적 신념보다는 — 삶의 의미를 추구하다가 영감을 얻어 "인민"에게로 전향했다. 벨린스키는 그 저주받은 문제에 대한 몰입이 자기의 시대를 로모노소프의 시대, 자신만만한 세계주의적 계몽의 시대와 갈라놓는다고 느꼈다.

> 로모노소프의 시대에 우리에게는 민중의 시가 필요하지 않았다. 그때 우리에게는 — **사느냐 죽느냐**라는 — 중대한 문제가 민중(народность)이 아니라 유럽주의에 있었다.[146]

자살을 꾀했거나 자살을 한 이가 많았던 그 "돋보이는 10년"의 사람들에게 햄릿은 자기 세대를 비추는 일종의 거울이었다. 그 시대의 수많은 태도가 그랬듯, 헤겔은 그들의 인정되지 않은 간접적 길라잡이였다. 헤겔은 햄릿의 우수와 우유부단을 오만하고 고립된 한 개체(individiuum)로서 역사의 합리적 흐름 밖에 서 있는 모든 근대인을 따라다니는 문제인 그의 주관주의와 개인주의와 — 즉, 그의 "강렬한 삶의 기쁨"이나 정해진 "세계관의 부재"[147]와 — 결부했다. "개인"을 가리키는 헤겔 철학의 이 경멸어는 벨

---

70 세상사가 인간의 주체성과 자유를 망가뜨린다며 세상에 적응하지 않거나 못해서 생겨난 비관적 분위기를 일컫는 18세기 낭만주의 시인들의 표현. 세계고(世界苦)로 번역된다.

린스키가 헤겔을 거부하면서 보트킨에게 써보낸 유명한 편지에서 사용한 바로 그 표현이었다. 벨린스키가 1838년에 햄릿을 그 주위의 허황한 세상 탓에 망가진 참된 이상주의자로 묘사한 장문의 글은 그가 — 헤겔의 기본 용어와 정의와 논제를 늘 받아들이면서 — 헤겔을 상대로 벌인 바로 이런 이상한 투쟁의 맥락 속에서 읽어야 한다.[148]

벨린스키는 햄릿의 좌절된 이상주의의 특성뿐만 아니라 파벨 모찰로프(Павел Мочалов)의 강렬한 햄릿 역 연기법에 사로잡혔다. 이 비범한 배우는 그 "돋보이는 10년"의 마지막 해인 1848년에 죽을 때까지 햄릿 역을 되풀이해서 맡았다. 그 희곡이 인기를 많이 끈 나머지 자기 지주를 즐겁게 해주려는 농노들이 출연하는 비공식 연극에서 단순화된 이형이 나타나기 시작했다. "벌벌 떠는 햄릿"이라는 말이 일상 대화에서 겁보와 같은 말이 되었다.[149]

모찰로프는 제정 말엽의 러시아 연극을 잊지 못할 것으로 만들 일련의 무대 거물 가운데 첫 거물이었다. 모찰로프가 하는 연기의 특징은 — 바츨라프 니진스키(Вацлав Нижинский)가 추는 춤과 표도르 샬랴핀(Федор Шаляпин)이 부르는 노래의 특징과 마찬가지로 — 배역 바로 그 인물이 **되는** 능력이었다. 1840년대의 러시아인들은, 이후 세대가 샬랴핀 없는 「보리스 고두노프」나 니진스키 없는 「장미의 정령」(Видение розы)을 상상하기 힘들다는 점을 깨달은 것과 똑같이, 모찰로프 없는 「햄릿」(Гамлет)을 생각할 수 없었다. 순박한 농부는, 물론, 늘 그리스도를 이콘에 나타나 있는 모습으로 생각했다. 민중의 성자는 이콘에 있는 모습을 "쏙 빼닮"았고, 귀족의 주인공은 무대 위의 인물을 "쏙 빼닮"지 않으면 안 된다고 느꼈다. 스탄케비치는 자기가 극장을 "사원"으로 여기게 되었고 모찰로프를 본 것이 자기의 개인 행태에 영향을 많이 주었다고 고백했다.[150]

투르게네프는 자기의 유명한 논문 「햄릿과 돈키호테」(Гамлет и Дон-Кихот)

에서 햄릿을 니콜라이 1세 시대 말엽 지식인 세대의 상징으로 이용했다. 러시아 문학에서 가장 유명한 햄릿형 인물들 가운데 하나를 자기의 첫 소설 『루딘』(Рудин)에서 만들어내자마자 바로 투르게네프는 이제 대조적이지만 역시 전형적인 돈키호테형 인물을 이야기했다. 돈키호테형 인물이란 동시대인의 비웃음을 겁내지 않고 이상에 봉사하는 데 전념하는 복잡하지 않은 열정적 인간이었다. 그런 인물들이 이후 수십 년의 돈키호테식 사회운동에서 두드러지게 될 터였지만, "햄릿식 행태"는 대다수 러시아 사상의 전형으로 남아 있었다. 실제로, 투르게네프의 이후 창작물의 여러 주인공이 자살로 끝맺음하게 된다.

이 두 인물 유형의 대립이 니콜라이 1세 시대 말엽 러시아의 가장 흥미로운 사상가들 가운데 한 사람인 블라디미르 페초린의 이력에 반영되어 있다. 그의 이름이 레르몬토프의 우울하고 방랑하는 "우리 시대의 영웅" 페초린(Печорин)[71]의 이름과 비슷한 데에는 일종의 시적(詩的) 타당성이 있어 보인다. 이 실물 페초린(Печерин)이 훨씬 더 역마살이 낀 낭만적 인물이었기 때문이다. 페초린은 문헌학에서 시로, 사회주의에서 가톨릭 신앙으로, 영국의 한 수도원으로, 마지막에는 아일랜드의 한 병원으로 옮겨갔고, 그 병원에서 환자를 위한 신부로 있다가 1885년에 죽었다. 그는 러시아의 인민주의 운동을 먼 곳에서 찬양하는 가냘픈 메아리였다. 그러나 그는 자기의 이상이 유토피아적이라고 두려워한 탓보다는 삶 자체가 살 가치가 있는지 확신이 없어 괴로워한 탓에 내내 고통을 받았다. 페초린을 학창 시절에 "햄릿의 문제"로 내몬 이는 막스 슈티르너(Max Stirner)였다. 페초린은 베를린에서 슈티르너의 강의를 듣고 영감을 얻어 19세기 러시아의 여러 미완성 3부작들 가운데 하나에 착수하게 되었다.

---

[71] 레르몬토프가 1839년에 펴낸 소설 『우리 시대의 영웅』의 주인공.

제목이 없는 이 희곡의 제1부는 인간은 자기의 자발적 자존 행위, 즉 자살을 통해 신성(神性)을 이룰 수 있다는 슈티르너 사상의 섬뜩한 신성화이다. (볼데마르(Вольдемар)[72]라는 숭고한 독일식 이름을 가진) 주요 등장인물은 스스로 목숨을 끊을 뿐만 아니라 같은 행동을 하도록 (정신적 의미가 있는 소피야라는 이름을 가진) 자기 연인을 설득한다. 그는 자기 연인에게 이렇게 말한다. "소피야! 당신 이름은 지혜, 거룩한 지혜라는 뜻이지! …… 물음은 하나야. 사느냐 죽느냐?"[151]

「죽음의 승리」(Торжество смерти)라는 제목이 붙은 3부작 제2부는 엽기적인 환희로 이 주제를 상세히 묘사한다. 네메시스(Немезис) 왕이 — 폭풍과 음악 합창, 살해당한 데카브리스트 지도자들을 표현하는 떨어지는 다섯 별이 알리는 — 온 누리의 파멸을 지켜본다. 죽음을 찬미하는 합창이 푸시킨의 「역병 찬가」(Гимн в честь чумы)의 몇몇 암울한 생각을 그대로 되뇌고 계시록의 상징과 낭만주의의 상징을 마음대로 끌어쓴다. 죽음이 백마를 탄 젊은이의 모습으로 나타나고 "자유의 신, 분투의 신"으로 환호를 받는다. 그리고는 3부작의 (마지막 부분이 된) 이 제2부를 끝맺는 마지막 독백을 위해 무대가 깨끗이 비워진다. 그것은 죽어가는 시인의 노래이다. 페초린은 "그 시인은 …… 조국을 구하고 …… 우리를 위해 새 세상을 찾아낼 …… 돈키호테이다!"라고 말한다. 그런 다음에 완결되지 않음을 표시하는 말줄임표가 달린 결말에서 그 "죽어가는 시인"은 러시아를 "동트는 새벽"의 나라로 일컫고 "나는 은혜로운 힘을 러시아에 쏟아 부을 것이다. 그리고 러시아의 다마스쿠스 검[73]……"이라고 말한다.[152]

---

[72] 독일어 표기로는 Woldemar.
[73] 서남아시아, 특히 다마스쿠스에서 만들어진 가볍고 탄성이 크면서도 날카롭기로 이름난 칼.

그러나, 비록 "햄릿의 문제"를 귀족 지식인들이 결코 풀지는 못했을지라도, 그것에 몰두하다 보면 부차적인 우려가 사라지는 효용이 있었다. 실제로, 자주 비웃음을 산 "아버지" 세대, 즉 1840년대의 낭만적인 "잉여" 귀족들이 우상을 타파하는 "아들", 즉 1860년대의 자칭 "새로운 사람들"보다 과거 러시아의 관행과 전통으로부터 러시아 사상을 떼어내는 데 여러모로 훨씬 더 많은 일을 했다. 공상에 빠진 니콜라이 1세 시대 낭만주의는 시시한 생각을 「햄릿」의 마지막 장이나 「죽음의 승리」의 맨 끝 장면에서 배우들이 무대에서 싹 쓸려 내려가는 것과 똑같이 단호하게 쓸어냈다. 바쿠닌이라는 인물로 1840년대 말엽의 유럽에 들이닥친 파괴의 열정은 독일인의 사상과 슬라브인의 열정, 그리고 지방 귀족의 개인적 좌절과 따분함이 상호작용해서 생겨난 철학적 절망의 가장 극단적인 예증일 뿐이었다. 더욱이 바쿠닌은 "동트는 새벽"의, "넘치는 힘"의, "담금질한 칼"의 미래상이 "죽어가는 시인"의 입술에서 살아있는 혁명가의 삶으로 옮아가는 것을 생생하게 보여준다. 그의 활화산 같은 이력은 다사다난한 알렉산드르 2세 통치기 동안 러시아를 휩쓴 돈키호테식 대의와 십자군 운동의 확산을 미리 보여주었고 그것에 얼마간 영향을 끼쳤다. 이 모든 운동은 — 즉, 자코뱅주의와 인민주의와 범슬라브주의, 그리고 이것들의 변형은 — 사회·정치적 분석의 통상적 범주로는 포착되지 않으며 페초린의 희곡 마지막 장, 고골의 『서사시』(Поэма)「천국편」[74], 이바노프의 사원을 위한 새로운 이콘처럼 예언에서는 예견되었지만 예술에서는 실현될 수 없었던 것을 삶에서 실현하려는 비현실적이지만 영웅적인 노력의 일부로 보일 수 있다.

---

[74] 고골은 「지옥편」, 「천국편」, 「연옥편」 3부작을 구상하고 우선 제1부 「지옥편」으로서 『죽은 혼』을 완성했지만, 제2부 「천국편」을 쓰려다가 실패하고 숨졌다.

러시아 귀족을 그 "저주받은 문제"로 내모는 비록 눈에 보이지는 않지만 막강한 힘들 가운데 하나는 러시아에서 영위하는 삶의 피할 길 없는 답답한 따분함이었다. 프랑스 문물이나 독일 문물을 좋아하는 귀족에게 러시아는 유럽의 끝자락에 있는 광활한 지방으로 보였다. 삶은 고골의 이야기들이 대개 일어나는 곳인 "ㄴ(H) 지방의" 한 아무아무 소도시에서 벌어지는 시시한 사건의 단조로운 연속이었다. 억눌린 히스테리가 예언적 언사에서 터져나왔다. 심지어 여행을 하면서도 러시아인은 "따분함은 떼려야 뗄 수 없는 내 길동무"라고 말한 벨린스키처럼 투덜거렸다.[153] 러시아인은 고골의 희비극적인 『이반 이바노비치가 이반 니키포로비치와 어떻게 다투었는지에 관한 이야기』의 염세적인 끝 문장 "여러분, 이 세상은 따분하네요!"에 표현된 감정에 휘몰려 삶 자체의 가치를 묻지 않을 도리가 없게 되었다.

20세기에 마침내 러시아에서 혁명적 사회변혁이 일어났을 때, 스탈린의 "소비에트 신(新)인텔리겐치야"는 햄릿을 생각에 잠겨 결단을 못 내리는 구(舊)인텔리겐치야의 상징으로 조롱하려고 시도했다. 제1차 5개년 계획[75] 기간에 상연된 한 「햄릿」은 그 덴마크 왕자를 술집에서 반쯤 술에 취해 "사느냐 죽느냐"를 읊조리는 뚱뚱하고 퇴폐적인 겁보로 묘사했다.[154] 그 시기의 한 비평가는 더 나아가 포틴브라스(Fortinbras)[76]가 그 희곡의 진정한 주인공이라는 주장까지 했다. 긍정적 목표는 포틴브라스에게만 있었다. 그가 전투에서 승리를 거두고 돌아와서 연극의 마지막 대

---

[75] 소련 정부가 5년 단위로 추진한 경제개발 계획. 소련은 1928년부터 1932년까지 시행된 제1차 5개년 계획으로 비약적 경제 발전을 이룩해서 농업국가에서 공업국가로 탈바꿈했다.
[76] 셰익스피어의 「햄릿」에서 노르웨이 왕태자로 나오는 등장인물. 햄릿은 이 사람을 후계자로 지명하고 나서 숨을 거둔다.

사를 한다는 사실은 그가 도착하기 전 마지막 장을 지배했던 쓸데없는 유혈 사태의 "봉건적 도덕"에 승리를 거두는 합리적이고 전투적인 근대 성을 상징했다.[155]

그러나 스탈린 집권기에 이루어진 근대화는 합리적 과정과는 거리가 멀 터였다. 포틴브라스 유의 인간 군상(群像)이 러시아의 무대를 완전히 지배하지는 못할 터였다. 귀족의 세기는 경제가 성장하고 사회가 격변하는 그다음 세기에 나타난 더 복합적인 문화를 계속 들쑤시는 해소되지 않는 고뇌와 해답 없는 문제라는 유산을 남겼다.

이 전거문헌 목록에서는 학술 자료의 상대밀도를 될 수 있는 대로 높이 유지하고
자 기술적으로 간결하게 하는 여러 가지 방법이 쓰였다. 처음 나올 때에만 서지사항
을 줄이지 않고 표시하고, 모든 제목은 원어로만 표시하고, 저자 이름의 머리글자는
대개 하나만 표기하며, 내부 상호대조는 없다. 파리에서 간행된 모든 프랑스어 저작
이나 베를린에서 간행된 독일어 저작의 출판지는 표기되지 않으며, П.는 성 페테르부
르그를, Л.은 레닌그라드를, М.은 모스크바를, NY는 뉴욕을 가리킨다. 이밖에 한 개
이상의 낱말로 된 정기간행본과 기본 전거문헌에 다음과 같은 약어가 사용된다.

ААЭ	*Акты собранные···археографической экспедицией*
АИ	*Акты исторические*
БВ	*Богословский вестник*
БЕ	*Брокгауз и Ефрон: Энциклопедический словарь*, К. Арсеньев, В. Шеваков, ред., 1890~1907, в 43 т., 86 кн.
БЗ	*Библиографические записки*
БЛ	*Библиографическая летопись*
БСЭ(1)	*Большая Советская Энциклопедия*, 1-е изд., О. Шмидт, ред., 1926~1947, в 66 т.
БСЭ(2)	*Большая Советская Энциклопедия*, 2-е изд., С. Вавилов, ред., 1950~1958, в 51 т.
ВАН	*Вестник Академии наук*
ВВ	*Византийский временник*
ВДЛ	*Временник Демидовского юридического лицея* (야로슬라블)
ВЕ	*Вестник Европы*
ВИ	*Вопросы истории*
ВИМК	*Вестник истории мировой культуры*
ВЛ	*Вопросы литературы*
ВР	*Вера и разум* (하르코프)
ВсВ	*Всемирный вестник*
ВФ	*Вопросы философии*
ВФПс	*Вопросы философии и психологии*
Гр	*Энциклопедический словарь, Гранат*, 7-е изд., В. Железнов, ред., 1910~1938, в 34 т.
ДАН	*Доклады Академии наук*
ДНР	*Древная и новая Россия*

ДРВ	*Древная российская вивлиофика*
ЕИИ	*Ежегодник института истории искусств*
ЖМНП	*Журнал Министерства народного просвещения*
ЖС	*Живая старина*
ЖЧО	*Журнал Императорскаго человеколюбивого общества*
ЗИАН	*Записки Императорской Академии наук*
ЗОР	*Записки отдела рукописей Всесоюзной библиотеки имени В. И. Ленина*
ЗПУ	*Записки историко-филологическаго факультета Императорскаго С-Петербургскаго университета*
ЗРВИ	*Зборник радова Византолошкого института* (베오그라드)
ЗРИОП	*Записки Русского исторического общества в Праге*
ЗРНИБ	*Записки Русского научного института в Белграде*
ИА	*Исторический архив*
ИАН(Г)	*Известия Академии наук СССР, Отделение гуманитарных наук*
ИАН(И)	*Известия Академии наук СССР, Серия истории и филологии*
ИАН(Л)	*Известия Академии наук СССР, Отделение литературы и языка*
ИАН(О)	*Известия Академии наук СССР, Отделение общественных наук*
ИАН(Р)	*Известия Академии наук СССР, Отделение русского языка и словесности*
ИВ	*Исторический вестник*
ИЖ	*Исторический журнал*
ИЗ	*Исторические записки*
ИЛ	*Историческая летопись*
ИМ	*Историк-Марксист*
ИС	*Исторический сборник*
ИСР	*История СССР*
ИЯс	*Известия Академии наук СССР, отделение русского языка и словесности*
КЗ	*Красная звезда*
КЗ(Я)	*Краеведческие записки* (야로슬라블)
КиС	*Каторга и ссылка*
КП	*Комсомольская правда*
КС	*Киевская старина*
КУИ	*Киевские университетские исвестия*
ЛА	*Литературный архив*
ЛГ	*Литературная газета*
ЛЗАК	*Летопись занятий археографической комиссии*

ЛЭ	*Литературная энциклопедия*, 1-е изд., В. Фриче, ред., 1929~1939, в 10 т.
МБ	*Мир Божий*
МГ	*Минувшие годы*
МК	*Молодой коммунист*
МО	*Миссионерское обозрение*
МС	*Миссионерский сборник*
НЖ	*Новый журнал* (뉴욕)
НЗК	*Наукові записки праці науково-дослідчої катедри історіі європської культури* (하르코프)
НИС	*Новгородский исторический сборник*
НК	*Новые книги*
НМ	*Новый мир*
ОЗ	*Отчественные записки*
Оч	*Очерки истории СССР*
	(1) *Первобытно-общинный строй и древнейшие государства на территории СССР*, П. Третьяков, ред., 1956;
	(2) *Кризис рабовладельческой системы и зарождение феодализма на территории СССР III-IX вв.*, Б. Рыбаков, ред., 1958;
	(3, 4) *Период феодализма IX-XV вв. в двух частях*, И. Б. Греков, ред., 1953;
	(5) *Период феодализма, конец XV в. − начало XVII в.*, А. Насонов, ред., 1955;
	(6) *Период феодализма, XVII в.*, А. Ховосельский, ред., 1955;
	(7) *Период феодализма, Россия в первой четврти XVIII в.*, Б. Кафенгауз, ред., 1954;
	(8) *Период феодализма, Россия во второй четврти XVIII в.*, А. Баранович, ред., 1957;
	(9) *Период феодализма, Россия во второй половине XVIII в.*, А. Баранович, ред., 1956;
	(10) *Конец XVIII − первая четверь XIX в.*, С. Окунь, ред., 1956.
ПДЛ	*Памятники древнерусской литературы*
ПДП	*Памятники древней письменности*
ПДПИ	*Памятники древней письменности и искусства*
ПЗМ	*Под знаменем марксизма*
ПО	*Православное обозрение*
ПРП	*Памятники русского права*
ПС	*Православный собеседник*
ПСЗ	*Полное собрание законов*

ПСРЛ	*Полное собрание русских летописей*
ПСС	(인용된 저자의) *Полное собрание сочинений*
РА	*Русский архив*
РБ	*Русское богатство*
РБС	*Русский биографический словарь*, П., 1896~1918, в 25 т.
РВ	*Русский вестник*
РЛ	*Радянське литературо-знавство* (키예프)
РМ	*Русская мысль*
РМГ	*Русская музыкальная газета*
РР	*Русская речь*
РС	*Русская старина*
РУ	*Радянська Украина* (하르코프)
РФ	*Русский фольклор: Материалы и исследования*
РФе	*Российский феатр*
СА	*Советская археология*
СЗ	*Современные Записки* (파리)
СИИ	*Сообщения института истории искусств, Академия наук*
СК	*Советская культура*
СкС	*Скандинавский Сборник* (탈린)
СЛ	*Советская литература*
СМ	*Советская музыка*
СМАЭ	*Сборник музея антропологии и этнографии*
СН	*Старина и новизна*
СРИО	*Сборник русского исторического общества*
СРИП	*Сборник русского института в Праге*
СС	(인용된 저자의) *Собрание сочинений*
ССРЛЯ	*Словарь современного русского литературного языка*, В. Чернышев, ред., М.-Л., 1950~1958, в 7 т.
СХО	*Сборник Харьковского историко-филологического общества*
СЯС	*Сборник отделения русского языка и словесности Академии наук*
ТВО	*Труды восточнаго отделения русскаго археологическаго общества*
ТГИМ	*Труды государственного исторического музея*
ТИАИ	*Труды историко-архивного института*
ТИИЕ	*Труды института истории естествознания и техники*
ТКИЗ	*Труды комиссии по истории знания*
ТКДА	*Труды Киевской духовной академии*
ТКФ	*Труды карельского филиала Академии наук СССР* (페트로자보드스크)

ТОДЛ	*Труды отдела древнерусской литературы*
ТСРЯ	*Толковый словарь русского языка, Д. Ушаков, ред., М., 1934~1940, в 4 т.*
УГ	*Учительская газета*
УЗАОН	*Ученые Записки Академии общественных наук при Центральном Комитете ВКП(б)*
УЗИАН	*Ученые Записки второго отделения Императорской Академии наук*
УЗКУ	*Ученые Записки Казанского университета*
УЗЛГУ	*Ученые Записки Ленинградского государственного университета*
УЗМГУ	*Ученые Записки Московского государственного университета*
УЗРАНИОН	*Ученые Записки: Российская ассоциация научно-исследовательских институтов общественных наук. Институт истории*
УЗЮУ	*Ученые Записки императорскаго Юрьевскаго университета*
X Чт	*Христианское чтение*
Чт	*Чтения общества истории и древностей Московского университета*
ЯЛ	*Язык и литература*

AB	*Analecta Bollandiana* (브뤼셀)
AESC	*Annales Economies-Sociétés-Civilizations*
AHR	*American Historical Review*
AHRF	*Annales historiques de la révolution française*
AIOS	*Annuaire de l'institut de philologie et d'histoire orientales et slaves* (브뤼셀)
AK	*Archiv für Kulturgeschichte* (베를린-라이프치히)
AMH	*Annals of Medical History*
AQC	*Ars Quatuor Coronatorum* (런던)
AR	*Archiv für Reformationsgeschichte* (라이프치히)
ASR	*American Slavic and East European Review* (1963년에 *Slavic Review*로 개칭)
BNYL	*Bulletin of the New York Public Library*
BRP	*Bibliothèque russe et polonaise*
BS	*Byzantinoslavica*
CA	*Communist Affairs* (로스앤젤레스(Los Angeles))
CDSP	*Current Digest of the Soviet Press*
CH	*Church History*

ChC	*Christian Century*
CMR	*Cahiers du monde russe et soviétique*
CS	*Le Contrat social*
CSP	*Canadian Slavonic Papers* (토론토(Toronto))
CSS	*California Slavic Studies*
DOP	*Dumbarton Oaks Papers*
DR	*Deutsche Rundschau*
ECQ	*Eastern Churches Quarterly* (램스게이트(Ramsgate))
EHR	*English Historical Review*
ER	*Eastern Review* (클라겐푸르트(Klagenfurt))
ESR	*Études slaves et roumaines* (부다페스트(Budapest))
ESS	*Encyclopedia of the Social Sciences*, E. Seligman, ed., 1930~1935, 15 v.
FA	*Foreign Affairs*
FOG	*Forschungen zur osteuropäischen Geschichte*
GBA	*Gazette des beaux-arts*
HJ	*Historisches Jahrbuch* (뮌헨), *Görres-gesellschaft zur Pflege der Wissenschaft im katholischen Deutschland* (본(Bonn))
HSS	*Harvard Slavic Studies*
HT	*Historisk Tidskrift* (스톡홀름)
IJSL	*International Journal of Slavic Linguistics and Poetics* (헤이그)
JAH	*Journal of American Society of Architectural History*
JGO	*Jahrbücher für Geschichte Osteuropas* (브레슬라우/브로추아프, 뮌헨)
JHI	*Journal of the History of Ideas*
JHR	*Journal de l'histoire des religions*
JKGS	*Jahrbücher für Kultur und Geschichte der Slaven*
JMH	*Journal of Modern History*
JWI	*Journal of the Warburg and Courtauld Institute*
KH	*Kwartalnik Historyczny* (바르샤바)
KR	*Kenyon Review*
MAV	*Mémoires de l'académie de Vaucluse* (아비뇽)
MF	*Mercure de France*
MGH	*Monumenta Germaniae*
ML	*Music and Letters*
MQ	*Musical Quarterly*
NG	*National Geographic*
NL	*New Leader*
NS	*New Statesman and Nation*
NYT	*New York Times*
OC	*Orientalia Chistiana Analecta* (로마)

OCP	*Orientalia Christiana Periodica* (로마)
OSP	*Oxford Slavonic Papers*
PMLA	*Publication of the Modern Language Associaton of America*
PP	*Past and Present*
PR	*Partisan Review*
RBPh	*Revue belge de philologie et d'histoire*
RDM	*Revue des deux mondes*
RES	*Revue des études slaves*
REW	*Rußisches etymologisches Wörterbuch*, M. Vasmer, hrgb., Heidelberg, 1953~1958, 3 Bd.
RH	*Revue historique*
RHL	*Revue d'histoire littéraire de la France*
RHMC	*Revue d'histoire moderne et contemporaine*
RHR	*Revue de l'histoire des religions*
RiS	*Ricerche Slavistiche* (로마)
RLC	*Revue de littérature comparée*
ROJ	*Russian Orthodox Journal*
RoS	*Romanoslavica* (부쿠레슈티(Bucureşti))
RP	*Review of Politics* (인디애나 주, 사우스 벤드(South Bend, Indiana))
RPSR	*Research Program on the USSR* (등사본 시리즈, 뉴욕)
RR	*Russian Review*
RSH	*Revue de synthèse historique*
RSMP	*Revue des travaux de l'académie des sciences, morales et politiques*
SAP	*St. Anthony's Papers*
ScS	*Scandoslavica* (코펜하겐)
SEEJ	*Slavic and East European Journal* (인디애나)
SEER	*Slavonic and East European Review* (런던)
SEES	*Slavic and East European Studies* (몬트리얼(Montreal))
SKP	*Annales et comptes rendus, Seminarium Kondakovianum* (프라하)
SKST	*Suomen Kirkkohistoriallisen Seuran Toimituksia* (헬싱키)
SO	*Slavia Orientalis* (바르샤바)
SR	*Soviet Review*
SSt	*Soviet Studies* (옥스퍼드)
Su	*Soviet Survey* (1961년에 *Survey*로 개칭)
SUN	*Skriffter utgitt av det Norske Videnskaps-Akademi* (II Hist.-filos. Klasse, 오슬로Oslo)
SVQ	*St. Vladimir's Seminary Quarterly*
SW	(인용된 저자의) *Selected Works*
TC	*The XX-th Century* (상하이(上海))
TH	*The Third Hour* (뉴욕)

TRHS	*Transactions of the Royal Historical Society* (런던)
VSP	*Veröffentlichungen der slavistischen Arbeitsgemeinschaft an der Deutschen Universität in Prag*
WMR	*World Marxist Review*
WP	*World Politics*
WSJ	*Wiener Slawistisches Jahrbuch*
ZFS	*Zeitschrift für Slawistik*
ZOG	*Zeitschrift für osteuropäische Geschichte*
ZSPh	*Zeitschrift für Slavische Philologie* (라이프치히)

▌참고문헌 ▌

입문 성격의 이 참고문헌 목록은 특별히 지적 자극을 주거나 학술 가치를 지니는, 그리고 본문의 여러 부분과 연관된 기본 저작의 목록이다. 더 한정된 관심사의 저술은 해당 부분의 후주에서 언급된다.

이 참고문헌 목록은 포괄적이라고 할 수 없으며, 각 주제별로 기재된 문헌의 수가 그 주제의 고유한 중요성에 꼭 들어맞지는 않는다. 그렇기보다는 쉽게 구할 수 있고 매우 포괄적인 다른 참고문헌 목록이 있을 경우에 독자에게 그 목록을 참조하도록 유도하려는 시도이다.

1. 개설적인 문화사와 사상사

П. Милюков, *Очерки по истории русской культуры*, Paris, 1930~1937, исправ. изд., в 3 т.는 참고문헌이 잘 되어 있고 종교와 문학과 예술을 한 권에 하나씩 연대순으로 다루는 포괄적인 책이다. 이 미완성 저작의 제1권 제2부("선사 시대부터 역사 시대까지")는 죽기 바로 앞서 밀류코프가 마무리한 수고를 가지고 Н. Андреев가 편집한 판('s Gravenhage, 1964)으로 최근에 맨 처음 간행되었다. 주가 달리지 않은 영어 축약판이 *Outlines of Russian Culture*, NY, 1962, 3 v.(염가보급판)이다. В. Рязановский, *Обзор русской культуры*, NY, 1947~1948, 3 части в 2 т.는 밀류코프의 책보다는 덜 충실하지만, 상이한 문화 분야들을 상호연결하는 데에서는 더 낫다. Г. Вернадский, *Звенья русской культуры*, Ann Arbor, 1962 (1938년 판의 재간행본)은 문화에 속하는 현상을 밀류코프의 책보다 더 폭넓게 살펴보지만, 15세기 중엽까지만 다룬다. Р. Иванов-Разумник, *История русской общественной мысли*, П., 1918, 5-е исправ. и доп. изд., в 8 т.; Д. Овсянико-Куликовский, *История русской интеллигенции*, М., 1907; (염가보급판도 있는) N. Berdiaev, *The Russian Idea*, NY, 1948; Berdiaev, *The Origin of Russian Communism*, Ann Arbor, 1960(염가보급판); T. Masaryk, *The Spirit of Russia*, NY, 1955, 2 v., rev. ed. 이 모든 저작은 19세기의 문학과 논쟁에 주로 반영된 러시아의 사회사상과 철학사상을 호의적으로 다룬다. W. Weidlé, *Russia: Absent and Present*, NY, 1961(염가보급판)은 시각예술에서 자주 논거를 끌어오는 도발적이고 인상기적인 논구이다. S. Volkonsky, *Pictures of Russian History and Russian Literature*, Boston-NY, 1898은 비록 피상적일지라도 가독성이 좋은 연구이며 초기

시대 부분에서, 그리고 독일어 자료를 활용한다는 점에서 뛰어나다. 근대 러시아 사회사상에 관한 가장 좋은 마르크스주의적 논고는 (Г. Плеханов, *Сочинения*, М.-Л., 1925, 2-е изд., XX-XXII에 수록된) Плеханов, *История русской общественной мысли*, П., 1918이다. 이 책은 원래 기획된 일곱 권 가운데 세 권일 뿐이며, 라디쉐프에 이르러 이야기가 끝난다. 제20권의 긴 서지학 논문과 표트르 대제 이전 러시아에 관한 논구는 18세기 초중엽을 다루는 몇몇 절의 등사판 영어 번역인 Plekhanov, *History of Russian Social Thought*, NY, 1938에는 완전히 빠져있다. 또한 19세기의 주제에 관한 비평 논고 Плеханов, *Очерки по история русской общественной мысли XIX века*, П., 1923을 볼 것. Плеханов, *Сочинения*, М.-Л., 1926, XXIII에 있는 자료도 있다. 마르크스주의의 관점보다 그리스도교 사회주의의 관점이 더 많이 반영된 초기 소비에트 러시아의 또 다른 흥미로운 해석이 В. Сиповский, *Этапы русской мысли*, Петроград, 1924이다. Ш. Левин을 편집 책임자로 삼아 1917년까지를 망라하는 한 권짜리 연구서 *История русской культуры*가 1966년 초엽에 간행되면 소련의 최신 연구서가 제공될 것이다.[1] 대체로 밀류코프를 논박하려는 의도로 이루어진 소비에트 러시아 초기의 허술한 마르크스주의적 해석이 М. Покровский, *Очерки истории русской культуры*, М., 1914~1918, в 2 т.이다. Г. Васецкий и др., *Очерки по истории философской и общественно-политической мысли народов СССР*, М., 1955~1956, в 2 частях는 덜 알려진 비(非)러시아 소련 지역의 근대 사상을 논한다는 점에서 값지다.

Г. Флоровский, *Пути русского богославия*, Paris, 1937(복사판, 1963)은 종교사상을 더 폭넓은 사회문화 발전과 연계하며, 희귀한 정기간행 참고도서가 여럿 들어있는 풍부한 참고문헌 목록이 달려있다. V. Zenkovsky, *A History of Russian Philosophy*, NY, 1953, 2 v.는 비록 Zenkovsky의 러시아어 원작 *История русской философии*, Paris, 1948~1950, в 2 т.에서처럼 증거 문서가 빠짐없이 제시되어 있지는 않을지라도 Н. Лосский가 쓴 같은 제목의 저작(NY, 1951)보다 더 좋은 정교 입장의 논고이다.

초기 러시아의 사상과 문화에 관해서는 А. Щапов, *Сочинения*, П., 1906, II에 있는 "Общий взгляд на историю интеллектуальнаго развития в России"와 "Историческия условия интеллектуальнаго развития в России"를 볼 것. Д. Лихачев, *Культура русского народа X-XVII вв.*, М.-Л., 1961과 А. Сахаров и А. Муравьев, *Очерки русской культуры IX-XVII вв.*, М., 1962도 볼 것.

---

[1] Ш. Левин, ред., *Краткий очерк истории русской культуры с древнейших времен до 1917 года*, Л., 1967.

자료집 E. Бобров, *философия в России*, Казань, 1899~1901, в 6 т., 그리고 더 해석 위주인 Г. Шпет, *Очерк развития русской философии*, Петроград, 1922는 주로 18세기 말엽과 19세기 초엽을 다룬다. А. Введенский, "Судьбы философии в России", *ВФПс*, 1898, март-апрель은 러시아에서 공식적 철학 연구가 마주친 진통을 다룬 (모스크바에서 1898년에 별도로 재간행된, 그리고 А. Введенский, *Философские очерки*, Praha, 1924에 수록된) 유용한 저술이다. М. Филиппов, *Судьбы русской философии*, П., 1904와 D. Chizevsky, *Narisi z istorii filosofii na Ukraini*, Praha, 1931도 유용하다. E. Радлов, *Очерк истории русской философии*, Петроград, 1920, 2-е исправ. изд.는 비판적인 러시아 철학사 저작 문헌목록이 달린 유용하고 간결한 연구서이다. 소련에서 새로 나온 *Философская энциклопедия*도 볼 것. 이 저작의 제1~3권은 모스크바에서 1960~1964년에 간행되었는데, 철학 전반뿐만 아니라 러시아 철학에 관한 논문이 많이 들어있다. O. Lourié, *La Philosophie russe contemporaine*, 1902는 이제는 잊혀진 여러 사조가 들어있는 유용한 개설서이다. A. Koyré, *Études sur l'histoire de la penseé philosophique en Russie*, 1950은 매우 유용한 논문집이다. P. Pascal, "Les grands courants de la penseé russe contemporaine", *CMR*, 1962, janvier-mars, 5~89는 최근 100년을 간결하지만 포괄적으로 다룬다.

Н. Арсеньев, *Из русской культурной и творческой традиции*, Frankfurt/M., 1959는 러시아의 역사에서 가족의 연대와 공동체 전통이 지닌 중요성을 강조하는 일련의 논문이다. A. Jensen, *Rysk Kulturhistoria*, Stockholm, 1908, 3 v.과 L. Schinitzky, *El pensamiento Ruso en la filosofia y en la literatura*, Buenos Aires, 1946은 각각의 언어에 한정된 더 좁은 독자층을 넘어서는 관심을 받을 만하다. 독일계 라트비아인 사회학자 W. Schubart의 *Russia and Western Man*, NY, 1950은 러시아 민족성의 특징을 규명하려고 시도하는 많은 문헌 가운데 가장 뛰어난 저서의 하나이다. 이 장르에서는 덜 사변적인 W. Miller, *Russians as People*, NY, 1961(염가 보급판)과 농민의 제도와 사고방식이 현대의, 특히 소비에트 시기의 러시아 문화에 미친 영향을 탐구하는 N. Vakar, *The Taproot of Soviet Society*, NY, 1962도 유용하다.

2. 교회

A. Карташев, *Очерки по истории русской церкви*, Paris, 1959, в 2 т.는 충실한 참고문헌 목록이 달린 정교회 연구서이다. 마카리(Макарий) 모스크바 수좌 대주교인 M. Булгаков는 19세기 중엽까지는 가장 상세하고 포괄적인 역사서였던 *История русской церкви*, Ann Arbor, 1963, в 12 т.(2판의 재간행복사본)을 썼다.

그러나 이 책은 초기 시대를 위해서는 (각 권이 2개 절로 이루어진) E. Голубинский, *История русской церкви*, М., 1880~1916, в 2 т., 2-е пересмотр. и расшир. изд.로, 그 뒷 시기를 위해서는 A. Доброклонский, *Руководство по истории русской церкви*, Рязань-М., 1883~1893, в 4 т.로, 그리고 I. Smolitsch, *Geshchichte der rußischen Kirche, 1700~1917*, Leiden-Köln, 1964의 풍성한 제1권으로 보완되어야 한다. П. Знаменский, *Руководство к русской церковной истории*, Казань, 1886은 탁월한 약사이며, 여러모로 그 주제에 관한 최고의 입문서이다. G. Fedotov, "Religious Backgrounds of Russian Culture", *CH*, 1943, March, 35~51도 볼 것.

로마가톨릭 측의 평가 가운데에서 (원래는 1948년에 토리노Torino에서 이탈리아어로 간행된) A. Ammann, *Abriss der ostslawenischen Kirchengeschichte*, Wien, 1950이 가장 학술적인 논구이다. J. Danzas, *The Russian Church*, London, 1936은 특히 종파의 역할에 관해 기지가 번뜩인다. N. Brian-Chaninov, *The Russian Church*, NY, 1930에는 좋은 절(節), 특히 가톨릭 신앙으로 개종한 러시아인이 쓴 가톨릭-정교 관계에 관한 훌륭한 절이 여럿 들어있다. A. Palmieri, *La chiesa russa*, Firenze, 1908도 여전히 유용하며, 긴 연구서 H. Gomez, *La iglesia rusa. Su historia y su dogmatica*, Madrid, 1948도 있다. 프로테스탄트 신자가 쓴 역사서 가운데에는 각각 루터교회 신자와 영국국교회 신자가 호의를 품고 쓴 저서 E. Benz, *The Eastern Orthodox Church: Its Thought and Life*, NY, 1963(염가보급판)과 R. French, *The Eastern Orthodox Church*, London, 1951을 볼 것. A. Oakley, *The Orthodox Liturgy*, London-NY, 1958도 볼 것. 정교 신자인 학자들의 개설서로는 P. Evdokimov, *L'Orthodoxie*, Neuchâtel-Paris, 1959; S. Bulgakov, *L'Orthodoxie*, 1932; T. Ware, *The Orthodox Church*, Baltimore, 1963(염가보급판)이 있다. V. Никольский, *История русской церкви*, М., 1930은 마르크스주의적 역사서를 쓰려는 진지한 유일한 노력이다. A. Pawłowski, *Idea Kościoła w ujęciu Rosyjskiej Teologji i Historjozofji*, Warszawa, 1935는 러시아의 교회 개념의 역사에 관한 연구서이며 참고문헌 목록이 뛰어나다.

가장 충실한 러시아 분파교 연구서는 K. Grass, *Die rußischen Sekten*, Leipzig, 1907, 2 Bd.이지만, С. Маргаритов, *История русских мистических и рационалистических сект*, Симферополь, 1914, 4-е исправ. изд.가 더 간결하고 분석적이다. (Маргаритов의 책처럼 주로 분파교도를 논박할 의도로 쓰인 연구서이지만 일부는 Grass가 구할 수 없던 유용한 자료와 참고도서가 들어있는) T. Буткевич, *Обзор русских сект и их толков*, П., 1915, 2-е изд.도 볼 것. F. Conybeare, *Russian Dissenters*, NY, 1962(염가보급판)은 상세하지만 조금 비역사적이고 구식이다. S. Bolshakoff, *Russian Nonconformity*, Philadelphia, 1950은 영어로 된 유용한 입문서이다. С. Зеньковский가 준비하는 것[2]이 있기는 해도 분리파나

구교도의 전통에 관한 포괄적 역사서는 없다. 구할 수 있는 가장 충실한 (그리고 참고 문헌 목록이 훌륭한) 논고는 П. Смирнов, *История русского старообрядчества*, П., 1895, 2-е исправ. изд.이다. 짧은 입문서로는 К. Плотников, *История русского раскола старообрядчества*, П., 1914; 교회분열 초기에 관한 가장 좋은 분석으로는 П. Смирнов, *Внутренние вопросы в расколе в XVII веке*, П., 1898과 П. Смирнов, *Споры и разделения в русском расколе в первой четверти XVIII в.*, П., 1905를 볼 것. Смирнов의 다른 연구단행본과 논문, 그리고 В. Дружнин 소장 자료에 바탕을 두고 1917년까지 다루는 자료 목록 *Раскол и сектантство*, П., 1932에 있는 (상당수가 분리파 스스로가 등사하거나 비밀리에 간행한) 다른 자료도 볼 것. 이 주제에 관한 방대한 자료 다수가 Ф. Сахаров, *Литература истории и обличения русского раскола*, Тамбов, 1887, П., 1892~1900, в 3 т.에 인용되어 있다. 구교도 전통이 러시아 문화에 (특히 19세기 문학에) 미친 영향은 V. Pleyer, *Das rußische Altgläubigentum: Geschichte, Darstellung in der Literature*, München, 1961에서, 러시아 종교사상 전반에 미친 영향은 (주 없는 등사판인) B. Рябушинский, *Старообрядчество и русское религиозное чувство*, Joinville le Pont, 1936에서 평가된다. 정교 측의 역사서 Г. Стрельбицкий, *История русского раскола*, Одесса, 1898, 3-е изд.도 볼 것.

러시아 종교 생활과 서방 종교 생활의 상호작용은 L. Boissard, *L'Église de Russie*, 1867, 2 t.에서 강조된다. 초기 프로테스탄티즘과의 (그리고 전반적으로 유럽과의) 관계는 Д. Цветаев, *Протестантство и протестанты в России до эпохи преобразовании*, М., 1890과 И. Соколов, *Отношение протестантизма к России в XVI и XVII веках*, М., 1880에서, 가톨릭교회와의 관계는 예수회 학자의 기념비적 저작 P. Pierling, *La Russie et le Saint-Siège*, 1901~1912, 5 t.와 동유럽 학자의 학구적이지만 치우친 저작 E. Winter, *Rußland und das Papsttum*, 1960~1961, 2 Bd.에서 속속들이 다루어진다. 러시아 서부의 교회에 관해서는 И. Чистович, *Очерк истории западно-русской церкви*, П., 1882~1884, в 2 т., 우크라이나 교회, 그리고 이 교회가 러시아 교회에 미친 전반적 영향에 관해서는 내용이 풍부한 대형 저작 К. Харлампович, *Малороссийское влияние на великорусскую церквную жизнь*, Казань, 1914를 볼 것.

러시아 수도원에 관해서는 오래되었지만 아직도 기본 역사서인 П. Казанский, *История православнаго монашества на востоке*, М., 1854~1856, 2 части,

---

2 С. Зеньковский, *Русское старообрядчество: Духовные движения XVII в.*, München, 1970.

그리고 (성 세르기 대수도원 설립까지만 다루는) П. Казанский, *История православнаго русскаго монашества*, М., 1855; 또한 유용한 참고문헌 목록이 달린 I. Smolitsch, *Rußische Mönchtum*, Würzburg, 1953; I. Smolitsch, *Leben und Lehre der Starzen*, Köln, 1952; Rouët de Journel, *Monachisme et monastères russes*, 1952; 그리고 Л. Денисов, *Прославные монастыри Российской империи*, П., 1910에서 전체 일람표와 해설을 볼 것.

성자에 관해서는 Н. Барусков, *Источники русской агиографии*, П., 1892; В. Васильев, "История канонизации русских святых", *Чт*, 1893, кн. 3, ч. 3, 1~256; Е. Голубинский, *История канонизации святых в русской церкви*, М., 1903; В. Ключевский, *Древнерусския жития святых как исторический источник*, М., 1871; P. Peeters, "La Canonisation des Saints dans l'Église russe", *AB*, XXXIII, 1914, 380~420; Г. Федотов, *Святые древней Руси*, Paris, 1931; I. von Kologrivov, *Essai sur la sainteté en Russie*, Bruges, 1953; E. Behr-Sigel, *Prière et sainteté dans l'Église russe, suivi d'un essai sur le rôle du monachisme dans la vie spirituelle du peuple russe*, 1950을 볼 것.

영어로는 유용한 러시아의 영성서 문선 G. Fedotov, *A Treasury of Russian Spirituality*, NY, 1948; 대중적 연구서 Constantin de Grunwald, *Saints of Russia*, London, 1960; N. Gorodetzky, *The Humiliated Christ in Modern Russian Literature*, London, 1938이 있다. Robert Payne, *The Holy Fire: The Story of the Eastern Church*, Ldonon, 1958은 러시아 정교 사상의 발전에서 핵심 역할을 한 초기의 동방 교부에 관한 (영어 참고문헌 목록이 있는) 좋은 대중적 입문을 제공한다. N. Zernov, *Eastern Christendom*, London, 1961은 러시아의 그리스도교를 더 넓은 맥락 속에 끼워넣으며 좋은 영어 참고문헌 목록을 제공한다. 매우 소중한 비잔티움적 배경 연구가 H. Beck, *Kirche und theologische Literatur im Byzantinischen Reich*, München, 1959에서 이루어진다.

교회법에 관해서는 Г. Розенкампф, *Обозрение Кормчей книги в историческом виде*, П., 1839, 2-е исправ. изд.; Н. Калачов, *О значении кормчей в системе древнего русскаго права*, М., 1850; Н. Никольский, "К вопросу о западном влиянии на древнерусское церковное право", *БЛ*, III, 1917; 유용한 참고문헌 목록이 달린 М. Красножен, *Краткий очерк церковнаго права*, Тарту, 1900; 비(非)정교 신자의 지위와 역할을 탐구한 Красножен, *Иноверцы на Руси*, Тарту, 1903, 3-е исправ. изд.를 볼 것. 최근에 작고한 니콜라이 모스크바 수좌대주교의 박사학위논문, Н. Ярушевич, *Церковный суд в России до издания Соборного Уложения Алексея Михайловича*, П., 1917도 볼 것.

잘 구성된 교리 연구로는 F. Gavin, *Some Aspects of Contemporary Greek*

Orthodox Thought, Milwaukee-London, 1923을 볼 것. 더 최근의 연구는 Iōannēs Karmirēs, *Ta Dogmatika kai Symbolika Mnēmeia tēs orthodoxou katholikēs ekklēsias*, Athens, 1952~1953, 2 v., (제2판, 1960년)에 들어있다. 교리문답서와 교리서에 관한 러시아 교회의 저작은 무오류 교리 선언문의 지위를 누리지 않으며, 한 시대의 특정한 관심사와 특성을 자주 반영한다. 꽤 최근의 간결한 논구는 Д. Соколов, *Краткое учение о богослужении православной церкви*, П., 1915, 37-е изд.와 И. Жилов, *Православное-христианское катехизисное учение*, Тарту, 1919, 3-е исправ. изд.이다. 영어로 된 더 긴 교리문답과 더 짧은 교리문답으로는 다른 기본 문서와 함께 R. Blackmore, *The Doctrine of the Russian Chruch*, London, 1845를 볼 것. S. Salaville, *An Introduction to the Study of Eastern Liturgies*, London, 1938과 모스크바 총대주교구 공식 간행물 *The Russian Orthodox Church Organization, Situation, Activity*, M., 1958도 볼 것. 비판적인 러시아 신비주의 연구로는 V. Yankevich, "Les Thèmas mystiques dans la pensée russe contemporaine", in *Mélanges publiés en l'honneur de M. Paul Boyer*, 1925를 볼 것.

3. 정치사상의 발전

M. Kovalevsky, *Russian Political Institutions*, Chicago, 1902는 유용한 개설적 논고를 제공해주지만, 세부사항에서 늘 믿을 만하지는 않다. 또 다른 짧은 입문서는 S. Utechin, *Russian Political Thought*, NY, 1963(염가보급판)이다. M. Cherniavsky, *Tsar and People*, New Haven, Conn., 1961은 오랜 세월에 걸친 차르 체제의 이미지에 관한 비록 조금은 역사적으로 흐릿한 논구이기는 할지라도 기지가 번뜩이고 박식하다. 혁명가였다가 반동가가 된 이의 저작 Leo Tikhomirov, *Russia, Political and Social*, London, 1888, 2 v.도 흥미롭다.

압도적으로 정치적인 문제에 관한 유용한 논집은 E. Simmons, ed., *Continuity and Change in Russian and Soviet Social Thought*, Cambridge, Mass., 1955; C. Black, ed., *The Transformation of Russian Society*, Cambridge, Mass., 1960; 러시아 인텔리겐치야에 관해 R. Pipes가 편집한 *Daedalus*, 1960, Summer, 「러시아 인텔리겐치야」 호(號); J. Curtiss, ed., *Essays in Russian and Soviet History in Honor of Geriod Tanquary Robinson*, NY, 1963; M. Karpovich 고희 기념호 *HSS*, IV, 1957에서 찾을 수 있다. В. Альтман, ред., *Из истории социально-политических идей*, M., 1955; R. Tucker, *The Soviet Political Mind*, NY, 1963(염가보급판); (*FA*에서 추려 펴낸 논문들인) P. Mosely, ed., *The Soviet Union, 1922~1962: A Foreign Affairs Reader*, NY, 1963(염가보급판)도 볼 것.

더 초기 시대에 관해서는 M. Шахматов, *Опыты по истории древнерусских политических идей*, Praha, 1927; В. Вальденберг, *Древнерусские учения о пределах царской власти: Очерки русской политической литературы от Владимира Святого до конца XVII века*, П., 1916; M. Приселков와 L. Goetz와 M. Дьяконов의 저서와 논문, 특히 각각 이들의 연구서인 *Очерки по церковно-политической истории Киевской Руси X-XII вв.*, П., 1913; *Staat und Kirche in Altrußland*, 988~1240, 1908; (독일어판으로도 구할 수 있는) *Очерки общества и государственного строя древней Руси*, П., 1912, 4-е изд.를 볼 것. 특이한 해석으로는 В. Алексеев, *Народовластие в древней Руси*, Ростов-на-Дону, 1904를 볼 것. 비록 억지일 때가 없지는 않을지라도 훗날의 "사회평론" 논쟁 전통이 키예프 시대의 문학과 모스크바 시대의 문학에서 비롯되었다고 해석하려는 박식한 시도에 관해서는 각각 И. Будовниц, *Общественно-политическая мысль древней Руси*, M., 1960과 *Русская публицистика, XVI века*, М.-Л., 1947을 볼 것. 표트르 대제 이전 러시아의 정치 개념이 서방에서보다 러시아에서 더 "대범"하고 더 자비로 웠음을 입증하려는, 비록 이따금 공상적일지라도 기지가 번뜩이는 "유라시아적" 시도로는 M. Шахматов, "Опыт истории государственных идеалов в России", *Евразийский временник*, Paris, III, 55~80; IV, 268~304를 볼 것. 표트르 대제 이전 시대 정부의 구조에 관해서는 В. Строев, *Очерки государства московскаго перед реформами*, Ростов-на-Дону, 1903; 또한 짧은 С. Веселовский, *Приказный строй управления Московского Государства*, Киев, 1912; A. Lappo-Danilevsky, "L'Idée de l'état et son évolution en Russie depuis les troubles du XVIIe siècle jusqu'aux réformes du XVIIIe", in P. Vinogradoff, ed., *Essays in Legal Theory*, Oxford, 1913, 356~383을 볼 것. Г. де Воллан, *История общественных и революционных движентй в связи с культурным развитием русскаго государства*, М.-П., 1913~1916은 18세기 중엽까지를 다룬다.

제정기에 관해서는 S. Zezas, *Études historiques sur la legislation russe, ancienne et moderne*, 1862; 뛰어난 A. Блок, *Политическая литература в России и о России*, Warszawa, 1884; С. Сватиков, *Общественное движение в России 1700~1895*, Ann Arbor, 1963(재간행본)을 볼 것. 러시아 법률의 발전과 합리화의 진전은 (특히 18세기 부분이 훌륭한) И. Дитятин, *Статьи по истории русского права*, П., 1895; В. Сергеевич, *Лекции и исследования по древней истории русского права*, П., 1910; A. Филиппов, *Учебник истории русского права*, Тарту, 1912, 4-е исправ. изд.; L. Schultz, *Rußische Rechtsgeschichte von den Anfängen bis zur Gegenwart*, Lahr, 1951; (법치국가 전통을 강조하는) V. Leontovich, *Geschichte des Liberalismus in Rußland*, Frankfurt/M., 1957에서 논의된다. H.

Dorosh, *Russian Constitutionalism*, NY, 1944는 초기의 베체 전통부터 1905년 혁명까지의 유용한 짧은 연구이다. S. Kucherow, *Courts, Lawyers, and Trials under the Last Three Tsars*, NY, 1953과 M. Szeftel, "The Form of Government of the Russian Empire Prior to the Constitutional Reforms of 1905~1906", in Curtiss, ed., *Essays in Russian and Soviet History*, 105~110도 볼 것.

4. 세속적 계몽

유용한 개설 입문서는 Lappo-Danilevsky, "The Development of Science Learning in Russia", in J. Duff, ed., *Russian Realities and Problems*, Cambridge, 1917, 153~229이다. 교육의 역사에 관해서는 W. Johnson, *Russia's Educational Heritage*, Pittsburgh, 1950; N. Hans, *Russian Educational Policy, 1701~1917*, London, 1931; V. Simkhovich, "History of the School in Russia", *Educational Review*, 1907, March; (예카테리나 대제부터 스탈린까지의 교육 이론에 관해서는) L. Forese, *Ideengeschichtliche Triebkräfte der rußischen und sowjetischen Pädagogik*, Heidelberg, 1956을 볼 것. П. Каптерев, *История русской педагогии*, П., 1915, 2-е пересмотр. и доп. изд.도 볼 것. С. Рождественнский, *Очерки по истории систем народного просвещения в России в XVIII-XIX веках*, П., 1912, I은 Рождественнский가 쓰거나 엮은 수많은 러시아 교육사 연구서 가운데 가장 상세하다.

러시아의 거의 모든 주요 고등교육 기구, 협회, 신학교의 유용한 역사서가 있다. 전반적인 사상과 문화에는 다음 연구가 특히 유용하다. П. Пекарский, *История Императорской Академии Наук*, П., 1870~1873, в 2 т.; М. Сухомлинов, *История Российской Академии*, П., 1874~1888, в 8 т.; В. Григорьев, *Императорский С. Петербургский университет в течение первых пятидесяти лет его существования*, П., 1870; С. Шевырев, *История Императорского Московского университета, 1755~1855*, М., 1855; N. Koulabko-Koretzky, *Aperçu historique des travaux de la société impériale libre économique, 1765~1897*, П., 1897; С. Рождественнский, *Исторический обзор деятельности Министерства народного просвещения, 1802~1902*, П., 1902; А. Яхонтов, *Исторический очерк Императорского Александровского Лицея*, Paris, 1936; Н. Загоскин, *История Императорского Казанского университета за первыя сто лет его существования, 1804~1904*, Казань, 1902~1906, в 4 т.; Е. Петухов, *Императорский Юрьевский, бывший Дерптский, университета за сто лет его существования (1802~1902)*, Тарту, 1902; 1917년까지 다루는 K.

Островитянов, *История Академии наук СССР*, М., 1958~1964, в 2 т.

대학교의 더 폭넓은 문화적 역할에 관해서는 В. Иконников, "Русские университеты в связи с ходом общественного образования", *BE*, 1876, сентябрь, 161~206; октябрь, 492~550; ноябрь, 73~132; 그리고 마르크스주의적 관점으로는 М. Тихомиров, ред., *История Московского университета*, М., 1955, в 2 т.을 볼 것.

교육 발전의 덜 연구된 측면을 다루는 유용한 러시아어 저작은 (초등학교와 중등학교에 관해서는) Н. Константинов и В. Струминский, *Очерки по истории начального образования в России*, М., 1953, 2-е изд.; (여성 교육에 관해서는) Е. Лихачева, *Материалы для истории женского образования в России (1086~1856)*, П., 1899; (표트르 대제 이전 시대의 문자 해득과 교육에 관해서는) Ф. Успенский, *Очерки по истории византийской образованности на Руси*, П., 1892; А. Соболевский, *Образованность Московской Руси XV-XVII вв.*, П., 1892; А. Архангельский, *Образование и литература в Московском Государстве конца XV-XVII вв.*, Казань, 1898~1901, в 3 т.이다. 19세기 이전 러시아의 금서에 들어있는 더 세속적인 인간관은 М. Соколов, *Очерки истории психологических воззрений в России в XI-XVIII веках*, М., 1963에서 상세하게 논의된다.

러시아의 과학적 태도의 느린 발달에 관해서는 A. Vucinich, *Science in Russian Culture: A History to 1860*, Stanford, 1962에서 문서가 많이 들어있는 사회학 위주의 역사가 제공된다. Н. Фигуровский и др., ред., *История естествознания в России*, М., 1957~1962, I (3 в 4 т.); 더 기초적인 논구 В. Кузнецов, *Очерки истории русской науки*, М.-Л., 1940; 유용한 기술사 В. Данилевский, *Русская техника*, М., 1948, 2-е исправ. изд.도 쓸모있다. Т. Райнов, *Наука в России XI-XVII веков*, М.-Л., 1940은 초기 시대의 고전적 논고이다. A. Petrunkevich, "Russia's Contribution to Science", *Transactions of the Connecticut Academy of Sciences*, XXIII, 1920, 611~641; A. Zvorikin, "Inventions and Scientific Ideas in Russia: Eighteenth-Nineteenth Centuries", in G. Métraux & F. Crouzet, eds., *The Nineteenth Century World*, NY, 1963(염가보급판), 254~279도 볼 것.

소비에트 러시아 이전 시기 세속 사상의 다른 양상에 관해서는 J. Hecker, *Russian Sociology*, NY, 1915; J. Normano, *The Spirit of Russian Economics*, NY, 1944; 주로 중농학파와 고전학파의 영향을 다루는 В. Святловский, *История экономических идей в России*, П., 1923, I(제1권 외의 다른 권은 간행되지 않았다); *История русской экономической мысли*, М. (А. Пашков, ред., т. I в 2 части, 1955~1958은 1861년까지를, А. Пашков и Н. Цаголов, ред., т. II в 2 части, 1959~1960은 1890년대까지를 다룬다)을 볼 것. J. Letiche, ed., *A History of Russian*

Economic Thought, Berkeley-Los Angeles, 1964(9세기부터 18세기까지를 다루는 Пашков의 저작 제1권 제1부에는 부적절한 번역이 잦다). 다음 자료를 연이어 읽으면 오랫동안의 언론과 기타 대중계몽 매체를 개관할 수도 있다. A. Poppé, "Dans la Russie médiévale, Xᵉ-XIIIᵉ siècles: Écriture et culture", *AESC*, 1961, janvier-février, 12~35; A. Карпов, *Азбуковники или алфавиты иностранных речей по спискам соловецкой библиотеки*, Казань, 1877; Н. Лисовский, *Периодическая печать в России, 1703~1903*, П., 1903; E. Kluge, *Die rußische revolutionäre Presse*, Zürich, 1948; В. Розенберг, *Из истории русской печати*, Praha, 1924; Н. Энгельгардт, *Очерк истории русской цензуры в связи с развитием печати (1703~1903)*, П., 1904; В. Евгеньев-Максимов를 주편집자로 삼아 펴낸 공저이며 18세기와 19세기 초엽을 다루는 제1권만 나온 В. Евгеньев-Максимов и др., *Очерки по истории русской журналистики и критики*, Л., 1950. 더 기초적인 저작 А. Западов, ред., *История русской журналистики XVIII-XIX веков*, М., 1963도 볼 것.

역사서술에 관해서는 Д. Лихачев, *Русские летописи и их культурно-историческое значение*, М.-Л., 1947; Л. Черепнин, *Русская историография до XIX века курс лекции*, М., 1957; (러시아 역사가들의 여러 미간행 논문을 활용하는) С. Пештич, *Русская историография XVIII века*, Л., 1961~1965, в 2 т.; (19세기 말엽과 20세기 초엽을 다루는 제2권이 특히 유용한) В. Астахов, *Курс лекции по русской историографии*, Харьков, 1959~1962, в 2 т.; П. Милюков, *Главныя течения русской исторической мысли*, П., 1913, 3-е изд.; 성 페테르부르그 신학원 교수의 저작 М. Коялович, *История русского самосознания по историческим памятникам и научным сочинениям*, П., 1901, 3-е изд.; 19세기의 관점에 관한 연구 Н. Кареев, *Философия истории в истории литературы*, П., 1912를 볼 것.

다음 자료도 볼 것. 방대한 편찬물 В. Иконников, *Опыт русской историографии*, Киев, 1891~1908, 2 т. в 4-х; (성기 스탈린 시대에 혹독하게 비판받은) 포괄적 논고 Н. Рубинштейн, *Русская историография*, М., 1941; (덜 알려진 18세기 인물들과 19세기의 비非대러시아인 역사가들에 관한 유용한 논의인) A. Mazour, *Modern Russian Historiography*, Princeton, 1958, 2d corr. ed.; I. Gapanovich, *Russian Historiography Outside of Russia*, Peiping, 1935; 1917년 혁명까지만 다루는 М. Тихомиров, ред., *Очерки истории исторической науки в СССР*, М., 1955~1963, в 3 т. М. Тихомиров가 편집한 제1권이 М. Нечкина가 편집한 제2권과 제3권보다 더 좋다. C. Black, ed., *Rewriting Russian History*, NY, 1962(염가보급판)에는 소련 역사가들을 비판하는 이 논문집의 초판에 대한 소련측

비판의 번역이 들어있다. 유용하고 놀랄 만큼 가독성이 좋은 러시아사 사료 편람이 (М. Тихомиров가 편집한 제1권은 18세기 말까지를, С. С. Никитин이 편집한 제2권은 1890년대까지를 다루는) *Источиковедение истории СССР*, М., 1940, в 2 т.이다.

5. 문예 문화

N. Gudzy, *History of Early Russian Literature*, NY, 1949, 또는 D. Chizevsky, *History of Russian Literature, from the Eleventh Century to the End of the Baroque*, 's Gravenhage, 1960, 또는 R. Picchio, *Storia della letteratura russa antica*, Milano, 1959; (1881년까지는) D. Mirsky, *A History of Russian Literature*, NY, 1958 (염가보급판)과 D. Mirsky, *Contemporary Russian Literature, 1881~1925*, NY, 1926; 그리고 V. Alexandrova, *A History of Soviet Literature, 1917~1962, or from Gorky to Evtushenko*, NY, 1963(염가보급판)을 연이어 읽으면 러시아 문학을 잘 개관할 수 있다. 또한 소비에트 시기에 관해서는 S. Struve, *Soviet Russian Literature, 1917~1950*, Norman, Oklahoma, 1951과 L. Labedz & M. Hayward, eds., *Literature and Revolution in Soviet Russia, 1917~1962*, Oxford, 1963을 볼 것. N. Nilsson, *Sovjetrysk litteratur 1917~1947*, Stockholm, 1948도 볼 것. 포괄적 해석이 A. Stender-Petersen, *Den russiske litteraturs historie*, Copenhagen, 1952, 3 v.(독일어판 München, 1957, 2 Bd.도 있다); E. Lo Gatto, *Storia della letteratura russa*, Firenze, 1950, 4a ed.; E. Lo Gatto, *L'estetica e la poetica in Russia*, Firenze, 1947에서 제시된다. 비록 인용은 없을지라도 중요한 인물과 논제를 간결하게 다룬 논고를 W. Harkins, *Dictionary of Russian Literature*, Paterson, NJ., 1959(염가보급판)에서 찾아볼 수도 있다.

근대 시기의 다양한 양상은 Л. Майков, *Очерки из истории русской литературы XVII и XVIII вв.*, П., 1896; Д. Благой, *История русской литературы XVIII века*, М., 1945(수정되어 1960년에 나온 4판도 있다)에서 더할나위 없이 잘 다루어진다. (Ann Arbor에서 1948년에 재간행된) Д. Овсянико-Куликовский, *История русской литературы XIX века*, М., 1908~1911, в 5 т.은 풍부한 논집이다. А. Скабичевский, *История новейшей русской литературы 1848~1892*, П., 1897, 3-е исправ. изд.는 인민주의자 비평가가 러시아 소설 황금시대의 문학에 관해 쓴 상상력 넘치는 역사서이다; P. Kropotkin, *Ideals and Realities in Russian Literature*, NY, 1916; П. Берков, *Введение в изучение истории литературы XVIII века*, Л., 1964는 문학사 서술의 둘도 없이 유용한

사례이며 1960년대 초엽까지 비평적 평가가 변하는 모양을 매혹적으로 생생하게 보여준다.

Г. Струве, *Русская литература в изгнании: Опыт исторического обзора зарубежной литературы*, NY, 1956은 망명 문학을 다룬다. N. Brian-Chaninov, *La Tragédie des lettres russes*, 1938; 최근에 소련에서 나온 *История русской литературы*, М.-Л., 1941~1956, 10 томов в 13도 볼 것. В. Городецкий, ред., *История русской критики*, Л., 1958, в 2 т.는 더 먼저 나온 저작인 В. Полянский и А. Луначарский, ред., *Очерки по истории русской критики*, М., 1929~1931, в 3 т.이나 И. Иванов, *История русской критики*, П., 1898~1900, 4 части в 2 т.보다 덜 흥미롭다.

부정기로 나오는 문집과 선집에 관한 자료로는 도판이 풍부하게 들어간 연구서 Н. Смирнов-Сокольский, *Русские литературные альманахи и сборники XVIII-XIX вв.*, М., 1964를 볼 것. 또한 출판의 역사에 관한 자료와 문헌목록의 대다수가 도화집 *400 лет русского книгопечатания*, М., 1964, в 2 т.에 들어있다. 제1권은 소비에트 러시아 이전 시대를, 제2권은 소비에트 러시아 시대를 다룬다.

정평 있는 편람과 백과사전 외에, 알파벳 앞 부분에 있는 글자 항목들만 좋은 Венгеров, *Критико-библиографический словарь русских писателей и ученых*, П., 1889~1904, в 6 т.(П., 1915~1916, 2-е изд. в 2 т.)에서 근대 문학인들의 매우 유용한 서지학 자료를 찾을 수 있다. Н. Рубакин, *Среди книг*, М., 1911~1915, в 3 т.는 주제별로 배열된 논의와 인용 면에서 뛰어나다. 정기간행물 정보는 А. Мезьер, *Словарный указатель по книговедению*, М.-Л., 1931~1933, в 2 т.에 있다. Н. Здобнов, *История русской библиографии до начала XX века*, М., 1955, 3-е изд.도 볼 것.

러시아어의 역사를 다루는 많은 책 가운데 특히 폭넓은 참고문헌 목록이 있는 Л. Черепнин, *Русская палеография*, М., 1956; 두루두루 살펴보는 В. Виноградов, *Очерки по истории русского литературного языка XVII-XIX вв.*, Leiden, 1949; Н. Дурново, *Очерки истории русского языка*, 's Gravenhage, 1959(모스크바에서 내온 1924년 판의 재간행본); Г. Винокур, *Избранные работы по русскому языку*, М., 1959를 볼 것.

구술 전통과 민간전승에 관해서는 Yu. Sokolov, *Russian Folklore*, NY, 1950; А. Афанасьев, *Народныя русския сказки и легенды*, Berlin, 1922, в 2 т.; W. Ralston, *Russian Folk-Tales*, London, 1873; L. Magnus, *Russian Folk-Tales*, London, 1915; (R. Jakobson이 주석을 단) *Russian Fairy Tales*, NY, 1945; В. Даль, *Пословицы русского народа*, М., 1957; И. Иллюстров, *Жизнь русского народа в его пословицах и поговорках*, М., 1915, 3-е изд. (특히 참고문헌 10~39); Б.

Путилов, ред., *Пословицы поговорки загадки в рукописных сборниках XVIII-XX веков*, М.-Л., 1961; *Русские народные пословицы, поговорки, загадки и детский фольклор*, М., 1957을 엮어내기도 했던 В. Аникин이 쓴 머리말이 달린 Д. Садовников, *Загадки русского народа*, М., 1959(원래는 П., 1876)을 볼 것. 분석이 있는 영어 선집으로는 A. Guershoon, *Russian Proverbs*, London, 1941을 볼 것. 또한, 유용한 참고문헌 목록이 달린 М. Сперанский, *Русская устная словесность*, М., 1917도 볼 것. М. Сперанский, *История древней русской литературы*, М., 1914, 2-е пересмотр. изд.; А. Пыпин, *История русской этнографии*, П., 1890~1892; А. Пыпин, *История русской литературы*, П., 1898~1889, в 4 т.; 그리고 민간전승이 18세기와 19세기의 러시아 문화에 준 전반적 영향에 관해서는 증거 문서를 빠짐없이 제시하는 М. Азадовский, *История русской фольклористики*, М., 1958을 볼 것. В. Адрианова-Перетц 등의 편집진 아래 공동 작업으로 만들어지고 10세기부터 20세기 초엽까지를 다루는 저작 *Русское народное поэтическое творчество*, М., 1953~1956, 2 тома в трех도 볼 것. D. Zelenin, *Rußische (Ostslavische) Volkskunde*, Berlin-Leipzig, 1927; Д. Зеленин, *Библиографический указатель русской этнографической литературы о внешнем быте народов России 1700~1910 гг.*, П., 1913도 볼 것. М. Полторацкая, *Русский фольклор*, NY, 1964도 볼 것.

6. 예술

조형예술에 관해서는 G. Hamilton, *The Art and Architecture of Russia*, London, 1954가 도판과 주해가 잘 되어 있는 혁명 이전기 연구서이다. T. Rice, *A Concise History of Russian Art*, NY, 1963(염가보급판)도 볼 것. 중요한 러시아 미술사 도해 도서가 세 권 있는데, 셋 다 제목이 『러시아 미술사』이다. И. Граварь, ред., *История русского искусства*, М., 1910~1915, в 6 т.는 오래되었지만 아직도 유용한 저서이며, 더 대중적인 두 권짜리 저작 Н. Машковцев, ред., *История русского искусства*, М., 1957~1960에는 뛰어난 참고문헌 목록이 있으며, 더 상세한 공저이고 И. Граварь와 В. Кеменов와 В. Лазарев로 이루어진 편집위원회의 저작이며 아홉 권이 나와 있는 *История русского искусства*, М., 1953~1963의 1~8권은 19세기의 첫 3분의 1까지를, 11~12권은 1917~1941년을 다룬다. 다른 유용한 연구서 두 권이 E. Lo Gatto, *Gli artisti in Russia*, Roma, 1934~1943, 3 v.와 유용한 용어 설명이 달린 L. Réau, *L'Art russe*, 1921~1922, 2 v.이다.

회화에 관해서는 기본서가 Н. Кондаков, *Русская икона*, Praha, 1928~1933, в 4 т.; 이 책의 축약판인 *The Russian Icon*, Oxford, 1927; 다른 데에서는 구할 수 없을 도판이 많이 들어있는 유용하고 거의 경건할 때가 많은 한 동독 학자의 역사서인 K. Onasch, *Ikonen*, Gütersloh, 1961; 이콘의 역사적·예술적 분류에 관한 도판 도서이며 참고문헌이 철저한 В. Антонова и Н. Мнева, *Каталог древнерусской живописи*, М., 1963, в 2 т.이며, 모두 다 도해 도서이다. Е. Овчинникова, *Портрет в русской искусстве XVII века*, М., 1955와 Е. Голлербах, *Портретная живопись в России XVIII века*, М.-П., 1923에서 러시아의 근대 초상화의 기원이 추적된다. A. Benois, *The Russian School of Painting*, NY, 1916은 비록 인상기 수준일지라도 기지가 번뜩이는 논구이다. 사실주의 전통을 강조하는 G. Lukomsky, *History of Modern Russian Painting (1840~1940)*, London, 1945; V. Fiala, *Die rußische realistische Malerei des 19. Jahrhunderts*, Praha, 1953도 있다. 민중 식각판화에 관해서는 기념비적 저서 Д. Ровинский, *Русския народныя картинки*, П., 1881, в 5 т. (2-е изд., П., 1900)을 볼 것. 건축에 관해서는 A. Voyce, *Russian Architecture: Trends in Nationalism and Modernism*, NY, 1948; Н. Бурнов и др., *История русской архитектуры*, М., 1956, 2-е исправ. и доп. изд.를 볼 것. 장식 공예와 농민 공예에 관해서는 각각 G. Lukomsky, *L'Art decoratif russe*, 1928과 A. Некрасов, *Русское народное искусство*, М., 1924를 볼 것. Е. Голлербах, *История грабюры и литографии в России*, М.-П., 1923; А. Сидоров, *Древнерусская книжная грабюра*, М., 1951; А. Некрасов, *Древнерусское изобразительное искусство*, М., 1937; 초기의 목판화부터 볼셰비키 혁명 직전까지를 다루는 Г. Стернин, *Очерки русской сатирической графики*, М., 1964를 볼 것. 최근의 고고학에 관해서는 (1961년에 NY에서 축약된 염가보급판으로도 나온) M. Mongait, *Archeology in the USSR*, М., 1959를 볼 것. 문장과 상징의 역사에 관해서는 Е. Каменцева и Н. Устюгов, *Русская сфрагистика и геральдика*, М., 1963을 볼 것. 또한, 미술의 전반적인 문화적 영향에 관해서는 M. Alpatov, *Russian Impact on Art*, NY, 1950와 O. Wuff, *Die neurußische Kunst im Rahmen der Kulturentwicklung Rußlands von Peter dem Großen bis zur Revolution*, Augsburg, 1932를 볼 것.

러시아 음악에 관해서는 R. Leonard, *A History of Russian Music*, NY, 1957이 입문을 제공하고, 근대 이전 시기의 음악에서는 Н. Финдейзон, *Очерки по истории музыки в России с древнейших времен до конца XVIII века*, М.-Л., 1928~1929, в 2 т.로, 근대의 음악에서는 R. Mooser, *Annales de la musique et des musiciens en Russie au XVIII° siècle*, Geneva, 1948~1951, 3 t.; G. Abraham & M. Calvocoressi, *Masters of Russian Music*, NY, 1944; G. Abraham, *On Russian Music: Critical and Historical Studies*, NY, 1939; B. Asaf'ev, *Russian Music from the*

Beginnng of the Nineteenth Century, Ann Arbor, 1953으로 보완되어야 한다.
모스크바 예술원이 간행했고 풍부한 참고문헌 목록이 달린 러시아 혁명 이전 음악에
관한 역사서 *История русской музыки*, M., 1957~1960, в 3 т.와 유용한 개설연구서
T. Ливанов, M. Пекелис и T. Попова, ред., *История русской музыки*, M.-Л.,
1940, в 2 т.도 볼 것.

음악 공연에 관해서는 B. Чешихин, *История русской оперы*, Ann Arbor,
1953(П., 1905, 2-е пересмотр. изд.의 재간행본)과 A. Гозенпуд, *Музыкальный
театр в России: От истоков до Глинки*, Л., 1959; R. Hofmann, *Un siècle
d'opéra russe (de Glinka à Stravinsky)*, 1946을 볼 것. 발레에 관해서는 (아쉽게도
증거 문서를 제시하지 않는) S. Lifar, *A History of Russian Ballet from Its Origins
to the Present Day*, London, 1954; A. Плещеев, *Наш балет, 1673~1896*, П., 1896;
(*HK*, 1964, № 9, 44에 공지된) Ю. Бахрушин, *История русского балета*, M.,
1964를 볼 것.

연극에 관해서는 R. Fülöp-Miller & J. Gregor, *The Russian Theatre: Its
Character and History*, Philadelphia, 1930; B. Varneke, *History of the Russian
Theatre, Seventeenth through Nineteenth Century*, NY, 1951; M. Slonim, *Russian
Theater from the Empire to the Soviets*, Riverside, NJ., 1961을 볼 것. 가장 좋은 단일
연구는 십중팔구 — 도판과 참고문헌이 풍부한 — E. Lo Gatto, *Storia del teatro russo*,
Firenze, 1952, 2 v.일 것이다. N. Evreinov, *Histoire de la théâtre russe*, 1947은
20세기의 러시아인 극작가가 쓴 유용하고 짧은 연구서이다. B. Всеволодский,
История русского театра, M.-Л., 1929, в 2 т.와 공저인 Г. Бердников и др.,
ред., *Русские драматурги XVIII-XIX вв.*, M.-Л., 1959~1962, в 3 т.도 볼 것. П.
Берков, *Русская народная драма, XVII-XX веков*, M., 1953은 민중 연극에 관한
극히 소중한 문건과 주석을 제공한다. H. Смирнова, *Советский театр кукол,
1918~1932*, M., 1963, 41 ff.와 특히 주 68은 소비에트 시기뿐만 아니라 초기
인형극의 역사와 참고문헌을 제공한다. B. Перетц, *Кукольный театр на руси*, П.,
1895는 더 흥미롭다.

7. 유럽과의 연계

관심사가 폭넓고 이 낯익은 주제를 흔한 인상기 수준보다 더 깊이 파고드는
저술로는 G. Alexinsky, *La Russie et l'Europe*, 1917; 훌륭한 참고문헌 목록이 달린
D. Groh, *Rußland und das Selbstverständnis Europas*, Neuweid, 1961; Groh와 D.
Chizevsky가 편집한 문선 *Europa und Rußland*, Darmstadt, 1959; A. von Schelting,

Rußland und Europa im rußischen Geschichtsdenken, Bern, 1948; (러시아어 문서와 프랑스어 문서가 함께 들어있는) R. Pletnev, *Entretiens sur la littérature russe des XVIIIe et XIXe siècles*, Montreal, 1964; V. Zenkovsky, *Russian Thinkers and Europe*, Ann Arbor, 1953; H. Roberts, "Russia and the West: A Comparison and Contrast", *ASR*, 1964, March, 1~13과 M. Raeff와 M. Szeftel의 비평 논문들; E. Шмурло, "Восток и запад в русской истории", *УЗЮУ*, 1985, № 3, 1~37; E. H. Carr, "'Russia and Europe' as a Theme of Russian History", in R. Pares & A. Taylor, eds., *Essays Presented to Sir Lewis Namier*, NY, 1956이 있다. Keller, *East Minus West =Zero*, NY, 1962에는 서방이 러시아에서 행사한 영향에 관한 꽤 많은 양의 정보와 흥미로운 약간의 문화지도(66, 181, 219)가 있지만, 늘 정확하지는 않으며 러시아 나름의 고유한 성취를 극소화하려는 열망이 지나치고 증거 문서의 제시가 엄정하지 않다는 흠이 있다. Л. Карсавин, *Восток, Запад и русская идея*, П., 1922는 러시아 문화의 반(反)유럽적 성격을 강조하는 상반된 "유라시아적" 입장의 훌륭한 표명이다. 신선한 자료가 S. Pushkarev, "Russia and the West: Ideological and Personal Contacts before 1917", *RR*, 1965, April, 138~164에 있다. В. Бартольд, "Восток и русская наука", *PM*, VIII, 1915도 있다.

표트르 대제 이전 시대의 서방인 여행자들이 모은 풍부한 러시아 관련 문헌에 대한 비판적 편람이 F. Adelung, *Kritisch-literärische Übersicht der Reisenden in Rußland bis 1700*, П., 1846, 2 Bd.; В. Ключевский, *Сказания иностранцев о Московском Государстве*, П., 1918; В. Кордт, *Чужеземни подорожни по схидний Европи до 1700 року*, Київ, 1926; T. Arne, *Europa upptäcker Ryssland*, Stockholm, 1944; I. Lubimenko, "Le Rôle comparatif des différents peuples dans la découverte et la description de la Russie", *RSH*, 1929, décembre, 37~56; Л. Рущинский, *Религиозный быт русских по сведениям иностранных писателей XVI и XVII веков*, *Чт*, 1871, кн. 111, ч. 1, 1~338 (그리고 M., 1871)이다. 표트르 대제 이후에 나온 여행자들의 설명 수천 건 가운데 특히 유용한 것이 P. Putnam이 편찬한 인상기 모음인 *Seven Britons in Imperial Russia (1698~1812)*, Princeton, 1952이다.

개별 국가가 러시아의 발전에 준 영향을 폭넓게 다루는 좋은 연구단행본으로는 다음의 자료들이 있다. 18세기 말엽과 19세기 초엽의 주로 군인과 궁정인의 접촉을 다룬 L. Pingaud, *Les Français en Russie et les Russes en France*, 1896; 특히 1631년까지의 러시아-네덜란드 관계에 관한 입문서 В. Кордт, *Донесения посланников республики соединенных Нидерландов при русском дворе*, П., 1902; J. Scheltema, *Rusland en de Nederlanden, beschouwd in derzelver wederkeerige betrekkingen*, Amsterdam, 1817~1819; 풍부한 참고문헌 목록이 달린 A. Флоровский,

Чехи и восточные славяне: Очерки по истории чешско-русских отношений (X-XVIII вв.), Praha, 1935~1947, в 2 т.; 16세기 말부터 19세기 초까지는 A. Steuart, *Scottish Influences in Russian History*, Glasgow, 1913; M. Anderson, *Britain's Discovery of Russia, 1553~1815*, NY, 1958; 로모노소프부터 멜델레예프까지는 M. Радовский, *Из истории англо-русских научных связей*, M., 1961; M. Laserson, *The American Impact on Russia: Diplomatic and Ideological, 1784~1917*, NY, 1950; D. Hecht, *Russian Radicals Look to America, 1825~1894*, Cambridge, Mass., 1947; 유용한 참고문헌 목록이 있는 A. Babey, *Americans in Russia, 1776~1917*, NY, 1938; A. Cronia, "The Italian Contribution to Slav Cultural Life", *ER*, 1948, October-November, 3~21; Cronia, *La consoscenza del mondo slavo in Italia: Bilancio storico-bibliografico di un millennio*, Padova, 1958; (다른 데에서 인용되지 않은 짧은 연구가 많이 들어있는 참고문헌 목록이 있는) M. J. Fucilla & J. Carrière, *Italian Criticism of Russian Literature*, Columbus, Ohio, 1938; M. Тихомиров, "Исторические связи русского народа с южными славянами с древнейших времен до половины XVII века", в кн.: *Славянский сборник*, M., 1947, 125~201; К. Григорьян, "Из истории русско-армянских культурных связей X-XVII веков", *ТОДЛ*, IX, 1953, 323~336; A. Шепелева, "К истории связей Грузии с Россией в X-XVII веках", IX, 1953, 297~322; 그 뒤 시대를 보완할 З. Авалов, *Присоединение Грузии к России*, П., 1902; K. Forstreuter, *Preußen und Rußland von den Anfängen des Deutschen Ordens bis zu Peter dem Großen*, Göttingen-Berlin-Frankfurt/M., 1955. J. Badalić, ed., *Hrvatska Svjedočanstva o Rusiji*, Zagreb, 1945.

문학의 영향력을 전체 문화 발전과 연계하는 주목할 만한 연구는 다음과 같다. Г. Потанин, *Восточные мотивы в средневековом европейском эпосе*, M., 1899; 내용이 풍부하고 기지가 번뜩이는 A. Веселовский, *Западное влияние в новой русской литературе*, M., 1916, 5-е доп. изд.; 문학에서 폴란드, 프랑스, 영국, 독일과 맺은 연계를 다루고 좋은 참고문헌 목록을 제공하는 A. Rogalski, *Rosja-Europa*, Warszawa, 1960; E. Haumant, *La Culture française en Russie 1700~1900*, 1910 (2d corr. ed., 1913); E. Simmons, *English Literature and Culture in Russia (1553~1840)*, Cambridge, Mass., 1935; V. Kiparsky, *Norden i den ryska skönlitteraturen*, Helsinki, 1947; D. Chizevsky, *Aus zwei Welten: Beiträge zur Geschichte der slavischwestlichen literärischen Beziehungen*, 's Gravenhage, 1956; M. Алексеев, *Очерки из истории англо-русских литературных отношений (XI-XVII вв.)*, Л., 1937; M. Алексеев, *Очерки истории испано-русских литературных отношений XVI-XIX вв.*, Л. 1963. 외국이 러시아 회화에 미친

폭넓은 영향은 비록 조금은 주마간산 격일지라도 A. Грищенко, *О связях русской живописи с Византией и Западом XIII-XX вв.*, М., 1913에서 연구되었다. 서방이 러시아 시에 준 영향에 관해서는 И. Созонович, *К вопросу о западном влиянии на славянскую и русскую поэзию*, Warszawa, 1878을 볼 것. В. Королюк, ред., *Славяно-германские отношения*, М., 1964는 풍부한 참고문헌 목록이 달린 논문집이다. 이것은 Королюк이 러시아가 서방에 인접한 슬라브계 국가와 게르만계 국가와 맺은 연계에 관해 쓰거나 엮은 일련의 최근 연구서 가운데 하나이다.

표트르 대제 이전 시기 서방의 영향에 관한 중요한 개설적 연구서는 다음과 같다. С. Платонов, *Москва и запад в XVI и XVII веках*, Berlin, 1926; (В. Ключевский, *Очерки и речи*, П., 1918, 373~453에도 있는) Ключевский, "Западное влияние и церковный раскол в России XVII в.: Историко-психологический очерк", *ВФПс*, январь-февраль; A. Brückner, *Die Europäisierung Rußlands*, Gotha, 1888; А. Зимин и В. Пашуто, ред., *Международные связи России до XVII в.: Сборник статей*, М., 1961; Р. Berkov, "Ostslavische Studenten and deutschen Hochschulen in der vorpetrinischen Zeit", *ZSPh*, XXX, 2, 1962, 351~374; G. Stökl, "Rußland und Europa vor Peter dem Großen", *HZ*, 1957, Dezember, 531~554.

8. 일반 역사서와 명문집

개설적 역사서 가운데 (1780년을 종결점으로 삼고) 세부사항에서 아직도 가장 풍부한 저작이 1851년에 제1권이 나온 세르게이 솔로비요프의 29권짜리 *История России с древнейших времен*이다. 첫 전집판은 1893~1895년에 나왔다. 이 저작은 지금 Л. Черепнин을 주편집자 삼아 주석을 보태서 15권으로 재간행되고 있으며, 첫 24개 절이 모스크바에서 1956~1964년에 (12권으로) 나왔다. В. Ключевский, "Курс русской истории", в кн.: *Сочинения*, М., 1956~1958, I~V(이 전집에는 유용한 주가 있으며, 제5권은 더 앞서 나온 러시아어 판의 제5권보다 더 좋다)는 사회분석에서 솔로비요프보다 더 깊이 파고들며, 알렉산드르 2세 통치기까지 이어 진다. 영어 번역본 *A History of Russia*, NY, 1911~1931, 5 v.는 믿을 만하지 않다. S. Platonov, *Histoire de la Russie des origins à 1918*, 1929는 비록 조금은 전통적인 이야기식 구성을 따를지라도 십중팔구 가장 좋은 한 권짜리 역사서일 것이다. (영어로 된 Platonov, *History of Russia*, NY, 1929는 더 초보적인 다른 논고이다.) 영어로 된 여러 단권 종합역사서 가운데에서 N. Riasanovsky, *A History of Russia*, Oxford, 1963이 문화 문제에는 아마도 가장 충실할 것이다. B. Sumner, *Survey of*

Russian History, London, 1947, 2d rev. ed.에 정보가 가장 많이, 그리고 문서가 가장 풍부하게 들어있다. M. Florinsky, *Russia: A History and an Interpretation*, NY, 1953, 2 v.; 기지가 번뜩이는 D. Mirsky, *Russia: A Social History*, London, 1931; J. Mavor, *An Economic History of Russia*, NY, 1925, 2 v., 2d ed.도 볼 것. 증거 문서를 빠짐없이 제시하는 J. Blum, *Lord and Peasant in Russia from the Ninth to the Nineteenth Century*, Princeton, 1961 (NY, 1964, 염가보급판)은 사회사에 무척 소중하다. R. Kerner, *The Urge to the Sea: The Course of Russian History*, Berkeley-Los Angeles, 1942에서는 하천 운송로가 매우 중시된다. M. Pokrovsky, *History of Russia from the Earliest Times to the Rise of Commercial Capitalism*, NY, 1931과 E. Stählin, *La Russie des origines à la naissance de Pierre le Grand*, 1946은 동일한 주제를 각각 극단적인 마르크스주의적 관점과 통상적인 보수적 관점에서 보는 대조적인 한 권짜리 연구를 제공한다. (둘 다 원래는 각각 러시아어와 독일어로 된 더 긴 저작의 축약판이다.) 더 뒷 시기에 관해서는 상반된 관점이 Stählin, *Geschichte Rußlands von den Anfängen bis zur Gegenwart*, Belin, 1923~1939, 특히 총4권 가운데 제2권, 제3권, 제4권, 그리고 Pokrovsky, *Brief History of Russia*, NY, 1933, 2 v.에서 다시 대조될 수도 있다. (비록 아쉽게도 증거 문서를 제시하지 않을지라도) 간결하고 비판적인 것이 P. Kovalevsky, *Manuel d'historie russe*, 1948이다.

다음 저술도 유용하다. 초기 시대는 지금까지 1~4권이 나온 G. Vernardsky & M. Karpovich, *A History of Russia*에서 다루어졌는데, 이 네 권(I. *Ancient Russia*, 1943; II. *Kievan Russia*, 1948; III. *The Mongols and Russia*, 1953; IV. *Russia at the Dawn of the Modern Age*, 1959) 모두 다 Vernardsky가 증거 문서를 빠짐없이 제시하며 썼고 New Haven에서 간행되었다. 제정기의 국내 발전에 관해서는 망명객들이 공동으로 펴낸 역사서인 P. Miliukov, C. Seignobos & L. Eisenmann, eds., *Histoire de la Russie*, 1932~1933, 3 t.; A. Leroy-Beaulieu, *The Empire of the Tsars and the Russians*, NY, 1989, 3 v.; A. Kornilov, *Modern Russian History*, 1916~1917, 2 v.을 볼 것. 찾아보기와 보충지도와 함께 유용한 정보가 지금까지 소련의 역사 시리즈 *Оч*에서 나온 책에 있는 고르지 않고 대체로 상상력이 떨어지는 원문과 뒤섞여있다.

문화와 이념의 발달이라는 주제에 관해서는 E. Шмурло, *История России*, München, 1922가 유용하다. E. Шмурло, *Kurs русской истории*, Praha, 1931~1935, в 3 т.; W. Walsh, *Russia and the Soviet Union*, Ann Arbor, 1958도 유용하다. 근대 시기에 관해서는 (풍부한 참고문헌 목록이 달린) S. Pushkarev, *The Emergence of Modern Russia 1801~1917*, NY, 1963이 유용하다.

유용한 역사지도는 (중등학교용으로 제작된) *Атлас истории СССР*, M., 1955, в 2 частях에서 구할 수 있다. 소중하기 이를 데 없는 일련의 도판이 (H.

Полонская의 해설이 달린) M. Довнар-Запольский, ред., *Историко-культурный атлас по русской истории*, Киев, 1913~1914, 2-е изд., в 3 т.에 있다. 도판이 있는 *Atlas historique et culturel de la Russie et du Monde Slave*, Bruxelles, 1961(독일어판, München, 1964)도 볼 것. M. Florinsky, *Encyclopedia of Russia and the Soviet Union*, NY, 1961은 영어로 된 가장 포괄적인 최신 참고서이다.

연관된 여러 주요 분야의 기본 역사서는 다음과 같다. 훌륭한 참고문헌 목록이 달린 A. Vasiliev, *History of the Byzantine Empire*, Madison, Wis., 1958, 2 v.(염가보급판); G. Ostrogorsky, *History of the Byzantine State*, New Brunswick, NJ., 1957; W. Reddaway et al., eds., *Cambridge History of Poland*, Cambridge, 1941, 2 v.; M. Любавский, *История Литвы*, M., 1911; W. Allen, *The Ukraine: A History*, Cambridge, 1941; 더 민족주의적인 관점에서 본 M. Hrushevsky, *A History of the Ukraine*, New Haven, 1941(1911년 판의 번역본)이다. S. Dubnov, *History of the Jews in Russia and Poland, from the Earliest Times until the Present Day*, Philadelphia, 1916~1920, 3 v.은 문화 문제에서 Ю. Гессен, *История еврейского народа в России*, Л., 1925~1927, 2-е изд., в 2 т.로 유용하게 보완될 수 있다. (Гессен의 제1권은 좋은 참고문헌 목록이 있고 더 앞 시대를 더 충실하게 다룬 초판, П., 1914를 참조하면서 보아야 한다.)

다음과 같은 여러 영어 문선에서 러시아의 사상과 문예에 포괄적으로 직접 접할 수 있다. 좋은 머리말이 있고 유용한 S. Zenkovsky, *Medieval Russia's Epics, Chronicles and Tales*, NY, 1963(염가보급판); L. Wiener, *Anthology of Russian Literature from the Earliest Period to the Present Time*, NY-London, 1902~1903, 2 v.; H. Kohn, *The Mind of Modern Russia*, NY, 1962(염가보급판); B. Guerney, *The Portable Russian Reader*, NY, 1961(염가보급판); J. Cournos, *A Treasury of Russian Humor*, NY, 1943; G. Noyes, ed., *Masterpieces of the Russian Drama*, NY, 1933; A. Yarmolinsky, *A Treasury of Great Russian Short Stories, Pushkin to Gorky*, NY, 1944; 또한 Yarmolinsky, *A Treasury of Russian Verse*, NY, 1949; (좋은 머리말이 달린 제1권은 1790년부터 1890년까지, 제2권은 현재까지 다루는) F. Reeve, ed., *An Anthology of Russian Plays*, NY, 1961, 2 v.(염가보급판). T. Anderson, *Masters of Russian Marxism*, NY, 1963(염가보급판)은 인정받는 인물과 비난받는 인물을 모두 내놓는다. N. von Bubnoff, *Rußische Religionsphilosophen: Dokumente*, Heidelberg, 1956에는 사변적 신학 사상 논집인 A. Schmemann, *Ultimate Questions: An Anthology of Modern Russian Religious Thought*, NY, 1965가 그러하듯 흥미롭고 접하기가 자주 어려운 19세기와 20세기의 철학 저술이 들어있다. 18세기 말엽 이후의 러시아 철학사상의 종합적 문선이 J. Edie와 J. Scanlan과 M. Zeldin이 G. Kline과 협력해서 공동 편집한 세 권짜리 저작 *Russian Philosophy*, Chicago, 1965이다. 주로 러시아

서부에서 비롯된 더 앞 시대의 철학에 관해서는 16세기부터 19세기 초엽까지를 다루고 참고문헌 목록과 주석이 달린 유용한 문선 B. Сербент, ред., *Из истории философской и общественно-политической мысли Белоруссии*, Минск, 1962를 볼 것.

1차 사료와 2차 사료가 섞여있는 자료집 가운데 I. Spector & M. Spector, *Readings in Russian History and Culture*, Boston, 1965; M. Blinoff, *Life and Thought in Old Russia*, University Park, Pa., 1961; S. Harcave, *Readings in Russian History*, NY, 1962, 2 v.(염가보급판); W. Walsh, *Readings in Russian History*, Syracuse, NY, 1950; 모든 자료집 가운데 가장 포괄적인 T. Riha, *Readings in Russian Civilization*, Chicago, 1964, 3 v.(염가보급판); 그 "저주받은 문제"들에 관해서는 C. Жаба, *Русские мыслители о России и человечестве*, Paris, 1954를 볼 것.

이 연구서에서 특별히 활용된 러시아어 문선은 다음의 다섯 권이다. H. Гудзий, *Хрестоматия по древней русской литературе XI~XVIII веков*, M., 1955; A. Алферов и A. Грузинский, *Русская литература XVIII века: Хрестоматия*, M., 1908, 2-е исправ. и доп. изд.; 러시아어 일상숙어의 유래에 관한 짧은 논문들이 실려있는 유용한 일상숙어 선집 H. Ашукин и M. Ашукина, *Крылатые слова*, 1960, 2-е доп. изд.; A. Stender-Petersen, *Anthology of Old Russian Literature*, NY, 1954; 노래집 И. Розанов, *Русские песни*, M., 1952.

지은이 주

III. 분열의 세기

[1] 악셀 옥센셰르나(Axel Oxenstierna)에게 보낸 1628년 4월 1일 자 편지. Вайнштей н, *Россия и Тридцатилетняя война*, 110에서 재인용. 그 전쟁을 단수로 언급하는 것은 스웨덴의 외교의 특징이었다. 루셀은 몇 해 뒤에 차르에게 보낸 편지에서 "하느님께서 그리스도교 세계 만방에 퍼뜨리셨던 거대한 내전"을 언급했다. Б. Поршнев, *СкС*, I, 1956, 65, 그리고 주 144에서 재인용. 비록 "30년전쟁"이라는 용어가 독일 위주의 인위적 명칭이기는 해도, 그 전쟁은 독일에서도 단일한 지속적 대량살육으로 여겨졌다. (F. Carsten, "A Note on the Term 'Thirty Years' War'", *History*, 1958, October, 특히 190~191을 볼 것).

가장 좋은 17세기 유럽 개설사(槪說史) 가운데에는 북유럽과 동유럽을 거의, 또는 전혀 언급하지 않은 개설사가 많다(예를 들면, G. Clark, *The Seventeenth Century*, Oxford, 1947, 2d ed.; C. V. Wedgwood, *The Thirty Years' War*, London, 1957; C. Friedrich, *The Age of the Baroque, 1610 to 1660*, NY, 1952, 염가보급판; 그리고 심지어는 의도적으로 비교하는 저작인 R. Merriman, *Six Contemporaneous Revolutions*, Glasgow, 1937마저 그렇다). 그 지역들을 넣으려고 얼마간 애쓰는 저작은 D. Ogg, *Europe in the Seventeenth Century*, London, 1925; W. Reddaway, *A History of Europe from 1610 to 1715*, London, 1948; 특히 W. Platzhoff, *Geschichte des europäischen Staatensystems, 1559~1660*, München-Berlin, 1928이다. "1640년과 1670년대 사이에 가장 격심한 국면에 이른" "17세기의 전면적 위기"에 관한 최근의 논고인 E. Hobsbawm, "The General Crisis of the European Economy in the 17th Century", *PP*, 1954, May, 38을 볼 것. 또한, 자료가 많이 제시된 이 중요한 논문의 후편인 *PP*, 1954, November, 44~65; 체코인 역사가의 논문 J. Polišenský, "The Thirty Years' War", *PP*, 1954, November, 31~43; 지금껏 그 어떤 유럽 국가의 개설사에서 그려져 왔던 것보다도 훨씬 더 풍부하게 상호관계의 모습을 그릴 수 있도록 해주는 소련의 Вайнште йн과 Поршнев, 그리고 그 밖의 다른 이들의 연구단행본과 문서집도 볼 것.

[2] 이 시대의 총 사상자 수에 관한 추산의 편차는 무척 크다. 그러나 흐멜니츠키 대학살에서 십중팔구 약 20만 명, 즉 동유럽 유대인 인구의 3분의 1 이상이 피살되었다. (직역하면 "절망의 구렁텅이"인 Yeven Metzulah에서 제목을 따온) N. Hanover, *The Abyss of Despair*, 122, 주 1에 있는 다양한 추산을 볼 것. Dubnov,

History of the Jews in Russia and Poland, I, 66, 153~158; H. Graetz, *History of the Jews*, Philadelphia, 1895, V, 15; *Mélanges Hartwig Derenbourg*, 76도 볼 것.

[3] R. Merriman, *Six Contemporaneous Revolutions*에 있는 머리말 맞은편에서 재인용.

[4] 스웨덴이 근대의 전쟁과 국가통치술에 두드러진 이바지를 했다는 생각에 관해서는 M. Roberts, *The Military Revolution*과 O. Ribbing, "Nordic Characteristics of War", *Revue internationale d'histoire militaire*, 1955, № 15, 231~232를 볼 것.

유럽의 전쟁 수행방식에서 일어난 이 혁신에 관해서는 P. Renouvin, ed., *Histoire des relations internationales*, 1955에서 Zeller가 쓴 부분인 제2권의 207~208을 볼 것. 결정적으로 중요하면서도 상당히 경시된 제1차 북방전쟁을 30년전쟁의 잔혹한 국면이 확대 강화된 것으로 간주하는 유럽 대륙 차원의 빼어난 연구로는 E. Haumant, *La Guerre du Nord et la Paix d'Oliva*, 1893을 볼 것. 이 전쟁이 러시아에서 불러일으킨 공포에 관해서는 Бобровский, *Переход Росс ии к регулярной армии*, 113~124를 볼 것.

[5] Pierling, *La Russie et le Saint-Siège*, III, 36~310, 445~448; Pierling, *Rome et Démétrius d'après des documents nouveaux*, 1878, 145~146; Цветаев, "Сношения с Абиссинией XVII в.", *PA*, 1888, кн. 1, 205~210. 크로아티아인 가톨릭 신자인 유라이 크리자니치는 발칸 반도와 에디오피아와 인도를 포함하는 전략적 맥락에 러시아를 놓는 각서를 처음으로 러시아를 방문하기 오래전인 1641년에 준비했다. С. Белокуров, *Из духовной жизни московскаго общества XVII в.*, М., 1902, 88~106을 볼 것. *JGO*, 1964, Oktober, 331~349도 볼 것.

[6] Hanover, *The Abyss of Despair*; "대동란 시대"라는 제목의 또 다른 당대 유대인의 설명(Meir ben Samuel Szczebrzeszyn, *Tzok Ha-itin*, Kraków, 1650); *Збірник пра ць Єврейської історично-археографічної комісії*, Київ, 1929, II, 247~271에 있는 폴란드와 우크라이나의 "대홍수"(potop)에 관한 D. Maggid의 논문; 어떻게 폴란드인 프로테스탄트 신도까지 이 시기 동안 희생양이 되었는지에 관한 이야기인 J. Tazbir, "Bracia Polscy w latach 'potopu'", in L. Chmaj, *Studia nad arianizmen*, Warszawa, 1959, 451~490을 볼 것.

[7] S. Hoszowski, "L'Europe centrale devant la révolution des prix XVIᵉ et XVIIᵉ siècles", *AESC*, 1961, mai-juin, 특히 455~456.

[8] 상대적으로 외부와 단절된 모스크바 중앙 지대의 포괄적 인구 변화에 관한 문서 위주의 엄정한 연구서로는 Ю. Готье, *Замосковный край в XVII веке*, М., 1937 을 볼 것.

[9] F. Prinzing은 30년전쟁 동안 독일에서 전투보다 돌림병으로 죽은 사람이 훨씬 더 많았음을 보여준 바 있다(*Epidemics Resulting from Wars*, Oxford, 1916, 특히

76).

정확한 18세기 이전 통계자료를 구할 수 없으니, 신중하게 추산해야 한다. B. Корецкий는 대동란 시대의 초기에만 인구의 3분의 1이 굶주려 죽었다고 추산한다(*ВИ*, 1959, № 3, 121~122). 이 시기의 외국인 방문자인 J. Margeret는 모스크바에서만 공공 매장이 12만 건 있었다고 추산했다(*Estat de l'empire de Russie et grand duché de Mouscovie*, 1860, 72). Н. Фирсов는 죽은 사람이 50만 명이라고 말한다(*Голод пред смутным временем в Московском Государстве*, Казань, 1892, 6~7). 설령 가장 낮은 수치를 취하고 그 수치를 대러시아 전체에 적용할 수 있고 그 수치에 돌림병과 전쟁의 사상자도 포함되어 있다고 가정하더라도, 여전히 Готье가 추산한 모스크바 지역 인구 60~70만 명의 최소한 3분의 1이라는 총합이 나올 듯하다(*Замосковный край в XVII веке*, 167).

돌림병이 창궐한 1654~1657년 전쟁 초기의 통계자료는 더 단편적이지만 훨씬 더 으스스하다. 모스크바 외국인 거류지 납세자의 80퍼센트가 쓰러진 듯하다(Л. Абцедарский, *Беларусы в Москве XVII в.*, М., 1957, 20); 그리고 수도원과 증거를 남긴 다른 인구 집단에 관한 Brückner의 통계자료(*Beiträge zur Kulturgeschichte Rußlands im XVII Jahrhundert*, 48~52)는 사망률이 45퍼센트를 밑돈 적이 드물었음을 알려준다. 귀족 보리스 모로조프(Борис Морозов)의 하인 362명 가운데 겨우 19명이 살아남았다. 이것은 통계자료를 찾기가 가장 힘든 빈민 사이에서는 사망률이 훨씬 더 높았음을 시사한다. Collins(*Present State of Russia*, 45)는 총 사상자 수를 70~80만 명 이상으로 추산한다. Медовиков는 70만 명으로 추산한다(*Историческое значение царствования Алексея Михайловича*, М., 1854, 76, 주 2). 이것은 이때 새로 늘어나던 제국 인구의 10분의 1쯤이었을 것이다. 1654~1656년에 나돈 돌림병의 개설적 설명으로는 Е. Волкова, *Моровое поветрие*, П., 1916을 볼 것.

[10] Collins, *Present State of Russia*, 45; В. Берх, *Царствование царя Алексея Михайловича*, П., 1831, 129.

[11] Еврейнов, *История телесных наказаний в России*, 34. 또한, 25~32에서 팔다리를 잘라내는 다양한 규정, 그리고 48~72에서 논의된 17세기 말엽, 그리고 특히 18세기 초엽에 강화된 법령의 잔혹성을 볼 것.

[12] Olearius, *Voyages Très Curieux*, 204~205.

[13] *Passages from the Diary of General Patrick Gordon*, Aberdeen, 1859, 53.

[14] Флоровский, *Чехи и восточные славяне*, 405, 주 1. 심지어는 대체로 냉철하고 박식한 네덜란드인 사이에서도 아드리안 반 니스펜은 모스크바국에 관한 설명을 아이슬란드와 그린란드와 샴에 관한 설명과 함께 묶어 분류한다(Adrian van Nispen, *Verscheyde Voyagien, ofte Reysen*, Dordrecht, 1652). 오브(Об) 강은 중국

으로 이어진다고 널리 믿어졌다. 표트르 대제 이전 시기에 관한 다른 오해에 관해서는 Lubimenko, "Le Rôle comparatif", 50와 ff.를 볼 것.

[15] J. Bothvidus (praes.)의 학위논문, A. Prutz (resp.), *Theses de Quaestione utrum Muschowitae sint Christiani?*, Stockolm, 1620 (재간행 Lübeck, 1705). А. Галкин, *Академия в Москве в XVII столетии*, M., 1913, 9, 주 3을 볼 것. 이 학위논문은 Рущинский와 Милюков, 그리고 다른 이들이 시사하는 것만큼 초보적이지 않다. 시간이 지나 1665년이 되어서도 에스토니아에서 레발/탈린의 루터교회 목사를 지냈던 이가 쓴 학위논문에서 같은 질문이 나온다. J. Gerhard (praes.) J. Schwabe (resp.), *Tsurkov' Moskovsky sive dissertation theological de religion Ritibusque Ecclesiasticis Moscovitarum*, Jena, 1665.

01. 내부의 분열

[1] В. Рязановский, *Обзор русской культуры*, I, 147~148; Д. Цветаев, *Обрусение западноевропейцев в Московском Государстве*, Warszawa, 1903. 그 용어가 이미 16세기 초에 뤼벡의 니콜라이를 상대로 쓰인 용례에 관해서는 Будовниц, *Русская публицистика*, 139를 볼 것. "적그리스도의 히트로스트라는 유혹에서 러시아의 블라고체스티예"(российские благочестия от прелести антихристовой хитрости)를 구하라는 전형적 탄원으로는 18세기 구교도 소책자인 "О последнем времени и о пастырях церковных", 레닌 도서관, 원고실, Т. Ф. Большаков의 원고, № 78을 볼 것.

교회분열을 서방화 과정과 연계하는 경향을 보이는 개설적 교회분열 서술로는 Ключевский, *Сочинения*, III, 256~318을 볼 것. S. Zenkovsky, "The Russian Church Schism", *RR*, 1957, October, 37~58; Харлампович "К вопросу о сущности русского раскола старообрядчества", *УЗКУ*, LXVII, 1900, № 12, 133~152; В. Белоликов, *Историко-критический разбор существующих мнений о происхождении, сущности и значении русского раскола старообрядчества*, Киев, 1913; Н. Чаев и Н. Устюгов, "Русская церковь в XVII в.", в кн.: Н. Устюгов и др., ред., *Русское государство в XVII веке*, M., 1961, 295~329도 볼 것.

[2] Готье, *Акты относящиеся к истории земских соборов*, 14. 대동란 시대 동안 성경 문헌을 번역하는 수사들도 "어떤 술수도 없이" 작업을 하겠다고 맹세했다. *X Чт*, 1890, сентябрь-октябрь, 440.

[3] 아바쿰. Н. Субботин, *Материалы для истории раскола за первое время его*

существования, V, 298~299에서 재인용. 이 열 권짜리 문서집(M., 1875~1887)
은 아직도 초기 분리파 연구의 기본 사료이다.

[4] Ашукин, *Крылатуе Слова*, 641을 볼 것. 그리고 재판이 자주 나오는 인기 있는
이야기 *Хитрая механика: Правдивый рассказ, откуда и куда идут деньги*,
Zürich, 1874.

[5] В. Гончаров, "Я ненавижу", *День поэзии*, М., 1956.

[6] Малинин, *Старец Елеазарова монастыря Филофей и его послания*, 50, 54;
Fennell, ed., *The Correspondence between Prince A. M. Kurbsky and Tsar Ivan
IV of Russia*, 20, 14. 또한, 22도 볼 것. 여기서 이반 4세는 쿠릅스키를 섬기다가
순절한 전령이 심지어는 잘못된 대의에서도 블라고체스티예를 간직하고 있다고
칭찬한다.

[7] Ю. Арсеньев, *Оружейная плата при Царе Михаиле Федоровиче*, П., 1903;
Райнов, *Наука в России*, 380~384; 풍향계에 관해서는 Райков, *Очерки по
истории гелиоцентрического мировозрения в России*, 113; 그리고 Лаппо-
Данилевский의 논문(*ЖМНП*, 1885, сентябрь)과 I. Lubimenko의 논문(*RES*, IV,
1924)을 볼 것. 종이 달린 시계는 일찍이 1404년에 모스크바에 왔지만, 대동란
시대 이후에야 크레믈 성벽에 부착되었다. В. Данилевский, *Русская техника*,
128을 볼 것.

[8] Л. Черепнин, ред., *Сказание Авраамия Палицына*, М.-Л., 1955, 253.

[9] С. Платонов, *Сказания о смуте как исторический источник*, П., 1913, 206에
서 재인용.

[10] 필라레트가 1630년에 제작을 의뢰한 이 작품에 관해 간결하게 요약된 논의로는,
Черепнин, *Русская историография*, 123~128을 볼 것. 보리스 고두노프를 범
인으로 보는 논거의 약점에 관해서는 G. Vernadsky, "The Death of the Tsarevich
Dmitry", *OSP*, V, 1954, 1~19를 볼 것.

[11] Pascal, *Avvacum et les débuts du Rascol*, 1938, 20.

[12] С. Платонов, *Москва и Запад*, 72.

[13] 교회 주위에 모여든 이 "교회 사람들"(церковные люди)에 관해서는 Ярушевич,
Церковный суд в России, 146~149를 볼 것. 대동란 시대 동안에 일어난 차리즘
개념의 타락에 관해서는 Е. Шмурло, *История России*, 260~262, 그 뒤의 종교
부흥에 관해서는 Pascal, *Avvakum et les débuts du raskol*, 1~73을 볼 것.

[14] 원문은 *Повесть XVII века*, 82~115; Zenkovsky, *Medieval Russia's Epics*,
374~397, 409~422. 이 이야기들이 18세기에 쓰였다는 H. Бакланова의 박식한
주장은 더 객관적인 탐구가 없는 상황에서 믿음을 얻기에는 17세기에 쓰였다는
주장에 대한 선험적 반감에 지나치게 물들어 있다(*ТОДЛ*, IX, 1953, 443~459;

XIII, 1957, 511~518을 볼 것).

[15] А. Бурцев, *Материалы для истории русскаго раскола* [출판지 불명, 출판일자 불명; 프린스턴 대학 Shoumatoff Collection에 있는 사본], 쪽 번호가 새로 매겨진 두 번째 부분, 24쪽 뒤의 두 번째 삽화; Ровинский, *Русския народныя картинки*, I, 38.

[16] *Чт*, 1893, III, 13~16.

[17] Hamilton, *The Art and Architecture of Russia*, 135~137에 따르면, 이 사치스러운 건축물 가운데 적어도 40개가 1620년과 1690년 사이에 지어졌다. В. Швариков 는 17세기 후반기 동안 40개가 지어졌고 1658년의 화재로 27개 교회가 부서졌다 고 계산한다. *Очерк истории планировки и застройки русских городов*, М., 1954, 182.

[18] J. Keep, "The Regime of Filaret(1619~1633)", *SEER*, 1960, June, 334~360; 또한 Ярушевич, *Церковный суд в России*, 147~148, 334~335; 그리고 П. Николаев-ский, *Патриаршая область и русския епархии в XVII веке*, П., 1888; С. Чернышев, "Царь Михаил Федорович и Патриарх Филарет Никитич Романов в их взаимных отношениях", *ТКДА*, 1913, №. 7~8; А. Шпаков, *Государство и церковь в их взаимоотношениях в Московском Государстве*, Одесса, 1904~1912, в 2 т.

[19] *БЕ*, XLVI, 484.

[20] 모길라의 『신앙고백』 라틴어 원문이 주석과 함께 *OC*, X, 1927, ottobre-dicembre 에 수록되어 있다. Karmirēs, *Ta Dogmatika*, II, 989~997과 특히 575~592도 볼 것. P. Panaitescu, "L'Influence de l'oeuvre de Pierre Mogila", *Mélanges école roumaine en France*, I, 1926; 또한 긴 전기인 С. Голубев, *Киевский митрополит Петр Могила и его сподвижники*, Киев, 1883~1898, в 2 т.; Legrand, *Bibliographie hellénique du XVIIe siècle*, IV, 104~159에 있는 후속 자료와 정보; 짧은 설명인 Hugh Graham, "Peter Mogila－ Metropolitan of Kiev", *RR*, 1955, October.

[21] 그보다는 덜 알려진 모길라의 이 저술에 관해서는 А. Амфитеатров, *Русский поп XVII века*, Београд, 1930, 69를 볼 것. 17세기 러시아 교회의 "신앙의 이중 성"과 비합리주의에 관해서는 53~54, 56 ff.와 7~14도 볼 것.

[22] Соболевский, *Образованность Московской Руси*, 14~18.

[23] Цветаев, *Литературная борьба с протестантством в Московском Госуд-арстве*, 89~99, 109~125.

[24] А. Галкин(*Академия в Москве в XVII столетии*, М., 1913, 12)과 К. Харламп-ович(*Малороссийское влияние на великорусскую церквную жизнь*, I,

115~117, 128~138) 두 사람은 독자적 분석에 바탕을 두고 르티쉐프의 "학술원" 이 1645년에 설립되었다는 결론을 내린다. 비록 Харлампович가 1649년 이전에 는 우크라이나인 수사들이 없었다고 설득력 있게 주장하기는 해도 말이다. Lewitter("Poland, the Ukraine, and the 17th Century", *SEER*, 1949, May, 422~429)는 그 학술원이 아주 중대한 기구였는지 의심하는 듯하다.

H.A.A.의 총대주교 전기는 필라레트가 모길라의 학습원을 본뜬 수도원 학습원을 훨씬 더 먼저 추도프 수도원에 세웠음을 보여준다(*Чт*, 1847, IV, 123, III, 35~36). 비록 Галкин(11)은 의심하고 С. Белокуров(*Адам Олеарий о Греко-латинской школе Арсения Грека в Москве в XVII в.*, М., 1888, 43)는 그런 기구가 1653년 이전에 있었음을 단호히 부정하지만 말이다.

제1차 북방전쟁의 "대홍수" 동안에 우크라이나인 사제들이 모스크바국으로 유입되는 현상의 가속화는 Харлампович뿐만 아니라 В. Эйнгорн(*Чт*, 1893, II, ч. 98~210)가 논의한다. 르티쉐프를 변호하는 일대기로는 *ДРВ*, Т. III, гл. V, 18~34를 볼 것. *РБС*, XVII, 334~342, 357~366도 볼 것.

[25] (С. Пионтковский가 엮고 К. Базилевич가 머리말을 쓴) 유용한 자료집 *Городские восстания в Московском Государстве XVII в.*, М.-Л., 1936, 113에 있는 쿠르스크의 1648년 7월 5일 사건에 관한 당대의 긴 서술의 원문에서. 이 사건에 관해서 П. Смирнов, *Провительство В. И. Морозова и восстание в Москве 1648 г.*, Ташкент, 1929와 М. Тихомиров, *Псковское восстание 1650 g.: Из истории классовой борьбы в русском городе 1650 года*, М.-Л., 1935도 볼 것. А. Сперанский가 *ИМ*, 1934, № 40, 24~36에 쓴 뒤 책의 서평은 옛 러시아 도시의 복잡한 사회적 긴장에 마르크스주의적 범주를 적용하는 문제를 드러낸다. М. Шахматов, ред., *Челобитная "Мира" московскаго царю Алексею Михайловичу 10 июня 1648 г.*, Praha, 1934에서는 (타르투에서 발견된 반란자들의 프로그램 사본에 바탕을 두고) 그 프로그램에 관해 반란자들의 다른 청원서에 바탕을 둔 러시아의 다른 대다수 서술에서 제시되는 것보다 더 적극적이고 결연한 이미지가 제시된다. М. Тихомиров, "Документы земского собора 1650 г.", *ИА*, 1958, № 4, 141~143에서는 소보르를 "정부의 제안에 '예'나 '아니오'로만 대답하는 모종의 굼뜬 대중의 모임으로" 묘사하는 공식적인 *Оч (6)*에 이의가 거세게 제기된다. Софроненко가 엮고 주석이 달린 『1649년 법전』의 원문은 *ПР П*, VI에서 볼 것. 『1649년 법전』과 젬스키 소보르 및 도시 반란의 관계로는 *ЖМ НП*, 1913, № 9~10, 36~66에 있는 П. Смирнов의 분석을 볼 것. А. Зерцалов, *Новыя данныя о земском соборе 1648~1649 гг.*, М., 1887도 볼 것.

[26] *BRP*, 1859, VII, 121에 수록된 Pierre Chevalier, *Histoire de la guerre des cossaques contre la Pologne*, (1663).

[27] B. Берх, *Царствование царя Алексея Михайловича*, П., 1831, 52~60. 알렉세이 미하일로비치는 1648년까지는 안쿠디노프에 관해 알았고, 아마도 55에 인용된 17세기 초엽의 다른 열세 명의 명단에 관해 알았을 것이다.

[28] П. Струве, *Историко-социологические наблюдения над развитием русскаго письменнаго языка*, София, 1940, 8, 또한 4~5; Виноградов, *Очерки по истории русского литературного языка*, 6.

하인리히 루돌프(Heinrich Ludolph)는 ─ 1696년에 나온 최초의 체계적 러시아어 교본 인쇄본의 머리말에서 ─ 『1649년 법전』을 일상 러시아어로 된 유일한 인쇄 서적으로 간주했다. (*Grammatica Russica*, Oxford, 1959, 번호가 매겨지지 않은 머리말의 두 번째 쪽과 세 번째 쪽). 『1649년 법전』의 언어에 대한 상세한 연구로는 П. Черных, *Язык Уложения 1649 года*, М., 1953, 특히 (『1649년 법전』의 중요성을 강조하는) 732를 볼 것.

반(反)신앙 범죄가 처음으로 제1부의 민법에 포함되었고, 주권자의 권리가 본질적으로 세속적인 용어로 제2부에서 설명되었다. *ПРП*, VI, 22~36을 볼 것.

[29] 관심을 불러일으키는 С. Мельгунов, *Религиозно-общественные движения XVI-XVIII вв. в России*, М., 1922, 12에서 재인용. Н. Кореневский, *Церковные вопросы в Московском Государстве в половине XVII века и деятельность патриарха Никона*, Киев, 1912, 20과 ff.도 볼 것. 더 상세한 사항에 관해서는 Н. Картерев, *Характер отношении России к православному Востоку в XVI и XVII столетиях*, Сергиев-Посад, 1914, 2-е изд. 파이시오스가 니콘을 만나고 그를 인정한 것에 관해서는 С. Белокуров, *Арсений Суханов*, М., 1891, ч. I, 181~182를 볼 것.

[30] Е. Бартенев, *Собрание писем*, 210; М. Хмуров, "Царь Алексей Михайлович и его время", *ДНР*, 1875, № 10, 105.

[31] Е. Бартенев, *Собрание писем*, 191~192, 주 24.

[32] Pascal, *Avvakum et les débuts du raskol*, 151; 그리고 논의와 인용문헌, 148~198.

[33] Картерев, *Характер отношении России к православному Востоку*, 363~364; О. Оглоблин, *Московська теориа III Риму XVI-XVII столетии*, München, 1951, 39~41; Белокуров, *Арсений Суханов*, 23 ff.; 165 ff. 콘스탄티노플을 차지하겠다고 러시아가 훗날 품은 생각이 실제로 이 시기의 러시아 정책의 동기가 되었는지는 분명하지 않지만, 차르의 측근에 있는 찬양문 작가들은 이 생각을 자주 표명했고, 일찍이 1657년 1월에 폴란드 왕비의 비서는 알렉세이 미하일로비치 스스로가 "그리스를 억압에서 해방하려는 원대한 계획을 마음에 품고 있다"고 썼다. P. des Noyers, *Lettres*, Berlin, 1889, 291.

[34] 간결한 범주화로는 Е. Шмурло, *История России*, 244~260을 볼 것.

[35] Pascal, *Avvakum et les débuts du raskol*, 194.

[36] 니콘이 차르에게서 받아낸 서약과 총대주교의 권위를 지지하는 그의 주요 논거, 이 양자는 포티오스(Photios) 총대주교가 쓴 9세기 비잔티움의 논설문『법률 입문』(Epanagoga)에서 따온 것이다. 이 논설문은 비잔티움 안에서조차 극단적인 선언이었다. Картерев, *Патриарх Никон и царь Алексей Михайлович*, Сергиев-Посад, 1909~1912, в 2 т. М. Зызыкин은 (해박하지만 전거 제시가 부적절한 Зызыкин, *Патриарх Никон, его государственныя и каноническия идеи*, Warszawa, 1931~1938, в 3 т.에서) 비잔티움 전통 전반보다는『법률입문』에 부합한다는 근거를 들어 니콘의 입장이 교회법에 의거해 유효하다고 옹호한다. 또한, 러시아의『법률입문』에 관한 개설적 논문 G. Vernadsky, *Byzantinisch-Neugriechische Jarbücher*, 1928, № 6, 특히 129~142를 볼 것. 간결한 논고로는 M. Spinka, "Patriarch Nikon and the Subjection of the Russian Church to the State", *CH*, 1941, December, 347~366을, 비판적 문헌해제로는 R. Stupperich, *ZOG*, IX, 1935, 173~180을 볼 것.

니콘은 슬라비네츠키가 16세기 독일의 비잔티움 문헌 총집『그리스-로마법』(Jus Graeco-Romanum)을 번역한 것과 베네치아의 요람과 번역에서 추려낸 다른 비잔티움 문건으로『법률입문』을 공부했다. 수하노프가 도로 가져온 원고 500~700점이나 니콘 자신의 소장 도서는 별로 이용되지 않은 듯하다. 비록 그 문제 전체가 체계적이고도 객관적으로 연구된 적이 단 한 번도 없지만 말이다. Белокуров, *Арсений Суханов*, 331 ff.; М. Тихомиров, ред., *Сокровища древней письменности истарой печати*, М., 1958, 26~30을 볼 것.

[37] Зызыкин, *Патриарх Никон*, II, 특히 315~318.

[38] Райнов, *Наука в России*, 454 ff.

[39] 니콘의 몰락을 둘러싼 논란의 간결한 요약으로는 Platonov, *Histoire de la Russie des origins à 1918*, 443~448을 볼 것. 니콘의 문서와 니콘에 관한 문서는 — 특히 공의회 이전에 그가 겪었던 오랜 시련을 다루는 문서는 — 찬탄이 나오는 주석이 달려서 W. Palmer, *The Patriarch and the Tsar*, London, 1871~1876, 6 v.로 간행되었다. 기본이 되는 문서집은 아직도 Н. 기벤네트, *Историческое изследование дела Патриарха Никона*, П., 1882~1884, в 2 т.인데, 이 문서집은 (Platonov의 책과 마찬가지로) Соловьев, *История России с древнейших времен*, кн. VI, 192~281에서 제시되는 불완전하고 대체로 적대적인 묘사를 상쇄하려는 특정한 시도를 한다. 니콘의 개혁에 관한 훌륭한 요약이 Н. Кореневский, *Церковные вопросы*에 있으며, 모스크바국에서 이루어진 서적 교정의 다사다난한 초기 역사가 П. Николаевский, "Московский печатный двор при партриархе Никоне", *Х Чт*, 1890, январь-февраль, 114~141; сентябрь-октябрь, 434~467; 1891, январь

-февраль, 147~186; июль-август, 151~186에 대단히 잘 제시되어 있다.

니콘의 실제 개혁(충분히 평가되지 않는 경우가 잦은 교회 외 영역의 개혁)에 관해서는 이미 언급된 저작 외에 *X Чт*, 1882, II, 287~320에서 그의 행렬 의식에 관한 세부사항을, *Чт*, 1874, III, ч. I, 1~26에서 그의 건설 프로그램을, *Труды 5-го Археологическаго Съезда в Тифлисе 1881*, M., 1887, 233에서 원뿔꼴 지붕에 대한 그의 반대를, *История русского искусства*, M., 1959, IV, 162~178에서 그의 건축 프로그램과 그 영향을, *PA*, 1866, II, 53~66에서 『1649년 법전』에 대한 그의 반대를 볼 것.

솔로베츠크의 니콘 개혁 반대에 관해서는 И. Сырцов, *Возмущение солове-цких монахов-старообрядцев в XVII веке*, Кострома, 1888, 47~56을 볼 것. 또한 11~19에는 니콘이 솔로베츠크에 품은 반감은 그가 더 앞서 그 북쪽 지역에서 얻은 경험에서 비롯되었다는 시사가 있다. Н. Барсуков, *Соловецкое восст-ание 1668~1676*, Петрозаводск, 1954도 볼 것.

[40] Картерев, *Патриарх Никон и царь Алексей Михайлович*, I, 81~105; А. Преображенский, "Вопрос о единогласном пении в русской церкви XVII в.", *ПДП*, CLV, 1904, 7~43. 주목을 받지 못한 아바쿰의 특성 분석으로는 С. Мельгунов, *Великий подвижник протопоп Аввакум*, M., 1917을 볼 것.

[41] Mooser, *Annales de la musique et des musiciens en Russie au XVIIIᵉ siècle*, I, 21. (어떤 사람들은 돌림병을 일으켰다고 생각한) 홉에 관해서는 Райнов, *Наука в России*, 454~460을 볼 것. В. Бахтин и Д. Молдавский, *ТОДЛ*, XIV, 1958, 421~442; Gudzy, *History of Early Russian Literature*, 469도 볼 것. 차와 커피, 심지어 감자에 관한 비슷한 미신에 관해서는 *ПС*, 1867, № 5, 67 ff.; № 6, 167 ff.을 볼 것.

담배는 이반 4세의 찬양을 받았고, 17세기에 비록 대개는 효과가 없기는 했어도 (차르 미하일 로마노프가 1634년에 담배를 법으로 금지하고 알렉세이 미하일로비치가 흡연에 사형을 적용할 것을 고려하는 등) 점점 더 강력한 금지 대상이 되었다가, 18세기 초엽에 널리 애용되었다. В. Пичета, *История Московскаго Государства*, M., 1917, 68; Е. Рагозин, *История табака и системы налога на него в Европы и Америке*, П., 1871, 19~20.

[42] *РИБ*, XXXIX, 1927, 282; 또한 Avvakum, *Life*, 23~24; Hamilton, *The Art and Architecture of Russia*, 151~161에 있는 논의를 볼 것.

[43] N. Andreev, "Nikon and Avvakum on Icon-Painting", *RES*, XXXVIII, 1961, 37~44.

[44] *ТГИМ*, XIII, 1941, 147~166에서 모스크바 교회에 있는 「이비론의 성모」 프레스코화에 관한 Е. Овчинникова의 분석을 볼 것. 그리고 *Памятники искусства*

разрушенные немецкими захватчиками в СССР, М.-Л., 1948, 200~216에서 다니엘 푸흐테르스(Daniel Vukhters)가 그린 니콘 초상화에 관한 Н. Романов의 분석을 볼 것. Овчинникова, *Портрет в русском искусстве XVII века*, М., 1955도 볼 것.

[45] Pascal, *Avvakum et les débuts du raskol*, 62~64, 341~342.

[46] П. Знаменский, "Иоанн Неронов", *ПС*, 1869, I, 238, 266~267, 271~274.

[47] П. Смирнов, "Значение женщины в истории возникновения раскола"; Суббо-тин, *Материалы для истории раскола*, V, 176(아바쿰에 관해서)와 VIII, 137~153(모로조바와 그 밖의 인물들에 관해서); Н. Тихонравов, "Боярыня Морозова", *Сочинения*, II, 12~51; А. Мазунин, "Об одной переработке 'Жития боярыни Морозовой'", *ТОДЛ*, XVII, 429~434. 대중적 서술로는 S. Howe, *Some Russian Heroes, Saints and Sinners*, London, 1916, 322~359를 볼 것. 역사와 신화가 수리코프의 그림으로 바뀌는 것을 그림을 곁들여 굉장히 상세하게 파고든 연구로는 В. Кеменев, *Историческая живопись Сурикова*, М., 1963, 275~445가 있다.

[48] Амфитеатров, *Русский Поп*, 171~174. 글자의 외형을 바꾸지 않으면 안 된다는 이유로 성경 인쇄에 대한 반대가 거듭 제기되었다. 러시아 초기 인쇄물에 나타나는 오식은 심각했다. F. Otto, *History of Russian Literature*, Oxford, 1839, 33~34를 볼 것.

[49] Щапов, *Сочинения*, II, 596.

[50] *Ibid.*, 593

[51] Pascal, *Avvakum et les débuts du raskol*, 64.

[52] И. Сырцов, *Возмущение соловецких монахов-старообрядцев*, 110~111; П. Смирнов, *История раскола*, 91. 또한 П. Смирнов, "Из истории русскаго раскола: Дьякон Федор", *ПС*, 1859, июль, 314~346; август, 447~470을 볼 것.

[53] 구교도 정기간행물 『구교도 사상』(Старообрядческая мысль)의 특별부록으로 간행된 『하나뿐인 참된 정교 신앙에 관한 책』의 모스크바 1912년도 판에 달린 И. Хромовин의 권두논문(*Старообрядческая мысль*, 1912, 10, 971)에서 논문 필자가 인용. 우니아트 교회 신자였던 키예프의 나파니일(Нафаниил Киевский)이 편찬하고 모스크바에서 스테판 보니파티예프의 지원을 받은 듯한 이 저작에 관해서는 Субботин, *Материалы для истории раскола*, IV, 143; Мельгунов, *Религиозно-общественные движения*, 18을 볼 것.

[54] *БЗ*, 1858, № 9, 276에서 세르게이 솔로비요프가 인용. 자료를 제시하면서 비센스키를 다룬 간결한 글로는 Chizevsky, *Aus zwei Welten*, 129~141을 볼 것. 그러나 여기서는 이 저작의 솔로비요프 판이 (그리고 일자 설정이) 사용된다. 이 판이

인용되고 원고에 기반을 두었다고 보이기 때문이다.

[55] 비셴스키가 1614년에 쓴 악마와 순례자 사이의 대화에서 추린 문구. Chizevsky, *Aus zwei Welten*, 138~139.

[56] 유용한 저작 A. Florovsky, *Le Conflit de deux traditions — la latine et la byzantine — dans la vie intellectuelle de l'Europe orientale aux XVI-XVII² siècles*, Praha, 1937, 16, 6에서 재인용.

[57] Avvakum, *Life*, 134; A. Florovsky, *Le Conflit de deux traditions*, 12, 주 22; Н. Картерев, *Патриарх Никон и его противники в деле исправления церковных обрядов*, М., 1887, 94~97, 주 1.

[58] A. Florovsky, *Le Conflit de deux traditions*, 9에서 재인용.

[59] 에프라임이 러시아의 종말론에 끼친 영향에 관해서는 Ф. Сахаров, *Эсхатологические сочинения*, 특히 141~191을 볼 것. Аввакум, *Житие*, 110, 133; Субботин, *Материалы для истории раскола*, VIII, 361도 볼 것.

[60] Белокуров, *Арсений Суханов*, 220~223; 그리고 아르세니 수하노프가 1650년에 왈라키아의 그리스인 성직자들과 벌인 논쟁의 기록이며 구교도 사이에 널리 유포된 *Прения с Греками о вере*, 그리고 그가 이집트에서 그루지야에 이르기까지 정교 전례에 관해 니콘에게 올린 보고서인 *Проскинитария*에 관해서는 *ibid.*, 218~227을 볼 것. 수하노프는 Субботин, *Материалы для истории раскола*, 1885, VIII, 234~251에 있는 적그리스도의 도래에 관한 초기의 설명에서 인용된 유일한 당대 인물이다. *Чт*, 1871, I, ч. 2, 79~122에 있는 14세기부터 17세기까지 러시아인의 예루살렘 순례에 관한 레오니드(Леонид) 대수도원장의 설명도 볼 것.

[61] 더 오래된 티흐빈 전설에 관해서는 К. Плотников, *История русского раскола старообрядчества*, 14를 볼 것. 아토스 산에 있는 그루지야 수도원에서 1648년에 처음으로 가져온 「이비론의 성모」 이콘에는 기적을 일으키는 힘, 특히 돌림병을 막아주는 힘이 있다고 믿어졌다. 그 시대의 거대한 두 기념 건조물(이베르스카야 성모의 모스크바 교회와 모스크바 근교에 있는 이베르스키 수도원)이 이 이콘에 봉헌되었다. Kondakov, *The Russian Icon*, 149, 179; S. Loch, *Athos: The Holy Mountain*, NY[1954?], 169~170을 볼 것.

이 시기 동안 『교회법령집』이 처음으로 인쇄되면서 모스크바가 "제3의 로마"라는 생각이 대중의 주목을 점점 더 많이 받았다. 필로페이가 이반 3세에게 써보낸 편지의 원래 문구가 모스크바 총대주교구를 설치할 때 콘스탄티노플의 예레미야 총대주교가 차르 표도르에게 보낸 선언으로 재현되었다. Н. Левицкий, "Учение раскола об антихристе и последних днях мира", *Странник*, 1880, август, 529 ff.을 볼 것.

"시온에서……"라는 문구는 종말론의 경향이 있는 구약성경 「미가」 4장 2
절에서 따온 것이다.

[62] "Святое царство", Гиббенет, *Историческое изследование дела Патриарха Никона*, I, 48과 46~49. Леонид(대수도원장), *Историческое описание став-ропигиального Воскресенского, Новый Иерусалим именуемого, монастыря*, М., 1876을 볼 것. 보리스 고두노프에게는 예루살렘의 성묘 교회를 본뜬 교회를 모스크바 크레믈 안에 지을 의향이 있었고, 이반 대제 종탑의 건립은 더 거창한 이 기획과 관련이 있었던 듯하다. (*История русского искусства*, III, 480~481). 비슷한 모형 "새 예루살렘"을 세운다는 생각이 십자군 시대에 서방에서 나타난 적이 있지만(V. Tapié, *La Russie de 1659 à 1689*, 1957, 200을 볼 것), 러시아에서 만큼 주목을 많이 받지는 못했다. 예루살렘을 해방한다는 주제는 대동란 시대에 민중예술에서 유행했으며(Ровинский, *Русския народныя картинки*, II, 479~480을 볼 것), 민중이 해방된 모스크바 시를 새 예루살렘과 동일시하도록 부추겼다.

[63] P. Pascal, "Un Pauvre Homme, grand fondateur: Ephrem Potemkin", in *Mélanges Jules Legras*, 221~229; П. Смирнов, *История русского старообрядчества*, 66~69. 구약성경 「다니엘」 9장 20~27절을 볼 것.

[64] 자하리야 코픠스텐스키(Захария Копыстенский) 동굴 수도원 원장이 З. Копыст-енский, *Палиногодия, РИБ*, IV, 1878, 315~316에서.

[65] П. Смирнов, *Внутренние вопросы в расколе*, xciii-xciv. 근본주의자 사이에서 이루어진 계산의 다른 예로는 Субботин, *Материалы для истории раскола*, IV, 1881, 14 ff., 155~157, 282~284를; 그리고 백러시아의 예로는 Копыстенский, *Памятки полемичного*, IX, 200을 볼 것.

[66] 신약성경 「요한계시록」 13장 17~18절. H. Guy, *The New Testament Doctrine of the "Last Things"*, Oxford, 1948, 146~149를 볼 것. 또한, W. Bousset, *The Antichrist Legend*, London, 1896; 그리고 "그리스도의 종 두 사람"이 쓴 공상적 일지라도 매력적인 *The Computation of 666*, London, 1891을 볼 것.

[67] В. Фармаковский, "О противогосударственном элементе в расколе", *ОЗ*, CLXIX, кн. 24, 1866, 633. Ф. Ливанов, *Раскольники и острожники: Очерки и разсказы*, П., 1872, 4-е испр. изд., I, 394. 구교도의 적그리스도 개념에 관해서는 조금은 비학술적이고 낭만화되었을지라도 내용이 풍부한 이 자료집 외에 저자 미상의 두 간행물 *Книга об антихристе*, Псков, 1876(설교집)과 *Вещания святаго об антихристе и последней судьбе сего мира*, М., 1888을 볼 것. 초기 구교도 사이에 퍼져 있던 이 개념에 관한 다른 유용한 연구로는 Ф. Сахаров, *Тамбовския епархиальныя ведомости*, 1878, *No.No.* 20, 21, 23, 24; Н. Левицк

ий, *X Чт*, 1890, ноябрь-декабрь, 695~738; И. Нильский, *X Чт*, 1889, январь, 693~719가 있다. Левицкий는 "Учение раскола об антихристе и последних днях мира", 556에서 "황제"(Император)라는 낱말로 666을 만드는 셈을 논한다. 나폴레옹으로 666을 만드는 셈에 관해서는 E. Benz, *Die abendländische Sendung der östlich-orthodoxen Kirche*, Mainz, 1950, 29; H. Schaeder, *Der dritte Koalition und die Heilige Allianz*, Königsberg-Berlin, 1934, 59, 주 109를 볼 것.

적그리스도 개념이 러시아 문화에 끼친 영향에 관해서는 전반적으로 소비에트 러시아 초기에 Б. Кишин이 쓴 상세하고 명료한 항목을 *ЛЭ*, I, 169~181에서 볼 것. Н. Никольский, "Апокалиптическая литература", *ЛЭ*, I, 183~191도 볼 것.

[68] Сырцов, *Возмущение соловецких монахов-старообрядцев*, 99~108; Смирнов, *История русского старообрядчества*, 54~55; *Внутренние вопросы в расколе*, lxxxi~lxxxvi. 두 번째 저작에서 Смирнов는 그 저서를 1666년에 죽은 페옥티스트가 쓰지 않았고 그가 죽은 1666년과 알렉세이 미하일로비치가 죽은 1676년 사이에 다른 누군가가 쓰고 있었다는 결론을 내린다.

[69] В. Перетц, "Слухи и толки о Патриархе Никоне в литературной обработке писателей XVII-XVIII вв.", *ИАН(Л)*, V, 1900, 140~143; П. Смирнов, *История раскола*, 90; Субботин, *Материалы для истории раскола*, VII, 421; Левицкий, *X Чт*, 1890, ноябрь-декабрь, 704~705.

[70] П. Николаевский, *Патриаршая область*, 29~31.

[71] Субботин, *Материалы для истории раскола*, VI, 233~234.

[72] *Ibid.*, 229. 이 인용구는 구교도의 논쟁문에만 나오기 때문에 과연 원문과 정확히 일치하는지 꽤 의심스럽다. 그럴지라도 그 인용구는 맞고 널리 받아들여졌다는 사실로 말미암아 진실의 효력을 얻었고, 니콘 이후의 교회 다수가 취한 태도를 반영한다고 보인다.

[73] 동유럽사의 전환점으로서의 안드루소보(Андрусово) 휴전협정[3]에 관해서는 (긴 영문 요약이 달린) Z. Wójcik, *Traktat andruszowski 1667 roku i jego geneza*, Warszawa, 1959를 볼 것. 여러모로 러시아에서 보호주의적 중상주의가 개시되는 기점이 되는 새 교역법령에 관해서는 А. Андреев, "Новоторговый устав 1667 г.", *ИЗ*, XIII, 1942, 303~307을 볼 것.

---

[3] 우크라이나의 지배권을 놓고 1654년부터 1667년까지 러시아와 폴란드 사이에 벌어진 전쟁을 끝낸 협정. 폴란드에서는 안드루쇼프(Andruszow) 휴전협정이라고 불린다.

[74] В. Иконников, "Ближний боярин А. Л. Ордин-Нащокин", *РС*, 1883, октябрь, 17~66; ноябрь, 273~308. 이 시기에 이루어진 외교의 세련화와 중앙집권화된 관료 권력의 증진에 관한 훌륭한 개설적 연구. G. von Rauch, "Moskau und die euroäischen Mächte des 17 Jahrhunderts", *HZ*, 1954, August, 29~40도 볼 것. 그리고 스웨덴이 오르딘-나쇼킨을 "러시아의 리슐리외"로 일컬은 것에 관해서는 *ibid.*, 36, 주 2.

[75] Белокуров, *Арсений Суханов*, 215~218; Л. Лавровский, "Несколько сведений для биографии Паисия Лигарида Митрополита Газского", *X Чт*, 1889, № 11~12, 672~736; Е. Шмурло, "Паисий Лигарид в Риме и на греческом востоке", в кн.: *Труды 5-го съезда русских академических организаций за границей*, София, 1932, ч. 1, 특히 538~587; "Русская кандидатура на польский престол в 1667~1669", в кн.: *Сборник статей посвященных П. Н. Милюкову*, Praha, 1929, 특히 280; Legrand, *Bibliographie hellénique du XVIIe siècle*, IV, 8~61에 있는 문서; *Mélanges russes tirés du Bulletin de l'Académie impériale des sciences de St.-Pétersbourg*, П., 1849~1851, I, 152~159; 611~613.

[76] "Да победитель будешь всего мира/ и да исполнит мир тобою вера". И. Еремин, "Декламация Симеона Полоцкого", *ТОДЛ*, 1951, VIII, 359~360. 이 1660년 폴로츠크 탈환 선언은, Еремин(354~356)에 따르면, 정형화된 러시아어 음절시의 최초 용례이다. 『러시아 독수리』는 Н. Смирнов의 서두 해설이 달려서 *ПДП*, CXXXIII, 1915, vii, 65~78에 수록되어 있다. Gudzy, *History of Early Russian Literature*, 505~506; 참고문헌 510, 주 14에서 콘스탄티노플의 구원과 관련해서 표트르 대제 탄생 행사를 기리는 화려한 운문도 볼 것. 이밖에 И. Татарский, *Симеон Полоцкий, его жизнь и деятельность*, М., 1886; И. Еремин, ред., *Симеон Полоцкий: Избранные Сочинения*, М.-Л., 1953을 볼 것.

А. Белецкий는 폴로츠키에게 백러시아어뿐만 아니라 폴란드어와 라틴어로도 문예 활동을 꽤 많이 한 이전 경력이 있었다고 주장한다(*Сборник статей в честь А. И. Соболевского*, Л., 1928, 264~267). А. Позднеев는 "La poésie des chansons russes aux XVIIe et XVIIIe siècles", *RES*, 1959, 29~40에서 폴로츠키를 음악적 운문화와 폴란드 바로크 중창(重唱)의 전통과 연계한다. 폴로츠키의 작품에 관한 최고의 개설적 연구는 Л. Майков, *Очерки из истории русской литературы XVII и XVIII вв.*, П., 1896, 1~162이다. 폴로츠키가 구교도와 벌인 논쟁에 관한 (그가 전례 문제보다는 교리 문제에 관심을 더 많이 가졌고 동방의 교부에 관해서는 대체로 무지했지만, 그에게 어떤 전반적 계획이나 숨은 동기가 전혀 없었음을 보여주는) 뛰어난 비판적 연구로는 Д. Ягодкин, "Симеон Полоц-

키 как полемист против раскола", *Странник*, 1880, сентябрь-октябрь, 73~110; ноябрь, 316~382; декабрь, 542~556을 볼 것.

[77] 뛰어난 논문인 И. Еремин, "К истории общественной мысли на Украине второй половины XVII в.", *ТОДЛ*, X, 1954, 217, 219에서 재인용. 『개설』은 1674년에 처음 나와 판을 여러 차례 거듭해서 18세기 거의 내내 가장 널리 알려진 러시아 사로 남았다.

[78] Л. Майков, *Симеон Полоцкий о русском иконописании*, П., 1889; 그리고 *ААЭ*, IV, 224~226에 있는 1669년의 흠정증서.

[79] 「영혼의 약」(Духовное лекарство)이라는 제목의 원고에 있는 그림. А. Успенский, *Царские иконописцы и живописцы XVII века*, М., 1910, II, 314~316을 볼 것. Успенский는 1662년 무렵에 크레믈 황실조병창에만도 외국인 미술가가 예순 명 있었다고 셈한다(II, 24). Овчинникова는 1640년대 러시아에 심지어 푸흐테르스 이전에도 다른 네덜란드인 화가 한 사람이 있었다는 점을 지적하지만, 푸흐테르스가 니콘의 초상화를 그렸다는 주장에 이의를 제기하면서 그 초상은 더 뒤에 그려졌다고 믿고, 따라서 모스크바국의 예술관을 어겼다는 비난에서 니콘을 구해낸다(*Портрет в русской искусстве*, 25~26). В. Никольский는 양식과 주제에서 일어난 변화를 논한다(*История русскаго искусства*, М., 1915, I, 143).

알렉세이 미하일로비치의 치세에 나라 밖에서는 러시아 외교관의 초상화가 외국인 거장의 손으로 수도 없이 많이 그려졌다(*История русского искусства*, IV, 452~453). 1670년에는 크레믈 안에 있는 알렉세이 미하일로비치의 한 아들의 방 벽에 독일 판화 50점이 붙어 있었다(Забелин, *Домашний быт*, I, 169~170). 이 시기 동안 외교사절청에서 만들어진 많은 원고 서적은 본질적으로 합리주의적인 니콜라이 스파파리(Николай Спафарий)의 철학을 보그단 살타노프(Богдан Салтанов)의 사실주의적 초상화법과 결합한다. И. Михайловский, *Важнейшие труды Николая Спафария (1672~1677)*, Киев, 1897과 И. Кудрявцев, "Издательская деятельность Посольского приказа", в кн.: *Книга: Исследования и материалы*, VIII, 1963, 179~244를 볼 것.

[80] Т. Ливанова, *Очерки и материалы по истории русской музыкальной культуры*, М., 1938, 189. 오랫동안 분실되었다고 여겨온 고레고리 목사의 작품 「아르타크세르크세스의 행위」의 원문이 상이한 두 사본으로 발견되었다. 모스크바의 작센인 의사인 라우렌트 린후버(Laurent Rinhuber)의 소유였다고 보이는 한 사본은 리옹에서 발견되어 A. Mazon과 F. Cocron의 편집을 거쳐 1954년에 파리에서 간행되었고, 러시아 정치가인 아르타몬 마트베예프(Артамон Матвеев)의 소유였다고 보이는 다른 사본은 И. Кудрявцев의 편집을 거쳐 1957년에 모스크

바와 레닌그라드에서 간행되었다. 그레고리의 상연작 목록에 관한 전반적 논의로는 *ТОДЛ*, XIV, 1957에 있는 A. Mazon의 논문을 볼 것. 특히 모스크바의 극장의 조직화를 다루는 문서로는 С. Богоявленский, *Московский театр при царях Алексее и Петре*, М., 1914를 볼 것. (Gudzy, *History of Early Russian Literature*, 517에 제시되어 있는 이 연극과 발레의 목록 외에) 음악 반주에 관해서 Гозенпуд, *Музыкальный театр*, 13을 볼 것.

폴로츠키와 "학교극"에 관해서는 Gudzy, *History of Early Russian Literature*, 522~527; Ливанова, *Очерки и материалы по истории русской музыкальной культуры*, 179~185; А. Белецкий, *Старинный театр в России*, Ann Arbor, 1964 (М., 1923의 재간행본)을 볼 것.

[81] Collins, *Present State of Russia*, 33.

[82] 이반 게브덴(Иван Гебден)에게 보낸 훈령문. J. Patouillet, *Le Théâtre de moeurs russes, des origines à Ostrovski*, 1912, 23에서 재인용. 차르의 두 번째 결혼식에서 연주된 곡에 관해서는 Финдейзен, *Очерки по истории музыки в России*, I, вып. III, 311~313.

[83] Carlisle, *A Relation of Three Embassies*, 142.

[84] 새 극장에서 연기할 배우를 모집하러 외국으로 나간 반 슈타덴(van Staden)의 사절단을 언급하면서 Тихонравов가 밝힌 견해(J. Patouillet, *Le Théâtre de moeurs russes*, 24에서 인용된 대로).

[85] 대사 한 명은 북유럽으로, 둘째 대사는 로마와 중유럽으로, 셋째 대사는 (에스파냐가 포함된) 서유럽으로 파견되었고, 이듬해에는 넷째 대사가 폴란드로 초대 상임 러시아 대사로 파견되었다. Von Rauch, "Moskau und die euroäischen Mächte", 38~42; Н. Чарыков, *Посольство в Рим и служба в Москве Павла Менезия*, П., 1906; А. Попов, *Русское посольство*, 1~27; Д. Лихачев, *Путешествия русских послов XVI~XVII вв.*, М.-Л., 1954, 426~441을 볼 것.

[86] 이 1672년의 『대군주 일람표』(제2판은 1673~1677년)에 관해서는 Овчинникова, *Портрет в русской искусстве*, 65~70을 볼 것.

차르 미하일 로마노프의 치세에 러시아는, 특히 서방과 교섭할 때, 이따금 "황제"라는 칭호를 썼다. 스코틀랜드에서 차르 군대 용병을 모집하던 이의 포고문에서 1633년 5월 1일에 쓰인 용례를 볼 것(A. Steuart, *Scottish Influence in Russian History*, 34). *Respublica Moscoviae et Urbes*, Leiden, 1630은 심지어 1613년에도 "대군주 황제 폐하"(Magus Dominus, Imperator)라는 칭호가 쓰였음을 알려준다. 프랑스는 1654년에 알렉세이 미하일로비치를 "황제"(empereur)로 불렀지만(Берх, *Царствование царя Алексея Михайловича*, I, 85), 그 칭호를 알렉산드르라는 이름에 붙였다. 이것은 러시아의 현실에 매우 정통했다는 증거가 되지 못한다. 올리버 크롬웰(Oliver Cromwell)과 찰스 2세(Charles II)는 둘 다 그를 "황제"(emperor)로 불렀다(Иконников, "Ближний боярин А. Л. Ордин-Нащокин", 283, 주 1).

[87] A. Weltman(A. Вельтман), *Le Trésor de Moscou (Orujeynaia palata)*, M., 1861, 2-е испр. изд., 45.

[88] Савва(트베르 대주교), *Sacristie patriarchale dit synodale de Moscou*, M., 1865, 2-е иллюст. изд., 9~10; Сидоров, *Древнерусская книжная грабюра*, 218~219, 그리고 216 맞은편의 도판, 또한 203~204.

[89] "…wie soll ich genug preisen/ den unverglichen tzar, den Groß-Herzog der Reussen?/ Der unser teutsches Volk mehr als die Reussen liebt,/ und ihnen Kirch und Siz, Sold, Ehr und Schatze giebt./ O hochst-gepriessner tzar, Gott wolle dich belohnen,/ wer wolle doch nicht gern in diesem Lande wohnen?" 1667년 10월에 그레고리가 예전에 아담 올레아리우스와 함께 러시아를 여행했던 슈투트가르트 태생의 요한 알가이어(Johann Allgeyer)에게 준 원고에서 Н. Лихачев가 인용 (*Иностранец-доброжелатель России в XVII столетии*, П., 1898, 6).

[90] 우편 업무는 외국인에게 이권으로 임대되었으며 외교 연락수단으로서는 믿음이 가지 않는다는 악평이 자자했다. Шлосберг, "Начало периодической печати в России", 75~77과 참고문헌 77, 주 5를 볼 것. И. Козловский, *Первая почта и первые почтмейстеры в Московском Государстве*, Warszawa, 1913, в 2 т.도 볼 것. 1668년 뒤에는 우편 업무가 외교사절청 소관이 되었지만, 스몰렌스크와 리가를 거쳐 서쪽으로 가는 두 경로 다 보안이 여전히 형편없었다.

[91] Райнов, *Наука в России*, 434~437. 니콜라우스 코페르니쿠스(Nicolaus Copernicus)와 티코 브라헤(Tycho Brahe) 두 사람 모두 동유럽인이었고, 브라헤의 코펜하겐 천문대가 불탄 뒤로 세계 최대의 천문대가 있는 곳은 단치히 (Danzig)였다. 따라서 이 시기에 천문학 자료가 유입되었다고 해서 놀랄 일이 아니다. 비록 점성술과 꽤 많이 뒤섞이고 러시아가 보유한 지식이 별로 실용적으로 쓰이지 않았을지라도 말이다(*Ibid.*, 439~454).

[92] Д. Урсул, *Философские и общественно-политические взгляды Н. Г. Милеску Сафария*, Кишинев, 1955, 83~85; А. Яцимирский가 쓴 머리말을 달고 *Китайское государство*, Казань, 1910으로 간행된 이 출중한 몰도바 태생 특사의 교회 슬라브어 보고서 원문. П. Яковлева, *Первый русско-китайский договор 1689 года*, M., 1958, 101~109도 볼 것. 공식 관계는 1675년에 수립되었고, 그 전에는 차르가 1653년에 공식성이 떨어지는 대표단을 보냈던 적이 있다(*ibid.*, 90~92). 알렉세이 미하일로비치의 치세는 중앙아시아와 외교 관계를 확장하는 데에도 중요한 시기였다. В. Ульяницкий, *Сношения России с Средней Азией*

и *Индией в XVI~XVII вв.*, М., 1889, 특히 18, 38~43을 볼 것.

[93] 조정에서 니콘을 박해한 주요 인물 가운데 한 사람인 히트로보가 1654년부터 그가 죽는 1680년까지 관장한 황실조병창에 관해서는 *История русского иску-сства*, IV, 358 ff.을 볼 것. 니콘이 몰락하고 오르딘-나쇼킨이 사라진 뒤로 1670 년대에는 아르타몬 마트베예프가 알렉세이 미하일로비치의 주된 벗이자 조언자가 되었다. 시계에 관해서는 A. Суворин, *Боярин Артамон Сергеевич Матвеев*, П., 1900, 32 ff., 특히 48을 볼 것. Цветаев는 — 같은 시기에 들어온 사실주의적 초상화법과 자연주의적 이콘 제작기법과 더불어 인체와 그 외관에 관한 인식을 키우는 데 도움을 준 — 거울이 들어온 시기를 1665년으로 잡는다(*Протестантство и протестанты в России*, 737).

[94] С. Полоцкий, *Сочинения*, 71, 10~11, 233; Полоцкий, *Вертоград многоцветный* (1678년), С. Денисов, *Виноград российский* (1720년대).

[95] В. Кругликов, *Измайлово*, М., 1948, 특히 8~19. 이즈마일로보 정원의 화려한 장식물, 그리고 동심원을 이루는 원형 형태의 재구성으로는 С. Палантреер, "Сады XVII века в Измайлове", *СИИ*, VII, 1956, 80~104를 볼 것.

[96] *История русского искусства*, IV, 308~310, 406~408; Полоцкий, *Сочинения*, 104~105; А. Корсаков, *Село Коломенское*, М., 1870; 그리고 Z. Schakovskoy, *La Vie quotidienne à Moscou au XVIIe siècle*, 1962, 257~260에 있는 서술; Н. Лихачев; А. Ершов, *Село Коломенское*, М., 1913; 미간행 학위논문인 И. Маковецкий, *Коломенское: Исследование исторического развития планировки архитектурного ансамбля*, М., 1951에 들어있는 철저한 재구성과 분석.

[97] V. Snow, "The Concept of Revolution in the Seventeenth Century England", *The Historical Journal*, V, 2, 162, 164~174. 본질적으로 천문학적인 이 혁명 개념은 17세기 말엽에나 가야 변동성과 불가역성이 더 큰 변화라는 근대적 개념으로 대체되기 시작한 듯하다.

[98] 표도르 보제. Субботин, *Материалы для истории раскола*, VI, 49~50, 219에서; 그리고 *ПС*, 1859, август, 456~458에서.

[99] Н. Сумцов, "Иннокентий Гизель", *КС*, 1884, октябрь, 207~217에서 논의된 Иннокентий Гизель, *Мир с Богом человеку*, Киев, 1666 (재간행 М., 1669, 1671).

[100] Лазарь Баранович, *Меч духовный*, Киев, 1666. 첫 세 쪽에 있는 공들여 만든 십자군의 상징적 표현, 차르에게 바치는 헌정사 열다섯 쪽, 신약성경 「누가복음」 22장 36절에서 옷을 팔아 칼을 사라고 사도들에게 내린 그리스도의 지시로 시작하는 독자 서문에 주목할 것. 신약성경 「요한계시록」에서 묘사된 새 하늘나라를 이야기하려는 취지의 제목인 И. Голятовский, *Небо новое з новыми звездами*

сотворенное, Lwów, 1665도 볼 것. (본디 1666년에 쓰이고 1666~1667년 공의 회의 승인을 정식으로 받은) Симеон Полоцкий, *Жезл правления*, М., 1763, ч. 1, 14; ч. 2, 122에 있는 종말론적인 상징적 표현도 볼 것. *X Чт*, 1860, ноябрь, 482~500에 И. Нильский가 그 저작의 기원에 관해 쓴 주석도 볼 것.

[101] Успенский, *Царские иконописцы и живописцы XVII века*, I, 55.

[102] 97개 장과 2개 부록으로 이루어진 이 소책자는 뱌즈마에서 태어난 다음에 스몰렌스크와 모스크바로 이주한 뒤 스웨덴이 다스리는 켁스홀름(Kexholm)⁴에 정착한 시몬 이굼노프(Симон Игумнов)가 (나중에 가톨릭으로 개종하는) 스웨덴 여왕 크리스티나(Kristina)를 위해 썼다. 이 소책자의 사본은 남아있지 않다고 알려져 있으며, 이 소책자에 관한 유일한 기록은 (에스토니아 총독의 비서인) 안데르스 발빅(Anders Wallwick)이 마티아스 뵤른클루(Mattias Björnklou)에게 써보낸 1662년 6월 자 편지에 달린 추신에 쓴 글이다(Riksarkivet, Stockholm, collection of manuscripts, № 69). 그 편지 자체는 스웨덴인이 비록 얼마간 업신여기는 시각일지라도 진지한 러시아 종교 연구를 진행하고 있었음을 알려준다(Riksarkivet, Björnklou collection, № 6, E 3259). 이 예증은 Цветаев가 다른 증거를 바탕으로 한 주장, 즉 솔로비요프 및 다른 이들이 외국인이 러시아의 종교 문제에 흥미를 느끼지 않았다고 잘못 가정했다는 주장을 보강해준다. 실제로, 스웨덴의 루터교회 프로파간다는 러시아 정교가 종말론과 반(反)가톨릭 쪽으로 진로를 잡도록 거들었을 수 있다. 핀란드의 투르쿠(오부)에 신설된 스웨덴 신학원(핀란드와 카렐리아의 루터교회 교육 프로그램의 중심지)에서 1650년대에 초대 수사학 교수이면서 주요 인사였던 이가 에스킬 페트레우스(Eskil Petraeus)인데, 이 사람의 주저서가 *De Antichristo magno, qui est Romanus pontifex*, Uppsala, 1653였다. I. Salomies, *Suomen Kirkon historia*, Helsinki, 1949, II, 334~349를 볼 것. 종교개혁과 대항종교개혁이 충돌하는 시기 동안의 스웨덴 종교사상의 종말론 성향에 관해서는 H. Sandblad, *De Eskatologiska förestāllningarna i Sverige*, Uppsala, 1942를 볼 것.

[103] 신도의 수는 П. Смирнов, *Внутренние вопросы в расколе*, 093에 있는 추산이고, 교회의 수는 Красножен, *Иноверцы на Руси*, I, 88에 있는 추산이다.

[104] 예를 들면, 아바쿰(Субботин, *Материалы для истории раскола*, I, 25).

[105] 코멘스키의 후기 저술은 (특히 1665년의 『빛과 어둠』은) 종교개혁의 종말론적 급진분자의 주무기였다. 이런 "급진적 종교개혁"과 (공후국이든 주州정부든 지역의 정치 당국이 지원하는) "권위적 종교개혁"의 구분은 G. H. Williams가 했던

---

⁴   오늘날의 프리오제르스크(Приозерск).

것이며(*Spiritual and Anabaptist Writers*, Philadelphia, 1957, 18~25에 있는 그의 머리말을 볼 것), Williams, "Anabaptism and Spiritualism in the Kingdom of Poland and the Grand Duchy of Lithuania: An Obscure Phase of the Pre-history of Socinianism", in *Studia nad arianizmem*, 215~262에서 저 멀리 동쪽으로 폴란드와 리투아니아까지 확대된다. 리투아니아와 백러시아의 칼뱅주의는 W. Ryzy-Ryski, *The Reformation in Bielorussia*, Princeton Theological Seminary, unpublished revised Th. M. Thseis에서 논의된다.

[106] 러시아의 종교 생활을 연구한 초기의 서방학자들은 이 비교를 자주 했다. 예를 들어 J. Bellermann, *Kurzer Abriss der rußischen Kirche*, Erfurt, 1788, 240~243을 볼 것.

네로노프와 아바쿰의 평화주의에 관해서는 S. Zenkovsky, "The Ideological World of the Denisov Brothers", *HSS*, III, 1957, 61~62 주 45; Субботин, *Материалы для истории раскола*, I, 38; Pascal, *Avvakum et les débuts du raskol*, 48~49를 볼 것. "교회"를 일컫는 구교도 용어인 "예배당"(молитвенный храм)은 알렉세이 미하일로비치 시대 동안 널리 쓰였다. 최근의 구교도 문헌은 심지어는 교회분열이 일어나기 전에 지어진 그 예배당 가운데 몇 개가 구교도 소유였다고 주장한다. 사실상, 구교도의 1960년 달력은 뒤나부르크(Dünaburg)[5] 부근에 지어졌다고 하는 그들의 첫 "예배당"의 300주년을 기념한다. *Старообрядческий церковный календарь на 1960 год* (Преображенская Старообрядческая Община), 58을 볼 것.

[107] 또한 이 장로, 즉 요시프는 교회분열이 공식화되기 훨씬 전에 머나먼 예니세이스크(Енисейск)에서 1660년에 설교 활동을 시작했다. A. Палладий, *Обозрение пермскаго раскола*, П., 1863, 1~2; И. Сырцов, *Самозжигательство сибирских старообрядцев*, 6~9, 12~13을 볼 것. 아르메니야 상인들이 러시아 정교회 안으로 점점 더 많이 흡수되는 현상(Красножен, *Иноверцы на Руси*, 91을 볼 것)은 구교도가 가진 힘의 또 다른 원천을 가르쳐줄지 모른다. 상인계급 가운데에서도 그들이 특히 강했기 때문이다. 그러나 니콘은 아르메니야식 전례를 들여온다는 비난을 받기도 했다. Полоцкий, *Жезл правления*, ч. 2, 73.

[108] 이것은 И. Голятовский, *Ключ разумения* (Киев, 1672)의 신판을 대상으로 이름이 알려지지 않은 저자가 쓴 뛰어난 서평인 "Южнорусское духовеннство, и еврей в XVII веке", *Восход*, 1887, апрель, 특히 4~6이 분명하게 뜻하는 바이

---

[5] 라트비아에서 두 번째로 큰 도시인 다우가우필스(Daugavpils)의 독일어 명칭. 러시아에서는 1920년까지 디나부르그(Динабург)나 드빈스크(Двинск)라고 불렸다.

다. 또한 비록 덜 만족스럽기는 할지라도 골랴톱스키의 저작과 러시아에서 벌어진 사바타이 사상 반대 운동이 Градовский, *Отношения к евреям в древней и современной Руси*, П., 1891, 338~356에서 다뤄지며, И. Огиенко, "Проповедь Иоанникия Голятовскаго", *CXO*, XIX, 1913, 특히 423~426에서는 그가 이단에 품은 전반적 공포와 연계된다. Голятовский, *Небо новое*, 51~64, 68~74에 있는 이단 목록도 볼 것.

[109] G. Scholem, "Le Mouvement sabbataiste en Pologne", *JHR*, XLIII, 1953, 30~90, 209~232와 XLIV, 1953, 42~77은 사바타이의 메시아 신앙이 폴란드 안에서 엄청난 영향력을 지녔다는 증거 문서를 제시하며 주로 프랑크 종파 운동[6]을 통해 폴란드의 사상에 상당한 유산을 남겼음을 알려준다. 사바타이의 영향력이 러시아에 존재했다는 몇몇 단서와 암시가 G. Scholem, *Schabbetai Zvi*, Tel Aviv, 1957, I, 1~74, II, 493 ff.에 들어있다.

17세기 말엽에 유대인이 모스크바국으로 유입된 것에 관해서는 러시아 유대인 정기간행물 특별부록 *Восход: Систематический указатель литературы об евреях на русском языке (1708~1889)*, П., 1892, 53~55, 특히 П. Лякуд, "К истории евреев в России", *Восход*, 1888, май-июнь, 198~208에 열거된 자료를 볼 것. 이 문헌은 알렉세이 미하일로비치 통치기에는 유대인을 막는 특별 규제가 없었음을 강조한다. 또한, 구교도 사이에 존재한 유대인의 (그리고 아르메니야인의) 직접적 영향력에 가해진 공식 비난에 관해서는 Е. Мельников, *Участие иудеев и иноверцев в делах церкви*, М., 1911, 특히 11~13을, 그리고 그 뒤에 박해받는 상황에서 살아남으려고 구교도가 유대인과 다른 소수파 집단들과 함께 공동 전선을 펴야 했던 필요성에 관해서는 65~66을 볼 것. Ю. Гессен, "Еврей в Московском Государстве XV~XVII в.", *Еврейская старина*, 1915, № 1, 1~19; 그리고 특히 № 2, 153~172에는 유대인이 높은 자리에 오른 다른 사례의 증거 문서가 있다. 유대인은 특히 번역 작업에 활용되었다(K. Wickhart, *Moscowittische Reiß-Beschreibung*, Wien, 1675, 43~44를 볼 것).

카작(*ИС*, I, 1934, 141~149에 있는 С. Боровой의 연구; Slouschz, "Les Origines du Judaïsme dans l'Europe Orientale", 80을 볼 것)과 구교도(Смирнов, *Внутренние вопросы в расколе*, 093~094, 096~100)처럼 유대인을 배척하기로

---

[6] 메시아를 자처했던 사바타이 체비의 환생이라고 주장하는 유대인 야콥 프랑크 (Jakob Frank, 1726~1791년)를 중심으로 동유럽, 특히 폴란드에서 펼쳐진 유대인의 종교 운동. 탈무드 등 유대인이 중시하는 경전의 권위를 부정했고, 1759년에 대거 그리스도교로 개종하기도 했다.

("반유대주의적"антисемитический이라는 용어는 이 시대에는 맞지 않는다) 가장 이름난 집단 안에서조차 유대인이 있거나 영향력을 가졌다는 단서가 얼마간 있다. 17세기 말엽 모스크바의 유대인에 관해서는 *Еврейская старина*, 1913, № 1, 96~98을 볼 것. "유대 추종자들" 이단에서처럼, 17세기 말엽 러시아의 종교 부흥에서 유대인이 한 정확한 역할이 엄밀하게 규정된 적이 없지만, 15세기의 상황과는 아주 대조적으로 17세기의 문제는 체계적으로 탐구된 적이 없다.

[110] 요한 데 로데스(Johan de Rodes). В. Никольский, "Сибирская ссылка протопопа Аввакума", *УЗ РАНИОН*, II, 1927, 154에서 재인용.

[111] Haus, *Hof und Staatsarchiv*, Wien, 8, *Rußland I Russica*, VI, 27에 있는 알레그레토 데 알레그레티(Allegretto de Allegretti)와 요한 로르바흐(Johann Lorbach)[7]의 1656년 1월 18일 자 급보.

[112] Paul of Aleppo, *The Travels of Macarius*, I, 410; 또한 I, 386~395, II, 74~79.

[113] (전문이 재간행되거나 니콘 이전의 1651년 판과 분석적으로 비교된 적이 없고, 상당 부분이 W. Palmer, *The Patriarch*, I, 617~665에 있는) 1653년 『교회법령집』의 53항을 볼 것. 니콘의 「콘스탄티누스 기증장」 이용에 관해서는 *ibid.*, I, 207~216, 그리고 (니콘이 그 기증장이 위조임을 몰랐고, 자기를 위해 교황권 주장을 할 의도는 전혀 가지고 있지 않았다고 주장하는) Зызыкин, *Патриарх Никон*, II, 161~164를 볼 것. (하버드 대학 법학대학원 도서관에 있는 1653년 『교회법령집』 사본을 참고한) 교회사에 딸린 열다섯 쪽짜리 부록은 러시아 교회의 사도적 성격을 상세히 설명하고, 러시아 총대주교구 설치를 하느님께서 로마 교회의 배교 행위에 해주시는 일종의 보상으로 표현하며, 영국 교회를 꼬드겨서 예전에 정교와 "그리스인 차르"에게 했다고 하는 충성 맹세를 저버리게 했다고 로마를 비난한다. (여기서 제시되는 것 이외의 다른 입론에 주로 바탕을 두고) 교황 제도로 기우는 성향을 니콘에게서 찾아내려는 가장 끈질긴 시도는 И. Андреев, *Папския тенденции патриарха Никона*, П., 1908이다.

[114] Белокуров, *Материалы для русской истории*, М., 1888, 101~102. Гиббенет, *Историческое изследование дела Патриарха Никона*, II, 48 ff.에 있는 1661년 12월 자 편지에 나오는 훨씬 더 계시록적인 꿈은 표트르 수좌대주교가 니콘에게 자기가 차르에게 절망을 느꼈다고 이야기하는데 불길이 차르 쪽으로 천천히 올라가는 동안 성모승천 대성당이 불길에 휩싸이고 지난날의 위대한 교회 지도자들이 무덤에서 일어나 거룩한 행렬을 이루어 제단 쪽으로 가는 모습을 묘사한

---

[7] 신성로마제국이 스웨덴을 견제할 목적으로 폴란드와 러시아의 화해를 주선하고자 1655년 여름에 모스크바에 파견한 사절단의 책임자들.

다. 1664년의 강림절 재일 동안 표트르가 본 다른 환영에 관해서는 *ibid.*, II, 112~113을 볼 것.

[115] Гиббенет, *Историческое изследование дела Патриарха Никона*, I, 63; 또한 122.

[116] Гиббенет, *Историческое изследование дела Патриарха Никона*, II, 47. 재세례 관련 규정에 관해서는 Красножен, *Иноверцы на Руси*, 33~34, 100 ff.을 볼 것.

[117] Зызыкин, *Патриарх Никон*, II, 46. 콘스탄티노플 총대주교도 "제2의 루터교회파"가 러시아에서 암약하고 있다고 굳게 믿었다. Субботин, *Материалы для истории раскола*, VI, 198. 오도옙스키는 신설된 수도원업무청의 수장이자 니콘을 심문한 정부 관리였다.

[118] 리가리드가 니콘에게 보낸 1662년 7월 12일 자 편지(Гиббенет, *Историческое изследование дела Патриарха Никона*, I, 113). Зызыкин, *Патриарх Никон*, III, 72~74도 볼 것.

[119] *Житие*, 110 (*Life*, 134를 지은이가 조금 고쳐서).

[120] *Life*, 66.

[121] *Ibid.*, 134, 34.

[122] *Ibid.*, 131.

[123] *Ibid.*, 34 ("Правовернии", *Житие*, 55). E. Hoffer, *The True Believer*, NY, 1951을 볼 것.

[124] Субботин, *Материалы для истории раскола*, V, 204.

[125] Avvakum, *Life*, 22.

[126] Субботин, *Материалы для истории раскола*, VIII, 224 ff.

[127] 니콘의 청소년기를 아는 데 특히 유용한 И. Шушерин, "Известие о рождении и о воспитании и о житии святаго Никона, патриарха Московскаго и всея России", *РА*, 1909, № 9, 1~110.

영적 자서전이라는 장르, 이 장르가 17세기에 이룬 발전, 아바쿰의 『일대기』의, 그리고 예피파니의 『페름의 스테판 일대기』의 원문과 상호연관성에 관해서는 A. 로빈손, *Жизнеописания Аввакума и Епифания*, М., 1963을 볼 것.

[128] A. Kluyver, "*Over het Verblijf van Nicolaas Witsen te Moskou (1664~1665)*", *Verslagen en Mededeelingen der Koninklijke Akademie van Wetenschappen*, Amsterdam, 1894, 5~38, 특히 19~22.

[129] 1961년 5월에 라이덴 대학 도서관에 임시 위탁되어 있는 동안 참조한 비첸(Witsen)의 보고서 본문, 2절판 쪽 136a~137b.

[130] Белокуров, *Материалы для русской истории*, 84~100; Зызыкин, *Патриарх Никон*, I, 25; 또한 III, 47~52. 여기서 니콘은 자기의 운명을 히브리 예언자들의 운명에 비유한다. 구교도가 행했다는 초기의 기적에 관해서는 Субботин, *Материалы для истории раскола*, I, 204~205; VII, 35~40을 볼 것.

[131] Гиббенет, *Историческое изследование дела Патриарха Никона*, II, 77, 47.

[132] Я. Барсков, *Памятники первых лет русскаго старообрядчества*, П., 1912, 1~5에 수록, 그리고 주석 265~275. 또한 (구교도의 적그리스도 상징 이용보다는 대체로 훨씬 덜 알려진) 니콘의 적그리스도 상징 이용에 관해서는 *Странник*, 1880, август, 526~567을 볼 것.

[133] *Оч (6)*, 300~302; *Описание документов и бумаг, хранящихся в московском архиве Министерства юстиции*, М., 1912, XVI, 18, 주 2. 또한 성공하지 못한 스텐카 라진과 니콘의 협상에 관해서는 В. Лебедев и А. Новосельский, ред., *Крестьянская война под предводительством Степана Разина: Сборник документов*, М., 1954, I, 277을 볼 것.

[134] 표트르 대제의 교회 개혁에 관한 П. Верховской의 기념비적 연구(*Учреждене духовной коллегии и духовный регламент*, Ростов-на-Дону, 1916, в 2 т.)는 니콘의 굴욕과 1666~1667년 공의회를 교회가 세속화하고 국가에 종속되는 과정의 결정적 단계로 여긴다(I, 44~45, 684). 주목을 받지 못했지만 뛰어난 또 하나의 연구(И. Козловский, "Значение XVII века в русской истории", *Сборник историко-филологического общества*, Нежин, VI, 1908)는 1666~1667년 공의회를 사실상 국가 교회의 첫 종무원으로 간주한다. 빌뉴스의 작센인 목사가 당대에 수행한 연구(J. Herbinius, *Religiosae Kiiouiensium Cryptae, Sive Kijlovia Subterranea*, Jena, 1675, 150)도 (대체로 서방의 교회분열이라는 관점에서 러시아의 교회분열을 144~170에서 흥미롭게 분석하던 가운데, 또한 72~79도 볼 것) 1666~1667년의 공의회를 루터교회 식의 종무원으로 언급한다.

[135] Мельников, *Участие иудеев и иноверцев в делах церкви*, 12~13, 86~87; Гессен, "Еврей в Московском Государстве", 161, 주 1; Гиббенет, *Историческое изследование дела Патриарха Никона*, I, 122; Симеон Полоцкий, *Жезл правления*, ч. I, 17; Paul of Aleppo, *The Travels of Macarius*, I, 276; Collins, *Present State of Russia*, 113~121.

[136] Ю. Крачковский, *Очерки*, 62.

[137] 러시아 안에 있는 우니아트 교회를 정식으로 철폐하는 1839년 법령은 우니아트 교회를 "예전 폴란드 공화정의 술수 정치"(хитрая политика бывшей республики)와 연계한다. С. Мельгунов, *Из истории религиозно-общественных движении в России XIX в.*, М., 1919, 73에서 재인용.

[138] Смирнов, *История русского старообрядчества*, 91~95, 121; *Внутренние вопросы в расколе*, 61~67.

[139] С. Безсонов, *Ростов Великий*, М., 1945, 9~10, 14~23.

[140] Pascal, *Avvakum et les débuts du raskol*, 371~372.

[141] 이 모든 것이 야로슬라블에 있는 예언자 일리야 교회(Церковь Ильи Пророка)에서 발견될 터였다. 이 교회는 1647~1650년에 지어졌지만 1680~1681년에야 현재의 프레스코화로 장식되었다. 이 프레스코화의 구도와 피스카토르 성경에서 빌려온 그 유명한 소재에 관한 새 연구는 М. Некрасова, "Новое в синтезе живописи и архитектуры XVIII века", в кн.: В. Лазарев и др., *Древнерусское искусство: XVII век*, М., 1964, 89~109이다.

[142] 예를 들어, 제위에 앉은 그리스도를 그린 17세기 말엽 야로슬라블의 이콘(Bunt, *Russian Art*, 108)을 같은 주제를 그린 더 앞 시기의 노브고로드식 구도(87)와 대조해볼 것.

　Сперовский가 17세기 이코노스타시스에 있는 고난 장면의 표현이 늘었다는 것을 논한다("Старинные русские иконостасы", *ХЧ*, 1892, январь-февраль, 10~16). 그는 같은 경향이 사도들의 이콘에서도 나타난다는 점(15)과 1667년의 교회공의회가 "거룩한 교회에서 우리 구세주 예수 그리스도의 책형과 수난을 봄으로써 눈에 보이지 않는 사악한 뱀에 물린 상처가 치유되도록" 각 이코노스타시스에 십자가를 표현하라고 요구함으로써 그 추세에 두드러지게 속도가 붙었다는 점(12)을 지적한다.

[143] 싀소예비치나 로스토프에 관한 철저한 학술 연구는 없으며, 로스토프의 (그리고 상당 정도는 야로슬라블의) 보배에 관한 나의 설명은 대체로 1961년 3월과 1965년 1월에 그곳을 방문했을 때 했던 관찰과 그때 받았던 인상에서 끌어낸 것이다.

　싀소예비치의 감독 아래서 주로 주조되었고 여전히 우람한 로스토프의 종에 관한 기사로는 *Soviet Life*, 1965, December, 44를 볼 것.

02. 서쪽으로 돌아서기

[1] 실베스트르 메드베데프에 관해서는 Прозоровский가 편집한 그의 저작을 *Чт*, 1896, II, iv, 1~148; III, iv, 149~378; IV, iii, 379~604에서 볼 것. (*Чт*, 1885, IV에도 있는) С. Белокуров, *Сильвестр Медведев: Известие истинное православным*, М., 1886; И. Козловский, *Сильвестр Медведев: Очерк из истории русскаго просвещения и общественной жизни в конце XVII в.*, Киев, 1896; И. Шляпкин, *Дмитрий Ростовский и его время*, П., 1891, 144~176, 208 ff.도

볼 것. 그리고 이 시기 동안 러시아어에 로마가톨릭 용어와 스콜라 철학 개념이 유입된 것에 관해서는 Виноградов, *Очерки по истории русского литератур-ного языка*, 18~33을 볼 것.

리후드 형제의 비범한 문예·신학 활동에 관해서는 M. Сменцовский, *Братья Лихуды*, П., 1899와 보충자료집 *Церковно-историческия материалы*, П., 1899를 볼 것. *БЕ*, XVII, 857~858도 볼 것. 그리스지향론자와 라틴화론자의 싸움에 관해서는 K. Харлампович, *Борьба школыьнуых влияний в допетровской Руси*, Киев, 1902; A. Галкин, *Академия в Москве в XVII столетии*, 27~59; 그리고 C. O'Brien, *Russia under Two Tsars 1682~1689: The Regency of Sophia Alekseevna*, Berkeley-Los Angeles, 1952, 43~61의 논의를 볼 것.

[2] 급증하는 서방의 논문과 논설은 Рущинский, *Религиозный быт русских*에서 열거되고 비판적으로 논의된다. 작센과 맺은 연계는 J. Herbinius, *Religiosae Kiiouiensium Cryptae*, 4, 34~46에서, 스웨덴과 맺은 연계는 N. Berg, *Exercitatio historico-theologica de statu ecclesiae et religionis Moscoviticae*에서 논의된다. 또한, H. Bendel, *Johannes Herbinius, Ein Gelehrtenleben a. d. XVII Jahrhunderts*, Leipzig, 1924; 서방에서 빈번하게 차용했음을 알려주는 신학교의 교과과정과 문화적 영향에 관한 И. Покровский의 논문 두 편(*Странник*, 1869, июль 24~55; август, 109~138)을 볼 것.

[3] Karmirēs, *Ta Dogmatika*, II, 687~773.

[4] Зызыкин, *Патриарх Никон*, II, 164.

[5] *Catholic Encyclopedia*, V, 572~590을 볼 것.

[6] Gavin, *Some Aspects of Contemporary Greek Orthodox Thought*, 335; 또한 324~353에 있는 전반적 논의.

[7] 이 논쟁에 관해서는 Г. Маркович, *О времени пресуществления святых даров: Спор, бывший в Москве во второй половине XVII в.*, Вильнюс, 1886을, 그리고 공식 교회가 분리파 문제에 몰두하느라 로마가톨릭의 입장이 널리 받아들여지도록 허용한 것에 관해서는 A. Гаврилов, "Литературные труды патриарха Иоакима", *Странник*, 1872, февраль, 89~112를 볼 것.

성변화(聖變化)의 방식과 시점을 알 수 없는 신비로 보아야 한다는 러시아의 지속적 주장(Соколов, *Краткое учение о богослужении православной церкви*, 41~42; И. Жилов, *Православное-христианское катехизисное учение*, 99를 볼 것)은 피우스 6세에게 (1794년의 교서 「신앙의 원천」Auctorem fidei에서) 파문당한 얀센주의자[8]가 한 세기 뒤에 취한 입장과 비슷했다.

[8] 메드베데프가 급진적인 리투아니아인 프로테스탄트 얀 벨로보드스키와 빚은 갈등에 관해서는 A. Гаврилов, "Проповедники 'немецкой веры' в Москве и отно-

шение к ним патриарха Иоакима", *Странник*, 1873, март, 126~137을 볼 것.
(역시 프로테스탄트 신도와 구교도에 반대하는 글을 쓴) 리후드 형제에 관해서는
Сменцовский, *Братья Лихуды*, 33~34를 볼 것.
[9] 크리자니치의 초기 이력에 관해서는 С. Белокуров, "Юрий Крижанич в России",
в кн.: *Из духовной жизни московскаго общества XVII в.*, М., 1902, 특히
152/13-159를, 그의 논쟁 활동에 관해서는 168~188을 볼 것.

훌륭한 논의와 기본 참고문헌으로는 *ASR*, 1947, December, 75~92에 있는
M. K. Petrovich의 논문을 볼 것. 탁월한 크리자니치 정치사상 분석으로는 B.
Вальденберг, *Государственные идеи Крижанича*, П., 1912를 볼 것. Л. Пуш-
карев의 기백 있는 논문(*ВИ*, 1957, № 1, 77~86)과 그의 주장을 뒷받침해주는
다른 학술원 회원들의 논평(*ВИ*, 1957, № 2, 202~206)은 크리자니치를 바티칸의
반동적 (그리고 그것도 유고슬라비아인) 음모가로 낙인찍은 스탈린 체제의 파문
으로부터 복권해준 듯하다. (П. Безносов가 혼동을 일으키고 조금 축약된 판
Русское государство в половине XVII века, М., 1859~1860, в 2 т.로 예전에
펴낸) 크리자니치의 주요 저작의 완전한 신판을 A. Гольдберг가 앞장서서 준비
하고 있다. 크리자니치에 관한 그의 논문들(*УЗЛГУ*, CXVII, 1947; *ТОДЛ*, XIV,
1958; *ИСП*, 1960, вып. 6; *Славия*, 1965, № 1)에 유용한 새 정보가 담겨 있다.
크리자니치가 러시아 안에서 가톨릭에 찬성하고 독일에 반대해서 쓴 논쟁문의
일부가 M. Соколов, ред., *Собрание сочинений Крижанича*, М., 1891에 들어
있다. 그의 저작은 최근에 발견된 원고로 *ИА*, 1958, № 1, 154~189에서 보완되었
다.
[10] 1590년대와 1620년대에 모스크바로 파견된 그 크로아티아인 특사에 관해서는
M. Murko, *Die Bedeutung der Reformation und Gegenreformation für das geistige
Leben der Südslaven*, Praha-Heidelberg, 1927, 24~59, 그리고 특히 38, 46 주 4,
그리고 48 주 2를 볼 것.
[11] 1601년에 페사로(Pesaro)에서 출간. 프로코포비치가 러시아어로 번역해서 1722년
에 성 페테르부르그에서 간행된 이 대단한 저작에서는 반달족과 고트족과 아바르
족이 "슬라브인"에 포함되고 크로아티아인 베네딕토회 수사가 남슬라브인의 역
할을 강조한다. E. Šmurlo, "From Krizhanich to the Slavophils: An Historical
Survey", *SEER*, 1927, December, 321~327; 그리고 *БЕ*, XLII, 91을 볼 것.

---

8   플랑드르의 사제 코르넬리우스 얀센(Cornellius Jansen, 1585~1638년)을 따라 프
랑스에서 가톨릭교회 개혁을 주도한 종파의 구성원들. 초기 교회의 엄한 윤리를
강조하고 자유의지를 부정하는 듯한 교리를 펼치다가 이단 판정을 받았다.

[12] Шмурло(Šmurlo), "Паисий Лигарид в Риме и на греческом востоке"; 그리고 *Kurie a Pravoslavný východ в letech 1609~1654.*

[13] *Русское государство в половине XVII века,* I, 92~98.

[14] *ИА,* 1958, № 1, 170. 또한 Вальденберг, *Государственные идеи Крижанича,* 155~158을 볼 것.

[15] 쿨만에 관해서는 특히 그의 신비적이고 예언적인 시집 *Der Kühlpsalter,* London, 1679와 암스테르담에서 1685~1686년에 간행된 확장 2판을 볼 것. 이 책의 2개 부(部)에서 제2부의 첫 열네 쪽에는 흥미로운 예언이 가득하다. 그의 예언적인 호소문「어이하여 가톨릭 신앙으로부터 종교개혁이 근본적으로 나타나고 프로테스탄트 신자 연합이 설득력 있게 촉구되는가」, *To the Wiclef-Waldenses, Hussites, Zwinglians, Lutherans, and Calvinists,* London, 1679 (그리고 라틴어로는 Rotterdam, 1679); 그가 차르에게 보낸 호소문 *Drei und Zwanzigstes Kühl-Jubel ausz dem ersten Buch des Kühl-Salomons an Ihre Czarischen Majestäten,* Amsterdam, 1687도 볼 것.

가장 좋은 기본 논의로는 R. Beare, "Quirinus Kuhlmann: The Religious Apprenticeship", *PMLA,* 1953, September, 828~862; 또한 *La Nouvelle Clio,* VI, 1954, 164~182에 있는 그의 참고문헌 목록을 볼 것. 그가 러시아에서 한 활동에 관해서는 Тихомиров, *Сочинения,* II, 305~375; Chizhevsky, *Aus zwei Welten,* 231~252를 볼 것. 그의 영적인 시에 대한 Claus Bock의 유용한 분석(*Quirinus Kuhlmann als Dichter,* Bern, 1957)이 있는데, 이 분석은 다른 무엇보다도 그의 묘사법과 작시법에는 후안 데 예페스 이 알바레스(Juan de Yepes y Alvarez)와 눈에 띄게 닮은 점이 있음을 보여준다(89~95).

외국인이 17세기 러시아를 설명하는 글로서는 가장 널리 읽히는 책을 쓴 홀슈타인 출신 상인 아담 올레아리우스는, 쿨만과 마찬가지로, "열매 맺기 모임" 회원이었다. B. Unbegaun, "Un Ouvrage retrouvé de Quirin Kuhlmann", *La Nouvelle Clio,* 1951, mai-juin, 257을 볼 것.

[16] Beare, "Quirinus Kuhlmann: The Religious Apprenticeship", 854에서 재인용.

[17] (쿨만이 죽은 직후에 러시아를 방문한 독일인이 처음에는 라틴어로 1694년에 펴낸 책인) Theophilus Varmund, *La Religion ancienne et moderne des Moscovites,* Köln, 1698, 25~27.

[18] Тихонравов, *Сочинения,* II, 306, 346; 또한 Chizhevsky, *Aus zwei Welten,* 197~203; Гаврилов, "Проповедники 'немецкой веры'", 139~143을 볼 것.

[19] Тихонравов, *Сочинения,* II, 373~375. "차르의 최측근 귀족 가운데 몇 사람이 총대주교 앞에서 쿨만을 열심히 변호했음이 이 쿨만의 역사서로부터 알려진다." 뵈메의 *Christophia*를 번역한 책(А. Лабзин, *Путь ко Христу,* П., 1815)의 머리

말, xxiii~xxiv에서 알렉산드르 라브진. *БЗ*, 1858, I, 131에서 재인용.

[20] 네덜란드인 켈러(Keller)가 1689년 6월 7일 자 편지(라이덴의 네덜란드 국회 문서고에 있는 미간행 서한)에서 보고한 대로 러시아의 일반적 반응에 있는 깔보는 기조를 같은 시기에 영국에서 팽배하고 있던 종말론적 예언자들을 깔보는 취급과 비교해 볼 것. 그리스도가 1666년에 재림하리라는 헨리 베인 경(Sir Henry Vane)의 예언이 여전히 매우 진지하게 받아들여졌던 반면에, 스물다섯 해 뒤에는 비슷한 예언이 오늘날처럼 미치광이의 헛소리로 여겨졌다. Christopher Hill, "John Mason and the End of the World", *History Today*, 1957, № 11, 776~780을 볼 것. 1680년대가 되면 더 앞 시기의 종말론적 기대는 대체로 적그리스도의 지배를 무기력하게 체념하고 감수하는 기조(Antoinette Bourgognon, *L'Antéchrist découvert*, Amsterdam, 1681)로, 또는 학술적인 준(準)수학적 분석(Jacques Massard, *Harmonie des prophesies anciennes avec les moderns, sur la durée de l'Antéchrist et des souffrances de l'Égise*, Köln, 1687)으로 대체되었다.

[21] Paul Hazard, *La Crise de la conscience européenne*(번역본 *The European Mind 1685~1715*, London, 1953)은 이 시기에 "보쉬에(Bossuet)에서 볼테르로" 갑자기 움직인 현상을 추적한다. 그 움직임은 러시아에서는 뒤늦게야 (기본적으로 예카테리나 대제 통치기에야) 일어났고 영국에서는 더 일찍 일어난 변화였다. S. Bethell, *The Cultural Revolution of the Seventeenth Century*, Boston, 1957을 볼 것.

[22] P. Реутский는 흘리스틔가 쿨만의 가르침에서 비롯되었다고 단언했다(*Люди божьй и скопцы: Историческое изследование*, М., 1872, 특히 1~22). 이 가정은 (J. Sévérac, *La Secte russe des Hommes-de-Dieu*, 1906, 96~98에서 그 논쟁을 요약하고 7, 주 1에서 흘리스틔의 어원이 흐리스트Христ라고 주장하는) Sévérac을 비롯한 대다수 학자의 반박을 받는다. Grass는 결론을 내리지 않은 기원 논쟁(*Die rußischen Sekten*, I, 588~648)에서 서방의 프로테스탄트 극단주의자들과 가졌음직한 갖가지 연계를 고찰한다. 모든 주요 종파를 프로테스탄트의 영향과 연계하는 주목받지 못한 빼어난 연구가 И. Соколов, "Влияние протестантства на Образование хлыстовской, духоборской и молоканской сект", *Странник*, 1880, № 1, 96~112; № 2, 237~260이다.

[23] Sévérac, *La Secte russe des Hommes-de-Dieu*, 106.

[24] 「사물의 서명」과 「크나큰 신비」(Mysterium Magnum)는 뵈메의 가장 중요한 두 저작, 즉 우주론에 관한 논문과 「창세기」에 관한 "영적 주석서"의 대중용 표제였다. 뵈메(뵈메에 관해서는 Z. David, "The Influence of Jacob Boehme on Russian Religious Thought", *ASR*, 1962, March, 43~64를 볼 것) 외에 라몬 유이가 얼마간은 17세기의 이단적 예수회 단원 아타나지우스 키르히너(Athanasius Kirchner)를

거쳐 쿨만에게 (그리고 러시아의 은비학 사상과 분파교 사상에) 영향을 꽤 많이 미쳤다. Тихонравов, *Сочинения*, II, 312 ff.을 볼 것. 그가 구교도에게 영향을 미쳤다는 증거에 관해서는 Никанор(수도원장), "'Великая Наука' Раймунда Люллия в сокращении Андрея Денисова", *ИЯС*, XVIII, кн. 2, 1913, 10~36을 볼 것.

[25] Гаврилов, "Проповедники 'немецкой веры'", 131.

[26] Маргаритов, *История русских мистических и рационалистических сект*, 84. 그 인물, 즉 트베리티노프는 의사였다. 이 점은 정교에 반대하는 은비학 사상이 이 고립된 소규모 식자 지식인 엘리트에 호소력을 계속 지녔음을 생생히 보여준다.

[27] Т. Буткевич, *Обзор русских сект и их толков*, 18~20; Г. Протопов, "Исторический вид мистических сект в России", *ТКДА*, 1867, октябрь, 93~94; *БСЕ (1)*, LIX, 811~882. Grass는 *Die rußischen Sekten*, I, 78~95에서 다닐로와 수슬로프에 관한 전설을 분석한다. Sévérac, *La Secte russe des Hommes-de-Dieu*, 82~109도 볼 것. П. Мельников는 보고밀 기원을 제안한다(*PB*, 1868, март, 5~70). 수슬로프에 관한 유용한 논문을 쓴 성명 미상의 저자는 *РБС*, XIX, 182에 힌두의 환생 개념과의 유사성에 주목한다. Щапов는 그 종파를 전파하는 데에서 타타르의 기원과 카작의 매개를 본다(*Дело*, 1867, № 11, 160~164). Sévérac에게는 무슬림의 데르비시와 모종의 연관이 있다고 암시하는 경향이 있다(*La Secte russe des Hommes-de-Dieu*, 154~170). 특히 Щапов는 그리스도교 수용 이전의 기원이나 핀인 토착신앙 기원도 주장한다. П. Смирнов는 채찍고행자를 카피톤의 금욕 고행 전통과 연계함으로써 부분적인 유대 기원을 넌지시 제안한다(*Внутренние вопросы в расколе*, 093~100).

러시아의 분파교와 근대화의 시련기에 막 접어드는 외진 지역에서 더 최근에 생긴 종파 운동 사이에는 흥미로운 유사점이 많이 있다. V. Lanternari는 이 새로운 종파들이 서방으로부터 자기들에게 부과된 세속적이고 과학기술적인 종말론에 항거하기 위해 지역의 토착신앙을 밉살스러운 서방의 난입자들에게서 넘겨받은 종말론적 종교사상과 융합하는 자생적 항의 운동이라고 본다(*The Religions of the Oppressed: A Study of Modern Messianic Cults*, NY, 1965, 염가 보급판).

[28] 수슬로프가 아마도 새로운 세기에 대한, 그리고 설이 9월에서 1월로 바뀐 것에 대한 일종의 항의로서 1700년 1월 1일에 죽었다는 말이 있었다. 수슬로프는 실제로는 1716년에 자연사했다(Маргаритов, *История русских мистических и рационалистических сект*, 21~25). 혁신에 반대하는 생각과 예언적 편력 생활을 뒤섞어 분파교 전통을 만드는 경향은 분리파의 사고를 채찍고행 전통에 접목

하는 것을 부분적으로 반영한다. 이 점은 모로조바 귀족부인을 순교한 원래의 "그리스도들"을 위한 일종의 막달라 마리아의 모습으로 바꾸는 경향에서도 드러나 있다. *РБС*, XIX, 180~184; *БЕ*, LXXIII, 123~124; Sévérac, *La Secte russe des Hommes-de-Dieu*, 128~131, 146~148, 217을 볼 것.

[29] 1732년에 자기가 그리스도라고 선언한 프로코피 룹킨(Прокопий Лупкин)에 관해서는, 그리고 뒤이은 재판과 추문에 관해서는 Соколов, "Влияние протестантства", 244~245; Маргаритов, *История русских мистических и рационалистических сект*, 18 ff.을 볼 것.

[30] *БЕ*, LXXIII, 407, 그리고 그 항목 전체, 402~409; Маргаритов, *История русских мистических и рационалистических сект*, 14.

[31] Маргаритов, *История русских мистических и рационалистических сект*, 88 ff.

[32] *Ibid.*, 106 ff.; 영혼의 씨름꾼들과 젖 먹는 사람들 사이의 연결고리에 관해서는 125~128을, 유대인의 영향에 관해서는 128~133을 볼 것. 18세기의 이 "합리주의적" 종파들과 더 먼저 나타난 이른바 "신비주의적" 종파들(채찍고행자 등등)을 자주 구분하지만, 구분의 이론적 토대는 별로 명확하지 않다. 실제로 많은 종파가 (예를 들면, 영혼의 씨름꾼들이) 마땅히 속하는 범주에 관해 이루어진 동의가 없다. 더 뒤에 나온 종파들과 프로테스탄티즘의 긴밀한 연결고리가 더 설득력 있게 자주 주장된다. 예를 들면, S. Bolshakoff, "Russian 'Protestant' Sects", in *Russian Nonconformity*, 97 ff.; Н. Соколов, *Об идеях и идеалах русской интеллигенции*, П., 1904, 307 ff.을 볼 것.

[33] *РБС*, IX, 546에서 재인용.

[34] Буткевич, *Обзор русских сект и их толков*, 84~85. Ф. Ливанов는 탐보프가 (1636년에야 정식으로 시가 되고 1662년에 주교구 소재지가 된) 비교적 신생 도시였다는 점과 탐보프 시에 외국인이 많았다는 점을 지적하면서 이 요인들이 탐보프가 꽤 불안정하게 극단주의에 매료되는 데 이바지했다고 시사한다. Ливанов, *Раскольники и острожники*, I, 285 ff.

[35] *ВФ*, 1960, № 1, 143~148.

[36] Мельгунов, *Религиозно-общественные движения*, 104에서 재인용.

[37] *Ibid.*, 117, 129. 표트르 대제가 적그리스도라는 그리고리 탈리츠키(Григорий Талицкий)의 선언은 교회의 최고 권위자인 스테판 야보르스키가 1703년에 답변으로 「적그리스도 도래의 조짐과 세상 종말」(Знамения пришествия антихристова и кончины века)을 쓸 만큼 무척 심각하게 받아들여졌다. 논쟁과 구교도의 대응을 Н. С-н[Субботин?], *Каталог или библиотека староверческой церкви, собранный тщанием Павла Любопытнаго*, М., 1861, 27에서 볼 것.

[38] 성 페테르부르그 시를 방문한 뒤 1739년에 프란체스코 알가로티(Francesco Algarotti). L. Réau, *Saint-Pétersbourg*, Paris, 1913, 16과 S. Graciotti, "I 'Viaggi di Russia' di Francesco Algarotti", *RiS*, IX, 1961, 129~150을 볼 것.

성 페테르부르그의 초기 건설에 관한 철저한 설명으로는 С. Луппов, *История строительства Петербурга в первой четверти XVIII века*, М.-Л., 1957; 옐리자베타 여제 치세 전 기간의 성 페테르부르그의 문화생활에 관한 상세하지만 전거를 제시하지 않는 영국인의 설명으로는 C. Marsden, *Palmyra of the North: The First Days of St. Petersburg*, London, 1942를 볼 것.

성 페테르부르그 시를 문화적 상징으로 다루려는 탁월한 세 시도가 있다. H. Hjärne, *Från Москва till Petersburg: Rysslands omdaning, Kulturhistoriska skildringar*, Uppsala, 1888~1889, 2 v.; E. Lo Gatto, *Il mito di Pietroburgo: Storia, leggenda, poesia*, Milano, 1960 (특히 모스크바와 성 페테르부르그를 대조하는 152~175); 그리고 Н. Анциферов, *Быль и миф Петербурга*, П., 1924. 또한 Анциферов가 성 페테르부르그에 관해 쓴 다른 책 두 권에 대한 게오르기 플로롭스키의 유용한 서평, *SEER*, V, 1926~1927, 193~198을 볼 것.

[39] 네덜란드어 전문용어에 관해서는 W. Christiani, *Über das Eindringen von Fremdworten in die rußische Schriftsprache des 17 und 18 Jahrhunderts*, 1906, 37~43을 볼 것. (고액 보수를 받는 교사가 10명, 하루 12시간씩 언어를 주로 공부를 하는 학생이 77명이나 있었고) 모스크바에 잠시 있다 사라진 초기 독일학교에 관해서는 С. Белокуров, *О немецких школах в Москве в первой четверти XVIII в., 1701~1715*, М., 1907을 볼 것. 표트르 대제의 두 번째 부인이 된 하녀[9]의 주인이었던 요한 글뤽(Johann Glück) 목사가 모스크바에서 나릐시킨 가문의 저택에 자기의 학교를 세우기에 앞서 리보니아에서 러시아의 분리파 신도를 루터교회 신도로 개종시키고자 1684년에 학교를 세웠던 적이 있다(*ibid.*, iii~viii). 러시아인 유학생의 교육에 관해서는 M. Никольский, "Русские выходцы из заграничных школ в XVIII столетии", *PO*, 1863, III을 볼 것. 학술원 창립에 관해서는 L. Richter, *Leibniz und sein Rußlandbild*, 1946, 107~142를 볼 것. 페트로자보드스크의 불행한 초기 역사에 관해서는 В. Шквариков, *Планировка городов России XVIII и начала XIX века*, М., 1939, 52~54를 볼 것.

---

9 마르타 스코브론스카 (Marta Skowrońska, 1684~1727년). 리투아니아 출신의 평민이었고, 북방전쟁 때 포로가 되어 러시아로 왔다. 1707년에 표트르 대제의 눈에 들어 1712년에 황후가 되었다. 표트르 대제가 죽은 뒤 예카테리나 1세로 제위에 올라 두 해 동안 제국을 다스렸다.

[40] L. Lewitter, "Peter and Westernization", *JHI*, 1958, October, 496.

[41] В. Данилевский, *Русская техническая литература первой четверти XVIII века*, М.-Л., 1954, 239~262; В. Погорелов, *Материалы и оригиналы "Ведомостей", 1702~1727*, М., 1903. 18세기 러시아의 과학 발전이 얼마만큼 군사적 필요에 부응해서 이루어졌는지를 Т. 라이노프가 해군의 경우를 들어 능란하게 설파한 바 있다("О роли русского флота в развитии естествознания XVIII в.", *ТИИЕ*, I, 1947, 169~218). 18세기 내내 학술원에서 외국인이 어느 정도로 (그한 세기 동안 회원 총원의 3분의 2 이상을 차지하면서) 계속 우세했는지가 И. Янжул, "Национальность и продолжительность жизни наших академиков", *ИАН*, 1913, № 6, 284; 그리고 이 유용한 논문 전체, 279~298에서 밝혀진다.

[42] 이미 논의된 사례 외에, 키예프의 형제단 학교의 요안니키 골랴톱스키 원장 같은 신학자들이 쓰는 "과학"이라는 낱말의 용례, 그리고 특히 설교 기법을 다룬 장인 "Наука альбо способ зложения"를 *Ключ разумения*, Киев, 1659, 241, 125~133에서 볼 것. 그 학교의 창립자인 모길라는 (Срезневский, *Материалы для словаря древнерусского языка*, II, 344에 수록된 나우카의 더 앞 시기의 용례에 따르기보다) 십중팔구는 라틴어에서 번역해서 이론 지식이라는 뜻으로 나우카를 썼을 것이다(*БЕ*, XLVI, 484~485).

마그니츠키의 『산수』는 저자 미상의 저작 『실용 기하학』(Геометрия практика)처럼 인쇄본이 아닌 17세기 문헌의 장르에 속하며, 일리야 코피옙스키(Илья Копиевский)가 1689년에 암스테르담에서 간행한 『짧고 쓸모있는 산수 초본』(Краткое и полезное руководение в арифметику)의 유용한 지침이었다. Кольман, "Зачатки математического мышления и выражения в допетровской Руси", 312, 315를 볼 것. 최초의 전반적인 이론 수학 이해가 신비주의자를 통해 이루어졌다는 주장 (309~310)도 볼 것. 실용 "과학"이 계속 강조된 좋은 예가 타티쉐프가 1730년에 쓴 소책자의 제목 『과학과 학교의 쓸모에 관한 두 벗의 대화』(Н. Попов, ред., *Разговор двух приятелей о пользе наук и училищ*, М., 1888)에 있다. 이 책에서는 오직 의술, 경제학, 법률, 철학의 "쓸모 있는" 기술만 공부하라고 권장된다.

[43] '치야'(ция)로 끝나는 추상어의 기본 어휘는 폴란드어 어미 '챠'(cja)에서 유래했다. 그리고 예절, 정치, 건축, 음악 등을 다루는 라틴 용어와 일반적인 유럽 용어의 다수는 그 용어가 폴란드에서 취한 특이한 형태로, 특히 (폴란드어를 한) 알렉세이 미하일로비치의 치세 말기에, 채용되었다. Christiani, *Über das Eindringen von Fremdworten*, 특히 10~33, 42~54를 볼 것. 그 영향의 다른 측면에 관해서는 Lewitter, "Peter and Westernization", 493~505를 볼 것. 그리고 우크라이나인과 백러시아인이 폴란드의 언어 유산을 표트르 대제 치세뿐만 아니라 알렉세이 미

하일로비치 치세의 대러시아에 전달한 역할에 관해서는 Виноградов, *Очерки по истории русского литературного языка*, 17~34를 볼 것. 표트르 대제 치세에 이루어진 서방 문물 차용에 관한 가장 충실한 종합적 묘사를 H. Смирнов, "Западное влияние на русский язык в петровскую эпоху", *СЯС*, LXXXVIII, № 2, 1910, 1~360에서, 그리고 음역(音譯)된 외국어 낱말과 같은 뜻을 가진 러시아어 낱말을 알려주는 18세기 초엽의 어휘 일람표 몇 개가 들어있는 부록을 361~386에서 볼 것.

[44] P. Pierling, *La Sorbonne et la Russie (1717~1747)*, 1882, 특히 22~38; B. Адарюков, "Офорт в России", *Искусство*, 1923, № 1, 284.

[45] B. Sumner, *Peter the Great and the Emergence of Russia*, London, 1956(염가보급판), 132. 심지어 표트르 대제 시대 전에 일어난 그로티우스와 스웨덴식 관행의 영향력 증대와 표트르 대제의 경찰국가(Polizeistaat)의 지적 기원에 관해서는 Lappo-Danilevsky, "L'Idée de l'état et son évolution en Russie", 369~383; Верховской, *Учреждене духовной коллегии и духовный регламент*, I, iii-xv을 볼 것.

[46] Yu. Serech, "Feofan Prokopovich as Writer and Preacher in His Kievan Period", *HSS*, II, 1954, 223. Прокопович, *Правда воли монаршей*, П., 1726 (여러 후속판), 그리고 И. Еремин, ред., *Сочинения*, М.-Л., 1961에 있는 그의 다른 저작을 볼 것. 홉스의 영향 외에 요한 부데우스(Johann Buddeus)와 그로티우스의 영향에 관해서는 Lappo-Danilevsky, "L'Idée de l'état et son évolution en Russie", 374와 주 1을 볼 것. R. Stupperich, "Feofan Prokopovič und Johann Franz Buddeus", *ZOG*, IX, 1935, 341 ff.; G. Bissonnette, *Pufendorf and the Church Reforms of Peter the Great*, Columbia University Ph.D., dissertation, 1962; Brian-Chaninov, *The Russian Church*, 128~133; E. Темниковский, "Один из источников духовнго регламента", *CXO*, XVIII, 1909, 524~534도 볼 것.

그의 적수인 야보르스키가 표트르 대제 통치기에 교회가 국가에 종속되지 않도록 벌인 마지막 싸움에 관해서는 Тихонравов, *Сочинения*, II, 156~304를 볼 것. 그의 주장이 대체로 로마가톨릭에서 비롯되었다는 것에 관해서는 И. Морев, *"Камень веры" Митрополита Стефана Яворскаго*, П., 1904, 특히 1~50, 187~247을 볼 것. Yu. Serech, "Stefan Yavorsky and the Conflict of Ideologies in the Age of Peter the Great", *SEER*, XXX, 1951, 40~62도 볼 것.

프로코포비치 자신에 관해서는 И. Чистович, *Феофан Прокопович и его время*, П., 1868이 아직도 유용하다. 서방의 영향에 관해 이 책에서 이루어지는 논의(366~384)는 Г. Гуревич, *"Правда воли монаршей" Феофана Прокоповича и ее западно-европейские источники*, Тарту, 1915에서 확장된다.

동방이나 서방 어디나 다 그다지 프로코포비치가 자기 것이라고 주장하고 싶어 하지 않는 듯하다. 정교 신자인 게오르기 플로롭스키는 그가 "단지 프로테스탄티즘의 영향 아래 있었던 정도가 아니다. 그는 진정으로 프로테스탄트 신자였다"고 단언한다("Westliche Einflüße in der rußischen Theologie", *Kyrios*, II, 1937, 11). 반면에 독일인 가톨릭 신자인 R. Stupperich는 프로코포비치가 언제나 정교 신자였다고 주장한다("Feofan Prokopovičs theologische Bestrebungen", *Kyrios*, I, 1936, 350~362).

[47] Ф. Прокопович, *Слова и речи*, П., 1760, I, 24; II, 74~76. V. Kiparsky, "Finland and Sweden in Russian Literature", *SEER*, 1947, November, 175에서 재인용. S. Zenkovsky는 "The Russian Church Schism", 49에서 프로코포비치가 로시야닌이라는 낱말을 대중화했을 뿐만 아니라 그 낱말을 "만들어냈다"고 주장한다. 그러나 그 낱말은 이미 대동란 시대에 쓰이고 있었던 듯하다. С. Платонов, *Социальный кризис смутного времени*, Л., 1924, 67을 볼 것.

[48] Christiani, *Über das Eindringen von Fremdworten*, 18, 23.

[49] "Вольнохищна Америка／ Людьми, в нравах, в царствах дика⋯／ не знав Бога, худа дума／ Никто же бо что успеет,／ Где глупость, скверн и грех деет." Карион Истомин, в кн.: П. Берков, ред., *Вирши: Силлабическая поэзия XVII-XVIII веков*, Л., 1935, 151. 또한, 18세기 분파교 문헌에서는 담배, 즉 이 "아메리카의 돌림병"이 "영혼의 평화를 앗아갔다"(Американская чума／ лишила мир духовнаго ума)며 아메리카를 탓하는 일이 흔했다. Ф. Ливанов, *Раскольники и острожники*, I, 237 (그리고 시 전체, 234~252).

[50] 『러시아 신학의 길』(Пути русского богославия)에서 게오르기 플로롭스키가 표트르 대제에 관한 장에서 그랬듯이. *PA*, 1873, кн. 2, 2511에서 악사코프의 전형적인 친슬라브주의적 용법도 볼 것.

[51] "Геометрия явися,／ Землемерие всем мнися.／ Без меры несть что на земли." Карион Истомин, в кн.: Берков, ред., *Вирши*, 150.

[52] L. Lewitter, "Peter the Great and the Polish Dissenters", *SEER*, XXIII, 1954~1955, 75~101; R. Wittram, "Peters des Großen Verhältnisse zur Religion und den Kirchen", *HZ*, 1952, № 2, 261~296.

[53] P. Pierling, *La Sorbonne et la Russie*, 특히 22~38; 그리고 러시아를 유럽과 중국 사이에 놓인 다리이자 그리스도교 세계에 통일을 복원해주는 일을 돕는 매개자로 보는 라이프니츠의 견해에 관해서는 Richter, *Leibniz und sein Rußlandbild*, 특히 11~37.

　　교회 통합으로 가는 새 접근법에 정교의 협력을 얻는 데 관심을 가져야 한다고 주장하는 세력은 대개 가톨릭 안에서는 얀센주의자, 프로테스탄트 종파 안에서는 경건주의자였다. 경건주의자의 관심은 문화적으로 훨씬 더 중요했다. 그 관심이 잃어버린 그리스도교 통일성의 추구를 아담의 타락과 언어의 혼란 이전에 있었을 원래의 "자연" 언어의 추구와 결부했기 때문이다(이에 관해서는 중요한 근간도서 H. Aarsleff, *Language, Man and Knowledge in the Sixteenth and Seventeenth Century*를 볼 것).

최초의 체계적 러시아어 교본 인쇄본(*Grammatica Russica*, Oxford, 1696; 재간행본 B. Unbegaun, ed., Oxford, 1959)을 펴낸 하인리히 루돌프는 원래는 그리스도교 세계 재통합을 위한 새로운 기회를 좇아 러시아로 갔다. 스웨덴인 요한 스파르벤펠트(Johan Sparwenfeld)의 벗이자 러시아어를 연구하는 유일한 다른 주요 17세기 서방인인 루돌프는, 스파르벤펠트(이 사람에 관해서는 C. Jacobowsky, *J. G. Sparwenfeld: Bidrag till en biografi*, Stockholm, 1932, 특히 50~79를 볼 것)와 마찬가지로, 대체로 종교적 이유에서 언어 연구에 나섰다(D. Chizevsky, "Der Kreis A. H. Frankes in Halle und seine slavistischen Studien", *ZSPh*, XVI, 1939, 16~68을 볼 것). 주로 루돌프의 숙부가 그의 교육을 감독했는데, 그 숙부는 이름난 오리엔트어 학자이자 최초의 아비시니아어 교본의 저자인 히옵 루돌프(Hiob Ludolph)였다. 이런 배경은 이미 언급된 모스크바국과 아비시니아 사이의 반(反)이슬람 동맹 기획이 그의 친구인 차르 궁정의 작센인 의사 라우렌트 린후버를 거쳐 전파된 것을 설명하는 데 십중팔구 도움이 될 것이다. J. Tetzner, *H. W. Ludolph und Rußland*, 1955, 10~31, 44~93을 볼 것. 그리고 린후버에 관해서는 P. Pierling, *Saxe et Moscou: Un Médecin diplomate*, 1893을 볼 것. А. Флоровский, "Первый русский печатный букварь для иностранцев 1690 г.", *ТОДЛ*, XVII, 1961, 482~494에 인용된 자료도 볼 것.

[54] Н. Клепинин, *Святой и благоверный Великий князь Александр Невский*, Paris, 1928, 183.

[55] 트베리티노프의 사상과 음모와 몰락에 관해서는 Тихонравов, *Сочинения*, II, 156~304, 그리고 53~58에 있는 부록의 주 392를 볼 것. Chizevsky, *Aus zwei Welten*, 252~568도 볼 것.

[56] A. Brückner, *Iwan Possoschkow: Ideen und Zustände in Rußland zur Zeit Peters des Großen*, Leipzig, 1878; Б. Кафенгауз, *И. Т. Посошков: Жизнь и деятельность*, М., 1951, 2-е изд., 그리고 같은 저자가 편집한 중요한 자료인 *Книга о скудости и богатстве и другие Сочинения*, М., 1951을 볼 것. 포소시코프가 지닌 사고의 종교적이고 보수적인 밑바탕이 K. Papmehl, "Pososhkov as a Thinker", *SEES*, 1961, Spring-Summer, 80~87에서 강조된다.

[57] 학자들의 주가 달린 타티셰프의『러시아사』신판(M., 1962, 총2권)이 지금 소련에서 출간되고 있다. 소련에서 예전에는 경멸을 받았고 대체로 학계의 무시를

당했던 타티쉐프의 멋진 복권에 관해서는 M. Тихомиров, "Василий Никитич Татищев", *ИМ*, 1940, № 6, 43~56과 참고문헌 57~62를 볼 것. 타티쉐프의 『러시아사』에 관한 더 상세한 논의로는 Пештич, *Русская историография XVIII века*, 222~262와 주를 볼 것. C. Grau, *Der Wirtschaftsorgnisator, Staatsmann und Wissenschaftler Vasilij N. Tatiščev (1686~1750)*, 1963도 볼 것. (프로코포비치가 쓴 용어인) "학자 종사단"과 타티쉐프의 협력이라는 맥락 속에서 그를 고찰한 것으로는 Plekhanov, *History of Social Thought*, 83~118을 볼 것. 그리고 (특히 그들의 과학사상 대중화에 관해서는) П. Епифанов, "'Ученая дружина' и просветительство XVIII века", *ВИ*, 1963, № 3, 37~53.

[58] 학술원의 뛰어난 물리학자가 상세히 기록한 당대의 서술로는 소책자인 G. Kraft, *Wahrhaffte und Umständliche Beschreibung und Abbildung des in Monath Januarius, 1740, in St. Petersburg aufgerichteten merkwürdigen Hauses von Eiss*, П., 1741, 그리고 러시아 쪽 설명으로는 К. Грязнов가 쓴 머리말이 달린 Мышкин, *Подлинное и обстоятельное описание ледяного дома*, 1887을 볼 것. V. Guillon, *Un Episode peu connu de l'histoire de Russie*, Toulouse, 1873; Веселовский, *Западное влияние*, 57, 주 1; Marsden, *Palmyra of the North*, 96 ff., 그리고 98 맞은편에 있는 그림을 볼 것.

그 이상야릇한 동일 범주에 있는 것이 난쟁이를 커다란 피로그(пирог) 속에 두었다가 미리 정해놓은 시간에 튀어나오게 해서 "연회의 여흥"을 제공하는 전통이다. 예를 들어, 표트르 대제는 자기 아들을 위한 축일에 벌거벗은 난쟁이가 (남녀 한 명씩) 들어있는 피로그 두 개를 내오도록 했고, 그 두 난쟁이는 "서로 인사를 나누기" 시작했다. "Записки Вебера", *РА*, 1872, № 7~8, 1370을 볼 것.

[59] 골리친의 정치사상에 관해서는 A. Lappo-Danilevsky, "L'Idée de l'état et son évolution en Russie", 372~381; 그리고 377, 주 2에 인용된 자료 외에 Д. Корсаков, *Из жизни русских деятелей XVIII века*, Казань, 219~282를 볼 것. 타티쉐프는, 시메온 폴로츠키가 그랬듯이, 자연법 이론에도 큰 관심을 보였다(Lappo-Danilevsky, 377, 381~382). 폴로츠키는 그보다는 중세 스콜라철학자의 입장에서 자연법 이론에 접근했으며, 자연의 법(закон естества)이라는 용어를 내가 찾을 수 있는 한 가장 이른 시기인 1680년에 썼다(Берков, ред., *Вирши*, 108).

[60] H. Hjärne, "Ryska konstitutionsprojekt år 1730 efter svenska förebilder", *HT*, 1884, № 4, 189~272; Lappo-Danilevsky는 "L'Idée de l'état et son évolution en Russie", 380, 주 1에서 스웨덴 기원설을 덜 확신하면서 다른 학설을 언급한다.

[61] 1733년에 이 학교에서 학생 237명이 독일어를, 51명이 프랑스어를 공부하고 있었고 러시아어를 공부하는 학생은 겨우 18명이었다. M. Вяткин, *Очерки истории Ленинграда*, М.-Л., 1955, I, 213을 볼 것. 초기의 초등 교육에 관한 더 많은

세부사항은 Константинов и Струминский, *Очерки по истории начального образования в России*, 39 ff.

[62] B. Unbegaun, "Le 'Crime' et le 'criminel' dans la terminologie juridique russe", *RES*, XXXVI, 1959, 56, 또한 전체 논의 47~58. 다른 용어에 관해서는 *REW*, II, 343; Christiani, *Über das Eindringen von Fremdworten*, 24~31 (특히 28~29, 주 10), 45, 52~53을 볼 것.

[63] "바로크"와 "로코코" 같은 용어는 근대 초기 유럽 예술사 전반에서보다 러시아 예술사에서 훨씬 더 부정확하게 사용된다. Ф. Шмит는 А. Некрасов가 엮은 논문집 *Барокко в России*, М., 1926에 대한 서평에서 십중팔구는 가장 뛰어나고 가장 충실할 짧은 논의를 제공한다("'Барокко' как историческая категория", в кн.: *Русское искусство XVII века*, Л., 1929, 7~26). 또한, А. Angyal, *Die slawische Barockwelt*, Leipzig, 1961은 러시아의 발전을 서슬라브인 사이의 바로크와 연계하는 데 유용하다.

프랑스의 걸출한 바로크 연구자 V. Tapié는 표트르 대제 이전의 "러시아 바로크"를, 그리고 표트르 대제 이후의 "러시아의 바로크"를 전반적으로 논하고, 그럼으로써 (1) 17세기 후반기의 상이한 건축 양식들을 명확하게 구별하기가 불가능하다는 점과 (2) (Angyal이 *Die slawische Barockwelt*, 265~266에서 "세계주의자"라고 부른) 표트르 대제의 통치기에 위에서 부과된 본질적으로 외래적인 양식으로 이행했다는 점을 강조하면서 결론을 내리지 않은 채 러시아 바로크에 관한 자기의 논의(Tapié, *La Russie*, 203, 그리고 194~204)를 맺는다. 그러나 17세기 말엽에는 더 독창적인 "모스크바" 바로크나 "나릐시킨" 바로크(М. Ильин, "Проблемы Московского барокка", *ЕИИ*, 1956, М., 1957, 324~339를 볼 것)와 더 전형적으로 중유럽적인 "키예프" 바로크(대러시아인 역사가는 이것의 중요성을 자주 최소화한다)가 구분될 수 있다. 1670년대부터 1770년대까지를 다루는 М. Цапенко, *Украинская архитектура периода национального подьема в XVII~XVIII вв.*, М., 1963을 볼 것. (예를 들어 Hamilton, *The Art and Architecture of Russia*, 177~183에서 쓰이는) "옐리자베타 로코코"라는 용어는 내부장식 예술에 관한 흥미가 커졌음을 시사하는 데에서는 유용하지만 앞선 바로크와 예리하게 단절되었다거나 확연하게 인식된 새로운 서방 양식을 체계적으로 모방하려는 열정이 갑자기 나타났다고 주장하려고 사용된다면 어폐가 있다.

[64] А. Позднеев, "Книжные песни-акростихи 1720-х годов", *ScS*, V, 1959, 165~179.

[65] 프린스턴 대학 출판사가 간행한 B. Menshutkin, *Russia's Lomonosov*, © 1952, 174~175.

[66] В. Гаршин, "Attalea Princeps", в кн.: *Сочинения*, М.-Л., 1960, 89~96.

[67] G. Kennan, *Russia Leaves the War*, Princeton, 1956, 3~4의 서술.

[68] *Ibid.*

[69] 여기에 나오는 대비는 막스 베버(Max Weber)의 『프로테스탄트 윤리와 자본주의 정신』(Die protestantische Ethik und der Geist des Kapitalismus)에서 제시된 해석에 따른 것이다. 물론, 구교도이거나 구교도가 된 많은 사람이 단지 농노제를 피하려고 시베리아로 도주했다. 그리고 개척의 이념적 유인 동기는 북아메리카보다 시베리아에서 (어쩌면 더 열렬했을지라도) 덜 퍼져 있었을지 모른다.

[70] 북쪽 지역에서 분리파 사상이 퍼진 것에 관해서는 П. Владимиров, "Очерки из истории литературнаго движения на севере России во второй половине XVIII века", *ЖМНП*, 1879, № 10; 솔로베츠크 전설의 형성에 관해서 K. Чистович, "Некоторые моменты истории Карелии в русских исторических песнях", *ТКФ*, X, 1958, 68~78을 볼 것.

[71] S. Zenkovsky, "The Ideological World of the Denisov Brothers", 49~66. 또한 *БЕ*, XIX, 391~392.

1724년에 교회업무청이 등록한 구교도는 14,043명이었다(Синайский, *Отношение русской церковной власти к расколу старообрядчества*, П., 1895, 165. 비록 1721~1725년에 국한되어 있기는 해도 학자 사제의 뛰어난 연구). 이 수치는 구교도 운동의 역사 전체에서 몇 안 되는 확실한 수치 가운데 하나이지만, 불완전한 것임이 거의 틀림없다. 1863년에 내무부가 수집한 통계는 800만 명, 즉 정교도 인구의 6분의 1쯤이 구교도이며 그 가운데 300만 명은 무사제파 구교도임을 알려주었다. 또한 "젖 먹는 사람들"과 "영혼의 씨름꾼들"은 11만 명이며 "채찍고행자"와 거세파의 수도 같다고 추산되었다. А. Пругавин, *Раскол-Сектантство*, М., 1887, 80(그리고 논란이 있는 통계 문제에 관한 문헌 목록, 77~81)을 볼 것.

[72] *BE*, XIV, 486~487; Я. Абрамов, "Выговские пионеры", *ОЗ*, 1884, *No.No.* 3, 4; В. Дружинин, *Словесныя науки в Выговской поморской пустыни*, П., 1911, 2-е изд.; V. Malyshev, "The *Confession* of Ivan Filippov, 1744", *OSP*, XI, 1964, 17~27, 그리고 거기에 인용된 저작들. 시베리아 중부의 페초라(Печора) 강 하류 지역에서 구교도가 한 활동에 관해 최근의 탐사로 얻은 새로운 세부사항에 관해서는 В. Малышев, *Усть-цилемские рукописные сборники XVI~XX вв.*, Сыктывкар, 1960을 볼 것.

[73] 유용하고 상세한 연구서인 Н. Соколов, *Раскол в Саратовском крае*, Сарато в, 1888, 23, 22에서 재인용.

[74] 비슷한 사례를 보려면, *ibid*, 18, 그리고 ff.

[75] А. Пругавин, "Раскол и бюрократия", *ВЕ*, 1909, октябрь, 650~678; ноябрь,

162~183을 볼 것. 분리파 신도에게 중요한 분열은 "교회"(그들의 교회와 새로운 정교회) 사이의 분리가 아니라 자기들의 종교적 사회와 새로운 국가의 비종교적 사회 사이의 분리였다. 옛 상인 계급이 파괴되고 그 대신 중앙 권력에 더 종속된 인자들이 도시에 정주하는 과정의 시작에 관해서는 기념비적 대작인 П. Смирнов, *Посадские люди и их классовая борьба в первой половине XVII века*, М., 1947~1948, в 2 т.을 볼 것. 이 저작에서는 아쉽게도 서술 대상인 그 변화가 지닌 더 광범위한 후속 결과와 이념적 함의가 사실상 고찰되지 않는다.

[76] 낱말과 글자를 그냥 바꿔치는 (십중팔구 오래전에 확립된 남슬라브와 러시아의 암호 표기 전통, 즉 타이노피스тайнопись에서 생겨났을) 기법에 바탕을 둔 수많은 암호뿐만 아니라 이른바 타라바르어(тарабарский язык, 떠돌이가 쓰는 은어의 일종)와 오페냐어(офенский язык, 사실상 별개의 언어). Фармаковский, "О противогосударственном элементе в расколе", 638~640; *ПС*, 1859, июль, 320 ff.을 볼 것. 이 사례와 도둑의 언어(воровской язык)[10] 같은 다른 사례는 진지하게 연구된 적이 거의 없다. *БЕ*, XIII, 202~203을 볼 것.

[77] Мельгунов, *Религиозно-общественные движения*, 157~162. 이 두 코뮌은 사라지지 않고 오늘날에도 남아있으며, 현대 구교도의 양대 지파의 중심지이다. 그 중심지란 "무사제파"-페오도세예프파의 프레오브라젠스코예 묘원(Преображенское кладбище)과 "사제파" 로고즈스코예 묘원(Рогожское кладбище)이다. 아직도 "사제파" 구교도 공동체와 도서관에 소장되어 있는 오래된 이콘 800여 점이라는 견줄 데 없는 규모의 소장품은 구교도가 초기 미술의 모범에 쏟은 부와 충성을 확실하게 보여주는 증거이다. "사제파" 구교도 공동체가 펴낸 한정판 *Древние иконы старообрядческого кафедрального Покровского собора при Рогожском кладбише в Москве*, М., 1956을 볼 것. 교회분열이 일어난 뒤로는 진정으로 성스러운 "교회"나 "성당"이란 더는 있을 수 없다는 구교도의 신념 때문에 "묘원", "코뮌", "예배당" 같은 용어가 쓰일 수밖에 없다.

[78] 불라빈의 봉기는 라진의 봉기와 푸가초프의 봉기보다 더 경시되어왔지만, 실제로는 농민층에 깊이 기반을 두고 일어난 첫 봉기였다. 유용한 분석적 서적해제 논고인 А. Зимин и А. Преображенский, "Изучение в советской исторической науке классовой борьбы периода феодализма в России", *ВИ*, 1957, № 12, 특히 149 ff.을 볼 것. 또한 농민전쟁이라는 현상에 관해서는 Sumner, *Survey of Russian History*, 161~170과 В. Мавродин, И. Кадсон, Н. Сергеева, и Т. Ржаникова, *ВИ*, 1956, № 2, 특히 69~70, 더불어 V. Mavrodin, *Soviet Studies in*

---

[10] 도둑질이나 사기나 구걸로 살아가는 사람들이 자기들끼리만 쓰는 은어.

History, 1962, Fall, 43~63에서 제시되는 일반적 해석을 볼 것. 푸가초프 봉기까지는 이견 종파가 봉기에서 하는 직접적 역할이 컸다고 보이지 않는다.

[79] Ю. Готье, *Смутное время*, М., 1921, 30~31. 동시에 카작은 몰도바의 제위를 요구하는 참칭자를 지원하는 전통을 16세기 말엽에 만들어냈다(Н. Костомаров, *Герой смутнаго времени*, Berlin, 1922, 62~63을 볼 것). 이 전통에 관한 기본 연구서로는 Д. Мордовцев, *Самозванцы и понизовая вольница*, П., 1867, в 2 т.와 С. Соловьев, "Заметки о самозванцах в России", *РА*, 1868, 265~281을 볼 것. 낭만화된 인민주의적 설명으로는 И. Прыжов, *Двадцать шесть московских лже-пророков*, М., 1864를 볼 것.

[80] 이 봉기에 관한 새로운 자료로는 *Восстание Болотникова: Документы и материалы*, М., 1959를 볼 것. 이 운동에 관한 И. Смирнов의 해석 위주의 여러 연구서는 소비에트 러시아 이전에 나온 Готье와 Костомаров의 저작보다 덜 예리하다.

[81] (도해가 들어있는) Г. Александров, "Печать антихриста", *РА*, 1873, т. 2, № 10, 2068~2072, 02296; Синайский, *Отношение русской церковной власти к расколу старообрядчества*, 299; Мельгунов, *Религиозно-общественные движения*, 118; Фармаковский, "О противогосударственном элементе в расколе", 632~634; Е. Шмурло, *Петр Великий в оценке современников и потомства*, П., 1912, I, 19~26; Н. Сахаров, "Старорусская партия и раскол при императоре Петре I", *Странник*, 1882, № 1, 32~55; № 2, 213~231; № 3, 355~371.

[82] Мельгунов, *Религиозно-общественные движения*, 51과 К. Сивков, "Самозванчество в России в последней трети XVIII в.", *ИЗ*, XXXI, 1950, 89에 있는 수치. 그보다는 덜 알려진 19세기의 반향에 관해서는 유명한 저술가 В. Короленко의 논문 두 편 "Современная самозванщина", *РВ*, 1896, № 5, 쪽 번호가 새로 매겨진 두 번째 부분, 172~193; № 8, 쪽 번호가 새로 매겨진 두 번째 부분, 119~154를 볼 것.

[83] "Хлеб не родится потому, что женский пол царством владеет." Н. Фирсов, *Пугачевщина: Опыт социолого-психологической характеристики*, П.-М., б/г, 9. 같은 정도로 유용하고 간결한 Фирсов, *Разиновщина как социологическое и психологическое явление народной жизни*, П.-М., 1914도 볼 것. 이 모든 현상을 심리학적 관점에서 분석하려는 제국 말기 학자들의 시도가 이 운동들을 (경제적 계급은 말할 나위도 없고) 경제적 요인과 연계하려는 소련 학자의 노력보다는 대체로 훨씬 더 설득력이 있다. 예를 들어, Л. Шейнис, "Эпидемическая самоубийства", *Вестник воспитания*, 1909, январь, 137 ff.와 С. Мельгунов,

Из истории религиозно-общественных движении в России XIX в., М., 1919 에 있는 많은 논문, 그 가운데에서도 특히 넓은 스펙트럼의 반대파 운동을 다루고 19세기 이전의 발달을 광범위하게 취급하는 Мельгунов, "Сектантство и психиатрия", 157~202를 볼 것.

[84] Фирсов, *Пугачевщина*, 151~153, 53~57.

[85] Palmieri, *La chiesa russa*, 107~108; Brian-Chaninov, *The Russian Church*, 99, 주 1, 97~100.

[86] М. Семевский, "Самуил Вымороков, пророк учения об антихристе в 1722~1725", *О3*, 1866, август, кн. 1, 449~474, кн. 2, 680~708.

[87] 이 증가에 관한 통계수치에 관해서는 Palmieri, *La chiesa russa*, 108~109를 볼 것.

[88] 처음에는 1782년에 베네치아에서 이절판 1, 207쪽으로 간행된 『필로칼리아』를 벨리콥스키가 축약했다(*Добротолюбие в переводе Паисия*, М., 1793). 훨씬 더 충실하고 담화체가 더 많이 쓰인 판은 1877년에 나왔다. *The Way of a Pilgrim*, London, 1941을 쓴 성명 미상의 19세기 작가가 벨리치콥스키의 『필로칼리아』를 가져와서 사용했다. 유용한 영어 문선 E. Kadloubovsky & G. Palmer, *Writings from the Philokalia on Prayer of the Heart*, London, 1951; *Early Fathers from the Philokalia*, London, 1954에서는 더 길고 더 나중에 간행된 『필로칼리아』가 사용된다.

파이시의 삶에 관해서는 *Житие и писания старца Р. Величковскаго*, Одесса, 1887을, 그리고 그의 전반적 영향과 장로 전통에 관한 가장 뛰어난 연구로는 С. Четвериков, *Молдавский старец Паисий Величковский*, Petseri(에스토니아), 1938, в 2 т.을 볼 것. (이것은 거의 완전히 입수 불가능한 이 저작의 루마니아어판에서 유용한 주해를 빼고 번역한 축약본이다.) 그의 선조인 시인 이반 벨리치콥스키(Иван Величковский)는 D. Chizevsky, *Aus zwei Welten*, 172~178에서 논의된다.

[89] N. Gorodetzky, *Saint Tikhon Zadonsky: Inspirer of Dostoevsky*, London, 1951을 볼 것.

[90] Fedotov, *A Treasury of Russian Spirituality*, 259; 티혼과 세라핌에게서 추린 글. 세라핌의 영향력에 관한 탁월한 논의로는 Behr-Sigel, *Prière et sainteté dans l'Église russe*, 104~120을 볼 것.

[91] Fedotov, *A Treasury of Russian Spirituality*, 257.

[92] Gorodetzky, *Saint Tikhon Zadonsky*, 180~188. 모스크바 신학원의 1912년 학위논문 В. Тройцкий, "Влияние Оптиной пустыни на русскую интеллигенцию и литературу", *БВ*, 1913, № 4, 부록도 볼 것.

[93] Голубинский, *История канонизации святых в русской церкви*, M., 1903에 대한 Темниковский의 비판적 서평을 *ВДЛ*, LXXXVIII, 1904, 쪽 번호가 새로 매겨진 두 번째 부분, 1~77, 특히 1~3, 31~40에서 볼 것.

[94] "Сокровище духовное от мира собранное", в кн.: *Сочинения преосвященнаго и Тихона, епископа Воронежскаго и Елецкаго*, M., 1837, X, 1의 첫 부분에 있는 티혼의 격언.

[95] Brian-Chaninov, *The Russian Church*, 103, 주 1.

[96] "인민의 의지" 집행위원회가 알렉산드르 3세에게 보낸 1881년 3월 10일 자 편지, *Литература народной воли*, 1905, 903~908.

IV. 귀족 문화의 세기

[1] Татищев, *Юности честное зерцало*, 4-е изд. Алферов и Грузинский, *Русская литература XVIII века*, 6에서 재인용.

18세기 귀족계급에 관한 최근 연구에는 M. Raeff, "L'État, le gouvernment et la tradition politique en Russie impériale avant 1861", *RHMC*, 1962, octobre-décembre, 295~307; Raeff, "Home, School and Service in the Life of the 18th Century Russian Nobleman", *SEER*, 1962, June, 295~307; K. Ruffmann, "Rußischer Adel als Sondertypus der europäischen Adelswelt", *JGO*, 1961, September; J Blum, *Lord and Peasant in Russia*, 345 ff.; 그리고 참고문헌에 인용된 자료들이 들어간다.

더 오래된 유용한 연구로는 B. Зоммер, "Крепостное право и дворянская культура в России XVIII века", в кн.: *Итоги XVIII века в России*, M., 1910, 257~412가 있다. 슐랴헷스트보와 드보랸스트보라는 용어의 유래에 관해서는 A. Лютш, "Русский абсолютизм XVIII века", в кн.: *Итоги XVIII века в России*, 228과 Blum, *Lord and Peasant in Russia*, 347을 볼 것.

01. 곤혹스러운 계몽

[1] П. Берков, ред., *Проблемы русского просвещения в литературе XVIII века*, M.-Л., 1961, 10~11을 볼 것.

18세기에 관해서는 레닌이 훗날 해석의 지침 구실을 할 말을 거의 하지 않았기 때문에 계몽 시대를 연구하는 소련 학자들은 어려운 상황에 놓여있다. 실제로 "계몽가"에 관한 레닌의 유일한 언급은 1860년대의 급진주의자에 관한 것이었다. 분명히 이 사실을 고려해서, 몇몇 소련 학자는 이제 하나의 과정으로서의 계몽(просветительство)과 비혁명적이지만 진보적인 하나의 이념으로서의 계몽(просвещение)을 구분하면서 과정으로서의 계몽은 17세기 중엽부터 18세기 중엽까지의 기간에 적용되고 이념으로서의 계몽은 러시아에서 주로 1760년대부터 1780년대까지의 기간에 적용된다고 주장한다. *Ibid.*에 달린 Берков의 머리말, 5~27을 볼 것.

[2] Vucinich, *Science in Russian Culture*, 51에서 재인용한 이 수치는 우크라이나에서 이루어진 교육의 질에 관한 Щапов의 매우 부정적인 평가와 결부되면서 그 의의를 다소 잃는다. 더 긍정적인 논의와 인용문헌을 찾으려면 Ф. Я. Шолом, "Просветительские идеи в украинской литературе середины XVIII века", в кн.: Берков, ред., *Проблемы русского просвещения*, 45~62, 특히 46~47을 볼 것.

[3] E. Winter, *Halle als Ausgangspunkt der deutschen Rußlandkunde im 18 Jahrhunderts*, 1953; W. Stieda, "Die Anfänge der Kaiserlichen Akademie der Wissenschaften in St. Petersburg", *JKGS*, 1926, Bd. II, Heft 2.

П. Пекарский의 기본 연구서(*Наука и литературе в России при Петре Великом*, П., 1862, в 2 т.)에는 표트르 대제의 개혁이 지닌 장기적 함의는 인정하면서도 그 개혁이 러시아 사상에 미친 직접적 영향은 최소화하는 경향이 있다. 지금 소련학자들에게는 표트르 대제 개혁의 중요성은 강조하고 예카테리나 대제 개혁의 중요성은 은근히 깎아내리는 경향이 있다. Д. Благой, *История русской литературы XVIII века* 외에 В. Десницкий, "Реформа Петра I и русская литература по русской литературе XVIII в.", в кн.: Десницкий, *Избранные статьи по русской литературе XVIII~XIX вв.*, М.-Л., 1958, 5~37; А. Позднеев, "Просветительство и книжная поэзия", в кн.: Берков, ред., *Проблемы русского просвещения*, 특히 107, 109를 볼 것.

[4] *Итоги XVIII века в России*, 389에서 В. Зоммер가 인용한 수치.

[5] В. Сиповский는 328종에서 2,315종으로 늘었다고 계산한다. M. Strange, "Rousseau et ses contemporaines Russes", *AHRF*, 1962, octobre-décembre, 524에서 재인용.

[6] *Уединненый пошехонец*(나중에는 *Ежемесячное сочинение*), Ярославль, 1786~1787과 — 조금 더 급진적인 저널인 — *Иртыш, превращающийся в Иппокрену*, Тобольск, 1789~1791. 둘 다 월간지였다. *Очерки (7)*, 531~532를 볼 것. 그 극장에 관해서는 М. Любомудров, *Творческий путь ярославского драматического театра имени Ф. Г. Волкова*, М., 1964를 볼 것.

[7] 그리고리 빈스키(Григорий Винский). 그의 볼테르 옹호에 관해서는 Веселовский, *Западное влияние*, 63, 주 1; "Записки Г. С. Винскаго", *PA*, 1877, кн. 1,

76~123, 180~197, 특히 87, 102~104를 볼 것.

[8] Vucinich, *Science in Russian Culture*, 145~154; П. Пекарский, "Екатерина II и Эйлер", *ЗИАН*, VI, 1865, 59~92; 그리고 E. Winter, hrsg., *Die deutsch-rußische Begegnung und Leonhard Euler*, 1958에 있는 러시아와 독일의 문화 접촉에 관한 논문들, 특히 오일러에 관해서는 13 ff., 그의 아들에 관해서는 158~163.

[9] 다방면에 걸친 그의 활동을 제대로 인식하려면, 화학자 Б. Меншуткин이 쓴 표준 전기 *Михаил Васильевич Ломоносов: Жизнеописание*, П., 1911이 다음 자료 로 보완되어야 한다. П. Берков, *Ломоносов и литературная полемика его времени*, М.-Л., 1936; Берков, "Ломоносов об ораторском искусстве", в кн.: *Академику Виктору Владимировичу Виноградову, к его шестидесятилетию*, М., 1956, 71~81; L. Maistrov, "Lomonosov, Father of Russian Mathematics", *SR*, 1962, March, 3~18; М. Радовский, *М. В. Ломоносов и Петербургская акаде-мия наук*, Л., 1961; 그리고 (역사에 관한 생각을 슐뢰처와 주고받은 것에 관해서 는) E. Winter, *August Ludwig v. Schlözer und Rußland*, 1961, 특히 45~76.

[10] Haumant, *La Culture française en Russie*, 108~109, 155; Ф. Коган-Бернштейн, "Влияние идей Монтескье в России в XVIII веке", *ВИ*, 1955, № 5, 101, 주 13; К. Шафрановский, "'Разговоры о множестве миров' Фонтенеля в России", *ВАН*, 1945, № 5~6, 223~225. 또한, A. Lortholary, *Le Mirage russe en France au XVIIIᵉ siècle*, 1951, 18~25; 그리고 (Lortholary가 단 주에 있는 풍부한 자료 외에) Pierling, *La Sorbonne et la Russie*에서 논의된 위정자들과 교회 지도부의 접촉.

퐁트넬의 『세계의 복수성에 관한 대담』을 번역한 칸테미르(M. Ehrhard, *Un Ambassadeur de Russie à la cour de Louis XV, le prince Cantemir à Paris*, 1938 을 볼 것)도 학술원 창립 초기에 뉴튼의 사상이 러시아에 소개되도록 거들었다 (М. Радовский, *Антиох Кантемир и Петербургская Академия наук*, М.-Л., 1959; 그리고 "Ньютон и Россия", *ВИМК*, 1957, № 6, 96~106, 특히 104를 볼 것). 칸테미르의 비상한 활동에 관한 충실한 참고문헌 목록은 П. Берков, ред., *Проблемы русского просвещения в литературе XVIII века*, М.-Л., 1961, 190~270에서 볼 것. 트레디야콥스키에 관해서는 R. Burgi, *A History of Russian Hexameter*, Hamden, Conn., 1954, 특히 40~60; 또한 M. Widnäs, "Fremdsprachliches bei Wassilij Tredjakowsky", *Neuphilologische Mitteilungen* (Helsinki), LXI, I960, 97~129를 볼 것.

[11] Лихачева, *Материалы для истории женского образования в России*, 100~102; 또한 H. Grasshoff, "Kantemir und Fenelon", *ZfS*, 1958, Bd. III, Heft 2~4, 369~383; A. Rambaud, "Catherine II et ses correspondants français", *RDM*,

1877, 15 janvier, 278~309; 15 février, 570~604.

[12] Веселовский, *Западное влияние*, 83~85; L. Réau, "Les Relations artistiques entre la France et la Russie", in *Mélanges publiés en l'honneur de M. Paul Boyer*, 118~120; *REW*, III, 218.

[13] (당시의 인기 흥행물의 이형일 뿐인) 차레비치 흘로르 이야기(Сказка о царевиче Хлоре)에 관해서는 (Wiener, *Anthology of Russian Literature*, I, 276~287에 번역된) *Сочинения императрицы Екатерины II*, П., 1893, III, 94~103을 볼 것. 가장 세련된 무대 상연판은 *РФе*, XXIV, 1788, 195~232에서 볼 것.

예카테리나 대제의 문화 활동에 관해서는 L. Réau, *Catherine la Grande Inspiratrice d'Art et Mécène*, 1930; 그리고 L. Leger, *La Russie intellectuelle*, 76~105에 있는 Leger의 논문; *МБ*, 1896, № 12에 있는 Р. Виппер의 논문; *ЖМНП*, 1905, № 5에 있는 В. Сиповский의 논문; *ЖМНП*, 1865, № 10에 있는 Сухомлинов의 논문을 볼 것.

예카테리나 대제에 관해서 더 전반적으로는 G. Gooch, *Catherine the Great and Other Studies*, London, 1959; 1764년까지만 다루는 (그리고 베를린에서 1891년에 총2권으로 독일어로도 출간된) В. Бильбасов, *История Екатерины Второй*, Berlin, б/г; 그리고 쓸모있는 입문서인 G. Thomson, *Catherine and the Expansion of Russia*, London, 1947을 볼 것. 가장 완벽한 예카테리나 대제 작품집은 알렉산드르 픽핀과 야콥 바르스코프(Яков Барсков)가 1901~1908년에 편집한 열두 권짜리 전집이다. (전적으로 만족스러운 것은 없을지라도) 십중팔구 가장 좋은 전기는 여전히 A. Brückner, *Katherine die Zweite*, 1893일 것이다. 빈약하고 실망스러운 소비에트 러시아의 예카테리나 대제 시대 연구는 L. Yaresh, "The Age of Catherine II", *RSPR*, LXXVI, 1955, 30~42와 주 57~59에 요약되어 있다.

[14] W. Reddaway, *Documents of Catherine the Great*, Cambridge, 1931에 예카테리나 대제가 볼테르와 프랑스어로 주고받은 편지 대다수와 함께 그 최종안의 완전한 영어본이 들어있다.

「나카즈」 초안들, 그리고 그 초안들과 궁정 음모의 연관성에 관한 분석으로는 Georg Sacke, "Die Gesetzgebende Kommission Katherinas II", *JGO*, 1940, Beiheft 2를 볼 것. 또한 *AK*, XXI, 1931, № 2에서 입법위원회에 관한 G. Sacke의 논문; *AK*, XXIII, 1932, № 2에서 예카테리나의 제위 등극에 관한 그의 논문; *RBPh*, XVIII, 1938에서 예카테리나 대제 통치기의 귀족과 부르주아지에 관한 그의 논문을 볼 것. 「나카즈」는 최종안의 인쇄본에서 비로소 「신법령 편찬 위원회 지도 …… 훈령」(Наказ…в руководство комиссии для составления нового уложения)이라는 공식 표제를 얻었다. 가장 좋은 판은 Н. Чечулин이 성 페테르부르그에서 1907년에 펴낸 판이다. 분석은 Ф. Тарановский, *Политическая доктрина в наказе императрицы Екатерины II*, Киев, 1903; Г. Фельдштейн, *Уголовно-правовые идеи наказа Екатерины II и их источники*, Ярославль, 1909; Дитятин, "Верховная власть в России XVIII в.", *Статьи*, 591~631에서 볼 것.

[15] 입법위원회의 구성에 관한 수치는 *Очерки (7)*, 276~280에 인용되어 있다. 이 수치는 주로 A. Флоровский에게서 외삽법으로 추출된 것이 М. Белявский, "Представительство крестьян в уложенной комиссии 1767~1768 гг.", *Сборник···Тихомирову*, 322~329에서 다듬어진 것이다. 농민의 12~15퍼센트만 어떻게든 대표를 보냈다는 Белявский의 결론(329)은 아직도 입법위원회가 당시로서는 대의성이 꽤 큰 기구로 보이게 만든다. (1965년에 나오기로 되어 있는) Белявский의 근간 연구서 *Крестьянский вопрос в России накануне восстания Е. И. Пугачева: Формирование антикрепостнической мысли*는 1760년대와 1770년대 초엽에 일어난 예카테리나 대제에 대한 반대를 개괄할 듯하다.

[16] Vucinich, *Science in Russian Culture*, 187; Normano, *The Spirit of Russian Economics*, 14~15를 볼 것.

[17] Reddaway, *Documents of Catherine the Great*, xxiii~xxiv, 255, 217~219, 220.

[18] Carlo Gastone della Torre di Rezzonico, *Ragionamento sulla filosofia del secolo XVIII*, 1778.

[19] Чечулин, *Наказ*, CXXXII~CXXXIII. T. Cizova, "Beccaria in Russia", *SEER*, 1962, June, 384~408; Веселовский, *Западное влияние*, 76 주.

[20] *Correspondance de Catherine Alexeievna, grand-duchesse de Russie et de Sir Charles H. Williams, ambassadeur d'Angleterre 1756 et 1757*, M., 1909, 3에 있는 1756년 8월 3일 자 편지.

[21] 자코모 카사노바(Giacomo Casanova)에게서 나온 수치. Haumant, *La Culture française en Russie*, 110에서 재인용. 단명한 잡지 『문예 카멜레온』에 관해서는 М. Н. Попова, "Теодор Генри Шюди и основанный им в 1755 г. журнал", *ИАН(Г)*, 1929, № 1, 17~47을 볼 것.

[22] Веселовский, *Западное влияние*, 71, 주 1과 58 ff.; Д. Языков, "Вольтер в русской литературе", в кн.: *Под знаменем науки* (Николай Стороженко 기념 논총), M., 1902, 696~714; С. Артамонов, *Вольтер: Критико-биографический очерк*, M., 1954, 127~159; "Россия и Франция", *ЛН*, XXIX~XXX, 1937, 7~200; M. Strange, *La Révolution française et la société russe*, M., 1960, 45~49 (추가 인용문헌이 있음); 그리고 볼테르가 나중에 끼친 영향에 관해서는 A. Rammelmeyer, "Dostojevskij und Voltaire", *ZSPh*, XXVI, 2, 1958, 252~278과

주를 볼 것. "볼테르 의자"에 관해서는 *CCPЯ*, II, 640을 볼 것.

[23] *СРИО*, XLIV, 1885, 3~5에 있는 편지들에서.

[24] Gooch, *Catherine the Great and Other Studies*, 61, 69에서 재인용.

[25] 이 헌정사는, (엘베시우스가 1771년에 죽은 뒤에 저작이 인쇄되었으므로) 사실은 출판사가 덧붙인 것이기는 할지라도, 엘베시우스의 바람에 딱 들어맞았다고 보 인다(*Oeuvres complètes de M. Helvétius*, Liège, 1774, III에 달린 머리말, xv; 또 한 M. Tourneux, *Diderot et Catherine II*, 1899, 67을 볼 것). 이념 문제로 프랑스 를 떠나 오랫동안 망명해 있던 대부분의 기간에 엘베시우스는 예카테리나 대제 가 헤이그에 파견한 대사이면서 백과전서파와 접촉하는 주요 중개자인 드미트리 골리췬과 연락을 유지했다. 골리췬은 예카테리나 대제가 이 저술을 러시아에서 간행하도록 애썼다. 이것에 관해서는, 그리고 엘베시우스가 나중에 끼친 영향에 관해서는 А. Рачинский, "Русские ценители Гельвеция в XVIII веке", *PB*, 1876, май, 285~302를 볼 것.

엘베시우스의 아시아적 전제정 개념은 고유의 동방 전제정의 개념에 관한 논문 F. Venturi, "Oriental Despotism", *JHI*, 1963, January-March, 133~142에서 도, 같은 주제에 관한 웁살라 대학 박사학위논문 J. Hultin, *De fundamentis despotismi asiatici*, 1773에서도 논의되지 않는다.

[26] Daniel Mornet, "La Guerre ouverte", in *Les Origines intellectuelles de la révolution française (1715~1787)*, 1954, 71~73에서 몽테스키외 저작의 영향에 두어진 특별한 강조를 볼 것. 몽테스키외가 러시아에서 행사한 영향력에 관해서 는 А. Пыпин, "Екатерина II и Монтескье", *BE*, 1903, май, 272~300; Коган- Бернштейн, "Влияние идей Монтескье", 99~110을 볼 것.

[27] 부르크하르트 폰 뮌니히(Burkhard von Münnich) 육군원수. В. Зоммер, *Итоги XVIII века в России*, 391에서 재인용.

[28] 1765년에 달랑베르에게 보낸 편지, *СРИО*, X, 1872, 31. 또한 Тарановский, *Политическая доктрина*, 40; Tourneux, *Diderot et Catherine II*, 139~140을 볼 것.

[29] Чечулин은 526개 항목 가운데 294개 항목으로 계산했다(*Наказ*, CXXIX~CXXX 의 머리말). 「나카즈」에는 Reddaway의 책에 인쇄된 1768년의 2개 보충 항목을 포함해서 총 655개 항목이 있었다.

[30] Lortholary, *Le Mirage russe*, 88~99, 198~242.

[31] Tourneux, *Diderot et Catherine II*, 63; Lortholary, *Le Mirage russe*, 179~186을 볼 것.

[32] N. Koulabko-Koretzky, *Aperçu historique des travaux de la société impériale libre économique 1765~1897*, П., 1897, 5~6; Веселовский, *Западное влияние*,

68~69. 또한, M. Confino, "Les Enquêtes économiques de la 'société libre d'économie de Saint-Petersbourg' 1765~1820", *RH*, 1962, janvier-mars, 155~180; 그리고 В. Семевский, *Крестьянский вопрос в России в XVII и первой половине XIX века*, П., 1888의 제1부에서 응모에 관한 Семевский의 논의도 볼 것. 애덤 스미스가 아주 일찍부터 받은 주목에 관해서는 M. Alekseev, "Adam Smith and His Russian Admirers in the Eighteenth Century", in W. Scott, *Adam Smith as Student and Professor*, Glasgow, 1937을 볼 것.

[33] 백과사전이 러시아에서 맞이한 운명에 관한 뛰어난 해설을 *БСЭ(1)*, LXIV, 특히 487~490에서 볼 것. 19세기와 20세기의 백과사전에 관한 더 상세한 논의인 И. Кауфман, *Русские энциклопедии*, М., 1960도 볼 것.

[34] C. de Larivière, *Catherine II et la révolution française*, 1895, 24, 187, 주 1.

[35] J. Herder, "Journal meiner Reise im Jahre 1769", in B. Suphan, hrsg., *Sämtliche Werke*, 1878, IV, 402.

헤르더가 리가에서 보낸 형성기의 중요성과 그의 사상이 러시아 안에서 발휘한 영향력은 활용 가능한 자료가 꽤 많은데도 동서방 양쪽에서 충분한 평가를 제대로 받지 못해왔다. 다음 자료를 볼 것. L. Keller, *Johann Gottfried Herder und die Kultgesellschaften des Humanismus*, 1904, 1~30; F. McEachran, *The Life and Philosophy of Johann Gottfried Herder*, Oxford, 1939, 27~29; А. Пыпин, "Гердер", *BE*, 1890, № 3, 277~321; 1891, № 4, 625~672; А. Гулыга, *Гердер*, М., 1963, 186~192; A. Wegener, *Herder und das lettische Volkslied*, Langensalza, 1928; K. Bittner, "Herders Geschichtsphilosophie und die Slawen", *VSP*, 1929, Reihe 1, Heft 6 (특히 104~105에 실려 있는 대체로 잊혀진 러시아 관련 18세기 독일 서적의 유용한 목록); "J. G. Herder und V. A. Zhukovsky", *ZSPh*, 1959, № 1, 1~44.

[36] 베르나르댕에 관해서는 Lortholary, *Le Mirage russe*, 174~179.

[37] H. Halm, "Österreich und Neurußland", *JGO*, 1941, Heft 1, 275~287.

[38] *Сочинения императрицы Екатерины II*, П., 1893, II, 109~139에 있는 1786년 작「올레그의 첫 통치: 연극의 일반 규범을 지키지 않고 셰익스피어를 모방한 작품」(Начальное управление Олега, подражание Шекспиру без сохранения феатральных обыкновенных правил).

올레그가 비잔티움 황제에게 전한 마지막 전갈은 다음과 같다. "떠나면서 기념으로 이곳에 이고르의 방패를 놓아두겠소. 맨 마지막 후손이 그때 방패를 알아보도록 말이오(При отшествии моем, я щит Игорев на память оставляю здесь. Пусть позднейшие потомки узрят его тут)"(139). 튀르크에게 거둔 승리를 축하하는 희곡의 묘사 부분에 관해서는 C. Masson, *Mémoires secrets sur la*

Russie, 1804, I, 94~96을 볼 것. (주세페 사르티(iuseppe Sarti) 공동 작업자 몇 사람이 씀) 완전한 악보(П., 1791)는 뉴욕 공립도서관에서 구할 수 있다.

예카테리나 대제 통치기에 이루어진 민족의식의 전반적 성장에 관해서는 H. Rogger, *National Consciousness in Eighteenth-entury Russia*, Cambridge, Mass., 1960을 볼 것. A. Lipski, "Boltin's Defense of Truth and Fatherland", *CSS*, II, 1963, 39~52도 볼 것.

[39] 벤담의 러시아 초기 방문에 관해서는 A. Пыпин, *Очерки литературы и общественности при Александре I*, П., 1917, 6~22를 볼 것. 그가 그 뒤에 러시아와 한 접촉에 관해서는 23~109를 볼 것. W. Kirchner, "Samuel Bentham and Siberia", *SEER*, 1958, June도 볼 것.

[40] 문화적 상징으로서의 실루엣에 관해서는 E. Friedell, *A Cultural History of the Modern Age*, NY, 1930, II, 283~284를, 예카테리나 대제의 극 취향에 관해서는 R. A. Mooser, *Operas, intermezzos, ballets, cantates, oratorios joues en Russie durant le XVIIIᵉ siècle*, Geneva-Monaco, 1955, 특히 I, 111~112를, 또한 Mooser, *L'Opera-comique français en Russie au XVIIIᵉ siècle*, Geneva-Monaco, 1954, 확대수정판과 Ключевский, *Очерки и речи*, 319를 볼 것.

포툠킨 마을 일화는 작센의 외교관 게오르크 폰 헬비히(Georg von Helbig)가 포툠킨의 비행에 관해 언급한 출처 불명의 여러 이야기 가운데 하나이다. 포툠킨 마을(Potemkinsche Dörfer)이라는 표현은 그 뒤에 일상 대화에서 독일어로 꽤 많이 쓰였다. G. Soloveytchik, *Potemkin: A Picture of Catherine's Russia*, London, 1948, 181~182를 볼 것. 그러나 그 일화의 뒤에는 이른바 계속 이어지는 건물 정면(сплошной фасад, 이것에 관해서는 *Архитектура CCCP*, 354를 볼 것)으로 상징되는 더 깊은 진실이 있었다. 계속 이어지는 건물 정면은 신도시에 필수 사항으로 규정되어서 제국이 우아하다는 거짓 인상을 주었다.

[41] F. Lacroix, *Les Mystères de la Russie*, 1845, 201, 주. (그는 가족 축일을 보태서 셈하기도 한다.) W. Bishop, "Thomas Dimsdale, MD, FRS, and the Inoculation of Catherine the Great", *AMH*, 1932, July, 331~338도 볼 것.

[42] C. Dany, *Les idées politiques et l'ésprit public en Pologne à la fin du XVIII siècle: La constitution du 3 mai 1791*, 1901; U. Lehtonen, *Die polnischen Provinzen Rußlands unter Katharina II*, Sortavala(핀란드), 1906; 폴란드의 계몽에 관한 유용한 새 논문집 P. Francastel, ed., *Utopie et institutions au XVIIIᵉ siècle*, 's Gravenhage, 1963.

[43] Hans Blumenfeld, "Russian City Planning of the 18th and Early 19th Centuries", *JAH*, 1944, January, 26에서 재인용. 18세기 말엽의 도심 설계 원칙에 관해서는 (22 맞은편에 설계도 도판이 있는) 이 유용한 논문 외에도 B. Шквариков, *Очерк*

истории планировки и застройки русских городов, M., 1954, 특히 134~202
를 볼 것. (또한 18세기 이전의 도시 계획에 관한 좋은 논의는 21~62에서, 더
상세한 것은 Л. Тверской, *Русское градостроительство до конца XVII века;
планировка; застройка русских городов*, Л., 1953에서 볼 것).

더 먼저 나온 저작이며 (저자가 적극적으로 주도한) 1930년대 소련의 도시
계획을 계획된 도시 건설이라는 러시아의 더 오랜 전통에 연계한 Шквариков,
*Планировка городов России*와 18세기를 다루는 И. Дитятин, *Устройство
и управление городов России*, П., 1875, I도 볼 것. 지방이 새로운 건축 활동에
참여한 것에 관해서는 И. Грабарь, "У истоков классицизма", *ЕИИ*, 1956을
볼 것. 다른 도면과 설계도는 *Архитектура СССР*, 82~89, 418~423, 428, 438에
서 볼 것.

[44] Raeff, "L'État, le gouvernement et la tradition politique en Russie impériale avant
1861", 296. Веселовский, *Западное влияние*, 58; G. von Rauch, *Die Universität
Dorpat und das Eindringen der frühen Aufklärung in Livland*, 1690~1710, Essen,
1943; Лихачева, *Материалы для истории женского образования в России*,
100~102. Herder, *Sämtliche Werke*, 1878, IV, 343~461; Г. Теплов, *Знание, воо-
бще до философии касающияся*, П., 1751; *РБС*, XX, 특히 475~476.

[45] 이 놀라운 사실은 А. Тимирязев, *Очерки по истории физики в России*, M.,
1949, 81, 85~86에서 강조된다. 로크의 영향에 관해서는 Веселовский, *Западное
влияние*, 77; П. Майков, *Иван Иванович Бецкой*, П., 1904, приложение, 49;
Лихачева, *Материалы для истории женского образования в России*, 97;
Betskoy, *Système*, I, 4; II, 171, 305~308을 볼 것.

예카테리나 대제의 교육 기획에 관해서는 W. Johnson, *Russia's Educational
Heritage*에 있는 유용한 절이 N. Hans, "Dumaresque, Brown and Some Early
Educational Projects of Catherine II", *SEER*, 1961, December, 229~235; C. Рожд-
ественский, "Проекты учебных реформ при Екатерине", *ЖМНП*, 1907, дека-
брь; 1908, февраль, март로 보완되어야 한다.

[46] 프닌과 레프닌에 관해서는 В. Орлов, *Русские просветители 1790~1800-х годов*,
M., 1953, 2-е изд., 95 ff.; 그리고 (프닌의 『러시아 관련 교육 경험』의 분석으로
는) 158 ff.을 볼 것.

비록 Майков가 그의 삶과 활동에 관해 뛰어난 연구단행본을 써서 상을 받기
도 했지만, 역사가들은 이상하게도 베츠코이를 소홀히 다뤄왔다. Майков의 책에
는 베츠코이가 내놓은 제안의 원문이 들어있다. 또한 *И. И. Бецкой друг челове-
чества*, П., 1904; 그리고 *РБС*, III, 5~12; *БЕ*, VI, 649~650; XIII, 276~277에
있는 논의와 인용문헌도 볼 것.

이 시기의 회고록 문헌에는 그에 (그리고 그 밖의 많은 것에) 관한 틀린 정보가 수두룩하다. 그런 문헌에서 그는 대개 프랑스어식 이름인 Betzky로 지칭된다. (Бильбасов마저도 그를 거론할 때 날짜가 틀린다.) Chevalier de Corberon, *Un diplomat français à la cour de Catherine II*, Paris, 1901, 2 t.이 비교적 유용하다. Strange, "Rousseau et ses contemporaines Russes", 518~519; Tourneux, *Diderot et Catherine II*, 2~5도 볼 것.

베츠코이의 제안 대다수가 Бецкой, *Собрание учреждений и предписаний касательно воспитания в России обоего пола благороднаго и мещанскаго юношества* в трех частях, П., 1789~1791, 3개 절에, 그리고 *Système complet d'éducation publique, physique et morale*, Neuchâtel, 1777, 2 t.에도 수록되어 있다.

[47] Strange, "Rousseau et ses contemporaines Russes"는 Д. Кобеко, "Екатерина II и Ж. Ж. Руссо", ИВ, 1883, июнь, 603~617과 Майков, *Иван Иванович Бецкой*, 47~60로 보완되어야 한다. 물론 루소는 폴란드인의, 그리고 또한 야콥 코젤스키 (Яков Козельский) 같은 우크라이나인 개혁가들의 찬사를 특히 많이 들었다. (코젤스키에 관해서는 Ю. Коган, *Просветитель XVIII века Я. П. Козельский*, М., 1958을 볼 것.) 코젤스키의 *Философическия предложения*, П., 1768은 "러시아인 저자의 펜에서 나온 최초의 철학 체계"라고 불렸다(*БЕ*, XXX. 596). 특히 그의 루소주의적인 *Разсуждение двух индийцев, Калана и Ибрагима, о человеческом познании*, П., 1788을 볼 것.

사회 제도에 얽매이지 않는 고상한 야만인이라는 루소의 이상이 (П. Богданович, *Дикий человек*, П., 1781에서 시작해서 라디쉐프의 거쳐 이어져 저자 미상의 *Дикая европеянка*, П., 1804에 이르는) 러시아 문학에 준 영향에 관해서는 Берков, 편, *Проблемы русского просвещения в литературе XVIII века*, 89~97에 있는 Ю. Лотман의 연구를 볼 것.

[48] 18세기의 양육원 제도에 관한 탁월한 역사로는 Майков, *Иван Иванович Бецкой*, приложение, 7; 또한 157, 그리고 101 ff.

[49] *Сочинения Державина*, П., 1895, I, 192~193; 또한 234, 주 56을 볼 것.

[50] Д. Кобеко, "Екатерина II и Ж. Ж. Руссо", 612에서 재인용.

[51] Raeff, "L'État, le gouvernement et la tradition politique en Russie impériale avant 1861"; "Home, School and Service"; 또한 시민의식 함양의 실패에 관해서는 Блок, *Политическая литература*, 90~91, 그리고 더 전반적으로 59~79.

[52] Майков, *Иван Иванович Бецкой*, 343~355. 또한 L. Réau의 머리말이 달린 E. Falconet, *Correspondance de Falconet avec Catherine II, 1767~1778*, 1921과 Д. Аркин, *Медный всадник, памятник Петру в Ленинграде*, Л., 1958을 볼 것.

[53] Бецкой, *Генеральное учреждение о воспитании обоего пола юношества*, П., 1766, 3~10. 또한 А. Лаппо-Данилевский, *Иван Иванович Бецкой и его система воспитания*, П., 1904를 볼 것. Щапов는 교육 받은 사람이라는 "제3의 신분"에 관한 베츠코이의 생각이 표트르 대제 시대의 조토프(Зотов) 가문에서 비롯되었을지 모른다고 넌지시 주장한다(Щапов, *Сочинения*, II, 537).

[54] Haumant, *La Culture française en Russie*, 128; 그리고 119~129.

[55] М. Попова, "Теодор Генри Шюди", 26에서 재인용.

[56] "Сколько б люди ни хитрили,/ Сколько б разум ни острили,/ Правда людям говорит:/ Вас любовь перехитрит." 연극 대본: "Опекун профессор, или Любовь хитрее красноречия", *РФе*, 1788, № 24, 61~62에서; Ключевский, *Очерки и речи*, 319; "Как хотите, так живити/ мы не будем вам мешать", *"Новое семейство"*, *РФе*, 1788, № 24, 279에서.

[57] *Русские драматурги*, II, 81; 수마로코프의 희극 정의에 관해서는 *БЭ*, LXIII, 58.

[58] Varneke, *History of the Russian Theatre*, 63.

[59] Майков, *Иван Иванович Бецкой*, 354; D. Stremooukhoff, "Autour du 'Nedorosl' de Fonvisin", *RES*, XXXVIII, 1961, 185; 그리고 *Le Gouverneur d'un Prince*, Lausanne, 1902에 있는 라 아르프의 1784년 회고록 원문, 253; 또한 134~135를 볼 것.

스토아 철학이 유럽의 계몽에 끼친 전반적 영향에 관해서는 P. Hazard, *La pensée européenne au XVIIIᵉ siècle de Montesquieu à Lessing*, 1946, II, 103~105; 그리고 더 최근의 연구인 M. Rombout, *La Conception stoïcienne du Bonheur chez Montesquieu et chez quelques-uns de ses contemporains*, 1958을 볼 것.

[60] Сумароков, *Избранные сочинения*, Л., 1957, 104.

[61] 스토아 철학 찬양자인 플라톤 모스크바·칼루가 수좌대주교에게 헌정된 А. Мельгунов, *Сенеки христианствующаго нравственныя лекарства*, М., 1783.

[62] В. Тукалевский, "Из истории философских течений Русского общества XVIII в.", *ЖМНП*, 1911, май, 4~5, 그리고 Алферов и Грузинский, *Русская литература XVIII века*, 7, 11에 있는 일부 원문.

[63] V. Hehn, *De moribus Ruthenorum*, Stuttgart, 1892, 71.

[64] Д. И. Фонвизин, *Сочинения*, П., 1893, 113. 저자가 언급되지 않은 채로 Д. Благой, *История русской литературы XVIII века*, М., 1945, 241에 인용되어 있다. Благой, 236~237, 그리고 214~243에 있는 폰비진에 관한 논의와 문헌, 그리고 더 오래된 연구인 Тихонравов, *Сочинения*, III, 90~129를 볼 것.

1787년의 빈 상연에 관해서는 G. Wytrzens, "Eine Ünbekannte Wiener

Fonvizin Übersetzung aus dem Jahre 1787", *WSJ*, 1959, VII, 118~128을 볼 것.
유럽이 심지어 18세기 말엽의 러시아 문학까지도 전반적으로 무시한 것에
관해서는 П. Берков, "Изучение русской литературы иностранцами в XVIII
веке", *ЯЛ*, V, 1930와 Lortholary, *Le Mirage russe*, 269~274를 볼 것.

영어 번역본으로는 Noyes, ed., *Masterpieces of the Russian Drama*, 27~28을
볼 것. 그 책에서 사용된 제목인 "장래가 걱정되는 젊은이"(The Young Hopeful)
와 더 자주 사용되는 제목인 "미성년"(Minor)은 (여기서 채택된 제목[The
Adolescent]과 마찬가지로) 러시아어의 Недоросль에 들어맞지 않는다. Недоросль
에는 "철이 안 들었다"는, 행정 업무를 (그리고 함축적으로 어떤 유용한 업무도)
해낼 수 없다는 확연하게 더 부정적인 뜻이 있다.

[65] Г. Сковорода (Бонч-Бруевич ред.), *Сочинения*, П., 1912, 406. 스코보로다의
사상에 관해 영어로 되어있는 가장 좋은 논구로는 V. Zenkovsky, *A History of
Russian Philosophy*, I, 53~69를 볼 것. 매우 다양한 해석으로는 D. Chizhevsky,
Filosofija H. S. Skovorody, Warszawa, 1934; Б. Скитский, *Социальная философия
Г. Сковороды*, Владикавказ, 1930; В. Эрн, *Григорий Саввич Сковорода*, М.,
1912; Т. Билыч, *Свитогляд Г. С. Сковороды*, Киев, 1957을 볼 것. 보충 자료
로는 *История украинской литературы*, Киев, 1955, I, 113~124; Н. Маслов,
"Переводы Г. С. Сковороды", *НЗК*, III, 1929, 29~34; T. Ionescu-Nisçov, "Гри-
горий Сковорода и философские работы Александра Хиджею", *RoS*, II, 1958,
149~162도 볼 것.

본치-브루예비치가 편집한 한 권짜리 스코보로다 저작집 외에도 한 권짜리
원본 Г. Сковорода (Д. Багалей ред.), *Сочинения*, Харьков, 1894와 А. Белецкий
등이 편집해서 1961년에 우크라이나 학술원이 키예프에서 간행한 두 권짜리 판
도 볼 것. Г. Сковорода (Тихини ред.), *Харьковские байки*, Киев, 1946, 그리
고 *БЕ*, LIX, 217~219에서 그의 저작에 관한 목록과 기본 논의도 볼 것. Edie
et al., eds., *Russian Philosophy*, I, 11~62도 볼 것.

[66] Zenkovsky, *A History of Russian Philosophy*, I, 56.

[67] *История украинской литературы*, I, 120.

[68] Т. Кудринский, "Философ без системы", *КС*, IX, 1898, 43; Мельгунов,
Религиозно-общественные движения, 190~191.

[69] Эрн, *Григорий Саввич Сковорода*, 31.

[70] *Ibid.*, 136에서 재인용.

[71] "Человек: Скажи мне имя ты, скажи свое сама;/ Ведь всяка без тебе дурна
у нас дума./ Мудрость: У греков звалась я София в древний век./ А мудростью
зовет всяк русский человек./ Но римлянин мене Минервою назвал,/ А христ-

ианин добр Христом мне имя дал." Сковорода (Багалей ред.), *Сочинения*, 293.

[72] Радищев, *Путешествие*, М., 1944, 9~10, 59~60. L. Wiener가 옮기고 R. Thaler 가 엮은 영어본(Harvard, 1958), 그리고 라디쉐프 전기와 그에 관한 문헌목록인 D. Lang, *The First Russian Radical*, London, 1959가 있다. Lang, "Radishchev and Catherine II", in Curtiss, ed., *Essays in Russian and Soviet History*, 20~33에서 추가 문헌목록이 제시되고 라디쉐프에 관한 소련 학계의 연구가 비판적으로 논의된다. A. McConnell, *A Russian Philosopher: Alexander Radishchev, 1749~1802*, Den Haag, 1964도 볼 것.

[73] "Я тот же, что я был, и буду весь мой век,/ Не скот, не дерево, не раб, но человек." В. Якушкин, "К биографии А. Н. Радищева", *РС*, 1882, сентябрь, 519에서 재인용.

[74] Lang, *The First Russian Radical*, 217~223. 이 사상은 헤르더의 『인류사 철학 논고』(Ideen zur Philosophie der Geschichte der Menschenheit)에서 유래한 듯하다. K. Bittner, "J. G. Herder und A. N. Radishchev", *ZSPh*, XXV, 1956, 8~53을 볼 것. В. Сиповский, "Из истории русской мысли XVIII~XIX вв.: Русское вольтерьянство", *ГМ*, 1914, январь, 108도 볼 것.

[75] (레닌의 개인 비서였던) 본치-브루예비치가 죽기 바로 앞서 1955년에 아나스타시야 니제네츠(Анастасия Нижене́ц)에게 써보냈고 A. Нижене́ц, "В. Д. Бонч-Бруевич про Сковороду", *РЛ*, 1958, № 3에서 거론되었으며 Ф. Шолом이 Берков, ред., *Проблемы русского просвещения*, 61~62에서 (더 짧게) 거론한 편지에 따르면.

[76] A. Афанасьев, "Николай Иванович Новиков", *БЗ*, 1858, № 6, 166~167. 또한 Л. Фридберг, "Книгоиздательская деятельность Н. И. Новикова в Москве", *ВИ*, 1948, август, 23~40도 볼 것.

노비코프의 비범한 경력에 관해서는 서방 언어로 되어 있는 괜찮은 연구도 충분히 만족스러운 러시아어 연구도 없다. 유용한 권위서인 В. Боголюбов, *Н. И. Новиков и его время*, М., 1916에는 충실한 주도, 참고문헌 목록도 없다. 이것을 얻으려면 Г. Вернадский, *Николай Иванович Новиков*, П., 1918, 143~163을 찾아보아야 한다. 철학과 은비학에 관한 노비코프의 관심은 Г. Макогоненко, *Николай Новиков и русское просвещение XVIII века*, М.-Л., 1951 과 같은 소련의 연구에서 심하게 과소평가되고 때로는 감춰지기까지 한다. 더 균형 잡힌 것이 최근에 나온 논문자료집 И. Малышева, ред., *Н. И. Новиков и его современники*, М., 1961인데, 이 논문자료집은 노비코프가 쓴 저작이 지닌 이런 측면을 배제하려는 Макогоненко와 Беркова의 시도를 질책한다(502).

노비코프의 말년과 종교철학적 관심사를 알려면 앞에 언급된 모든 자료가 M. Лонгинов, *Новиков и московские мартинисты*, M., 1867로 보완되어야 한다. 그리고 노비코프가 말년에 주고받았으며 소홀히 취급된 편지들이 Б. Модзалевский, *К биографии Новикова*, П., 1913에 있다. M. Strange는 (특히 슐랴헷스키 코르푸스에서 나온) 새 문서고 자료를 이용해서 라디쉐프와 노비코프의 저술에 관한 연구자의 관심이 꽤 늘어났음을 보여주었다. Штранге, *Демократическая интеллигенция России в XVIII веке*, M., 1965를 볼 것.

[77] A. Lipski, "Boltin's Defense", 39~52를 볼 것. Г. Теплов가 1759년에 펴낸 최초의 러시아 노래집보다 더 앞선 노래집을 다른 사람이 펴냈을지도 모른다. M. Азадовский, *История русской фольклористики*, 149를 볼 것. 그러나 러시아 민속 음악에 관한 진정한 관심은 출코프가 우화와 노래를 모은 간행물을 펴내면서 비로소 생기기 시작했다. 그 간행물은 『신화 소사전』(Краткий мифологический лексикон, 1767년), 4부(部)로 이루어진 『희롱자, 또는 슬라브 설화』(Пересмешник, или Славянския сказки, 1766~1768년), 노비코프가 대학 출판부에서 10부로 간행한 『러시아 설화』(Русские сказки, 1780~1783년), 『잡가요집』(Собрание разных песснь)이다. 이것 가운데 몇 개는 1770년대의 초엽이나 중엽에 간행되었지만, 1790~1791년에 노비코프와 합작해서 펴냈고 『노비코프 노래집』(Новиковский песенник)으로 알려진 확대 제2판에만 남았다. *БЕ*, LXXVII, 32~33을 볼 것. 표트르 스트루베는 『노비코프 노래집』을 러시아 근대 문학의 형성에서 "가장 영향력 있고 중요한 18세기의 성취물"로 여겼다(Струве, *Историко-социологические наблюдения*, 9).

[78] 수마로코프가 비극 「참칭자 드미트리」에 단 머리말. 원문은 Алферов и Грузинский, *Русская литература XVIII века*, 138에 있다. 팔코네의 여행에 관해서는 Réau, "Les Relations artistiques", in *Mélanges publiés en l'honneur de M. Paul Boyer*, 127~128을 볼 것.

[79] 모스크바의 부유함과 게으름에 관한 이 산정(算定)과 다른 세부사항은 *Итоги XVIII века в России*, 391~395에 있는 Зоммер의 글에서 볼 것. Putnam, *Seven Britons in Imperial Russia*, 334~336; M. Anderson, "Some British Influences on Russian Internal Life and Society in the 18th Century", *SEER*, 1960, December, 특히 154 ff.; P. Berkov, "English Plays in St. Petersburg in the 1760's and 1770's", *OSP*, VIII, 1958도 볼 것. 18세기 말엽의 많은 귀족이 누린 완전히 비(非)정치적인 여가 생활은 상당 부분 영국 토지귀족의 여가 생활을 본뜬 것이었다. 원예, 요트놀이, 사냥, 춤에 관한 흥미가 갑작스레 일었고 주요 도시에서는 "영국 클럽"이 많이 생겨났다. *БЕ*, XXIX, 426~428을 볼 것. A. Афанасьев, "Черты русских нравов XVIII столетия", *РВ*, 1857, сентябрь, 248~282도 볼 것.

[80] "Что нового покажет мне Москва?/ Сегодня бал, и завтра будет два." А. Грибоедов, "Горе от ума", в кн.: Орлов, ред., *Сочинения*, М., 1953, 19. 그리 보예도프의 시대에 그의 희곡에 반영된 모스크바에 관한 뛰어난 서술로는 M. Гершензон, *Грибоедовская Москва*, М., 1916, 2-е испр. изд.를 볼 것.

[81] 엄청난 분량의 입수 가능한 프리메이슨 관련 문헌에는 공정한 분석이 거의 들어 있지 않은 편이며, 지성사가들은 그 문헌에 손을 대지 않는 편이었다. 프랑스의 프리메이슨이 가장 잘 연구되었다. A. Lantoine, *Histoire de la franc-maçonnerie française*, 1925; G. Martin, *La Franc-maçonnerie française et la préparation de la révolution*, 1926; D. Mornet, *Origines intellectuelles*, 357~387. 훌륭한 참고문헌 목록이 523~525에 있다. Mornet의 책은 "대다수 프리메이슨 회원들"이 "혁명가가, 심지어 개혁가도, 불평분자도 아니"었음을 결정적으로 보여준다(375). 유감스럽게도 Mornet는 그들이 실제로 어떤 사람들이었는지를 말하려는 노력을 제대로 하지 않으며, 프리메이슨의 국제적 중요성을 인식하지 못한다는 점을 드러낸다. 이 점은 그 주제에 관한 프랑스 학자들의 거의 모든 연구에 공통된 취약점이다.

프리메이슨 운동이 전 유럽에 준 예사롭지 않은 충격에 관한 평가로는 G. Huard, *L'Art royal: Essai sur l'histoire de la franc-maçonnerie*, 1930의 훌륭한 머리말; C. Thory, *Acta Latomorum ou chronologie de l'histoire de la franche-maçonerrie française et étrangère*, 1815, II, 349~400에 있는, 1723년과 1814년 사이에 간행된 프리메이슨 저작의 탁월한 문헌목록; 상세한 연구인 A. Wolfstieg, *Werden und Wesen der Freimaurerei*, 1923, 2 Bd.; Wolfstieg가 편찬한 문헌 목록 *Bibliographie der freimaurerischen Literatur*, Leipzig, 1923~1926, 4 Bd.을 볼 것.

개별 국가에서 프리메이슨 운동이 일으킨 충격에 관해서는 F. Schneider, *Die Freimaurerei und ihr Einfluß auf die geistige Kultur in Deutschland am Ende des 18 Jahrlnmderts*, Praha, 1909; Ernst Friedrichs, *Geschichte der einstiegen Maurerei in Rußland*, 1904; Friedrichs, *Die Freimaurerei in Rußland und Polen*, 1907; 덜 포괄적인 V. Viljannen, *Vapaamuurariudesta Suomessa ja Venäjällä*, Jyväskyllä, 1923을 볼 것.

프리메이슨은 L. Keller, *Die geistigen Grundlagen der Freimaurerei*, Berlin, 1922 (2-te Ausgabe), 그리고 (더 비판적으로) C. Lyttle, "The Religion of Early Freemasonry", in J. McNeill et al., *Environmental Factors in Christian History*, Chicago, 1939, 304~323에서 종교 운동으로 분석된다.

많은 러시아 프리메이슨 연구 가운데 두 저작이 러시아에서 이루어진 발전을 유럽 전체에서 이루어진 발전과 연계한다는 점에서 특히 훌륭하다. 그 두 저작은 (독일어 개정판의 러시아어 번역본이자 수정본인) И. Финдель, *История Франк-Масонства*, П., 1872~1874와 도판이 많이 들어있는 공동 저서인 С. Мельгунов и Н. Сидоров, ред., *Масонство в его прошлом и настоящем*, М., 1914~1915이다.

기지가 가장 번뜩이는 정교한 연구는 20세기의 첫 열다섯 해 동안 대개는 *PC*에 짧은 논문으로 실린 Тира Соколовская의 여러 연구이다. 또한, 거의 전적으로 1차 사료에 바탕을 둔 소중하기 이를 데 없는 연구단행본 Т. Соколовская, *Русское масонство и его значение в истории общественного движения*, П., б/г; Т. Соколовская, *Каталог Масонской Коллекции Д. Г. Бурылина*, П., 1912; "Ионнов день ─ масонский праздник", *Море*, 1906, 23~24; 특히 "Масонство как положительное движение русской мысли в начале XIX века", *ВсВ*, 1904, май, 20~36을 볼 것. М. Лонгинов, *Сочинения*, М., 1915, I에 달린 주에서 언급된 더 오래되고 전거 제시가 잘 되어있는 론기노프(М. Лонгинов)와 피핀과 예솁스키(С. Ешевский)의 연구; Г. Вернадский, *Русское масонство в царствование Екатерины II*, П., 1917 (특히 가입회원수 통계수치는 85~90); Я. Барсков, *Переписка московских масонов XVIII века*, П., 1915; *Русское масонство и его значение в истории общественного движения (XVIII и первая четверть XIX столетия)*, П. (б/г)도 볼 것.

편향성이 더 심하지만 세부사항을 아는 데 유용한 연구로는 러시아인 프리메이슨 망명자의 영어 논문 B. Telepnev, "Freemasonry in Russia", *AQC*, XXXV, 1922, 261~292; 나치(Nazi)가 후원한 연구 H. Riegelmann, *Die Europäischen Dynastien in ihrem Verhältnis zur Freimaurerei*, 1943 (특히 295~314에는 로마노프 황조와 유럽의 프리메이슨 사이에 긴밀한 연계가 있었다고 시사하는 정보가 있다); 인상에 근거한 В. Иванов, *От Петра Первого до наших дней: Русская интеллигенция и Масонство*, Харбин, 1934가 있다. 톨스토이의 『전쟁과 평화』에 나오는 유명한 희화화를 제외한 또 다른 문학상의 묘사로는 거의 1,000쪽에 이르는 А. Писемский, *Масоны*, П., 1880을 볼 것.

모든 볼셰비키 지도자 가운데 트로츠키만이 유일하게 프리메이슨을 연구했다고 보인다. 트로츠키는 (지극히 그답지 않게도) 프리메이슨의 역사적 의의를 평가할 능력이 자기에게 전혀 없다고 고백했다. L. Trotsky, *My Life*, NY, 1930, 120을 볼 것. 프리메이슨의 영향력이 20세기 초엽에 (특히 볼셰비키가 아닌 개혁주의자 사이에서, 그리고 1917년 임시정부 안에서) 되살아났다는 사실이 Г. Аронсон, "Масоны в русской политике", в кн.: *Россия накануне революции*, NY, 1962, 109~143에서 강조된다.

[82] 비록 단편적이고 결코 결정적이지는 않을지라도 프리메이슨이 중세의 석공 길드

에서 유래했다는 상세한 증거가 D. Knoop & G. Jones, *An Introduction to Freemasonry*, Manchester, 1937에서 제시된다.

[83] С. Ешевский, *Сочинения*, М., 1870, III, 445; 또한 Telepnev, "Freemasonry in Russia", 261~262.

[84] Telepnev, "Freemasonry in Russia", 263.

[85] Тукалевский, "Из истории философских течений", 12에서 재인용.

[86] Telepnev, "Freemasonry in Russia", 264~269에 명부가 있다.

[87] Боголюбов, *Н. И. Новиков и его время*, 258에서 재인용.

[88] 여기서 "프리메이슨 다단계 조직"이라는 용어는 원래의 프리메이슨 3개 단계를 넘어서는 단계를 반드시 달성해야 한다고 권고한 다양한 프리메이슨 지부들을 모두 가리키는 데 사용된다. 이것에는 스코틀랜드식 의례, 주로 독일의 "엄격한 제례" 지부, 대다수 스웨덴 지부, 그리고 다른 것이 포함된다. 그 다른 지부로는 낮은 단계의 "파란" 프리메이슨과 구별되는 "붉은" 프리메이슨이나 "보라" 프리메이슨으로 흔히 알려진, 그리고 러시아에서는 세례자 요한과 구별되는 안드레아의 종단 지부가 있다.

　"프리메이슨 다단계 조직"이라는 용어는 엄밀하게는 프리메이슨 구조와는 별도였지만 대체로 보면 은비학 지식과 더 엄한 도덕적 규율에 대한 똑같은 요구에 부합하려고 노력하는 프리메이슨 지파(다시 말해서, 장미십자단과 선택된 제사장 등등)였던 단체를 포괄하는 데에도 쓰인다. 여기서 쓰이는 용어에 (빈을 "새로운 로마"로 일컬으면서 요제프 2세의 개혁을 확대하려고 시도한) 바이에른 "일루미나티"처럼 급진적 사회·정치 개혁에 관심을 둔 프리메이슨 지파와 내면의 재생보다는 급진 개혁에 관심을 가진 몇몇 폴란드 지부는 들어가지 **않는다**. 프리메이슨에 반대하는 소책자 저자들은 부정확하게도 이 합리주의적이고 개혁적인 단체들을 훨씬 더 많은 보수적이고 신비주의적인 "다단계 조직"과 한데 묶어왔다.

　프리메이슨 다단계 조직들의 기원과 그 조직 사이에 전개된 뒤얽힌 갈등에 관한 가장 좋은 분석으로는 R. Le Forestier, *L'Occultisme de franc-maçonnerie écossaise*, 1928, *La Franc-maçonnerie occultiste au dix-huitième siècle et l'ordre des Élus Coëns*, 1928; *Les plus secrets Mystères des hauts grades de la maçonnerie dévoilés*, 1914를 볼 것. 자료 입증이 훌륭하고 통설을 뒤집는 연구서 P. Arnold, *Histoire des rose-croix et les origines de la franc-maçonnerie*, 1955도 볼 것.

[89] T. Tschudi, *L'Étoile flamboyante ou la société des francs-maçons considerée sons tous ses rapports*, Frankfurt-Paris, 1766, 2 t. 특히 I, 4~5, 160을 볼 것. 그리고 그가 성 페테르부르그에 있는 한 프리메이슨 지부를 상대로 한 연설을 I, 41~47

에서, 또한 그의 문답을 II, 179~232에서 볼 것. Tschudi는 슈디의 이름을 원래의 프랑스-스위스식 철자로 쓴 것이며, 서방에서 간행된 저작은 이 이름으로 나왔다. 그의 프리메이슨 활동에 관해서는 J. Bésuchet, *Précis historique de l'ordre de la franc-maçonnerie*, 1829, I, 42~43, 47; II, 275~279을 볼 것.

새로운 문답서에 대한 열정은 독일에서 특히 두드러졌다. J. Schmitt, *Der Kampf um den Katechismus in der Aufklärungsperiode Deutschlands*, München, 1935를 볼 것.

[90] Боголюбов, *Н. И. Новиков и его время*, 285.

[91] Тукалевский, "Из истории философских течений", 29~31, 18~20.

[92] Финдель, *История Франк-Масонства*, I, 273; 또한 253~273, 306~318. 또한, Zdenek David, "Influence of Boehme", 49 ff.; 그리고 D. Chizhevsky, "Swedenborg in Rußland", *Aus zwei Welten*도 볼 것.

프랑스 사상과 독일 사상 사이의 충돌을 이 시대의 러시아 사상을 이해하는 데 중요한 주제로 보는 유일한 저술로 내가 아는 것은 M. Ковалевский, "Борьба немецкаго влияния с французским в конце XVIII и в первой половине XIX столетия", *БЕ*, 1915, 123~163이다.

[93] 파벨은 거의 틀림없이 프리메이슨 열성 회원이었을 것이다. Т. Соколовская, "Два портрета императора Павла с масонскими эмблемами", *РС*, 1908, октябрь, 82~83에 있는 프리메이슨 복장을 한 파벨의 그림, 85~95에 있는 원문을 볼 것. *Масонство*, 11~12와 *AQC*, VIII, 1895, 31; Riegelmann, *Die Europäischen Dynastien*, 298~301도 볼 것. 특히 프리메이슨 다단계 조직이 그의 이념 교육과 그 뒤의 정책에 준 영향력에 관해서는 G. Vernadsky, "Le Césarévitch Paul et les francs-maçons de Moscou", *RES*, VIII, 1925, 268~285를 볼 것.

[94] *БЕ*, XXXVI, 511~512. Тукалевский, "Из истории философских течений", 33 ff. 슈바르츠에 관해서는 다음 자료를 볼 것. Тихонравов, *Сочинения*, III, 60~81; М. Лонгинов, "Новиков и Шварц", *РВ*, 1857, октябрь, 539~585; 이 논문에 대한 논평인 С. Ешевский, *РВ*, 1857, ноябрь, 174~201; *РБС*, XI, 621~628; Барсков, *Переписка московских масонов XVIII века*에 있는 문헌 자료와 자료 목록과 더불어 정교한 논고.

슈바르츠의 집단 안에서 쓰인 피토메츠(питомец)라는 용어에 해당하는 더 정확한 현대어는 십중팔구 "양자"보다는 "대학의 아들"이나 "동창"일 것이다.

[95] *РБС*, XXII, 625; Тукалевский, "Из истории философских течений", 27; 또한 "Материалы для истории дружеского ученого общества", *РА*, 1863, вып., 3, 203~217; А. Афанасьев, "Николай Иванович Новиков", *БЗ*, 1858, № 6, 161~181.

[96] F. Valjavec, "Das Woellnersche Religionsedikt und seine geschichtliche Bedeutung", *HJ*, 72, 1953, 386~400; Тукалевский, 41~42; *РБС*, XXII, 623~624 를 볼 것.

[97] Тукалевский, "Из истории философских течений", 29에서 재인용.

[98] Малышев, ред., *Н. И. Новиков и его современники*, 216에 있는 원문에서.

[99] *Ibid.*, 217.

[100] Тукалевский, "Из истории философских течений", 31~38. 은비학 전통의 삼체(三體) 사고에 관해서는 A. Viatte, *Les Sources occultes du romantisme*, 1928, I, 33~41, 120도 볼 것. 그리고 은비학 전통이 심지어 프랑스의 "계몽된" 사회층에서도 흔히 평가되는 것보다 훨씬 더 널리 퍼져 있었다는 수많은 시사점에 관해서는 C. Bila, *La Croyance a la magie au XVIIIe siècle en France*, 1925를 볼 것.

[101] Тукалевский, "Из истории философских течений", 51, 주 3에서 재인용. 보통은 믿을 만한 Тукалевский가 달아놓은 번호(레닌그라드 살틔코프-쉐드린 도서관 수고 보관소의 Q III, 175)로 1965년 1월에 찾아본 수고에는 이 인용문이 없지만, 그리스도를 "모든 사상의 사상"(5b)으로, 참된 그리스도 추종자를 "지성인"[смыслящие/intelligentes](55b)이라고 일컬으며 "사상의 본질은 무엇인가?"(Что такое суть идеи?)라고 묻는 비슷한 인용문은 많다. 이렇게 Тукалевский의 인용문은 다르게 바꿔 말하기일 뿐일지도 모른다. 따라서 어쨌든 그가 107로 인용한 쪽 번호가 이 문서에는 완전히 어긋나므로, 인용 숫자가 바뀌었거나, 아니면 그가 이 다량의 은비학 문헌 소장 도서에서 다른 문서를 인용하고 있었을지도 모른다. 독일어와 라틴어로 되어있는 철학 전문용어를 러시아어로 옮기는 슈바르츠와 그의 문하생들의 광범위한 번역 작업이 체계적으로 연구된 적은 없지만, "인텔리겐치야"라는 용어는 흔히 가정되는 것과 달리 라틴어에서 직접 비롯되지 않고 독일어 은비학 문헌에서 라틴어 용어가 사용되는 것을 통해 간접적으로 비롯되었을 가능성이 커 보인다. Тукалевский가 인용한 "인텔리겐치야"의 용법은 독일 은비학에 나오는 순수한 정신, 즉 인텔리겐첸(Intelligenzen)이라는 개념에 가깝다(C. Kiesewetter, *Geschichte des neueren Occultismus*, Leipzig, 1891, 259를 볼 것). 틀림없이 "인텔리겐치야"라는 용어를 처음으로 소개해서 1860년대에 더 일반적으로 쓰이도록 만든 사람일 이반 악사코프(A. Pollard, "The Russian Inteliigentia: The Mind of Russia", *CSS*, III, 1964, 7, 주 19를 볼 것)는 자기의 철학 훈련과 전문용어를 (슈바르츠처럼) 독일어에서 얻었다. 라틴어의 t가 러시아어의 ц로 변환된 것은 독일어의 z, 또는 어쩌면 폴란드어의 cja의 매개 가능성을 암시한다.

인텔리겐치야가 모든 인류를 위한 해방의 메시지를 지닌다는 이 훗날의 러시아 사상은 사람이 더는 강압의 지배를 받지 않고 영적 지성(intelligentia spiritualis)의 지배를 받을 영혼의 새로운 "세 번째 왕국"이 머지않았다는 조아키노 다 피오레(Gioacchino da Fiore)의 원조 천년왕국 사상을 생각나게 한다. R. Kestenberg-Gladstein, "The 'Third Reich': A Fifteenth-Century Polemic against Joachism, and Its Background", *JWI*, XVIII, 1955, 245, 270을 볼 것.

[102] (1874년 1월에 간행된) Финдель, *История Франк-Масонства*, II.

[103] 슈뢰더(Schroeder) 남작이 일기에 자기가 1784년에 나이 스물여덟에 신임 총수로 도착한 것에 관해 쓴 부분에서. Барсков, *Переписка московских масонов XVIII века*, 215. 슈뢰더는 장미십자단을 "프로테스탄트 예수회"(225)로 일컬었지만, 프로테스탄티즘과 정교, 프로이센과 러시아 사이에는 자연스러운 친화성이 있다고 느꼈다.

[104] M. de Vissac, "Dom Pernety et les illuminés d'Avignon", *MAV*, XV, 1906, 219~238; А. Пупин, "Материалы для истории масонских ложов", *ВЕ*, 1872, январь, 특히 204~206; Viatte, *Les Sources occultes du romantisme*, I, 89~92; Vernadsky, "Le Césarévitch Paul et les francs-maçons de Moscou".

[105] *PA*, 1908, № 6, 178. 심지어는 프랑스 혁명 뒤에도 (같은 쪽에 있는 전술한 1790년 문서에서) 예카테리나 대제는 프리메이슨이 "자연에 존재하지 않는 평등"을 설교한다고 비난하면서도 프리메이슨을 "신비주의 이단"으로 분류하지, 정치 운동으로는 분류하지 않는다.

Лонгинов, "Новиков и Шварц", 584에 따르면, 예카테리나 대제의 프리메이슨 반대는 일찍이 1759년에 시작되었다. 그의 반(反)프리메이슨 희곡들은 그의 *Сочинения*, П., 1893, I, 138~209에 수록되어 있고, 프리메이슨을 대하는 그의 전반적 태도는 А. Семека, "Русские розенкрейцеры и сочинения Екатерины II против масонства", *ЖМНП*, 1902, № 2, 343~400에서 면밀하게 연구되어 있다.

[106] Мельгунов, *Религиозно-общественные движения*, 181에서 재인용. 그리고 179~195에서 예카테리나 대제 통치기의 반대파의 사회경제 사상에 관한 뛰어난 논의 전체를 볼 것.

[107] В. Флеровский, *Три политическия системы*, London, 1897, 46~47, 주.

[108] 알렉세이 옐렌스키(Алексей Еленский)와 하느님의 관아에 관해서는 А. Пругавин, *Раскол вверху: Очерки религиозных исканий в привилегированной среде*, П., 1909, 76~83을 볼 것. 음모를 꾸미는 정치적 천재성을 거세파 탓으로 돌리는 당대 시도의 환상적 사례로는 E. Josephson, *The Unheeded Teachings of Jesus, or Christ Rejected*, NY, 1959를 볼 것. 다른 무엇보다도 이 책은 공산주의 체제 안에서 활동하는 한 거세파 비밀단체가 당시에 소비에트 연방을 지배했다고 주장한다.

[109] Мельгунов, *Религиозно-общественные движения*, 180.

[110] Лонгинов, "Новиков и Шварц", 563~564에서 재인용. 실제로 로푸힌은 "내면의 교회"에 관한 자기의 논설문에서 적그리스도의 분열적 이미지를 이용했다. Боголюбов, *Н. И. Новиков и его время*, 209. 서방화된 식자층 안에서 일어난 이후의 거의 모든 운동과 마찬가지로, 프리메이슨은 분리파의 거센 반발을 샀다. Рябушинский, *Старообрядчество и русское религиозное чувство*, 48~49를 볼 것.

[111] Лонгинов, "Новиков и Шварц", 572, 그리고 565 ff.

[112] R. Amadou가 편집한 Saint-Martin, *Mon portrait historique et philosophique (1789~1803)*, 1961; 또한 P. Arnold, *Histoire des rose-croix et les origines de la franc-maçonnerie*, 특히 259~263, 더불어 1700년대 중엽에 런던에서 러시아인과 한 접촉에 관해서는 M. Matter, *Saint-Martin, le philosophe inconnu*, 1862, 특히 134~145를 볼 것. 러시아에서 그가 한 프리메이슨 활동과 그가 누린 영향력에 관한 정보는 (논평을 포함해서) H. C. de la Fontaine, "The Unknown Philosopher", *AQC*, XXXVII, part 3, 1924, 262~290에서 제공된다. 19세기 유럽의 가장 위대한 작가 중 두 사람인 오노레 드 발자크(Honoré de Balzac)와 미츠키에비치에 대한 그의 주요 영향력에 관해서는 P. Bernheim, *Balzac und Swedenborg: Einfluß der Mystik Swedenborgs und Saint-Martins auf die Romandichtung Balzacs*, 1914와 W. Weintraub, *Literature as Prophecy, Scholarship and Martinist Poetics in Mickiewicz's Parisian Lectures*, 's Gravenhage, 1959를 볼 것.

　　몇몇 권위자는 "마르탱주의자"라는 용어의 유래를 생-마르탱보다는 마르티네스에서 찾는다. 예를 들어, М. Ковалевский, "Масонство во время Екатерины", *БЕ*, 1915, сентябрь, 108, 주 1을 볼 것.

[113] *Mon portrait historique et philosophique*, 56.

[114] 생-마르탱과 드 메스트르, 그리고 다른 이들의 은밀한 스승인 마르티네스 데 파스칼리의 논설문 *Réintégration des êtres*에 관해서는 De Maistre, *La Franc-maçonnerie: Memoire inédit au Duc de Brunswick (1782)*, 15~16을 볼 것.

[115] А. Герцен (Лемке, ред.), *ПСС и писем*, XI, 11.

[116] Веселовский, *Западное влияние*, 95, 주 2에서 재인용.

[117] Н. Михайловский, *Сочинения*, П., 1896, I, v. 라파터와 러시아의 몇몇 연계에 관해서는 Viatte, *Les Sources occultes du romantisme*, II, 72~73; Lavater, *Correspondance inédite avec l'Impératice Marie de Russie sur l'avenir de l'âme*, 1863; 독일어 원문과 러시아어 원문이 마주 보도록 배치해서 *ЗИАН*, LXXIII, 1893에 부록으로 간행된 "Переписка Карамзина с Лафатером"을 볼 것.

[118] 알렉세이 메르즐랴코프(Алексей Мерзляков). В. Истрин, "Дружеское литера- турное общество", *ЖМНП*, 1910, август, 291~292에서 재인용.

[119] Н. Дризен, "Очерки театральной цензуры в России в XVIII в.", *PC*, 1897, июнь, 특히 555~562. 그 시대의 전반적 분위기와 풍부한 참고자료에 관해서는 M. Strange, *La Révolution française*; C. de Larivière, *Catherine II*, 139~140을 볼 것. 또한 357~375에서 혁명이라는 주제에 관한 그의 1792년 회고를 볼 것.

[120] *Очерки по истории русской журналистики и критики*, Л., 1950, I, 82.

[121] Е. Альбовский, "Император Павел I и Митрополит Сестренцевич-Бокуш", *PC*, 1897, май, 279~282; Pierling, *La Russie et le Saint-Siège*, V, 특히 183~197.

[122] В. Истрин, "Русские студенты в Геттингене в 1802~1804 гг.", *ЖМНП*, 1910, № 7, 125에서 재인용. 알렉산드르 1세를 대상으로 한 나중의, 특히 나폴레옹 전쟁 동안의 아부 용어 가운데 몇몇에 관해서는 Cherniavsky, *Tsar and People*, 128 ff.을 볼 것. 괴팅엔이 러시아의 지성 활동에 계속 끼친 영향에 관해서는 Е. Тарасов, "Русские 'геттингенцы' первой четверти XIX в. и влияние их на развитие либерализма в России", *ГМ*, 1914, № 7, 195~210을 볼 것.

[123] Lang, *The First Russian Radical*, 254에서 재인용. 라 아르프의 사상과 그 사상이 알렉산드르 1세에게 끼친 영향에 관해서는 *Revue Historique Vaudoise*에 있는 L. Mogeon의 논문 몇 편, 특히 "L'influence de La Harpe sur Alexandre", 1938, mai-juin을 볼 것.

[124] G. Vernadsky, "Reforms under Czar Alexander I: French and American Influences", *RP*, 1947, January, 47~64; M. Raeff, "The Political Philosophy of Speransky", *ASR*, 1953, February, 3~18; "The Philosophical Views of Count M. M. Speransky", *ASR*, 1953, June; *Michael Speransky: Statesman of Imperial Russia 1722~1839*, Den Haag, 1957, 특히 204~227을 볼 것.

[125] Raeff, *Michael Speransky*, 1~118. 또한 벤담과 그의 추종자들이 스페란스키에게 끼친 영향에 관해서는 А. Пыпин, *Очерки литературы и общественности при Александре I*, 특히 42~48을 볼 것.

[126] Raeff, *Michael Speransky*, 23, 주 2.

[127] А. Яхонтов, *Исторический очерк Императорского Лицея*, Paris, 1936을 볼 것.

[128] Raeff, *Michael Speransky*, 119~169

[129] 알렉산드르 1세가 라 아르프에게 보낸 1811년 3월 12일 자 편지, *СРИО*, V, 1870, 41.

[130] "Свобода − там, где есть уставы,/ Свобода мудрая свята,/ Но равенство − мечта." *Очерки по истории русской журналистики и критики*, 147에서 재

인용.

[131] Н. Булич, *Очерки по истории русской литературы и просвещения с начала XIX века*, П., 1902, I, 273~303에 있는 논의를 볼 것. 또한 카람진이 저널리즘과 문학에 끼친 영향에 관해서는 다음 자료를 볼 것. *Очерки по истории русской журналистики и критики*, 132~152; R. Pipes, *Karamzin's Memoir on Old and New Russia*, Cambridge, Mass., 1959, 원문의 분석과 번역; 또한 Pipes의 "Karamzin's Conception of the Monarchy", *HSS*, IV; W. Mitter, "Die Entwicklung der politischen Anschauungen Karamzins", *FOG*, Bd. 2, 1955, 165~285; H. Rothe, "Karamzinstudien II", *ZSPh*, Bd. XXX, Heft 2, 1962, 272~306.

[132] 그 이야기의 해설과 인용문을 Булич, *Очерки по истории русской литературы*, I, 82에서 볼 것. Карамзин, *История государства российскаго*, П., 1819, 2-е изд., VI, 130~132도 볼 것.

[133] Булич, *Очерки по истории русской литературы*, I, 82에서 재인용.

[134] 특히 К. Рылеев, "Отрывки думы 'Марфа Посадница'", 그리고 *ЛН*, LIX, 1954, 23~24에 있는 관련 주를 볼 것.

[135] 알렉산드르 마모노프(Александр Мамонов) 백작이 자기의 소위 "러시아 기사단"을 위해 제시한 파격적인 46개 항목을 유용한 문집 А. Бороздин, ред., *Из писем и показаний декабристов: Критика современнаго состояния России и планы будущаго устройства*, П., 1906, 145~148에서 볼 것. 데카브리스트 운동에 가담하는 집단 가운데 맨 마지막에 결성될 집단인 (그리고 가장 급진적인 집단인) 비밀 "슬라브인연합회"는 자기들이 슬라브인 연방의 자연 국경으로 상정한 백해, 흑해, 발트 해, 지중해를 의미하는 닻 네 개를 상징 문양으로 사용했다. 슬라브인 연방은 그 바다마다 해군과 큰 항구를 보유해야 할 터였다. М. Нечкина, *Общество соединенных славян*, М.-Л., 1927, 91~92, 104~106, 그리고 책 안에 접어 넣은 부록에 있는 그 연합회의 상징 표식을 볼 것.

데카브리스트 운동에 관한 유용하지만 문헌이 제시되지 않은 서술로는 M. Zetlin, *The Decembrists*, NY, 1958이 있다. 더 많은 세부사항과 문서자료로는 М. Нечкина, *Движение декабристов*, М., 1955, в 2 т.가 있다. Нечкина는 1928년과 1959년 사이에 데카브리스트 운동에 관해 소련에서 나온 저술의 목록을 엮어서 똑같은 제목으로 펴냈다. *Движение декабристов*, М., 1960. 데카브리스트의 사상에 관한 논의로는 В. Семевский, *Политические и общественные идеи декабристов*, П., 1909와 H. Lemberg, *Die nationale Gedankenwelt der Dekabristen*, Köln, 1963을 볼 것. 주목을 받지 못한 인물인 마모노프에 관한 새로운 자료로는 "Движение…", 79, 199에 있는 참고문헌 목록에서 언급된 Лотман

의 논문들을 볼 것.

[136] 이 초기 문필 활동의 범위에 관해서는 *Очерки по истории русской журнали-стики и критики*, 194~235를 볼 것.

[137] М. Лунин, *Сочинения и письма*, П., 1923, 82.

[138] 데카브리스트가 노브고로드를 이상화한 행위를 속속들이 파헤친 논의로는 Волк, *Исторические взгляды декабристов*, 321~347을 볼 것.

[139] П. Ольшанский, *Декабристы и польское национально-освободительное движение*, М., 1959를, 그리고 리투아니아와의 연계, 특히 사실상 러시아 제국에 나타날 급진 학생 비밀단체 가운데 가장 먼저 만들어진 빌뉴스 대학의 호학회(好學會, Towarzystwo Filomatów)[11]와의 연계에 관한 설명이 있는 165~213을 볼 것. 폴란드에 연계 조직이 있을 수 있다는 두려움과 러시아 내부에서 권위가 어떻게든 느슨해지는 사태가 폴란드에서 반향을 일으킬 수 있다는 두려움은 데카브리스트 재판을 앞두고 그들을 심문하는 관리들에게 거의 강박관념이었다. 예를 들어, Бороздин, ред., *Из писем и показаний декабристов*, 99~108에 있는 페스텔 심문 기록을 볼 것.

[140] 1818년 3월 15/27일에 알렉산드르 1세가 세임에서 한 연설에 관해서는 Семевский, *Политические и общественные идеи декабристов*, 265~274, 또한 281을 볼 것. Семевский는 서유럽과 아메리카 대륙에서 일어난 혁명적 사건들이 그 어떤 저술보다 데카브리스트에게 더 중대한 영향을 주었음을 확인한다. *Ibid.*, 234~257.

[141] Г. Наан, ред., *История Эстонской ССР*, Таллинн, 1958, 208~210에서 논의된 주제. 미츠키에비치의 『판 타데우시』(Pan Tadeusz)도 볼 것. 큐헬베케르는 1821년에 파리 왕립 대중교습소(L'Athénée Royal)에서 한 강의에서 노브고로드를 찬미하면서 러시아의 개혁 사상을 서방에서 대중화하기도 했다. Кюхельбекер, *Дневник*, Л., 1929; Yu. Lotman, *Uusi materiale dekabristide võitlusest balti aadli vastu*, Tartu, 1955를, Мельгунов, *Дела и люди Александровского времени*, 265~267도 볼 것.

[142] Федор Глинка, "Зиновий Богдан Хмельницкий". *Очерки по истории русской журналистики и критики*, 216에서 재인용.

---

[11] 빌뉴스 대학의 폴란드 학생들과 졸업생들이 1817년에 결성한 비밀결사. 미츠키에비치 등이 주도했고, 문학과 이학을 학습해서 인류의 진보를 추구하는 데에서 출발해서 폴란드 독립을 추구하는 조직으로 발전했다. 1823년에 러시아 당국의 심한 처벌을 받았다.

[143] В. Якушкин, *Государственная власть и проекты государственной рефо-рмы в России*, П., 1909, 부록에 있는 기획 문안. 러시아 제국 안에서 권력을 연방식으로 분산해야 한다는 이 믿음은 대러시아 국수주의자의, 그리고 매우 기묘하게도 1819년에 바르샤바에서 세워지고 더 큰 폴란드라는 구상에 동조하는 폴란드 애국협회(Towarzystwo Patriotyczne)[12]의 반발을 불러일으켰다. 대다수 데카브리스트에게는 프랑스 혁명과 프랑스 혁명에서 생겨난 통치 체제보다는 미국 혁명을, 심지어 네덜란드 혁명까지도, 그리고 그 두 나라에서 나타난 연방 체제를 우러러보는 경향이 있었다는 점에 유의할 것. Волк, *Исторические взгляды декабристов*, 237~281, 그리고 더 간결하게는 443~444를 볼 것.

[144] 페스텔에 관한 문건과 논의로는 М. Нечкина, ред., *"Русская правда" П. И. Пестеля и сочинения, ей предшествующие (Восстание декабристов: Документы, VII)*, М., 1958을 볼 것. A. Adams, "The Character of Pestel's Thought", *ASR*, 1955, April; J. Schwarz-Sochor, "P. I. Pestel: The Beginning of Jacobin Thought in Russia", *International Review of Social History*, III, part 1, 1958, 71~96; М. Ковалевский, "'Русская правда' Пестеля", *МГ*, 1958, № 1, 1~19도 볼 것. Волк는 일시적인 잠정적 독재를 옹호한 사람이 페스텔 혼자만이 아니었음을 보여준다(*Исторические взгляды декабристов*, 263). Нечкина는 슬라브 인연합회가 군주제를 폐지하고 대다수 형태의 귀족 특권을 종식하는 데 찬성하기도 했음을 보여준다(*Общество соединенных славян*). 또한, P. Miliukov, "La Place du Décabrisme dans l'évolution de l'intelligencija russe"와 B. Mirkine-Guétzévitch, "Les idées politiqes des Décabristes et l'influence française", *Le Monde slav*, 1925, décembre, 333~349; 380~383을 볼 것.

[145] 프리메이슨 집단과 혁명 집단 사이의 연계는 극히 보수적인 몇몇 가톨릭 지역(바이에른 일부, 오스트리아, 에스파냐)을 제외하면 근거가 없지는 않더라도 근거가 빈약해 보인다. 데카브리스트 다수가 비록 예전에 프리메이슨 회원이기는 했어도, 그들은 주로 하위 단계 형태의 프리메이슨 박애 단체에 가입했고 그 가입의 지속성과 친밀성은 대개의 경우에 프리메이슨 다단계 조직에 가입한 제국 관리와 반혁명가가 보인 지속성과 친밀성에 비해 훨씬 떨어졌다. В. Семевский, "Декабристы― масоны", *МГ*, 1908, февраль, 1~50; март, 127~170; 또한 *Политические и общественные идеи декабристов*, 286~377을 볼 것. Семевский

---

[12] 19세기 초엽에 발레리안 우카신스키(Walerian Łukasiński, 1786~1868년)가 주도해서 만든 폴란드 귀족 혁명가들의 비밀결사. 1824년부터 데카브리스트와 공모해서 러시아 전제정에 맞섰다.

의 증거는 그 연구를 하도록 그를 이끈 긴밀한 연계에 대한 믿음을 떠받치지 못해서 확실해 보이는 것만큼 명백한 결론을 끌어내지 못하도록 막았을지도 모른다.

페스텔이 프리메이슨 회원이었다는 사실(*Политические и общественные идеи декабристов*, 289)은 그 자체로는 결정적 영향을 끼쳤다고 보이지 않는다 (Т. Соколовская, "Ложа трех добродетелей и ея члены декабристы", *PA*, 1908, № 20, 321~322를 볼 것). 그리고 그가 나중에 프리메이슨 의식의 채택에 보인 관심은 (비록 광범위했을지라도) 대체로 기회주의적이었다고 보인다. Н. Дружинин, "Масонские знаки П. И. Пестеля", в кн.: *Музей революции СССР: Второй сборник статей*, М., 1929, 12~49를 볼 것.

02. 반(反)계몽

[1] *Soirées de St. Pétersbourg*, in *Oeuvres complètes*, Lyon, 1884, IV, 170.

[2] *Oeuvres complètes*, I, xiv~xv.

[3] *Oeuvres complètes*, IV, 106.

[4] M. J. Rouët de Journel, *Un Collége de Jesuites à Saint-Pétersbourg*, 1800~1816, 1922와 A. Boudou, *Le Saint-Siège et la Russie, 1814~1847*, 1922, I, 13~28을 볼 것. 1812년 무렵에 러시아에는 예수회 단원이 적어도 400명은 있었다(B. Надлер, *Император Александр I и идея священного союза*, Рига, 1886, I, 66). 예수회는 혁명을 막는 보루로뿐만 아니라 교육부터 사탕과자 제조까지 만사에 숙련된 인력의 원천으로 중시되었다. (예카테리나 대제는 교육을 위한 목적으로 예수회를 환영했고, 파벨은 사탕과자 제조 때문에 그 종단의 수장을 특히 중시했다. *Ibid.*, I, 57 ff.)

[5] (알렉산드르 1세에게 보내는 비망록으로서 1809년 5월에 쓰였고 영어판으로는 *On God and Society*, Chicago, 1959, 염가보급판으로 간행된) *Essai sur le principe générateur des constitutions politiques et des autres institutions humaines*, П., 1814, 100.

[6] *Oeuvres complètes*, IV, 282.

[7] *Oeuvres complètes*, XIII, 290~291.

[8] *Oeuvres complètes*, XIII, 204.

[9] De Maistre, *La Franc-maçonnerie: Memoire inédit au Duc de Brunswick (1782)*, 1925, 특히 22~23. 다음 자료를 참조할 것. F. Vermale, "L'Activité maçonnique de J. de Maistre", *RHL*, 1935, janvier, 72~76; G. Goyau, "La Pensée religieuse

de J. de Maistre", *RDM*, LXII, 1921, 137~163; 585~624.

[10] *Oeuvres complètes*, V, 190.

[11] *Oeuvres complètes*, IV, 271~272.

[12] 유명한 전쟁 숭배에 관해서는 *Oeuvres complètes*, V, 23과 ff.을 볼 것. 그가 합리적 세계에 있는 대칭은 하느님의 존재를 입증한다는 버클리의 주장을 논박하는 V, 93도 볼 것. 그는 만약 네로가 더 질서정연하고 대칭적인 방법으로 사람들을 불태워 죽였더라면 그것이 사람들을 하느님께 인도하는 데 도움이 되었겠냐고 묻는다. V, 283~360에서 희생제에 대한 그의 칭찬도 볼 것.

소련의 이념가들은 전쟁이 (자기들이 주장하는 대로 특정한 사회·경제적 힘의 산물이기보다는) 하느님의 섭리에 따른 것이라는 드 메스트르의 견해를 소비에트 연방과 전쟁을 하는 것이 필연이라는 서방의 잠재의식적 가정에 대한 완벽한 합리화로 인용했다. В. Гантман и др., "Мировые войны XX века и диалектика истории", *Мировая экономика и международные отношения*, 1964, № 8, 3~4를 볼 것.

[13] *Oeuvres complètes*, V, 125~126.

[14] *Essai sur le principe générateur*, 6.

[15] Goyau, "La Pensée religieuse de J. de Maistre", 598에서 재인용.

[16] *Oeuvres complètes*, IV, 107.

[17] *Oeuvres complètes*, I, xli.

[18] *Oeuvres complètes*, IV, 2~3; V, 281~282.

[19] М. Степанова, "Жозеф де Местр в России", *ЛН*, XXIX~XXX, 1937, 587.

[20] *Ibid.*, 588.

[21] *Ibid.*, 584; 그리고 그 절 전체 577~726.

[22] Goyau, "La Pensée religieuse de J. de Maistre", 611~612; *Oeuvres complètes*, I, xxi~xxxvi.

[23] *Oeuvres complètes*, VIII, 163~232.

[24] *Oeuvres complètes*, VIII, 279~360.

[25] *Oeuvres complètes*, VIII, 265; 그리고 233~265. 그는 페슬레르의 학습 과정을 언급하고 있다.

[26] *Oeuvres complètes*, XIII, 290; V, 228~257; 그리고 더 직접적인 알렉산드르 1세 공격에 관해서는 그의 후기(1819년) 저작 *Sur L'État du christianisme en Europe*, in *Oeuvres complètes*, VIII, 485~519를 볼 것.

[27] *Oeuvres complètes*, V, 247, 242; XIII, 290~292, 282; *ЛН*, XXIX~XXX, 613~621. 본디 드 메스트르는 이 신비한 인류 통합 과정을 그리스도교를 통합하지만 초월해서 프리메이슨 다단계 조직에 그토록 핵심적인 고대 동방의 잃어버린 빛에

대한 염원을 성취할 대업(le grand oeuvre)으로 보았다. *Mémoire inédit*, 35~36, 100~120을 볼 것.

[28] *Oeuvres complètes*, III, 287~401; 영어판 *Letters to a Russian Gentleman on the Spanish Inquisition*, London, 1851.

[29] P. Pierling, *L'Empereur Alexandre Ier, est-il mort catholique?*, 1913, 특히 12~44; 그리고 Мельгунов, *Дела и люди Александровского времени*, I, Berlin, 1923, 105~109에 있는 해설; A. Boudou, *Le Saint-Siège et la Russie*, I, 126~139.

[30] 경건주의의 유입에 관한 충실한 논의와 참고문헌으로는 E. Winter, *Halle als Ausgangspunkt der deutschen Rußlandkunde im 18 Jahrhunderts*, 특히 토도르스키에 관해서는 227~254를 볼 것. 아마도 자기 책을 펴내는 공산주의 계열 출판사를 존중해서인지 Winter에게는 경건주의 유입의 종교적 · 복음전도적 측면을 경시하는 경향이 있다. 그 측면은 E. Benz, "August Herman Francke und die deutschen evangelischen Gemeinden in Rußland", *Auslanddeutschtum und evangelische Kirche*, 1936, 143~192와 E. Seeberg, *Gottfried Arnold: Die Wissenschaft und Mystik seiner Zeit*, Meerane, 1923처럼 Winter의 저작에서 이용되지 않은 연구서에서 더 충실하게 드러난다. 경건주의의 표준 역사서는 아직도 L. Ritschl, *Geschichte des Pietismus*, Bonn, 1880~1886, 3 Bd.이다. K. Pinson, *Pietism as a Factor in the Rise of German Nationalism*, NY, 1934에서는 경건주의의 더 폭넓은 영향이 또 다른 맥락에서 측정된다.

[31] Winter, *Halle als Ausgangspunkt der deutschen Rußlandkunde im 18 Jahrhunderts*, 290~338.

[32] 헤른후트 공동체의 조직과 동방 선교 활동에 관해서는 E. Langton, *History of the Moravian Church: The Story of the First International Protestant Church*, London, 1956; E. Winter, *Die tschechische und slowakische Emigration in Deutschland im 17 und 18 Jahrhundcrt*, 1955; (1743년부터 18세기 말까지에 관한 철저한 연구서인) O. Uttendörfer, *Wirtschaftsgeist und Wirtschaftsorganisation Herrnhuts und der Brüdergemeinde*, Herrnhut, 1926; H. Grönroos, *Suomen yhteyksistä herrnhutilaisuuteen 1700-luvulla, SKST*, XII, 1938(발트 해 연안 지역의 모든 언어로 된 참고문헌의 목록이 268~272에 있다); A. Клаус, "Сектаторы-колонисты в России", *BE*, 1868, январь, 256~300; март, 277~326; июнь, 665~722; июль, 713~766; 또한 Клаус, "Духовенство и школы в наших немецких колониях", *BE*, 1869, январь, 138~174; май, 235~274를 볼 것. 예카테리나 대제 이전 러시아에서 그들의 수용에 대한 적대감에 관해서는 *PA*, 1868, сентябрь, 1391~1395를 볼 것.

[33] A. Ходнев, "Краткий обзор столетней деятельности Императорского вольного

экономического общества с 1765 до 1865", в кн.: *Труды вольного экономического общества*, 1865, ноябрь, 268~269. 이반 볼틴의 기록 *Хорография сарептских целительных вод*, П., 1782가 사렙타를 선전하는 일에서 중요한 역할을 했다.

[34] *О истинном христианстве*, в кн.: Тихон Задонский, *Сочинения*, М., 1836, IV~IX. 그러나 N. Gorodetzky(*Saint Tikhon Zadonsky*, 95)와 G. Florovsky(*ASR*, 1964, September, 577~578)는 아른트가 티혼에게 영향을 더 많이 주었는지를 의심한다. 아른트의 저작이 러시아어로 옮겨진 것에 관해서는 Chizhevsky, *Aus zwei Welten*, 220~230을 볼 것.

[35] Viatte, *Les Sources occultes du romantisme*, I, 32~37; V. Černý, "Les 'Frères moraves' de Mme. de Staël", *RLC*, 1960, janvier-mars, 37~51; П. Киреевский, *Сочинения*, М., 1861, II, 303, 주; *PA*, 1868, сентябрь, 1352~1358을 볼 것.

[36] 예사롭지 않은 이 마녀사냥에 관해서는 R. Le Forestier, *Les Illuminés de Bavière et la franc-maçonnerie allemande*, 1914를 볼 것. J. Droz, "La Légende de complot illuministe en Allemagne", *RH*, 1961, octobre-décembre, 313~338도 볼 것.

[37] J. Bodemann, *Johan Caspar Lavater*, Gotha, 1856, 367, 또한 396 ff.

[38] "Переписка с Лафатером", 3, 5~6; 또한 Karamzin, *Letters of a Russain Traveller*, 1789~1790, NY, 1957을 볼 것.

[39] Droz, "La Légende de complot illuministe en Allemagne", 329에서 재인용.

[40] De Maistre, *Oeuvres*, V, 258~260.

[41] 러시아어판 *Облако над святилищем*, П., 1804, 149, 152, 154에서 재인용. 원본은 *Die Wolke über dem Heiligtum*, München, 1802. 또한 Viatte, *Les Sources occultes du romantisme*, II, 44~51을 볼 것.

[42] П. Знаменский, *Чтения из истории русской церкви за время царствования императора Александра I*, Казань, 1885, 157에서는 1813년부터 1823년까지 10년 동안 러시아어로 번역된 에카르츠하우젠의 다른 저작이 스물다섯 권으로 계산된다.

[43] Лопухин, *Некоторые черты о внутренней церкви, о едином пути истины и о различных путях заблуждения и гибели*, П., 1798. 주목을 받지 못한 이 인물에 관한 야콥 바르스코프의 상세하고 충실한 주석이 달린 서술을 *РБС*, X, 650~682에서 볼 것. Булич, *Очерки по истории русской литературы*, I, 316~359에서 로푸힌의 저작이 1791년에 탈고되었다는 주장(329)도 볼 것. В. Садовник, *Масонские труды И. В. Лопухина*, М., 1913도 볼 것.

[44] Боголюбов, *Н. И. Новиков и его время*, 209에서 재인용.

[45] Клаус, "Сектаторы-колонисты в России", *ВЕ*, 1868, март, 305; 또한 *БЕ*, IX,

50~51.

[46] Н. Попов, "Игнатий— Аурелий Феслер", *BE*, 1879, декабрь, 586~643; И. Чистович, *История Санкт-Петербургской Духовной Академии*, П., 1857, 182~266. 페슬레르의 에큐메니즘적 견해는 Feßler, *Ansichten von Religion und Kirchentum*, 1805에 들어있고 B. Терновский, "Материалы для истории мистицизма в России", *ТКДА*, март, 164~165에서 논의된다. 그의 프리메이슨 활동에 관해서는 Thory, *Acta Latomorum ou chronologie*, I, 198, 313; 그가 러시아에 도착하기 전에 독일에서 비밀 단체들과 가졌던 사전 접촉에 관해서는 J. Droz, *L'Allemagne et la révolution française*, 1949, 96~97을 볼 것.

[47] 이 시기 동안 합리주의에서 경건주의로 옮아가는 알렉산드르 1세에 관한 생생한 서술로는 "Рассказы князя Голицына", *PA*, 1886, кн. 2, 87을 볼 것. 설명 전체는 65~108에 있다.

[48] E. Halevy는 감리교를 안정화 세력으로 보는 고전적 해석을 내놓는다(*History of the English People*, NY, 1961, I, part III, 387~485). G. Clark는 어쨌든 잉글랜드에서 혁명이 일어날 역량이 매우 컸는지를 의심한다(*The Making of Victorian England*, London, 1962, 36~37). 이런 의심은 (다른 이유에서일지라도) 러시아에도 똑같이 잘 적용될 수도 있다.
잉글랜드의 비국교도는 알렉산드르 1세의 모호한 종교관의 형성에 미친 수많은 정신적 영향력 가운데 아마 가장 중요했을 것이다. 그의 첫 종교 교사는 영국 여인과 결혼해서 생애 대부분을 잉글랜드에서 보낸 폴란드 사람인 안드레이 삼보르스키(Andrzej Samborski, Андрей Самборский)였다(Надлер, *Император Александр I*, I, 9~12). 대중의 도덕·종교 교육을 통한 혁신이라는 그의 개념 전체는 감리교 성서공회뿐만 아니라 조지프 랭커스터(Joseph Lancaster)가 제안한 나날의 독서를 통한 무료 공공교육이라는 퀘이커교도 이상의 영향을 결정적으로 받았다. (삼보르스키에 관해서는 A. Пыпин, *Исторические очерки: Общественное Движение в России при Александре I*, П., 1900, 1~293을, 랭커스터에 관해서는 397~418을 볼 것.) 그는 이어서 잉글랜드의 퀘이커교도, 특히 스티븐 그렐레트(Stephen Grellet)와 중요한 교제를 했다. 알렉산드르 1세는 1815년에 런던에서 그렐레트와 함께 예배를 했고, 1818~1819년에 성 페테르부르그에서 그와 한결 더 친하게 지냈다. R. S., "Aus dem Restaurationszeitalter, der Quäker Grillet in St. Petersburg", *DR*, XLVII, 1886, 49~69를 볼 것. 유감스럽게도 이 논문에는 증거 문서가 없다.

[49] 알렉산드르 픠핀 외에 H. Стеллецкий, *Князь А. Н. Голицын и его церковно-государственная деятельность*, Киев, 1901; C. Сольский, "Участие Александра I в издании Библии", *ТКДА*, 1879, январь, 172~196을 볼 것.

[50] 1818년에 아일러(Eiler) 주교와 나눈 대화에서. Знаменский, *Руководство к русской церковной истории*, 433에서 재인용. 게오르기 플로롭스키는 알렉산드르 1세가 모스크바 화재가 일어나기에 앞서 종교로 전향했음을 보여준다(*Пути русского богославия*, 130).

[51] A. von Tobien, "Herrnhut i Livland", in *Die livländische Ritterschaft in ihrem Verhältnis zum Zarismus und russischen Nationalismus*, 1930, 116~139, 특히 128~189; H. Plitt, *Die Brüdergemeinde und die lutherische Kirche in Livland*, Gotha, 1861, 168~181; Надлер, *Император Александр I*, I, 298~309; E. Knapton, *The Lady of the Holly Alliance*, NY, 1939, 특히 125~191; C. de Grunwald, "Les Russes à Paris en 1814", *RSMP*, 1954, 1er semestre, 1~14.

[52] *Архив братьев Тургеневых*, П., 1913, III, 251.

[53] *РБС*, X, 674; "Lettres de Mme. de Staël à Alexandre I, 1814~1817", *La Revue de Paris*, 1897, janvier-février, 16~17; Grunwald, "Les Russes à Paris en 1814", 5~6.

[54] 그 시대의 몇몇 예언적 언사와 해석에 관해서는 W. Bauer, *Religious Life in Germany*, London, 1872, 317~338; *Autobiography of Heinrich Jung-Stilling*, NY, 1848; E. Benz, *Die abendländische Sendung der östlich-orthodoxen Kirche*, 15~32.

[55] 유용한 연구인 E. Knapton, *The Lady of the Holly Alliance*에는 대체로 이 "신성동맹 귀부인"의 역할을 얕보는 경향이 있다.

[56] 1814년 초여름에 탈고되어 골리췬 공에게 헌정되었고 1815년에 뉘른베르크(Nürnberg)에서 처음 출간된 F. Baader, *Über das durch die französische Revolution herbeigeführte Bedürfniss einer neuern und innigern Verbindung der Religion mit der Politik*. 바더는 노발리스와 생 마르탱의 신정주의적 사고의 영향을 받은 제안서(F. Büchler, *Die geistigen Wurzeln der Heiligen Allianz*, Freiburg, 1929, 53~60)의 사본들을 1814년 봄에 틀림없이 다듬어지지 않은 형태로 오스트리아와 프로이센과 러시아의 군주들에게 맨 먼저 보냈다. 신성동맹이라는 구상에 서유럽이 미친 다양한 영향에 관해서는 Büchler의 책과 H. Schaeder, *Die dritte Koalition und die Heilige Allianz*, Königsberg-Berlin, 1934를 볼 것.

[57] W. Phillips, *The Confederation of Europe*, London, 1920, 301~302에 있는 원문. Knapton, *The Lady of the Holly Alliance*, 165~166; М. Сухомлинов, *Изследования и статьи по русской литературе и просвещению*, П., 1889, I, 174~175도 볼 것. 그 문제에 관한 Надлер의 여섯 권짜리 연구서의 결론은 알렉산드르 1세가 그 문건을 쓰고 "신성동맹"이라는 구상을 생각해낸 사람이었다는 것이다(특히 제5권을 볼 것). 그러나 그의 분석은 그 같은 동맹의 구상에 찬성하는 러시아

수도 엘리트의 여론을 일으키는 데에서 성 페테르부르그에 있던 독일계 망명자들이 — 특히 보수적인 발트 해 독일 민족주의자인 에른스트 아른트와 나중에 프로이센의 개혁을 주도하는 카를 폼 슈타인(Karl vom Stein) 남작이 — 중요했음을 시사한다.

[58] Клаус, "Духовенство и школы в наших немецких колониях", 147; 또한 138 ff.; Benz, *Die abendländische Sendung der östlich-orthodoxen Kirche*; E. Susini, *Lettres inédites de Franz von Baader*, 1942, 특히 293~294.

[59] *ЖИЧО*, 1817, июль, 18. 이것은 성서공회의 공식 정기간행물 제1호의 권두 논설이었다.

[60] Т. Соколовская, "Масонство как положительное движение русской мысли в начале XIX века", 20~36.

[61] 1817년과 1821년 사이에 프리메이슨 회원 총수가 반 넘게 늘어나는 동안에 성 페테르부르그에서는 겨우 10퍼센트 늘었다. *PC*, 1908, октябрь, 87~88. 프리메이슨의 이 마지막 시기의 전반적 역사에 관해서는 Пыпин, *Исторические очерки: Общественное Движение в России при Александре I*, 296~333을, 그리고 B. Telepnev, "Some Aspects of Russian Freemasonry during the Reign of Emperor Alexander I", *AQC*, XXXVIII, 1925, 15~31도 볼 것.

[62] *Путь ко Христу*, П., 1815, xxiii~xxiv. *БЗ*, 1858, № 5, 131에서 재인용; 136도 볼 것. Булич, *Очерки по истории русской литературы*, I, 340~343.

[63] И. Катетов, *Граф М. М. Сперанский как религиозный мыслитель*, Казань, 1889, 39~40 주, 42 ff.; Знаменский, *Чтения из истории русской церкви*, 149~163.

[64] 명단은 *Тоска по отчизне*, М., 1818, V, 307~308에 있다. "향수"는 독일어의 Heimweh나 러시아어의 тоска по отчизне에 있는 형이상학적 염원의 뉘앙스를 온전히는 전달하지 못한다.

[65] Катетов, *Граф М. М. Сперанский*, 65~77. Saint-Martin, *Oeuvres posthumes*, Tours, 1807, II, 245~268.

[66] P. Shelley, "Adonais", LII, 1~4행.

[67] Знаменский, *Руководство к русской церковной истории*, 433.

[68] Знаменский, *Чтения из истории русской церкви*, 156~157, 그리고 111~163에 있는 논의 전체.

[69] 이것은 다만 추정될 수 있을 뿐이다. F. Hoffmann, *Franz von Baaders Biographie und Briefwechsel*, Leipzig, 1857, 79.

[70] Н. Попов, "Игнатий — Аурелий Феслер", 639~640; Пыпин, *Исторические очерки: Общественное Движение*, 132~135, 200~204.

[71] *PC*, 1907, апрель, 213; *РА*, 1868, № 9, 1358~1390; Пыпин, *Исторические*

очерки: Общественное Движение, 197~200.; 그리고 골리췬의 몰락에 관해서
는 Булич, *Очерки по истории русской литературы*, II, 289~320.

[72] Пыпин, *Исторические очерки: Общественное Движение*, 200.

[73] *PC*, 1896, август, 426.

[74] "Raskolnicisme", Susini, *Lettres inédites de Franz von Baader*, 364; 또한 골리췬
에게 보낸 편지, 368~369. Benz, *Die abendländische Sendung der östlich-
orthodoxen Kirche*는 나중의 러시아와의 접촉을 논의하지만, 교회 통합이라는 문
제를 주로 다루므로 Benz, *Franz von Baader und Kotzebue: Das Rußlandbild
der Restaurationszeit*, Mainz, 1957로 보완되어야 한다.

[75] De Maistre, *Oeuvres*, VIII, 328; 드 메스트르의 친구 파울루치에 관해서는 Семев-
ский, "Декабристы масоны", 27~33을 볼 것.

[76] В. Жмакин, "Ересь Есаула Котельникова", *X Чт*, 1882, № 11~12, 739~795;
Пыпин, *Исторические очерки: Общественное Движение*, 419~458.

[77] Е. Бахталовский, "Описание духовных подвигов и всех случаев жизни свящ-
енника Феодосия Левицкого", *PC*, 1880, сентябрь, 129~168. 레비츠키의 저술
은 Л. Бродский, ред., *Священник Феодосий Левицкий и его сочинения*, П.,
1911에서 볼 것.

[78] F. von Baader, *Les Enseignements secrets de Matinès de Pasqualis*, 1900, 4.

[79] 예를 들어, "Из истории масонства", *PC*, 1907, № 3, 539~549; Т. Соколовская,
Каталог масонской коллекции Д. Г. Бурынина, П., 1912, 22~23을 볼 것.

[80] 다른 대다수 종파보다도 훨씬 더 신비에 휩싸여있는 이 종파의 역사에 관해서는
A. Scheikevitch, "Alexandre Ier et l'hérésie sabbatiste", *RHMC*, III, 1956, 223~235
를 볼 것.
　　유대판 신비주의적 경건주의에 해당하는 하시디즘(Hasidism)[13]도 초(超)종
파적인 "내면의 교회"라는 사상의 발전에서 눈에 띄지 않는 역할을 얼마간 했을
지도 모른다. 어쨌든, 하시디즘과 경건주의 사이의 유사성은 구교도의 천년왕국
설과 이보다 한 세기 전의 사바타이 체비 추종자들의 천년왕국설 사이의 유사성
만큼 두드러진다.
　　이 시기 동안의 동유럽의 하시디즘에 관해서는 G. Scholem, *Major Trends*

---

[13] 율법의 내면성을 강조하는 유대교의 신비주의적 경건주의 운동. 경건한 자라는
뜻의 히브리어 낱말 하시드에서 비롯된 표현이며, 본디 12~13세기에 독일에서
시작되었고 18세기에 폴란드와 우크라이나 등 동유럽의 유대인 사이에서 종교적
혁신 운동으로 부흥했다.

in Jewish Mysticism, NY, 1954, 3rd ed., 특히 301~350; 근대 초기에 유대인의 카발라 신비주의가 서방의 그리스도교 사상에 준 전반적 영향에 관해서는 E. Benz, *Die Christliche Kabbala*, Zürich, 1958을 볼 것.

[81] Жмакин, "Ересь Есаула Котельникова", 753~754, 주 2; 또한 745~764.

[82] С. Сольский, "Участие Александра I в издании Библии", 195에서 재인용; 172~196도 볼 것.

[83] Matter, *Saint-Martin, le philosophe inconnu*, 315~328, 354~410; Пыпин, *Исторические очерки: Общественное Движение*, 318~321; Jung-Stilling, *Theorie der Geisterkunde*, 1808; Эккартсгаузен(Eckartshausen), *Бог во плоти, или Христос между человеками*, П., 1818, I; 또한 Эккартсгаузен, *Облако над святилищем*, П., 1804, 7, 149~154; 로푸힌이 *Дух Эккартсгаузена, или Сущность учения сего знаменитого писателя*, М., 1810에 바친 제사(題詞). 융-슈틸링이 훗날의 "시온의 전령" 종파에 준 영향에 관해서는 E. Молостова, *Иеговисты: Жизнь и сочинения кап. Н. С. Ильина*, П., 1914, 특히 17~34를 볼 것.

[84] R. Labry, *Alexandre Ivanovič Herzen 1812~1870*, 1928, 177~178 주 2; Попов, "Игнатий− Аурелий Феслер", 640~641. 게오르기 플로롭스키는 자기 저서 *Пути русского богославия*에 있는 이 시기에 관한 탁월한 장의 표제를 적절하게도 "신학을 위한 투쟁"(Борьба за теологию)으로 지었다.

[85] И. Покровский, "О способах содержания духовных училищ в России от основания их, в 1721 г. до преобразования в начале настоящего столетия", *Странник*, 1860, август, 111~113; 또한 109~138; 그리고 러시아 교육에 관한 묘사에서 자주 경시되는 이 요소에 관한 추가 논의로는 *ibid.*, июль, 24~55.

[86] (나중에 드 메스트르에 이끌려 가톨릭 신앙으로 개종한 사람 가운데 한 명이며 파리에 있는 러시아인 가톨릭교도를 후원하는 망명객이 된) 스베치나 부인에게 보낸 1815년 7월 31일/8월 12일 자 편지, De Maistre, *Oeuvres*, XIII, 125. 프랑스어를 하는 플라톤 룝신의 기본 저작의 목록은 *БЕ*, 46, 851~852에 있으며, 그의 사상과 활동은 А. Барсов, *Очерк жизни митрополита Платона*, М., 1891에서 논의된다.

[87] *Considerations sur la doctrine et l'ésprit de l'église Orthodoxe*, Stuttgart, 1816; 그리고 *ЖИЧО*, 1817, август, 181~198; сентябрь, 239~251에 있는 서평. *Mémoire sur l'état actuel de l'Allemagne*, 1818. 스투르드자에 관해서는 *РБС*, XIII, 602~606; Сухомлинов, *Изследования и статьи по русской литературе и просвещению*, I, 219; Benz, *"Franz von Baader und Kotzebue: Das Rußlandbild der Restaurationszeit"*, 88~99를 볼 것. Carl Brinckmann은 스투르드자가 사실상 신성동맹의 주요 입안자였을지 모른다고 주장하고 "Die Entstehung

von Sturdzas 'État actuel de l'Allemagne'", *HZ*, CXX, 1919, 80~102에서 독일의 반동과 러시아의 반동 사이에 있는 긴밀한 연관성을 보여준다.

스투르드자의 누나 록산드라 에들링(Роксандра Эдлинг) 백작부인도 반동과 신비주의로의 전향에 중대한 영향을 준 사람이었다(A. Шидловский, "Графиня P. C. Эдлинг письмах к B. Г. Теплякову", *PC*, август, 404~443을 볼 것). 실제로 크뤼데너 남작부인, 타타리노바 부인, 지나이다 볼콘스카야, (포티 배후의 실권자이며 골리췬의 주적인) 안나 오를로바-체스멘스카야(Анна Орлова-Чесменская) 백작부인("Архимандрит Фотий и Графиня A. A. Орлова-Чесменская", *ИЛ*, 1914, февраль, 195~204를 볼 것)과 더불어 록산드라의 아름다움과 자석같은 매력은 서방화 혁신에 맞서 남자들을 동원하는 데에서 매혹적인 여인들이 알렉세이 미하일로비치 주위의 보수적 혈통귀족 사이에서 그랬던 것만큼 알렉산드르 1세 주위의 반동주의자들에게 큰 영향을 미쳤다는 생각이 들게 한다. 또 다른 차원에서 여인들의 영웅적 역할은 나폴레옹에 대한 저항에 관해 형성된 전설에서 강조를 받게 되었다. A. Svobodin, "Vasilissa Kozhina", *Soviet Woman*, 1961, № 3, 24~25를 볼 것.

[88] 공격당한 그 지부는 전(前) 심비르스크 지사의 아들이자 세계주의적 혼성 프리메이슨의 주요 이론가인 미하일 바라타예프(Михаил Баратаев) 공의 지부였다. T. Соколовская, "К масонской деятельности князя Баратаева", *PC*, 1908, февраль, 424~435를 볼 것.

[89] Сухомлинов, *Изследования и статьи по русской литературе и просвещению*, I, 224, 그리고 511, 주 277.

[90] E. Феоктистов, "Магницкий: Материалы для истории просвещения в России", *PB*, 1864, июнь, 484. 마그니츠키에 관한 기본 자료로는 июнь, 464~498; июль, 5~55; август, 407~449.

[91] *Ibid.*, июнь, 484~485.

[92] *Ibid.*, июля 11, (사용된 용어는 благочестие이다), 그리고 5~22.

[93] Булич, *Очерки по истории русской литературы*, II, 269~271은 페옥티스트에 관한 설명을 여러 면에서 교정한다.

[94] Феоктистов, "Магницкий", июль, 23~26.

[95] *Ibid.*, август, 409, 또한 408. 대학교의 전면 숙청에 관해서는 июнь, 467~473, июль, 11~18.

[96] *PA*, 1864, № 3, 324~325에 있는 그의 비망록 원문에서.

[97] *Журнал ученой комиссии*, 1820. Сухомлинов, *Изследования и статьи по русской литературе и просвещению*, I, 185에서 재인용.

[98] *Ibid.*, 186에 있는 크루젠시테른(Крузенштерн) 논쟁.

[99] Феоктистов, август, 426~427.

[100] 알렉세이 페롭스키(Алексей Перовский, 안토니 포고렐스키(Антоний Погоре-льский)) 하르코프 관구 교육감의 말을 인용하는 Ibid., 426.

[101] 십중팔구 표트르 메쉐르스키(Петр Мещерский) 공이 썼고 시시코프에게 보낸 유명한 비망록「러시아의 적이 일으킨 난리에 관한 수기」(Записки о крамолах врагов России)에서. 이 글은 H. Морошкин의 머리말과 분석을 달려 PA, 1868, № 9, 1384에 실려 있다.

[102] Феоктистов, июнь, 473, 그리고 비망록 원문 469~473.

[103] Феоктистов, июль, 47.

[104] J. Laurens, Vocabulaire des francs-maçons, 66~67.

[105] РБС, X, 670.

[106] Феоктистов, июль, 42~43. 우바로프의 사상, 동방에 관한 독일의 낭만적 관념에 있는 그 사상의 기원, 그 사상이 몇 해 뒤에 포고딘이 펼친 더 엄혹한 제국주의적 시각과 이루는 대조에 관해서는 N. Riasanovsky, "Russia and Asia: Two Nineteenth-Century Russian Views", CSS, I, 1960, 170~181. 드 메스트르와 우바로프 사이의 서신 교환에 관해서는 ЛН, XXIX/XXX, 1937, 682~712. 센콥스키에 관해서는 N. Riasanovsky, Nicholas I and Official Nationality in Russia. 1825~1855, Berkeley-Los Angeles, 1959, 65~72; П. Плетнев, "О народности в литературе", ЖМНП, 1834, № 1, часть 2 1~30.

[107] H. Шильдер, "Два доноса в 1831 году", PC, 1898, 517~538; 1899, январь, 67~87; 특히 февраль, 289~314; 그리고 март, 607~631; 또한 Феоктистов, август, 437~449.

[108] Сакулнн, Русская литература и социализм, М., 1924, Часть I, 400~401, 주 2.

[109] 지나이다 볼콘스카야의 이전과 이후의 경력에 관해서는 각각 ЛН, IV~VI, 1932, 477~486과 N. Gorodetzky, "Zinaida Volkonsky as a Catholic", SEER, 1960, December, 31~43을 볼 것.

[110] M. J. Rouët de Journel, Madame Swetchine: Une russe catholique, 1929.

[111] Augustin Golitsyn, Un Missionaire russe en Amérique, 1856; P. Lemcke, Life and Work of Prince Demetrius Augustine Gallitzin, London-NY, 1940; Bolshakoff, Russian Nonconformity, 144~147; Boudou, Le Saint-Siège et la Russie, 328~556.

[112] Жмакин, "Ересь Есаула Котельникова", 772~795; 그리고 "Материалы для истории мистицизма в России: Записки Якова Золотарева", Странник, 1879, май; Маргаритов, История русских мистических и рационалистических

сект, 109~112.

[113] 드 메스트르가 솔로비요프에게 미친 영향에 관해서는 Радлов, *Очерк истории русской философии,* 14, 주 1을 볼 것. 드러내놓고 유대인을 포함하는 재통합된 그리스도교 신앙에 관한 솔로비요프의 미래상에 관해서는 S. Frank, ed., *A Solovyov Anthology,* London, 1950, 75~126을 볼 것. 그가 가톨릭 신앙에 보인 공감에 관해서는 *ibid.,* 249~252와 그가 쓴 소책자 *La Russie et l'église universelle,* Paris, 1889의 제1부를 볼 것. 그리스도교 세계가 하나로 재통합된 그의 마지막 계시록적 미래상(*A Solovyov Anthology,* 229~248)은 융-슈틸링이 알렉산드르 1세 시대에 쓴 예언적 저술의 영향을 받았다. 그리고 재통합된 새 교회의 일부를 이루는 정교의 지도자는 표도르 쿠즈미치라는 소문이 도는 신비한 장로이다(*A Solovyov Anthology,* 237).

[114] E. Simmons, *Leo Tolstoy,* Boston, 1946, 20~22; T. Соколовская, "Обрядность прежняго русскаго масонства", *PC,* 1907, декабрь, 709~710.

[115] 투르게네프가 알아채고 개탄한 버릇. Simmons, *Leo Tolstoy,* 342.

[116] J. Bienstock, *Tolstoy et les Doukhobors,* 1902.

[117] 톨스토이는 솔로비요프의 마지막 저술 "Three Conversations", in *A Solovyov Anthology,* 229~248에 나오는 초인-적그리스도의 모델이었다.

[118] I. Berlin, *The Hedgehog and the Fox,* NY, 1957(염가보급판), 75~124를 볼 것.

[119] 알렉산드르 1세가 1825년에 죽었다는, 쿠즈미치가 차르와 아무런 관련이 없었다는, 그 전설은 순전히 공상이라는 일반적 가정은 여전히 Любимов의 균형 잡힌 연구서 *Тайна императора Александра I,* Paris, 1938에 맞춰 비판적으로 재검토될 필요가 있다.

[120] Любимов, *Тайна императора Александра I,* 78에서 재인용.

[121] Пушкинский Дом, Архив "Русской Старины", XVI, 1875~1878, материалы к *Русская Старина,* 1878, № 1, 특히 122~126. 그의 마지막 행보에 관한 설명들은 다 다르지만, 이 설명도 그가 "종교 행사를 보러 마을 주민 한 사람"을 찾아갔다고 언급한다. 이 언급은 그가 분파교도와도 접촉했음을 시사할 수도 있다.

[122] 알렉산드르가 금지하기에 앞서 러시아에 세워질 "프리메이슨 다단계 조직"의 마지막 주요 지부의 지도자인 미하일 비엘고르스키(Михаил Виельгорский)의 말. "Из афоризмов масона графа М. Ю. Виельгорскаго о масонстве", *PC,* 1908, ноябрь, 391.

[123] 늦게는 1750년대까지도 종교적 소재를 조각할 때 맞부딪친 어려움에 관해서는 "Из истории русской скульптуры", *ИЛ,* 1914, июль, 874~877을 볼 것.

[124] Булич, *Очерки по истории русской литературы,* I, 343; Веселовский, *Западное влияние,* 93.

[125] Флоровский, *Пути русского богославия*, 538.

[126] "Николай Бестужев и его живописное наследие", *ЛН, LX*, 1956, 20, 37~38, 도판 39. 또한 긴 시베리아 유형 기간에 그가 한 문화 활동에 관한 논의를 *Studies in Romanticism*, 1965, Summer, 185~205에서 볼 것.

[127] Labry, *Alexandre Ivanovič Herzen*, 143을 볼 것. 희생은 프리메이슨 서적의 제목에 빈번하게 나타난다. A. Lantoine, *Histoire de la franc-maçonnerie française*, 231~232를 볼 것.

[128] Катетов, *Граф М. М. Сперанский*, 61~62. 프리메이슨의 상징에 관한 가장 명쾌한 설명으로 Т. Соколовская, "Обрядность вольных каменщиков", в кн.: Мельгунов и Сидоров, ред., *Масонство в его прошлом и настоящем*, II, 80~112도 볼 것. 또한 Соколовская, "Обрядность прежняго русскаго масонства", *РС*, 1907, ноябрь, 349~359; декабрь, 707~717.

[129] Telepnev, "Freemasonry in Russia", 276.

[130] 『독일 군인을 위한 짧은 교리문답』은 1812년과 1815년 사이에 다른 제목이 달린 다섯 개 판으로 간행되었으며, 프랑스 사상에 맞선 프로이센-러시아 합동 이념 십자군의 일부였다. 이 저작의 대상은 독일의 제후보다는 평민과 병사였다. Надлер, *Император Александр I*, III, 91~139; 특히 106~107; 168과 184~222를 볼 것.

[131] M. Strange, *La Révolution française*, 47 ff. 자기 자신은 관용에 헌신하면서도 볼테르는 "유럽에서는 훌륭한 종교적 관용이 결국은/ 모든 건전한 영혼의 교리문답이 되어버렸다"(dans l'Europe enfin l'heureux tolérantisme/ De tout ésprit bien fait devient le catéchisme)고 두려워했다. 이것은 종교재판소장을 구상할 때 도스토옙스키에게 영향을 준 개념이다. Rammelmeyer, "Dostojevskij und Voltaire", 267 ff.와 볼테르에게서 따온 인용(*Oeuvres*, X, 402), 278을 볼 것.

[132] А. Бороздин, *Из писем и показаний декабристов*, П., 1906, 87에 있는 원문에서. *Очерки по истории русской журналистики и критики*, 200; Haumant, *La Culture française en Russie*, 330~331도 볼 것.

[133] 『스웨덴 귀족 ㅅ씨의 오빌 땅 여행』은 М. Щербатов, *Сочинения*, П., 1896~1898, в 2 т.에 있다. 쉐르바토프는 주로 (1786~1789년에 쓰였고 게르첸이 1858년에 처음으로 펴낸) 『러시아의 도덕 파탄에 관하여』(О повреждении нравов в России)에서 표트르 대제 이전 러시아를 찬미한 사람으로, 그리고 그가 1790년에 죽을 무렵에 슈이스키 시대에 이르러 있던 열다섯 권짜리 역사서를 쓴 사람으로 자주 기억된다. 그러나 그는 원기왕성한 정치이론가였다. 이런 모습은 프랑스어로 쓴 첫 저작 *Reflexions sur le gouvernement*(1759~1760년)으로 시작해서 예카테리나 대제의 입법위원회에서 한 활동을 거쳐 계속되었다. 그의 정치 이론

은 그의 유일한 소설 『스웨덴 귀족 ㅅ씨의 오빌 땅 여행』의 정치 이론과 동일하지 않다. *РБС*, XXIV, 104~124에서 В. Фурсенко의 논의와 분석을 볼 것. M. Raeff, "State and Nobility in the Ideology of M. M. Shcherbatov", *ASR*, 1960, 363~379도 볼 것. 주목을 받지 못한 이 시기의 또 다른 "유토피아" 모험소설이 Василий Левшин, *Новейшие путешествия*이다. 이 소설은 달에서 성문법과 공식 정부나 교회 없이 사는 주민의 "자연스러운" 조화를 또렷하게 묘사한다. Сиповский, *Этапы русской мысли*, 40~42를 볼 것.

[134] Riazanovsky, *Nicholas I*, 1에서 재인용.

[135] *Ibid.*, 13. 니콜라이 1세의 방식으로 가는 길을 닦는 일에서 알렉산드르 1세가 한 역할을 심지어 여기서도 인정해야 한다. 알렉산드르 1세가 어떠한 실질적 제약도 받지 않는 중앙집권화된 내각을 만들어내는 바람에, 권위의 관점에서 볼 때, 반(半)군사화된 지휘 구조가 모든 민간 업무 수행에 부과되어서 심지어 명목상의 특권 계급에서도 정부 사업에 창의적으로 참여한다는 의식을 불러일으키지 못하는 "내각 전제정"이 곧바로 생겨났다. Е. Шумигорский, "Начало бюрократии в России", *РС*, 1908, январь, 71~76.

[136] М. Загоскин, "Москва и москвичи: Записки Богдана Ильича Вельскаго", *СС*, М., 1902, III, ч. ii, I. 알렉산드르 1세는 모스크바가 예루살렘이라는 생각을 되살린 적이 있다(Надлер, *Император Александр I*, II, 133; III, 39~40). 그리고 발라키레프와 무소륵스키가 주도한 국민음악파는 모스크바를 흔히 "예리코"라고 불렀다. J. Leyda & S. Bertenson, *The Musorgsky Reader: A Life Of Musorgsky in Letters and Documents*, NY, 1947, 7, 17.

[137] 편집인이자 시인인 니콜라이 네크라소프가 관련 자료를 모아 2개 부로 엮어 *Физиология Петербурга, составленная из трудов русских литераторов*, П., 1844~1845로 펴냈다. 골상학의 영향에 관해서는 П. Сакулин, *Из истории русскаго идеализма: Князь В. Ф. Одоевский*, М., 1913, I, 488 ff.을, 네크라소프의 책과 이 시기 동안의 성 페테르부르크에 관한 다른 음산한 고찰에 관한 논의로는 Lo Gatto, *Il mito di Pietroburgo*, 176~205에 있는 「성 페테르부르크의 생리」라는 장을 볼 것. "자연은 씻겨주고 빗겨줄 때에만 아름답다"는 파데이 불가린(Фаддей Булгарин)의 말에 동의하는 경향을 보이는 모스크바 문필가들이 이 문집에 (그리고 성 페테르부르크에 관련된 자연주의에) 가한 비평도 볼 것. K. Harper, "Criticism of the Natural School in the 1840's", *ASR*, 1956, October, 403 주 3과 400~414.

1840년대에 그 두 도시 사이에 벌어진 논쟁은 심지어 음악 양식과 미각의 문제로까지 확대되었다. 예를 들어, А. Григорьев, "Москва и Петербург", *Московский городской листок*, 1847, № 43을 볼 것.

[138] C. Шевырев, *История Императорскаго московскаго университета*, М., 1855, 20. 대학교가 들어설 터로 모스크바가 선택된 까닭은 인구가 더 많고 중앙에 있어서였다(10). 술술 잘 읽히는 셰븨료프의 이 100주년 기념 간행서는 지루해지기 일쑤인 대학 역사 관련 사실들뿐만 아니라 때때로 저자의 낭만적 상상력을 내비친다는 점에서 유용하다.

[139] 알렉세이 호먀코프의 「참칭자 드미트리」(1832년)에서. A. Gratieux, *A. S. Khomiakov et le movement slavophile*, 1939, I, 23에서 재인용.

[140] 그의 기획은 마그니츠키의 기획보다 더 먼저 나왔고 괴테에게서는 찬사(G. Schmid, hrsg., *Goethe und Uwarov und ihr Briefwechsel*, П., 1888)를, 드 메스트르에게서는 경멸(*ЛН*, XXIX/XXX, 1937)을 받았다. 우바로프 기획안 원문은 *Études de philologie et de critique*, 1845, 1~48에 있다. 그의 정치사상은 *Esquisses politiques et littéraires*, 1848에 가장 잘 약술되어 있다. *PA*, 1871, 2106~2107에 있는 참고문헌 목록과 *БЕ*, LXVII, 419~420에 있는 전기도 볼 것. "일반 형이상학의 고고학"은 N. Riasanovsky, "Russia and Asia", 174에 인용된 것이다.

[141] *Esquisses politiques et littéraires*, 187.

[142] Сакулин, *Из истории русскаго идеализма*, I, 336에서 재인용.

[143] *Енисейский Альманах*, Красноярск, 1828, 특히 114~120. 페슬레르는 자기 작품 *Attila, König der Hunnen*, Breslau, 1794로 이 몽골 소설의 본보기를 제공했다. Зотов, *Цын-Киу-Тонг, или Три добрые дела духа тьмы*, М., 1844와 저자가 죽은 뒤에 출간된 *Последний потомок Чингисхана*, П., 1881을 볼 것. 조토프는 희곡과 소설을 117편쯤 쓰고 번역했는데, 거의 모두 다 역사가 주제였다. *БЕ*, XXIV, 688; *РБС*, XXIII, 484~494를 볼 것. *Юность Иоанна III, или Нашествие Тамерлана на Россию*, П., 1823.

이따금 동양을 지혜의 참된 원천과 행복의 비결로 보는 경향은 18세기 러시아에 이미 있었다. 예를 들어, B. Малышев, *Древнерусские рукописи Пушкинского Дома: Путеводитель*, М.-Л., 1965, 94에 언급된 작품 *Китайский мудрец, или Наука жить благополучно*를 볼 것.

[144] *Esquisses politiques et littéraires*, 64.

[145] *Ibid.*, 42.

[146] *Ibid.*, 42.

[147] Riazanovsky, *Nicholas I*, 70~72에서 주장된 대로.

[148] *Esquisses politiques et littéraires*, 13.

03. 그 "저주받은 문제"

[1] 이 유명한 사건은 알렉산드르 1세 통치기에 일어났고, I. Golovine, *La Russie sous Nicholas Ier*, 1845, 131에서 비슷한 다른 사례와 함께 자세히 설명된다. 귀족의 세기 동안 발전해서 니콜라이 1세 통치기에 정점에 이르는 러시아와 독일 사이의 연계에 관한 가장 뛰어난 당대의 분석 가운데 하나로 S.-R. Taillandier, "Les Allemands en Russie et les Russes en Allemagne", *RDM*, 1854, VII, 633~691을 볼 것. F. Weigel, *La Russie envahie par les Allemands*, Paris-Leipzig, 1844도 볼 것.

차르의 지시에 따라 알렉세이 르보프(Алексей Львов)가 1833년에 지은 러시아 국가(國歌)조차도 1820년대 초엽의 한 프로이센 행진곡을 표절한 듯하다. "Кто композитор нашего нынешняго народнаго гимна", *РМГ*, 1903, № 52, 1313~1314를 볼 것.

[2] Golovine, *La Russie sous Nicholas Ier*, 130.

[3] 이 재치있는 말은 S. Monas의 하버드 대학 박사학위논문에 인용되어 있다. 이 학위논문이 단행본으로 간행된 *The Third Section: Police and Society in Russia under Nicholas I*, Cambridge. Mass., 1961에는 니콜라이 1세 통치기에 작동한 경찰의 통제력이 잘 묘사된다. 외국인 방문자들이 충격을 받고 쓴 모든 서술 가운데 가장 유명한 것은 이름값을 하는 Marquis de Custine, *Letters from Russia*, London, 1854이다. 또한, 니콜라이 1세 통치기 러시아에 처음에는 한껏 부푼 희망을 품었다가 환멸을 느끼게 되는 비슷한 과정이 훨씬 더 이름난 프랑스의 보수주의자인 발자크 안에서 전개되는 것을 *ЛН*, XXIX/XXX, 1937, 149~372에서 볼 것. 이런 묘사에 합리적인 균형을 주는 그 시대의 공식 사상이 N. Riasanovsky, *Nicholas I*에서 재구성된다.

[4] Riazanovsky, *Nicholas I*, 105~115.

[5] A. Васильев, *Лобачевский*, П., 1914; И. Кузнецов, *Люди русской науки*, М., 1961, 76~93; A. Vucinich, "Nikolai Ivanovich Lobachevskii", *Isis*, LIII, 1962, 465~481. *РБС*, X, 특히 539~540에 있는 Васильев의 개괄적 서술은 로바쳅스키와 마그니츠키의 관계가 소련의 권위자들이 주장하는 만큼 적대적이지 않았음을 지적하는 듯하다.

[6] *Ibid.*, 94~103; *БЕ*, XL, 587~589; F. W. Struve, *Études d'astronomie stellaire*, П., 1847; 연감: *Комета Белый*, П., 1833, 특히 M. Погодин, "Галлеева Комета", 1~23.

러시아의 관심이 우주 공간으로 날아갔다면, 땅속으로 깊이 파고들어가기도 했다. 러시아는 정교한 층위학 지식을 얻었으며 선사시대 동물을 찾는 일련의 중요한 발굴을 (모두 성 페테르부르그 광업연구소를 통해) 수행했다. А. Борисяк, "Краткий очерк истории русской палеозоологии", *ТИИЕ*, I, 1947, 특히 6~8을 볼 것. 같은 시대의 스코틀랜드인 천문학자가 스트루베가 관장하는 풀코보 천문대를 탁월하게 서술한 것으로 C. Smyth, *Three Cities in Russia*, London, 1862, I, 73~186을 볼 것.

[7] "Первый сборник памяти Карла Максимовича Бэра", *ТКИЗ*, 1927, № 2, 56~57.

[8] 크리자니치: "Russi inquam non verbis sed rebus sunt filosofi", *Dialogus de Calumnis*, *ИА*, 1958, № 1, 162.

[9] 파벨 류보피트느이(Павел Любопытный). А. Синайский, *Отношение русской церковной власти к расколу старообрядчества*, 300에서 재인용.

[10] 러시아에서 공식 철학이 겪은 초기 진통에 관해서는 Koyré, *La Philosophie et le problème national*, 46~87; Радлов, *Очерк истории русской философии*, 1~17; Введенский, "Судьбы философии в России"를 볼 것.

[11] 소피아론의 중요한 중간 출전 하나가 독일의 혼성 신비주의자이자 이단 역사 연구자의 저작인 Gottfried Arnold, *Das Geheimnis der göttlichen Sophia* (1700년)였다. W. Nigg의 머리말이 달려 슈투트가르트에서 1963년에 나온 신판을 볼 것.

[12] 그가 1798년에 쓴 논문 "Über das pythagoreische Quadrat in der Natur"에서. E. Susini, *Franz von Baader et le romantisme mystique*, 1942, I, 256~257; 또한 235~279에서 재인용.

[13] "София, то есть Благоприятная вечная дева Божественной премудрости." П. Сакулин, *Из истории русскаго идеализма*, I, 424 주 2를 볼 것. 사쿨린의 저작은 뵈메주의 전통이 생 마르탱을 거쳐 러시아로 들어가는 전달 과정에 관한 가장 뛰어난 개설적 연구이다.

[14] 라브진의 융-슈틸링 작품 번역본 *Облако*의 속표지와 7을 볼 것.

[15] *Избранное чтение для любителей истинной философии, О покаянии: Краткое указание на ключ разумения таинств божих, каким образом душа может достигнуть созерцания божескаго в себе*, П., 1819~1820과 그 같은 다른 저술에 관한 논의로는 C. П-в, "Переводчики", *БЗ*, 1858, I, 134 ff.을 볼 것.

[16] Telepnev, "Some Aspects of Russian Freemasonry", 23. 물론, 이것은 "죽음을 기억하라"(memento mori)는 카푸치노 수도회의 인사말이었다.

[17] Koyré, *La Philosophie et le problème national*, 37, 주 3. 어떤 러시아 자료에서도 확인되지 않는 그 표어는, 비록 중간에 독일 철학과 프리메이슨 문헌 양자에서 널리 쓰였더라도, 호라티우스(Horatius)의 『서한집』(Epistularum)(Liber I, Epistula II, 40행)에 나온다.

[18] A. Кошелев, *Записки Александра Ивановича Кошелева, 1812~1883 годы*, Berlin, 1883, 19; 그리고 Koyré, *La Philosophie et le problème national*, 33~45에 있는 탁월한 설명.

[19] 특히, 자연철학을 "세상에서 이루어지는 하느님의 영원한 성변화에 관한 가르침"(die Lehre von der ewigen Neuwandlung Gottes in die Welt)으로 정의하는 L. Oken, *Lehrbuch der Naturphilosophie*, Jena, 1809, 3 Bd. 셸링의 영향에 관해서는 Koyré, 139, 주 4와 137~152를 볼 것.

[20] A. Herzen, *Selected Philosophical Works*, Moscow, 1956, 515에 서술된 대로의 미하일 파블로프 교수.

[21] Koyré, *La Philosophie et le problème national*, 91, 주 1; 키레옙스키의 사상에 관해서는 164~193; 프리드리히 슐라이어마허(Friedrich Schleiermacher)의 공동 영향도 부각되는 Koyré, *Études sur l'histoire*, 1~17.

[22] Ionescu-Nisçov, "Григорий Сковорода и философские работы Александра Хиджеу", 157.

[23] 1834년에 나데즈딘에 관해 알렉산드르 니키텐코(Александр Никитенко)가 한 말. Н. Козьмин, *Николай Иванович Надеждин*, П., 1912, 260~261에서 재인용.

[24] Б. Козьмин, "Два слова о слове 'нигилист'", *ИАН(Л)*, 1951, № 4, 378~385. 프리드리히 야코비(Friedrich Jacobi) 같은 인물들에게서 나타나는 초기 독일의 용례에서 나데즈딘의 용법으로 옮아가는 방식은 이 주제에 관한 (Billington, "The Intelligentsia and the Religion of Humanity", *AHR*, 1960, July, 810~811, 주 9에서 인용된) 자료들에서 진지하게 논의되지 않은 문제이다. 하나의 가능성은 바더이다. 1824년에 그는 프로테스탄티즘이 해체되어 "파괴적이고 과학적인 니힐리즘"과 "비과학적이고 분리주의적인 경건주의" 두 부분으로 나뉘었다고 말한다. *Sämtliche Werke*, Leipzig, 1851, I, 74.

[25] Сакулин, *Из истории русскаго идеализма*, I, 462, 465, 주 1, 또한 474~490.

[26] В. Одоевский, "Русские ночи", в кн.: *Сочинения*, П., 1844. I, 15. 셸링의 영향에 관한 쿠아레의 설명 외에도 М. Филиппов, *Судьбы русской философии*, часть I; Е. Бобров, *философия в России*, 특히 III과 IV; W. Setschkareff, *Schellings Einfluß in der rußischen Literatur der 20-er und 30-er Jahre des XIX Jahrhunderts*, 1939를 볼 것. (과거에 이단적 우주론의 경우에 그토록 자주 그랬듯이) 셸링의 세계관을 초기에 대중화한 주요 인물이 의사였다는 데 주목할 것. 그 의사는 성 페테르부르크 외과의학원의 다닐로 벨란스키(Данило Велланский) 교수였다. 셸링의 영향력은 바더의 영향력과 경쟁했고 이따금 합쳐지기도 했다. 그 두 인물에 관한 논의와 전거를 Riasanovsky, *Nicholas I*, 173~177에서 볼 것.

[27] 학스트하우젠 남작의 유명한 러시아 농민 연구(*Studien über die innern Zustände, das Volksleben und insbesondere die ländlichen Einrichtungen Rußlands*, Hannover-Berlin, 1847~1852, 3 Bd.)는 친슬라브주의자들에게 큰 영향을 미쳤다. 한편 길페르딩은 그들에게 영향을 받아 자기의 42년 생애 동안 오네가 지방의 빌리나뿐만 아니라 모든 슬라브 민중문학의 상호연관성, 그리고 그것과 더 앞선 시대의 언어 및 문화의 연관성을 폭넓게 연구했다. А. Гильфердинг, *Сочинения*, П., 1868~1874, в 4 т.를 볼 것.

[28] Riazanovsky, *Nicholas I*, 102 ff.

[29] *Искусство*, 1959, № 7, 72~74에 있는 Е. Гаврилова의 논문과 *Искусство*, 1952, № 3, 73~80에 있는 Е. Ацаркина의 논문을 볼 것.

[30] В. Жирмунский, *Байрон и Пушкин*, Л., 1924에 대한 D. Mirsky의 서평을 *SEER*, 1924, June, 209~211에서 볼 것.

[31] 알렉산드르 코셸료프(Александр Кошелев). Koyré, *La Philosophie et le problème national*, 148에서 재인용.

[32] 표트르 키레옙스키에 대한 셸링의 평. Сакулин, *Из истории русскаго идеализма*, I, 349, 주 2에서 재인용.

[33] Герцен, *ПСС и писем*, XLII, 243 ff. C. Quénet(*Tchaadaev et les lettres philosophiques*, 1931)와 A. Koyré(*Études sur l'histoire*, 20~102)의 기본 논의를 볼 것. R. McNally는 여지껏 나온 것보다 더 새롭고 더 충실한 번역을, M. Malia 는 프랑스어 신판을 준비하고 있다.

[34] 1837년에 투르게네프에게 보낸 편지, М. Гершензон, ред., *Сочинения и письма П. Я. Чаадаева*, М., 1913, I, 214. "유럽에서 논란을 일으키고 있는 모든 문제"(I, 181)를 풀어야 하고 "인간의 수수께끼에 대한 풀이를 언젠가는 내놓"아야 할(I, 182) 러시아의 "전 세계적 사명"(I, 188)을 1833~1835년에 거론한 그의 언급을 참조할 것.

[35] 1834년에. Koyré, *Études sur l'histoire*, 29, 주 2에서 재인용.

[36] Козьмин, *Николай Иванович Надеждин*, 231에서 재인용. 82~85도 볼 것.

[37] Сакулин, *Из истории русскаго идеализма*, I, 574에서 재인용.

[38] H. Desmettre, *A. Towianski et le messianisme polonais*, Lille, 1947, 2 t.; Weintraub, *Literature as Prophecy, Scholarship and Martinist Poetics in Mickiewicz's Parisian Lectures*; "Adam Mickiewicz the Mystic-Politician", *HSS*, I, 1953, 137~178; 성 키릴로스·메토디오스 형제단에 관해서는 П. Сакулин, *Русская литература и социализм*, I, 288~312를 볼 것. W. Lednicki의 수많은 관련 연구 가운데에서 다양한 주제를 다루는 "Christ et révolution dans la poésie russe et polonaise", *Melanges Legras*, 99~121도 볼 것.

[39] Koyré, *La Philosophie et le problème national*, 160, 주 1에서 재인용. 포고딘의 원문에는 그 표현이 이탤릭체로 되어 있었다.

[40] П. Струве, "С. П. Шевырев и западныя внушения и источники теории-афоризма о 'гнилом' или 'гниющем' западе", *ЗНИБ*, XVII, 1940, 263, 주 10 에서 재인용. М. Ковалевский, "Философское понимание судеб русскаго про-шлаго мыслителями и писателями 30-х и 40-х годов", *ВЕ*, 1915, декабрь, 163~201도 볼 것.

[41] *RDM*, 1840, novembre, 363~364. Струве, "С. П. Шевырев", 229~230에서 재인용.

[42] *RDM*, 1840, novembre, 364. Струве, "С. П. Шевырев", 230에서 재인용. 스트루베는 덴마크의 가톨릭 신자 페르디난트 덱슈테인(Ferdinand d'Eckstein) 남작을 샬레와 차아다예프 두 사람에게 중요한 영향을 준 사람으로 본다(233~236).

[43] Одоевский, *Сочинения*, I, 309~312.

[44] Сакулин, *Из истории русскаго идеализма*, I, 593에서 재인용.

[45] Одоевский, *Сочинения*, I, 100~111.

[46] Одоевский, *Повести и рассказы*, М., 1959, 422. 이 이야기는 416~448에 수록되어 있다. 다양한 초고에 관한 논의로는 490~493을 볼 것. 그 시기의 다른 여러 유토피아에 관해서는 П. Сакулин, "Русская Икария", *Современник*, 1912, кн. 12, 193~206; *Из истории*, I, глава II, 특히 178~184를 볼 것. 심지어 간행되기 전에 (그것을 진지하게 받아들일 얼마 안 되는 사람 가운데 한 명인) 벨린스키가 가한 예리한 비판적 논평이 *ОЗ*, 1839, декабрь, 3~15에 있다.

[47] "Умом Россию не понять./ Аршином общим не измерить:/ У ней особенная стать − / В Россию можно только верить." Ф. Тютчев, *ПСС*, П., 1913, 202. 또한 이 책에 달린 발레리 브류소프의 권두 논문과 D. Stremooukhoff, *La Poesie et l'ideologie de Tiouttchev*, 1937, 특히 45~54를 볼 것.

[48] Gratieux, *A. S. Khomiakov*, II, 50~78. 원문과 주석은 Хомяков, *ПСС*, М., 1878, III; 1882, IV에 실렸다.

[49] N. Riasanovsky가 이 비교를 세밀하게 한다. Riasanovsky, "Russia and Asia", 215~218을 볼 것. 실제로, 서로 싸우는 호먀코프의 두 진영은 신학상으로는 18세기 영혼의 씨름꾼들의 "카인의 아들들"(육신의 노예들)과 "아벨의 아들들"(영혼의 신봉자들Приверженцы духа)에 무척 더 가깝다. *БСЕ (1)*, XXIII, 651~653. 비록 호먀코프가 기질상 광신적이고 권위주의적인 분파교도보다는 관용적이고 경건주의적인 낭만주의자에 훨씬 더 가깝기는 했어도 말이다. 친슬라브주의자에 관한 중요한 새 저술은 P. Christoff, *An Introduction to Nineteenth-Century Russian Slavophilism: A Study in Ideas*, vol. 1: *A. S. Xomjakov*, Den Haag, 1961;

또한 A. Walicki, *W Kręgu konserwatywnej utopii*, Warszawa, 1964; Walicki, "Personality and Society in the Ideology of Russian Slavophiles", *CSS*, II, 1963, 1~20이다.

E. H. Carr의 논의("Russia and Europe' as a Theme…")는 "친슬라브주의자"라는 용어가 사실은 19세기 초에 (모든 권위자가 "친슬라브주의자"의 반열에서 진지하게 배제하는 반동적인 언어 현대화 반대론자인) 시시코프를 놀리는 호칭으로 처음 쓰였다는 점을 지적해서(368 주 2), 그리고 크림 전쟁 이후 시기의 국수주의적 팽창론자 가운데 몇몇 사람을 "친슬라브주의의 두 번째 물결"이라고 불러서 조금 더 포괄적인 정의를 제안한다.

[50] Gratieux, *A. S. Khomiakov*, I, 19~24.

[51] De Maistre, *Lettres et opuscules*, 1851, I, 584~585에 있는 1821년 6월 2일 자 편지.

[52] Сакулин, *Из истории русскаго идеализма*, I, 348, 주 2에서 재인용. 라므네의 영향에 관해서는 343~347을 볼 것. 또한 라므네와 그보다는 덜 알려진 초기 그리스도교 사회주의자 알방 드 빌뇌브-바르주몽(Alban de Villeneuve-Bargemon), 특히 그의 『그리스도교 정치경제학』(*Économie politique chrétienne*, 1834년)의 영향에 관해서는 Сакулин, *Русская литература и социализм*, 14~19를 볼 것. 라므네가 나중에 페트라솁스키 동아리 회원에게 준 영향에 관해서는 В. Семевский, *Из истории общественных идей в России в конце 1840-х годов*, Ростов-на-Дону, 1905, 27~29를 볼 것.

인간의 운명에 대한 새로운 영적 해답을 찾으면서 차아다예프는 드 메스트르뿐만 아니라 라므네의 영향을 받았지만, 라므네가 인간을 신격화하는 데 혐오를 느끼고는 그리스도교 사회주의를 신랄하게 비판하는 글을 이렇게 썼다. "군중 속에서 어떻게 이성을 찾을 수 있는가? 군중이 이성적이었던 것을 본 적이 있는가? 군중이 이성과 무슨 상관인가?(Was hat das Volk mit der Vernunft zu schaffen?)" (*Сочинения*, I, 300~301).

[53] Н. Русанов, "Влияние западноевропейскаго социализма на русский", *МГ*, 1908, май-июнь, 14.

[54] 이폴리트-니콜라-쥐스트 오제(Hippolyte-Nicholas-Just Auger)가 한 말대로. "Из записок Ипполита Оже", *РА*, 1877, кн. 2, 61. 또한 오제에 관해서는 *РА*, 1877, кн. 1, 519를 볼 것.

[55] "Из записок Ипполита Оже", 65~66.

[56] Billington, "The Intelligentsia and the Religion of Humanity", 807~808과 주를 볼 것.

[57] М. Салтыков-Щедрин, "За рубежом", в кн.: *Избранные Сочинения*, М.-Л.,

1940, 30.

[58] Сакулин, *Из истории русскаго идеализма*, I, 346~347에서 재인용

[59] А. Герцен, *ПСС и писем*, П., I, 71~117, 그리고 특히 126.

[60] Billington, *Mikhailovsky and Russian Populism*, Oxford, 1958, 32~40; "The Intelligentsia and the Religion of Humanity", 812~815.

[61] Н. Полевой, *История русскаго народа*, 1829~1833, в 6 т.; В. Белинский, *Н. А. Полевой*, П., 1846, в кн.: В. Белинский, *ПСС*, IX, 671~696. 같은 기조로, 친슬라브주의 저널을 간행하고 편집하는 친슬라브주의자 니키타 길랴로프-플라토노프(Никита Гиляров-Платонов)는 "신도 공동체로서의 러시아 민중의 생명" 인 민중 영성의 역사보다는 교회 제도, 특히 교회 고위기구를 다루었다며 마카리 1세(Макарий I)의 묵직한 러시아 교회사[14]를 비판했다. В. Сенатов, *Философия истории старообрядчества*, М., 1908, вып. I, 22에서 재인용. (악사코프와 더 급진적인 친슬라브주의자들의 저술 가운데 여러 편이 그랬듯이, 이 평론은 1850년대에 처음 나왔을 때 검열을 심하게 당했고 발간이 여러 해 늦춰졌다.)

[62] Ф. Нелидов, *Западники 40-х годов*, М., 1910, xxxiv에서 재인용. 헤겔을 통속화한 프랑스 서적을 스탄케비치가 번역한 것으로 Н. Станкевич, *Стихотворения, трагедия, проза*, М., 1890, 183~238을 볼 것. 그가 헤겔이 "내 영혼에게서 쇠사슬을 풀어주었다"며 고마워한 것에 관해서는 Станкевич, *Переписка Николая Владимировича Станкевича, 1830~1840*, М., 1914, 450을 볼 것. 헤겔이 러시아에서 행사한 영향력에 관한 간결한 논의와 비판적 문헌 검토로는 Koyré, *Études sur l'histoire*, 103~170을 볼 것. М. Ковалевский, "Шеллингианство и гегельянство в России", *ВЕ*, 1915, ноябрь, 133~170과 Д. Чижевский, *Гегель в России*, Paris, 1939도 볼 것. 헤겔이 폴란드에서, 그리고 전체 슬라브 세계에서 한 역할에 관해서는 Chizhevsky, hrsg., *Hegel bei den Slaven*, Bad Homburg, 1961을 볼 것. 헤겔은 (비록 셸링처럼 크게 감정이입을 하거나 자주 그러지는 않았을지라도) 러시아의 미래가 위대하다고 예언했다. B.-P. Hepner, *Bakounine et le panslavisme révolutionnaire*, 1950, 93, 주 21.

[63] 바쿠닌에게 보낸 1838년 9월 10일 자 편지, Белинский, *ПСС*, М., 1956, XI, 296.

[64] *Ibid.*, 293~294.

[65] А. Корнилов, *Молодые годы Михаила Бакунина: Из истории русского романтизма*, М., 1915, I, 376에 있는 1837년 2월 4일 자 편지.

---

[14] *История Русской Церкви*, П., 1883, в 12 т.

[66] И. Киреевский, *ПСС*, М., 1861, II, 296; 또한 318~325. 더 나이 든 러시아 낭만 주의자 세대는 독일 정부가 한때 헤겔이 맡았던 베를린 대학 교수 자리에 셸링을 임용한 뒤에 셸링이 헤겔의 "숙명적 논리"를 근절해주기를 간절히 기대했다. 1842년에 차아다예프는 "우리 문명의 미래에 지극히 큰 영향을 미치는 지성의 위기"에서 셸링이 지도력을 제공하고 있다는 편지를 그에게 써보냈다(*Звенья*, V, 1935, 219; 또한 225와 219~232). 또한, 러시아인은 바더가 친슬라브주의 이념 에 지주를, 즉 헤겔의 맹공이라고 하는 것으로부터 그리스도교 신앙을 복원하는 수단을 제공하고 있다고 여겼다. F. Baader, *Revision der Philosopheme der Hegel'schen Schule bezüglich auf das Christenthum, nebst zehn Thesen aus einer religiösen Philosophie*, Stuttgart, 1835; Струве, "С. П. Шевырев", 특히 210 ff. 을 볼 것.

[67] M. Bakunin, *God and the State*, NY, 1916; *La Révolution sociale ou la dictature militaire*, 1946으로 재간행된 *L'Empire Knouto-Germanique et la Révolution Sociale* (1871년). 게르첸의 헤겔주의에 관해서는 Герцен, *ПСС и писем*, II, 242 를 볼 것. 자기의식을 향한 인류의 움직임에 관한 구절은 III, 137에 있다.

[68] Белинский, *ПСС*, XII, 22~23.

[69] *Ibid.*, 70~71.

[70] П. Лавров, *Исторические письма*, П., 1906, 358.

[71] Koyré, *Études sur l'histoire*, 161.

[72] Hepner, *Bakounine et le panslavisme révolutionnaire*, 특히 236~284; (쥘 미슐레에 게 보낸 편지인) Herzen, "The Russian People and Socialism" in Herzen (I. Berlin, intr.), *From the Other Shore*, London, 1956, 165~208. 또한, Berlin이 그 두 인물 을 (게르첸에 치우쳐서) 비교한 것과 게르첸이 농민공동체가 (비록 개인의 자유 를 보장하지는 않을지라도) 개인의 자유와 양립할 수 있다는 이미지를 만들어낸 것에 관해서는 M. Malia, "Herzen and the Peasant Commune", in E. Simmons, ed., *Continuity and Change*, 197~217. 이 시기 전체와 서로 논쟁하는 이 두 인물 에 관해서는 I. Berlin, "The Marvelous Decade", *Encounter*, 1955, June, 27~39; November, 21~29; (벨린스키에 관한) December, 22~43; (게르첸에 관한) 1956, May, 20~34; 파노라마 같은 탁월한 두 회고록 Herzen, *My Past and Toughts*, NY, 1924~1928, 6 v.와 П. Анненков, *Литературные воспоминания*, М., 1960 을 볼 것. (Анненков는 "돋보이는 10년"이라는 용어를 만들어냈다.) A. Walicki, "Hegel, Feuerbach and the Russian 'Philosophical Left', 1836~1848", in *Annali dell'Istituto Giangiacomo Feltrinelli*, Milano, 1963, 105~136에서 Walicki는 포이 어바흐가 벨린스키와 게르첸에게 준 영향을 강조한다.

19세기 전반기에 걸쳐 살롱과 동아리의 전통에서 이루어진 발전은 H. Бродский가 머리말을 쓰고 엮어 펴낸 문집 *Литературные салоны и кружки*, М.-Л., 1930에서 대단히 생생하게 밝혀진다.

[73] Herzen, *From the Other Shore*, 3에서 머리말 구실을 하는 자기 아들에게 보낸 편지.

[74] *Selected Philosophic Essays*, 576~595.

[75] Хомяков, *ПСС*, М., 1878, 2-е изд., I, 695.

[76] Matter, *Saint-Martin, le philosophe inconnu*, 354~368; Weintraub, *Literature as Prophecy, Scholarship and Martinist Poetics in Mickiewicz's Parisian Lectures*, 13~17.

[77] "Учить народ добру — обязанность поэта!/ Он истинный герольд, учитель грозный света,/ Его удел — порок разить и обличать,/ Людей на правый путь наставить, научать./ Поэт-христианин есть орган истин вечных." Козьмин, *Николай Иванович Надеждин*, 12에서 재인용. 셸링이 러시아의 문학과 미학에 준 영향에 관해서는 Setschkareff, *Schellings Einfluß in der rußischen Literatur*를 볼 것. 셸링을 추종하는 교수들에 관해서는 특히 *ibid.*, 6~29를 볼 것. 스베덴보리가 은비학적 낭만주의에 준 영향에 관해서는 E. Benz, "Swedenborg und Lavater: Über die religiösen Grundlagen der Physiognomik", *Zeitschrift für Kirchengeschichte*, LVII, 1938, 153~216; 또한 F. Horn, *Schelling und Swedenborg*, Zürich, 1954를 볼 것.

베네비티노프는 셸링의 『브루노』(Bruno)에 있는 정의, 즉 "철학은 최고의 시"(die Philosophie sei die höchste Poesie)라는 말을 그대로 되풀이했다. Setchkareff, *Schellings Einfluß in der rußischen Literatur*, 53; Бобров, *философия в России*, II, 8을 볼 것. 나데즈딘의 다음과 같은 말을 참조할 것. "시와 철학이야말로 존재의 영혼이다./ 삶이요 사랑이다. 그것들 없이는 모든 것이 죽은 것이다."(Поэзия и философия — вот душа сущаго/ это жизнь, любовь; вне их все мертво). Нелидов, *Западники 40-х годов*, 49에서 재인용.

[78] Koyré, *Études sur l'histoire*, 155에 인용되어 있는 대로.

[79] 야콥 폴론스키(Яков Полонский). Billington, *Mikhailovsky and Russian Populism*, 93에서 재인용; 오도옙스키. Сакулин, *Из истории русскаго идеализма*, I, 502에서 재인용.

[80] 티모폐예바(В. Тимофеева). Billington, *Mikhailovsky and Russian Populism*, 63에서 재인용.

[81] Сакулин, *Из истории русскаго идеализма*, I, 413~414, 주 3과 Koyré, *La Philosophie et le problème national*, 139~145에서 재인용. 베네비티노프와 1820년대의 시에 관해서는 G. Wytrzens, *Dmitrij Vladimirovič Venevitinov als Dichter*

der rußischen Romantik, Köln, 1962를 볼 것. Веневитинов, "Скульптура, живопись и музыка", *Северная Лира*, 1827, 315~323; *Сочинения*, 127~130. 또한 Гоголь, "Скульптура, живопись и музыка", в кн.: *ПСС*, Л., 1952, VIII, 9~13 을 볼 것.

[82] Н. Станкевич, *Стихотворения, трагедия, проза*, 174~175. 또한 176~182에 있는 "Отношение философии к литературе"도 볼 것.

[83] Н. Белявский, "Лермонтов-художник", *Искусство*, 1939, № 5, 5~20.

[84] 나데즈딘. М. Филиппов, *Судьбы русской философии*, 184에서 재인용.

[85] D. Mirsky, *Pushkin*, London, 1926, 150. 푸시킨에 관한 방대한 문헌 가운데 일부에 관한 예리한 비판적 논의로는 M. Gorlin, *Études litteraires et historiques*, 1957, 2-e ed., 119~137을 볼 것. Gorlin은 1937년에 그 책을 쓰면서 푸시킨의 작품에 관한 명확한 전반적 설명과 철학적 분석이 부족하다고 탄식한다. 푸시킨의 고전적이고 귀족적인 측면을 강조하는 최근의 간결하고 전반적인 특징묘사로는 M. Bowra, "Pushkin", *OSP*, I, 1950, 1~15; 또한 (「청동의 기사」의 번역이 들어있는) E. Wilson, *The Triple Thinkers: Twelve Essays on Literary Subjects*, NY, 1963, corr. ed.(염가보급판), 31~59를 볼 것. С. Франк의 논문집에 들어있는 특히 유용한 논문 「정치사상가로서의 푸시킨」(Пушкин как политический мыслитель)은 1937년에 베오그라드(Beograd)에서 별도로 출판된 책에서 찾아보아야 한다. 이 책에는 표트르 스트루베의 훌륭한 개설적 서론도 들어있다. 푸시킨의 사상에 있는 갖가지 주제를 다루는 논문들로는 S. Cross & E. Simmons, eds., *Centennial Essays for Pushkin*, Cambridge, Mass., 1937을 볼 것.

[86] В. Яковлев, *Пушкин и музыка*, М.-Л., 1949; М. Загорский, *Пушкин и театр*, М., 1940.

[87] Lifar, *History of Ballet*, 65~66.

[88] Франк, *Этюды о Пушкине*, München, 1957, 28.

[89] "Заутра казнь, привычный пир народу;/ Но лира юного певца/ О чем пост? Пост она свободу:/ Не изменилась до конца!/ …Но ты, священная свобода,/ Богиня чистая, нет, – не виновна ты." А. Пушкин, *Сочинения*, М., 1955, I, 199; 셰니에가 푸시킨에게 미친 영향에 관해서는 Mirsky, *Pushkin*, 57~60.

[90] Франк, *Этюды о Пушкине*, 56.

[91] 푸시킨의 근본적인 비관론을 보여주는 다른 비슷한 표현들과 함께 Франк, *Этюды о Пушкине*, 112에서 재인용.

[92] "Е. И. Губер", *Космополис*, 1898, апрель, 34~59; май, 162~169. 괴테가 러시아에서 행사한 영향력에 관한 방대한 연구를 *ЛН*, IV~VI, 1932, 특히 961~993에서 볼 것. 러시아어 번역본과 참고문헌에 관해서는 996~1007을 볼 것. 『파우스

트』의 전체나 일부의 러시아어 번역은 49개 본이 있었다(989).

[93] 괴테가 튜체프에게 준 영향이 Stremooukhoff, *La Poesie et l'ideologie de Tiouttchev*, 특히 90~101에서 강조된다.

[94] "Отверзлись вещие зеницы, как у испуганной орлицы"(Пушкин, *Сочинения*, I, 223)로부터 뜻이 살짝 변조되기는 했어도, 여기서는 Mirsky, *Pushkin*, 98에 인용된 M. Baring의 번역이 이용된다.

[95] M. Gorlin, "The Interrelationship of Painting and Literature in Russia", *SEER*, 1946, November, 134~148.

[96] Станкевич, *Стихотворения, трагедия, проза*, 31~32.

[97] Г. Семин, *Севастополь: Исторический очерк*, М., 1955, 24에서 재인용.

[98] И. Муравьев-Апостол, *Путешествие по Тавриде в 1820 годе*, П., 1823. 그리고 푸시킨과 미츠키에비치뿐만 아니라 이 책에 관한 논의를 S. Karlinsky, "The Amber Beads of Crimea", *CSS*, II, 1963, 108~120에서 볼 것. 거기에 인용된 작품 외에도 신비주의적 애국자이자 러시아 해군을 찬양하는 시인인 세묜 보브로프(Семен Бобров)의 글이 이 낭만적 숭배의 발전에서 한몫을 했다. 1804년에 성페테르부르그에서 나온 제2판에서는 제목이 *Херсонида*로 바뀌는 С. Бобров, *Таврида*, Николаев, 1798을 볼 것. 19세기에 러시아에서 단테에 관한 관심이 늘어났음이 *Italia che Scrive*, 1921, aprile, 69~70; maggio, 94에서 논의된다.

[99] 지나이다 볼콘스카야에 관해서는 Gorodetzky, "Zinaida Volkonsky as a Catholic" 과 *ЛН*, IV~VI, 1932, 478 ff.을 볼 것. 고골의 로마 사랑과 그가 이따금 가톨릭 신앙에 보인 동조의 표시에 관해서는 D. Borghese, *Gogol a Roma*, Firenze, 1957 을 볼 것.

[100] 바실리 로자노프. D. Magarshack, *Gogol: A Life*, London, 1957, 16에서 재인용.

[101] 나레즈늬이에 관해서는 *ЛЭ*, VII, 589~591과 참고문헌; А. Фадеев, "Передовая русская интеллигенция и царский колониализм в дореформенный период", в кн.: *Проблемы общественно-политической истории России и слявянских стран*, 398~399를 볼 것. 나레즈늬이의 소설 『러시아의 질 블라스, 또는 가브릴 시모노비치 치스탸코프의 편력』(Российский Жил-блаз, или Похождения князя Гаврилы Симоновича Чистякова)의 4~6부는 이 소설의 1~3부에 러시아의 삶과 제도에 관한 갖가지 불경한 언사가 있던 탓에 몰수되어 폐기되었다(1814년). 『암울한 해, 또는 산의 공후들』은 더 먼저 쓰였지만, 나레즈늬이가 죽은 지 네 해가 지나서야 간행되었다. 그의 작품들은 그가 죽은 뒤에 1835~1836년에 성페테르부르그에서 10부로 간행되었고, 고골이 『죽은 혼』을 쓰고 있던 동안에 널리 화제가 되었다. 그러나 『죽은 혼』의 싹이 되는 구상은 십중팔구는 푸시킨에게서 시작되어 민속학과 언어학을 연구하는 위대한 학자인 블라디미르 달을 거

쳐 나왔을 것이다. E. Бобров, "Из истории русской литературы XVIII и XIX ст.", *ИЯС*, 1910, 67~74도 볼 것.

[102] Magarshack, *Gogol*, 250~251에서 재인용. 고골의 사상에 관해서는 D. Chizhevsky, "The Unknown Gogol", *SEER*, XXX, 1952, June, 476~493; V. Zenkovsky, "Gogol als Denker", *ZSPh*, IX, 1932, 104~130; "Die ästhetische Utopie Gogols", *ZSPh*, XII, 1936, 1~34를 볼 것. 마지막 논문은 아름다움만이 선에 이를 수 있다고 믿으려는 고골의 열렬한, 그리고 결국은 절망에 빠지는 노력에 관한 특히 흥미로운 분석이다. B. Гиппиус, *Гоголь: Воспоминания, письма, дневники*, П., 1924도 볼 것.

[103] 푸시킨의 「청동의 기사」의 경우처럼 여기서 나는 미르스키 공의 판단을 조금 수정된 형태로 되풀이했다. Mirsky, *A History of Russian Literature*, 160을 볼 것.

[104] 지바고와 억압당한 다른 소련 문학인들이 부분적으로는 고골의 이야기에 나오는 주인공의 직계 후예일지라도, 소련의 권위주의적 문화 감시자들은 여전히 이 이야기가 자기들 것이라고 주장하고 싶어한다. 소련 예술원 원장이자 비타협적인 "사회주의 리얼리즘"의 고위사제인 알렉산드르 게라시모프(Александр Герасимов)는 "러시아 문학은 고골의 '외투'를 입고서 제 길을 다 갔습니다. …… 러시아 문학은 오늘도 이 외투를 걸치고 있어야 합니다"라고 주장했다. *XXII съезд КПСС и вопросы идеологической работы*, М., 1962, 102에서 С. Герасимов가 인용.

[105] 1834년의 한 논문에서. Н. Машковцев, "Н. В. Гоголь и изобразительное искусство", *Искусство*, 1959, № 12, 46에서 재인용. (시각예술에 관한 고골의 이론적 선언 가운데 다른 선언에 관해서는 46~51을 볼 것.)

[106] Gorlin, "The Interrelation of Painting and Literature in Russia", 137에서 재인용. 고골과 이바노프의 (또한, 고골과 다른 화가들의) 관계에 관해서는 Н. Маковцев, *Гоголь в кругу художников: Очерки*, М., 1955를 볼 것.

　　고골이 이바노프를 찬양하는 태도와 조금 더 먼저 존 키츠가 자기의 "영원한 벗" 벤저민 헤이든(Benjamin Haydon)을 찬양하는 태도 사이에는 묘한 유사점이 있다. 헤이든은 이바노프의 주제와 비슷한 주제로 (「그리스도의 예루살렘 입성」Christ's Entry into Jerusalem이라는) 커다란 유화를 그렸고, 이바노프처럼 그 작품에 자기의 문학인 친구들의 얼굴을 그려 넣었다. Hyder Rollins, *The Keats Circle: Letters and Papers, 1816~1878*, Cambridge, Mass., 1948, I, xc~xciii을 볼 것.

[107] L. Réau, "Un Peintre romantique russe: Alexandre Ivanov", *RES*, XXVII, 1951, 229에서 재인용. Réau, *L'Art russe*, II, 141~154도 볼 것. 이바노프에 관한 최근의

충실한 연구가 M. Алпатов, *Александр Андреевич Иванов: Жизнь и творчес-тво*, M., 1956, в 2 т.로 제공된다. 그러나 더 오래된 연구들(특히 M. Боткин, *Александр Андреевич Иванов: Его жизнь и переписка 1806~1858*, П., 1880) 은 자주 이바노프의 특이한 이념적 고뇌를 더 깊숙이 파고 든다.

[108] В. Зуммер, "Эсхатология Александра Иванова", *НЗК*, вып. III, 1929, 387 (또한 다른 경우였다면 간행되지 않았을 사료에서 따온 인용문이 많이 들어있는 매우 소중한 논문 전체, 387~409). "러시아 회화 황금시대의 기획"에 관한 더 많은 자료가 А. Аскарьянц и Н. Машковцев, "Архив А. А. и С. А. Ивановых", *ЗОР*, XX, 1958, 27~28에 인용되어 있다.

[109] Зуммер, 388에서 재인용

[110] Боткин, *Александр Андреевич Иванов*, 411~412; 또한 423. Г. Павлуцкий, "Источники художественнаго творчества А. А. Иванова", *Искусство*, 1914, 1~9도 볼 것.

[111] А. Андреев, "Эскизы А. А. Иванова из библейской истории", *Мир искусства*, 1901, № 10, 239 주에서 재인용. 이바노프에게 사명감을 불어넣는 데 (그리고 그의 작품에 관한 대중의 관심을 불러일으키는 데) 특히 중요한 것이 주목을 받지 못한 친슬라브주의자 기업가의 저작 Федор Чижов, *Письмо о работах русских художников в Риме*, M., 1845였다. 치조프는 이바노프를 러시아의 "나로드노스트는 고유한 내용을 지닌다"는(14), "우리, 즉 북쪽 주민"은 우리의 오래 묵은 "그 예술가와의 형제 관계"를 되살릴 수 있다는(6), 이번에는 그 예술가가 그림이 "자주 믿음의 원천이 되었"던 "황금시대"를 다시 만들어내는 데 도움을 줄 수 있다는(4) 증거로 인용한다.

[112] Зуммер, "Эсхатология Александра Иванова", 403에서 재인용. 409도 볼 것.

[113] *Ibid.*, 401, 또한 403, 405~406; 그리고 Зуммер, "О вере и храме Александра Иванова", *Христианская мысль*, 1917, *No.No.* 9~10, 50, 57.

[114] Зуммер, "Эсхатология Александра Иванова", 395. 제안된 총괄적 이콘 도상규범은 교회 프레스코화의 전통이 종파를 초월하는 영웅들의 판테온이라는 프리메이슨의 구상으로 섞여들어가는 묘한 혼합을 대표했다. 신화에 나오는 신과 위인이 그리스도교의 성자와 순교자와 나란히 그려질 터였으며, 그 사원은 비록 교회는 아닐지라도 성전일 터였다. Зуммер, "Система библейских композиций А. А. Иванова", *Искусство*, 1914, i~xxi을 볼 것.

이바노프가 제안한 프레스코화와 장 앵그르(Jean Ingres)가 "황금시대"의 상징들로 성 한 채를 재단장하려는 노력의 일환으로 맡아 그리고 있었던 커다란 그림 사이에는 묘한 유사점이 여럿 있다. 이바노프처럼 앵그르는 자기 생애의 대부분을 로마에서 보냈다. 더욱이 그는 이바노프가 니콜라이 1세의 주의를 끌었던 식으로 나중에 나폴레옹 3세의 주의를 끌었다. 그러나 앵그르의 기획은 주제 면에서 더 세속적이었다. N. Schlenoff, *Ingres: Ses sources littéraires*, 1956, 246~270을 볼 것.

[115] Зуммер, "О вере и храме Александра Иванова", 60~61.

[116] А. Иванов, *Изображения из священной истории*, Berlin-П., 1879~1884, 도판 21과 60. 다른 사항들의 예증으로 81~82, 88~89, 111~115도 볼 것. 이것은 희귀하지만 매우 귀중한 대형 복제화 수집물이다.

[117] Д. Философов, "Иванов и Васнецов в оценке Александра Бенуа", *Мир искусства*, 1901, № 10, 226에서 Философов가 인용. Боткин, *Александр Андреевич Иванов*, 409~410도 볼 것. 이 인용만으로도 이바노프의 후기 작품과 라파엘 전파의 작품 사이에 자주 이루어진 비교의 부정확성을 입증하는 데 충분할 것이다.

[118] Боткин, *Александр Андреевич Иванов*, 287에서 재인용.

[119] Koyré, *Études sur l'histoire*, 38, 주 1. 차아다예프는 — 칸트의 책 제목을 "아담파 이성 옹호론"(Apologie der adamitischen Vernunft)으로 바꿈으로써 — 자기가 자임한 그 "선임자"의 역할을 전통적인 그리스도교적 관점이 아니라 은비학적 프리메이슨의 관점에서 인식했음을 드러냈다. 6월 24일 세례자 요한 축일의 중요성은 한 해에서 낮이 가장 긴 날이 그 "선임자"의 날과 일치하는 것과 분명히 연관되어 있었으며, 그 행사는 18세기의 러시아 프리메이슨에서 이미 핵심적 행사였다. 예를 들어, *РА*, 1863, вып. 5~6, 476 주에 있는 페트로프와 카람진이 주고받은 편지를 볼 것.

[120] G. Huard, *L'Art royal*.

[121] *ЛН*, "Герцен и Огарев I", М., 1953, 167.

[122] В. Семевский, *Из истории общественных идей*, 1904, 29, 주 1에서 재인용.

[123] Хомяков, *ПСС*, М., 1878, 2-е изд., I, 695. 막심 코발렙스키는 (혁명 이전 이바노프 작품 전람회 편람 *Отделение изящных искусств: Императорский Румянцевский музей*, М., 1915, 103~146, 주 109에서) 이바노프가 늘 앓은 탓에 긴 망명 기간 가운데 열두 해 동안만 마음껏 그림을 그릴 수 있었다고 주장한다.

[124] (카잔의 대학 건물들 같은) 19세기 초엽의 몇몇 건물군은 이사악 대성당을 짓는 데 걸린 기간보다 훨씬 더 긴 기간에 걸쳐 지어졌다. Н. Евсина, "Здания Казанского университета", *Памятники Культуры*, IV, 1963, 107~127을 볼 것. 르네상스 숭배에 관해서는 Веселовский, *Западное влияние*, 135를 볼 것.

[125] 블라디미르 페초린. М. Гершензон, *Жизнь В. С. Печерина*, М,, 1910, 54에서 재인용.

[126] "Ах, не с нами обитает/ Гении чистой красоты:/ Лишь порой он навещает/ Нас с небесной высоты." 그 그림에 다른 러시아인이 바치는 찬사와 함께 М.

Алпатов, "Сикстинская мадонна Рафаэля", *Искусство*, 1959, № 3, 66~68에서 재인용. Лермонтов, *ПСС*, М., 1947, I, 100~101도 볼 것. 이렇게 매료된 시기는 적어도 노발리스와 헤겔까지로 거슬러 올라간다. 노발리스는 자기 자신의 낭만주의 철학을 "어떤 망가진 라파엘로 그림의 한 조각"에 비겼고(*Henry of Ofterdingen*, Cambridge, Mass., 1842, 228), 헤겔은 라파엘로를 자기 미학의 정점에 놓았다. 그 매료 상태는 심지어는 예술을 보는 안목이 없는 소비에트 시기 러시아인 사이에서도 지속한다. 제2차 세계대전이 끝날 무렵에 드레스덴 부근의 비밀 창고에서 「시스티나의 성모」를 찾아내고 자기가 느낀 외경을 말하는 이반 코네프(Иван Конев) 육군원수의 설명을 볼 것. *NYT*, August 23, 1965, 33.

[127] А. Никитенко, "Рафаэлева сикстинская мадонна", *РВ*, 1857, октябрь, кн. I, 586.

[128] Лунин, *Сочинения*, 15.

[129] 벨린스키가 드레스덴에서 보트킨에게 보낸 1847년 7월 7/19일 자 편지, Белинский, *ПСС*, XII, 4.

[130] Алпатов, "Сикстинская мадонна Рафаэля"; Uvarov, *Esquisses politiques et littéraires*, 180~181.

[131] Гоголь, *ПСС*, Л., 1952, VIII, 146, 143~147. Magarshack, *Gogol*, 78~80. 이바노프의 「사람들에게 나타나는 그리스도」에 나오는 그리스도와 세례자 요한을 그리는 데 이용된 여자 모델에 관해서는 А. Новицкий, *Альбом этюдов картин и рисунков к полной биографии А. А. Иванова*, М., 1895, xl을 볼 것.

포착하기 어렵기는 해도 중요한 니콜라이 1세 시대의 성적 애착과 이념적 애착의 상호관계가 L. Leger의 주콥스키 연구(*La Russie intellectuelle*, 130~148)에서 연구되었다. H. McLean, "Gogol's Retreat from Love: Toward an Interpretation of *Mirgorod*", *American Contributions to the Fourth International Congress of Slavicists*, 's Gravenhage, 1958, 225~243; А. Малинин, *Комплекс Эдипа и судьба Бакунина: К вопросу о психологии бунта*, Београд, 1943을 볼 것. 표트르 뱌젬스키 공은 이 시기의 시인 니콜라이 야즤코프(Николай Языков)의 신비주의적 애국주의에 관해서 그가 정말로, 그리고 말 그대로 "러시아와 사랑에 빠졌다"고 말했다. В. Смирнов, *Жизнь и поэзия Н. М. Языкова*, Пермь, 1900, 212. 이 문제의 차원은 И. Замотин, *Романтизм двадцатых годов XIX столетия в русской литературе*, П.-М., 1911, в 2 т.; П. Милюков, "Любовь идеалистов тридцатых годов", в кн.: *Из истории русской интеллигенции*, П., 1903; E. H. Carr, *The Romantic Exiles*, NY, 1933을 잇달아 읽음으로써 파악할 수 있다.

일종의 러시아판 조르주 상드인 옐레나 간(Елена А. Ган[Hahn])이라는 돋보이는 인물이 아직도 전기적 연구를 기다리고 있다. 여성의 권리와 존엄성을 소설에서 옹호하는 옐레나 간의 활동적 경력은 그가 1842년에 스물여덟이라는 나이에 죽으면서 때 이르게 끝났다. *ИЯС*, 1914, XIX, кн. 2, 211~263과 *PM*, 1911, № 12, 54~73에 있는 자료를 볼 것. 간은 미래의 범슬라브주의자 로스티슬라프 파데예프의 누나이자 미래의 신지학 협회(Теософское общество) 창립자 옐레나 블라바트스카야의 어머니였다.

확연하게 성적인 문제를 개인적 소외와 정체성 추구라는 일반적 문제만큼 강조하지 않는 심리학 위주의 주요 급진주의자 연구로 Р. Сакулин, "Психология Белинскаго", *ГМ*, 1914, № 3, 85~121을 볼 것. 그리고 청년 게르첸에 관한 세밀한 연구서 M. Malia, *Alexander Herzen and the Birth of Russian Socialism, 1812~1855*, Cambridge, Mass., 1961을 볼 것.

[132] M. Malia, "Schiller and the Early Russian Left", *HSS*, IV, 1959, 169~200; 거기에서 인용된자료 외에, *PM*, 1906, № 2에 있는 Ю. Веселовский의 연구와 러시아인의 실러 평론을 추린 문집 W. Düwel, hrsg., *Tribun der Menschheit*, 1957을 볼 것. E. Kostka, *Schiller in Russian Literature*, Philadelphia, 1965도 볼 것.

[133] Иванов, *Изображения из священной истории*, 도판 28.

[134] 세르게이 불가코프. V. Riabushinsky, "Russian Icons and Spirituality", 47에서 재인용. 라파엘로의 그림이 초기에 불가코프에게 준 강한 영향에 관해서는 С. Булгаков, "Две встречи", в кн.: *Автобиографические заметки*, Paris, 1946, 103~113을 볼 것.

[135] В. Белинский, *Избранные философские сочинения*, М., 1941, 143.

[136] 상드의 영향에 관해서는 Веселовский, *Западное влияние*, 224~231, 246~247을 볼 것. M. Gorlin, "Hoffmann en Russie", *Études littéraires et historiques*, 1957, 189~205에서 Gorlin은 거의 전적으로 이 시대만 다룬다.

[137] N. Nilsson, *Gogol et Pétersbourg*, Stockholm, 1954는 빅토르-조셉 주이가 고골의 성 페테르부르그 묘사에 미친 영향을 주로 다룬다.

[138] *Ibid.*, 156~157; 또한 W. Schamschula, *Der rußische historische Roman vom Klassizismus bis zur Romantik*, Meisenheim/Glan, 1961, 152와 85~87을 볼 것. 알렉산드르 2세의 암살자 가운데 한 사람이 받았다고 스스로 밝힌 월터 스콧의 영향에도 주목할 것. П. Щеголев, "К биографии Н. И. Кибальчича", *КиС*, 1930, № 11, 47. 월터 스콧의 중요성은 G. Lukacs, *The Historical Novel*, Boston, 1963(염가보급판), 30 ff.에서 강조된다. P. Struve, "Walter Scott and Russia", *SEER*, 1933, January, 397~410도 볼 것.

[139] McEachran, *The Life and Philosophy of Johann Gottfried Herder*, 5.

[140] 그가 각색한 「햄릿」에 관해서는 Макогоненко, ред., *Русские драматурги*

XVIII~XIX вв., М.-Л., 1959, 특히 9, 17, 104~106을 볼 것. 그러나 그 날짜에 관해서는 A. Сумароков, *Избранные Сочинения*, Л., 1957, 35, 주 1을 볼 것. 그 연극은 — 프랑스에서 처음 상연되기 19년 전인 — 1750년에 러시아에서 상연되었다. 대체로 보완적인 연구인 D. Lang, "Sumarokov's 'Hamlet'", *Modern Languages Review*, 1948, January, 67~72를 볼 것.

[141] Zetlin, *Decembrists*, 25; Evreinov, *Histoire de la théâtre russe*, 133~134.

[142] Веселовский, *Западное влияние*, 80, 주 3. 독백을 배우가 고쳐 쓰고 관중의 박수로 끊길 "장광설"로 취급하는 전통에 관해서는 C. Тимофеев, *Влияние Шекспира на русскую драму: Историко-критический етюд*, 1887, 90을 볼 것. "사느냐 죽느냐" 독백의 낭독은 이것이 반(反)그리스도교적 언사라는 볼테르의 주장에서 비롯되었을지 모른다는 주장에 관해서는 И. Аксенов, *Гамлет и другие опыты*, М., 1930, 134~135를 볼 것.

[143] "*Переписка Карамзина с Лафатером*", 26. 또한 44~51을 볼 것.

[144] Karamzin, *Briefe eines rußischen Reisenden*, 1959, 193~207, 528~529.

[145] Сухомлинов, *Изследования и статьи по русской литературе и просвещению*, I, 424~425; M. Strange, *La Révolution française*, 144~146; H. Котляревский, *Мировая скорбь в конце XVIII и в начале XIX века*, П., 1914, 3-е изд. 그 우려의 전 유럽적 배경에 관해서는 L. Crocker, "The Discussion of Suicide in the Eighteenth Century", *JHI*, 1952, January, 47~72를 볼 것.

[146] Белинский, *ПСС*, IX, 674. 이바노프에게 자기가 예술에 관해 한 모든 고뇌어린 성찰의 "최종 질문"은 "회화가 사느냐 죽느냐?"였다. Зуммер, "О вере и храме Александра Иванова", 47.

[147] Hegel, *Sämtliche Werke*, Stuttgart, 1928, XIII, 195~207. "Ohne kräftiges Lebensgefühl···Bildungslosigkeit", 204~205.

[148] Белинский, "'Гамлет' драма Шекспира: Мочалов в роли Гамлета", *ПСС*, М., 1953, II, 253~345. 헤겔이 개인(individuum)이라는 용어를 사용한 많은 용례에 관해서는 *Sämtliche Werke*, XXIX, 1112~1116을 볼 것.

[149] R. Jakobson, "Marginalia to Vasmer's *Russian Etymological Dictionary (R-Ya)*", *International Journal of Slavic Linguistics and Poetics*, 1959, I-II, 274.

[150] Нелидов, *Западники 40-х годов*, 29와 주 1. 모찰로프의 충격과 그를 둘러싼 논란의 요약으로는 Д. Тальников, "Мочаловская загадка", *Театр*, 1948, март, 26~33을 볼 것.

　　Станкевич, *Переписка Николая Владимировича Станкевича*, 509~510도 볼 것. 수수께끼 같은 명배우의 연기에서 영감에 찬 예언의 숨은 원천을 보려는 낭만적 경향은 프랑스 혁명기와 나폴레옹 시대의 프랑스 배우 프랑수아-조셉

탈마(François-Joseph Talma)의 비범한 영향으로 더 거세졌다. 나폴레옹은 알렉산드르 1세를 "북방의 탈마"라고 불렀고, 후속 세대는 그를 "러시아의 제위에 오른 햄릿"이라고 일컫게 된다. A. Предтесченский, *Очерки общественно-политической истории России в первой четверти XIX века*, М.-Л., 1957, 5를 볼 것.

[151] Гершензон, *Жизнь*, 102, 그리고 93~104에 있는 원문의 발췌.

[152] Гершензон, *Жизнь*, 134~135. 페초린을 혁명 전통과 연계하는 페초린 관련 논의로는 P. Scheibert, *Von Bakunin zu Lenin: Geschichte der rußischen revolutionären Ideologien, 1840~1895*, Leiden, 1956, I, 21~35와 Сакулин, *Русская литература и социализм*, 92~106을 볼 것.

페초린의 미완성작을 이 미완성의 위대한 낭만주의적 환상문학 작품 가운데 으뜸인 노발리스의 『하인리히 폰 오프터딩엔』(Heinrich von Ofterdingen)에 관해 카를 바르트(Karl Barth)가 했던 다음과 같은 말과 연계하고 싶은 마음이 생긴다. "이 원고의 종결은 사라지고 없다. 모든 면에서 종결은 없다. 그리고 우리 모두가, 노발리스로 시작된 시대의 아이들이 순수한 낭만주의자……의 무엇인가를 우리 피 속에 가지고 있는 한, 우리도 똑같은 말을 들을 법하다." Karl Barth, *Protestant Thought from Rousseau to Ritchl*, London, 1959, 267. 페초린은 1870년대의 한 운문에서 자신과 자기 시대의 인텔리겐치야를 위한 일종의 비문을 내놓았다. 그 운문은 이렇다. "하늘의 꿈을 위해/ 나는 땅의 삶을 내주었다,/ 그리고 추방의 무거운 십자가도/ 내가 나서서 들어올렸다"(За небесные мечтанья/ Я земную жизнь отдал,/ И тяжелый крест изгнанья/ Добровольно я подъял). Сакулин, *Русская литература и социализм*, 106에서 재인용.

[153] Белинский, *ПСС*, XII, 383.

[154] (필시 스탈린 시대의 마지막 「햄릿」 주요 공연이었고 스탈린 이후 시대에 훨씬 더 뛰어나게 활약할 니콜라이 아키모프의 작품인) 이 1932년 상연작에 관한 설명으로는 J. Macleod, *The New Soviet Theatre*, London, 1943, 158~163을 볼 것.

[155] И. Аксенов, *Гамлет и другие опыты*, 118~121. 이 견해가 Herzen, *From the Other Shore*, 79에 부분적으로 미리 나타나 있음을 볼 것.

러시아(루스) 군주 계보 ∥ 류릭 조

1. 숫자는 재위기간을 나타낸다.
2. 류릭 조의 유리 들고루키는 키예프 대공이 아니라 블라디미르 대공위를, 다니일(모스크바)부터는 모스크바 대공의 재위기간을 나타낸다.

류릭 862~882
올레그 882~912/22
이고르 913경~945 = 올가 945~964(섭정)
스뱌토슬라프 945경~972/3

야로폴크 973경~978경
블라디미르 980경~1015

스뱌토폴크 1015~1019
(폴로츠크의) 이쟈슬라프 1001死
야로슬라프 1019~1054
보리스 ?~1015
글레브 984?~1015
(트무토로칸의) 므스티슬라프 1024~1036

브랴치슬라프 1001~1044
이쟈슬라프 1054, 69, 76
스뱌토슬라프 1073~1076
프세볼로드 1078~1093

프세슬라프 1044~1101
스뱌토폴크 1093~1113
올레그(1115死)
블라디미르 모노마흐 1113~1125

스뱌토슬라프 (1164死)
므스티슬라프 1125~1132
야로폴크 1132~1139
유리 들고루키 (블라디미르 수즈달의)1120경~1157

이고르 (1102死)
프세볼로드 (1195死)
프세볼로드 (1138死)
이쟈슬라프 1146~49, 50~54
안드레이 보골륩스키 1157~1174
미하일 1174~1176
프세볼로드 (볼쇼예 그네즈도) 1176~1212

콘스탄틴 1216~1218
유리 1212~16, 19~38
야로슬라프 1238~1246
스뱌토슬라프 1246~1252

안드레이 1249~1252
알렉산드르 넵스키 1252~1263
야로슬라프 (트베리의)1263~1271
(코스트로마의) 바실리 1272~1276

(페레야슬라블의) 드미트리 1276~1254
안드레이 1281~83, 93~1307
(모스크바의) 다니일 1283~1303
미하일 1304~1318

유리 1303~1325
이반 1세 칼리타 1325~1341
알렉산드르 (1339死)

세묜 고르듸이 1341~1353
이반 2세 1353~1359
미하일 (1347死)

드미트리 돈스코이 1359~1389

바실리 1세 1339~1425
(갈리치의) 유리 (1434死)

바실리 2세 1425~1462
바실리 코소이 (1448死)
드미트리 셰먀카 (1453死)

이반 3세 1462~1505

바실리 3세 1505~1533
유리 드미트로프 공 (1536死)
안드레이 스타리차 (1537死)

이반 4세(뇌제) 1533~1584(1547 이후 황제)
블라디미르 (1570死)

이반 (1582死)
표도르 1594~1598
드미트리 (1591死)

▌러시아 황조 계보 ▌로마노프 조

1. 숫자는 재위기간을 나타낸다.

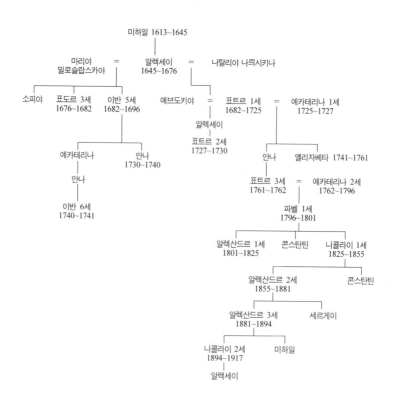

▌인물 설명 ▌

■ 가가린, 가브리일 (Гавриил Гагарин). 러시아의 위정자(1745~1808년). 모스크바 지방의 귀족 가문에 태어났고, 출세 가도를 달렸다. 파벨 1세와 알렉산드르 1세의 통치기에 계속 요직을 거쳤고, 1793년에 원로원 의원이 되었다. 프리메이슨 지도 자이기도 했다.

■ 가가린, 이반 (Иван Гагарин). 러시아의 종교인(1814~1882년). 모스크바의 귀족 가문에 태어났고, 젊을 때부터 외교관으로 일했다. 파리에서 스베치나의 살롱에 드나들다 1842년에 가톨릭으로 개종했고 이듬해에 예수회에 가입했다. 장-자비에 (Jean-Xavier)라는 이름으로 학교에서 교회사와 철학을 강의했고 저서를 많이 남 겼다.

■ 가르신, 프세볼로드 (Всеволод Гаршин). 러시아의 작가(1855~1888년). 부유한 군인의 아들로 태어났으며, 20대 초에 러시아-튀르크 전쟁에 참전했다. 이 경험을 살려 군인을 소재로 삼은 단편소설을 써서 단편문학 유행을 선도했지만, 망상에 사로잡혀 자살했다.

■ 간, 옐레나 (Елена А. Ган). 러시아의 작가(1814~1842년). 본명은 옐레나 파데예 바(Елена Фадеева). 귀족 가문에 태어나 유년을 예카테리노슬라프에서 보냈다. 16세에 표트르 간과 결혼해서 1831년에 맏딸 블라바트스카야를 낳았다. 1830년대 중엽부터 저널 주간으로 활동하면서 소설 등 많은 글을 썼다.

■ 갈릴레이, 갈릴레오 (Galileo Galilei). 이탈리아의 과학자(1564~1642년). 망원경을 천체 관측에 응용해서 성과를 올렸다. 코페르니쿠스의 태양중심설에 찬동하는 입 장을 보이자 가톨릭교회의 종교재판에 회부되었다. 과학에 관용을 보이라고 호소 했지만 유죄 판결을 받았다.

■ 게, 니콜라이 (Николай Ге). 러시아의 미술가(1831~1894년). 키예프 대학과 성 페테르부르그 대학에서 수학을 전공했고, 1850년부터 예술원에서 미술을 배웠다. 이탈리아 유학을 했고, 유럽 각지에서 전시회를 열었다.

■ 게라시모프, 알렉산드르 (Александр Герасимов). 소련의 미술가(1881~1963년). 탐보프 지방에서 태어났고, 모스크바에서 미술과 건축을 배웠다. 볼셰비키 지지자

가 되어 영웅적 사실주의 회화에 전념했다. 소련 지도자들의 초상화를 많이 그렸으며, 미술계에 공산당 노선을 부과하는 데 앞장섰다.

■ 게르모겐 (Гермоген) 총대주교. 러시아의 성직자(1530?~1612년). 1589년에 카잔 수좌대주교가 되었고, 가짜 드미트리가 가톨릭 신자인 마리나 므니셰흐와 결혼하는 데 반대했다. 1606년에 모스크바 총대주교가 되었고, 모스크바를 점령한 폴란드 군대에 맞서 봉기하라고 호소하다 폴란드인에게 몰매를 맞고 갇혀 굶어죽었다.

■ 게르첸, 알렉산드르 (Александр Герцен). 러시아의 사상가(1812~1870년). 13세에 데카브리스트 처형에 충격을 받고 전제정과 투쟁하겠다고 결심했다. 모스크바 대학을 마친 뒤 여러 차례 유형에 처했고, 풀려난 뒤 문필 활동에 전념하다 1847년에 파리로, 1852년에 런던으로 갔다. 러시아의 사회사상과 혁명 사상의 발전에 크게 이바지했다.

■ 고골, 니콜라이 (Николай Гоголь). 러시아의 작가(1809~1852년). 우크라이나에서 태어나 성 페테르부르그에서 관리 생활을 했다. 20대 중반부터 관료제와 세태를 비판하는 단편소설을 내놓아 큰 인기를 끌었다. 기존 체제를 옹호하는 보수적 태도를 취했다.

■ 고두노프, 보리스 (Борис Годунов). 러시아의 군주(1551~1605년). 미미한 귀족 가문에서 태어났지만, 누이동생이 이반 4세의 며느리가 되면서 권력을 얻었다. 사위였던 표도르 1세가 죽은 1598년에 제위에 올랐다. 흉작과 기근이 찾아오고 국정이 혼란해져 대동란 시대가 시작되는 가운데 죽었다.

■ 고스너, 요한네스 (Johannes Gossner). 독일의 성직자(1773~1858년). 가톨릭 사제였다가 1826년에 프로테스탄트가 되었다. 박애 활동을 펼쳐서 학교와 병원을 세웠고, 1836년에는 외국 선교 조직을 만들었다. 1820년부터 1824년까지 러시아에서 활동했다.

■ 괴테, 요한 볼프강 폰 (Johann Wolfgang von Goethe). 독일의 대문호(1749~1832년). 명문가에서 태어났고, 라이프치히 대학에서 법을 공부했지만 예술을 더 좋아했다. 질풍노도 시대를 대표하는 작가로 성장했고, 1780년대 말엽에 이탈리아 여행을 한 뒤 고전주의 예술을 지향했다. 인류애에 입각한 대작을 남겨 전유럽에서 존경을 받았다.

■ 그라놉스키, 티모페이 (Тимофей Грановский). 러시아의 역사학자(1813~1855년). 모스크바 대학과 베를린 대학에서 공부하며 랑케의 영향을 많이 받았다. 서유

럽 역사가 러시아 역사보다 우월하다고 생각했으며, 모스크바 대학 교수로서 1839
년부터 러시아인으로는 처음으로 서유럽 중세사를 강의해서 인기를 끌었다.

■ 그라비안카, 타데우시 (Tadeusz Grabianka). 백작. 폴란드의 신비주의자(1740~
1807년). 포돌리아에서 태어났고, 신비주의에 심취해서 연금술을 연구했다. 동 페
르네티의 동료였으며, 프랑스, 영국, 이탈리아에 일루미나티 조직을 만들고 프랑
스와 우크라이나에 프리메이슨 지부를 세웠다.

■ 그레고리, 요한 (Johann Gregory). 17세기에 러시아에서 활동한 독일인 목사이자
극작가(1631~1675년). 메르제부르크에서 태어나 1658년에 모스크바로 이주했다.

■ 그렐레트, 스티븐 (Stephen Grellet). 프랑스 태생의 종교인(1773~1855년). 리모주
(Limoges)에서 태어났고, 루이 16세의 경호부대원이었다. 프랑스 혁명 때 탈출해
서 1795년에 미국으로 갔다. 이듬해 퀘이커 교도가 되어 미국과 유럽에서 선교
활동을 했으며, 알렉산드르 1세를 비롯한 유명 인사와 사귀었다.

■ 그로티우스, 후고 (Hugo Grotius). 네덜란드의 법학자(1583~1645년). 어려서부터
학문에 재능을 보였고, 라이덴 대학에서 공부했다. 영국에서 외교관으로 있다가
종교 분쟁에 휘말려 프랑스로 망명한 뒤 연구에 전념했다. 국제법의 이론 체계를
세워서 국제법의 아버지로 불린다.

■ 그리보예도프, 알렉산드르 (Александр Грибоедов). 러시아의 극작가(1795~
1829년). 모스크바 대학을 마치고 1812년에 입대해서 나폴레옹군과 싸웠다. 그
뒤 외교관이 되었는데, 데카브리스트 봉기에 동조해서 체포되었다가 곧 풀려났다.
스무 살에 이미 희곡을 썼고, 1820년대 초엽에 「지혜로운 자의 슬픔」으로 명성을
얻었다.

■ 그림, 프리드리히 (Friedrich Grimm). 독일 출신의 문필가(1723~1807년). 레겐스
부르크에서 목사의 아들로 태어나 라이프치히 대학을 다녔다. 25세에 파리로 가서
지식인과 교류했고, 외국의 귀족과 군주에게 프랑스 문화 소식을 알려주는 시사통
신을 격주로 발행했다. 프랑스 혁명으로 파산한 뒤 예카테리나 대제가 주는 연금
을 받았다.

■ 글뤽, 요한 (Johann Glück). 독일의 성직자(1652~1705년). 작센 지방의 목사 가정
에 태어났고, 예나에서 신학을 배웠다. 1673년에 리보니아로 이주해서 전도 활동
을 했다. 북방전쟁 때 포로가 되어 러시아로 이송되었고, 표트르 대제의 눈에 들어
러시아에 고등교육 기관을 세웠다. 성경을 러시아어로 번역하는 작업도 했다.

■ 기번, 에드워드 (Edward Gibbon). 영국의 역사가(1737~1794년). 옥스퍼드 대학과 스위스에서 공부했다. 여행 중에 로마 유적을 보고 로마사를 구상했고, 그 결과물이 1776년부터 1788년까지 6권으로 펴낸『로마 제국 쇠망사』였다.

■ 기용 부인 (Mme Guyon). 프랑스의 종교인(1648~1717년). 1676년에 남편이 죽은 뒤 신비 체험에 몰두했다. 성속의 기구를 배척해서 감옥에 여러 차례 갇혔다. 페늘롱의 제자가 되어 스승의 비호를 받았다. 가톨릭교회와 갈등을 빚으면서 글쓰기에 전념했다.

■ 기젤, 이노켄티 (Иннокентий Гизель). 우크라이나의 성직자(1600년경~1683년). 인노첸츠 기젤(Innozenz Giesel)이라는 이름으로 프로이센에서 태어났으며, 정교 신자가 되었다. 키예프 학술원 원장을 지내고 1656년에 키예프 동굴 수도원장에 임명되었다. 우크라이나와 러시아의 통합을 지지했다고 알려져 있다.

■ 기조, 프랑수아 (François Guizot). 프랑스의 정치가(1787~1874년). 소르본 대학 역사 교수였고, 1815년 왕정복고 이후에 관리가 되었다. 루이 필립 정부의 총리가 되어 혁명을 억누르다가 2월혁명이 일어난 뒤 영국으로 망명했다.

■ 길랴로프-플라토노프, 니키타 (Никита Гиляров-Платонов). 러시아의 학자(1824~1887년). 모스크바 신학원 교수였으며, 친슬라브주의 정신문화의 지주가 되는 저널의 간행인으로 활동했다.

■ 길페르딩, 알렉산드르 (Александр Гильфердинг). 러시아의 학자(1831~1872년). 바르샤바에서 태어난 독일계 러시아인이었다. 모스크바 대학을 다녔고, 비교언어학을 연구했다. 러시아 북부의 민속, 민담, 민요에 관한 연구서를 펴냈고, 1856년에 성 페테르부르그 학술원 회원이 되었다.

■ 나데즈딘, 니콜라이 (Николай Надеждин). 러시아의 학자(1804~1856년). 신학교에서 강의를 하다가 1826년에 서방의 고전에 관심을 보였다는 이유로 쫓겨나 모스크바로 갔다. 모스크바 대학 교수를 지내다가 필화 사건에 연루되어 유배형을 받았다. 유형을 마친 뒤에 역사, 지리, 민족지학을 연구했다.

■ 나레즈늬이, 바실리 (Василий Нарежный). 우크라이나 태생의 러시아 작가(1780~1825년). 지방의 삶을 풍자하는 악한소설을 많이 썼다. 프랑스 작가 알랭-르네 르사쥬(Alain-René Lesage, 1668~1747년)의『질 블라스』(Gil Blas)를 본뜬『러시아의 질 블라스』가 대표작이다.

■ 나세드카, 이반 (Иван Наседка). 러시아의 성직자(1570~1660년?). 셰벨(Шевель)이라는 성도 썼고 수사 이름은 요시프이며, 세르기예프 포사드의 교구 사제였다. 성직자가 무식한 데 놀라 서적 인쇄를 주도했다. 신학 논쟁에 자주 참여했고 루터교회의 세력 확장에 저항했다.

■ 나폴레옹 3세 (Napoléon III). 프랑스의 통치자(1808~1873년). 나폴레옹의 조카였고, 나폴레옹이 몰락한 뒤 유럽과 미국을 떠돌았다. 프랑스의 2월혁명 뒤에 나폴레옹 향수를 자극해서 대통령으로 선출되었고, 친위 쿠데타로 1862년에 황제가 되었다. 프로이센과 벌인 전쟁에서 패한 뒤 1871년에 영국으로 망명했다.

■ 나폴레옹 보나파르트(Napoléon Bonaparte). 프랑스의 통치자(1769~1821년). 코르시카에서 태어났고, 파리의 사관학교에 들어갔다. 프랑스 혁명으로 출세할 기회를 얻었고, 젊은 나이에 장군이 되었다. 1799년에 쿠데타로 통령이 되었고, 1804년에 황제가 되었다. 유럽을 석권했지만, 1812년에 러시아 원정에서 패한 뒤 몰락했다.

■ 네로노프, 요안 (Иоанн Неронов). 러시아의 성직자(1591~1670년). 농부의 아들이었고, 니즈니 노브고로드에서 설교가로 활동했다. 1640년에 수석사제가 되었고, 1669년에 다닐로프 수도원의 대수도사제가 되어 그리고리 대수도사제(Архимандрит Григорий)라고도 불렸다. 아바쿰의 친구였고, 니콘의 개혁에 반발했다.

■ 네크라소프, 니콜라이 (Николай Некрасов). 러시아의 문필가(1821~1878년). 성 페테르부르크 대학에서 공부할 때부터 시집을 펴냈다. 고통받는 농민을 주제로 글을 많이 썼으며, 급진 저널의 발행인으로 활동했다.

■ 넵스키, 알렉산드르 (Александр Невский). 러시아의 영웅(1221~1263년). 블라디미르 공후국에서 대공의 아들로 태어났고, 1252년에 블라디미르 대공이 되었다. 1240년에 네바 강에서 스웨덴군을 격파했고, 1242년에 페이푸스 호수에서 튜튼 기사단 군대를 물리쳤다. 훗날 러시아의 민족 영웅으로 추앙되었고, 러시아 정교회에서 성자로 시성되었다.

■ 노발리스 (Novalis). 독일의 문학가(1772~1801년). 귀족 가문에서 태어나 경건주의 교육을 받았으며, 대학에서 당대의 지식인들과 사귀었다. 낭만주의 문예 활동을 했으나, 폐결핵으로 요절했다.

■ 노보실체프, 니콜라이 (Николай Новосильцев). 러시아의 위정자(1761~1838년). 알렉산드르 1세의 측근이 되어 개혁을 도왔고, 성 페테르부르크 학술원 원장이 되었다. 니콜라이 1세 때에는 국정협의회 의장을 지냈다.

- 노비코프, 니콜라이 (Николай Новиков). 러시아의 문필가(1744~1818년). 교육과 문화를 북돋고자 학교와 도서관을 세웠고, 프리메이슨의 영향을 받아 출판사를 운영해서 자유로운 사고를 고취했다. 전제정을 비판해서 체포되었고, 1796년에 사면을 받았지만 문필 활동은 하지 못했다.
- 뉴턴, 아이작 (Isaac Newton). 영국의 과학자(1642~1727년). 케임브리지 대학을 졸업했고, 1669년에 모교 교수가 되었다. 광학과 수학에서 두각을 나타냈고, 만유인력의 법칙을 입증해서 근대 물리학의 기초를 닦았다.
- 니진스키, 바츨라프 (Вацлав Нижинский). 러시아의 무용가(1890~1950년). 키예프에서 폴란드인 가정에 태어났고, 성 페테르부르그의 황립무용학교를 졸업했다. 댜길레프가 1909년에 파리에서 창단한 러시아 발레단의 무용가로 성공했고, 1911년부터는 창작까지 했다. 세계 순회공연 도중에 정신병에 시달리다가 숨졌다.
- 니콜라이 1세 (Николай I). 러시아의 황제(1796~1855년). 파벨 1세의 셋째 아들이었고, 형 알렉산드르 1세가 죽자 1825년에 데카브리스트 봉기를 진압하고 제위에 올랐다. 내정과 외교에서 반동적 입장을 취했고, 중앙아시아로 진출했다. 크림전쟁에서 패전의 위기에 몰린 상황에서 숨졌다.
- 니콜라이 2세. 러시아의 황제(1868~1918년). 알렉산드르 3세의 아들이었고, 1894년에 즉위했다. 전제정을 유지하려고 애썼지만, 1917년 2월혁명이 일어나자 퇴위했다. 1918년에 혁명 정권과 반혁명 사이에 내전이 일어나자 볼셰비키의 손에 가족과 함께 처형되었다.
- 니키텐코, 알렉산드르 (Александр Никитенко). 러시아의 학자(1804~1877년). 우크라이나의 셰레메티예프 가문 농노의 아들로 태어났고, 교육을 받아 성 페테르부르그 대학에서 공부했다. 1834년에 교수가 되어 문학사를 연구했고, 저널 간행에 참여했다. 온건 진보주의자였고 계명된 검열관으로 활동했다. 1853년에 학술원 회원이 되었다.
- 달, 블라디미르 (Владимир Даль). 러시아의 학자(1801~1872년). 어학에 재능이 있는 외국인 부모 밑에서 자라나 어학을 좋아했다. 군의관으로 근무하다가 예편한 뒤 시골에서 민담을 채록했다. 지리학회 창립회원이었으며, 최소한 6개 언어에 능통한 어학자로서 최고의 사전편찬자가 되었다.
- 달랑베르, 장 (Jean d'Alembert). 프랑스의 학자(1717~1783년). 20대 초반에 학계의 인정을 받았으며, 수학과 물리학에서 업적을 쌓았다. 디드로와 함께『백과전서』를 편집했으며, 1755년에 프랑스 학술원 회원이 되었다.

- 데니소프, 세묜 (Семен Денисов). 러시아의 종교인(1682~1741년). 시메온 미셰츠키(Симеон Мышецкий)라고도 한다. 형 안드레이 데니소프와 함께 브그 강의 구교도 공동체를 이끌었으며, 종교와 순교에 관한 책을 썼다.
- 데니소프, 안드레이 (Андрей Денисов). 러시아의 종교인(1674~1730년). 안드레이 미셰츠키(Андрей Мышецкий)라고도 한다. 카렐리야의 지주 가문 출신으로 포베네츠(Повенец)에서 살다가 종교 지도자가 되었다. 비쿨린(Викулин)을 도와 1694년에 러시아 북부 브그 강 유역에 구교도 공동체를 세웠고 무사제파에 속하는 종파를 이끌었다.
- 데르자빈, 가브리일 (Гавриил Державин). 러시아의 시인(1743~1816년). 19살에 사병으로 군문에 들어가 29살에 장교가 되었다. 1777년부터 공직을 거치며 출세했고, 39살에 예카테리나 대제에게 송시를 바쳐 총애를 얻었다. 자유주의 성향 때문에 59살에 공직에서 물러났다. 독창적인 대시인이라는 평판을 얻었다.
- 데카르트, 르네 (René Descartes). 프랑스의 철학자(1596~1650년). 귀족이었으며, 푸아티에(Poitier) 대학에서 법학을 배웠다. 스콜라철학에 회의를 느끼고 유럽을 주유하며 자연과학과 수학을 연구했다. 방법적 회의를 통한 합리주의 철학의 기반을 확립해서 근대 철학의 아버지로 불린다.
- 덱슈테인, 페르디난트 (Ferdinand d'Eckstein). 덴마크의 문필가(1790~1861년). 프로테스탄트로 개종한 독일계 유대인 가정에 태어났다. 슐레겔의 영향으로 로마에서 가톨릭 신자가 되었고, 프랑스에 정착했다. 종교의 자유를 옹호했고, 산스크리트어를 비롯한 동양어의 연구가 진리를 찾는 데 필요하다고 주장했다.
- 도스토옙스키, 표도르 (Федор Достоевский). 러시아의 소설가(1821~1881년). 모스크바에서 태어났고, 성 페테르부르그에서 학교를 다녔다. 20대 후반부터 소설을 써서 문단의 주목을 받았다. 1849년에 페트라솁스키 사건에 연루되어 유배형을 받았고, 풀려난 뒤 대작을 잇달아 발표해서 러시아의 문호가 되었다.
- 드 메스트르, 그자비에 (Xavier de Maistre). 프랑스 태생의 군인(1763~1852년). 사르데냐의 해군사관으로 근무하던 중 프랑스 혁명이 일어나자, 혁명에 반대해서 러시아에 망명한 다음 러시아군 장군이 되었다. 문학 작품도 여러 편 남겼다.
- 드 메스트르, 조셉 (Joseph de Maistre). 프랑스의 사상가(1753~1821년). 사부아에서 정치가로 활동하다가 나폴레옹이 사부아를 점령하자 망명객이 되었고, 러시아 황궁에서 열다섯 해를 지냈다. 그리스도교의 절대 권위, 군주와 교황의 절대 지배가 필요하다며 과학의 진보와 자유주의에 반대하는 보수주의자였다.

■ 디드로, 드니 (Denis Diderot). 프랑스의 철학자(1713~1784년). 파리 대학에서 공부한 뒤 문필가로 활동했고 대표적인 계몽주의 사상가가 되었다. 백과전서 간행을 주도했고, 1773년에 예카테리나 대제의 초청으로 성 페테르부르그를 방문했다.

■ 디들로, 샤를 (Charles Didelot). 프랑스의 안무가(1767~1837년). 스톡홀름에서 태어났고 스웨덴 왕립 발레단 안무가인 아버지에게 무용을 배웠다. 1801년부터 성 페테르부르그에서 안무가로 활동하면서 러시아 발레의 기초를 닦았다.

■ 라 메트리, 줄리앙 (Julien la Mettrie). 프랑스의 철학자(1709~1751년). 의사였다가 병을 앓은 뒤 심리 현상이 뇌와 신경의 유기적 변화와 연관이 있다고 믿게 되었다. 유물론을 주장하는 책을 써서 물의를 빚고 외국으로 떠나야 했지만, 독일에서 환대를 받았다.

■ 라 아르프, 프레데릭-세자르 드 (Frédéric-César de la Harpe). 스위스의 정치 지도자(1754~1838년). 1784년부터 러시아에서 황위 계승자인 알렉산드르와 콘스탄틴의 개인교사로 일했다. 고향 보(Vaud)의 독립을 위해 노력했고, 1798년에 세워진 스위스 공화정부에 들어가 활동했다. 제자였던 알렉산드르 1세에게서 1814년에 보의 독립에 관한 약속을 얻어냈다.

■ 라디쉐프, 알렉산드르 (Александр Радищев). 러시아의 문필가(1749~1802년). 귀족 출신이며 독일에서 법학을 배웠다. 전제정과 농노제를 비판해서 예카테리나 대제의 노여움을 사서 유배되었다. 1801년에 알렉산드르 1세의 사면을 받아 개혁 입법 활동을 하다가 자살했다.

■ 라므네, 위그-펠리시테 (Hugues-Félicité Lamennais). 프랑스의 사상가(1782~1854년). 브르타뉴의 명문가에서 태어났고, 신학교를 나와 1816년에 사제가 되었다. 1830년 혁명기에 민주주의와 정교분리를 지지하며 교회와 대립했고 파문까지 당했다. 1848년 혁명 때 의회 위원이 되었으나, 나폴레옹 3세의 쿠데타가 일어나자 은퇴했다.

■ 라브로프, 표트르 (Петр Лавров). 러시아의 사상가(1823~1900년). 지주의 아들로 태어나 포병학교를 졸업하고 군사학교에서 수학을 가르쳤다. 30대 중반부터 혁명 조직에서 활동하다가 1867년에 파리로 도피했다. 파리 코뮌에서 활약한 뒤 런던에서 마르크스와 사귀었다. 그의 저술과 활동은 러시아 혁명 운동의 기반을 닦았다.

■ 라브진, 알렉산드르 (Александр Лабзин). 러시아의 신비주의자(1766~1825년). 모스크바의 귀족 가문에 태어났고, 모스크바 대학에 다니다가 슈바르츠와 노비코프를 만났다. 파벨 1세의 벗이었고, 성 페테르부르그에 프리메이슨 지부를 설립하

고 뵈메의 책을 번역했다. 1822년에 아락체예프에 반대하다가 심비르스크로 유배되었다.

■ 라스트렐리, 바르톨로메오 (Bartolomeo Rastrelli). 피렌체 태생의 건축가(1700~1771년). 이름은 프란체스코. 15세에 아버지 카를로 바르톨로메오 라스트렐리와 함께 러시아로 이주했으며, 건축가로서 이탈리아 후기 건축양식과 모스크바의 바로크 양식을 결합하려는 포부를 키웠다. 30세에 수석 궁정 건축가가 되었고 러시아에 정착했다.

■ 라스푸틴, 그리고리 (Григорий Распутин). 러시아의 종교인(1869~1916년). 시베리아에서 태어났고, 소수 종파와 접하면서 추종자를 얻었다. 1903년에 수도로 가서 혈우병을 앓는 황태자를 고쳐서 황제 부부의 신임을 얻었다. 그 뒤 국정에 개입하고 권세를 휘두르다가 암살당했다.

■ 라신, 장 (Jean Racine). 프랑스의 작가(1639~1699년). 상파뉴 지방에서 태어났고, 1658년에 파리로 진출해서 시를 썼다. 성직자가 되려다가 실패한 뒤 극작가로 성공했다. 3대 고전주의 극작가의 한 사람으로 꼽힌다.

■ 라이프니츠, 고트프리트 빌헬름 (Gottfried Leibniz). 독일의 학자(1646~1716년). 라이프치히 대학 철학교수의 아들로 태어나, 어려서부터 학문에 재능을 보였다. 정치에 관여하면서도 유럽의 석학들과 교류하며 철학, 수학, 기술과학 등 다양한 분야를 연구해서 근대 유럽의 대표적 학자가 되었다.

■ 라파엘로 (Raffaello). 이탈리아의 미술가(1483~1520년). 우르비노에서 화가의 아들로 태어났고, 페루지노에게 미술을 배웠다. 피렌체, 로마, 바티칸에서 활동하며 명성을 쌓았다. 르네상스를 대표하는 미술가로 추앙된다.

■ 라파터, 요한 카스파르 (Johann Kaspar Lavater). 스위스의 신학자(1741~1801년). 취리히에서 태어나 28세에 신품성사를 받았다. 독일에서 뛰어난 언설로 인기인이 되었다. 저술을 많이 남겼으며, 골상학의 대가로 논란을 일으켰다.

■ 랭커스터, 조지프 (Joseph Lancaster). 영국의 교육자(1778~1838년). 런던에서 태어났고, 가난한 아이들을 더 효율적으로 가르치는 교육 방식을 체계화하고 이 방식을 실행하는 학교를 세웠다. 1818년에 미국으로 건너가서도 교육 활동을 했다.

■ 레드킨, 표트르 (Петр Редкин). 러시아의 학자(1808~1891년). 폴타바의 백러시아 귀족 가문에 태어났다. 모스크바 대학을 다녔고 1830년에 유학을 떠나 베를린 대학에서 헤겔의 강의를 들었다. 1835년에 모스크바 대학 교수가 되었지만, 1848

년에 자유사상가라는 이유로 모교를 떠났고, 1863년에 성 페테르부르그 대학 교수가 되었다.

■ 레르몬토프, 미하일 (Михаил Лермонтов). 러시아의 시인(1814~1841년). 군인 가정에 태어났고, 모스크바 대학에서 공부했다. 사회 모순에 반발하고 비판적 사실주의에 입각해 하층민의 실상을 묘사한 시와 소설을 썼으며, 저널 간행에도 수완을 보였다. 옛 친구와 결투를 벌이다가 숨졌다.

■ 레비츠키, 페오도시 (Феодосий Левицкий). 러시아의 신비주의자(1791~1845년). 최후의 심판이 다가왔다는 글을 알렉산드르 골리췬에게 보냈고, 1823년에 차르와 만났다. 신비주의가 억눌리는 상황에서도 예언을 멈추지 않다가 수도원에 갇혔고 저술은 회수되었다.

■ 레비탄, 이사악 (Исаак Левитан). 러시아의 화가(1860~1900년). 리투아니아에서 태어났고 모스크바와 파리에서 그림을 배웠다. 1891년에 이동전람파에 가담해서 사실주의 회화에 전념했고, 말년에는 각지를 돌아다니며 풍경을 그렸다.

■ 레오나르도, 다빈치 (Leonardo da Vinci). 이탈리아의 예술가(1452~1519년). 피렌체 부근의 빈치에서 공증인의 서자로 태어났다. 피렌체와 밀라노에서 활동하면서 기예에서 만능의 재능을 발휘했고, 르네상스를 대표하는 예술가로 15세기 르네상스 미술을 완성했다는 평가를 받는다.

■ 레오니드 (Леонид). 러시아의 성직자(1822~1891년). 속명은 레프 카벨린(Лев Кавелин). 군인이었고 1852년에 옵티나 푸스틴에 들어가서 1857년에 수사가 되었다. 러시아 정교회의 예루살렘 사절단의 일원으로 성지에서 두 해를 지냈고, 1863년에 대수도원장이 되었다.

■ 레프닌, 니콜라이 (Николай Репнин). 18세기 러시아의 군인(1734~1801년). 예카테리나 대제의 명을 받고 폴란드에 파견되어 러시아의 영향력을 키웠으며, 1768년에는 러시아-튀르크 전쟁에서 러시아군을 지휘했다. 그 뒤로도 군사령관과 외교관으로 활약했다.

■ 레핀, 일리야 (Илья Репин). 러시아의 화가(1844~1930년). 성 페테르부르그 예술원에서 공부했고, 프랑스와 이탈리아에서 유학한 다음 귀국해서 이동전람파의 일원으로 활동했다. 제정 러시아의 사회 모순을 화폭에 담았고, 19세기 러시아 미술의 대표자로 평가된다.

- 로데스, 요한 데 (Johan de Rodes). 스웨덴의 관리(?~1655년). 스웨덴의 상업 사절단 대표로 1652년에 모스크바에 파견되어 러시아의 상업과 외교에 관한 상세한 보고서를 작성했다. 이 자료는 러시아어로 번역되어 간행되었다.
- 로모노소프, 미하일 (Михаил Ломоносов). 러시아의 학자(1711~1965년). 어부의 아들로 태어났지만, 1736년에 학술원 산하 김나지움 학생으로 뽑혀 성 페테르부르그로 갔다가 독일로 유학해서 과학을 배웠다. 귀국한 뒤 학술원에서 근무하면서 러시아어 개혁에 관여하고 모스크바 대학 창립을 거들어 러시아의 학문 수준을 끌어 올렸다.
- 로바쳅스키, 니콜라이 (Николай Лобачевский). 러시아의 수학자(1792~1856년). 가난한 관리의 아들로 태어나, 카잔 대학에서 공부하고 모교 교수가 되었다. 1826년부터 1846년까지 총장을 지내면서 카잔 대학을 되살려냈고, 전공 분야인 수학에서도 뛰어난 업적을 쌓았다.
- 로스톱친, 표도르 (Федор Ростопчин). 러시아의 위정자(1763~1826년). 파벨 1세의 부관으로 근무하다가 해임된 뒤 알렉산드르 1세의 이모 예카테리나가 후원하는 애국 동아리에서 활동했다. 예카테리나의 추천으로 차르에게 소개되었고, 1812년에 모스크바 사령관 겸 총독에 임명되었다. 빈 회의에 참석했다가 차르의 총애를 잃고 귀국하지 못했다.
- 로우카리스, 키릴로스 (Kyrillos Loukaris). 정교 성직자(1572~1638년). 러시아어로는 키릴 루카리스(Кирилл Лукарис). 크레타에서 태어나 이탈리아에서 교육을 받았다. 칼뱅주의의 영향을 받아 가톨릭에 반감을 지녔고, 정교의 신학자이자 총대주교로서 정교회를 칼뱅주의 노선에 따라 개혁하려고 애썼다.
- 로자노프, 바실리 (Василий Розанов). 러시아의 작가(1856~1919년). 모스크바 대학에서 역사학을 배웠다. 아폴리나리야 수슬로바와 결혼했고 도스토옙스키를 연구했으며, 그리스도교의 금욕주의를 비판했다. 반유대주의 성향을 보이고 보수 저널에 글을 쓰면서도 1905년 혁명을 지지했다. 말년에는 정교회를 받아들였다.
- 로크, 존 (John Locke). 영국의 학자(1632~1704년). 옥스퍼드 대학에서 공부한 뒤 독일에서 지내다가 후원자의 정치적 몰락에 휘말려 네덜란드로 망명했다. 망명 기간 중에 철학을 연구해서 이름을 널리 알렸다. 철학에서는 경험론의 원조, 정치 사상에서는 계약설의 주창자로 평가되며, 시민혁명에 영향을 미쳤다.
- 로푸힌, 이반 (Иван Лопухин). 러시아의 학자(1756~1816년). 19세에 프레오브라젠스키 근위연대원이 되었고 일곱 해 뒤에 건강 문제로 대령으로 퇴역했다. 노비

코프에 이끌려 프리메이슨 단원이 되었으며, 알렉산드르 1세의 지시로 "영혼의 씨름꾼들"을 비롯한 소수종파 문제를 다루었다.

- 루나차르스키, 아나톨리 (Анатолий Луначарский). 러시아의 혁명가(1875~1933년). 혁명 활동을 하다가 1898년에 국외 추방되었고 볼셰비키 당원이 되었다. 볼셰비키 정부의 교육인민위원이 되어 예술을 후원했다.

- 루니치, 드미트리 (Дмитрий Рунич). 러시아의 위정자(1780~1860년). 모스크바 우체국 부국장을 지낸 다음 성 페테르부르크 교육관구장이 되었다. 대학에서 그리스도교와 전제정에 반대하는 강의를 한다며 여러 교수를 재판에 회부하고 해임했다. 1826년에 대학의 금전 문제에 연루되어 직위해제되었다.

- 루닌, 미하일 (Михаил Лунин). 러시아의 혁명가(1787~1845년). 성 페테르부르크의 귀족 가문에 태어났고, 군인이 되어 나폴레옹 전쟁에서 싸웠다. 서유럽에서 지내며 생시몽과 사귀고 가톨릭 신자가 되었다. 데카브리스트 조직을 이끌었고, 봉기 실패 뒤에 유형에 처해졌다. 유형지에서 비밀 문건을 간행하다가 체포되어 옥사했다.

- 루돌프, 히옵 (Hiob Ludolph). 독일의 언어학자(1624~1704년). 욥 로이트홀프(Job Leutholf)라고도 한다. 에어푸르트(Erfurt)에서 태어났고, 고향과 라이덴에서 문헌학을 공부했다. 에티오피아어를 비롯한 25개 언어에 정통했으며, 1652~1678년에 작센-고타 공작을 섬기다 은퇴한 뒤 저술에 전념했다.

- 루블료프, 안드레이 (Андрей Рублев). 러시아의 이콘 화가(1370~1430년). 성 세르기 대수도원의 수사였으며, 이콘과 프레스코화를 많이 그렸다. 특히 「구약의 삼위일체」는 러시아의 최고 걸작으로 꼽히는 러시아 고유의 이콘이다.

- 루빈시테인, 안톤 (Антон Рубинштейн). 러시아의 음악가(1829~1894년). 어려서부터 피아노를 배워 유럽에서 연주회를 열었다. 1948년에 귀국해서 오페라 작곡을 시작했다. 1875년에 지은 오페라 「악마」가 대표작이다.

- 루소, 장-자크 (Jean-Jacques Rousseau). 프랑스의 사상가(1712~1778년). 제네바의 시계공의 아들로 태어나 어렵게 살며 고학했다. 1742년에 파리로 가서 지식인과 사귀며 논쟁을 벌이고 뛰어난 논설을 발표해서 주목을 받았다. 그의 계몽사상은 프랑스 혁명의 사상적 기반이 되었다.

- 루이 16세 (Louis XVI). 프랑스의 국왕(1754~1793년). 1774년에 왕위에 올랐다. 재정이 바닥나자 삼부회를 소집했고, 끝내 혁명이 일어났다. 입헌군주제를 받아들이지 않아 민심을 잃고 단두대에서 목숨을 잃었다.

■ 루이 필립 (Luois Philippe). 프랑스의 통치자(1773~1850년). 왕족이면서도 프랑스 혁명에 동조했다. 유럽을 떠돌다가 1830년에 7월혁명이 일어난 뒤 프랑스 왕위에 올랐다. 인민보다는 귀족과 상층 부르주아지의 계급 이익을 옹호하는 정책을 펼치다가 1848년 2월혁명으로 쫓겨나 영국으로 망명했다.

■ 룰레, 카를 (Карл Рулье). 러시아의 동물학자(1814~1858년). 니즈니 노브고로드의 프랑스계 노동자 가정에 태어났고, 모스크바에서 교육을 받았다. 군의관으로 근무했고, 1842년에 모스크바 대학 동물학교수가 되었다. 동물학을 철학화하려고 노력했고, 자연과학의 대중화에 앞장섰다.

■ 룹킨, 프로코피 (Прокопий Лупкин). 러시아의 종교인(?~1732년). 병사로 아조프 전투에 참여했고, 1710년에 제대한 뒤 모스크바에서 채찍 고행자 공동체와 어울렸다. 신비 체험을 한 뒤 대중에게 설교하기 시작했고, 이반 수슬로프가 죽은 뒤 새 그리스도로 인정되었다. 1716년에 체포되어 조사를 받고 풀려났다.

■ 류보픗트늬이, 파벨 (Павел Любопытный). 러시아의 문필가(1772~1848년). 플라톤 스베토자로프(Платон Светозаров)라고도 한다. 블라디미르 지방에서 태어났고, 구교도 공동체를 돌아다니며 살았다. 갖가지 분야에 걸쳐 글을 썼으며, 특히 무사제파에 속하는 여러 종파의 특성을 기록으로 남겼다.

■ 르메르시에 드 라 리비에르, 피에르-폴 (Pierre-Paul Lemercier de la Rivière). 프랑스의 중농주의자(1719~1792년). 프랑스에서 여러 요직을 맡다가, 개혁 작업을 도와달라는 예카테리나 대제의 초청을 받고 1767년에 성 페테르부르그로 갔다. 그러나 개혁 속도와 대우 문제를 둘러싸고 사이가 틀어져 몇 달 뒤에 러시아를 떠났다.

■ 르보프, 알렉세이 (Алексей Львов). 러시아의 작곡가(1799~1870년). 어려서부터 바이올린에 재능을 보였고, 1828년에 니콜라이 1세의 부관이 되었다. 1833년에 러시아 제국 국가 「하느님, 차르를 지켜주소서!」(Боже, Царя храни!)를 작곡했고, 아버지의 뒤를 이어 1837년에 황실 예배당 음악장이 되었다.

■ 르티쉐프, 표도르 (Федор Ртищев). 러시아의 위정자(1626~1673년). 툴라 지방 출신의 귀족이었고, 차르 알렉세이 미하일로비치의 벗이자 총신이었다. 기근이 일어나면 재산을 풀어 굶주린 자를 돕고 전쟁이 일어나면 병자를 돌보는 겸허하고 독실한 신자였다. 학교를 세워 교육을 북돋았다.

■ 릴레예프, 콘드라티 (Кондратий Рылеев). 러시아의 시인(1795~1826년). 유럽에서 군인으로 근무하다가 귀국했다. 성 페테르부르그에서 문필 활동을 시작했으며, 데카브리스트 운동에 가담했다. 봉기가 실패한 뒤 교수형을 당했다.

■ 리슐리외, 아르망-에마뉘엘 (Armand-Emmanuel Richelieu). 프랑스의 위정자(1766 ~1822년). 왕당파였으며, 1791년에 공작이 되었다. 러시아군에 들어가 근무하다가 러시아 정부의 공직을 맡았다. 1814년에 귀국해서 총리를 두 차례 역임했다.

■ 리슐리외, 아르망-장 (Armand-Jean Richelieu). 프랑스의 위정자(1585~1642년). 영락한 귀족 가문에서 태어났고, 소르본 대학에서 신학을 공부했다. 1607년에 사제 서품을 받았고 1622년에 추기경이 되었다. 1624년에 재상이 되어 국가 권력을 강화하고 국력을 키워 절대왕정의 기반을 닦았다.

■ 린들, 이그나티우스 (Ignatius Lindl). 독일의 성직자(1774~1846년). 이그나츠 린들 (Ignaz Lindl)이라고도 한다. 바이에른 지방에서 태어났고, 예수회 학교에서 교육을 받았다. 복음주의 가톨릭 사제로서 러시아로 가서 1822년에 알렉산드르 1세의 허가를 얻어 러시아 남부 사라타(Сарата)에 독일 이주민 정착지를 세웠다.

■ 마그니츠키, 미하일 (Михаил Магницкий). 러시아의 위정자(1778~1855년). 모스크바 대학을 마친 뒤 외국에서 외교관으로 일했다. 1803년에 귀국한 뒤로 스페란스키와 가까웠고, 그가 몰락한 뒤 아락체예프의 환심을 사서 지방 관리로 근무했다. 1819년에 카잔 대학을 감찰해서 자율권을 빼앗았다. 1826년에 국고 횡령으로 해임되었다.

■ 마르쿠스 아우렐리우스 (Marcus Aurelius). 로마 제국의 황제(121~180년). 오현제 (五賢帝)의 마지막 황제. 161년에 제위에 올라 로마 제국의 동쪽과 북쪽의 변경을 방어하는 데 힘썼다. 스토아 철학에도 조예가 깊어 진중에서『명상록』을 저술해서 철학자 황제로 불렸다.

■ 마르크스, 카를 (Karl Marx). 독일의 사상가(1818~1883년). 그리스도교로 개종한 유대인 가정에서 태어났고, 철학을 공부했다. 프로이센 정부를 비판하는 신문을 발행하다 탄압을 받고 망명해서 프랑스와 영국에서 공산주의 이론가로 활동했다. 인터내셔널을 이끌며 바쿠닌의 아나키즘과 경쟁했고, 필생의 저작『자본』을 남겼다.

■ 마르티네스 데 파스칼리 (Martinez de Pascually). 프랑스의 철학자(1743~1803년). 군대에서 근무하면서 유대인 신비주의자 마르티네스 데 파스칼리의 영향을 받았고, 1771년부터 신비주의를 설파했다. 나중에는 뵈메와 스베덴보리의 영향도 받았다. 합리주의 철학에 맞서 조명주의 철학 운동을 이끌었다.

■ 마모노프, 알렉산드르 (Александр Мамонов). 러시아의 위정자(1758~1803년). 이즈마일롭스키 연대원이었으며, 1784년에 포툠킨의 부관이 되었다. 포툠킨의 소개로 1786년에 예카테리나 대제의 애인이 되어 정부와 군대의 관직에 올랐다.

■ 마블리, 가브리엘 보노 드 (Gabriel Bonnot de Mably). 프랑스의 문필가, 정치가 (1709~1785년). 사적소유 철폐와 평등을 옹호했고, 18세기 최고 인기 작가라는 평을 들었다. 그의 저작은 당대에는 프랑스 혁명에, 후대에는 공산주의와 공화주의에 이바지했다.

■ 마이코프, 발레리안 (Валериан Майков). 러시아의 문필가(1823~1847년). 화가 니콜라이 마이코프의 둘째 아들, 시인 아폴론 마이코프의 아우였다. 성 페테르부르그 대학을 마친 뒤 요양차 유럽에서 지내면서 폭넓게 학문을 공부했다. 귀국해서 저널을 간행하고 비평 활동을 하다가 급사했다.

■ 마제파, 이반 (Иван Мазепа). 우크라이나의 카작 지도자(1644~1709년). 폴란드에서 자랐고 1687년에 러시아령 우크라이나의 카작 지도자가 되었다. 표트르 대제의 환심을 샀으나, 러시아 제국의 행패를 보면서 스웨덴에 협조했다. 스웨덴군이 1709년에 폴타바에서 러시아군에게 패하자 몰도바로 도주했다.

■ 마카리 1세 (Макарий I). 러시아의 성직자(1816~1882년). 속명은 미하일 불가코프. 키예프 신학원을 졸업했고 모교 원장을 지냈다. 학자로서 많은 신학 서적을 펴냈고, 1879년에 모스크바·콜롬나 수좌대주교가 되었다.

■ 마키아벨리, 니콜로 (Niccolò Machiavelli). 이탈리아의 학자(1469~1527년). 피렌체의 법률가 가정에 태어났고, 1495년에 피렌체 공화국 관리가 되었다. 공화국이 몰락한 뒤 직위에서 쫓겨났고, 1514년에 『군주론』을 써서 윤리와 상관없이 정치 고유의 논리에 따라서 통치자가 견지해야 할 미덕을 규정했다.

■ 마트베예프, 아르타몬 (Артамон Матвеев). 러시아의 위정자(1625~1682년). 명문 귀족 출신이었고 차르 알렉세이 미하일로비치와 친했다. 내정과 외정의 요직을 거쳤고, 차르의 자문관이 되었다. 희귀 서적을 수집했고 방대한 도서를 소장했다. 차르 후계를 둘러싼 정쟁에 휘말려 스트렐츠에게 살해되었다.

■ 막심, '그리스 사람' (Максим Грек). 정교 성직자(1480?~1556년). 속명은 미하일 트리볼리스. 그리스의 아르타에서 태어났고, 파리와 이탈리아에서 인문주의자들과 교류했다. 모스크바에서 종교 문헌을 러시아어로 번역하는 작업을 지휘했다. 정쟁에 휘말려 수도원에 스무 해 동안 갇혀 지내면서도 저술을 멈추지 않았다.

■ 맬서스, 토머스 (Thomas Malthus). 영국의 학자(1766~1834년). 케임브리지 대학을 마친 뒤 부목사가 되었고, 경제학과 인구학을 연구했다. 식량 생산이 인구 증가를 따라잡지 못해 빈곤이 불가피하다는 이론을 정리한 『인구론』을 1798년에 펴냈다. 1805년에 동인도 회사 대학의 경제학교수가 되었다.

■ 메드베데프, 실베스트르 (Сильвестр Медведев). 모스크바의 문필가(1641~1691년). 쿠르스크에서 태어났고, 시메온 폴로츠키에게 교육을 받았다. 오르딘-나쇼킨과 함께 외교 업무를 수행했고, 수사가 되어 세폰(시메온) 대신에 실베스트르라는 이름을 얻었다. 차르 알렉세이 미하일로비치의 신임을 얻었고, 폴로츠키가 죽은 뒤 그 후임으로 일했다.

■ 메르즐랴코프, 알렉세이 (Алексей Мерзляков, 1778~1830년). 페름의 상인 가정에서 태어났고, 모스크바 대학에서 공부했다. 모교 교수가 되어 시를 가르쳤으며, 대학 교과과정에 문학 연구가 도입되는 데 이바지했다. 시와 평론에 주력했고, 그리스와 로마의 문학 작품을 많이 번역했다.

■ 메쉐르스키, 표트르 (Петр Мещерский). 러시아의 위정자(1778~1857년). 귀족 가문에 태어났고 가정에서 교육을 받았다. 1797년에 군대에 들어가 이듬해 제대한 뒤로 헤르손 지방민정관과 신성종무원장 등 고위 관직을 지냈다.

■ 메테르니히, 클레멘스 (Klemes Metternich). 오스트리아의 정치가(1773~1859년). 외교관을 거쳐 1809년에 외무대신이 되었다. 나폴레옹이 몰락한 뒤에 빈 회의를 주도하면서 구체제의 복원을 시도하고 유럽의 변화를 억압했다. 1848년 혁명으로 영국에 망명했다가 1851년에 귀국했다.

■ 멘델레예프, 드미트리 (Дмитрий Менделеев). 러시아의 화학자(1834~1907년). 토볼스크 부근에서 태어났고, 성 페테르부르그와 독일에서 과학을 연구했다. 1867년에 성 페테르부르그 대학 화학교수가 되었고, 주기율을 발견했다. 진보적 정치관을 품어서 정부와 갈등을 빚기도 했다.

■ 모길라, 표트르 (Петр Могила). 정교 성직자(1597~1647년). 몰도바 출신의 귀족이었고, 키예프에서 수사가 되었다. 1627년에 키예프 동굴수도원 원장, 1633년에 키예프 수좌대주교가 되었고, 정교와 가톨릭의 통합에 반대했다. 키예프와 빈니차 (Винница)에 교육 기관을 세웠다.

■ 모로조프, 보리스 (Борис Морозов). 러시아의 위정자(1590~1661년). 차르 알렉세이 미하일로비치의 스승이었고, 모스크바 행정부의 요직을 두루 거쳤다. 1648

년 소금 폭동으로 해임되었지만, 곧 복직했다. 모스크바국에서 토지와 농노를 가장 많이 소유한 최대 갑부였다.

- 모찰로프, 파벨 (Павел Мочалов). 러시아의 배우(1800~1848년). 모스크바에서 데미소프 가문의 예속 배우의 아들로 태어났다. 17세에 데뷔했고, 모스크바의 말리이 극장에서 상연되는 셰익스피어 비극의 주인공을 맡아 유명해졌다. 러시아 낭만주의 시대의 가장 위대한 비극 배우라는 평을 얻었다.

- 몰리에르, 장-밥티스트 (Jean-Baptiste Molière). 프랑스의 연극인(1622~1673년). 대학생 시절부터 연극단을 만들어 순회 공연을 하고 희곡도 썼으며, 이름을 떨친 뒤에는 루이 14세의 후원을 얻었다. 세태를 비웃는 내용의 연극으로 권력층의 미움을 사기도 했다.

- 몽테스키외, 샤를-루이 (Charles-Louis Montesquieu). 프랑스의 정치이론가(1689~1755). 귀족 가문에서 태어났고 법학을 전공하고 변호사가 되었다. 1721년에 사회 부조리를 비판하는 『페르시아인의 편지』를 써서 이름을 떨쳤다. 1748년에 내놓은 『법의 정신』에서 3권 분립 이론을 내놓았다.

- 무라비요프, 니키타 (Никита Муравьев). 데카브리스트의 이론가(1795~1843년). 성 페테르부르그에서 귀족 가문에 태어났고, 모스크바 대학에서 공부했다. 자원입대해서 프랑스군과 싸웠고, 1815년에 파리에서 지냈다. 1816년부터 데카브리스트 조직에서 이론가로 활동했고, 1825년에 체포되어 20년 징역형을 선고받았다.

- 무라비요프-아포스톨, 세르게이 (Сергей Муравьев-Апостол). 러시아의 군인(1796~1826년). 무라비요프-아포스톨의 넷째 아들이었고, 조국전쟁에 참여했다. 프리메이슨과 데카브리스트 운동에 가담했다. 1825년에 군대에서 봉기를 일으켰지만, 붙잡혀 처형되었다.

- 무소륵스키, 모데스트 (Модест Мусоргский). 러시아의 음악가(1839~1881년). 군인의 길을 걷다 음악가가 되어 러시아의 역사와 설화를 소재로 곡을 썼다. 「보리스 고두노프」가 대표작이다. 가난에 시달리다 알코올 중독으로 숨졌다.

- 무함마드(Muhammad). 이슬람의 마지막 예언자(570~632년). 메카에서 태어나 여섯 살에 고아가 되었다. 장사하며 살다 610년에 알라의 계시를 받았고, 신의 사도로 기존의 종교를 부정하고 유일신 신앙을 설파했다. 박해를 받았지만, 극복하고 신도를 모아 630년에 메카를 점령했다. 그의 계시와 설교는 쿠란에 담겨 전해진다.

- 뮌니히, 부르크하르트 폰 (Burkhard von Münnich). 독일의 군인(1683~1767년). 올덴부르크(Oldenburg) 대공국의 군인 가문에 태어났고, 17세부터 유럽 각국의

군대에서 근무했다. 1721년부터 공병 전문가로 러시아에 초빙되었고, 러시아 육군을 개혁하고 정예 부대를 창설했다. 만년에는 발트 해 항구 총독으로 임명되었다.

■ 미슐레, 쥘 (Jules Michelet). 프랑스의 역사가(1798~1867년). 고학을 해서 21세에 박사가 된 뒤 국립고문서보존소에 근무했다. 교수가 되었으나 1852년에 나폴레옹 3세의 친위 쿠데타 때 파리에서 쫓겨난 뒤 반동 세력에 저항하는 민중의 입장에 선 역사서를 쓰는 일에 몰두했다.

■ 미츠키에비치, 아담 (Adam Mickiewicz). 폴란드의 시인(1798~1855년). 빌뉴스 대학생 때 혁명 조직에 가담했고, 조국 독립을 염원하는 애국적 낭만시를 써서 가장 위대한 폴란드 시인이라는 평판을 얻었다. 유럽을 돌아다니며 러시아 제국에 저항하다가 병사했다.

■ 미켈란젤로 (Michelangelo). 이탈리아의 미술가(1475~1564년). 어려서부터 미술에 재능을 보였고 피렌체의 통치자 로렌초 데 메디치(Lorenzo de Medici, 1449~1492년)의 후원 아래 인문학자들과 교류했다. 20대 후반부터 예술가로 이름을 떨쳤고, 회화와 조각과 건축에서 대작을 완성했다. 르네상스의 대표 예술가로 손꼽힌다.

■ 미트라다테스 (Mitradates). 아나톨리아 폰토스의 왕(기원전 134~63년). 기원전 120년에 왕위에 올라 왕국의 영토를 넓혔다. 세력을 뻗치는 로마와 전쟁을 벌였고, 결국 패해서 자살했다.

■ 미하일롭스키, 니콜라이 (Николай Михайловский). 러시아의 비평가(1842~1904년). 귀족 출신의 광산 기술자였으나, 1860년부터 문학비평가로 활동했다. 혁명 활동에 직접 나서지는 않았지만, 인민주의의 확산에 이바지했다.

■ 밀류코프, 파벨 (Павел Милюков). 러시아의 정치가(1859~1943년). 모스크바에서 태어났고, 모스크바 대학을 마쳤다. 역사학자로서 강의를 하면서도 자유주의자로서 입헌민주당을 창립해서 주도했다. 2월혁명 뒤 임시정부 외무장관이 되었지만, 대중 시위에 밀려 사퇴했다. 10월혁명 뒤에 프랑스로 망명해서 볼셰비키 반대운동을 벌였다.

■ 바더, 프란츠 폰 (Franz von Baader). 독일의 신학자(1765~1841년). 55세에 광산 기술자라는 안정된 직업을 버리고 정치와 종교를 공부해서 뮌헨 대학 교수가 되었다. 에큐메니컬 운동을 벌였고, 신성동맹 결성에 이바지했다.

■ 바라타예프, 미하일 (Михаил Баратаев). 러시아의 관리(1784~1856년). 심비르스크 지사를 지낸 표트르 바라타예프 장군의 아들이었고, 포병장교로 프랑스와 싸우다 다쳐 1809년에 퇴역했다. 심비르스크에 프리메이슨 지부를 세웠고, 이에 연루되어 체포되기도 했다. 1839년에 그루지야의 정부관리로 임명되었다. 화폐학자로도 유명하다.

■ 바라틴스키, 예브게니 (Евгений Баратынский). 러시아의 시인(1800~1844년). 군인으로 근무하다가 1826년에 전역했다. 결혼해서 모스크바 근교에 정착한 뒤 시 쓰기에 몰두했다. 초기에는 낭만적 서정시를, 말기에는 염세적인 시를 썼다.

■ 바르스코프, 야콥 (Яков Барсков). 러시아의 학자(1863~1937년). 구교도 집안 출신이었고, 김나지움 교사가 되었다. 궁정 문서고에 있는 문학 자료를 이용할 권한을 얻어 문학사를 연구했고, 예카테리나 대제와 관련된 문서를 정리했다.

■ 바르트, 카를 (Karl Barth). 스위스의 신학자(1886~1968년). 바젤에서 태어났고, 대학에서 신학을 배운 뒤 목사가 되었다. 자유주의 신학에서 벗어나 변증법적 신학 이론을 펼쳤다. 나치 반대 활동도 벌였다.

■ 바이런, 조지 고든 (George Gordon Byron). 영국의 시인(1788~1824년). 런던에서 태어나 스코틀랜드에서 자랐다. 케임브리지 대학생 때부터 시집을 펴냈고, 사교계의 총아가 되었다. 그리스 독립전쟁에 자원해서 싸우다가 급사했다. 낭만주의 시문학의 대표자였다.

■ 바쿠닌, 미하일 (Михаил Бакунин). 러시아 출신의 혁명가(1814~1876년). 귀족 가문에 태어나 포병학교를 졸업한 뒤 군인이 되었고, 스무 살에 모스크바로 가서 급진주의자들과 사귀었다. 1840년에 서유럽으로 가서 아나키스트가 되어 유럽에서 혁명 운동을 지도했고 마르크스와 대립했다.

■ 바튜시코프, 콘스탄틴 (Константин Батюшков). 러시아의 시인(1787~1855년). 볼로그다에서 태어났고 열 살 때 모스크바로 가서 교육을 받았다. 나폴레옹 전쟁이 끝난 뒤 카람진 추종자들의 문학 모임에서 활동하면서 고전주의에서 벗어나 자유롭게 시를 썼다. 1817년에 작품집을 출간했고, 전기 낭만주의의 대표 시인으로 평가된다.

■ 바흐, 요한 제바스티안 (Johann Sebastian Bach). 독일의 음악가(1685~1750년). 거리의 악사였던 아버지의 영향을 받아 어려서부터 악기를 익혔다. 궁정악단을 지휘하고 교회 음악가로 활동하면서 작곡을 했다. 대위법 음악을 완성해서 바로크 시대의 거장이 되었다.

■ 발도, 피에르 (Pierre Waldo). 프랑스의 종교인(1140년경~1218년경). 평신도 신분으로 리옹에서 설교를 했다. 유럽 각지로 영향력이 퍼져나갔고 일부 성사를 부정하는 등 교회의 입장과 어긋나는 주장을 해서 박해를 받았다.

■ 발라키레프, 밀리 (Милий Балакирев). 러시아의 음악가(1837~1910년). 가난한 귀족의 아들로 태어났고, 모스크바에서 음악 교육을 받았다. 1855년에 성 페테르부르그에서 예술 혁신 운동을 벌였고, 러시아 민요의 화성화에 이바지했다. 1870년대에 주위 사람과 사이가 틀어져 외톨이가 되었고, 말년에는 은둔 생활을 했다.

■ 발자크, 오노레 드 (Honoré de Balzac). 프랑스의 작가(1799~1850년). 학생 때부터 작가가 되려고 희곡을 썼지만, 주목을 받지 못했다. 소설을 쓰면서 1830년대부터 인기를 끌었고, 부르주아지를 긍정적으로 묘사했다. 나폴레옹 숭배자였고, 사실주의의 선구자였다.

■ 뱌젬스키, 표트르 (Петр Вяземский). 러시아의 문필가(1792~1878년). 1808년에 첫 시집을 펴냈고, 반동사상이나 전제정을 비판하는 평론 활동을 했다. 정부의 탄압을 받았지만, 나중에는 정부 관리로 일했다.

■ 버니언, 존 (John Bunyan). 영국의 작가(1628~1688년). 땜장이의 아들이었으며, 16세에 크롬웰의 의회군에 들어갔다. 1647년에 고향으로 돌아갔고 신앙심을 가지게 되었다. 설교가로 이름을 날렸지만, 국교회의 박해를 받아 12년 옥살이를 했다. 감옥에서 책을 썼고, 『천로역정』이 최대 걸작이다.

■ 버클리, 조지 (George Berkeley). 영국의 철학자(1685~1753년). 아일랜드에서 태어났고, 더블린의 트리니티 칼리지(Trinity College)에서 철학을 연구했다. 아메리카에서 펼친 포교 활동이 실패한 뒤 1733년에 아일랜드 클로인(Cloyne)의 주교에 임명되었다. 영국 고전 경험론의 대표자이다.

■ 베네비티노프, 드미트리 (Дмитрий Веневитинов). 러시아의 시인(1805~1827년). 모스크바 대학에 입학해서 블라디미르 오도옙스키가 이끄는 동아리 "지혜 사랑 모임"에 들어갔다. 철학적인 시를 쓰고 독일 철학을 소개하는 활동을 하다가 요절했다.

■ 베레샤긴, 바실리 (Василий Верещагин). 러시아의 화가(1842~1904년). 성 페테르부르크와 파리에서 그림을 배웠다. 중요한 전쟁에 보도 화가로 참여해서 전쟁화를 많이 그렸고, 큰 인기를 누렸다. 러시아-일본 전쟁 때 뤼순 항에서 숨졌다.

■ 베르가스, 니콜라 (Nicholas Bergasse). 프랑스의 법률가(1750~1832년). 리옹에서 태어났고, 젊을 때부터 최면술을 연구했다. 프랑스 혁명기에는 국민의회에서 활동했다.

■ 베르나르, 성 (St. Bernard). 프랑스의 수사(1090~1153년). 부르고뉴의 귀족 가문에 태어나 시토 수도회 수사가 되었다. 1115년에 클레르보에 수도원을 세웠고, 그 뒤 유럽에서 영향력이 가장 큰 수사가 되었다. 교황과 프랑스 왕의 지시로 제2차 십자군을 일으켜야 할 당위성을 선전했다. 1174년에 시성되었다.

■ 베르나르댕 드 생-피에르, 자크-앙리 (Jacques-Henri Bernardin de Saint-Pierre). 프랑스의 작가(1737~1814년). 인도양의 모리셔스 섬에서 공병으로 복무하며 작가가 될 준비를 했고 1773년에 등단했다. 문명의 때가 묻지 않은 자연을 구가하는 소설을 써서 루소의 벗이 되었다. 그가 고취한 문화적 원시주의는 낭만주의의 핵심 개념이 되었다.

■ 베르댜예프, 니콜라이 (Николай Бердяев). 러시아의 사상가(1874~1948년). 키예프의 귀족 가문에서 태어났고, 키예프 대학에 들어가서 혁명 활동을 하다 유형에 처했다. 1920년에 모스크바 대학 철학교수가 되었지만, 볼셰비키의 탄압을 받아 1922년에 망명했고 프랑스에 정착했다. 러시아의 사상과 혁명에 관한 연구서를 많이 썼다.

■ 베버, 막스 (Max Weber). 독일의 사회학자(1864~1920년). 에어푸르트에서 태어났고, 하이델베르크 대학과 베를린 대학에서 공부했다. 사회학의 대가였고, 특히 종교와 자본주의 발흥의 관계를 규명한 연구로 마르크스에 버금가는 명성을 얻었다.

■ 베살리우스, 안드레아스 (Andreas Vesalius). 플랑드르 출신의 의사(1514~1564년). 플랑드르어로는 안드리스 판 베셀(Andries Van Wesel). 절대 권위를 누리던 갈레노스의 의학 지식에 의문을 품고 인체 해부에 몰두해서 해부학 지식을 쌓았다. 이 지식을 『파브리카』(Fabrica)로 약칭되는 『인체 구조 7부작』에 정리해서 의학을 혁신했다.

■ 베스투제프, 니콜라이 (Николай Бестужев). 러시아의 문필가(1797~1855년). 성 페테르부르크에서 태어났고, 해군 장교로 청년기를 유럽에서 지냈다. 문필 활동을 했으며, 1818년에 프리메이슨에 가입했다. 1824년에 데카브리스트 조직에 들어갔고, 봉기 실패 뒤 체포되어 종신형을 받았다. 시베리아 유형지에서 학자와 화가로 다양한 활동을 했다.

■ 베스투제프-마를린스키, 알렉산드르 (Александр Бестужев-Марлинский). 러시아의 작가(1797~1837년). 성 페테르부르그의 귀족 가문에 태어났고, 기병대원이 되었다. 마를린스키라는 필명으로 낭만적인 시와 소설을 썼다. 데카브리스트 봉기에 연루되어 재판을 받았고, 백의종군해서 캅카즈에서 정복 전쟁에 참전했다. 1836년에 장교로 진급했지만, 이듬해에 전사했다.

■ 베어, 카를 폰 (Karl von Baer). 에스토니아 출신 과학자(1792~1876년). 러시아 이름은 카를 베르(Карл Бэр). 에스토니아에서 태어났고, 쾨니히스베르크 대학 교수가 되어 비교발생학의 대가가 되었다. 1834년에 성 페테르부르그로 이주한 뒤 노바야 젬랴 등 러시아 각지를 탐사하면서 지리와 민족지학을 연구해서 러시아 학술원 정회원이 되었다.

■ 베이컨, 프랜시스 (Francis Bacon). 영국의 철학자(1561~1626년). 의회의원, 법무장관, 검찰총장, 대법관 등 요직을 두루 거치며 승승장구했으나 뇌물 사건으로 탄핵을 당해 권력을 잃었다. 낙담한 가운데에서도 철학 연구와 저술에 전념해서 숱한 명저를 남겼다. 영국 고전 경험론의 창시자이다.

■ 베츠코이, 이반 (Иван Бецкой). 러시아의 교육자(1704~1795년). 러시아 육군원수 이반 트루베츠코이 공과 스웨덴 여인의 사생아로 태어나 스웨덴에서 자랐고, 유럽에서 루소를 비롯한 계몽사상가와 사귀었다. 예카테리나 대제의 신임을 얻어 교육 자문관으로 활동했다. 1764년부터 서른 해 동안 예술원 원장으로 활동했다.

■ 베카리아, 체사레 (Cesare Beccaria). 이탈리아의 학자(1738~1794년). 밀라노 태생이며, 근대 형법학의 선구이다. 1764년에『범죄와 형벌』을 펴내 재판의 전횡을 비판했고, 형벌권의 기반을 사회계약설에 두는 형법 이론을 내놓았다. 죄형법정주의, 사형제 폐지, 고문 금지를 주장했다.

■ 벤담, 새뮤얼 (Samuel Bentham). 영국의 해군 장교(1757~1831년). 어려서부터 조선 기술을 배웠다. 1780년에 러시아로 가서 군대와 정부에서 일하며 선진기술을 전했으며, 시베리아를 탐사하기도 했다. 1791년에 귀국했다가 1805년에 다시 러시아로 가서 두 해 동안 머물렀다.

■ 벤담, 제레미 (Jeremy Bentham). 영국의 사상가(1748~1832년). 옥스퍼드 대학에서 법을 배웠고, 블랙스톤의『영국법 주해』를 비판하는 책을 써서 유명해졌다. 1785년에 러시아를 방문했다. 최대 다수의 최대 행복이라는 원칙을 내세우는 공리주의를 주창했고, 민주주의의 신봉자로 정치 개혁에 앞장섰다.

■ 벤켄도르프, 알렉산드르 (Александр Бенкендорф). 러시아의 군인(1783~1844
년). 나폴레옹 전쟁에서 장교로 활약했으며, 데카브리스트 봉기를 진압했다. 그
뒤 헌병대장과 비밀경찰 수장이 되어 개혁 운동을 압살했다.
■ 벨란스키, 다닐로 (Данило Велланский). 러시아의 의사(1774~1847년). 체르니
고프 지방에서 태어났고 성 페테르부르그의 의학교에 들어갔다. 독일 유학 중에
셸링과 자연철학에 매료되었고, 귀국해서 의학계에서 일하면서도 강연과 저술로
셸링 철학을 선전하고 보급했다.
■ 벨리치콥스키, 파이시 (Паисий Величковский). 정교 사제(1722~1794년). 폴타
바에서 태어났으며, 17세에 수사가 되어 아토스 산으로 갔다. 아토스 산에서 영적
스승이 수사를 지도하는 관행을 접했고, 1764년에 몰도바로 가서 수도원을 세웠
다. 그리스의 신학서를 러시아어로 많이 번역했다.
■ 벨린스키, 비사리온 (Виссарион Белинский). 러시아의 평론가(1811~1848년).
모스크바 대학에서 퇴학당한 뒤 비평가가 되었다. 문학은 이론이 아닌 현실에 바
탕을 두어야 한다고 주장했으며, 푸시킨이나 도스토옙스키를 호평해서 입지를 굳
혀주었다. 평론가로 큰 영향력을 행사했고, 급진주의 인텔리겐치야의 선두 주자가
되었다.
■ 보니파티예프, 스테판 (Стефан Вонифатьев). 러시아의 성직자(?~1656년). 1665
년에 요시프 총대주교의 후원으로 모스크바 성모희보 대성당의 수석사제가 되었
다. 차르 알렉세이 미하일로비치의 고해신부였고, 열성신도회를 주도했다. 유력한
총대주교 후보였지만, 총대주교는 되지 못했다. 니콘의 개혁을 지지했다.
■ 보론초프, 미하일 (Михаил Воронцов). 러시아의 위정자(1714~1767년). 명문가
에 태어나 옐리자베타 여제 통치기에 궁정에서 출세가도를 달렸다. 표트르 3세를
지지했지만, 예카테리나 대제에게 충성을 서약한 뒤 권직에 복귀했다.
■ 보브로프, 세몬 (Семен Бобров). 러시아의 시인(1673~1810년). 성직자 가정에
태어났고, 모스크바 대학을 다녔다. 해군본부에서 번역가로 근무하다 문필 활동과
시 쓰기를 시작했다. 신비주의자였고, 당대에 재능을 인정받았다.
■ 보쉬에, 자크-베니뉴 (Jacques-Bénigne Bossuet). 프랑스의 신학자(1627~1704년).
예수회 학교에서 공부한 뒤 1669년에 주교가 되었다. 왕태자 시절의 루이 14세를
가르쳤고, 1682년에 왕권신수설을 발표해서 절대왕정을 정당화했다.

■ 보크, 티모테우스 (Timotheus Bock). 에스토니아의 군인(1787~1836년). 러시아 이름은 티모페이 보크(Тимофей Бок). 타르투에서 태어났고, 18세에 군인이 되어 프랑스군과 싸웠다. 퇴역한 뒤 에스토니아 남부에서 정착했고, 봉건제의 참상을 비판하는 서한을 1818년 4월에 알렉산드르 1세에게 보낸 뒤 체포되어 아홉 해 동안 감금되었다.

■ 보트킨, 바실리 (Василий Боткин). 러시아의 문필가(1811~1869년). 모스크바의 상인 가정에 태어났다. 문필 활동 외에 예술 비평가로도 인정을 받았다. 온건 자유주의자였으며, 벨린스키와 대립했다. 유럽의 진보주의자나 사회주의자와 교류하고 엥겔스의 저작을 러시아에 소개했지만, 1848년 혁명에 놀라 보수주의로 돌아섰다.

■ 본치-브루예비치, 블라디미르 (Владимир Бонч-Бруевич). 소련의 정치가(1873~1955년). 모스크바의 폴란드계 토지측량사 가정에 태어났다. 학생 때부터 혁명 활동에 나섰고 1896년에 스위스로 망명했다. 10월혁명 직후 여러 해 동안 레닌의 비서로 일했고, 혁명과 종교의 역사를 연구했다. 만년에는 레닌그라드의 종교사 박물관 관장을 지냈다.

■ 볼네, 콩스탕탱 (Constantin Volney). 프랑스의 학자(1757~1820년). 파리에서 공부하며 당대의 지성인들과 사귀었다. 프랑스 혁명기에 삼부회 의원, 입법의회 의원으로 활동했고, 지롱드 당원으로 간주되어 투옥되기도 했다. 나폴레옹 시대와 루이 18세 치하에서도 높은 지위를 누렸다.

■ 볼로토프, 안드레이 (Андрей Болотов). 러시아의 농학자(1738~1833년). 장교로 7년전쟁에 참전했고 쾨니히스베르크에 주둔해서 지식을 쌓았다. 퇴역한 뒤 툴라 지방의 영지에서 농업을 연구했다. 오를로프의 요청으로 맡은 다른 영지도 모범적인 농지로 만들었다. 자유경제협회에 참여해서 산림학 논문을 발표했다.

■ 볼로트니코프, 이반 (Иван Болотников). 러시아의 봉기 지도자(1565?~1608년). 한 귀족의 예속민이었고, 도주하다가 튀르크의 갤리선 노예로 팔렸다. 탈출해서 폴란드의 심부름을 하다가 러시아에서 차르의 사절로 오인되자 군대를 모아 1606년에 농민과 빈민을 기반으로 봉기해서 모스크바로 향했다. 정부군에게 패한 뒤 처형되었다.

■ 볼콘스카야, 지나이다 (Зинаида Волконская). 러시아의 예술가(1792~1862년). 러시아 외교관의 딸로 토리노에서 태어났고, 1810년에 알렉산드르 1세의 부관 니키타 볼콘스키(Никита Волконскиай)와 결혼했다. 1817년에 귀국해서 모스크

바에 살롱을 열었다. 1829년에 로마로 이주해서 살롱을 열고 러시아 예술가를 후원했다.

■ 볼테르 (Voltaire). 프랑스의 사상가(1694~1778년). 파리에서 공증인의 아들로 태어났고, 젊을 때부터 정권을 비판하는 시를 써서 투옥되었다. 전제정에 환멸을 느끼고 영국으로 건너가서도 프랑스 왕정을 공격했다. 대표적인 계몽사상가로서 유럽의 계몽 전제군주들과 지식인 사이에서 존경을 받았다.

■ 볼틴, 이반 (Иван Болтин). 러시아의 역사가(1735~1792년). 귀족 가문에 태어나 16세에 군인이 되었다. 33세에 장군이 된 뒤 세관원으로 일하며 틈틈이 사료를 모으면서 역사 연구에 몰두했다. 1788년에『레클레르의「러시아 고대사·현대사」주해』를 펴냈고, 러시아 역사학의 아버지로 평가된다.

■ 볼프, 크리스티안 (Christian Wolff). 독일의 학자(1679~1754년). 스승 라이프니츠의 추천으로 1707년에 할레 대학의 수학교수가 되었지만, 경건주의자와 신학 논쟁을 벌이다 1723년에 대학에서 쫓겨났다. 표트르 대제의 과학 고문으로 러시아 학술원 창설에 이바지했다. 1741년부터 할레 대학 총장을 지냈다.

■ 뵈메, 야콥 (Jakob Böhme). 독일의 신비주의자(1575~1624년). 종교개혁이 일어난 뒤 각종 교파가 논쟁하는 괴를리츠(Görlitz)로 가서 신학을 공부했고, 17세기 초에 구둣방을 운영하다 신비한 종교 체험을 했다. 신비주의 철학에 관한 글을 많이 썼고, 후세의 사조에 영향을 미쳤다.

■ 뵐너, 요한 크리스토프 (Johann Christoph Wöllner). 독일의 종교인(1732~1800년). 브란덴부르크에서 태어났고, 할레 대학에서 신학을 배웠다. 결혼으로 귀족이 된 뒤 프리메이슨에 가입했고, 나중에는 장미십자단에 들어가 지도자가 되었다. 프리드리히 빌헬름 2세 통치기에 프로이센의 정치가로도 활동했다.

■ 부데우스, 요한 (Johann Buddeus). 독일의 학자(1667~1729년). 스웨덴령 포메른에서 태어났고, 고전어와 동방어를 배웠다. 교수가 되어 신학, 철학, 역사, 정치학 등 다방면의 학문을 강의했고, 최고의 루터교회 신학자라는 평을 얻었다.

■ 부아디수아프 (Władysław). 폴란드의 왕자(1595~1648년). 폴란드 국왕 지그문트 3세의 아들이었으며, 대동란 시대에 러시아 내정에 개입한 아버지의 공작으로 1610년에 러시아의 차르에 선출되었지만, 러시아인의 봉기로 제위에 오르지 못했다. 1632년에 지그문트 4세로 폴란드 국왕이 되었다.

■ 불가린, 파데이 (Фаддей Булгарин). 러시아의 문필가(1789~1859년). 백러시아의 폴란드계 가정에 태어났고, 군사학교에서 교육을 받았다. 나폴레옹 군대에 들어가

서 싸웠다. 1820년부터 성 페테르부르그에서 소설을 쓰고 저널을 간행했고, 알렉산드르 1세와 니콜라이 1세의 권위주의적 정책을 옹호했고, 푸시킨과 논쟁을 벌였다.

■ 불가코프, 세르게이 (Сергей Булгаков). 러시아의 종교철학자(1871~1944년). 신학생 때 마르크스주의에 심취했지만, 러시아 종교철학자의 저서를 읽고 다시 정교 신자가 되었다. 베히 논쟁을 주도했으며, 솔로비요프와 톨스토이를 연구하고 정교 신학에 관한 저술을 많이 남겼다.

■ 불라빈, 콘드라티 (Кондратий Булавин). 돈 카작의 우두머리(1660~1708년). 타타르인과 자주 싸웠고, 도주 농민과 하층 카작의 이해관계를 대변했다. 도주 농민을 추적하는 러시아 제국 중앙 권력에 맞서 1707년에 봉기를 일으켰지만, 진압되고 살해되었다.

■ 불워-리턴, 에드워드 (Edward Bulwer-Lytton). 영국의 작가(1803~1873년). 케임브리지 대학을 나왔고 1827년부터 소설을 쓰기 시작했다. 대중 취향의 작품을 써서 큰 인기를 끌었고, 1831년에는 하원의원에 당선되기도 했다. 1834년에 쓴「폼페이 최후의 날」이 대표작이다.

■ 브라헤, 티코 (Tycho Brahe). 덴마크의 천문학자(1546~1601년). 덴마크의 영토였던 스칸디나비아 남단에서 태어났고, 대학에서 법학을 배우다가 천문학으로 전공을 바꿨다. 덴마크 국왕의 후원을 받으며 엄청난 양의 천체 관측 자료를 축적했다. 이 자료를 바탕으로 제자 케플러가 행성 운행의 3대 법칙을 체계화할 수 있었다.

■ 브루벨, 미하일 (Михаил Врубель). 러시아의 화가(1856~1910년). 옴스크(Омск)에서 태어났고, 성 페테르부르그에서 미술을 배웠다. 키예프에 있는 수도원의 벽화를 복원하고 모스크바에 있는 오페라 극장의 무대미술을 담당했다. 신화와 성경과 문학에서 얻은 소재를 대담한 구도와 필치로 화폭에 담았다.

■ 브류소프, 발레리 (Валерий Брюсов). 러시아의 문학인(1873~1924년). 모스크바의 상인 가정에서 태어났고, 20대 초부터 프랑스 상징주의 시에 흥미를 느꼈다. 상징주의 시를 소개하고 창작해서 러시아 문학의 모더니즘을 주도했다. 1910년부터 상징주의와 결별한 뒤로는 번역과 소설이나 수필 쓰기에 전념했다.

■ 브률로프, 카를 (Карл Брюллов). 러시아의 화가(1799~1852년). 프랑스 위그노의 자손이었고, 성 페테르부르그 예술원에서 공부했다. 이탈리아로 유학을 가서 활동하다가 1836년에 귀국했다.「폼페이 최후의 날」등 역사화를 많이 그렸다.

■ 블랑, 루이 (Louis Blanc). 프랑스의 사회주의자(1811~1882년). 파리에서 저널리스트로 돋보이는 활동을 했고, 빈곤 문제를 해결할 사회적 작업장을 구상했다. 1848년 2월혁명이 일어난 뒤 정부의 무임소 장관이 되어 국립 작업장 구상을 실행했지만, 6월 봉기가 일어난 뒤 영국으로 망명했다.

■ 블랙스톤, 윌리엄 (William Blacksotne). 영국의 법률가(1723~1780년). 변호사로 일하다가 서른 살부터 법학 교육과 저술에 전념했다. 명쾌한 영국법 강의로 이름을 떨쳤고, 오랫동안 높은 권위를 누린 『영국법 주해』(1765~1769년)를 썼다.

■ 블레이크, 윌리엄 (William Blake). 영국의 예술가(1757~1827년). 런던에서 태어났고, 정규 교육을 받지 못했는데도 그림과 시 쓰기에 능했다. 1789년부터 독창적인 문체로 글을 쓰고 환상적인 삽화를 그려 넣었다. 당대에는 그의 독창성이 인정받지 못했다.

■ 비론, 에른스트 (Эрнст Бирон). 쿠를란트 태생의 정치가(1690~1772년). 본명은 에른스트 요한 폰 비론(Ernst Johann von Biron). 쿠를란트 공작부인 안나의 애인 겸 수석 고문이 되었다. 1730년에 러시아의 제위 계승자가 된 안나와 함께 모스크바로 가서 막후에서 실권을 휘둘렀다. 안나가 죽은 뒤 유배되었으나 사면되었다.

■ 비셴스키, 이반 (Иван Вишенский). 우크라이나의 성직자(1550?~1621년 뒤). 븨셴스키(Вышенский)라고도 한다. 수사로 지내다 1570년대 후반에 아토스 산으로 갔고, 1604~1606년에 우크라이나에서 쟁론에 참여한 기간을 빼고는 아토스 산에서 평생을 보냈고, 가톨릭과 우니아트 교회에 반대하는 토론문을 썼다.

■ 비엘고르스키, 미하일 (Михаил Виельгорский). 러시아의 작곡가(1788~1856년). 폴란드계 귀족이었고, 1804년에 시종으로 궁정에 들어갔다. 외교 부서에서 일하다 1812년에 교육부로 옮겼다. 연주와 작곡에 조예가 깊었고, 예술과 진보의 후원자였다.

■ 빈스키, 그리고리 (Григорий Винский). 러시아의 작가(1752~1819년). 우크라이나의 소지주 가문에 태어났고, 모길라 학술원에서 공부했다. 군대에서 횡령 사건에 휘말려 투옥되었고, 오렌부르그 지방으로 이송되었다. 1805년에 사면되자 글을 쓰기 시작했다. 당대의 세태를 생생히 그린 자전적 수기를 남겼다.

■ 빌뇌브-바르주몽, 알방 드 (Alban de Villeneuve-Bargemon). 프랑스의 정치가(1784~1850년). 귀족이었고 나폴레옹에 반대했다. 나폴레옹 몰락 이후에도 왕당파 정치가로 활동했다. 또한 그리스도교적 정치경제학을 연구해서 빈곤 문제를 다룬 저서를 여럿 펴냈다.

■ 사르티, 주세페 (iuseppe Sarti). 이탈리아의 작곡가(1729~1802년). 파엔차(Faenza)에서 태어나 고향에서 활동했고, 1752년에 파엔차 극장 감독이 되었다. 그 뒤 덴마크, 영국, 이탈리아 등지에서 활동했고, 예카테리나 대제의 초빙으로 1785년부터 1801년까지 러시아에 머물며 오페라를 지도했다.

■ 사보나롤라, 지롤라모 (Girolamo Savonarola). 이탈리아의 수사(1452~1498년). 도미니크회 수사였고, 1491년에 성 마르코 수도원 원장이 되었다. 교회 혁신에 힘써 피렌체 시민의 신임을 얻었다. 그러나 사치품과 이교 서적을 불태우는 등 지나친 개혁을 시도하다 민심을 잃었고 반대파에게 밀려나 화형을 당했다.

■ 살타노프, 보그단 (Богдан Салтанов). 러시아의 화가(1630년대~1703년). 아르메니야 출신이었고, 차르 알렉세이의 궁정에서 이콘과 도서 삽화와 초상화를 많이 그렸다. 1686년에 크레믈 황실조병창 화방의 수장이 되었다.

■ 삼보르스키, 안드레이 (Andrzej Samborski, Андрей Самборский). 우크라이나 출신의 종교인(1732~1815년). 우크라이나의 성직자 가정에 태어났고, 키예프 신학원에 공부했다. 1765년에 유학생으로 선발되어 런던에서 농학을 배웠고, 1768년에 영국 여인과 결혼했다. 예카테리나 대제의 초청으로 1780년에 귀국했고, 알렉산드르 1세를 보좌했다.

■ 상드, 조르주 (George Sand). 프랑스의 여성 작가(1804~1876년). 이혼한 뒤 파리에서 소설을 쓰면서 명성을 얻었다. 남자 옷을 입고 분방하게 행동하고 유명 예술가들과 연애를 하면서 주목을 받았다. 대표적인 낭만파 작가이며, 여성해방 운동의 선구자이기도 하다.

■ 생 마르탱, 루이-클로드 드 (Louis-Claude de Saint Martin). 프랑스의 신비주의자(1727?~1774년). 출신이 불분명하며, 28세부터 프리메이슨 조직에서 활동했다. 생 마르탱과 절친했고, 정식 프리메이슨 지부 기능을 하는 "선택된 제사장"이라는 종단을 세웠다.

■ 생시몽, 클로드-앙리 드 (Claude-Henri de Saint-Simon). 프랑스의 사회주의자(1760~1825년). 귀족으로 태어났고, 계몽사상의 영향을 받았다. 사회주의를 주장하면서도 계급간의 협력을 추구해서, 마르크스에게서 공상적 사회주의자라는 평을 얻었다.

■ 샤토브리앙, 프랑수아-르네 드 (François-René de Chateaubriand). 프랑스의 문필가(1768~1848년). 가난한 귀족 가문에서 태어났고 기병 장교가 되었다. 프랑스 혁명 초기에 미국에 갔다 돌아와 왕당파 군대에 들어갔다. 1793년에 영국으로 건너가

저술에 주력했다. 1814년에 왕정이 복원된 뒤 여러 공직을 거쳤다. 초기 낭만주의 작가로 평가된다.

■ 샬랴핀, 표도르 (Фёдор Шаляпин). 러시아의 가수(1873~1938년). 카잔에서 농부의 아들로 태어나 순회 오페라단에서 무대 생활을 했다. 1892년부터 정식으로 음악 교육을 받았고, 1896년에 마몬토프 오페라단의 베이스로 이름을 떨치기 시작했다. 성량과 음색은 물론이고 연기력까지 뛰어나서 "노래하는 배우"라는 평을 얻었다.

■ 샬레, 필라레트 (Philarète Chasles). 프랑스의 문필가(1798~1873년). 인쇄소 도제로 일하다가 주인의 정치 활동에 연루되어 체포되었다가 풀려난 뒤 런던으로 갔다. 귀국한 뒤에 영국 작가를 연구했고 러시아 문학을 프랑스에 소개했다. 콜레주 드 프랑스(Collège de France) 교수가 되었고, 문학사와 사회사에 조예가 깊었다.

■ 세네카 (Seneca). 고대 로마의 철학자(기원전 4년경~기원후 65년). 스토아 철학자로서 네로 황제의 스승이었다. 반역 혐의를 받고 네로의 지시에 따라 자살했다.

■ 센콥스키, 오시프 (Осип Сенковский). 러시아의 학자(1800~1858년). 폴란드 이름은 유제프 셍콥스키(Józef Sękowski). 빌뉴스에서 폴란드계 귀족 가문에 태어났고, 빌뉴스 대학에서 여러 동방 언어를 공부했다. 성 페테르부르그 대학 교수가 되었고, "두꺼운 저널"을 간행했다. 공상적인 여행기 등 다양한 주제의 글을 썼고 음악가로도 활동했다.

■ 셀리바노프, 콘드라티 (Кондратий Селиванов). 러시아의 종교인(?~1832년). 채찍고행파의 일원이었다가, 1760년 무렵에 채찍고행파의 성적 무질서를 비판하고 성령세례를 받으려면 거세를 해야 한다고 주장하면서 추종자를 모았다. 표트르 3세를 참칭해서 1820년에 체포되어 수도원에 갇혔다.

■ 셰니에, 앙드레 (André Chenier). 프랑스의 시인(1762~1794년). 외교관의 아들로 이스탄불에서 태어났다. 런던 주재 대사관에서 근무하던 중 프랑스 혁명이 일어나자 귀국해서 혁명에 가담했다. 공포정치를 비판하다가 처형당했다. 발표하지 않은 시가 나중에 발견되었고, 18세기 최고 시인이라는 평을 얻었다.

■ 셰븨료프, 스테판 (Степан Шевырёв). 러시아의 문필가(1806~1864년). 사라토프의 귀족 가문에 태어났다. 독일 낭만시를 번역하고 단테를 연구했고, 러시아 문학사의 권위자가 되었다. 러시아 고유의 가치를 강조하는 저널을 펴내고 서방지향적인 지식인들과 대립했다. 진보주의자와 다툰 뒤 염증을 느끼고 1857년에 파리로 이주했다.

- 셰익스피어, 윌리엄 (William Shakespeare). 영국의 작가(1564~1616년). 집안이 기운 뒤 런던에 진출해서 극작가가 되었다. 1590년과 1613년 사이에 연극 37편을 썼고 큰 인기를 끌었다. 영국을 대표하는 위대한 문호로 추앙된다.
- 셸링, 프리드리히 (Friedrich Schelling). 독일의 철학자(1775~1854년). 신학자의 아들이었고, 튀빙엔에서 신학을 배우다 철학으로 전공을 바꿨다. 예나 대학교수가 된 뒤 피히테의 철학을 비판했고, 헤겔이 숨진 뒤 베를린 대학으로 초빙되었다. 뵈메의 영향을 많이 받았고, 독일 관념론 철학의 완성자로 불린다.
- 셉첸코, 타라스 (Тарас Шевченко). 우크라이나의 시인(1814~1861년). 농노로 태어났으며, 성 페테르부르크에서 미술을 배웠고 1838년에 농노 신분에서 벗어났다. 1840년에 첫 시집을 펴냈다. 우크라이나 민족주의를 고취하다가 유배형을 받았고, 1857년에 유형을 마쳤다. 우크라이나 문화에 결정적 영향을 주었다.
- 소비에스키, 얀 (Jan Sobieski). 폴란드의 국왕(1629~1696년). 젊은 시절에는 폴란드군 사령관으로 활약했고, 1674년에 국왕으로 선출되었다. 1683년에는 빈을 위협하는 튀르크군과 싸우고자 원정군을 이끌고 빈으로 달려갔다. 내정에서는 실패를 거듭했다.
- 솔로비요프, 블라디미르 (Владимир Соловьев). 러시아의 철학자(1853~1900년). 세르게이 솔로비요프의 아들이었고, 모스크바 대학에서 철학을 배웠다. 성 페테르부르그 대학 교수가 되었으나, 정부와 갈등을 빚고 직위를 빼앗겼다. 합리주의에 대응해서 정교와 가톨릭을 결합한 보편적 그리스도교를 바탕으로 종교철학, 과학, 윤리학의 종합을 시도했다.
- 솔로비요프, 세르게이 (Сергей Соловьев). 러시아의 역사가(1820~1879년). 성직자의 아들이었고, 모스크바 대학에서 그라놉스키 교수에게 역사를 배워 모교 교수가 되었다. 역사학자로 이름을 날렸고, 『고대 이후의 러시아사』가 대표 저서이다.
- 수리코프, 바실리 (Василий Суриков). 러시아의 화가(1848~1916년). 시베리아에서 태어났고, 성 페테르부르그 예술원에서 공부했다. 이동전람파의 일원으로 레핀과 함께 활동했고, 사실주의 화풍의 역사화를 주로 그렸다.
- 수마로코프, 알렉산드르 (Александр Сумароков). 러시아의 문학가(1717~1777년). 성 페테르부르그에서 태어났고, 학업에서 두각을 나타냈다. 러시아 문학의 근대화를 추구했고, 프랑스 신고전주의 연극의 영향을 받아 "북방의 라신"이라고 불렸다. 러시아 최초의 상설 극장의 연출가로도 활동했다. 말년에는 외톨이가 되어 병사했다.

■ 수보로프, 알렉산드르 (Александр Суворов). 러시아의 군인(1729~1800년). 15살에 세묘놉스키 근위연대에 들어간 뒤 군인의 길을 평생 걸었다. 주위 사람과 원만히 지내기에는 고집이 세서 진급이 늦었지만, 끝내 지휘 능력을 인정받았고 러시아 제국이 참여한 모든 전쟁에서 러시아군을 승리로 이끌었다.

■ 수슬로프, 미하일 (Михаил Суслов). 소련의 위정자(1902~1982년). 사라토프 지방에서 태어났고, 1921년에 공산당원이 되었다. 뛰어난 이론가였고, 1947년에 당 중앙위원회 간사가 되었다. 『프라브다』 편집장을 지냈고, 죽을 때까지 막후의 실권자로 남았다.

■ 수슬로프, 이반 (Иван Суслов). 러시아의 종교인(1606?~1716년). 17세기에 다닐로 필리포프와 함께 채찍고행 종파를 퍼뜨렸다.

■ 수오바츠키, 율리우시 (Juliusz Słowacki). 폴란드의 문학가(1809~1849년). 빌뉴스에서 교육을 받았고, 바르샤바에서 관리로 일하며 시를 썼다. 1830년의 봉기가 실패한 뒤 파리로 망명했고, 폴란드 낭만주의 문학을 이끌었다.

■ 수하노프, 아르세니 (Арсений Суханов). 러시아의 성직자(1600~1668년). 속명은 안톤 수하노프. 툴라 지방에서 태어났고, 공부를 좋아해서 여러 언어에 능통했다. 필라레트 총대주교의 개인 비서로 외교 업무와 서적 간행을 담당했다. 니콘의 지시로 외국에 나가 각종 서적을 입수했다. 교회사와 신학에도 조예가 깊었다.

■ 쉐르바토프, 미하일 (Михаил Щербатов). 러시아의 사상가(1733~1790년). 귀족 명문가에서 태어났으며, 표트르 대제의 개혁을 비판하고 세습 귀족의 권력 독점과 농노제를 옹호했다. 1768년에 황실 역사가로 임명되었고, 귀족 이념가로 활약했다.

■ 슈디, 테오도르 앙리 (Théodore Henri Chudi). 스위스 출신 프리메이슨 단원(1727~1769년). 메스(Metz)에서 1762년에 저명인사들이 가입한 프리메이슨 지부를 재건했고, 이탈리아와 네덜란드, 그리고 성 페테르부르크에서 활동했다. 1752년에 교황의 파문에 반박하는 책을 펴냈다.

■ 슈바르츠, 요한 게오르크 (Johann Georg Schwarz). 프리메이슨 단원(1751~1784년). 독일계 트란실바니아인이었고, 1776년에 모스크바에 정착해서 모스크바 대학 철학교수가 되었다. 장미십자단 러시아 지부장으로 노비코프와 함께 러시아 프리메이슨 운동을 주도했다.

■ 슈이스키, 바실리 (Василий Шуйский). 러시아의 통치자(1552~1612년). 슈이스키 가문 출신이었고, 드미트리 황태자의 사인을 조사했다. 대동란 시대에 가짜 드미트리를 지원하다 곧 등을 돌렸다. 귀족의 추대로 1606년에 바실리 4세로 제위에 올랐다. 스웨덴과 동맹을 맺어 폴란드의 개입을 초래했고, 1610년에 폴란드로 붙잡혀 갔다.

■ 슈타인, 카를 폼 (Karl vom Stein). 독일의 위정자(1757~1831년). 1807년에 프로이센의 총리가 되어 나폴레옹에게 점령된 상태에서 군대와 행정 체계를 개혁했다. 나폴레옹의 압력으로 1808년에 사직하고 망명했다. 1812년부터 1815년까지 알렉산드르 1세의 자문관으로 근무했다.

■ 슈트라우스, 다비트 (David Strauss). 독일의 신학자(1808~1874년). 튀빙엔 대학에서 신학을 배웠고, 1832년부터 모교에서 헤겔 철학을 가르쳤다. 1836년에 완성한 『예수의 삶』에서 복음서의 예수는 신앙에 근거한 신화라고 주장해서 종교계에서 쫓겨났다. 말년에 신앙과 결별한 뒤 헤겔 철학과 유물론을 종합한 범신론을 피력했다.

■ 슈티르너, 막스 (Max Stirner). 독일의 철학자(1806~1856년). 바이에른에서 태어났고, 대학에서 철학을 공부하면서 헤겔과 슐라이어마허의 영향을 받았다. 개인주의적 아나키즘 사상을 펼쳤고, 실존철학에 영향을 주었다.

■ 슈페너, 필립 (Philipp Spener). 독일의 신학자(1635~1705년). 31세에 루터교회 목사가 되었고, 경건주의 운동의 대변인이라는 평판을 얻었다. 경건주의 저술을 많이 남겼다.

■ 슐라이어마허, 프리드리히 (Friedrich Schleiermacher). 독일의 신학자(1768~1834년). 모라비아 형제단 학교에서 공부한 뒤 할레 대학에서 철학과 신학을 공부했다. 베를린 대학 교수가 되었고, 루터교회와 개혁교회의 통합을 시도했다. 근대 신학의 아버지로 불릴 만큼 신학에 이바지했다.

■ 슐레겔, 프리드리히 폰 (Friedrich von Schlegel). 독일의 문필가(1772~1829년). 대학에서 법학과 인문학을 배웠고, 1798년에 형 아우구스트 슐레겔과 함께 낭만주의 저널 『아테네움』(Athenäum)을 창간했다. 인도학을 개척했고, 예술 비평과 철학 사유를 융합한 문학 연구가로도 활동했다.

■ 슐뢰처, 아우구스트 (August Schlözer). 독일의 역사학자(1735~1809년). 성직자 가정에 태어났고, 대학에서 신학과 역사를 배웠다. 1761년에 성 페테르부르그로 가

서 러시아사 연구에 전념했다. 1767년에 괴팅엔 대학에 자리를 잡고 서방의 러시아사 연구의 바탕을 마련했다. 유럽사가 아닌 세계사 차원의 연구를 하기도 했다.

■ 스미스, 애덤 (Adam Smith). 스코틀랜드의 경제학자(1723~1790년). 고전파 경제학을 창시했으며, 『국부론』을 써서 이름을 알렸다. 중상주의에 입각한 보호 정책을 비판하고 자유 경쟁이 진보의 요건이라고 주장했다.

■ 스베덴보리, 에마누엘 (Emanuel Swedenborg). 스웨덴의 학자(1688~1772년). 웁살라 대학에서 공부했고, 런던과 파리에서 수학과 자연과학을 연구했다. 1743년에 심령 체험을 한 뒤 심령 연구에 몰두하고 신지학자가 되었다. 영적 존재가 인간 세계에 개입한다고 믿고 종교 운동을 주도했다.

■ 스베치나, 소피야 (Софья Свечина). 러시아의 신비주의자(1782~1857년). 고관 표트르 소이모노프(Петр Соймонов)의 딸이었고, 시녀로 황후를 섬겼다. 1800년에 니콜라이 스베친(Николай Свечин) 장군과 결혼했다. 드 메스트르의 영향으로 가톨릭 신자가 된 탓에 파리로 망명해야 했다. 1826년에 살롱을 열어 지성인들과 교류했다.

■ 스코보로다, 그리고리 (Григорий Сковорода). 우크라이나의 학자(1722~1794년). 키예프-모길라 학술원에서 공부하다가 성악가로 발탁되어 모스크바로 불려갔다. 각지를 돌아다니며 학문을 가르쳤다. 교회를 비판하며 유물론과 범신론의 요소가 짙은 철학사상을 펼쳤다.

■ 스코핀-슈이스키, 미하일 (Михаил Скопин-Шуйский). 러시아의 위정자(1587~1610년). 슈이스키 가문의 일원이었고, 고두노프부터 바실리 4세까지 정계의 실권자였다. 1606년에 볼로트니코프의 봉기를 진압했고, 두 번째 가짜 드미트리가 나타났을 때 바실리 4세의 지시로 스웨덴과 협상해서 군사 지원을 받아냈다. 연회 중에 급사했고, 독살되었다는 말이 있다.

■ 스콧, 월터 (Walter Scott). 스코틀랜드의 작가(1771~1832년). 에든버러에서 태어났고 법률가가 되었으나, 스코틀랜드의 전설과 민담을 채록하고 낭만주의 시를 써서 이름을 알렸다. 나중에는 회고적 귀족주의가 바탕에 깔린 역사소설을 써서 큰 인기를 누렸다.

■ 스탄케비치, 니콜라이 (Николай Станкевич). 러시아의 사상가(1813~1840년). 모스크바 대학에 다닐 때 셸링과 칸트에 심취했다. 1831년부터 여러 지성인이 참여하는 모임을 만들어 철학과 문학을 논해서 사상운동의 지도자가 되었다.

- 스탈 부인 (Madame de Staël). 프랑스의 문필가(1766~1817년). 재무대신 자크 네 케르(Jacques Necker)의 딸이며, 어머니의 살롱에 모이는 사상가들과 사귀면서 자 유주의 사상을 품었다. 프랑스 혁명 시기에는 입헌군주제를 지지했고, 비평과 소 설 창작을 하면서 낭만주의 발전에 이바지했다.
- 스턴, 로렌스 (Laurence Sterne). 영국의 작가(1713~1768년). 케임브리지 대학을 마치고 요크 부근에서 성직자로 일했다. 1759년에 교회 고위층을 풍자하는 글을 쓰면서 자기 재능을 깨닫고 해학에 찬 글을 써서 성공을 거두었다.
- 스투르드자, 알렉산드루 (Alexandru Sturdza). 몰도바 태생의 외교관(1791~1854 년). 몰도바의 야시에서 태어났다. 튀르크 제국의 탄압을 피해 가문이 1802년에 베사라비야로 도주했고, 러시아에서 교육을 받았다. 1809년부터 러시아 외교 업 무로 경력을 시작했으며, 1830년에 은퇴한 뒤 글쓰기에 전념했다.
- 스트라빈스키, 이고르 (Игорь Стравинский). 러시아 태생의 작곡가(1882~1971 년). 성 페테르부르그에서 법을 전공하면서 음악을 배웠다. 댜길레프의 의뢰로 1910년에 「불새」를 써서 인정을 받았다. 러시아 혁명이 일어난 뒤 유럽에서 활동 하다가, 제2차 세계대전이 일어나자 미국으로 귀화했다.
- 스트루베, 표트르 (Петр Струве). 러시아의 학자(1870~1944년). 성 페테르부르그 대학생 때 마르크스주의자가 되었고 러시아의 자본주의를 분석했다. 사회민주당 에 참여하다가 체포된 뒤 혁명 노선을 버리고 자유주의자가 되었다. 서방에서 활 동하다가 1905년 혁명 때 귀국해서 입헌민주당에 가입했다. 혁명기에는 볼셰비키 에 반대했다.
- 스트루베, 프리드리히 게오르크 빌헬름 (Friedrich Georg Wilhelm Struve). 독일 출신의 천문학자(1793~1864년). 러시아 이름은 바실리 스트루베(Василий Я. Струве). 대대로 천문학을 연구하는 독일 가문에서 태어났고, 타르투 대학에서 공부했다. 쌍성 연구로 유명해졌고, 1839년부터 1862년까지 러시아에서 풀코보 천문대 소장을 지냈다.
- 스틸, 리처드 (Richard Steele). 영국의 문필가(1672~1729년). 더블린에서 태어났 고, 옥스퍼드 대학을 중퇴한 뒤 희극과 에세이를 많이 썼다. 조지프 애디슨과 함께 정기간행물을 펴냈다.
- 스파르벤펠트, 요한 (Johan Sparwenfeld). 스웨덴의 학자(1651~1714년). 웁살라 대학에서 공부한 뒤 유럽 각지를 돌아다녔다. 1684년에 모스크바의 스웨덴 대사관

에 파견되었고, 1687년에 국왕에게 러시아에 관한 귀중한 정보가 담긴 보고서를 올렸다. 1694년에 국왕의 의전관이 되었다.

■ 스페란스키, 미하일 (Михаил Сперанский). 러시아의 위정자(1772~1839년). 시골 사제의 아들이었지만, 정부 장학생으로 뽑혀 수도에서 신학을 배웠다. 쿠라킨 공의 후원을 받아 관리로 출세했으며, 알렉산드르 1세의 측근이 되었다. 개혁을 추진하다가 귀족의 미움을 샀고, 1812년에 유배되었다. 니콜라이 1세에게 재등용되어 그를 보위했다.

■ 슬라비네츠키, 예피파니 (Епифаний Славинецкий). 러시아의 학자(1600?~1675년). 모스크바에서 태어났고, 키예프-모길라 학술원에서 배웠다. 동유럽에서 가장 학식이 높고 여러 언어에 능통한 학자여서 차르 알렉세이 미하일로비치의 초빙으로 모스크바에서 니콘을 도와 전례서를 개정하는 일을 했다. 만년에는 번역 작업에 열중했다.

■ 싀소예비치, 요나 (Иона Сысоевич). 러시아의 성직자(1607?~1690년). 로스토프 부근에서 태어났고, 수도원장을 지내다 니콘 총대주교의 지명을 받아 1652년에 로스토프·야로슬라블 수좌대주교가 되었다. 니콘이 직위에서 밀려난 뒤에는 대행 업무를 수행했다. 로스토프의 부를 이용해서 대형 건물과 크레믈을 세웠다.

■ 시시코프, 알렉산드르 (Александр Шишков). 러시아의 군인(1754~1841년). 제독이었지만, 알렉산드르 1세의 개혁에 반대하며 퇴역했다. 러시아어에서 외국어의 영향을 없애는 운동을 벌였고, 나폴레옹을 물리친 뒤 요직을 거치며 반동 정책을 폈다.

■ 실러, 프리드리히 (Friedrich Schiller). 독일의 작가(1759~1805년). 법학과 의학을 공부하면서도 시와 희곡을 썼다. 군의관으로 근무하던 중 문단에 등장했다. 병으로 고생하면서도 대작을 잇달아 발표했고, 괴테와 더불어 독일 고전주의 문학의 양대 거인으로 추앙된다.

■ 실베스테르 (Sylvester). 가톨릭의 13대 교황(?~335년). 314년에 교황이 되었고, 중요한 종교 건축물을 많이 세웠다. 후대에 콘스탄티누스 대제의 존중을 받는 더 높은 지위에 있었다는 식으로 윤색되어 교황권이 황제권보다 우월하다는 근거로 인용된 전설의 주인공이 되었다.

■ 아 켐피스, 토마스 (Thomas à Kempis). 중세의 신학자(1380~1471년). 뒤셀도르프 (Düsseldorf) 근처에서 태어났고, 12살에 네덜란드로 가서 신학을 공부했다. 28세

에 수사가 된 뒤 수도원에서 필사본을 만들고 수련수사를 가르쳤다. 저서『그리스도를 본받아』는 한동안 성경에 버금가도록 널리 읽혔다.

▪ 아락체예프, 알렉세이 (Алексей Аракчеев). 러시아의 군인, 위정자(1769~1834년). 파벨 1세의 지시로 군개편을 시도했다. 알렉산드르 1세 시대에는 개혁에 반대했고, 1815~1825년 사이에 내정 전반을 지휘하면서 권력을 휘둘렀다.

▪ 아르세니 그렉 (Арсений Грек). 정교 수사(1610년경~?). 그리스 테살리아 지방의 개종한 유대인 가정에서 태어났다. 1649년에 파이시오스 예루살렘 주교의 수행원으로 모스크바로 갔고 차르의 지시로 어린이를 가르치는 학교를 세웠다. 니콘을 도와 신학서를 교정했다. 이단으로 몰려 솔로베츠키 수도원에 갇혔다.

▪ 아른트, 에른스트 (Ernst Arndt). 독일의 문필가(1769~1860년). 28세에 목사직을 버리고 유럽을 돌아다니다가 나폴레옹에 반대해 독일의 민족적 자각을 부르짖었다. 1812년에는 러시아에서 나폴레옹에 맞선 투쟁을 도왔다. 그 뒤 대학에서 역사를 가르치다가 정부와 갈등을 빚었고, 1848년 혁명에서 활약했다.

▪ 아른트, 요한 (Johann Arndt). 독일의 신학자(1555~1621년). 독일의 여러 대학에서 공부했고, 루터교회 신자로 활동하며 저술을 많이 남겼다. 경건주의의 선구자로 여겨진다.

▪ 아리스토텔레스 (Aristoteles). 고대 그리스의 철학자(기원전 384~322년). 플라톤의 제자로 다양한 분야의 학문을 연구했고, 마케도니아에서 알렉산드로스 대왕을 가르쳤다. 철학, 시학, 정치학, 자연과학 등 거의 모든 분야에서 위대한 업적을 쌓았고, 이상을 강조한 스승과 달리 현실을 중시했다.

▪ 아리오스토, 루도비코 (Ludovico Ariosto). 이탈리아의 시인(1474~1533년). 대학에서 법을 배웠고, 페라라(Ferrara)를 지배하는 에스테(Este) 가문을 평생 섬기면서「광란의 오를란도」를 비롯한 시를 썼다.

▪ 아바쿰 (Аввакум). 러시아의 사제(1620~1682년). 니즈니 노브고로드의 사제 가정에 태어났고, 모스크바 카잔 대성당의 수석사제가 되었다. 니콘의 개혁에 반대해서 시베리아로 쫓겨나 모진 고생을 했다. 니콘이 밀려난 뒤 모스크바로 돌아왔지만, 옛 전례를 고수하다가 1667년에 다시 북쪽 벽지로 쫓겨났고 화형당했다.

▪ 아브라아미 (Авраамий). 17세기 러시아의 수사(?~?). 속세명은 아파나시. 니콘의 개혁에 반대해서 모스크바로 갔다가 아바쿰을 만나 추종자가 되었다. 1666년에 신념을 철회했다가 다시 개혁에 반대하면서 아바쿰과 편지를 주고받았다가 파문당했고, 스스로 불에 타죽었다.

■ 아키모프, 니콜라이 (Иван Акимов). 소련의 연극인(1901~1968년). 하르코프에서 태어났고, 1922년에 무대미술가로 연극계에 들어섰다. 1932년에 파격적인「햄릿」 연출로 논쟁을 일으켰고, 풍자 희극에서 입지를 굳혔다. 레닌그라드 희극극장 관 정을 지내고 1960년에 소연방 인민예술가가 되었다.

■ 악사코프, 세르게이 (Сергей Аксаков). 러시아의 문학가(1791~1859년). 귀족 가 문에 태어나 모스크바에서 관리로 일했다. 마흔 살 넘어 자연을 쉬운 문체로 묘사 한 작품을 썼다. 회상록과 소설을 뒤섞은 장르를 도입하고 지주 계급의 심리를 세밀히 묘사했다.

■ 악사코프, 이반 (Иван Аксаков). 러시아의 문필가(1823~1886년). 세르게이 악사 코프의 아들이었다. 크림 전쟁에 참전했고, 러시아-튀르크 전쟁 기간에 언론에서 친슬라브주의를 설파했다. 최고의 언론인이라는 평판을 얻었다.

■ 안나 (Анна) 여제. 러시아의 통치자(1693~1740년). 표트르 대제의 배다른 형제인 이반 5세의 딸이었다. 쿠를란트 공작과 결혼해서 쿠를란트에서 지내다가 1730년 에 러시아 황제 표트르 2세가 급사하자 제위에 올랐다. 황제권을 제한하려는 귀족 계급을 비밀경찰로 탄압하면서 권력을 유지했다.

■ 안쿠디노프, 티모페이 (Тимофей Анкудинов). 국제 사기꾼(?~1654년). 볼로그다 에서 태어났고, 모스크바에서 관리로 일하다 자기 집에 불을 지르고 거금을 횡령 한 뒤 1644년에 외국으로 도주했다. 차르 바실리 4세의 아들을 사칭하며 각국을 돌아다니며 유력자를 만났다. 슐레스비히-홀스타인에서 붙잡혀 모스크바로 압송 되었다.

■ 알가로티, 프란체스코 (Francesco Algarotti). 이탈리아의 문필가(1712~1764년). 베 네치아에서 상인 가정에 태어났고, 20세에 파리로 가서 지식인 사회에서 두각을 나타냈다. 뉴턴의 과학 이론 등 다양한 분야의 지식과 진보 사상을 대중화해서 계몽주의자의 존경을 받았다.

■ 알렉산드로스 대왕 (기원전 356~323년). 고대 마케도니아의 왕. 20세에 왕이 되어 그리스 도시국가들의 반란을 억누른 뒤 페르시아 제국 정복에 나섰다. 정복에 성 공함으로써 헬레니즘 문화의 기반을 닦았다. 인도 서부까지 진출한 뒤 원정을 마 쳤으며, 그리스 서쪽 세계를 정복할 계획을 세우다 열병으로 숨졌다.

■ 알렉산드르 1세 (Александр I). 러시아의 황제(1777~1825년). 예카테리나 대제의 손자였으며, 자유주의 교육을 받았다. 아버지 파벨 1세를 해치는 음모를 묵인하고

1801년에 즉위했다. 자유주의적 개혁을 단행하리라는 기대를 받았지만, 보수성을 보였다. 1812년에 러시아를 침공한 나폴레옹을 물리쳤다.

■ 알렉산드르 2세 (Александр II). 러시아의 황제(1818~1881년). 1855년에 제위에 올랐다. 러시아가 서유럽보다 뒤떨어졌기에 크림 전쟁에서 패했다고 보고 체제 개혁에 나섰고, 농노해방은 그 개혁의 절정이었다. 개혁이 불완전하고 더디다는 불만을 품은 "인민의 의지"가 터뜨린 폭탄에 목숨을 잃었다.

■ 암브로시 (Амвросий) 신부. 러시아의 성직자(1812~1891년). 속명은 알렉산드르 그렌코프(Александр Гренков). 1839년에 옵티나 수도원 소속 브베덴스크 수도원에서 들어가서 1842년에 수사가 되었고, 1860년에 수도원장 자리에 올랐다. 서른 해 동안 옵티나에서 지내면서 찾아오는 이에게 가르침을 주었다.

■ 앙팡탱, 바르텔르미-프로스페르 (Barthélemy-Prosper Enfantin). 프랑스의 사상가(1796~1864년). 파리의 비밀결사에 관여하다가 1825년에 생시몽의 추종자가 되었다. 생시몽이 죽은 뒤 종교색을 띤 생시몽 운동의 대부로 활동하면서 저술을 많이 남겼다. 모험적인 사업을 벌이다가 실패를 거듭했지만, 기술전문가로서 존중을 받았다.

■ 애디슨, 조지프 (Joseph Addison). 영국의 문필가(1672~1719년). 목사의 아들로 태어났고, 옥스퍼드 대학을 졸업했다. 희곡과 수필을 써서 이름을 날렸고, 휘그당 정부의 요직을 맡았다. 리처드 스틸과 함께 간행물을 펴냈다.

■ 앵그르,장 (Jean Ingres). 프랑스의 화가(1780~1867년). 16세에 파리에서 그림을 배웠다. 그 뒤 이탈리아에서 고전주의 화풍을 익혔다. 1824년에 귀국해서 고전주의 화가로 이름을 떨치고 대작을 많이 남겼다.

■ 야보르스키, 스테판 (Стефан Яворский). 러시아의 성직자(1658~1722년). 우크라이나 출신이었으며, 키예프 학술원 교수로 일했다. 표트르 대제의 눈에 띄어 1700년에 랴잔 대주교가 되었다. 알렉세이 황태자를 지지해서 표트르 대제와 사이가 나빠졌다. 1721년에 신성종무원 초대 원장이 되었으나 곧 숨졌다.

■ 야즉코프, 니콜라이 (Николай Языков). 러시아의 시인(1803~1847년). 심비르스크의 지주 가문에 태어났고 도르파트 대학에서 철학을 배웠다. 어려서부터 시를 썼고, 푸시킨에 버금가는 인기를 누렸다. 애국심에 불타는 친슬라브주의자였다.

■ 야코비, 프리드리히 (Friedrich Jacobi). 독일의 철학자(1743~1819년). 뒤셀도르프에서 태어났고 제네바 대학에서 공부했다. 계몽적 합리주의의 한계를 지적하면서

신앙 철학과 감정 철학을 제창했다. 니힐리즘이라는 용어를 처음으로 사용했고, 낭만주의에 영향을 미쳤다.

■ 얀코비치 데 미리예보, 테오도르 (Theodor Jankovič de Mirievo). 세르비아의 교육자(1741~1814년). 세르비아 북부에서 태어났고, 빈 대학에서 법률과 상업을 배웠다. 오스트리아에서 교육자로 활동하다가 1782년에 예카테리나 대제의 초빙으로 러시아로 가서 학교 교육 체계를 마련했고 교육학 저서를 많이 썼다.

■ 에들링, 록산드라 (Роксандра Эдлинг). 몰도바 출신의 러시아 궁정인(1786~1844년). 스투르드자의 누나였고, 아버지의 노력으로 훌륭한 교육을 받았다. 알렉산드르 1세의 황비가 총애하는 시녀가 되었고, 1816년에 알베르트 폰 에들링(Albert von Edling) 백작과 결혼했다. 황궁의 모습을 보여주는 회고록을 남겼다.

■ 에카르츠하우젠, 카를 (Karl Eckartshausen). 독일의 학자(1752~1803년). 바이에른에서 태어났고, 철학과 법학을 배웠다. 그리스도교 신비주의에 관한 책을 써서 이름을 떨쳤고, 일루미나티 운동에 참여했다.

■ 에프라임, 시리아인 (Ephrem the Syrian, 306?~373년). 그리스도교 교부. 니시비스(Nisibis)에서 태어났고, 338년에 서품을 받았다. 페르시아를 피해 에데사로 옮겼고, 신학 저술에 몰두해서, 동서방 그리스도 교회에 두루 영향을 미쳤다. 기도문, 찬송가, 시도 많이 남겼다.

■ 에피누스, 프란츠 (Franz Aepinus). 독일의 과학자(1724~1802년). 의학을 공부하다가 수학과 물리학을 연구했고, 베를린 학술원 회원이 되었다. 33세에 성 페테르부르그 대학 교수가 되어 은퇴할 때까지 러시아에서 지냈다.

■ 엘베시우스, 클로드-아드리앙 (Claude-Adrien Helvétius). 프랑스의 사상가(1715~1771년). 쾌락주의적 관점에서 육체적 감각을 중시하는 철학을 지녔다. 1758년에 『정신에 관하여』에서 종교에 근거한 도덕을 공격했다가 망명을 해야 했다. 1765년에 귀국했고 교육의 무한한 가능성을 강조하는 『인간, 인간의 지력과 교육에 관하여』를 펴냈다.

■ 영, 에드워드 (Edward Young). 영국의 시인(1683~1765년). 풍자시로 세상에 이름을 알렸고, 1740년대에 무운 교훈시 모음인 『밤에 하는 생각』으로 이름을 떨쳤다.

■ 예카테리나 대제 (Екатерина Великая). 러시아의 통치자(1729~1796년). 안할트-체룹스트(Ahnalt-Zerbst) 공국의 공주였고, 1745년에 표트르 3세와 결혼했다. 1762년에 표트르 3세 살해에 가담하고 제위에 올랐다. 귀족의 권익을 보장하면서 중앙

권력을 강화하고 러시아의 영토를 크게 넓혔다. 서방화 정책을 지속해서 국력을 크게 키웠다.

- 옐라긴, 이반 (Иван Елагин). 러시아의 위정자(1725~1794년). 군사학교에서 교육을 받았고, 예카테리나 대제의 오랜 심복이었다. 수마로코프 대신에 궁정 극장 관장이 되었고, 대제의 극작품을 편집했다. 러시아 프리메이슨 창설자로 활동을 하다가 대제의 총애를 잃었다.

- 옐리자베타(Елизавета) 여제. 러시아의 통치자(1709~1762년). 표트르 대제와 예카테리나 사이에서 태어난 딸로, 안나 여제의 뒤를 이어 1741년에 제위에 올랐다. 통치보다는 화려한 생활을 즐기면서 재위기간을 보냈다.

- 오가료프, 니콜라이 (Николай Огарев). 러시아의 시인(1813~1877년). 모스크바 대학생 시절에 데카브리트 봉기의 영향을 받아 비밀결사를 만들었고, 1834년에 체포되어 유배형을 받았다. 1846년에 상속받은 농노를 해방하고 토지를 나눠주었다. 1856년에 영국으로 망명해서 러시아 체제를 비판했다. 시집을 많이 남겼다.

- 오도옙스키, 니키타 (Никита Одоевский). 러시아의 위정자(1605?~1689년). 여러 도시의 지방군정관, 여러 중앙 부서의 수장을 지냈다.『1649년 법전』편찬위원회 의장을 맡았고, 스웨덴과 외교 교섭을 주도했다. 러시아가 폴란드와 전쟁을 벌이는 동안에도 외교 사절로 활동했다.

- 오도옙스키, 블라디미르 (Владимир Одоевский). 러시아의 사상가(1803~1869년). 모스크바의 귀족 가문에서 태어났고, 모스크바 대학 귀족학교를 다녔다. 1820년대 중엽에 '지혜 사랑 모임' 동아리를 주도하며 셸링 등 독일 철학자의 사상을 토론했다. 철학자, 소설가, 음악 평론가로 활동했고, 러시아의 호프만으로 불렸다.

- 오르딘-나쇼킨, 아파나시 (Афанасий Ордин-Нащокин). 러시아의 위정자(1605~1680년). 프스코프에서 가난한 관리의 아들로 태어났지만, 교육을 잘 받았다. 차르 알렉세이 미하일로비치의 눈에 띄어 외교 업무를 처리했다. 순전히 능력으로 출세한 청렴한 권력자였으며, 서방 사정에 밝았고 외국 서적을 부지런히 모았다.

- 오르비니, 마우로 (Mauro Orbini). 달마치야의 문인(?~1614년). 마브로 오르빈 (Mavro Orbin)이라고도 한다. 두브로브닉(Dubrovnik)에서 태어나 베네딕토 수사가 되었다. 독일, 베네치아, 튀르크에 맞서 슬라브인의 독립성을 옹호하는 글을 썼으며, 그의 사상은 훗날 슬라브인 사상가들에게 영향을 미쳤다.

- 오를로프, 그리고리 (Григорий Орлов). 러시아의 위정자(1734~1783년). 7년전 쟁에 참여했고, 1760년 무렵에 예카테리나의 애인이 되었다. 예카테리나를 제위에 올리는 궁정 쿠데타에서 큰 역할을 했고, 실권자로 활동했다.
- 오일러, 레온하르트 (Leonhard Euler). 스위스 태생의 수학자(1707~1783년). 젊어서부터 수학자로 유명했고, 1727년에 성 페테르부르그로 가서 수학교수가 되었다. 시력을 잃을 만큼 연구에 전념했다. 1741년에 프로이센 국왕의 초빙으로 베를린 학술원 회원이 된 뒤로도 많은 논문을 러시아 학술원에 제출했다.
- 옥센셰르나, 악셀 (Axel Oxenstierna). 스웨덴의 위정자(1583~1654년). 유력 가문에 태어났고, 독일에서 대학을 마치고 고위 관리가 되었다. 구스타부스 아돌푸스와 크리스티나 여왕 밑에서 총리로 근무하며 행정을 개혁하고 30년전쟁에서 맹활약했다.
- 올레아리우스, 아담 (Adam Olearius). 독일의 학자(1599~1671년). 사서와 수학자로 홀슈타인 공작을 섬기다가 1633년부터 사절단의 일원으로 러시아와 페르시아 등지를 여행했다. 러시아와 페르시아를 다녀와서 쓴 여행기가 특히 유명하다.
- 올바크, 폴-앙리 (Paul-Henri Holbach). 프랑스의 철학자(1723~1789년). 독일에서 태어났고, 삼촌을 따라 프랑스로 와서 1749년에 귀화했다. 당대의 철학자들과 사귀었고, 『백과전서』의 과학 항목을 집필했다. 무신론과 유물론을 주장했다.
- 요아힘 (Иоахим). 러시아의 성직자(1620~1690년). 속명은 이반 사벨로프(Иван Савелов), 요아킴(Иоаким)이라고도 한다. 귀족 출신이며, 1654년에 가족이 전염병으로 죽자 수사가 되었다. 기적 수도원 원장을 지냈고, 1672년에 노브고로드 수좌대주교, 1674년에 총대주교가 되었다. 종교 정책에서는 니콘의 노선을 유지했다.
- 요제프 2세 (Joseph II). 신성로마제국 황제(1741~1790년). 아버지 프란츠 1세를 이어 1765년에 즉위한 뒤 개혁을 단행해 중앙집권체제를 강화했다. 그러나 제국 곳곳에서 반란이 일어나고 개혁에 실패했다.
- 요한네스 크리소스토무스 (Johanness Chrysostomus). 초기 그리스도교의 교부(349~407년). 시리아 태생으로, 386년에 사제 서품을 받았고, 398년에 대주교가 되었다. 지배층을 비판하고 교회 쇄신에 힘쓰고 저서를 많이 남겨 그리스도교의 대표적 교부가 되었다. 러시아어로는 요안 즐라토우스트(Иоанн Златоуст)라고 한다.

- 우샤코프, 시몬 (Симон Ушаков). 러시아의 화가(1626~1686년). 이콘 화가였고, 니콘의 눈에 들어 차르에게 소개되어 황실조병창 소속 화가로 총애를 받았다. 아바쿰의 비판을 받았고, 일반인의 작품 의뢰도 받아들인 러시아 최초의 세속 화가이기도 하다.
- 우스트랼로프, 니콜라이 (Николай Устрялов). 러시아의 역사가(1805~1870년). 오룔 지방에서 태어났고, 모스크바 대학을 다녔다. 성 페테르부르그 대학에서 강의를 했고, 니콜라이 1세 통치기의 관제 국민성을 뒷받침하는 역사 연구에 열중했다. 만년에는 표트르 대제의 통치에 관한 역사서를 펴내 호평을 받았다.
- 울라노바, 갈리나 (Галина Уланова). 소련의 발레리나(1910~1998년). 마리인스키 발레단 무용수 부부의 딸로 태어나 무용을 배웠다. 키로프 발레단에서 데뷔해서 명성을 얻었고, 스탈린의 지시로 1944년에 볼쇼이 발레단으로 옮겼다. 해외 공연을 자주 했고, 소비에트 발레의 전형으로 간주되었다.
- 윈스턴리, 제라드 (Gerrad Winstanley). 영국의 종교개혁가(1609~1676년). 영국내전 공화정기에 지배 계급을 비판하면서 공산주의적 세계관을 설파했다. 디거(Digger)파 지도자로서 급진적 사회관을 담은 소책자를 썼으며, 토지를 공유하는 공동체를 운영하기도 했다.
- 유이, 라몬 (Ramon Llull). 카탈루냐의 신비주의자(1235~1315년). 마요르카(Mallorca) 섬에서 태어났고, 아라곤 왕실의 교사가 되었다. 30세에 신비 체험을 한 뒤 궁정에서 나와 북아프리카 등지에서 전도했다. 카탈루냐어로 시를 썼고, 논리적 방법으로 신학 이론을 증명하려고 노력했다.
- 율리아누스 (Iulianus). 로마의 황제(331/332~363년). 그리스도교를 국교로 삼은 콘스탄티누스 대제가 죽은 뒤 361년에 황제가 되어 종교의 자유를 선언하고 그리스도교를 억눌렀다. '배교자'란 별명을 얻었지만, 철학자로서 통치하겠다는 선언으로 '철학자'로도 불렸다. 페르시아 원정에서 전사했다.
- 율리우스 2세 (Julius II). 가톨릭의 216대 교황(1443~1513년). 이탈리아에서 태어났고, 1503년에 교황이 되었다. 교황권을 지키려고 '전사 교황'이라는 별명을 얻을 만큼 전쟁에 많이 개입했고, 예술을 애호하고 후원했다.
- 융-슈틸링, 하인리히 (Heinrich Jung-Stilling). 독일의 작가(1740~1817년). 본명은 요한 하인리히 융(Johann Heinrich Jung). 가난해서 고생을 하다가 의사가 되었다. 괴테의 도움으로 자전 소설을 출판했고, 신비주의적이고 경건주의적인 작품을 남겼다.

■ 이바노프, 알렉산드르 (Александр Иванов). 러시아의 화가(1806~1858년). 성 페테르부르그에서 그림을 공부하다가 1830년에 이탈리아로 유학을 떠났다. 전제정을 비판하는 정치관을 드러내는 작품을 그려서 정부의 탄압을 받았고 주로 이탈리아에서 작품 활동을 했다. 1858년에 귀국한 지 두 달만에 숨을 거두었다.

■ 이반 3세 (Иван III). 모스크바국의 통치자(1440~1505년). 22세에 단독 통치자가 되어 모스크바국의 영토를 크게 넓혔으며, 1480년에는 몽골의 지배를 깨뜨렸다. 군주권 강화 정책을 폈으며, 차르 칭호를 처음 사용했다.

■ 이반 5세 (Иван V). 러시아의 통치자(1666~1696년). 차르 알렉세이 미하일로비치와 그의 첫 부인 사이에서 태어났으나 병약했다. 1682년에 이복동생 표트르와 공동으로 제위에 올랐지만 통치에는 관여하지 않았다.

■ 이반 뇌제(Иван грозный). 러시아의 통치자(1530~1584년). 정식 호칭은 이반 4세. 1533년에 어린 나이에 즉위했고, 1547년부터 실권을 행사했다. 밖으로는 카잔과 아스트라한을 정복해서 영토를 넓혔고, 안으로는 중앙 권력을 강화하고 1565년부터 극단적인 공포 정치를 펼쳐 귀족을 탄압했다. 만년에는 정신이상에 시달렸다.

■ 이스토미나, 예브도키야 (Евдокия Истомина). 러시아의 발레리나(1799~1848년). 샤를 디들로에게서 발레를 배워 1815년에 황립발레단에서 데뷔했다. 19세기에 가장 인기 있는 발레리나였다.

■ 자고스킨, 미하일 (Михаил Загоскин). 러시아의 작가(1789~1852년). 펜자 지방의 지주 가문에 태어났고, 1810~1820년대에 희극 작가로 이름을 알렸다. 월터 스콧을 본뜬 역사소설을 써서 인기를 끌었고, 모스크바 무기 박물관 관장을 지냈다.

■ 자돈스키, 티혼 (Тихон Задонский). 러시아의 성직자(1724~1783년). 속명은 티모페이 소콜롭스키(Тимофей Соколовский). 노브고로드 부근에서 태어나 34세에 수사가 되었다. 주교로 활동하다가 자돈스크의 수도원으로 들어가 은둔했다. 금욕하며 책을 썼고 현명하기로 이름났다.

■ 조아키노 다 피오레 (Gioacchino da Fiore). 이탈리아의 수사(1135?~1202년). 시토회 수사였고, 1177년에 수도원장이 되었지만, 공직에서 물러나 1191년에 명상하는 수도회를 세웠다. 성경 해석을 통해 성부의 왕국, 성자의 왕국, 성령의 왕국 순으로 역사가 발전하며, 인간이 자유로워지는 성령의 왕국이 1260년에 도래한다고 주장했다.

■ 조토프, 라파일 (Рафаил Зотов). 러시아의 작가(1795~1871년). 아버지가 타타르인이었고, 성 페테르부르그의 김나지움를 마친 뒤 나폴레옹 전쟁에 참여했다. 황립극장 관장 비서로 일하게 되면서 연극계에 발을 디뎠고, 극작품을 번역하고 주로 역사물을 창작했다.

■ 주이, 빅토르-조셉 (Victor-Joseph Jouy). 프랑스의 극작가(1764~1846년). 베르사유에서 태어나 18세에 군인이 되었다. 프랑스 혁명기에 여러 차례 의심을 샀으나 목숨을 구했다. 제대한 뒤 작가가 되었고 1807년에 크게 성공했다. 왕정복고기에는 자유의 투사로 활약했다.

■ 주콥스키, 바실리 (Василий Жуковский). 러시아의 문필가(1783~1852년). 지주의 사생아로 태어나 모스크바에서 교육을 받았다. 나폴레옹 전쟁에 참전한 뒤 황제의 측근이 되었고, 니콜라이 1세가 되는 황태자의 가정교사로 일했다. 낭만주의 시를 썼고 서방의 문학작품을 번역해서 러시아에 소개했다.

■ 지자니, 스테판 (Стефан Зизаний). 정교 전도사(1550~1634년). 갈리치야에서 태어났고, 수사 명은 실베스트르(Сильвестр)였다. 르보프 형제단 학교의 교사였고, 학장까지 지냈다. 정교와 가톨릭의 통합을 지지하는 키예프 수좌대주교에 반발하다 1595년에 투옥되었고, 이듬해 공의회에서 누명을 벗었다. 가톨릭을 공격하는 책을 많이 남겼다.

■ 차아다예프, 표트르 (Петр Чаадаев). 러시아의 사상가(1794~1856년). 모스크바의 귀족 가문에 태어났고, 조국전쟁에 자원해서 프랑스군과 싸웠다. 유럽을 여행한 뒤 러시아의 전통을 비판하고 서방 문화를 수용해야 한다고 주장하는 「철학서한」을 썼다. 이 글이 파문을 일으켜서 미친 사람 취급을 받았다.

■ 찰스 2세 (Charles II). 영국의 군주(1630~1685년). 찰스 1세의 아들이었고, 부왕이 의회파에게 처형된 뒤 나라 밖을 떠돌았다. 크롬웰이 죽은 뒤 1660년에 돌아와 즉위해서 왕정을 다시 세웠다. 가톨릭의 복원을 꾀하고 의회와 대립했다.

■ 체르늬솁스키, 니콜라이 (Николай Чернышевский). 러시아의 문필가(1828~1889년). 사제의 아들로 태어나 급진주의 관점에서 사회를 비판하는 문필가로 활동했다. 과학을 찬미하고 여성해방을 부르짖었다. 정부를 비판하다 유배형을 받았다. 그가 쓴 소설 『무엇을 할 것인가?』는 당시 젊은이 사이에서 성경처럼 읽히는 작품이 되었다.

■ 체호프, 안톤 (Антон Чехов). 러시아의 문학가(1860~1904년). 모스크바 대학에서 의학을 전공할 때부터 소설을 썼다. 20대 중반부터 뛰어난 단편소설과 희곡을

양산했으며, 사회를 비판하는 시각을 지녔고 급진주의자와 사귀었다. 건강이 나빠져 독일에서 요양하다 숨을 거두었다.

■ 출코프, 미하일 (Михаил Чулков). 러시아의 문필가(1743~1792년). 모스크바에서 태어났고, 모스크바 대학 산하 김나지움에서 교육을 받았다. 조그만 영지를 소유하게 되었고, 저널을 간행하고 소설과 희곡을 썼다. 슬라브 신화를 체계화할 구상을 하고 민요와 민담을 채록했다.

■ 치조프, 표도르 (Федор Чижов). 러시아의 학자(1811~1877년). 코스트로마에서 태어났고, 수학에 뛰어났다. 성 페테르부르크 대학을 우수한 성적으로 졸업해서 모교 교수가 되었다. 유럽 각지를 돌아다닌 뒤 돌아와서 과학기술의 효용을 선전했고 저널을 펴냈다. 철도 사업에 뛰어들어 기업가로도 활동했다.

■ 치체린, 보리스 (Борис Чичерин). 러시아의 학자(1828~1904년). 탐보프의 명문가에 태어났고, 성 페테르부르크 대학에서 법학을 배웠다. 자유주의자였고 알렉산드르 2세의 개혁을 지지했다. 1868년에 정부의 억압책에 항의해 모교 교수직에서 물러났고 저술에 열중했다. 1882년에 모스크바 시장이 된 뒤로는 보수화했다.

■ 친첸도르프, 니콜라우스 (Nicolaus Zinzendorf). 독일의 종교인(1700~1760년). 오스트리아 귀족 가문에 태어나 경건주의 환경에서 자랐다. 1722년에 박해를 피해온 모라비아인을 영지에 받아들여 신앙 공동체를 만들었고, 1727년에는 이 공동체를 형제단으로 바꾸었다. 교회의 기초는 신조가 아니라 경건에 있다고 주장했다.

■ 칭기즈 한(Genghis Khan). 몽골의 통치자(1167?~1227년). 부족장인 아버지가 독살된 뒤 어린 시절을 어렵게 보냈다. 어른이 된 뒤 세력을 모아 몽골의 여러 부족을 통일한 뒤 유라시아 대륙 정복에 나서 인류사상 최대 제국을 건설했다. 각지에서, 특히 유럽에서 잔혹한 정복자로 공포의 대상이 되었다.

■ 카람진, 니콜라이 (Николай Карамзин). 러시아의 문인(1766~1826년). 젊어서 유럽을 두루 돌아다녔고 감상주의를 문단에 소개했다. 1803년에 궁정 역사가에 임명되어 『러시아 국가의 역사』 등의 대작을 썼고, 러시아 문어 발전에 이바지했다.

■ 카를 12세. 스웨덴의 국왕(1682~1718년). 아버지 카를 11세의 뒤를 이어 1697년에 즉위했고, 군대를 키워 제2차 북방전쟁 초기에 러시아에게 승리했다. 그 뒤 폴란드를 꺾고 나서 1708년에 다시 러시아 원정에 나섰지만 폴타바에서 러시아군에 패했다. 튀르크에 망명했다가 1715년에 귀국했다.

■ 카를 5세 (Karl V). 합스부르크 황실의 통치자(1500~1558년). 1519년부터 1556년 까지 신성로마제국 황제였으며, 에스파냐 국왕(카를로스 1세)이자 오스트리아 황 제이기도 했다.

■ 카를 필립 (Karl Filip). 스웨덴의 왕자(1601~1621년). 카를 9세의 둘째 아들, 구스 타푸스 아돌푸스의 동생이었다. 대동란 시대에 용병대장 야콥 드 라 가르디의 주 선으로 러시아의 제위 계승자 후보에 올랐지만, 부모의 반대로 무산되었다. 나르 바를 공략하다 병사했다.

■ 카베, 에티엔 (Étienne Cabet). 프랑스의 사회주의자(1778~1856년). 1830년 7월혁 명에 참여했고 1834년에 영국으로 망명했다가 1839년에 귀국했다. 이상적 공산주 의 사회로 구상한 이카리아를 미국에서 실현하려다가 실패했다.

■ 카사노바, 자코모 (Giacomo Casanova). 베네치아 출신의 모험가(1725~1798년). 1765년에 러시아를 찾아가서 예카테리나 대제를 만나는 등 유럽의 유명 인사들과 사귀고 글을 썼다. 그가 남긴 회고록『내 삶 이야기』(Histoire de ma vie)는 18세기 유럽의 세태를 잘 보여주는 자료이다.

■ 카피톤 (Капитон). 17세기 러시아의 수사(?~?). 코스트로마 지방 출신이었고, 니 콘의 개혁에 반대했다. 기존 교회를 서슴지 않고 비판했으며, 블라디미르 지방의 뱌즈니키(Вязники) 숲에서 고행하자 군중이 그를 따라 숲에 정착했다. 1660년대 초에 죽었고, 구교도가 그의 무덤을 비밀에 부쳤다.

■ 칸딘스키, 바실리 (Василий Кандинский). 러시아 출신의 프랑스 화가(1866~ 1944년). 모스크바에서 태어났고, 모스크바 대학에서 법학과 경제학을 배웠다. 30 세에 모네의 작품에 감명을 받아 유럽으로 건너가 화가가 되었다. 현대 추상미술 의 선구자가 되었으며, 1933년에 프랑스 국적을 얻었다.

■ 칸테미르, 안티오흐 (Антиох Кантемир). 러시아의 문필가(1708~1744년). 몰도 바의 귀족으로 태어나, 성 페테르부르그에서 공부했다. 표트르 대제 개혁 반대파 를 풍자하는 시를 써서 이름을 날렸고, 1732년부터 영국 대사, 1736년부터 프랑스 공사로 일했다. 프랑스의 문필가들과 사귀고 그들의 저술을 러시아어로 번역했다.

■ 칸트, 임마누엘 (Immanuel Kant). 독일의 철학자(1724~1804년). 쾨니히스베르크 대학에서 공부했고, 모교에서 강의하며 철학을 연구했다. 경험주의와 합리주의를 통합하는 입장에서 인식의 조건과 한계를 확정하고 비판 철학을 확립했다.

■ 칼뱅, 장 (Jean Calvin). 유럽의 종교개혁가(1509~1564년). 프랑스 피카르디 지방에서 태어났고 대학에서 법을 배웠다. 초기 교회의 순수함으로 돌아가고자 가톨릭과 결별했고, 제네바에서 종교개혁에 성공해서 엄혹한 신정체제를 세우고 예정설을 비롯한 프로테스탄티즘 이론을 설파했다.

■ 케플러, 요한네스 (Johannes Kepler). 독일의 천문학자(1571~1630년). 튀빙엔 대학에서 공부했고, 브라헤의 조수로 일했다. 천체 운행을 정밀히 관측해서 행성 운행의 3대 법칙을 발견했다.

■ 코네프, 이반 (Иван Конев). 소련의 군인(1897~1973년). 농민의 아들이었으며, 러시아 혁명이 읽어난 뒤 붉은 군대에 들어가서 반혁명군과 싸웠다. 제2차 세계대전에서 명성을 떨쳤고, 주코프 장군과 경쟁하며 베를린을 점령했다.

■ 코멘스키, 얀 (Jan Komenský). 체코의 종교인(1592~1670년). 라틴어로는 요하네스 코메니우스(Iohannes Comenius). 보헤미아 형제단에 속한 프로테스탄트 가정에 태어나 학문에 재능을 보였다. 독일에서 공부하면서 천년왕국설에 심취했고, 혁신적인 라틴어 학습법을 내놓아 이름을 날렸다.

■ 코발렙스키, 막심 (Максим Ковалевский). 러시아의 법학자(1851~1916년). 하르코프 대학을 마친 뒤 서유럽에서 유학을 했다. 귀국해서 모스크바 대학에서 법학을 강의했지만, 진보 사상 때문에 해직되어 프랑스로 건너갔다. 1905년에 다시 귀국해서 성 페테르부르그 대학 교수가 되었다. 진보당을 만들었고 두마 의원이 되었다.

■ 코셸료프, 알렉산드르 (Александр Кошелев). 러시아의 문필가(1806~1883년). 모스크바의 귀족 가문에 태어났다. 셸링에 매료되었고, 모스크바 대학을 자퇴한 뒤 외무부 자료보존소에서 일했다. 지혜 사랑 모임에 참여했으며, 호먀코프를 만난 뒤로 친슬라브주의자가 되었다. 만년에는 농촌 향상 운동에 앞장섰다.

■ 코젤스키, 야콥 (Яков Козельский). 러시아의 학자(1729~1794년). 우크라이나에서 태어났고, 모길라 학술원을 마치고 성 페테르부르그에서 고등교육을 받았다. 대학에서 자연과학을 배운 뒤 군 교육기관에서 강의했다. 1766년부터 원로원에서 근무했고, 계몽주의자로서 철학 연구와 법전 편찬에 열중했다.(Яков Козельский)

■ 코텔니코프, 예블람피 (Евлампий Котельников). 러시아의 종교인(1775~1855년경). 카작 하급장교로 나폴레옹군과 싸우면서 외국어를 익히고 학식을 쌓았다. 뵈메와 융-슈틸링의 영향을 받았고 "영혼의 보유자" 종파의 지도자가 되었다.

1824년에 성 페테르부르그에서 심문을 받은 뒤에도 교리를 선전하다가 솔로베츠크 수도원에 갇혔다.

■ 코페르니쿠스, 니콜라우스 (Nicolaus Copernicus). 폴란드의 천문학자(1473~1543년). 크라쿠프 대학에서 신학을 배우다가 수학과 천문학에 흥미를 품게 되었다. 교회의 공식 교리인 천동설의 허점을 깨닫고 연구를 한 끝에 1520년대 후반에 지동설을 체계화했다.

■ 코픠스텐스키, 자하리야 (Захария Копыстенский). 러시아의 정교 성직자(?~1627년). 프셰미실(Przemyśl)의 귀족 가문에 태어났고, 고전어에 능통했다. 1616년에 키예프로 이주했고, 가톨릭과 정교의 통합에 반대하는 책자를 많이 썼다. 1624년에 키예프 동굴 수도원 원장이 되었다.

■ 코피옙스키, 일리야 (Илья Копиевский). 러시아의 문필가(1651~1714년). 브레스트의 프로테스탄트 가정에 태어났고, 아홉 살 때 납치되어 모스크바에서 지냈다. 암스테르담 대학에서 공부했고, 프로테스탄트 목사가 되었다. 어학에 능통해 표트르 대제의 주목을 받았고, 저술과 번역에 전념했다. 모스크바에서 번역가로 일하다 죽었다.

■ 콘스탄티놉스키, 마트베이 (Матвей Константиновский). 러시아의 성직자(1792~1857년). 트베르 지방에서 사제 가정에 태어났고, 트베르 신학교에서 공부했다. 카렐리야에서 이교도에게 정교를 전도했고, 1836년에 르제프(Ржев)에서 설교가로 활동했다. 1853년부터 성 페테르부르그에서 활동했고, 고골의 영적 스승이 되었다.

■ 콘스탄틴 파블로비치 (Константин Павлович). 러시아 황실의 대공(1779~1831년). 파벨 1세의 둘째 아들, 알렉산드르 1세의 아우, 니콜라이 1세의 형이었다. 나폴레옹을 찬양해서 형과 다투었고, 폴란드 여인과 결혼해서 제위 계승권을 포기했고, 폴란드 총독이 되었다. 데카브리스트가 제위 계승자로 콘스탄틴을 요구하자 아우와도 서먹서먹해졌다.

■ 콜초프, 알렉세이 (Алексей Кольцов). 러시아의 시인(1809~1842년). 가축 상인의 아들로 태어났고, 교육을 받지 못했지만 20대 초부터 시인으로 이름을 날렸다. 농민의 비애와 고난을 소재로 삼아 농민의 사투리와 속어를 활용한 시를 써서 벨린스키의 주목을 받았다.

■ 콩트, 오귀스트 (Auguste Comte). 프랑스의 철학자(1798~1857년). 파리에서 학교를 다니다가 거만한 교사의 사임을 요구해서 퇴학당했다. 생시몽과 함께 일하면서

영향을 받았다. 사변을 배제하고 과학적 방법으로 문제를 해결하는 실증주의의 창시자가 되었다. 말년에는 신비주의자가 되었다.

■ 쿠룹스키, 안드레이 (Андрей Курбский). 러시아의 군인(1528~1583년). 야로슬라블의 귀족 가문에 태어났고, 이반 4세의 자문관이었고 대외 원정군의 지휘관으로 활약했다. 이반 4세의 신임을 잃자 1564년에 폴란드로 도주한 뒤 이반 4세와 편지를 주고받으며 차르의 전제정을 비판했다.

■ 쿠투조프, 미하일 (Михаил Кутузов). 러시아의 군인(1745~1813년). 성 페테르부르그의 명문가 출신이었고, 평생 군인의 길을 걸었다. 러시아군 사령관으로 나폴레옹과 싸웠지만, 알렉산드르 1세와 사이가 틀어져 물러났다. 1812년에 다시 불려와 나폴레옹의 러시아 원정군을 물리치고 러시아를 지켰다.

■ 쿠투조프, 알렉산드르 (Александр Кутузов). 러시아의 신비주의자(1748~1790년). 모스크바 대학을 다니다가 1766년에 라이프치히 대학으로 가서 장미십자단과 교류했다. 노비코프와 사귀면서 프리메이슨에 입단했고, 라디쉐프와는 견해차를 보이면서도 우정을 유지했다. 1787년에는 모스크바 장미십자단의 의뢰로 베를린에서 화학과 연금술을 배웠다.

■ 쿨만, 크비리누스 (Quirinus Kuhlmann). 독일의 신비주의자(1651~1689년). 브레슬라우에서 태어났고, 어려서부터 시를 썼다. 신비주의에 심취해서 뵈메를 예언자로 여기고 모든 종교를 아우르는 새 세상이 오리라고 믿었다. 유럽 각지와 튀르크를 전전했고, 1689년에 러시아에서 차르를 설득하려고 시도했지만 이단으로 처형되었다.

■ 큐헬베케르, 빌겔름 (Вильгельм Кюхельбекер). 러시아의 시인(1797~1846년). 독일계 귀족 가문에 태어났고, 푸시킨과 함께 차르스코예 셀로 전문학교를 다녔다. 군인으로 복무한 뒤 애국적인 낭만주의 시를 썼다. 데카브리스트 봉기에 가담해서 10년 동안 감금되었다. 감형으로 유형지에서 지내다가 병사했다.

■ 크라신스키, 지그문트 (Zygmunt Krasiński). 폴란드의 문학가(1812~1859년). 귀족 가문에서 태어나 바르샤바 대학과 제네바 대학에서 공부했다. 외국에서 조국 해방을 꿈꾸며 창작을 했고, 폴란드의 메시아적 낭만 시인으로 유명하다.

■ 크람스코이, 이반 (Иван Крамской). 러시아의 미술가(1837~1887년). 보로네즈에서 태어났고, 성 페테르부르그 예술원에서 공부했다. 이동전람파의 주도자였으며, 인물화를 많이 그렸다.

■ 크로포트킨, 표트르 (Петр Кропоткин). 러시아의 아나키스트(1842~1921년). 귀족 출신이며, 군인과 지리학자로 활동했다. 특권을 포기하고 아나키즘 활동을 벌이다가 체포되었다. 1876년에 서유럽으로 탈출했고, 1917년 혁명이 일어난 뒤 귀국했다.

■ 크롬웰, 올리버 (Oliver Cromwell). 영국의 정치가(1599~1658년). 영국 내전에서 의회파 군사령관으로 왕당파를 물리치고 공화정을 수립했다. 1653년에 호국경이 되어 국정을 이끌었다.

■ 크뤼데너 (Krüdener) 남작부인. 러시아의 신비주의자(1764~1824년). 러시아 이름은 크리데네르(Криденер). 1782년에 폰 크뤼데너 남작과 결혼했고, 1804년에 신비주의자가 되었다. 1815년부터 알렉산드르 1세와 교류했지만, 그리스 독립전쟁 문제로 사이가 틀어져 러시아에서 추방되었다.

■ 크리스티나 (Kristina). 스웨덴의 군주(1626~1654년). 구스타부스 아돌푸스의 외동딸이었고, 부왕이 죽은 1626년에 여섯 살 나이에 옥센셰르나를 섭정공으로 두고 즉위했다. 1644년에 친정에 들어가서 30년전쟁을 끝내고 학문과 예술을 장려했다.

■ 크리자니치, 유라이 (Juraj Križanić). 크로아티아인 가톨릭 사제(1617~1683년). 러시아어로는 유리 크리자니치(Юрий Крижанич). 가톨릭과 정교의 통합을 위해 모스크바로 가서 차르 알렉세이를 섬겼고, 서방식 개혁을 수행하는 러시아를 중심으로 슬라브인이 뭉쳐야 한다고 설파했다.

■ 키르히너, 아타나지우스 (Athanasius Kirchner). 독일 태생의 학자(1601~1680년). 키르허(Kircher)라고도 한다. 튀링엔(Thüringen) 지방에서 태어났고, 예수회 학교에서 공부하다 1618년에 예수회에 입단했다. 1628년에 사제가 되었으며, 전란을 피해 1634년에 로마에 정착해서 여러 분야에 관한 해박한 지식을 담은 책을 썼다.

■ 키스, 제임스 (James Keith). 스코틀랜드의 군인(1696~1758년). 귀족이었고, 에든버러 대학에서 법률가가 될 준비를 하다가 군인이 되었다. 재커바이트 반란에 가담해서 쫓겨나 에스파냐와 러시아의 군대를 전전했다. 프로이센 육군원수가 되었으나, 7년전쟁에서 전사했다.

■ 키에르케고르, 쇠렌 (Søren Kierkegaard). 덴마크의 철학자(1813~1855년). 엄한 그리스도교 가정에서 자랐고, 코펜하겐 대학에서 신학과 철학을 배웠다. 20대 중반에 겪은 내적 갈등이 나중에 저술의 주제가 되었다. 기성 교회와 위선적 신앙을 비판했고 절망 속에서 신을 탐구하는 종교적 실존의 존재방식을 추구했다.

■ 키츠, 존 (John Keats). 영국의 시인(1795~1821년). 런던의 빈민 가정에 태어나 10대에 고아가 되었다. 의사가 되었지만, 시를 좋아해서 20대에 요절하기 전까지 뛰어난 시를 많이 썼다. 셸리, 바이런과 더불어 18세기 영국의 낭만주의 3대 시인에 손꼽힌다.

■ 타타리노바, 예카테리나 (Екатерина Татаринова). 러시아의 종교인(1783~1856년). 북스게브덴(Буксгевден) 남작의 딸이었고, 스몰늬이 학원을 마친 뒤 이반 타타리노프와 결혼했다. 1815년에 남편이 죽은 뒤 채찍고행자 모임에 참여했고, 귀족 추종자들에게 예언자를 자처했다. 1837년에 비밀조직 금지법 위반으로 체포되어 유폐되었다.

■ 타티쉐프, 바실리 (Василий Татищев). 러시아의 위정자(1686~1750년). 프스코프에서 태어났고, 모스크바에서 기술 교육을 받았다. 제2차 북방전쟁에 참여했고 표트르 대제를 섬기며 외무 부처에서 일했다. 안나 여제 치세에는 우랄 지방을 개발했다. 공직에서 밀려난 뒤에는 역사, 어학, 민족지학을 연구했다.

■ 탈리츠키, 그리고리 (Григорий Талицкий). 러시아의 사제(?~?). 모스크바의 필경사이자 광신적인 분리파 신자였으며, 표트르 대제가 적그리스도라고 주장하면서 불복종을 선동하고 스트렐츠의 반란을 사주하다가 1700년에 체포되었다.

■ 탈마, 프랑수아-조셉 (François-Joseph Talma). 프랑스의 배우(1763~1826년). 새로운 기풍의 연기법을 선보인 뛰어난 연극배우였으며, 나폴레옹의 찬사와 후원을 받은 공화주의자이기도 했다.

■ 테플로프, 그리고리 (Григорий Теплов). 러시아의 학자(1717~1779년). 미천한 집안에 태어나 독일 유학을 했다. 귀국한 뒤 학술원 원장이 되었으며, 여러 학자와 논쟁을 벌였다. 자기를 미워한 표트르 3세를 내쫓는 음모에 가담했다.

■ 토도르스키, 시메온 (Симеон Тодорский). 러시아 정교회 성직자(1700~1754년). 체르카스크(Черкасск) 지방에서 태어났고, 할레 대학에서 공부했다. 경건주의자와 가까웠고 아른트의 책을 번역했다. 1738년에 키예프로 돌아와서 신학원에서 그리스어를 강의했다. 정교회의 요직을 두루 거쳤고, 엘리자베타 성경 간행에 참여했다.

■ 톨스토이, 레프 (Лев Толстой). 러시아의 소설가(1829~1910년). 귀족 가정에 태어나 청년 시절에는 장교로 복무했다. 자기 영지에서 집필에 몰두해 불후의 명작을 여러 편 남겨 러시아의 문호가 되었다. 폭력과 전쟁에 반대하는 평화주의자의 전도사로 존경을 받았다.

- 투르게네프, 니콜라이 (Николай Тургенев). 러시아의 경제학자(1789~1871년). 소설가 이반 투르게네프의 친척이었으며, 모스크바 대학과 괴팅엔 대학에서 공부했다. 자유주의에 감화되어 전제정에 반대했고 조세 제도와 농노제에 관한 책을 썼다. 데카브리스트였지만, 1825년에 봉기가 일어났을 때 외국에 있어서 처형을 모면했다.

- 튜체프, 표도르 (Федор Тютчев). 러시아의 시인(1803~1873년). 지주의 아들로 태어나 모스크바 대학에서 공부했고, 유럽에서 외교관으로 일하면서 유럽의 지성인들과 교류했다. 조국애가 넘치는 철학적 시를 많이 썼다. 푸시킨, 레르몬토프와 함께 19세기 러시아 3대 시인의 한 사람으로 꼽힌다.

- 트레디아콥스키, 바실리 (Василий Тредьяковский). 러시아의 문학가(1703~1768년). 트레디아콥스키(Тредиаковский)라고도 한다. 가난한 사제의 아들로 태어나 1720년대 말엽에 소르본 대학에서 공부해서, 외국에서 인문학을 공부한 최초의 비귀족 출신 러시아인이 되었다. 번역서와 문학이론서를 펴냈다. 보수파의 미움을 사서 학술원에서 해임되었다.

- 트로츠키, 레프 (Лев Троцкий). 러시아의 혁명가(1879~1940년). 유대인이었으며 젊어서부터 혁명 운동에 투신해서 1905년 혁명을 주도했다. 러시아 혁명과 내전에서 볼셰비키당을 승리로 이끌었지만, 레닌이 죽은 뒤 권력 투쟁에서 밀려 추방되었다. 스탈린 반대 활동을 벌이다 자객의 도끼에 맞아 멕시코에서 숨을 거두었다.

- 트베리티노프, 드미트리 (Дмитрий Тверитинов). 러시아의 사상가(1667~1741년). 트베르에서 태어났고, 병사였다가 1692년에 모스크바로 이주했다. 독일인 거류지에서 요한 그레고리 목사에게서 약학을 배웠고 궁정에 드나들었다. 정교의 공식 교리와 다른 주장을 하는 자유사상가로서 신학자들과 논쟁을 했다. 체포되었다가 1718년에 풀려났다.

- 티모페예프, 이반 (Иван Тимофеев). 러시아의 위정자(1555?~1631년). 16세기 말부터 모스크바 국가의 관리로 활동하면서 많은 글을 썼으며, 가짜 드미트리와 싸우기도 했다. 1607년에 노브고로드의 서기관이 되었고 1610년대 초에 스웨덴군의 진입을 지켜보아야만 했다. 그 뒤로 여러 도시의 서기관을 지냈다.

- 티크, 루트비히 (Ludwig Tieck). 독일의 문학가(1773~1853년). 20대 후반에 예나에서 초기 낭만파의 대표 작가들과 사귀면서 이른바 예나 낭만파의 한 사람이 되었다. 지성보다 감성에 호소하는 소설을 많이 남겼다.

■ 파닌, 니키타 (Никита Панин). 러시아의 외교관(1718~1783년). 젊어서부터 외교관으로 활동했고, 표트르 3세가 될 황태자를 가르치기도 했다. 예카테리나가 제위에 오른 뒤 외교 고문으로 일했지만, 황제권과 폴란드 문제를 놓고 예카테리나 대제와 대립했다.

■ 파데예프, 로스티슬라프 (Ростислав Фадеев). 러시아의 군인(1824~1883년). 예카테리노슬라프의 귀족 가문에 태어났고, 젊어서 군인으로 캅카즈에서 근무했다. 1860~1870년대에 신문을 간행했고, 군사사를 연구했다. 자유주의와 헌법 제정에 반대하고 전제정을 옹호했다.

■ 파블로프, 미하일 (Михаил Павлов). 러시아의 학자(1793~1840년). 1820년에 모스크바 대학 교수가 되어 과학을 가르쳤다. 셸링의 신봉자였으며, 교육과 학술 활동으로 게르첸과 벨린스키 같은 젊은이들에게 큰 영향을 미쳤다.

■ 파스칼, 블레즈 (Blaise Pascal). 프랑스의 학자(1623~1662년). 어릴 때부터 수학과 과학에 재능을 보였고, 젊어서는 사교계를 드나들었다. 나중에는 종교에 귀의했고, 예수회를 비판했다. 사후에 친척과 친구들의 손에 정리되어 출판된 저작이 『팡세』(Pensées)였다.

■ 파스테르낙, 보리스 (Борис Пастернак). 러시아의 문학가(1890~1960년). 유대인이었고, 1914년에 시집을 낸 뒤 창작에 전념했지만, 스탈린 치하에서는 외국문학 번역에 몰두했다. 1957년에 소설『의사 지바고』를 탈고했지만, 출판금지 처분을 받았다. 노벨문학상 수상자로 선정되었지만, 조국에서 추방당하지 않으려고 상을 거절했다.

■ 파올리, 파스칼 (Pasquale Paoli). 코르시카의 독립운동가(1725~1807년). 코르시카의 독립을 위해 제노바와 싸우는 아버지와 함께 1739년에 나폴리로 갔다가 1755년에 귀향해서 계몽적 전제주의 원칙을 내세워 코르시카를 지도했다. 1764년부터는 코르시카를 매입한 프랑스와 싸웠고, 1794년부터는 영국과 손잡고 프랑스에 대항했다.

■ 파울루치, 필립 (Philip Paulucci). 이탈리아 출신의 군인(1779~1849년). 이탈리아에서 태어났고, 1807년에 프랑스군에 입대했다. 주로 러시아군에서 고위장교로 활약했으며, 1812년에 리보니아 주지사에 임명되었다. 1829년에는 러시아를 떠나 피에몬테의 사령관이 되었다.

■ 파이시엘로, 조반니 (Giovanni Paisiello). 이탈리아의 음악가(1740~1816년). 이탈리아에서 오페라 작곡가로 이름을 날린 뒤 1776년에 예카테리나 대제의 초빙으로

성 페테르부르그에서 활동했다. 1784년에 러시아를 떠나 나폴리와 파리에서 활동했다.

■ 파이시오스 (Paissius). 정교 성직자(1610~1678년). 러시아 이름은 파이시 리가리드(Пайсий Лигарид). 키오스에서 태어났고, 1651년에 가자 총대주교가 되었다. 차르 알렉세이 미하일로비치의 초청으로 1662년에 모스크바에 와서 니콘의 개혁을 도왔고, 1666~1667년 모스크바 공의회를 주도했다.

■ 팔라스, 페터 지몬 (Peter Simon Pallas). 독일의 박물학자(1741~1811년). 영국에서 활동하다가 1768년에 러시아 학술원 박물학교수로 임용되었다. 건강을 해칠 만큼 시베리아를 자주 탐험했고, 탐사 경험을 담은 책을 출간했다.

■ 팔리친, 아브라아미 (Авраамий Палицын). 러시아의 역사가(~1626년?). 로스토프 지방에서 태어났고, 1606년부터 성 세르기 대수도원에서 일했다. 대동란 시대에는 폴란드에 맞서 모스크바를 지키라는 호소문을 썼고, 대동란 시대의 역사를 썼다.

■ 팔리친, 안드레이 (Андрей Палицын). 러시아의 위정자(?~1640년 이후). 귀족의 아들이었고, 관리가 되었다. 대동란 시대에 두 번째 가짜 드미트리를 섬긴 뒤 지그문트 3세 편에 섰다. 1618년에 무롬, 1631년에 시베리아의 만가제야(Мангазея), 1639년에는 야로슬라블의 지방군정관이 되었다.

■ 팔코네, 에티엔-모리스 (Étienne-Maurice Falconet). 프랑스의 조각가(1716~1791년). 프랑스에서 활동하다가 디드로의 추천과 예카테리나 대제의 초청으로 1766년에 러시아로 가서 표트르 대제의 청동기마상을 비롯한 작품을 만들었다. 1781년에 귀국했다.

■ 페늘롱 (Fénelon). 프랑스의 문필가(1651~1715년). 25세에 사제 서품을 받았다. 여성을 가르친 경험을 살려 『여성교육론』을 쓴 이래 혁신 사상을 담은 여러 저술을 내놓았다. 프랑스 왕태자를 가르치려고 쓴 『텔레마코스의 모험』에서 자기의 정치 이념을 표현했다. 말년에 교황청의 미움을 사서 유폐되었다.

■ 페롭스키, 알렉세이 (Алексей Перовский, 안토니 포고렐스키(Антоний Погорельский)). 러시아의 작가(1787~1837년). 조국전쟁에서 자원병으로 싸운 뒤 독일에서 지내면서 낭만주의와 호프만에 매료되었다. 1822년 이후로 우크라이나의 고향 영지에서 지내며 안토니 포고렐스키라는 필명으로 산문을 써서 이름을 알렸다. 1820년대 말엽에 교육 개선을 위해 교육감으로도 활동했다.

- 페르네티,동 (Dom Pernety). 프랑스의 저술가(1716~1796년). 본명은 앙투안-조셉 페르네티(Antoine-Joseph Pernety). 스베덴보리의 영향을 받은 그라비안카 백작과 함께 1760년에 비밀단체인 아비뇽 일루미나티를 세웠다. 1763년에는 남아메리카를 탐사했다.

- 페스텔, 파벨 (Павел Пестель). 러시아의 군인(1793~1826년). 나폴레옹 전쟁에 참전해서 프랑스에 다녀온 뒤 러시아의 후진성을 깨닫고 정치 개혁을 꿈꾸었다. 데카브리스트 봉기를 주도하다가 실패한 뒤 처형되었다.

- 페슬레르, 이그나츠 (Ignaz Fessler). 헝가리의 학자(1756~1839년). 헝가리어로는 페슬레르 이그나츠(Fessler Ignác). 1784년에 렘베르크(르보프) 대학 교수가 되었고, 1796년에 베를린에서 프리메이슨 활동을 했다. 1809년부터 알렉산드르 1세의 초빙으로 러시아에서 공직을 맡았다. 1815년에 가족과 사렙타로 이주해 모라비아 형제단에 들어갔다.

- 페옥티스트 (Феоктист). 러시아의 성직자(?~1666년). 1640년대에 즐라토우스토프 수도원의 원장이었고, 1653년부터 니콘의 개혁에 반대하는 활동을 했다. 네로노프와 가깝게 지내며 그의 비서 노릇을 했다. 네로노프의 일대기를 쓰는 등 초기 구교도의 저술가로도 활약했다.

- 페초린, 블라디미르 (Владимир Печерин). 러시아의 문필가(1807~1885년). 우크라이나에서 태어났고, 정교 교육을 받았지만 유토피아 사회주의에 이끌렸다. 1836년에 모교인 모스크바 대학의 교수가 되었지만, 이듬해에 유럽에서 가톨릭으로 개종하고 레뎀토리스트회 수사가 되었다. 1862년에 더블린으로 가서 병원 신부로 지냈다.

- 페트라르카, 프란체스코 (Francesco Petrarca). 이탈리아의 시인(1304~1374년). 피렌체 관리의 아들로 토스카나(Toscana)에서 태어났다. 프랑스에서 교육을 받고 아비뇽의 교황청에서 일하며 지식을 쌓았다. 1341년에 로마에서 계관시인 칭호를 얻었다. 주로 라틴어로 글을 썼지만, 이탈리아어로 쓴 서정시가 불멸의 작품으로 남았다.

- 페트라셉스키, 미하일 (Михаил Петрашевский). 러시아의 사상가(1821~1866년). 귀족 출신 의사의 아들로 태어났다. 성 페테르부르크 대학에서 법을 배웠고, 외무부에서 번역관으로 근무했다. 1844년부터 이른바 페트라셉스키 동아리를 이끌며 토론과 연구를 했다. 1849년에 붙잡혀 사형 선고를 받았다가 시베리아에서 유형 생활을 했다.

■ 페트레우스, 에스킬 (Eskil Petraeus). 스웨덴의 학자(1593~1657년). 웁살라 대학에서 공부했고, 핀란드의 첫 대학인 투르쿠 왕립 학술원의 원장을 지냈다.

■ 펠리페 2세 (Felipe II). 에스파냐와 포르투갈의 국왕(1527~1598년). 1556년에 에스파냐의 왕위에 올라 전성기의 에스파냐를 다스렸고, 1580년에는 펠리페 1세라는 이름으로 포르투갈 왕이 되었다. 종교재판으로 가톨릭을 수호하고 다른 종교를 탄압해서 네덜란드 독립전쟁을 초래했고, 영국 침공에 실패했다.

■ 포고딘, 미하일 (Михаил Погодин). 러시아의 문필가(1800~1875년). 농노의 아들로 태어났고, 고학으로 모스크바 대학을 마쳤다. 러시아 고대사에 관한 편견을 바로잡는 연구에 열중했고, 1830년대 말부터는 저널을 펴냈다. 차르를 중심으로 슬라브인을 통합하는 범슬라브주의를 옹호했다.

■ 포니아토프스키, 스타니수아프 (Stanisław Poniatowski). 폴란드의 통치자(1732~1798년). 포니아토프스키 백작의 아들이었고 30세에 의회 의원이 되었다. 애인이었던 예카테리나 대제의 후원으로 1764년에 스타니수아프 2세로 폴란드 국왕에 선출되었다. 제도 정비에 힘썼으나 폴란드의 분할을 막지 못했다.

■ 포베도노스체프, 콘스탄틴 (Константин Победоносцев). 러시아의 위정자(1827~1907년). 법률가로서 신망을 얻어, 알렉산드르 3세가 황태자일 때 그를 가르쳤다. 신성종무원장이 되어 막후 실력자로 정치를 좌지우지했다. 민주주의를 비난하고 전제정을 옹호하면서 일체의 변화를 억압했다.

■ 포세비노, 안토니오 (Antonio Possevino). 교황청 외교관(1534~1611년). 만토바(Mantova)에서 태어났고, 1559년에 예수회에 가입했다. 대항종교개혁을 지지했고 교황청 사절로 동유럽에서 활동했다. 러시아의 가톨릭 지지를 얻어내고자 1582년에 모스크바를 방문했고, 이반 4세의 허락을 받아 공개 신앙 토론을 벌였다.

■ 포소시코프, 이반 (Иван Посошков). 러시아의 학자(1652~1726년). 모스크바 부근의 농민 가정에 태어났고, 노브고로드에서 사업가로 성공했다. 학식이 뛰어나 1697년에 "학자 종사단"에 들어갔고, 경제학을 연구해 저서를 펴냈다. 1725년에 체포되어 페트로파블롭스크 요새에서 옥사했다.

■ 포이어바흐, 루트비히 (Ludwig Feuerbach). 독일의 철학자(1804~1872년). 신학을 공부하다가 그만 두고 베를린 대학에서 헤겔에게 철학을 배웠다. 그리스도교와 헤겔의 관념론을 비판하면서 인간 중심의 유물론을 제시했다.

■ 포툠킨, 그리고리 (Григорий Потемкин). 러시아의 위정자(1739~1791년). 스몰렌스크 지방에서 태어났고, 모스크바 대학을 나온 뒤 기병대원이 되었다. 예카테리나 대제의 즉위를 도와 그의 총신이자 애인이 되어 권력을 쥐었다. 1784년에 육군원수가 되어 군대를 개혁하고 흑해 함대를 만들어 러시아 영토를 남쪽으로 넓히는 데 이바지했다.

■ 포티 (Фотий). 러시아의 성직자(1792~1838년). 속명은 표트르 스파스키(Петр Спасский). 1817년에 수사가 되었고, 프리메이슨과 신비주의에 맞서 정교를 옹호했다. 대수도원장이 된 1822년에 알렉산드르 1세에게 영향을 미쳐 프리메이슨 지부를 금지하도록 만들었다. 러시아 성서공회도 적대시했다.

■ 포티오스 (Photios). 비잔티움의 성직자(820?~893년). 학자였으며, 858~867년, 877~886년에 두 차례 콘스탄티노플 총대주교가 되었다. 요한네스 크리소스토무스에 버금가는 영향력을 누린 총대주교였다. 속권과 교권의 관계를 다루는 『법률 입문』을 편찬해서 886년에 펴냈다.

■ 폰비진, 데니스 (Денис Фонвизин). 18세기 러시아의 극작가(1745~1792년). 모스크바 대학을 나온 뒤 정부에서 번역관으로 일했다. 프랑스와 독일의 문예에 정통해서 예카테리나 대제의 궁정에서 인기를 끌었다. 귀족을 비꼬는 희곡으로 이름을 날렸고 귀족 정치를 비판했다.

■ 폴로츠키, 시메온 (Симеон Полоцкий). 러시아의 수사(1629~1680년). 폴로츠크에서 태어났고 키예프에서 교육을 받았다. 빌뉴스의 예수회 학교에서도 배웠다. 1656년에 고향으로 돌아가 수사가 되었다. 1664년에 모스크바로 갔고, 1667년에 차르 알렉세이 미하일로비치의 신임을 얻어 차르의 자녀를 가르치고 차르의 측근으로 활동했다.

■ 폴론스키, 야콥 (Яков Полонский). 러시아의 시인(1819~1898년). 1844년에 모스크바 대학을 마치면서 첫 시집을 펴냈다. 푸시킨과 레르몬토프를 추종했고 사실주의 산문의 시대로 넘어가는 세태 속에서도 낭만주의 시를 고집했다. 1840년대가 전성기였지만, 체호프와 교류하는 등 1890년대에도 활동을 지속했다.

■ 퐁트넬, 베르나르 (Bernard Fontenelle). 프랑스의 문필가(1657~1757년). 시, 오페라, 희곡을 써서 이름을 날렸고, 과학을 보급하고 선전했다. 뉴턴의 과학 이론을 대중화하는 글을 써서 인기를 얻었다. 계몽사상의 정수가 이미 그의 저술에 배태되어 있다는 평을 들었다.

- 표트르 (Петр). 러시아의 성직자(?~1326년). 갈리치야에서 태어났고, 1308년에 키예프 교구 책임자에 임명되었다. 경쟁자였던 미하일 야로슬라비치와 갈등이 생기자 1325년에 모스크바에 보호를 요청하고 관할 교구를 모스크바로 옮겼다. 훗날 모스크바의 수호성자가 되었다.

- 표트르 3세 (Петр III). 러시아의 황제(1728~1762년). 안나의 아들이었고, 독일에서 살다가 1741년에 안나가 즉위하자 러시아로 가서 황태자가 되었다. 1762년에 제위에 올랐지만 인기가 없었으며, 아내인 예카테리나가 주도한 쿠데타로 목숨을 잃었다.

- 표트르 대제 (Петр Великий). 러시아의 황제(1672~1725년). 1682년에 이반 5세와 공동 제위에 올랐고, 1689년에 섭정 소피야를 제거하고 실권을 쥔 뒤 서방화 정책을 강행했다. 반발을 물리치고자 성 페테르부르그를 세워 수도로 삼았으며, 군대와 함대를 키워 스웨덴과 튀르크를 제압하고 러시아를 강대국으로 끌어올렸다.

- 푸스, 니콜라스 (Nicolas Fuss). 스위스의 수학자(1755~1826년). 바젤에서 태어났고, 1772년에 성 페테르부르그로 가서 오일러의 조수로 일했다. 그의 손녀 알베르티네 오일러(Albertine Euler, 1766~1822년)와 결혼했다. 수학 연구에 전념했고, 1800년에 러시아 학술원 상임 간사가 되었다.

- 푸시킨, 알렉산드르 (Александр Пушкин). 러시아의 작가(1799~1837년). 모스크바의 명문가에 태어났고, 성 페테르부르그에서 공부했다. 1820년에 첫 시를 쓴 뒤로 낡은 형식에서 벗어난 대작을 잇달아 내놓았다. 농노제에 반대하고 진보주의자와 사귀었다. 아내를 연모하는 프랑스 귀족과 결투를 벌이다 숨졌다.

- 푸펜도르프, 자무엘 (Samuel Pufendorf). 독일의 법학자(1632~1694년). 하이델베르크 대학에서 법학을 강의했고, 자연법과 국제법에 조예가 깊었다. 근대 주권국가의 이론적 기초와 국제법의 철학적 기초를 마련했다.

- 프닌, 이반 (Иван Пнин). 러시아의 문필가(1773~1805년). 니콜라이 레프닌 공의 사생아로 태어났다. 시집을 여러 권 썼고, 농노제를 비판해서 금서가 된 『러시아 관련 교육 경험』을 1804년에 펴냈다.

- 프랭클린, 벤저민 (Benjamin Franklin). 미국의 과학자(1706~1790년). 번개의 방전 현상을 실험으로 증명하고 피뢰침을 발명했고, 고등교육 기관을 세우는 등 문화 분야에도 이바지했다. 미국 독립선언문 기초위원과 헌법 제정위원을 지내기도 했다.

■ 프로코포비치, 페오판 (Феофан Прокопович). 러시아의 성직자(1681~1736년). 키예프에서 태어났고, 폴란드인의 영향을 받아 가톨릭으로 개종했다. 로마에서 지내다가 1701년에 키예프로 돌아와 다시 정교 신자가 되어 신학을 강의했다. 대주교가 되어 표트르 대제의 종교 관련 개혁을 주도해서 루터교회를 본떠 정교회를 개혁했다.

■ 프루동, 피에르-조셉 (Pierre-Joseph Proudhon). 프랑스의 사회주의자(1809~1865년). 파리에서 고학으로 지식을 쌓은 뒤 사적소유제를 부정하고 생산자 연합 사회를 주창했다. 19세기에 마르크스와 더불어 사회주의에 큰 영향을 주었다.

■ 프리드리히 대왕 (Friedrich der Große). 프로이센의 군주(1712~1786년). 1740년에 프리드리히 2세로 즉위해서 여러 차례의 전쟁과 외교술로 프로이센을 열강으로 키웠다. 뛰어난 군인이었고 종교를 관용하고 교육을 확대하고 헌법 제정에도 관여하는 계몽 전제군주였다.

■ 플라톤 룝신 (Платон Левшин). 러시아의 성직자(1737~1812년). 슬라브 · 그리스 · 라틴 학술원에서 배웠고 성 세르기 대수도원에서 수사가 되었다. 1762년에 예카테리나 대제의 눈에 띄어 황태자의 스승이 되었다. 1787년부터 1812년까지 모스크바 수좌대주교였고, 볼테르 등과 교류하며 정교회에서 계몽 시대를 구현했다.

■ 플레쉐예프, 세르게이 (Сергей Плещеев). 러시아의 군인(1752~1802년). 젊어서는 러시아의 오지를 탐사했고, 파벨 황태자와 함께 유럽을 여행했다. 1797년에 제독이 되었고, 지리학 저서를 남겼다. 프리메이슨 단원이었다.

■ 플레쉐예프, 알렉세이 (Алексей Плещеев). 러시아의 시인(1825~1893년). 21세에 첫 시집을 냈고, 1840년대의 급진적인 청년 사이에서 인기를 끌었다. 페트라솁스키 사건으로 유배형을 받았다. 나중에는 동시를 썼다.

■ 플레트뇨프, 표트르 (Петр Плетнев). 러시아의 비평가(1791~1866년). 트베르 지방에서 태어났고, 성 페테르부르크 대학에서 공부했다. 시를 쓰고 평론 활동을 했다. 벗이었던 푸시킨이 죽은 뒤 『당대인』 편집장으로 활동했고, 기예보다 사상을 앞세우는 벨린스키와 대립했다. 1840년에 모교의 학장이 되었다.

■ 플로티노스 (Plotinos). 고대의 철학자(205~270년). 이집트에서 태어난 그리스인이었고, 마흔 살에 로마에서 학교를 세우고 철학을 가르쳤다. 세계는 절대적 존재인 유일자에서 유출된 것이라는 학설을 펼쳤고, 그의 제자들은 신플라톤주의자로 불렸다.

■ 픽핀, 알렉산드르 (Александр Пыпин). 러시아의 학자(1833~1904년). 사라토프에서 태어났고 체르늬솁스키의 외사촌형제였다. 성 페테르부르크 대학을 졸업했고,『당대인』과『유럽 통보』에서 활동했다. 문학을 사회사상사와 연계하는 문화역사학파의 대표자였다. 성 페테르부르크 학술원 부원장을 역임했다.

■ 피사레프, 드미트리 (Дмитрий Писарев). 러시아의 비평가(1840~1868년). 오를로프의 귀족 가문에 태어나 성 페테르부르크 대학에서 공부했다. 졸업한 뒤 기자로 활동하다가 정부를 비판하는 글을 썼다고 감옥에 갇혔다. 감옥에서 예술에 관한 글을 썼고, 풀려난 지 두 해 뒤 리가에서 익사했다.

■ 피우스 6세 (Pius VI). 가톨릭의 250대 교황(1717~1799년). 1758년에 사제가 되었고, 1775년에 교황이 되었다. 계몽주의의 공격과 프랑스 혁명의 와중에 교황의 권위를 유지하려고 애썼지만, 실패하고 프랑스군의 포로가 된 상태에서 죽었다.

■ 피우스 7세 (Pius VII). 가톨릭의 251대 교황(1742~1823년). 1758년에 수사가 되었고, 교황청이 혁명 프랑스의 공격으로 무너진 상태에서 1800년에 교황이 되었다. 나폴레옹과 협약을 맺었으나 사이가 틀어져 유폐되었다. 1814년에야 풀려났고, 교회령 재건에 힘썼다.

■ 피치노, 마르실리오 (Marsilio Ficino). 이탈리아의 철학자(1433~1499년). 피렌체에서 고대 철학을 연구하면서 메디치 가문의 후원을 받아 플라톤 철학서를 라틴어로 번역하고 해석하는 작업을 했다. "피렌체 학술원"으로 불린 플라톤 철학 연구원에서 가르치고 글을 썼다.

■ 피코 델라 미란돌라, 조반니 (Giovanni Pico della Mirandola). 이탈리아의 인문주의자(1463~1494년). "피렌체 학술원"에서 활동하면서 신비주의 철학으로 신학을 보완하려고 시도했다. 1486년에『인간의 존엄에 관하여』를 썼다가 이단자로 몰려 프랑스로 망명했다. 메디치 가문의 비호로 피렌체로 돌아온 뒤 연구에 전념했다.

■ 필로페이, 프스코프의 (Филофей Псковский). 러시아의 수사(1465~1542년). 옐레아자로프 수도원의 수사였고, 원장이 되었다. 바실리 3세에게 보낸 편지에서 모스크바가 "제3의 로마"라고 주장해서 유명해졌다. 콘스탄티누스 대제가 실베스테르 교황에게 준 흰 수사 두건이 모스크바에 전해졌다는 전설을 만들어내기도 했다.

■ 하만, 요한 (Johann Hamann). 독일의 사상가(1730~1788년). 독학으로 공부를 했고, 리가와 쿠를란트에서 관리로 일했다. 칸트의 벗이면서도 칸트 철학을 부정했으며, 이성을 신뢰하지 않고 철학과 그리스도교의 화해를 모색했다.

- 하위징아, 요한 (Johan Huizinga). 네덜란드의 역사가(1872~1945년). 어릴 때 축제 행렬을 보고 놀이와 축제를 연구하겠다고 마음먹었고, 어학에 재능을 보였다. 모교 흐로닝언 대학 교수가 되었다가 라이덴 대학으로 옮겼다. 유럽 중세사의 대가였고 예술에도 조예가 깊었다.

- 하스트하우젠, 아우구스트 폰 (남작) (August von Haxthausen). 독일의 학자(1792~1866년). 지주 가문에서 태어났고 괴팅엔 대학을 마쳤다. 농촌을 연구하며 정부에 개혁을 촉구했다. 니콜라이 1세의 초청으로 1843년에 러시아에서 농민 공동체를 연구한 뒤 독일에서 그 결과를 책으로 펴냈다. 이 책에 자극받아 농민 공동체가 러시아 사회사상의 주요 논제가 되었다.

- 헤라스코프, 미하일 (Михаил Херасков). 러시아의 작가(1733~1807년). 귀족 출신이었고, 유학을 마친 뒤 1763년에 모스크바 대학 학장에 임명되었다. 러시아사를 주제로 서사시와 희곡을 썼으며, 문학저널 편집자로도 일했다. 러시아의 호메로스로 불렸다.

- 헤로데(Herod). 고대 유대의 왕(기원전 37~4년). 로마 제국과 사이가 좋았고, 그 덕분에 기원전 37년에 유대 국왕이 되었다. 치세에 유대는 번영했지만, 말년에는 음모와 골육상쟁을 일삼아서 신약성경에는 폭군으로 기록되어 있다.

- 헤르더, 요한 (Johann Herder). 독일의 철학자(1744~1803년). 동프로이센에서 태어나 쾨니히스베르크 대학에서 공부했다. 제자 괴테의 추천으로 바이마르 궁정의 목사로 초빙되었다. 직관주의와 신비주의에 입각한 신앙을 강조했고 칸트의 계몽적 사상에 반대했다. 그의 사상은 헤겔의 역사철학과 훔볼트의 언어철학에 영향을 주었다.

- 헤이든, 벤저민 (Benjamin Haydon). 영국의 미술가(1786~1846년). 왕립예술원에서 공부했고, 첫 전시회부터 시선을 끌었다. 대형 역사화에 특화된 작품 활동을 했고, 늘 고객들과 사이가 좋지 않았다. 존 키츠와 친밀해서 편지를 주고받았으며, 키츠는 자기 작품에서 헤이든이라는 이름을 쓰기도 했다.

- 호라티우스 (Horatius). 고대 로마의 작가(기원전 65~8년). 공화파에 가담해서 싸우다가 패해서 몰락한 뒤 하급 관리로 일하면서 글을 쓰기 시작했다. 대표작인 『서한집』은 근대까지 작시법의 교과서로 여겨졌다.

- 호메로스 (Homeros). 기원전 9~8세기의 전설적인 그리스 시인. 그의 작품이라고 하는 『일리아스』와 『오뒤세이아』는 서양 문학의 기원으로 여겨진다.

■ 호프만, 에른스트 (Ernst Hoffmann). 독일의 소설가(1776~1822년). 쾨니히스베르크에서 태어났고 음악과 미술에도 재능을 보였다. 대학에서 법을 배운 뒤 관리로 일하면서도 예술가와 어울리며 소설을 썼다. 작품에 기지와 풍자가 넘쳤으며 당대의 다른 예술가들에게 영향을 미쳤다.

■ 홀베르, 루드비 (Ludvig Holberg). 스칸디나비아의 극작가(1684~1754년). 노르웨이의 베르겐에서 태어났다. 덴마크의 코펜하겐 대학을 비롯한 유럽 각지에서 공부를 했고 1717년에 모교 교수가 되었다. 덴마크어로 희곡을 썼지만, 볼테르와 더불어 당대 최초의 범유럽 작가라는 평을 얻었다.

■ 홉스, 토머스 (Thomas Hobbes). 영국의 정치이론가(1588~1679년). 주저 『리바이어던』(Leviathan)에서 사람은 이기적이어서 자연상태에서는 '만인(萬人)'에 대한 만인의 투쟁'이 벌어지므로 인류는 각자의 이익을 위해 계약을 맺어 국가를 만들고 군주에게 권리를 양도했다는 사회계약 이론으로 절대군주제를 정당화했다.

■ 후안 데 예페스 이 알바레스 (Juan de Yepes y Alvarez). 에스파냐의 수사(1542~1591년). 1563년에 카르멜회 수사가 되어 여섯 해 뒤에 "맨발의 카르멜회" 수도원을 열고 수도원 개혁에 나섰다. 이지적인 신비주의 시를 많이 썼다. 1726년에 성자로 추존되었다. 라틴어로는 Johannes, 영어로는 John of the Cross라고 불린다.

■ 흄, 데이비드 (David Hume). 스코틀랜드의 학자(1711~1776년). 에든버러 대학에서 법을 배웠고, 프랑스에서 철학을 연구했다. 고향으로 돌아와 대학에서 강의를 했지만, 계몽주의자이며 무신론자라는 의심을 받았다. 경험론과 회의주의의 대가였으며, 경제학과 역사학에도 조예가 깊었다.

■ 흐멜니츠키, 보그단 (Богдан Хмельницкий). 자포로지예 카작의 지도자(1595년경~1657년). 우크라이나를 지배하려는 폴란드에 맞서 카작의 자치권을 확보하려고 애썼다. 모스크바에 도움을 요청하고 1654년에 페레야슬라프(Переяслав) 협정을 맺어 러시아의 차르에게 충성하기로 했다. 죽기 직전에는 스웨덴과 비밀 협상을 벌이기도 했다.

■ 흐보로스티닌, 이반 (Иван Хворостинин). 러시아의 위정자(?~1625년). 가짜 드미트리의 총애를 받은 "이단자"라는 이유로 바실리 4세 치세에 수도원으로 쫓겨났지만, 곧 복귀해서 폴란드군과 싸웠고 지방군정관을 지냈다. 1622년에 다시 이단자로 몰려 수도원으로 쫓겨났다. 모스크바로 돌아왔지만, 곧 성 세르기 대수도원의 수사가 되었다.

■ 히트로보, 보그단 (Богдан Хитрово). 러시아의 위정자(1615~1680년). 칼루가 (Калуга) 지방에서 태어났고, 지방과 수도에서 행정가로서 수완을 발휘했다. 국유 재산과 크레믈 궁정을 관리했으며, 우샤코프와 폴로츠키를 후원했다.

■ 히틀러, 아돌프 (Adolf Hitler). 독일의 정치가(1889~1945년). 오스트리아에서 태어났고, 제1차 세계대전에 병사로 참전했다. 전쟁 뒤에 나치 당의 지도자가 되었고, 1933년에 집권했다. 독재자가 되어 제2차 세계대전을 일으켰고, 전쟁 중에 유대인을 대량학살했다. 전쟁에서 패색이 짙어지자 자살했다.

I.

이 책은 James H. Billington, *The Icon and the Axe: An Interpretive History of Russian Culture* (New York: 1966), xviii+786pp.+xxxiii(index) 의 한국어판이다. 러시아어판 *Икона и топор: Опыт истолкования истории русской культуры* (М.: Рудомино, 2001)를 번역에 참조했다.

II.

2008년에 개봉 상영된 이경미 감독의 영화 「미쓰 홍당무」의 도입부에 이런 장면이 나온다. 서울 어느 학교에서 교장 선생님이 이렇게 말한다. "이제 러시아어는 완전히 인기가 없습니다!" 그리고는 주인공인 고등학교 러시아어 교사 양미숙(공효진 분)에게 중학교에서 영어 과목을 가르치라고 지시한다. 졸지에 전공이 아닌 영어를 가르치는 난감한 상황에 처한 주인공은 화가 나서 수업 시간에 학생들에게 이렇게 외친다. "누가 우리 러시아어는 인기가 없대? 누가, 어? 이게 다 가난한 나라는 무시해도 된다는 천민자본주의의 속성인 거야, 이게 ……"

이렇듯 우리나라에서 러시아라는 나라는 어느 틈엔가 그저 "가난한 나라"가 되어버렸다. 한반도 남쪽 절반 땅에 대한민국이 세워진 뒤 반세기 동안 우리 사회에서 공산주의의 "수괴 국가"이며 세계적화 야욕을 불태우는 호전적인 "악의 제국"으로 취급되면서 온갖 편견에 시달렸던 러시아가 공산주의에서 자본주의로 체제 전환을 한 뒤에는 땅덩이만 클 뿐이지 빈곤에 찌든 별볼일 없는 나라 취급을 받게 되었다. 앞서 인용한 영화「미쓰 홍당무」의 그 장면은 러시아의 비중이 위축되어가는 듯 보이는 오늘날의 현실을 잘 보여준다.

그러나 과연 러시아가 이런 푸대접을 받아야 할 나라일까? 한반도의 운명은 한반도 국가의 자체 역량만큼이나 주위 4대 강대국의 영향력에 크게 좌우되었고 앞으로도 그럴 것임이 엄연한 사실이다. 그 4대 강대국이란 중국, 일본, 미국, 러시아이며, 따라서 한반도에 위치한 우리나라에게는 러시아가 무척 중요한 나라라고 하지 않을 수 없다. 달리 말해서, 우리는 러시아라는 나라를 이해하지 않고서는 우리의 운명을 스스로 타개해 나가기 쉽지 않다고 보아야 한다.

한편으로, 우리가 러시아라는 나라를 반드시 이해해야 할 필요성이 정치와 경제의 측면 같은 실용적 목적에서만 비롯되지는 않는다. 우리 사회에 형성되어 있는 러시아의 주된 이미지는 예전부터 유라시아 대륙에 있는 여러 나라의 정치에 크나큰 영향력을 행사해온 군사 열강, 특히 1917년 러시아 혁명 이후로는 공산주의 이데올로기의 본산임을 자처하고 자부했던 이념의 제국이었다. 이런 이미지에 가려져 있는 러시아의 또 다른 측면, 사실상 더 본질적인 측면은 문화 대국으로서의 러시아이다. 러시아인은 예로부터 많은 모순에 시달리며 살아왔으며 그 모순을 해결하고자 나름대로의 방식으로 고민을 많이 해온 민족이다. 또한 그 고민의 폭은 협소하게 자기 민족에 국한되지 않고 인류 전체로 확대되어 있는 경우가 적지 않았다. 이런 경험을 통해 러시아인은 독특하면서도 보편적이기도 한 문화를 창달해서 향유해왔다. 이렇듯 러시아가 예로부터 매우 풍부하고 깊이 있는 문화의 소유자이며 문화의 측면에서 세계에 적잖이 이바지를 했다는 사실은 우리나라에 잘 알려져 있지 않다.

그러나 러시아라는 나라와 러시아인의 심성을 이해하기란 그리 쉬운 일이 아니다. 일찍이 튜체프는 그 이름난 시에서 "러시아는 이성으로는 이해하지 못한다. …… 러시아는 믿을 수 있을 뿐"이라고 읊었다. 옮긴 이도 러시아는 이해하기 힘든 나라라는 이미지에 얽힌 일화를 전할 수 있는 경험을 한 적이 있다. 옮긴이는 영국 유학생 시절에 박사학위 논문을 쓰는 데 필요한 자료를 모으고자 러시아에 연구 여행을 가려고 짐을 꾸려 택시를 타고 런던의 히스로우(Heathrow) 공항으로 가다가 영국인 택시 기사와 이런저런 담소를 나누었다. 그 기사가 나의 직업을 묻길래 러시아 역사를 공부하는 학생이라고 알려주었다. 그러자 그가 대뜸 한다는 말이 "A mysterious country"(신비로운 나라)였다. 러시아에 입국해서 러시아 지인들에게 그 이야기를 해주었더니, 손바닥을 마주치며 깔깔 웃으면서 "맞아! 정말로 그렇지"라고 말하는 것이었다. 신비롭다는 것은 알기 힘들다는 것이며 알기 힘든 것은 많은 경우에 오해와 몰이해의 온상이 된다. 우리나라에서는 특히 그렇다. 주로 미국을 통해서 들어온 서유럽 문화에만 익숙한 우리 사회에 서유럽과는 사뭇 다른 발전 경로를 거치면서 독자적인 특성을 띤 러시아의 문화는 낯설고 어색한 문화였다. 낯설고 어색하다는 것은 익숙하지 않은 것은 편견과 오해의 대상이 되기 마련이다.

러시아 문화는 실제로 우리 사회에서 매우 심한 편견과 오해에 시달려왔다. 예로부터 러시아는 로마 알파벳이 아니라 키릴 문자를 써왔는데, 고대 그리스 문자에서 비롯된 이 키릴 문자의 기원에 관해서 말 그대로 말이 안 되는 이런 우스갯소리가 있다. '문화 수준이 낮았던 러시아의 군주가 문자의 필요성을 느끼고는 로마로 사절을 보내 로마 알파벳을 받아오게 했다. 로마에서 받은 로마 알파벳 문자 판을 고이 들고 오던 이 사절이 러시아 땅에서 그만 눈길에 미끄러져 넘어졌고 눈 위에 흩어진 문자들을 허둥지둥 주워담다가 몇몇 문자의 위아래나 좌우가 바뀌었고, 이것이 바로 오늘날 러시아에서 쓰이는 키릴 문자의 기원이다 ……' 그런데 옮긴이는 이런 씁쓸한 우스갯소리가 실제였다고 믿는 한국인을 여럿 보았다. 더군다나 참으로 놀랍기 그지 없는 점은 그 한국인들이 시정잡배가 아니라 우리 사회에서 최상급에 드는 지성의 소유자라는 사실이었다. 러시아 역사를 전공하는 옮긴이로서는 당혹스럽다 못해 참담하다는 느낌마저 들었다. 이 밖에도 러시아의 문화나 역사에 관한 과소평가나 근거 없는 멸시를 보여주는 사례는 매우 많다.

III.

러시아라는 나라와 러시아인이라는 민족에 관한 올바른 이해는 매우 중요한 의의를 지니는 작업이다. 이해해야 하지만 이해하기 쉽지 않은 나라의 문화의 본질과 정수에 다가서는 데 필요불가결한 연구서가 한 권 있으니, 바로 미국의 역사학자 제임스 빌링턴의 대표 저작 『이콘과 도끼: 해석 위주의 러시아 문화사』이다. 우선 이 책을 쓴 빌링턴이 어떤 인물인지를 알 필요가 있다.

빌링턴은 1929년 6월 1일에 펜실베이니아 주에서 태어났다. 그의 아버지는 보험외판원이었다. 학문과 연관이 없기는 했어도 빌링턴의 아버지는 책 읽기와 책 모으기를 좋아하는 건실한 시민이었다. 이런 아버지의 영향을 받은 빌링턴은 어려서부터 책을 통해 지식을 얻기를 즐겼다. 빌링턴은 살림살이가 그리 넉넉하지 않은 탓에 미국에서 가장 큰 중고서적상의 하나인 리어리 서점(Leary's Bookstore)에서 구입한 헌 책을 주로 읽었고, 원래의 책 주인이 책에 그어 놓았던 밑줄을 눈 여겨 보며 책의 요지를 나름대로 찾아내는 습관을 들이다가 비판적으로 독서하는 법을 혼자서 터득했다. 이렇듯 스스로 공부하기를 즐긴 덕분에 빌링턴은 비록 공립학교를 다녔고 사교육을 받지 않았는데도 미국에서 손꼽히는 명문 대학인 프린스턴 대학교의 역사학부에 당당히 합격했고 1950년에 최고 우등생으로 졸업하는 영예를 누렸다. 그리고는 영국으로 건너가 옥스퍼드 대학 산하 베일리얼 칼리지(Balliol College)에서 장학금을 받아 대학원 과정을 마쳤고, 1953년에 박사학위를 취득했다.

빌링턴이 학계에서 쌓은 이력은 화려하기 짝이 없다. 박사가 된 뒤 곧바로 미국에서 군문에 들어서서 1957년까지 복무를 했다. 1957년부터는 하버드 대학교에서 역사를 강의하기 시작했고, 1964년부터는 프린스턴 대학교로 옮겨 10년 동안 역사 교수로 재직했다. 빌링턴은 엄정한 학자로서 뛰어난 면모를 보였지만, 여러 기관과 조직의 수장이나 관료로서도 크나큰 수완을 발휘했다. 1973년부터 1987년까지 프린스턴 대학 우드로 윌슨 국제연구소(The Woodrow Wilson International Center for Scholars)의 소장을 지냈고, 이 연구소 산하에 조지 케넌 기념 러시아연구소(The Kennan Institute for Advanced Russian Studies)를 설립하는 일을 주도했다. 이런 공적으로 말미암아 그는 미국 정·관계의 주목을 받게 되었다. 1988년 6월에는 미국의 로널드 레이건(Ronald Reagan) 대통령과 함께 소비에트 연방을 방문해서 모스크바에서 열린 미소 정상회담에 배석했다.

빌링턴은 레이건 대통령의 지명을 받고 미의회 상원의 인준을 얻어 1987년 9월에 대니얼 부어스틴(Daniel J. Boorstin)의 뒤를 잇는 미국의회 도서관(Library of Congress) 제13대 관장이 되었다. 미국사가 아닌 외국사와 외국 문화를 전공한 학자가 미국 지성의 최고 보루인 의회 도서관의 관장에 임명된 것은 적잖은 파격일 수밖에 없었다. 세간에는 미의회도서관장 경력이 러시아 주재 미국대사로 건너가는 징검돌이라는 예상이 있었으나, 조지 부시 대통령이 1992년에 재선되지 못한 탓에 그 예상은 빗나가고 말았다. 빌링턴은 2013년 현재까지 미국의회 도서관 관장으로 남아있다.

빌링턴이 국제 사회에서 누린 영예도 일일이 열거하기 힘들 만큼 대단하다. 세계 곳곳에 있는 마흔 개 대학이 그에게 명예 박사학위를 수여했다. 몇몇 사례만 들자면, 그는 1999년에 그루지야의 트빌리시 국립대학에서, 2001년에 러시아의 모스크바 국립대학, 2002년에 영국의 옥스퍼드 대학 등에서 명예 박사학위를 받았다. 빌링턴은 러시아 학술원의 외국인 회원으로 선출되었다. 그리고 1999년부터는 러시아의 석학 드미트리 리하초프와 함께 「열린 세계」(Open World) 프로그램을 주도했으며, 이 프로그램 덕분에 14,000명에 이르는 러시아의 청년 지도자가 미국을 방문해서 두 나라의 상호 이해를 증진할 기회를 얻었다. 이런 공로를 인정받은 빌링턴은 러시아 연방 정부의 훈장을 받는 영예를 누렸다. 빌링턴은 러시아-미국 관계의 발전에 이바지하고 두 나라의 우호와 협력을 강화하는 데 공로를 세웠다 하여 2008년 3월 22일에 블라디미르 푸틴(Владимир Путин) 러시아 연방 대통령이 수여하는 우호훈장을 받았다. 또한 푸틴의 후임인 드미트리 메드베데프(Дмитрий Медведев) 대통령에게서도 2009년 6월 4일에 러시아-미국 간 문화 협력의 발전과 강화에 공헌했다 하여 영예훈장을 받았다. 최근에는 다시 대통령이 된 푸틴에게서 2012년 12월 5일에 러시아와 미국의 문화·인문 협력의 발전에 크게 이바지한 공로를 인정하는 표창장을 받았다. 이밖에도 여러 나라로부터 각종 훈장을 받았는데, 그 가운데에는 대한민국 정부가 수여한 광화장(光化章)도 포함되어 있다.

학자로 출발한 빌링턴이 학계에서 벗어나 행정과 관직에서 누린 화려한 영예는 단지 행정 능력과 정치적 처세의 결과물이 아니라 그가 학자로서 쌓은 뛰어난 학술적 업적의 연장선상에 있는 부산물이었다고 해도 무방하다. 빌링턴이 물 오른 학자로서, 또는 격변하는 역사의 현장을 목

도한 지성인으로서 내놓은 굵직굵직한 주요 저서를 출판연도 별로 정리
하면 아래와 같다.

(1956년)『미하일롭스키와 러시아 인민주의』(Mikhailovsky and Russian
   Populism)
(1966년)『이콘과 도끼: 해석 위주의 러시아 문화사』
(1980년)『사람 마음 속의 불: 혁명 신념의 기원』(Fire in the Minds of
   Men: Origins of the Revolutionary Faith)
(1992년)『러시아가 변모했다: 깨고 나아가 희망으로, 1991년 8월』(Russia
   Transformed: Breakthrough to Hope, August 1991)
(1998년)『러시아의 얼굴: 러시아 문화의 고뇌와 포부와 위업』(The Face
   of Russia: Anguish, Aspiration, and Achievement in Russian Culture)
(2004년)『러시아의 자아 정체성 찾기』(Russia in Search of Itself)

그러나 이 가운데에서 빌링턴의 최고 역작은 뭐니뭐니해도 역시『이
콘과 도끼: 해석 위주의 러시아 문화사』라고 말할 수 있다. 그가 하버드
대학에서 교수로 재직하는 동안 심혈을 기울여 써서 1966년에 빛을 본
저서인『이콘과 도끼』는 학계의 크나큰 주목을 받았으며, 증쇄본이 여
러 차례 나왔다. 현재가 세기가 바뀌고도 10년이 훌쩍 지난 2013년이니,
『이콘과 도끼』가 세상에 나온 지도 어언 반세기 가까운 세월이 흘렀다.
또한 그 사이에 올란도 파이지스(Orlando Figes)나 브루스 링컨(Bruce Lincoln)
등을 비롯한 서방 학자들의 러시아 문화사 연구서[15]가 나오기도 했다.

---

[15] Bruce Lincoln, *Between Heaven and Hell: The Story of a Thousand Years of
Artistic Life in Russia* (New York: 1998); Orlando Figes, *Natasha's Dance: A
Cultural History of Russia* (London: 2002). Figes의 책은 우리말로 번역되어 있다.
올랜도 파이지스 (채계병 옮김),『(러시아 문화사) 나탸샤 댄스』(이카루스미디어,
2005).

그렇지만 『이콘과 도끼』는 아직도 변함없이 러시아를 이해하려고 하는 사람, 특히 외국인이라면 반드시 책꽂이에 꽂아두고 틈틈이 빼내어 정독해야 할 책이라는 평이 사라지지 않은 학술서이기도 하다.

IV.

제임스 빌링턴이 거친 지적 여정을 추적하면, 『이콘과 도끼』가 러시아 문화사 연구에서 차지하고 있는 위상과 의의가 더 또렷하게 드러난다. 스스로를 "순혈 뉴잉글랜드인"(New England blue blood)으로 표현한 필라델피아(Philadelphia) 소년 빌링턴이 미국 바깥 세계에 관심을 품게 된 계기는 그가 10대에 접어들었을 때 일어난 제2차 세계대전이었다. 특히나 빌링턴의 호기심을 자극한 나라는 러시아였다. 이때 러시아는 20세기 전반기 세계 정치를 주도하던 양대 열강의 하나였던 프랑스를 단숨에 제압한 다음 다른 또 하나의 열강 영국의 숨통을 조이던 나치 독일을 상대로 유럽에서 거의 혼자 힘으로 맞서고 있었다. 빌링턴은 학교 교사들에게 계속해서 이렇게 물었다. "러시아인은 유럽의 나머지 지역이 국경에 독일군 전차가 나타나자마자 허물어지는 듯할 때 어째서 히틀러에 맞서 버틸 수 있나요?" 그러나 제대로 된 답변을 해주는 선생님은 없었다.

동네 잡화점에서 일하는 나이 든 외국인 노부인이 러시아 출신이라는 사실을 머릿속에 떠올린 빌링턴은 그 노부인에게 가서 같은 질문을 했다. 진지하게 물어보는 빌링턴에게 그 노부인은 이렇게 말했다. "애야, 가서 『전쟁과 평화』를 읽어보려무나!" 이 대화를 계기로 필라델피아의 소년 빌링턴은 러시아 출신 노부인이 권한 대로 1,200쪽에 이르는 『전쟁과 평화』를 단숨에 읽었다. 훗날 그는 만약 무엇인가를 진정으로 알고 싶다면 당장 오늘 나온 신문보다 지난날의 역사나 소설을 읽는 것이 더 낫다는 점을 어린 나이에 깨달았다고 밝힌다.

프랑스의 침공으로 말미암은 크나큰 위기를 헤쳐나가는 한 가족의 일 대기인『전쟁과 평화』를 읽은 경험을 첫걸음으로 해서 제임스 빌링턴은 러시아의 역사와 문화를 연구하는 학자의 길로 접어들었다.『전쟁과 평화』를 읽다가 러시아어 원문으로 러시아 소설을 읽고픈 마음이 생긴 빌 링턴은 러시아어를 공부하기 시작했다. 그는 열네 살부터 일요일마다 제1차 세계대전 때 러시아 제국군의 장군이었던 아르타마노프(Артаманов) 장군의 미망인을 찾아갔고, 그에게서 러시아어뿐만 아니라 제정 러시아 문화를 흡수했다. 이런 경험을 통해 슬라브적 요소라고는 조금도 찾아볼 수 없는 가계에서 태어난 빌링턴은 러시아인이라는 특이하고도 매력적 인 민족을 이해해 보려는 필생의 열정을 키워나갔었다.

소년기를 벗어난 제임스 빌링턴이 들어간 프린스턴 대학에는 당시로 서는 미국에서 최고 수준을 자랑하는 유럽사 교수진이 있었다. 신입생 빌링턴의 지도교수는 히틀러가 지배하는 독일을 등지고 미국으로 망명 한 독일의 위대한 역사가 테오도르 에른스트 몸젠(Theodor Ernst Mommsen)[16] 이었다. 지적 호기심과 열정이 넘친 나머지 모든 분야를 얕게라도 두루 두루 공부하려는 계획을 세우던 빌링턴에게 몸젠은 이렇게 조언했다. "젊은이, 나는 자네가 모든 것을 허술하게 배우려고 들기에 앞서 어떤 것을 제대로 배우는 게 낫다고 생각하네. 러시아를 공부하고 싶다 고…… 좋네, 하지만 우선 자네 자신의 문화를 공부하게나. 자네 자신의

---

[16] 독일 출신의 역사가(1905~1958년). 역사가 테오도르 몸젠의 손자. 사회학자 막스 베버의 조카. 1905년에 베를린에서 태어났고, 1936년에 미국으로 이주했다. 예일 대, 프린스턴대, 코넬대에서 가르쳤다.

서방 역사를 공부하란 말이야(Study your own Western history).”

　새내기 대학생 빌링턴은 그 위대한 노학자의 조언을 받아들여 유럽사를 열심히 공부했다. 고학년이 된 빌링턴은 러시아의 사상가 니콜라이 베르댜예프를 주제로 한 논문을 쓰기 시작했고, 그 작업의 일환으로 파리로 가서 자료를 모으고 베르댜예프를 아는 이들을 만나 인터뷰를 했다. 그 가운데 한 사람이 러시아 사상사의 대가 게오르기 플로롭스키 교수였다. 이렇듯 러시아사 연구자로 자라난 빌링턴은 1950년에 프린스턴 대학을 졸업한 뒤 로즈 장학생(Rhodes scholarship)으로 영국의 옥스퍼드 대학 베일리얼 칼리지의 대학원생이 되었다. 첫 지도교수는 표트르 대제 전문가인 베네딕트 섬너(Bededict H. Sumner)였는데, 입학한 지 두 달 뒤에 숨을 거두는 바람에 새 지도교수를 배정받았다. 그가 바로 아이제이어 벌린(Isaiah Berlin)이었다. 빌링턴이 새 지도교수의 호감을 살 만하다고 생각하고 정한 박사학위 논문 주제는 러시아의 위대한 인민주의자 니콜라이 미하일롭스키였다.

　빌링턴은 영국에서 지내는 세 해 동안 학위 취득에 국한된 협소한 연구에만 매달리지 않고 폭넓은 교류를 즐겼다. 그는 옥스퍼드에 있는 러시아인 동아리와 어울렸으며, 러시아의 위대한 문인 보리스 파스테르낙의 누이와 같은 집에서 하숙을 하기도 했다. 방학 기간에는 파리에서 지내며 망명 러시아계 가문과 사귀고 러시아 구교도를 연구하는 프랑스 학자들과 교류했다. 벗들과 함께 유고슬라비아를 여행했고, 이 경험을 계기로 세르비아어와 크로아티아어를 공부하기도 했다. 이런 활발한 활동은 훗날 그가 여러 나라 말로 되어 있는 자료를 능란하게 구사하는 실력의 밑바탕이 되었다. 1957년에 하버드 대학의 교수로 임용된 빌링턴은 이듬해인 1958년에 비로소 러시아 땅에 처음 발을 디뎠으며, 이 귀중한 기회를 활용해서 유럽 러시아 곳곳을 찾아 다녔다.

원래 빌링턴은 하버드 대학에서 자기가 주도해서 학부생을 대상으로 개설했던 러시아의 문화와 지성에 관한 강좌를 운영하다가『이콘과 도끼』를 처음으로 구상했다. 그가 풀브라이트(Fulbright) 재단이 제공하는 특별연구원 장학금을 받으며 핀란드의 수도 헬싱키에서 지낸 1960~1961년은 그 구상에 뼈대가 세워지고 살이 붙는 시기였다. 그는 이 기간에 핀란드어까지 익혔고, 헬싱키의 도서관에 소장되어 있는 풍부한 러시아어 문서와 자료를 섭렵하면서 연구를 진행했다. 바로 이때『이콘과 도끼』의 초고가 마련되었다. 또한 1964년에 하버드 대학에서 프린스턴 대학 역사학과로 옮기기 전에 프린스턴 대학은 그에게『이콘과 도끼』를 마무리할 수 있도록 한 해 동안 특별연구원의 지위를 보장했다.

드디어 1966년에 세상에 나온『이콘과 도끼』로 빌링턴은 러시아 문화사의 권위자로서 세계적인 위상을 굳힐 수 있었다. 그는 이 대저작을 마무리한 뒤 미국·소련 대학간 교류 프로그램에 참여해서 1966~1967년에 레닌그라드와 모스크바에서 체류하면서 강의했다. 그는 레닌그라드에서 오시프 만델시탐의 미망인인 나데즈다 만델시탐의 집에 들러 부엌 난로에 둘러앉아 소련의 여러 지성인과 사귀었다. 이 가운데에는 콜리마(Колыма) 수용소에서 열일곱 해를 보내면서도 꿋꿋이 버텨낸 전설적인 작가 바를람 샬라모프(Варлам Шаламов)도 끼어 있었다. 지금까지 살펴본 대로,『이콘과 도끼』는 제임스 빌링턴이라는 학자를 통해 구현된 서방과 러시아의 활발한 지적 교류의 산물이라고 할 수 있다.

빌링턴이『이콘과 도끼』를 쓰면서 활용한 자료는 다양하고도 풍부하기 이를 데 없다. 이 저작에서 참고문헌 목록만 해도 30쪽에 이르며, 후주는 자그마치 160쪽을 가뿐히 넘는다. 참으로 놀라운 사실은 빌링턴이 탈고해서 출판사에 보낸 최종 원고에서는 후주의 분량이 원래 두 배였다는 점이다. 그가 이토록 많은 자료를 섭렵하면서 규명하고자 했던 것은 과연 무엇이었을까? 그것은 러시아인이라는 한 민족의 특성과 그 특성의 기원이었다.

V.

20세기 후반기에 미국과 더불어 세계를 주도하던 소비에트 연방(러시아)의 현재와 미래는 그 체제의 과거를 통해, 특히 문화를 통해 알 수 있다는 것이 빌링턴의 기본 신념이었다. 그는 자기의 이런 신념을 다음과 같이 설명한다.

> 우리와 함께 세계의 주역인 소련을 연구하려고 (그리고 때때로 대처하려고) 내 나름대로 노력하면서 나는 심원한 러시아 문화의 인문학적 연구인 나의 진정한 열정으로 종종 도움을 받았다고 느껴왔다. 왜냐하면 그 요란하고도 막강한 국가는 세속적 혁명 이념들 가운데 가장 위협적인 이념의 통치를 받는 거대한 유라시아 세계제국들 가운데 가장 중무장된 마지막 제국을 넘어서는 국가이기 때문이다……
>
> 나는 러시아의 사상과 문화의 위대한 활동에 초점을 맞추고 연구를 하다가 그 힘 밑에 있는 러시아 인민에게 다가서게 되며, 러시아 인민의 과거 업적에 더 깊이 침잠하는 것이 그들이 지닌 미래의 가능성을 더 폭넓게 이해하는 것과 전혀 무관하지 않을지 모른다는 믿음을 가지게 된다. 예를 들어, 러시아인에게는 그들의 문화에 스며든 복원력이 강한 위대한 종교 전통이 있다. 비록 그 점이 우리 의식 속에 들어가 있지 않고 우리의 교과과정에서 거의 완전히 없기는 해도 말이다.

빌링턴이 1,000년에 걸친 러시아의 역사, 특히 문화의 발전이라는 비밀을 여는 일종의 열쇠로 본 것이 바로 이콘과 도끼였고, 그는 이 두 물품을 책 제목으로 삼았다. 그에게 이콘은 러시아 문화의 종교적·정신적 표상물인 반면에 도끼는 그 문화의 실용적 도구였다. 그에 따르면, 이콘과 도끼라는 책 제목은 "러시아 북부의 삼림 지대에 있는 농가의 벽에 전통적으로 함께 걸려있는 두 물건에서 비롯된다. 그 두 물건은 러시아 문화의 천상적 면모와 지상적 면모를 시사한다." 러시아 문화의 원형을 이루는 요소를 이콘과 도끼라는 두 가지 물품으로 파악하는 빌링턴의 시각은 일본 문화의 원형을 이루는 요소를 국화와 칼로 보았던 미국의 인류학자인 루스 베네딕트(Ruth Benedict)의 시각과 흡사하다고도 생각할 수 있다.

『이콘과 도끼』 이전에도 적지 않은 러시아 문화사 저작이 있었으나, 대개의 경우에는 문학, 음악, 미술, 영화 등 개별 영역의 기본적 사실을 그저 시대 순에 따라 나열하는 수준에 머무르는 경향이 있었다. 『이콘과 도끼』는 이런 경향을 극복하면서, 키예프 루스 시대부터 1960년대의 니키타 흐루쇼프 집권기까지 러시아인이 가꾸고 키워온 문화를 자기 나름의 독특하면서도 설득력 있는 관점으로 살펴본다는 강점을 지니고 있다는 평가를 얻었다. 달리 말해서, 빌링턴은 통시적으로는 키예프 — 모스크바 — 성 페테르부르크로 이동하는 국가권력 중심의 변화를 씨줄로 삼으면서 이콘과 도끼로 표상되는 문명과 야만, 천상과 지상, 정신과 육체라는 상징의 보편성을 날줄로 엮어 넣어 러시아 문화사를 독창적으로 해석하는 데 성공한 것이다. 이런 작업을 통해 빌링턴이 내놓은 기본시각은 문화를 통시성과 공시성의 조화, 변동성과 불변성의 결합으로서 역동적으로 해석하는 전략의 성공적 사례라고 볼 수 있다.

물론 러시아 문화의 이중성, 즉 문명성과 원시성, 유럽성과 아시아성의 공존과 충돌을 강조하는 빌링턴의 기본 시각이 전혀 새로운 것이라고는 하기 힘들다. 러시아 문화의 이중성은 이미 19세기에는 니콜라이 베르댜예프가, 20세기에는 러시아 구조주의 계열의 타르투 학파가 제시했던 논제이다. 그러나 러시아 내부의 이른바 내재적 관점이 제임스 빌링턴이라는 외국인 학자가 쓴 『이콘과 도끼』에 들어있는 외재적 시선을 통해 더 충실해졌다는 점은 부정할 수 없는 사실이다. 러시아와 서방에서 오늘날 진행되고 있는 러시아 문화사 연구는 이러한 이원적 접근이 약점과 한계를 안고 있다는 측면을 부각하면서 이런 점을 극복하는 방향으로 나아가는 모습을 보이고 있다. 또한 동시에 이런 최근의 러시아 문화사 연구가 기본적으로는 빌링턴이 제시한 러시아 문화의 이원성에 관한 논의를 밑바탕 삼아 이루어지고 있다는 사실을 고려한다면, 『이콘과 도끼』가 향후 발전을 위한 일종의 디딤돌 역할을 하고 있다는 사실도 눈 여겨 보아야 할 것이다.

　『이콘과 도끼』를 조금 더 상세히 들여다 보자! 빌링턴은 600쪽에 이르는 본문에서 러시아 문화의 형성과 발전을 규정하는 가장 기본적이고도 강력한 요인으로서 자연환경, 동방 그리스도교의 유산, 서방과의 접촉이라는 세 가지 힘을 일관되게 강조한다. 빌링턴이 당시의 주류적 통념에서 과감히 벗어나서 펼친 자기 나름의 주장은 차르 알렉세이 미하일로비치 통치기에 일어난 교회분열의 시작, 예카테리나 대제 통치기에 융성한 서방의 갖가지 영향력, 19세기 초에 성행한 반계몽의 특성에 관한 설명과 분석에서 특히 잘 드러나 있다. 그는 그때까지 러시아사 연구자들이 간과해온 프리메이슨의 영향과 그 비중도 부각한다. 또한 그가 러시아 사상에 푸시킨이 그리 큰 영향을 미치지 않았고 그리 큰 유산도 남기지 않았다고 본다는 점, 그리고 머리말의 끝부분에서, 마지막 부분 「러시아 역사의 아이러니」에서 도스토옙스키를 인용하는 데에서 드러나듯이 그가 러시아 문화사를 붙이는 아교로 활용하는 인물이 바로 도스토옙스키라는 점이 두드러진다.

『이콘과 도끼』를 통독하는 독자라면 어쩔 수 없이 느끼게 되는 점 가운데 하나가 바로 러시아 문화의 형성과 변화에서 종교, 더 정확히 말한다면 그리스도교의 위상에 빌링턴이 부여하는, 거의 강박관념에 가까운 강조이다. 그는 종교적 차원에 관한 역사학계의 관심이 모자란 탓에 러시아에 관한 이해 전체가 뒤틀린다고 느꼈고, 지금도 그렇다. 1991년에 가진 한 인터뷰에서 역사학계에 논평을 해달라는 요청에 "거의 서른 해 동안 역사학부에서 가르치거나 역사학계에 직접 참여한 적이 없다"는 단서를 달며 조심스레 말하면서도 종교적 요소를 등한시하는 경향을 비판했다. 그의 기본 시각은 다음과 같은 발언에 잘 드러나 있다.

> 분명히, 지성적 관점에서는, 만약 당신이 한 문화를, 그것도 종교가 스며 배어있는 문화를 이해하려고 시도하고 있다면, 당신은 제가 하는 것만큼 종교를 중시해야 합니다. 현대까지 러시아에서 종교적 요소가 강력하게 지속된다는 점은 종교의 중요성이 줄어들고 있다고 가정하는 경제결정론자와 심리역사학자, 그리고/또는 행동주의 사회과학자의 영향을 심하게 받은 미국의 역사가들이 제2차 세계대전 뒤로는 너무 자주 무시한 러시아 문화의 여러 차원들 가운데 하나입니다.

특히 그는 "『이콘과 도끼』에 일관되게 흐르는 것은 이 종파(구교도)에 대한 나의 매료"라고 스스럼없이 밝힐 만큼 구교도가 러시아의 역사에서 차지하는 중요성을 유난히도 강조했다. 구교도 연구에 빌링턴이 품은 애착은 그가 하버드 대학에서 교수로 재직하는 동안 17세기 러시아의 구교도에 관한 연구 초안을 써놓고도 학계를 떠나 미의회도서관 관장이라는 직무를 수행하느라 그 연구를 마무리하지는 못했다고 애석해 하면서 "미의회 도서관의 직위에서 물러난 뒤 내게 하느님이 그럴 힘을 주신다면 그 책을 완성하고 싶다"는 소회를 밝히는 데에서도 엿보인다. 역사의 전개에서 종교가 가장 중요한 요인이라는 빌링턴의 강조는 침례교 전통에 자란 아버지와 독실한 영국 성공회 신자 어머니를 둔 그의 성장 환경과 무관하지는 않은 듯하다. 빌링턴 자신도 영국 성공회의 세례를 받은 신자이며, 그의 아들 한 명은 사제가 되었다.

한편으로, 아무리 빼어난 연구라도 취약점과 허점이 없을 수는 없다. 빌링턴이 『이콘과 도끼』에서 제시한 주장과 전개한 논지에서 미진한 구석이 없지 않은 몇몇 부분, 그리고 독자가 비판적으로 읽어내야 할 몇몇 부분을 지적하고자 한다.

첫째, 빌링턴이 말하는 러시아에 대비되는 존재로서 거론하는 "West", 즉 서방의 정의가 분명하지 않다. 흔히는 영국과 프랑스가 서방이라고 일컬어지지만, 빌링턴이 말하는 서방의 범위는 훨씬 더 넓다. 독일은 물론이고 이탈리아, 폴란드, 스칸디나비아 국가까지 서방에 포함되어 논지가 전개된다. 빌링턴이 명시적으로 정의하지는 않지만, 러시아 서쪽에 위치한 유럽 국가를 통칭해서 서방이라는 용어를 쓰는 듯하다. 즉 흔히 말하는 남유럽, 중유럽, 북유럽이 서방으로 지칭되는 경향이 나타난다. 여기에 동유럽 국가로 분류되는 폴란드까지 서방으로 거론되므로 혼란이 가중된다. 이런 혼란을 막으려면 빌링턴은 먼저 서방의 지리적, 문화적 정의를 내려놓고 논지를 전개했어야 했다.

둘째, 러시아 역사의 전개와 러시아 문화의 발전에서 러시아와 서방의 접촉이라는 요인을 강조하다 보니, 러시아의 역사와 문화에 서방 못지않게 영향을 준 몽골이나 튀르크에 관한 분석이 매우 빈약하며 때로는 간과되거나 거의 무시되었다는 느낌마저 들 정도이다. 이런 점은 매우 큰 취약점이라고 하지 않을 수 없다.

셋째, 러시아의 역사와 문화의 발전에서 서방이 준 충격과 영향을 최우선시하는 빌링턴의 기본 시각은 그가 『이콘과 도끼』를 구상하고 집필하던 1960년대까지 이른바 서방의 학계에 횡행하던 유럽중심주의 (Euro-centrism), 더 정확히 말하자면 영미중심주의와 전혀 무관하지 않을 듯하다. 유럽, 즉 서유럽, 특히 영국이 걸어온 역사 경로가 올바르고도 모범적인 것이고 그 밖의 경로는 이탈이거나 변형이라는 관점이 빌링턴의 기본 시각의 밑바탕에 깔려있다고 하지 않을 수 없다. 유럽중심주의를 지양하려는 노력이 활발히 이루어지고 있는 오늘날의 독자들은 『이콘과 도끼』를 더 비판적으로 독해해야 할 필요가 있다. 더더군다나 냉철한 독자라면 『이콘과 도끼』가 냉전기에 러시아의 적대 국가인 미국, 또는 서방의 시각에서 씌어진 책이라는 점에도 각별히 유의해야 한다.

넷째, 빌링턴은 러시아 역사의 연속성을 강조하고 부각하는 기본 전략을 취하고 있는데, 모든 역사에는 연속성만큼이나 불연속성도 있기 마련이다. 그는 러시아 현대사에서 두드러지는 불연속성을 상대적으로 소홀히 취급했다. 따라서 『이콘과 도끼』에는 20세기의 최대 사건들 가운데 하나인 러시아 혁명과 소비에트 러시아 초기가 지나치게 소략하게 서술되어 있다. 러시아 혁명이 세계사, 특히 문화사에서 차지하는 위상을 고려할 때, 이런 측면은 적잖은 실망을 불러일으킨다.

그러나 출간된 지 거의 반세기가 흐른 지금도 빌링턴의 『이콘과 도끼』는 러시아의 역사와 문화를 제대로 이해하려면 반드시 집어 들어야 할 필독서의 지위에서 내려오지 않고 있다는 것이 부정할 수 없는 엄연한 사실이기도 하다.

VI.

마지막으로, 『이콘과 도끼』라는 역사서의 특성에서 결코 빼놓을 수 없는 것이 이 역사서가 지닌 유려한 문장과 문학적 표현력이다. 분석과 논리에 치중하는 학술서는 전문가가 아닌 독자에게는 대개 무미건조하고 딱딱하기 쉽지만, 『이콘과 도끼』곳곳에는 마치 그림이나 사진을 보여주는 듯 선연한 서술과 묘사가 있어서 긴장감을 풀어주고 이해를 도와준다. 『이콘과 도끼』를 읽어내려 가다 보면 요한 하위징아의 『중세의 가을』처럼 저작 곳곳에서 문학 작품에 견주어도 손색이 없을 만큼 탁월한 문장과 표현에 마주치게 된다. 예를 들면, 다음과 같은 문단이 그렇다.

> 종교적 열정이 전례 없이 만개했다는 인상을 받을지 모른다. 그러나 그것은 사실상 싱그러운 봄보다는 지나치게 무르익은 늦가을에 더 가까웠다. 야로슬라블에서 두 해마다 한 채가 넘는 꼴로 쑥쑥 생겨난 네덜란드풍과 페르시아풍의 화려한 벽돌 교회는 오늘날에는 비잔티움 양식과 바로크 양식 사이에 존재하는 일종의 실속 없는 막간극으로, 즉 땅과 이어주는 줄기는 시들어버렸고 생명을 앗아가는 서리가 바야흐로 내릴 참임을 모른 채 10월의 나른한 온기 속에서 말라가는 묵직한 열매로 보인다. 지역의 예언자와 성자를 그린 셀 수 없이 많은 이콘이 마치 너무 익어 문드러져 수확되기를 빌고 있는 포도처럼 이코노스타시스 밑층 열에 다닥다닥 붙어 있었으며, 동시에 빠르게 읊조리는 유료 위령제 기도는 죽음을 바로 앞둔 가을 파리가 어수선하게 왱왱거리는 소리와 닮았다.

다음과 같은 문단도 못지않게 선연하다.

예술 양식이 인민주의 리얼리즘에서 백은시대의 관념론으로 바뀐 것은 음주 취향이 더 앞 시기의 선동가와 개혁가의 독한 무색의 보드카에서 새로운 귀족적 미학자 사이에서 인기를 얻은 다디단 진홍색 메시마랴로 바뀐 것에 비길 수도 있다. 메시마랴는 희귀한 이국적 음료였는데, 무척 비쌌고 푸짐하고 느긋한 한 끼 식사의 끝에 가장 알맞았다. 백은시대의 예술처럼 메시마랴는 자연스럽지 못하고 반쯤 이국적인 환경의 산물이었다. 메시마랴는 핀란드의 라플란드에서 왔다. 라플란드에서 메시마랴는 북극의 짧은 여름 동안 한밤의 해가 익힌 희귀한 나무딸기류 식물을 증류해서 만들어졌다. 20세기 초엽 러시아의 문화는 똑같이 이국적이고 최상급이었다. 그것은 불길한 조짐이 감도는 진미의 향연이었다. 메시마랴 나무딸기가 그렇듯이, 때 이르게 익으면 그만큼 빨리 썩기 마련이었다. 한 계절 한밤의 햇빛은 다음 계절 한낮의 어둠으로 이어졌다.

VII.

『이콘과 도끼』 이외에, 러시아 문화사를 이해하는 데 도움이 될 연구서와 해설서의 목록을 일부나마 소개하고자 한다. 러시아어로 된 러시아 문화사 저서는 이루 헤아릴 수 없이 많지만, 『이콘과 도끼』가 출간된 1966년 이후의 저작 위주로 선정해서 출판연도 순으로 제시해보면 다음과 같다.

Очерки русской культуры второй половины XIX века (М.: 1976)
Очерки русской культуры XIII-XV веков в 2 ч. (М.: 1969-1970)
Очерки русской культуры XVI века в 2 ч. (М.: 1977)
Очерки русской культуры XVII века в 2 ч. (М.: 1979)

Очерки русской культуры XVIII века в 4 ч. (М.: 1985-1990)

Очерки русской культуры XIV века в 3 т. (М.: 1998-2001)

А. В. Муравьев и А. М. Сахаров, *Очерки истории русской культуры IX-XVII вв.* (М.: 1984)

П. Н. Милюков, *Очерки по истории русской культуры* в 3 т. (М.: 1993)

Из истории русской культуры в 5 т. (М.: 1995-1996)

Б. Ф. Сушков, *Русская культура: Новый курс* (М.: Наука, 1996)

И. В. Кондаков, *Введение в историю русской культуры* (М.: Аспект Пресс, 1997)

Ю. С. Рябцев, *История русской культуры: Художественная жизнь и быт, XI-XVII веков: Учебное пособие* (М.: Владос, 1997)

Ю. С. Рябцев, *Путешествие в древнюю русь* (М.: 1995)

Т. С. Георгиева, *История русской культуры: Учебное пособие* (М.: Юрайт, 1998)

Л. В. Кошман и др. (ред.), *История русской культуры IX-XX вв.: Пособие для вузов* 4-ое изд. (М.: Дрофа, 1985)

Ю. С. Степанов, *Константы: Словарь русской культуры* 3-ое и доп. изд. (М.: Академический Проект, 2004)

А. Ф. Замалеев, *История русской культуры* (Издательство Ст. Петербургского Университета, 2005)

П. А. Сапронов, *Русская культура IX-XX вв: Опыт осмысления* (СПб.: Паритет, 2005)

또한 러시아 문화와 그 역사에 관한 외국의 저작이 그 동안 우리 말로 옮겨져 출간되었으며, 우리나라 학계 자체 역량으로 축적된 성과가 담긴 저서도 최근에 적잖이 배출되었다. 그 가운데 일부를 역시 출판연도 순으로 열거하면 아래와 같다.

드미뜨리 치체프스키 (최선 옮김), 『슬라브문학사』(민음사, 1984)

이인호, 『러시아 지성사 연구』(지식산업사, 1985)

설정환, 『러시아 음악의 이해』(엠북스, 1985)

R. H. 스타시 (이항재 옮김), 『러시아문학비평사』(한길사, 1987)

A. I. 조토프 (이건수 옮김), 『러시아 미술사』(동문선, 1996)

김형주, 『문화로 본 러시아』(두리, 1997)

김수희, 『러시아 문화의 이해』(신아사, 1998)

허승철, 『러시아 문화의 이해』(미래엔, 1998)

메리 메토시안 외 (장실 외 옮김), 『러시아 문화 세미나』(미크로, 1998)

Iu. S. 랴쁘체프 (정막래 옮김), 『중세 러시아 문화』(계명대학교 출판부, 2000)

러시아문화연구회 엮어옮김, 『현대 러시아 문화세미나』(미크로, 2000)

석영중, 『러시아 정교: 역사·신학·예술』(고려대학교출판부, 2000)

스몰랸스끼·그리고로프 (정막래 옮김), 『러시아 정교와 음식 문화』(명지출판사, 2000)

한국슬라브학회 엮음, 『러시아 혁명기의 사회와 문화』(민음사, 2000)

장진헌 엮음, 『러시아 문화의 이해』(학문사, 2001)

이덕형, 『러시아 문화예술의 천년』(생각의나무, 2009)

이덕형, 『(러시아 문화 예술) 천년의 울림』(성균관대학교 출판부, 2001)

음악세계 편집부 엮음, 『러시아악파』(음악세계, 2001)

캐밀러 그레이 (전혜숙 옮김), 『위대한 실험 러시아 미술, 1863~1922』(시공아트, 2001)

슐긴·꼬쉬만·제지나 (김정훈·남석주·민경현 옮김), 『러시아 문화사』(후마니타스, 2002)

이덕형, 『빛의 도시 상트 페테르부르크: 러시아 문학·예술 기행』(책세상, 2002)

김수희, 『러시아문화론』(조선대학교출판부, 2002)

박형규 외, 『러시아 문학의 이해』(건국대학교출판부, 2002)

백준현, 『러시아 이념: 그 사유의 역사』(제이앤씨, 2004)

김성일, 『러시아 문화와 예술의 이해』(형설출판사, 2005)

올랜도 파이지스 (채계병 옮김), 『(러시아문화사) 나타샤 댄스』(이카루스미디어, 2005)

이주헌, 『눈과 피의 나라: 러시아 미술』(학고재, 2006)

이진숙, 『러시아 미술사: 위대한 유토피아의 꿈』(민음인, 2007)

바실리 클류쳅스키 (조호연·오두영 옮김), 『러시아 신분사』(한길사, 2007)

이춘근, 『러시아 민속문화』(민속원, 2007)

니꼴라이 구드지 (정막래 옮김), 『고대 러시아 문학사』 총2권 (한길사, 2008)

드미뜨리 미르스끼 (이항재 옮김), 『러시아문학사』(써네스트, 2008)

게오르기 페도토프 (김상현 옮김), 『러시아 종교사상사 1: 키예프 루시 시대의 기독교』 (지만지, 2008)

리처드 스타이츠 (김남섭 옮김), 『러시아의 민중문화: 20세기 러시아의 연예와 사회』 (한울, 2008)

이영범 외, 『러시아 문화와 예술』(보고사, 2008)

김상현, 『소비에트 러시아의 민속과 사회 이야기』(민속원, 2009)

이길주 외, 『러시아: 상상할 수 없었던 아름다움과 예술의 나라』(리수, 2009)

김은희, 『러시아 명화 속 문학을 말하다』(아담북스, 2010)

장실, 『이콘과 문학』(한국외국어대학교출판부, 2010)

이게타 사다요시 (송현아 외 옮김), 『러시아의 문학과 혁명』(웅진지식하우스, 2010)

유리 로트만 (김성일·방일권 옮김), 『러시아 문화에 관한 담론』 총2권 (나남, 2011)

니콜라스 르제프스키 엮음 (최진석 외 옮김), 『러시아 문화사 강의: 키예프 루시부터 포스트소비에트까지』(그린비, 2011)

한양대 러시아·유라시아 연구사업단, 『루시(Русь)로부터 러시아(Россия)로: 고대 러시아 문화와 종교』(민속원, 2013)

사바 푸를렙스키 (김상현 옮김), 『러시아인의 삶, 농민의 수기로 읽다』(민속원, 2011)

김상현, 『러시아의 전통혼례 문화와 민속』(성균관대 출판부, 2014)

김수환, 『책에 따라 살기: 유리 로트만과 러시아 문화』(문학과지성사, 2014)

니키타 톨스토이 (김민수 옮김), 『언어와 민족문화: 슬라브 신화론과 민족언어학 개관』 총2권 (한국문화사, 2014)

이현우, 『로쟈의 러시아 문학 강의, 19세기: 푸슈킨에서 체호프까지』(현암사, 2014)

김은희, 『그림으로 읽는 러시아: 러시아 문화와 조우하다』(아담북스, 2014)

VIII.

번역 작업을 하면서 막히는 부분이 나올 때마다 일일이 열거하기 어려울 만큼 많은 학자들의 도움을 얻었다. 그분들께 고마울 따름이다. 말할 나위 없지만, 이 책에 오류가 있다면, 그것은 모두 다 이 옮긴이 탓이다. 이 책을 읽다가 틀린 데가 눈에 띄면 옮긴이에게 알려주어 잘못을 고칠 기회를 주기를 독자 여러분께 바란다.

‖ 찾아보기 ‖

일반적인 문화 범주(**미술, 음악**)는 그 매체의 광범위하고 전반적인 논의를 표시하기 위해서만 여기에 열거되어 있다. 개별 작가와 작곡가의 별도 명단이 있고, 특정 작품은 그 작가의 범주 아래 열거되며 중요한 인물의 작품일 경우에만 별도 항목으로 열거된다.

포괄적 범주(**경제, 군(軍)**)는 이 책의 주요 관심사 밖에 있는 특정 논제를 위해 만들어졌다. 이밖에, 근현대의 모든 혁명은 **혁명** 항목 아래에, 모든 전쟁은 **전쟁** 항목 아래에, 모든 성당과 교회는 **교회** 항목 아래에 열거되어 있다.

모든 도시가, 그리고 국가의 일부이면서 본문에서 그 국가와 별개로 논의된 지역의 지명(**스코틀랜드, 프로이센, 우크라이나, 펜실베이니아**)이 개별적으로 기재되어 있다.

 지은이 **제임스 빌링턴**(James Hadley Billington)

1929년 6월 1일 펜실베이니아 주에서 출생
미국 프린스턴 대학 역사학과 졸업
1953년 영국 옥스퍼드 대학 베일리얼 칼리지(Balliol College)에서 박사학위 취득
1957년 하버드 대학 교수
1964년 프린스턴 대학 교수
1973~1987년 프린스턴 대학 우드로 윌슨 국제연구소(The Woodrow Wilson International
　　　Center for Scholars) 소장 역임
1987년~현재: 미국의회 도서관(Library of Congress) 제13대 관장

저서 목록

(1956년) 『미하일롭스키와 러시아 인민주의』(Mikhailovsky and Russian Populism)
(1966년) 『이콘과 도끼: 해석 위주의 러시아 문화사』
(1980년) 『사람 마음 속의 불: 혁명 신념의 기원』(Fire in the Minds of Men: Origins of
　　　the Revolutionary Faith)
(1992년) 『러시아가 변모했다: 깨고 나아가 희망으로, 1991년 8월』(Russia Transformed:
　　　Breakthrough to Hope, August 1991)
(1998년) 『러시아의 얼굴: 러시아 문화의 고뇌와 포부와 위업』(The Face of Russia: Anguish,
　　　Aspiration, and Achievement in Russian Culture)
(2004년) 『러시아의 자아 정체성 찾기』(Russia in Search of Itself)

옮긴이 **류한수**

서울대학교 서양사학과 학사
서울대학교 서양사학과 석사
영국 에식스 대학(University of Essex) 역사학과 박사
2007년~현재: 상명대학교 역사콘텐츠학과 교수

연구논문

「1917년 뻬뜨로그라드의 노동자 생산관리 운동」, 『서양사연구』 14호 (1993년), pp. 135~
　　183
「공장의 러시아 혁명: 1917~1918년의 공장위원회와 노동자 생산관리」, 한국슬라브학회 엮
　　음, 『러시아, 새 질서의 모색』(열린책들, 1994), pp. 251~275
「20세기 전쟁의 연대기와 지리」, 『진보평론』 16호 (2003년 여름), pp. 9~34
「여성 노동자인가, 노동하는 바바(baba)인가?: 러시아 내전기(1918~1921년) 페트로그라드
　　지역 공장의 남성 우월주의와 여성 노동자」, 『서양사론』 제85호 (2005년 6월),
　　pp. 153~182
「"공산주의자여, 공장 작업대로!": 1920~1922년 페트로그라드 당활동가 공장 재배치 캠페인
　　과 노동자들의 반응」, 『슬라브학보』 제20집 제1호 (2005년 6월), pp. 333~352
「전쟁의 기억과 기억의 전쟁: 영화 〈한 병사의 발라드〉를 통해 본 대조국전쟁과 '해빙'기의
　　소련 영화」, 『러시아 연구』 제15권 제2호 (2005년 12월), pp. 97~128
「러시아 혁명과 노동의무제: 러시아 혁명·내전기(1917~1921년) 볼셰비키 정부의 노동의
　　무제 도입 시도와 사회의 반응」, 『슬라브학보』 제21권 제2호 (2006년 6월), pp.
　　275~299
「"해빙"기의 소련 영화 〈한 병사의 발라드〉에 나타난 대조국전쟁의 기억」, 『역사와 문화』
　　제12호 (2006년 9월), pp. 197~226
「제2차 세계대전기 여군의 역할과 위상: 미국, 영국, 독일, 러시아 비교 연구」, 『서양사연
　　구』 제35집 (2006년 11월), pp. 131~159
「소련 붕괴 이후 러시아 군사사 연구의 쟁점과 동향의 변화 안보문화와 미래」 (2008년 3월),
　　pp. 19~40
「탈계급화인가? 탈볼셰비키화인가?: 러시아 내전기 페트로그라드 노동계급 의식의 동향」,
　　『서양사론』 제96호 (2008년 3월), pp. 59~86
「혁명 러시아 노동자 조직의 이란성 쌍둥이: 러시아 혁명·내전기(1917~1921년) 노동조합
　　과 공장위원회의 관계」, 『동국사학』 제44호 (2008년 6월), pp. 135~156
「공장 작업장의 러시아 혁명: 작업반장과 노동자의 관계를 통해 본 작업장 권력 지형의 변
　　동」, 『슬라브학보』 제23권 제3호 (2008년 9월), pp. 329~352
「클레이오와 아테나의 만남: 영미권의 군사사 연구 동향과 국내 서양사학계의 군사사 연구
　　활성화를 위한 제언」, 『서양사론』 제98호 (2008년 9월), pp. 283~308

「독일 영화 〈Stalingrad〉와 미국 영화 〈Enemy at the Gates〉에 나타난 스탈린그라드 전투」,
　　『상명사학』 제13/14호 (2008년 12월), pp. 153~178
「제2차 세계대전 시기 소련의 전쟁 포스터에 나타난 여성의 이미지」, 『슬라브학보』 제26권
　　제2호 (2011년 6월), pp. 65~90
「러시아 혁명의 '펜과 망치': 내전기(1918~1921년) 페트로그라드 산업체의 사무직 노동자와
　　생산직 노동자의 관계」, 『역사문화연구』 제41권 (2012년 2월), pp. 119~144

저서 및 번역서

1. 공저
『러시아의 민족정책과 역사학』(동북아역사재단, 2008)
『세계화 시대의 서양현대사』(아카넷, 2009)
『세계의 대학에 홀리다: 현대 지성의 요람을 세계의 대학에 홀리다』(마음의 숲, 2011)

2. 역서
『스탈린과 히틀러의 전쟁』(지식의 풍경, 2003)
　　　[원제: Richard J. Overy, *Russia's War* (London: Penguin Press, 1998)]
『투탕카멘』(문학동네, 2005)
　　　[원제: D. Murdock & Ch. Forsey, *Tutankhamun: The Life and Death of a Pharaoh*
　　　(Dorling Kindersley, 1998)]
『빅토르 세르주 평전』(실천문학, 2006)
　　　[원제: Susan Weissman, *Victor Serge: The Course Is Set on Hope* (London &
　　　New York: Verso, 2001)]
『2차 세계대전사』(청어람미디어, 2007)
　　　[원제: John Keegan, *The Second World War* (London: Pimlico, 1997)]
『러시아 혁명: 1917년에서 네프까지』(박종철 출판사, 2007)
　　　[원제: S. A. Smith, *The Russian Revolution: A Very Short Introduction* (Oxford
　　　University Press, 2002)]
『혁명의 시간: 러시아 혁명 120일 결단의 순간들』(교양인, 2008)
　　　[원제: A. Rabinowitch, *The Bolsheviks Come To Power: The Revolution of 1917
　　　in Petrograd* (Chicago: 2004)]

한국연구재단 학술명저번역총서 서양편 · 749

이콘과 도끼: 해석 위주의 러시아 문화사 　제2권

발 행 일 　2015년 2월 23일　초판 인쇄
　　　　　2015년 2월 28일　초판 발행

원　　 제 　The Icon and the Axe:
　　　　　An Interpretive History of Russian Culture
지 은 이 　제임스 빌링턴(James Hadley Billington)
옮 긴 이 　류 한 수
책임편집 　이 지 은
펴 낸 이 　김 진 수
펴 낸 곳 　**한국문화사**
등　　 록 　1991년 11월 9일 제2-1276호
주　　 소 　서울특별시 성동구 광나루로 130 서울숲IT캐슬 1310호
전　　 화 　(02)464-7708 / 3409-4488
전　　 송 　(02)499-0846
이 메 일 　hkm7708@hanmail.net
홈페이지 　http://www.hankookmunhwasa.co.kr
블 로 그 　http://blog.naver.com/hkm2012

ISBN 978-89-6817-210-6　94920
　　　978-89-6817-208-3　(세트)

이 도서의 국립중앙도서관 출판시도서목록(CIP)은
서지정보유통지원시스템 홈페이지(http://seoji.nl.go.kr)와
국가자료공동목록시스템(http://www.nl.go.kr/kolisnet)에서
이용하실 수 있습니다.(CIP제어번호: CIP2015006669)

'한국연구재단 학술명저번역총서'는 우리 시대 기초학문의 부흥을 위해
한국연구재단과 한국문화사가 공동으로 펼치는 서양고전 번역간행사업입니다.